普通高等教育汽车与交通类专业“十二五”规划教材

汽车制造工艺及装备

丁柏群　王晓娟　主　编

闻鸿莉　李长威　副主编

中国林业出版社

内 容 简 介

本书比较系统地阐述了现代汽车生产体系、汽车制造的基本过程、汽车典型零部件的生产工艺和设备、整车制造四大主要工艺及装备、汽车生产的质量管理和质量检验等，介绍了汽车生产工艺及装备的发展历程、先进的汽车制造技术及其发展趋势。全书共分 9 章，内容包括概论、汽车及其零件制造工艺设备基础、汽车发动机制造工艺及装备、汽车底盘制造工艺及装备、汽车车身冲压工艺及装备、汽车车身装焊工艺及装备、汽车车身涂装工艺及装备、汽车车身内饰件制造工艺、汽车总装配工艺及装备。每章后附有思考题和推荐阅读书目。书中的补充阅读资料有助于扩展读者的思路和视野。

本书适合作为高等院校车辆工程及相关专业、学科的教材或教学参考书，也可供有关行业的工程技术人员、管理人员和有兴趣的读者阅读参考。

图书在版编目（CIP）数据

汽车制造工艺及装备 / 丁柏群，王晓娟主编．—北京：中国林业出版社，2014.8（2023.8 重印）

（普通高等教育汽车与交通类专业“十二五”规划教材）

ISBN 978-7-5038-7503-8

Ⅰ．①汽…　Ⅱ．①丁…　②王…　Ⅲ．①汽车-高等学校-教材　Ⅳ．① U466

中国版本图书馆 CIP 数据核字（2014）第 102516 号

中国林业出版社·教育分社

策划编辑：牛玉莲　杜　娟

责任编辑：田夏青　杜　娟

电　　话：83281489　83280473　**传真：**83220109

出版发行：中国林业出版社（100009　北京西城区德内大街刘海胡同 7 号）

E-mail：jiaocaipublic@163.com　　电话：（010）83224477

http：//lycb.forestry.gov.cn

经　　销：新华书店

印　　刷：北京中科印刷有限公司

版　　次：2014 年 8 月第 1 版

印　　次：2023 年 8 月第 3 次印刷

开　　本：787mm×1092mm　1/16

印　　张：27

字　　数：640 千字

定　　价：62.00 元

前　言

工艺和装备是汽车生产的基本条件和基本手段，是实现汽车产品设计目标、实现技术创新的基础；同时，相应理论和实践也是车辆工程专业知识体系的重要支撑。车辆工程专业的学生，需要从整体上了解现代汽车的生产过程，掌握汽车零部件和整车的制造工艺、相关设备及要求，以便在学习、工作中正确体现和运用。

书中比较全面系统地阐述了现代汽车生产体系、汽车制造的基本过程、机械加工工艺及设备、汽车典型零部件的生产工艺和设备、整车制造四大主要工艺及装备、汽车生产的质量管理和质量检验等，并单独或在各章中介绍了汽车生产工艺及装备的发展历程、先进的整车和零部件制造技术及其发展趋势等；每章所附的思考题和推荐阅读书目有益于掌握和理解课程的重点难点内容，补充阅读资料有助于扩展读者的思路和视野。本书适用于48～64学时。

本书编者当中有一直从事高校教学科研工作的教师，有多年在汽车生产企业工作的工程技术人员，也有兼具两种经历的同志。因此，本书的主要特点之一是内容紧密结合生产实践，可操作性强，有助于加强学生对理论知识的理解，使之进入汽车生产企业后尽快适应实际工艺技术环境、掌握工艺技能；特点之二是跟踪先进的生产加工技术，编入了相应的新知识、新技术和新工艺，具有一定的前瞻性；特点之三是通过综合分析大量相关资料，对汽车制造工艺、设备的一些概念和内容进行了重新归纳、阐释和澄清，使其内涵更加准确。本书适合作为车辆工程专业学生的教材或教学参考书，也可供从事汽车生产的工程技术人员、管理人员和有兴趣的读者阅读参考。

本书由丁柏群、王晓娟任主编，闻鸿莉、李长威任副主编。其中，第 1 章、第 2 章由东北林业大学交通学院丁柏群编写；第 3 章由东北林业大学交通学院王晓娟编写；第 4 章第 1 节、第 5～8 节由哈尔滨东安汽车发动机制造有限公司刘薇编写，第 2～4 节由黑龙江大学剑桥学院闻鸿莉编写；第 5 章第 1～3 节由东北林业大学交通学院陈萌编写，第 4 节由哈尔滨职业技术学院周丹薇编写；第 6 章由哈尔滨工业大学华德学院李长威编写；第 7 章由黑龙江工程学院汽车与交通工程学院张鹏编写；第 8 章、第 9 章由东北林业大学交通学院王占宇编写。

本书在编写过程中得到了东北林业大学储江伟教授、王巍副教授，以及研究生温文、姜瑾等的支持和帮助，在此表示衷心感谢！

由于编者水平、资料等局限，书中可能存在一些疏漏和不当的地方，敬请专家和读者批评指正。

丁柏群

2013 年 8 月

目　录

第1篇　汽车制造工艺及装备概论

第2篇 汽车发动机和底盘制造工艺及装备

第3篇 汽车车身制造工艺及装备

第4篇 汽车内饰件制造及总装配工艺

附录与参考文献

第 1 篇

汽车制造工艺及装备概论

第1章 概述

［本章提要］

现代汽车是由整车生产企业为核心的相互关联的零部件生产厂、主要部件生产厂、整车生产厂、汽车企业集团形成的复杂生产系统制造出来的。汽车生产过程是指将原材料转变为汽车产品的全过程，包括基本生产过程、准备生产过程、辅助生产过程和服务生产过程；汽车生产的工艺过程是指直接改变毛坯、零件、部件或总成等的性质、形状、尺寸、相对位置和物理化学性能的具体方式方法。

企业生产规模不同，相应的工艺特征也不完全相同。冲压、焊装、涂装和总装是整车生产企业的四大主要工艺。一直以来，汽车制造工艺和装备始终迅速响应甚至引领着机械制造技术的发展，已经跨入和正在跨入精密化、智能化、敏捷化、数字化、网络化、绿色化的时代。

现代汽车是由整车生产企业为核心的相互关联的零部件生产厂、主要部件生产厂、整车生产厂、汽车企业集团形成的复杂生产系统制造出来的，涉及的领域甚至可以推及钢铁、玻璃、橡胶等工业；但有时也把其中的主要环节——整车厂汽车流水生产线，称为汽车生产系统。现代整车生产企业通常拥有冲压、焊装、涂装和总装四大主要工艺及其设备。汽车生产过程是指将原材料转变为汽车产品的全过程，包括基本生产过程、准备生产过程、辅助生产过程和服务生产过程；汽车生产的工艺过程则是指直接改变毛坯、零件、部件或总成等的性质、形状、尺寸、相对位置和物理化学性能的具体方法。企业生产规模不同，工艺特征也不完全相同。一个多世纪以来，汽车制造工艺和装备始终迅速响应甚至引领着机械制造技术的发展，由初期作坊式的单件、小批量手工生产发展到高柔性、变种变量的计算机集成自动化生产，并且已经跨入和正在跨入智能化、敏捷化、数字化、网络化、绿色化的时代。

1.1 现代汽车生产系统

现代汽车生产，从企业生产的运作而言，是从订单开始到生产计划、生产指令、生产准备、生产控制、质量检验、产品运输销售和售后服务的一系列相互联系、紧密配合的系统活动；从加工制造的工艺而言，是对原材料或半成品进行各种加工，制成汽车零部件和总成，再将它们组装成合格整车的过程；从系统宏观结构而言，是由汽车集团公司、整车生产企业、主要总成生产企业、零部件生产企业形成的金字塔式社会化生产体系。

【补充阅读资料】

整车企业与零部件企业——建立新型协作与伙伴关系

整车企业与零部件企业之间的关系基本形成了两种模式——欧美模式和日韩模式。前者以市场竞争机制为基础，双方基于单纯的商业利益合作，通过合同、契约等市场机制来协调；后者实行比较封闭的方式，采取多层次转包的体制，零企进入整车企业的供应网络后，可以得到长期稳定的订货。于是，欧美整车企业会想方设法把开发设计费用、成本上升、市场竞争等压力转嫁给零企，这种作法可能导致亏本投标、质量下降等问题；而日韩企业之间相对固定的供应关系、过于复杂的关联，则可能会妨碍采购过程中的透明、公正和最优化，不利于降低成本、提高质量和技术水平。

无论哪种模式，在以整车企业为主导的汽车生产体系中，零部件企业往往处于相对弱势地位，它们迫切希望改变两者之间的商业运行模式，建立新型协作与伙伴关系，包括零企更早地参与到整车企业的新品开发当中，共同分担新产品新技术开发、产业化投资等风险，政府鼓励与保障政策等。

目前，两种模式已在悄然融合：欧美模式正逐渐向日韩模式的稳定供应体系靠拢，减少零部件供应企业的数量，在保持竞争性的同时，通过战略联盟、相互持股等方式进行定向合作；日韩模式在保留合作特点的同时，也在通过“开发选拔”等方式，不断地加入竞争的因素。整车企业与零部件企业之间的关系越来越趋向合作竞争，朝着提高组织效率、发挥各自优势、增强供应链整体竞争力的方向转变。

1.1.1 现代汽车生产系统基本概念

现代汽车生产系统是指汽车从原料进入生产现场开始，经由加工、运送、装配、检验等一系列生产活动所构成的系统，有时也称为汽车流水生产线；广义的汽车生产系统还包括研究开发、生产运作的供应与保证、生产运作计划与控制等子系统；更广泛意义的汽车生产系统则是涵盖零部件供应链、整车生产厂、销售服务网络的社会化生产体系。

1.1.1.1 汽车生产系统

所谓系统，是由相互联系、相互作用的若干部分（称为要素）组成的具有一定结构与功能的有机整体。系统具有整体性、相关性、目的性、层次性、环境适应性等基本特性。

生产系统是企业大系统中的一个从事产品制造活动的子系统，是支撑企业生产过程运行的物质基础，是知识投入与原材料、劳动力、技术设备、产品制造过程的集合体。生产系统由硬件和软件两部分组成，硬件通常是指生产机器设备、工具器具、生产场地、厂房、运输车辆、通信设施等，它构成生产系统的物质形式；软件指的是生产组织形式、人员配备要求、工作制度、运行方式以及管理上的各种规章制度。生产系统的运行本质是将各种各样的原材料或零部件进行加工，使之成为具有使用价值的产品的变换过程，因此，生产系统的运行过程既是物质的转换过程，又是价值的增值过程。

生产系统有狭义与广义之分。狭义的生产系统又称制造系统，是指直接进行产品加工或提供劳务的过程。广义的生产系统除上述内容外，还包括企业中的研究开发、生产运作的供应与保证、生产运作计划与控制等子系统。研究开发系统是进行生产前的各项技术性准备工作，以及产品的研究与开发过程，在很大程度上预先决定了产品或劳务产出的效果；供应与保证系统的作用在于提供足以保证生产运作不间断进行所需的物料、能源、设备等各种要素，并使它们处于良好的状态，因此，它将直接影响着基本生产的正常运行；计划与控制系统又称生产运作管理系统，是对整个生产运作系统各方面工作进行计划、组织、控制和协调，其作用类似于企业的大脑和神经系统。

汽车生产制造明显具有系统的特征，而且属于大批量生产的复杂集成系统。现代汽车是一个复杂的机械产品，由两万多种零件组成，涉及的生产技术领域范围非常广泛，如机械、玻璃、橡胶轮胎制品、电子电气装置、化工制品等。时至今日，汽车生产已经成为高度分工的社会化、专业化工业领域，任何汽车企业都难以独自生产汽车的所有原材料、零部件，通常发动机、变速器、车轴、车身等主要部件由本企业自己制造，而轮胎、玻璃、电器、内饰及其他小型零部件等多靠协作，由专业化生产厂商供货，这样，就形成了以制造汽车为目标，以汽车生产企业（整车厂）为核心，不同层次的零部件供应厂商（协作厂）相互配合，由供应—制造—销售—服务组成的社会化汽车生产系统。根据市场需求和形势的变化，汽车生产系统会采取优化供应链、创新技术装备、研发新产品等措施，维持系统功能的稳定，达到生产目标，即所谓生产制造的敏捷性（对市场的快速响应和对实际生产环境的应变能力）。

同样，汽车生产系统也有狭义和广义之分。狭义的汽车生产系统是指从原料进入生产现场开始，经由加工、运送、装配、检验等一系列生产活动，完成汽车产品工艺过程的一种生产组织形式，也就是整车企业直接生产汽车的制造加工系统，有时又称汽车流水生产线；广义的汽车生产系统除制造加工子系统外，还包括汽车产品研究开发、原材料和零部件供应、生产计划和过程控制、生产支持与保障、汽车销售和服务等子系统，各子系统又由若干功能模块组成；更广泛意义的汽车生产系统则是涵盖零部件供应链、整车企业、销售服务网络的社会化生产体系。这也是汽车生产系统层次性的表现。

1.1.1.2 现代汽车生产系统构成

现代汽车生产系统通常是按对象原则构建的。对象原则又称对象专业化原则，是按照产品的不同来设置生产单位的，即把一种产品的全部或大部分工序都集中到一个生产单位完成，如发动机车间、涂装车间、总装车间等。这种形式把相同的劳动对象集中在一起，连续进行许多工序的加工，可以大大缩短产品在生产过程中的运输路线，节省辅助劳动的耗费，缩短生产周期，减少在制品和占用的流动资金，简化生产管理工作和成本核算。

狭义的汽车生产系统硬件由原材料及零部件（总成）供应、部件（总成）分装生产线、冲压生产线、焊接组装生产线、涂装生产线、总装配生产线和检验生产线等系统构成，这些生产线系统总称为汽车生产线。其中冲压生产线为焊装、喷涂、总装提供主要零部件；焊装生产线进行车体焊装工作，为其后的涂装生产线提供白车身；涂装生产线为后面的总装生产线提供已完成喷漆的空车身；总装生产线完成各总成、零部件的最终组装形成整车，包括预组装生产线、底盘及内外饰等装配生产线以及最终组装生产线，由发动机线、动力总成线、悬架线、底盘线、轮胎线、座椅线、车门线、仪表盘线、合装线等组成；检验生产线进行整车制动、侧滑、车速、尾气、灯光、淋雨等性能检测。汽车生产系统硬件的基本构成——生产线如图 1-1 所示。图 1-2 表示了汽车生产系统的软件之一——生产组织管理系统的一种构架。

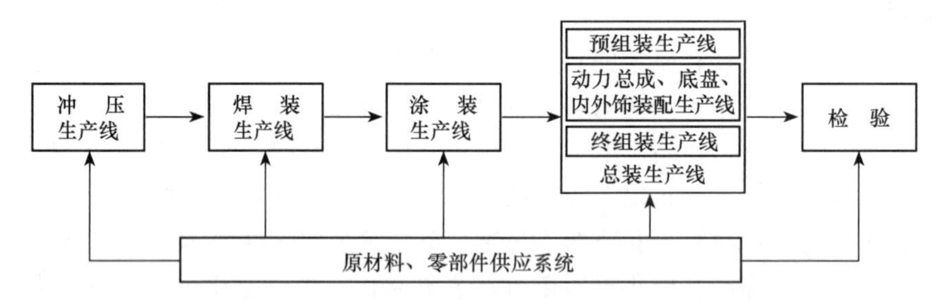

图 1-1　狭义汽车生产系统硬件构成——生产线

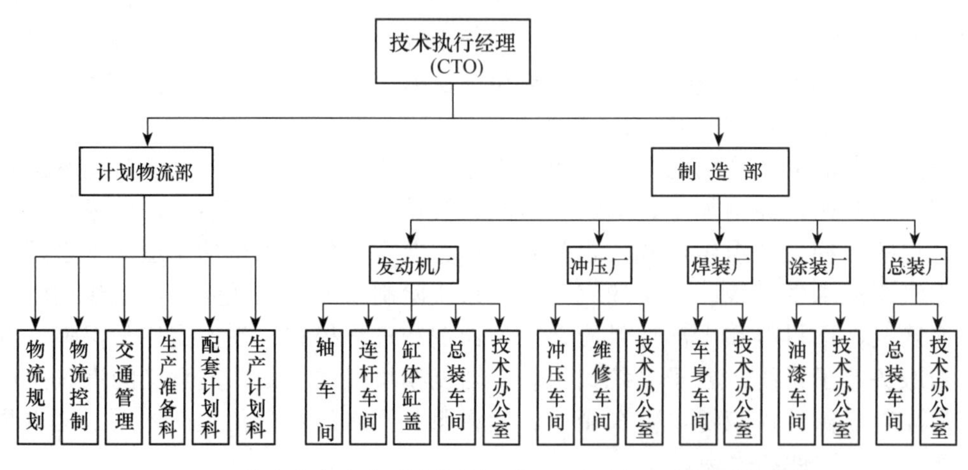

图 1-2　狭义汽车生产系统软件构成——生产组织管理系统构架

广义的汽车生产系统如前所述，主要由企业管理、产品研发、制造加工、原材料和零部件供应、销售和服务等子系统构成，各子系统的相互联系如图 1-3 所示。

1.1.1.3　现代汽车生产基本特点

现代汽车生产具有专业化、社会化、标准化、自动化、规模化、订单化、柔性化等基本特点。

1）高度分工的专业化生产

现代汽车的生产过程是先由若干零件组成合件或部件，由小的合件或部件组成大的部件或总成，再由总成构成系统，若干系统组装在一起构成整车。从零件到整车有几个界限明显的层次，因而在技术上具有生产分工的基础。

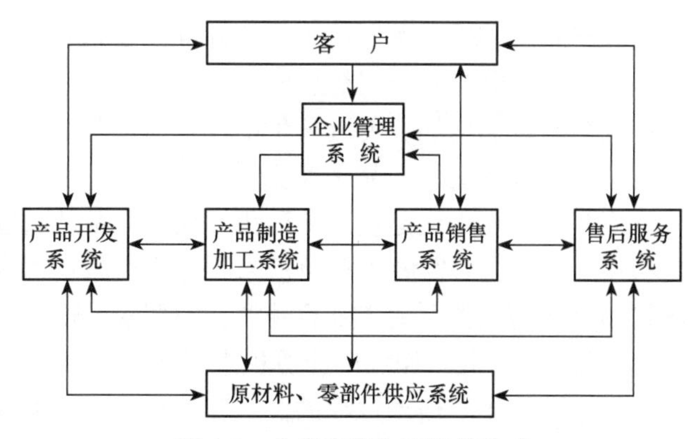

图 1-3 广义汽车生产系统构成

随着汽车工业的发展，前期竞相建造规模巨大、高度综合的“大而全”式汽车制造企业的趋势已经衰落，而经济高效、方式灵活、分工细化、高度社会化的专业厂生产方式成为主流。汽车生产分工首先是不同的零部件生产厂的分工，有些零部件只能由专业厂生产，如橡胶、玻璃、塑料、石棉、纺织品等大量非金属制品；有些则是由专业厂生产更为经济高效，如电机、仪表、轴承、标准件等。在市场经济的基础上，众多汽车零部件生产厂与整车制造厂进行不同程度的配套协作。

2）极其广泛的社会化生产

整车企业与零部件企业的配套协作不仅发生在本行业、本国，与所涉及的其他工业领域、国际汽车行业之间的合作、协作也已经非常普遍。汽车工业是世界上第一个全球化工业。

汽车生产与钢铁、有色金属、机械制造、橡胶、轻工、纺织、电子等其他工业有密切的联系，特别是随着汽车电子化的发展，电子工业与汽车生产的关系超过了以往任何时候，甚至银行业也与汽车生产有关，汽车销售网络遍布本国乃至其他国家，离不开银行和保险公司的支持。另一方面，自从 20 世纪 90 年代初通用汽车公司成功地实施了以降低成本为核心的零部件全球采购战略以来，发达国家的汽车生产厂商已经基本实现了在全球范围内配置资源。这些变革有力地推动了零部件企业与整车企业之间的相互独立与剥离，促进了更为广泛的社会化汽车生产体系的完善，强化了汽车生产的社会化趋势。随着不同国家大型汽车企业集团之间的联合、兼并，现在有些汽车企业很难说是属于哪个国家的，在某种意义上，汽车生产正从有国别的工业向全球统一的汽车工业转变。

3）科学规范的标准化生产

现代汽车生产广泛采用行业标准、国家标准、国际标准，以及这些上位技术法规覆盖下的企业标准，以保证零部件的互换性、通用性。标准化生产与专业化、社会化生产相互促进。

零部件实施互换制可以大大简化装配过程，提高生产率，而且在需要更换时也非常简便。互换制还为零部件的专业化生产创造了条件，现代汽车上许多机械零件，如紧固件、连接件、轴承等都已经实现了标准化，任何工厂生产的都可以互相通用，这就使专业化生产成为可能。

汽车零部件和整车的标准化生产还体现为生产过程的标准化、规范化。现代汽车生产科学严格的生产过程控制、管理规章制度、各层次技术法规和标准、技术监督、质量检验以及技术培训等，都是为了保证无论是单线生产还是混线生产，无论是哪个协作厂的配套产品，其质量都要达到检验标准的要求。

4）优质高效的自动化生产

汽车产量的增加促使汽车生产过程自动化。自动化不但提高了生产效率，降低了生产成本，而且保证了产品质量稳定。

生产过程自动化是从工艺过程开始的，先是通过机械控制来实现加工机床的半自动化和自动化；随后发展的数控机床比专用机床更加灵活，可以通过设定程序来加工各种形状和尺寸的工件，适应多品种加工的要求。现在，计算机技术广泛用于实现汽车生产的自动化、智能化，如利用计算机进行生产设备的控制和操作，以及加工、装配、检验、存贮、输送等生产活动过程的监视和管理，即计算机辅助制造（CAM）。

计算机技术与汽车流水生产线相结合，使得现代汽车从零部件到整车生产都体现了优质、高效、连续自动运行的突出特点。作为流水作业这种生产组织形式的实现系统，流水生产线恰恰是从汽车工业首先发展起来，为大批量连续生产服务的。现代汽车生产线多数采用电子计算机、工业机器人等先进技术，实现高度自动化及系统化的生产。

5）降低成本的规模化生产

一条经济学规律是，产品的单位成本随生产能力的提高而逐渐降低，这就是规模经济效应。汽车生产的经济效益与其规模有密切关系；实际上，规模经济理论恰恰是英国经济学家G. Maxcy和A. Silberston针对汽车工业生产进行系统研究时最早提出来的。他们的研究结果表明，一个车型的生产批量与成本存在着表1-1所列出的关系。

表1-1　汽车产量与成本的关系

产量/（万辆/年）	成本降低率/%	产量/（万辆/年）	成本降低率/%
由1 000增加到50 000	40	由200 000增加到400 000	5
由50 000增加到100 000	15	超过400 000	<5
由100 000增加到200 000	10	超过1 000 000	不明显

通常，一个汽车生产企业的最小有效经济规模是其各生产线最小有效经济规模的最小公倍数。例如，一条汽车生产线的最小有效经济规模是6～10万辆/年，一条发动机生产线的最小有效经济规模是50万台/年，一条汽车覆盖件冲压生产线的最小有效经济规模是100万件/年，则整个企业的最小有效经济规模就是100万辆/年。随着经济的发展和科技进步，最小有效经济规模的具体数值也在变化，但一般认为，对生产单一车型的轿车厂而言，最小有效经济规模是年产50万辆；对生产各种车型的企业来说，则是年产100万辆。在国际上，年销量100万辆以下的汽车生产集团已经不能单独存在，200万辆规模的也面临重组。

2010年，世界最大的三家汽车生产企业——丰田、通用和大众，汽车年产量分别达到856万辆、846万辆和734万辆，年销量分别达到842万辆、839万辆和714万辆，这使得它们具有极好的规模经济效益和极大的市场竞争优势。同年，我国汽车生产前三甲企业上海汽车工业集团、东风汽车集团和中国第一汽车集团，年产量分别达到362万辆、277 万辆和 257 万辆，年销量分别达到 356 万辆、272 万辆和 256 万辆。大批量的规模化生产，使得汽车的生产成本和费用大大降低，能够走入千家万户，成为寻常的代步工具。

6）适应需求的订单化、柔性化生产

制造性生产分为订货型生产、备货型生产及其混合形式。订货型生产是按用户订单要求的产品性能、数量以及协商的价格、交货期等，组织设计和生产，如飞机、船舶等；而备货型生产则是按已有的标准产品或产品系列进行的生产，通过补充成品库存随时满足用户需求。

传统的汽车制造企业通常按照备货方式生产。但随着人们对汽车产品多样性的要求越来越突出，更新换代的周期越来越短，特别是汽车产品开始从生产者主导向消费者主导转变，使得备货型生产难以完全适应多变的市场需求。汽车订单式生产是指汽车制造企业根据其经销商的订单，也就是根据消费者的需求量和交货期来进行生产安排。订单式生产对消费者而言，可以选择汽车的颜色和配置等，满足个性化需求；对经销商而言，可以避免库存对资金的占用，降低经营风险；对生产企业而言，可以减少或避免库存、降低成本、减少产品积压和资金占用。虽然订单式生产交货周期较长，但随着汽车生产技术的发展，目前从接受订单到发货时间已经大大缩短，越来越多的汽车制造企业采用备货与订货混合的生产方式，订单式生产的汽车数量和比重逐渐增多。

在现代化汽车生产企业中，订单式生产（或混合式生产）的主要实现途径之一是柔性化生产系统。传统的刚性自动化生产线主要实现单一品种的大批量生产，其优点是生产率高、设备利用率高、单件产品的成本低，但难以应付多型号、不同批量产品的生产；而柔性生产系统可以根据需要随时自动调整生产控制程序，在同一条生产线上进行多种车型的混合生产，且生产组织形式灵活，便于增减设备，能够同时满足大批量生产与小批量定制生产的需求。

汽车柔性化生产方式不仅体现在加工制造环节，更广泛意义的柔性化生产涵盖企业生产经营的全部活动，柔性地全面协调从接受订单至生产、销售全过程，快速响应市场需求的变化，同时也可以将企业中相对独立的产品设计、生产制造及经营管理等过程结合起来，构成完整而有机的系统，以实现企业全局动态最优化、总体高效益和高竞争力。

1.1.2 汽车生产过程与工艺过程

汽车生产过程包括生产准备工作、加工制造过程、各种辅助性工作以及各种生产服务活动，这些生产过程称为准备生产过程、基本生产过程、辅助生产过程和服务生产过程。汽车生产的工艺过程则是指直接改变毛坯、零件、部件或总成等的性质、形状、尺寸、相对位置和物理化学性能的具体方式方法。

1.1.2.1 汽车生产过程

汽车的生产过程是指将原材料转变为汽车产品的全过程，也就是通过各种工艺将原材料或半成品制成汽车零部件和总成，再将它们总装成整车的过程，大致可以分为基本生产过程、准备生产过程、辅助生产过程和服务生产过程。基本生产过程是指企业直接开展加工、制造产品的过程，是汽车生产中的中心环节，包括各种毛坯（铸件、锻件等）的制造、零件的机械加工、毛坯和零件的热处理及表面处理、部件（总成）的装配和汽车总装配等；准备生产过程是指产品投产前所做的全部生产准备工作，包括制定工艺设计及作业设计，进行设备、夹具、模具等设计和订货等；辅助生产过程是指保证基本生产过程正常进行所必需的各种辅助性过程，包括水、电、油、气（汽）的提供，工艺装备及非标准设备的制造，设备维护等；服务生产过程是指保证基本生产和辅助生产所进行的各种生产服务活动，包括原材料采购、供应，各生产环节之间的运输、保管，产品质量检测、产品的销售及售后服务等。

汽车制造企业接到订单之后，生产加工系统向各生产环节发出指令，开始投入生产；组装、焊接工作完成后的车身先进行涂装，然后输送到总装生产线上组装各种零部件、总成，制成整车；经检验合格后，成品汽车将被发运到国内外的汽车销售公司，作为商品汽车出售。现代汽车生产是一个连续的过程，从焊接车间上线开始，到涂装车间、总装车间直到总装下线，均是按一定的节拍进行，由输送带实现车辆在各生产线上的传送。汽车制造企业生产过程如图1-4所示。

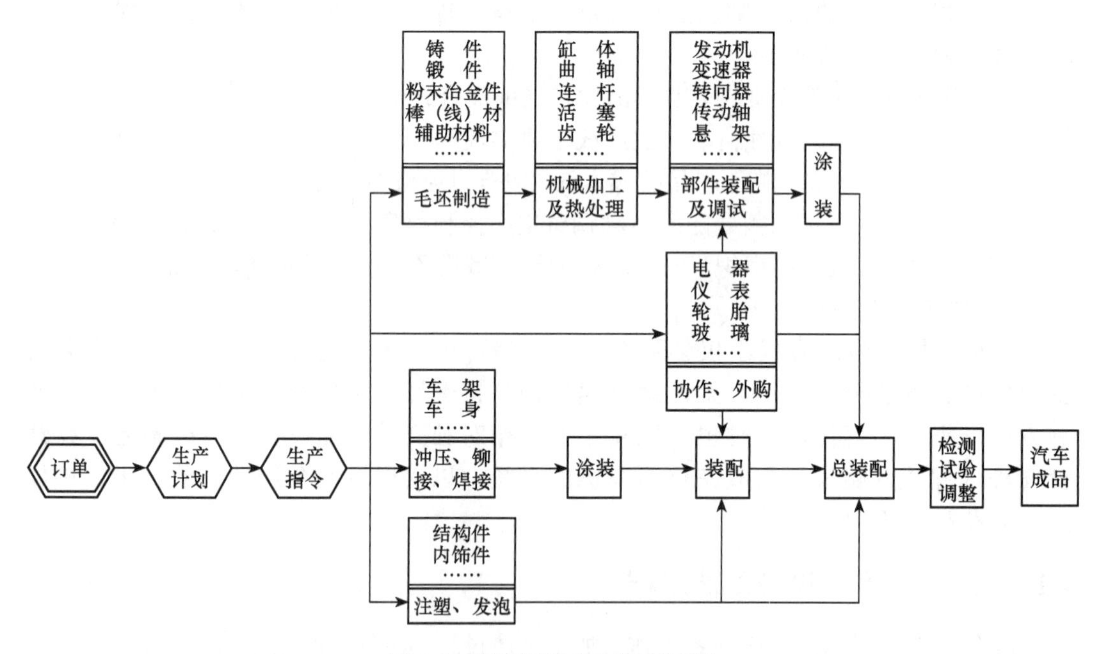

图1-4　汽车制造企业生产过程

汽车的生产过程虽然可通过简图集中表达出来，但实际生产是高度社会化的，一辆汽车的生产是由许多专业化生产厂联合完成的，没有哪个汽车制造企业能够单独完成全部零部件及总成的生产，一般它只承担发动机、变速器、驱动桥、车架、驾驶室等总成的主要零件制造和总成的装配，其他如橡胶制品、玻璃制品、电子电气装置等则由专业制造企业生产。

1.1.2.2 汽车生产工艺过程

任何机械包括汽车都是由若干零件、部件（或组合件、总成）组成的。为了有效地组织生产，常常将产品划分为若干个独立的装配单位，以便组织平行作业，缩短生产周期。能进行独立装配的部分称作装配单元，一般可以将产品的装配单元划分零件、合件、组件和部件。零件是组成机械的不可分拆的单个制件，是机械制造过程中无需装配的基本单元，如轴套、螺母、齿轮、曲轴、连杆体等。合件也称为结合件，是由两个或两个以上的零件采用不可拆卸的连接方法（如铆接、焊接、热压装配等）结合在一起的整体件，如汽车传动轴合件、桥壳合件、离合器拨叉轴合件，发动机燃油分配管合件等。所谓不可拆卸是指装配后如果拆卸就会损坏其中的某些零件，非经修复或更换不能重新连接。组件是组合在一起形成一个功能单元的若干零件或合件的集合体，如发动机活塞组件、连杆组件，汽车变速器拨叉组件、起动机外壳组件等。部件是若干在结构上组合在一起，能够协同工作、完成特定功能的零件、合件或组件集合体，如汽车万向节、差速器、风扇、机油滤清器、燃油泵、机床主轴箱等。零件与部件、部件与部件组合起来形成具有特定功能的结构，仍然称为部件，不过是更大的部件。在某些行业特别是汽车行业中，也经常将合件、组件和部件统称为总成，如发动机、变速器、转向器、车桥、车身、车架等。

每个部件可以作为一个独立的装配单元；部件由若干组件组成，组件又由若干零件或合件组成，而每个组件、合件、零件也都是独立的装配单元。这样就非常便于组织生产、管理，有利于企业之间的协作和产品的配套，有利于组织专业化生产。这种生产方式在汽车的大批量生产中被广泛采用。图 1-5 所示即为零件、合件、组件、部件和产品之间关系的装配单元系统图。

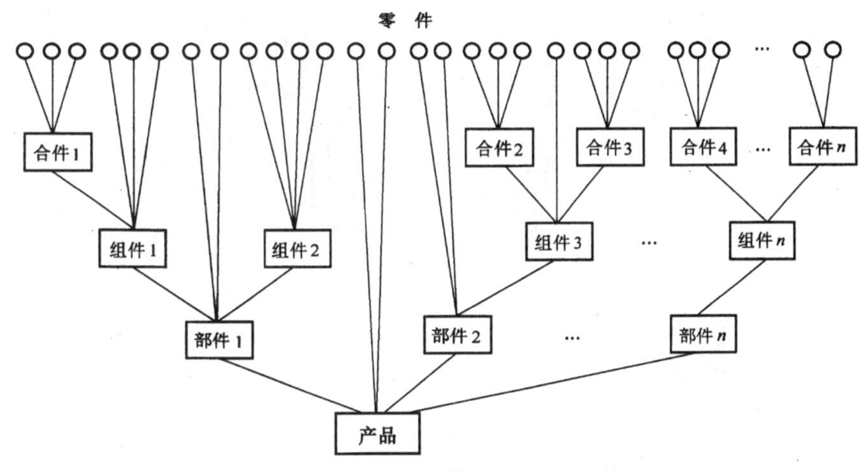

图 1-5 装配单元系统图

在生产过程中，直接改变生产对象的性质、形状、尺寸、相对位置和物理化学性能等，使其成为成品或半成品的过程称为工艺过程；其他过程则称为辅助过程。如将原材料经过铸造或锻造制成铸件或锻件，即为铸造工艺过程或锻造工艺过程；这两种工艺过程可以统称为毛坯制造工艺过程。毛坯需要使用各种加工设备和工具加工成零件，称为机械加工工艺过程。将零件通过焊接、铆接等连接成合件或部件，或将零件、合件、组件按一定的技术要求装配成部件（总成）或产品，称为连接与装配工艺过程；它是改变零件、部件（总成）间相对位置的过程，分为部装（零件装配成部件）、分装（零部件装配成总成）和总装（零部件、总成装配成最终产品）。

在汽车制造的工艺过程中，包括了毛坯制造工艺过程、零件的机械加工及热处理工艺过程、部件或总成及汽车产品的装配工艺过程等。

生产工艺过程都是按一定顺序由若干工序组成，工序是组成工艺过程的最基本单元。对于通常的机械加工来说，每一道工序又分为安装、工位、工步、走刀等工作内容。

1）工序

工序是指一个（或一组）工人在一个工作地（机械设备）上对一个或同时对几个工件所连续完成的那一部分加工过程。划分工序的最主要依据是：工件加工进程中工作地或设备是否改变和工件不同表面的加工是否连续（顺序或平行）完成。为什么要划分工序呢？其一，工件表面具有不同的形状、精度，因此，这些表面一般不可能在一台机床上全部加工完成；其二，划分工序可以提高生产效率，降低生产成本。工序是工艺过程的基本组成部分，也是生产计划的基本单元。

图1-6所示为加工汽车变速器第一轴毛坯大、小头两端端面简图。图1-6（a）表示在专用铣削轴端面机床上，使用两把面铣刀同时铣削大、小头两端面，是在一道工序中平行完成两端面加工的；图1-6（b）表示在一台普通卧式铣床上，工件在机床夹具I上铣削大头端面，然后调头装夹在同一机床夹具II上，再次进给铣削小头端面，是在同一台铣床上连续（顺序）完成铣削大、小头两端面的；图1-6（c）表示采用普通卧式铣床，依次在两台铣床上分别铣削大、小头端面。（a）和（b）属于一道工序完成加工，（c）则是两道工序完成加工。

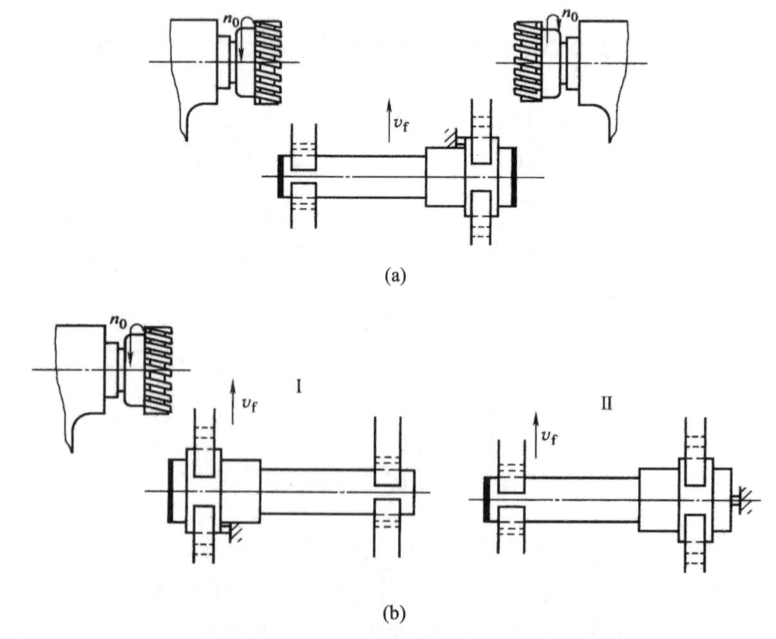

图1-6 加工汽车变速器第一轴大、小头两端面简图

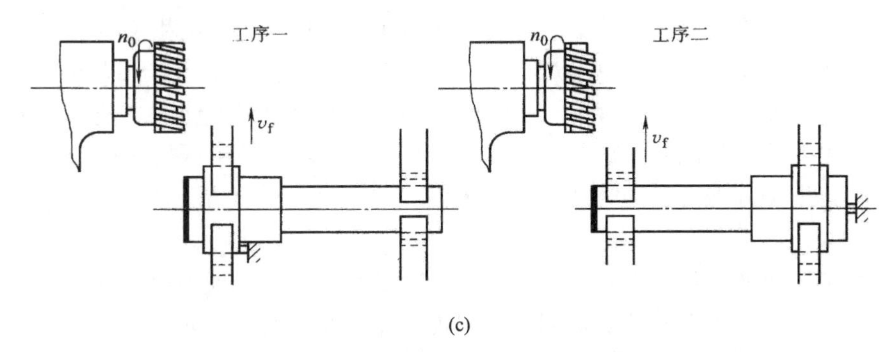

图 1-6 加工汽车变速器第一轴大、小头两端面简图（续）

（a）用专用机床同时铣削大、小头两端面 （b）在一道工序中顺序铣削大、小头两端面
（c）在两道工序中分别铣削大、小头端面

2）安装

在同一道工序中，工件在加工位置上装夹一次所完成的那一部分工序，称为安装。一道工序中可以有一次或多次安装。如图 1-5 所示，（a）和（c）均为每道工序中只有一次安装，（b）则在一道工序中有两次安装。

在一道加工工序中，应尽量减少安装次数，特别是对于有形位公差要求的表面，应在一次安装中加工出来。因为安装次数增多，不仅影响生产效率，而且安装位置改变，势必影响被加工部位间的精度。在图 1-5 所示的加工过程中，与（a）方案比较，（b）方案的缺点是生产率低，而且在两次装夹中分别铣削出的大、小头端面间的平行度误差较大。

3）工位

一次安装后，工件在每个位置上完成的那一部分加工过程，称为一个工位。工位的变换可借助于机床夹具的分度机构或机床设备工作台的移位或转位来实现；如果工件安装在固定的工作台上，而加工刀具移位或转位，工件相对于刀具的位置也发生一次改变，这也是一个工位。所以，严格地说，工位就是在一次安装后，工件与机床夹具或设备的可动部分一起，相对于刀具或设备的固定部分所占据的每一个位置上完成的加工过程。

图 1-7 所示为在普通卧式铣床的回转工作台夹具上，在一次安装的两个工位中分别铣削出变速器第一轴大、小头两端面。与图 1-6（b）所示加工方案比较，采用一道工序一次安装两个工位进行加工，节省装卸工件的时间，提高生产效率；而且在采用毛坯表面装夹的条件下，这种方案加工的大、小头两端面间的位置误差较小。多工位加工工艺减少了安装次数，提高了生产效率，特别适合于汽车零件的加工生产。

4）工步

工件在一次安装中，在加工表面、加工刀具、切削用量（仅指转速及进给量）不变的情况下，所连续完成的那一部分工序内容称为工步。一般来说，上述三个要素（加工表面、加工刀具和切削用量）中的任何一个发生改变，即成为另一个工步。

在汽车的零件加工生产中，为了提高生产率，常在一次安装条件下，利用多个刀具同时加工多个表面，这也算作一个工步，称为复合工步。

在图 1-8 所示的车削活塞顶部 A 和活塞环槽 B 的工序中，由于加工表面、刀具、切削用量都不同，所以它们属于不同的工步；而在图 1-9（a）中，虽然使用一把车刀、采用同一切削用量顺序车削变速器第一轴外圆表面1、2、3、4、5（用粗实线表示的表面），但由于加工表面发生了变化，也不是一个工步而是五个工步。在产量很大的情况下，为了提高生产率，如图1-9（b）所示，在液压仿形车床的上刀架上使用一把车刀按着样板的形状连续地对五个外圆表面进行顺序车削，另在下刀架上使用两把切槽刀同时完成车削端面及槽，即用几把刀具同时加工几个表面，这就是一个复合工步。

5）走刀

工件被加工表面余量较大时，需要进行多次切削，每进行一次切削，称为一次走刀。每个工步可包括一次走刀或几次走刀，也可能若干工步只有一次走刀。

可见，工艺过程的组成是很复杂的。工艺过程由许多工序组成，一个工序可能有几个安装，一个安装可能有几个工位，一个工位可能有几个工步等。

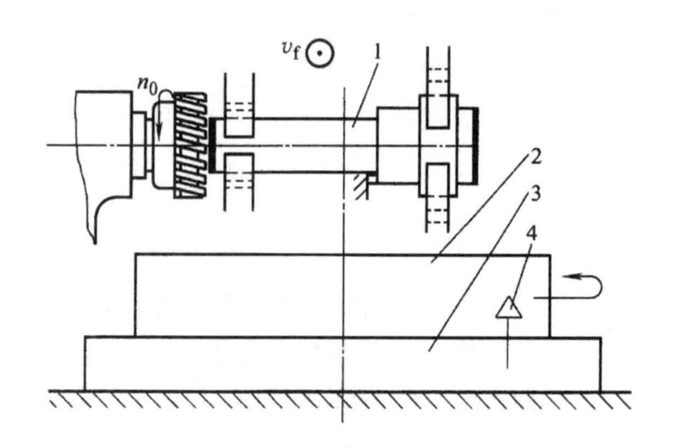

图1-7　工件在回转工作台上的两工位加工

1．工件　2．机床夹具回转工作台
3．机床夹具固定底座　4．分度机构

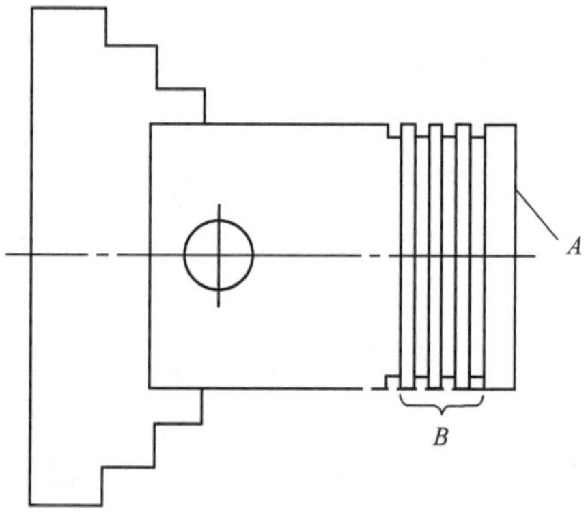

图1-8　发动机活塞顶部和环槽加工工步

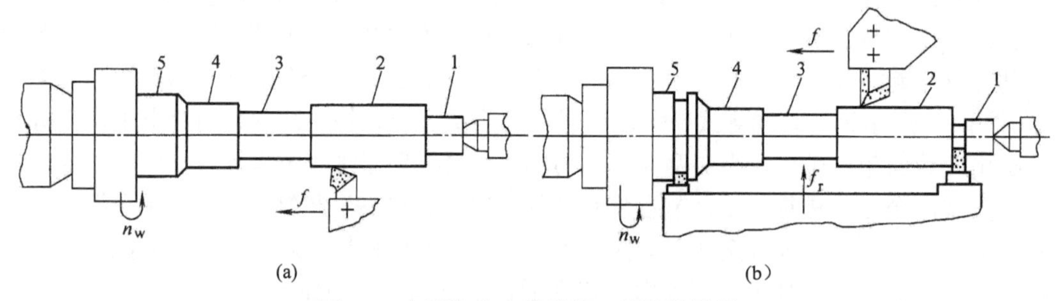

图1-9　车削汽车变速器第一轴阶梯外圆

（a）用五个工步分别车削五个外圆表面　（b）用一个复合工步车削多个外圆及端面

1.1.2.3　汽车制造工艺流程

工艺流程，是指在工业生产中从原料到制成成品的各项工序安排的程序。流程是工艺过程的核心，它集中反映了生产过程中物料和能量的变化及流向、经历的工艺过程及逻辑关系、采用的工艺参数、使用的仪表设备、安排布置的工作场地等。

工艺流程的编制需要把各个生产单元按照一定的目的要求有机地组合在一起，形成一个完整的生产工艺过程，主要包括两个方面：一是确定生产流程中各个生产过程的具体内容、顺序和组合方式；二是通过工艺流程图的形式，表达生产过程中经过各个单元操作过程时，物料和能量发生的变化及其流向，以及采用的设备、场地及其相互联系等。工艺流程图是用图表符号集中形象地概括整个生产过程和工艺过程全貌的系统图。

汽车制造工艺流程生产系统的主流程，通常以总装为核心。为了提高效率，汽车制造尽量采用流水线的生产方式，不仅有整车总装生产线，一些部件或总成也有分装生产线，要求平行开展各种零部件的制造、加工，然后装配成大部件或总成，最后汇总到总装生产线装配成整车出厂。各条生产线之间必须互相协调，其中的任何一个环节出现问题，都可能影响整个汽车厂的生产。

汽车生产工艺流程图是十分重要和复杂的技术文件。图 1-10 所示简要地表达了典型的汽车生产（加工制造环节）工艺流程。

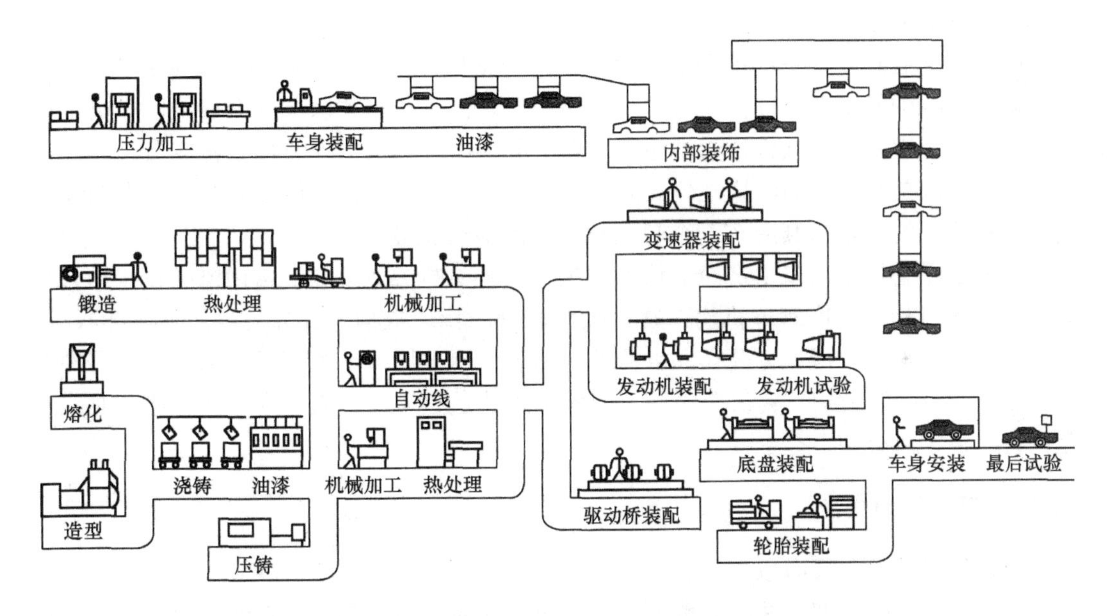

图 1-10 汽车制造工艺流程简图

1.1.3 现代汽车生产系统中的企业构成

由于现代汽车工业生产的社会化，一家汽车制造企业通常只是完成汽车生产过程的主要部分，而一个完整的汽车生产过程要由汽车制造企业与配套企业共同完成，是社会大协作生产的产物。因此，从生产链的角度分析其组织结构和市场结构，现代汽车生产系统是由汽车集团公司、整车制造企业、专业化汽车部件生产企业和汽车零配件加工企业组成的金字塔形结构和生产链条网络。

事实上，随着市场经济的发展和完善，以及规模经济效益驱动，现代汽车生产体系已经越来越庞大，生产单位的关联越来越复杂，组合、兼并、拆分、互持股份、企业联盟等组织结构、资本结构和业务结构互相交叉，变换多样。这里只介绍其中主要的企业构成形式。

1.1.3.1 汽车集团公司

集团公司是指以资本为主要联结纽带、以母子公司为主体、以集团章程为共同行为规范的，由母公司、子公司、参股公司及其他成员共同组成的企业法人联合体。一般意义上的集团公司，是指拥有众多生产、经营机构的大型公司，它一般都经营着规模庞大的资产，管辖着众多的生产经营单位，并且在许多其他企业中拥有权益。汽车生产涉及领域之广泛，社会化、规模化程度之高，都是现代化大生产的突出典型，所以，现代汽车生产组织成长为资本集中、规模庞大的集团公司，是经济社会发展的必然。世界各国大型汽车企业都是采用集团公司的方式生产经营，如通用、福特、戴姆勒、宝马、大众、菲亚特、标志—雪铁龙、丰田、本田、现代—起亚等；我国汽车生产的集团化也在迅速发展，如上海汽车工业集团总公司、中国第一汽车集团公司、东风汽车公司、中国长安汽车集团股份有限公司等。

以现代企业制度为基础的企业集团，在组织结构上是由多层次的成员企业构成的，按照资产联结的紧密度不同，通常可分为核心层、紧密层、关联层三个层次。成员企业之间不仅有管理上的层次性，同时还有联合上的层次性。虽然企业集团各成员企业都是独立的法人，具有平等的法律地位，但在实际经营活动中，各成员企业在集团中的地位往往是不平等的，通常其中有一个起主导作用的核心企业。

汽车集团公司是汽车生产企业体系中最上层的结构要素。它通常由财务机构、人事机构、研发机构、生产管理机构、质检机构、资产管理机构、各分公司（事业部）、子公司和参股公司等构成；分公司（事业部）和子公司下属若干整车厂、总成厂、零部件厂、改装厂、营销公司、物流公司等，或者本身就是整车、总成、零部件制造企业或管理、营销、物流公司。

1.1.3.2 整车制造企业

整车制造企业主要有以下三种：

（1）生产全部零部件并组装整车。如传统的大而全的汽车制造企业，拥有所有零部件设计、加工制造能力（福特汽车公司早期甚至生产玻璃）。这种企业市场适应性较差，难以做到生产设备负荷的平衡，固定资产利用率低，工人工作极不均衡，是一种衰落的企业形式。

（2）只负责汽车设计和销售，零部件和整车生产是通过计算机网络选择合适的制造企业组成虚拟公司（即企业动态联盟）完成的；各加盟配套企业在技术、经济、管理上各自相对独立。这种方式具有固定资产投入少、充分适应市场变化、经营灵活等特点，是汽车制造由资金密集型产业向知识密集型产业转化的一种比较先进的企业形式。

（3）生产一部分关键的零部件并组装整车，其余零部件向专业生产企业成套采购。这种生产方式克服了第一种方式投资大、市场适应性差的缺点，也克服了第二种方式难以掌握汽车制造核心技术和工艺的不足，成为当今汽车制造业最普遍的企业形式之一。按这种方式，整车生产企业制造主要总成如发动机、变速器、车桥、车身、车架、底盘等，并且组装整车，其余零部件由专业生产企业提供；有些整车生产企业发动机或变速器等也依靠专业生产企业供货。由于整车企业负责接单、组织生产、质量检测等一系列活动，需要协调与各类专业供货商的关系，这种垂直联系是多向且复杂的。整车企业是汽车生产链的物流调度与管理中心，担负着信息集成与交换的作用，在产品设计、制造、装配等方面具有强大的优势，不但可以拉动上游供应商的原材料、零部件供应，也可以推动下游分销商的产品分销及客户服务。

整车企业的生产制造水平直接决定着汽车生产的质量和产量，通常具有自动化程度高、生产效率高的主体生产线。在集团公司中，主要的整车制造企业（公司）通常是其核心企业或核心层成员，它们往往是集团公司发展之初的基础。

1.1.3.3 主要部件（总成）生产企业

组成汽车的主要部件（总成）如发动机、变速器、传动系、减振器、转向器、制动系统等由专门的企业进行生产，这些企业或者是属于集团公司或整车企业的生产单位（分公司、分厂、车间或子公司），或者是社会化的协作生产供应厂商。它们往往也被称为一级系统集成厂商或一级部件供应厂商，向整车企业提供系统总成而不是单个的零部件。

汽车集团公司所属的部件（总成）生产厂要首先满足整车厂的生产需要，一般根据整车厂的车型、技术参数和使用要求组织批量生产，具有技术研发能力和较完备的管理体系。独立的社会化专业部件（总成）厂商与整车企业是订单采购的竞争协作关系，可以同时与多家整车企业协作配套。汽车部件（总成）企业具有高度自动化的生产能力以及产品开发能力，形成标准化、系列化的产品，与整车企业通常保持着比较稳定的配套供应关系。

从目前我国的实际情况来看，企业集团直属专业生产厂的形式仍然处于主导地位，这从我国汽车集团具有很高的自制率得到验证。而国际上的发展趋势则是，整车企业对汽车零部件甚至车身的需求越来越依赖于外部独立的零部件配套厂，甚至已经实现全球化采购，例如日本汽车生产企业自制率只有 20%～30%；一些大的汽车集团不断剥离零部件制造部门或业务，如通用汽车公司将零部件分部剥离出来，面向全球市场组织运作。

1.1.3.4 零部件生产企业

整车企业和主要部件（总成）生产企业需要一大批类别不同的协作企业为其配套生产零部件，有些整车企业甚至有多达上千个配套零部件供应厂商，这些协作企业称为二级、三级或四级零部件生产厂。

为了应对日益激烈的市场竞争，汽车企业更加致力于整车、装配技术、动力总成的研发和生产，对其他零部件的需求则更加依赖于独立的零部件配套协作厂商，迫使它们承担越来越多的产品研发和制造任务，对供货成本、质量和时效也提出了更高的要求。因而，为整车企业服务的零部件生产企业，尤其是一、二级零部件厂商，不再是简单的来样或来图加工，而要承担起产品设计、制造、检验、质量保证、及时供货以及市场服务的全部责任，甚至需要管理、协调更低级别的供应厂商。但是另一方面，还有更多的零部件生产企业，未进入整车配套市场，而只是单一的汽车售后服务配件供货商；而且，现代汽车零部件生产企业独立性增强，其市场面向行业和全球，基本摆脱了为单一汽车制造企业服务的性质——零部件企业配套层次越低，这种趋势越明显。因此，汽车零部件生产企业以水平合作网络为主。

在汽车生产体系中，零部件生产涉及范围最广，社会化、市场化程度最高，形成了建立在专业化分工协作与市场调节基础上的生产方式和企业网络，产品种类繁多，地域分布广泛，具有产量大、效率高的现代化生产设备和生产能力，以充分满足整车和主要部件制造以及售后市场的需要，是汽车生产社会化、专业化的代表，是产业链条中的基础和重要环节。

如果把现代汽车生产企业系统比喻为金字塔形结构，则汽车集团公司位于金字塔顶端；整车制造企业是核心要素，位于金字塔上层；其下是若干为整车企业服务的专业化汽车总成生产厂（车间），即一级配套供应厂商，提供整车生产的主要总成；基础层面则是众多的二、三、四级零部件供应厂商，它们往往既专门为若干车型服务，提供分总成和零件，又生产汽车、工程机械、农业机械等通用零配件。此外还有汽车用品、汽车装潢、汽车娱乐等外围企业。一级配套供应商数量较少，一般只有若干家，并向集团化方向发展；每一个一级配套商有更多的二级、三级和更低级别的零部件供应商，并且由上而下供应商数量逐级增多。

1.2 汽车产品生产类型和工艺特征

生产纲领是企业在一定时期内计划生产的产品产量和进度计划。汽车产品生产企业根据生产纲领确定采用单件、批量还是大量生产的生产类型；汽车零部件的生产类型与整车的生产类型有关，但可能具有不同于整车的生产类型。在实际生产中，同一个工厂、同一个车间内就可能存在不同的生产类型。而不同的生产类型，相应的生产组织、生产设备、工艺装备、加工装配方法、对工人技术熟练程度的要求等均有不同的特点，也就是工艺特征不同。只有工艺特征与生产类型相适应，才能取得较好的经济效益。

【补充阅读资料】

汽车大规模定制生产方式

大规模定制是一种快速响应客户个性化需求，以大批量生产的低成本、高质量和高效率来提供定制产品和服务的生产方式，基本思想在于运用现代信息、新材料、柔性制造等一系列高新技术，通过产品结构和制造流程的重构，将个性化定制生产的柔性与大规模生产的低成本、高效率相结合，实现两者的最佳平衡。

从汽车生产的历史过程来看，无论是美国的大量生产方式，还是日本的精益生产方式，本质上都属于大规模生产方式的范畴；而今后，大规模定制会成为汽车产业的重要生产方式，这对传统生产方式将产生重大影响。这种趋势是汽车生产方式升级换代的一种体现，也是汽车制造业全球分工深化的一个结果。未来汽车制造业的发展，不单是科技进步的表达，更是新兴生产方式的孕育和表达。

1.2.1　生产纲领

汽车产品（包括整车和零部件）种类繁多，社会对不同汽车产品的需求量有很大差别。企业根据市场需求和自身生产能力，制订的在一定计划期（如一年）所应当生产的产品产量和进度计划，称为生产纲领。

对于汽车零部件的生产车间或协作厂的生产纲领，可按式（1-1）计算某一零部件的生产纲领：

$$N=Qn(1+\alpha)(1+\beta) \tag{1-1}$$

式中：N 为零部件的生产纲领，件/计划期；Q 为汽车的生产纲领，台/计划期；n 为每台汽车中该零部件的数量，件/台；α、β 分别为零部件备品率和废品率，%，其值一般根据实际情况选取，或根据经验取 5%的备品率和 2%的废品率。

1.2.2　生产类型

汽车产品的销售与企业的生产能力，决定了企业的生产纲领；生产纲领的制定，决定了产品的生产类型，即生产规模。将生产纲领所计划确定的产品数量，在一年里分批生产，每批生产的数量即为批量。根据企业（工厂、车间、工段或班组）的生产专业化程度的不同和生产纲领中产量的不同，汽车和零部件的生产存在着三种不同的生产类型，即单件生产、成批生产和大量生产。表 1-2 列举了汽车生产企业生产类型与产量之间的关系。

表 1-2　汽车生产企业生产类型与年产量的关系

生产类型		产量/（台/年）		
		乘用车或 1.5t 以下商用车	商　用　车	
			2～6 t	8～15 t
单件生产		＜10	＜10	＜10
成批生产	小　批	＜2 000	＜1 000	＜500
	中　批	2 000～10 000	1 000～10 000	500～5 000
	大　批	10 000～50 000	10 000～30 000	5 000～10 000
大 量 生 产		＞50 000	＞30 000	＞10 000

1）单件生产

每年产品品种很多或不确定，每个品种的数量不确定，每台设备或工作场地单个生产不同的产品，很少重复，称为单件生产。典型的如重型机器、专用设备的制造等；在汽车生产中，新产品试制、某些特种车辆的生产以及设备修造车间的生产也属于这种类型。

2）成批生产

一年中轮番地、周期性地生产若干种不同产品，每一工作场地或加工设备分批完成不同工件的一道工序或同一工件的几道相似工序，制造过程有一定的重复性，称为成批生产。包括小批生产、中批生产、大批生产。一般中、轻型载货汽车多为大批大量生产，重型载货汽车多为中批生产。

3）大量生产

每年产品品种是单一的或只是几种系列化产品，而且产量很大，大多数工作场地（或设备）常年固定，重复地进行某种或几种相似零件的某一工序的生产，称为大量生产。典型的如轴承、手表等的生产；乘用车、发动机、大部分汽车零部件的制造也是这种生产类型。

应该说明的是，汽车零部件的生产类型与整车的生产类型有关，但由于产品的结构特点、工艺特点、需求量以及使用寿命长短不同，可能不同于整车的生产类型。在汽车制造企业中，经常根据工序专业化程度确定零部件的生产类型。衡量工序专业化程度可用每台设备或工作场地完成的工序数目或节拍等方法确定。汽车零件生产线的节拍是一条生产线上工序之间被加工零件流动的时间间隔，可按式（1-2）计算：

$$T=\frac{60\eta F_{\mathrm{n}}}{N} \tag{1-2}$$

式中：T为零件生产线节拍，min；η为工时利用率，%；F_{n}为零件生产线年有效工作时间，h；N为零部件年生产纲领，件/年。

表1-3所示为根据设备或工作地担负的工序数目和节拍确定生产类型的参考数据。

表1-3　确定零件生产类型的参考数据

生产类型	确定依据	
	设备或工作地担负的工序数目	生产节拍/min
小批生产	20～40	＞60
中批生产	10～20	15～60
大批生产	2～10	5～15
大量生产	1～2	＜5

三种不同的生产类型，在实际生产中可能同时发生在一个工厂甚至一个车间内。例如，某发动机的制造是成批生产，但发动机的某个零件（气阀、连杆、活塞、活塞环等）却是大量生产；变速器及其壳体均为大批大量生产，但其中的拨叉类零件却可能属于中、大批生产。

同其他产品一样，传统方式汽车生产选用生产类型的准则仍然是质量、成本、生产率。但随着生产技术的发展，社会消费水平的提高，消费的个性化以及汽车产业竞争日趋激烈，传统的大批量生产类型的局限越来越大，多品种小批量的生产类型迅速发展。

1.2.3　工艺特征

生产类型不同，生产的组织、管理，生产车间、生产场地的布置，毛坯的制作，机床设备、工艺装备（刀具、量检具、机床夹具等）、加工方法的选择，设备在生产线上的布置，零件尺寸的获得方法，以及对工人技术等级的要求等各方面均有所不同。一般将上述的这些特征统称为生产类型的工艺特征。

单件生产的工艺特征是按产品类型划分车间或工段，零件生产无流水线，广泛采用通用设备和工艺装备，如通用机床、标准刀具、万能量具、通用夹具、组合夹具等，专用夹具使用很少；也可采用加工中心等柔性加工设备，在生产组织上比较灵活。小批生产产量不多但具有周期性的生产，其工艺特征与单件生产相近，往往也称为单件小批生产。

中批生产的主要特征是每台设备完成多种零件的相同工序，部分零件按流水线生产，部分零件按同类零件组织生产。设备和流水线一般应具有较高的生产率；为适应多品种产品的制造，还应具有一定的可调性（柔性）。在汽车及其零部件生产中，为了获得较高的生产率和经济性，往往按照零件结构特征和工艺相似性分类，分别安排在不同的车间和生产线上组织生产，如轴类和齿轮类零件组成齿轴车间和生产线，叉类和杆类等零件组成杂件车间和生产线等。生产线上除使用通用机床外，还使用一些较高生产率和可调性好的专用机床、组合机床、数控机床和加工中心等，例如一些中、小批量生产的汽车制造厂。

大批生产的工艺特征与大量生产相近，所以又称大批大量生产（即大批量生产）。大批量生产的零部件数量很多，因此通常按零件的结构或部件的独立功能作用组织专业化生产，每个车间（分厂）固定生产一个总成和其中的零部件，如发动机、变速器、转向器、驱动桥、底盘等车间或分厂。为提高生产效率，广泛采用高生产率的专用机床、组合机床、半自动及自动机床、自动生产线等设备和专用复合刀具、成型刀具、专用量具、专用夹具等工艺装备，并按照工艺过程顺序排列布置，组成流水线或自动生产线。

此外，在一个专业化制造厂或车间内，根据零件的结构、尺寸和工艺特征的相似性，对同类零件进行分组，将同组零件集中在一条生产线或一台设备上进行加工，这就是所谓的成组技术。这样，既可使多品种小批量零件生产统一起来转变为成批大量生产，又可采用先进的生产工艺和生产组织形式；从一种零件转换到另一种零件生产时，设备或生产线无须调整或稍做调整即可。

表 1-4 集中概括了汽车产品不同生产类型与工艺特征的关系。

表 1-4 汽车产品不同生产类型与工艺特征

工艺特征	单件小批生产	中批生产	大批、大量生产
产品	产品产量少、品种多、经常变换，基本不重复；零件没有互换性；产品改型对生产影响不大	产品产量较多、品种较少；零件大部分有互换性；每台设备完成多种零件的相同工序；产品改型对生产有影响	产品产量大、品种单一或系列化；零件全部有互换性；每台设备常年生产某一种零件的某一工序；产品改型后，原来的生产设备很难改装
生产组织	零件生产无流水线；按零件类别划分车间或工段	成批轮番生产；部分零件按流水线生产，部分按同类零件组织生产	采用流水线或自动生产线；按部件（总成）组织生产
生产设备	广泛采用通用机床，部分采用数控机床、自动换刀数控机床、加工中心等	采用通用机床，部分采用高效率的专用机床和组合机床、数控机床、加工中心等	广泛采用高生产率的专用机床、组合机床、数控机床和专用生产线、自动生产线、柔性制造生产线等
工艺装备	广泛采用标准刀具，万能量具，万能夹具、组合夹具，极少采用专用夹具	部分采用标准刀具，万能量具，万能夹具，部分采用高效率的专用刀具、量具、夹具和组合夹具	广泛采用专用复合刀具、成型刀具，专用高效率量具或自动化量具，高效率专用夹具

（续）

工艺特征	单件小批生产	中批生产	大批、大量生产
加工装配方法	基本上采用试切法①加工；广泛采用钳工进行装配	主要采用调整法②以及定尺寸刀具法③加工，少数采用试切法加工；有些需要钳工试配	采用调整法、定尺寸刀具法、主动测量法④自动化加工；某些精度较高的配合件用配磨、配研、选择装配，不需钳工试配
对毛坯的要求	采用木模铸件、手工造型、自由锻件等，毛坯精度低、加工余量大	主要采用金属模铸件、模锻件或胎模锻件，部分采用精密铸、锻件等，毛坯精度一般、加工余量较小	大量采用精铸件、压铸件、金属模铸件、模锻件、粉末冶金件、冲压件、挤压件等，毛坯精度高、加工余量小
工艺文件	工艺文件简单，通常只有工艺过程卡	有工艺过程卡，对重要零件的关键工序有详细的工序操作卡	有详细的工艺规程和各种工艺文件
技术经济性比较	设备投资少；生产效率低、成本高；工人技术水平要求高	设备投资中等；生产效率和成本一般；工人技术水平要求比较熟练	设备投资高；生产效率高、成本低；操作工技术水平要求较低，调整工技术水平要求高

注：①试切法是指在加工每个工件时，通过反复试切、测量、调试确定刀具相对于工件的正确位置，从而获得规定尺寸的方法。②调整法是指在加工一批工件之前，先调整好刀具与工件在机床上的相对位置并在加工中保持不变，从而获得规定尺寸的方法。③定尺寸刀具法是指是利用刀具的相应尺寸来保证工件被加工部位尺寸的方法。④主动测量法是指在利用自动检测装置来测量和控制正在被加工工件表面尺寸的方法。

1.3 汽车生产工艺及装备的技术进步

现代汽车生产以先进的制造工艺和装备为保障。自汽车诞生一个多世纪以来，汽车制造工艺和装备始终迅速响应甚至引领着机械制造技术的发展，由初期作坊式的单件、小批量手工生产发展到如今高柔性、变种变量的计算机集成自动化生产，并且已经和正在跨入智能化、敏捷化、数字化、网络化、绿色化的时代。

【补充阅读资料】

汽车制造与高端制造装备

世界汽车制造技术目前正处于第四次技术革命的前夜——特点是绿色制造和智能制造。一个多世纪以来，世界制造技术最重要的发明，如自动流水线、数控机床、高速加工、柔性制造、敏捷制造、各种高效制造技术、精益生产及可重构制造系统等，大都发源于汽车制造业。多样化时代的汽车制造新兴了一种多品种变批量制造系统，对高端制造装备的需求可以概括为智能装备；与此同时，热精锻、冷挤压、超塑成型、高速高精度切削等精密高效的加工方式为智能装备披上了绿衣。

1.3.1 汽车生产工艺及装备的发展历程

汽车生产是世界上最大的制造业。一百多年来，作为机械制造业的重要组成部分和典型代表，汽车制造业的发展有力地推动、引领了机械制造乃至更多行业生产技术甚至理念的发展。制造技术集中了最重要的发明和管理技术的创新，如自动流水线、数控机床、高速加工、柔性制造、敏捷制造、各种高效制造技术、精益生产、工业工程以及可重构制造系统等，其中很多发源于汽车制造业。汽车生产工艺及装备的发展，可以概括为以下五个阶段：

1.3.1.1 单件、小批量手工生产

1885 年，德国工程师卡尔·本茨（K. F. Benz）制造了世界上第一辆汽油机驱动的三轮汽车。在此后的 20 多年间，汽车制造主要采用典型的手工艺生产方式，即在小型作坊式的企业中，由熟练的工匠和修理工手工单个制造。19 世纪 90 年代初，法国 P&L 机械工具公司开始使用通用机械和钳工工具手工单件制作汽车，由于当时机床还不能加工淬硬的钢材，零件都是在加工后淬火，而后再逐个手工修整热处理变形以及加工的不规范，才能装配到一起。

这一阶段，汽车制造处于初期的原始状态，生产组织都分散在各个作坊进行；对工人在设计、机械加工和装配等方面的技艺要求很高，实际上业主和工人往往都是技艺高超、经验丰富的能工巧匠；生产效率非常低下，作为当时汽车主要生产地的欧洲，1906 年总产量不足 50 000 辆；制作成本高、价格昂贵，且成本并不随产量的增加而下降——20 世纪初，汽车在美国售价约为 4 700 美元/辆，相当于普通工人一年工资的六七倍；对设备的依赖性不强，通用机床作业和手工作业并重；没有标准计量工具，零部件都只是接近合格，生产出来的汽车个体差异性大，稳定性和可靠性都难以得到保障。

如今，这种生产方式仍然在少量超豪华汽车和运动型汽车的生产中延续，但在现代制造工艺和设备的帮助下，汽车质量与当年已经不可同日而语。

1.3.1.2 机械化、标准化批量生产

1908 年，美国福特汽车公司研制的普及型轿车——“福特 T 型车”投放市场，以此为标志，汽车生产进入了规模化、规范化、机械化的生产时代。“福特 T 型车”是世界上第一种以大量通用零部件进行大规模生产的汽车。零部件标准化运动开始于 19 世纪中叶的机械工业，此前机械的生产更像是工艺生产而不是工业生产；福特汽车公司的创始人亨利·福（H. Ford）特将零部件标准化的工艺要求引入“福特 T 型车”，使其能够采用机械化制造代替手工制造，装配过程由复杂、耗时趋向简单、快捷。同时，福特汽车公司严格按照功能分布组织生产，各种机器设备根据 T 型车生产工序的逻辑关系安排，形成一个平顺流程；控制机器运转速度和加工精确度，生产过程中不断检测零部件尺寸；对机器设备和工序进行常规检查和调整等。

通过大量运用机械化生产设备、严格规范生产工艺、科学合理地组织生产和实施系统化的营销措施，福特汽车公司汽车产量和生产效率大幅度提高。1909 年，“福特 T 型车”产量达到 10 660 辆，比投产前一年增长近 70%，创下了当时汽车制造行业的纪录；而到了 1912 年，T 型车产量就蹿升至 82 400 辆，迅速发展为大批量生产方式。随着产量与日俱增，“福特 T 型车”价格迅速下降，由最初的 850 美元降至 1913 年的 440 美元，而同期其他车型售价通常为 2 000～3 000 美元。汽车开始以低廉的价格作为一种实用工具走入平民大众的生活。

“福特T型车”的面世，使1908年成为工业史上具有重要意义的一年，汽车从此由手工作坊式生产进入机械化工厂式生产阶段，流程式工序安排也为流水生产线的建立奠定了基础。

1.3.1.3 刚性自动化大量生产

仍然是福特汽车公司，在1913年4月首次在“福特T型车”生产中应用流水生产线，开辟了在断续生产中用连续方式组织生产的道路，揭开了汽车刚性自动化大量生产阶段的序幕。

流水生产线是在实行标准化的基础上组织大批量生产，并使作业机械化和自动化，成为劳动生产率很高的一种生产组织形式。19世纪末20世纪初，合金切割工具、电力传输装置以及多功能机床等在加工业中普遍应用，一些工艺措施解决了诸如金属预热翘曲变形等问题，实现了汽车零部件的标准化和互换性，从而简化了装配过程。这些都为大规模流水线作业提供了工艺和装备基础。实际上，用传送带进行流水作业的方式最早开始于1869年美国辛辛那提屠宰场，其后广泛应用于罐头食品工业和铸造业；福特汽车公司的威廉·克莱恩（W. Klann）在参观芝加哥一个屠宰厂时，从传送带的连续工作过程和个体工人重复切片的高效率中得到启发，将其引入“福特T型车”的生产过程，把分散生产的零部件集中到总装线上组装，实现了连续化生产。1913年春至1914年春，福特汽车公司先后在飞轮—发电机、发动机、传动系统、车身和内装饰、底盘等各生产部门建立了流水装配线。流水生产线大大提高了劳动生产率。1921年，“福特T型车”的产量已占全世界汽车总产量的56.6%，价格也降至290美元。

福特流水生产线的影响远远超过了汽车制造本身。流水生产线体现了劳动分工、大规模生产以及巨大的效率，也降低了技术劳动的要求，不但革命了工业生产方式，而且对现代社会和文化产生了巨大的影响。

而工业自动化的进程还可以回溯至更早。1870年美国发明了自动制造螺钉的机器，继而于1895年发明多轴自动车床，是典型的单机自动化系统。1924年英国Morris汽车公司通过对单机自动化和流水线的大量改进，建成了世界上第一条采用流水作业的机械加工自动线；1935年苏联成功地研制出第一条汽车发动机汽缸体加工自动线。这两条自动线的出现，使得自动化制造技术由单机自动化转向了自动化系统。在第二次世界大战前后，美国福特汽车公司采用自动化生产线，使汽车生产率成倍提高，成本大幅度降低，质量明显改善。随后，自动化制造技术和制造系统得到迅速的普及。虽然当时自动化制造系统仅用于像汽车这样大批量生产的产品，但它对人类社会生产技术的发展却起到了巨大的推动作用。1946年，苏联又提出了成组生产工艺的思想，对自动化制造系统的发展具有十分重大的意义，至今仍然是自动化制造系统赖以生存和发展的主要技术基础之一。

刚性自动化大量生产阶段主要应用传统的机械制造工艺方法，采用专用机床和组合机床、自动单机或自动化生产线进行大批量生产，发展到20世纪40～50年代已经相当成熟。其主要特征是采用福特制、泰勒制的生产组织方式，劳动生产率极大提高，产品成本迅速下降；劳动分工急剧细化，对工人技能的要求普遍降低，由设备和生产规范保证产品质量；生产系统高度刚性，产品品种较为单一，很难实现产品的改变；设备投资大，维护成本高。

1.3.1.4 柔性自动化生产

20 世纪后半期，汽车消费市场发生了很大变化，不仅顾客需求日益多样化，而且汽车生产方式也由生产者主导逐步向消费者主导的局面转变。汽车制造企业必须缩短产品研发和生产周期，以快速响应市场需求的变化。但是，刚性自动化大量生产系统难以适应这种状况，柔性自动化制造系统应运而生。所谓柔性自动化制造系统，是指是由若干数控设备、物料运贮装置和计算机控制系统组成，能根据制造任务和生产品种变化而迅速进行调整的自动化制造系统。它解决了生产系统高适应性与低效率之间的矛盾。

本阶段早期以数控加工技术（NC）为核心，在 20 世纪 50～60 年代发展迅速并成熟，典型设备包括数控机床（NCMT）、加工中心（MC）等。1952 年美国麻省理工学院研制出第一台数控铣床，从 1956 年开始逐渐在中、小批量生产中得到应用，揭开了柔性自动化制造的序幕。1958 年至 1960 年，第一台具有自动换刀装置和刀库的数控机床——加工中心，第一台工业机器人，第一台自适应控制机床相继在美国问世。1961 年，计算机控制的碳电阻自动化制造系统在美国出现，可以称为 CAM 的雏形。1962 年和 1963 年，圆柱坐标式工业机器人、计算机辅助设计及绘图系统（CAD）在美国研制成功，汽车工业首先对 CAD 技术做出了响应，美国通用汽车公司建立了第一个实用的 CAD 系统——CAD-1，用于汽车玻璃型线设计。

20 世纪 60 年代初期，英国 Molins 公司雇员席欧・威廉姆森（T. Williamson）正式提出了柔性制造的概念和设想，并于 1965 年取得发明专利。1963 年，美国 MAALROSE 公司建造了世界上第一条加工多种柴油机工件的数控自动线。到了 70 年代前后，由于计算机技术的迅速发展，NC 技术很快被计算机数控（CNC）技术所替代。一些国家发展了 CAD/CAM 集成系统、微机 CNC 系统、多级计算机控制系统和计算机网络系统等，柔性生产达到了车间和工厂规模的综合自动化。1965 年出现的计算机数控机床（CNCMT），为实现更高级的自动化制造系统扫清了技术障碍。1967 年，Molins 公司成功地研制出计算机控制六台数控机床的可变制造系统——“摩林斯系统-24”，一般被认为是最早的柔性制造系统（FMS）。1976 年，日本发那科公司推出了由加工中心和工业机器人组成的小型自动化制造系统，即柔性制造单元（FMC）。1980 年，日本首次建成无人化机械制造厂——富士工厂，实现了除装配以外其他工序的完全自动化。90 年代，出现了由计算机数控加工中心组成的柔性生产线（FTL），并进一步发展为敏捷柔性生产线（AFTL）：通用高速加工中心、专用机床/组合机床等设备按工艺流程串联排列并由自动输送装置连接，全部设备、输送、工件及其识别均受控于一个计算机系统，采用柔性夹具和高效专用刀具，不仅可以加工同类产品，而且可以加工变型产品、换代产品以及新产品。

在汽车工业，柔性自动化制造系统广泛用于整车和零部件的生产，主要表现为由计算机控制的数控机床、加工中心、机器人、自动上下料装置、输送系统以及现代生产管理技术的整合与综合运用。混流总装线可以在一条生产线上按控制指令组装出多个车型，是整车柔性化制造系统的典型代表。发动机、车身等总成、零部件也进入柔性化制造时代。

需要指出的是，对于通常的汽车制造企业来说，由于汽车本身的属性决定了其产量不可能太小，品种不可能过于繁杂、变换不定，所以在实际生产当中，通常没有必要在一条生产线上为追求过高的柔性而进行不合理的投入；生产线的柔性化应该是一种相对的、有条件的柔性化，以实现综合效益的优化。

1.3.1.5 计算机集成自动化生产

计算机技术应用于汽车生产的进一步发展，形成了计算机集成制造系统（CIMS）。CIMS 利用计算机硬件、软件、网络、数据库等技术，将汽车生产企业的经营、管理、计划、产品设计、加工制造、销售服务等环节和人力、物力、财务、设备等资源集成起来，使之既能发挥自动化的高效率、高质量，又具有充分的灵活性，以利于及时地改变产品结构及生产要素配置，实现全面优化。可以说，CIMS 技术是集管理、技术、质量保证和柔性制造为一体的广义自动化制造系统。

1974 年，美国学者 Joseph Harrington 在他的《计算机集成制造》一书中首先提出了 CIMS 的思想和理念。美国空军在 1976 年就制订了集成计算机辅助制造计划，提出了著名的结构化分析设计方法，并于 1990 年在道格拉斯飞机公司建立了 CIMS 工程。美国国家标准技术研究院 1986 年实施自动化制造技术研究基地计划，提出了 CIMS 五层递阶控制结构，至今仍然是 CIMS 参考控制结构。欧共体 1984 年开始的欧洲信息技术研究发展战略计划，提出 CIMS 开放体系结构（CIMOSA），为 CIMS 建模提供了统一描述框架和集成基础结构，得到广泛应用。日本从 1980 年起，实施包括订货、设计、加工、装配等功能在内的工厂自动化计划，建立了多个自动化程度较高的无人生产车间。1988 年，日本政府提出了智能制造计划，目的在于融合日、美、欧各先进工业国家的技术优势和研发方法，开发面向 21 世纪的生产系统。

实际上，自 20 世纪 80 年代以来，CIMS 经历了一个曲折的发展过程。开始，人们把 CIMS 理解为全盘自动化的无人化工厂，忽视了人的主导作用；到 90 年代，CIMS 的概念发生了根本变化，提出了以人为中心的 CIMS 思想，并引入并行工程、精益生产、敏捷制造和企业重组等新理念、新模式，使 CIMS 得到改进、补充、完善，形成了 CIMS 的新观念。

CIMS 既可看作是自动化生产系统发展的一个新阶段，又可看作是包含自动化生产系统的一个更高层次的系统。其主要特征是强调生产制造全过程的系统性、集成性和信息化，实现从产品规划、研发、制造到销售的整个生产过程的协调化、自动化，特别是生产管理的自动化。作为其中一个组成部分，柔性制造技术在这个大系统中仍然继续向前发展。

汽车 CIMS 是计算机集成制造技术在汽车工业中的应用，除具有 CIMS 技术的共性外，在一些关键技术上还具有汽车工程技术的特点。它一般包括管理信息、工程设计、制造自动化、计算机网络和数据库等五个子系统。汽车 CIMS 技术的核心在于集成，不是上述各系统之间简单堆砌，而是系统之间、系统与人之间相互配合协调的统一体。

作为机械制造业的重要组成部分，汽车工业始终迅速响应甚至引领着机械制造工艺和装备的飞速发展。图 1-11 概括显示了一个多世纪以来汽车生产制造技术的发展变化。由于产品性质、市场需求和生产能力的不同，上述多种生产类型及工艺装备在现代汽车生产中实际上是并存的，但是不同时期的发展水平及其代表性技术一直在提升。在新旧世纪交替前后，一些新工艺、新设备、新理念、新方法，如智能制造、虚拟制造、绿色制造、可重构设备等，已经和正在进入汽车生产领域。

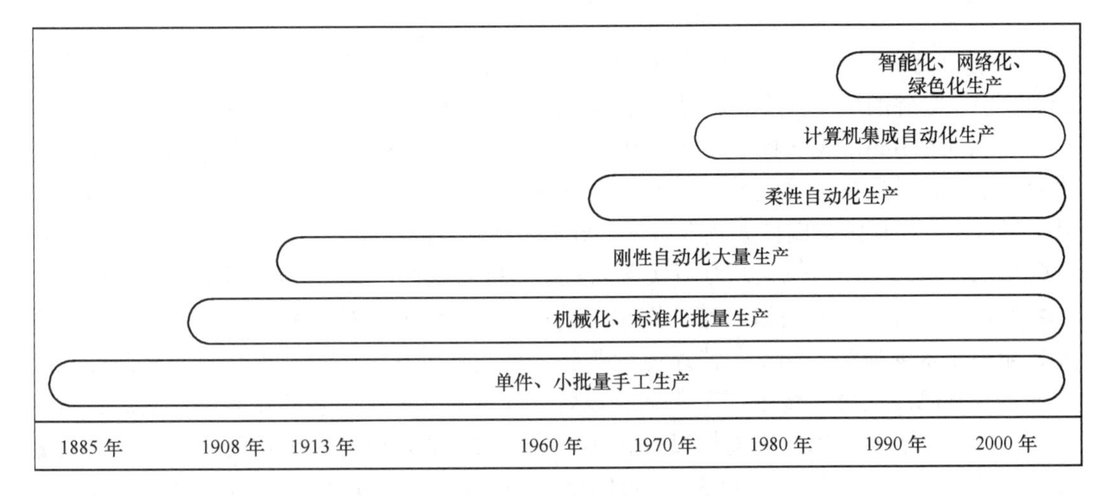

图 1-11 汽车生产类型和制造技术的发展

1.3.2 汽车生产工艺及装备的发展趋势

在 21 世纪，随着电子、信息、人工智能等高新技术不断取得进展，现代汽车制造工艺及装备的发展趋势主要可以概括为数字化、精密化、高效化、敏捷化、智能化、网络化、虚拟化、绿色化，其技术内涵要体现集成、并行、重构等先进制造系统的模式。

1.3.2.1 数字化

数字化不仅是信息化发展的核心，而且也是先进制造技术发展的核心。在信息化技术蓬勃发展的推动下，汽车制造业正面临以提升竞争能力为目标的构建全企业数字化时代；作为主要制造装备的数控机床及其组成的制造系统，也积极地向数字化制造技术迈进，成为信息集成和快速实施的制造单元。数字化制造主要包含了三大部分：以设计仿真为中心的数字化研发、以过程控制为中心的数字化制造和以质量效益为中心的数字化管理。

利用虚拟现实、数字通信、数字控制、快速原型、数据库、多媒体等多种数字化技术的支持，汽车制造企业可以对市场信息、产品信息、工艺信息与资源信息进行综合分析、集成共享、有效组织，实现对产品设计、产品功能、加工过程及生产组织过程的仿真或完成样车制造，从而形成生产过程的快速重组和对市场的快速响应能力。数控设备是构建数字化企业的重要基础装备。目前，一种并联桁架结构的数控机床（PSTM），突破了传统机床的结构方案，利用六个轴长短的可控变化，可实现多坐标联动数控加工、装配和测量等多种功能，进行复杂特种零件的加工，已经应用于汽车制造业。国内外一些机床和数控系统制造企业正在研究与网络化制造相适应的制造单元，能与企业的资源计划（ERP）、产品数据管理（PDM）及 CAD/CAPP/CAM 等信息集成，结合客户关系管理（CRM）和供应链管理（SCM）数据，实施并行工程、智能决策、可视化监控等，以提高设备利用率，实现高效生产。

1.3.2.2 精密化

所谓制造精密化，一方面是指对产品、零件的精密程度要求越来越高；另一方面是指对产品、零件的加工精度要求越来越高。就加工技术而言，目前，超精密加工技术加工精度达到 0.025μm，表面粗糙度达到 0.0 045μm，已进入纳米级加工时代。超精切削厚度由目前的红外波段向可见光波段甚至更短波段接近；超精加工机床向多功能模块化方向发展；超精加工材料由金属扩大到非金属。日本采用开发的超精密自动化铸造技术，采用减压吸引法，可以生产常规工艺难以实现的复杂薄壁铸铁件，零件最小壁厚可达 2mm。

在汽车工业，精密铸造、精密锻造、精密冲压、精密焊接、精密切割和高能束（激光、超高压水射流等）加工、快速成型等新工艺、新设备，已经走进整车和零部件生产企业，有些已经代替了传统加工工艺和设备。汽车发动机生产是高精零部件制造、精密模具制造、电子器件制造等高精度设备集中应用的代表，例如用于发动机生产线的高速加工中心，定位精度达到 0.003～0.004mm（ISO 标准），重复定位精度达到 0.0 015～0.002mm（ISO 标准），精度保持性——机床工程能力指数 Cmk 达到 2.0。

1.3.2.3 高效化

效率、质量是先进制造技术的主旨。高速、少无切削等高效加工技术可极大地提高生产效率，提高产品的质量和档次，减少资源消耗，缩短生产周期和提高市场竞争能力。

高速、超高速加工是制造高效化的重要方式和内容。随着高速和超高速切削机理、大功率高速主轴单元、高加减速直线进给电动机、磁浮以及动静压气浮、液压高速主轴轴承、超硬耐磨长寿命刀具材料和磨料磨具、高性能的控制系统等一系列关键技术初步得到解决，高速、超高速加工从理论研究进入到具体实施阶段。目前，采用陶瓷轴承、液体静压轴承、空气静压轴承、磁浮轴承的机床主轴转速可达 20 000～60 000r/min 甚至 150 000r/min；采用滚珠丝杠的进给机构速度可达 40～60m/min，采用直线电动机则可达 140～210m/min；进给重力加速度可达 3～6g；制动时间≤10ms；工作台快速移动速度可达 30～100m/min。对各种工程材料的切削速度已经达到铝合金 2 500～5 000m/min，铸铁 500～1 500m/min，钢 300～1 000m/min，淬硬钢和耐热合金 100～400m/min，钛合金 150～1 000m/min，纤维增强塑料为 2 000～9 000m/min。超硬刀具材料如 CBN、SiN 陶瓷、Ti 基陶瓷、TiCN 涂层等较多用于超高速切削。在汽车制造业，发动机生产线速度达到 150m/min；高速加工中心快移速度达 60～100m/min，重力加速度达 0.6～1.5g，主轴转速高达 8 000～16 000r/min；缸体缸孔镗削速度达 800m/min。

超高速磨削技术是现代新材料技术、制造技术、控制技术、测试技术和实验技术的高度集成，在质量稳定性要求很高的大批量生产如汽车、工具、机床等行业中获得越来越多的应用。快速点磨削（Quick-point Grinding，即砂轮与工件小面积点接触进行磨削加工）是德国 Junker 公司首创的一种超高速磨削技术，磨削速度达到 200～250m/s，在国外汽车零件尤其是凸轮轴、齿轮轴等加工领域已经开始得到应用，大大提高了生产率和加工精度。

在制造高速化的同时，通过诸如热误差补偿、自动跟踪滤波和抑制驱动系统共振、进给速度前瞻控制、位置环前馈控制和加速平稳控制等一系列先进控制技术，仍能保证和不断改善加工精度，实现高速、高精加工。

1.3.2.4 敏捷化

当前，全球范围内对敏捷制造（AM，Agile Manufacturing）的研究和应用十分活跃。敏捷制造是对广义生产系统而言的，其核心思想是充分利用企业内部、其他企业乃至社会资源来组织生产，提高企业对市场的快速应变能力，满足用户的要求。敏捷制造主要包括生产技术、组织方式和管理手段三个要素。就生产技术而言，制造环境和制造过程的敏捷性是敏捷制造的重要组成部分，包括设备和工艺的柔性、重构能力、快速化的集成制造工艺等。

如前所述，FMS、FMC、FTL、AFTL 均属于柔性制造设备，但从工艺特征来看，它们可以划分为工序分割型串联生产系统与工序集中型并联生产系统两类。前者加工设备按工艺流程串联排列，由自动输送装置连接，如 AFTL；后者全部工序集中在一台设备上，多台同样设备并行加工以保证生产率，如 FMC。工序分割型与工序集中型生产系统分别适应产量大和产量小的情况，但工序分割型生产系统在产品需求较少或不确定时会产生较大浪费，而工序集中型生产系统生产效率较低。为克服各自的弱点，在美国目前已经有发动机工厂应用串—并联结合的混合式生产线，通常比较稳定的缸盖、变速器、曲轴等采用工序分割型加工系统比较多；而对设计易有变化的附件、装夹孔等则往往采用工序集中型加工系统。

可重构制造系统（RMS）着眼于发展制造系统的结构快速调整能力，通过对设备配置的调整和功能模块的增减，迅速构成适应多品种、大中批量生产或产量变化的制造系统。与传统 FMS 不同的是，RMS 追求更快市场响应速度的同时具有更高的生产率。RMS 主要包括随机过程优化规划、开放式控制系统、模块化设计、规范化接口、可重构设备、可移动设备、可重构车间布局、组态控制软件和故障诊断系统等。随机过程优化规划用于评估开发风险和经济性；开放式体系结构为系统的再次开发、重构、扩展、维护和响应新技术发展提供可能；模块化设计和规范化接口包括各种软、硬件基础型模块和功能型模块及其接口，方便对系统的功能进行拓展和拆卸，减轻重构负担；可重构设备包括可重构机床、可重构夹具等，可以快速响应系统重构；可移动设备在能够便捷移位的同时又必须保证运行性能的稳定，从而兼顾制造的柔性与重构的经济性；可重构的车间布局采用组态式制造单元 CMC 组成的阵列式布局结构，每行为一个 CMC 单元，可并联多个 CMC 以适应产量变化，各 CMC 间通过物流输送系统耦合构成所需的制造系统，配合以组态控制软件，实现比串—并联混合布局更强的柔性；诊断系统能够进行重组后产品质量缺陷和设备故障跟踪测试及溯源诊断，便于生产管理和质量控制。

可重构机床（RMT）和可重构夹具（RF）是构建RMS的基础条件。RMT由标准化模块组成，与传统模块化机床的本质性区别是，其结构和布局可根据需要在现场快速调整、重组；其设计是围绕着零部件族的共同特性进行的，能以低成本生产基本特性相似的零部件，加工性能仅需要适度的柔性。RF可以快速更换配置以适应不同的加工对象。

1.3.2.5　智能化

智能制造系统（IMS）是在20世纪末提出并开展研究的，是整个汽车制造业面向新世纪的发展方向。IMS是将人工智能与人类智能有机结合，以制造系统为载体，在整个制造过程中贯穿分析、推理、判断、构思和决策等智能活动，将订货、产品设计、生产、市场销售等各个环节以柔性方式集成起来，从而发挥最大效能的先进生产系统。制造智能化的宗旨在于充分融合人工智能与人类智能各自的优势，通过智能机器与人的合作共事，扩大、延伸和部分地取代人类在制造过程中的脑力劳动，收集、存储、处理、完善、共享、继承和发展人类专家的制造智能，以实现制造过程的优化。IMS最终要从以人为主要决策核心的人机和谐系统向以机器为主体的自主运行转变。图1-12所示是一种智能制造系统的构架。

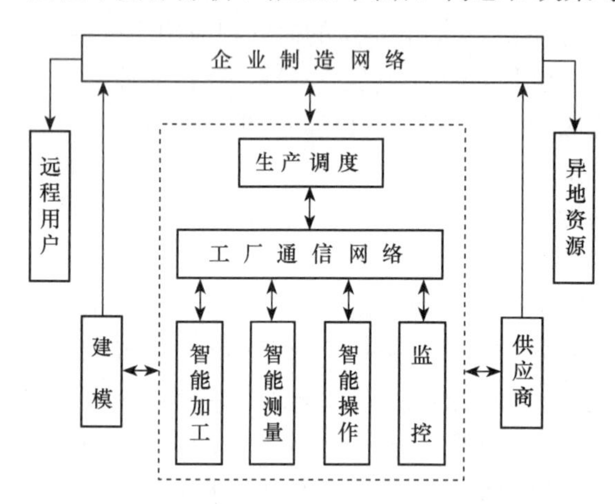

图1-12　一种基于计算机通信网络的IMS构架

智能制造系统包括智能设计、智能工艺规划、智能加工、智能装配、智能测量与诊断、智能控制、智能调度与管理、智能维护等诸环节。与传统制造系统相比，IMS强调“智能设备”和“自治控制”或“半自治控制”，同时重视人在系统中的作用。IMS具体有以下特点：

（1）人机一体化。人与智能机器形成相互理解、相互协同、合作共事、相辅相成的关系，更好地发挥人工智能与人类智能各自的能力。

（2）自律能力。能够搜集、理解环境信息和系统信息，进行分析、判断并规划自身行为。

（3）自学习、自组织、自优化、自维护等系统性能。

（4）超柔性。系统中各组成单元能够通过自组织形成适应工作任务需要的最佳结构，具备相应的功能，即系统结构和系统功能具有超强的灵活性。

（5）类人思维能力。

目前，IMS的研究热点包括智能控制方法、智能机器、智能操作器技术、智能制造建模技术、智能调度系统、智能信息处理等。

智能机器是IMS的基础和核心。智能加工中心是一种典型的智能加工机器，它与普通加工中心MC有着本质的区别，除了完成数控代码规定的加工任务外，还能够根据对信息的综合分析进行自主决策，实时调整自身行为，适应环境和自身的不确定性变化，即具有“自主性”和“自组织”能力。其主要功能包括感知、决策、控制、通信、学习等。

日本MAZAK公司开发的智能机床具有主动振动控制、智能热位移控制、智能安全屏障、语音信息系统等四大智能；OKUMA 公司的智能机床可以在无人干预的情况下自我决策、自我增加功能、自我适应新要求、自我防错容错等，使用户和机床逐渐走向“自治”（Autonomy）。

尽管智能制造尚处于概念形成和智能制造单元的实验探索阶段，但很多国家包括中国均将其列入国家发展计划，大力推动实施。智能制造必将成为未来汽车工业的主要生产模式。

1.3.2.6　网络化

网络化制造是以计算机通信网络为基础的制造技术，它主要包括制造环节内部的网络化、制造环节与整个制造企业的网络化、企业间的网络化、生产过程与生产组织的网络化、异地设计与异地制造等方面。

网络是信息交流和作用的渠道。信息技术对制造技术发展的作用目前已经占到第一位；信息技术向汽车制造业的注入和融合，促进着汽车制造技术的不断发展。计算机网络正是现代汽车制造技术发展和创新的支撑平台，它促进研发技术的现代化，加工制造的柔性化、集成化、智能化、全球化，采购营销的准时化、高效化，全面提升企业的制造和生产管理水平。多种先进的汽车生产经营模式的发展，如 CIMS、并行工程、精益生产、敏捷制造、虚拟企业与虚拟制造、大规模定制、网络营销、物流管理等，无不以网络技术的发展为基础。依托网络，汽车制造企业能够在产品设计、制造和生产管理等活动乃至整个企业业务流程中，快速调集、有机整合与高效利用有关资源，进而发展到共享其他企业的资源，促进生产过程与生产组织的分散化、网络化、虚拟化。

制造网络化实现的关键技术主要包括分布式网络通信技术、制造资源数据库技术、网络数据存取、交换技术、计算机集成制造技术、协同工作技术、工作流管理技术等。

如今，制造环节和企业范围的网络化已经在 FMS、CIMS 中得到体现，大型汽车生产企业基本上采用了基于网络的生产控制系统，冲压、焊装、涂装、总装等各工序由各生产线计算机自律控制，联网集中于服务器统一协调管理，形成由操作终端—生产线计算机—网络服务器组成的分布自律式计算机网络系统，将看似分散的生产布局通过网络连为一体，互相协调关联。更广泛的企业间、国际间的汽车制造网络化则方兴未艾。

而随着制造网络化的发展，网络安全也成为主要的研究课题。在网络化环境里，信息的生成、流转变得非常快捷，汽车生产企业以设计图样、工艺规程为核心的敏感数据广泛在设计、生产等部门之间流转；而在供销、虚拟制造等环节，则涉及非常多的合作单位。传统的强调边界安全的信息安全管理体系，难以胜任汽车制造网络化背景下的企业安全管理需求，需要解决在开放网络环境下企业如何实现数据保密与对外协同作业并存的需求。

1.3.2.7　虚拟化

虚拟化制造主要包括虚拟制造技术和虚拟生产组织两个方面。

虚拟制造技术（VMT）是在产品真正制出之前，首先在虚拟制造环境中生成软产品原型（Soft Prototype）代替传统的硬样品（Hard Prototype）进行试验，对其性能和可制造性进行预测和评价，从而缩短产品设计与制造周期、降低产品开发成本、提高系统快速响应市场变化的能力。虚拟制造技术从根本上改变了设计→试制→修改设计→规模生产的传统制造模式。

VMT 以计算机支持的建模、仿真技术为前提，对设计、加工制造、装配等全过程进行统一建模，在产品设计阶段，实时并行模拟出产品未来制造全过程及其对产品设计的影响，预测出产品的性能、产品的制造技术、产品的可制造性与可装配性，从而更有效、更经济地灵活组织生产，使工厂和车间的设计布局更合理，以达到产品开发周期和成本最小化、产品设计质量最优化、生产效率最高化。VMT 填补了 CAD/CAM 技术与制造过程、企业管理之间的技术缺口，把产品的工艺设计、作业计划、生产调度、制造过程、库存管理、成本核算、零部件采购等企业生产经营活动在产品投入之前就在计算机上加以显示和评价，使设计人员和工程技术人员在产品真实制造之前，通过虚拟产品来预见可能发生的问题和后果。

虚拟现实技术（VRT）是实现 VMT 的支持技术，它以计算机为基础，融信号处理、智能推理、预测、仿真和多媒体技术为一体，借助各种音像和传感装置，虚拟展示现实生活中的各种过程、物体等，因而也能营造虚拟制造环境，模拟实际制造过程和未来产品，从感官和视觉上给人以置身实际环境的体验。其核心技术在于建模，即将现实环境下的物理系统映射为计算机环境下的虚拟系统。

虚拟生产组织就是前面述及的虚拟企业（VE），或称虚拟公司、企业动态联盟，是虚拟化、敏捷化制造的一种生产组织形式，虚拟化是就其时空性而言，敏捷化是指其灵活性而言。虚拟企业是为了快速响应某一市场需求，通过计算机网络将产品涉及到的不同企业临时组建成为一个没有围墙、超越空间约束、统一指挥、协调行动的合作经济实体。虚拟企业以项目的共同利益暂时维系在一起，随项目终结而解体。

虚拟企业能够充分利用社会上已有的设计、制造等外部资源，快速响应市场变化，把握市场机遇，克服了传统企业的封闭性、局限性和设计制造能力的不完备性，减少了资源的重复投入，缩短了生产准备周期，提高了产品从设计、制造到销售全过程的整体柔性和敏捷性。

在汽车制造业中，由于用户需求愈益多样、市场机会稍纵即逝，而汽车产品设计与制造涉及多学科、多种技术，单个企业已不可能独立、快速、经济地全部承担某些产品的开发和制造；另一方面，现代汽车制造业总装厂与零部件厂的分离已经成为普遍现象，所以，组织跨地域的虚拟企业已成为汽车制造业的一个发展方向。未来，能够迅速组建虚拟公司将成为企业一种强大的竞争能力。

1.3.2.8 绿色化

随着日益严峻的资源环境约束和制造技术的进步，绿色制造成为 21 世纪汽车制造技术的一个重要发展趋势。绿色制造是在保证功能、质量和成本的前提下，使产品从设计、制造、包装、运输、使用到报废处理的整个生命周期中，对环境负面影响最小，资源效率最高，并使企业经济效益和社会效益协调优化，是综合考虑环境影响和资源效益的新型制造模式。

1）绿色设计

绿色设计的基本思想，是在产品开发阶段就要按照全生命周期的观点进行系统性的分析与评价，将环境因素和预防污染的措施纳入产品设计之中，将产品的环境资源性能与产品的使用性能、经济性能等要求列为同等的设计目标和出发点，并保证在生产过程中能够顺利实施，使产品对环境负面影响达到最小。

绿色设计将综合考虑环境效益和生态环境指标与产品功能、性能、质量及成本要求，在产品构思阶段考虑降低能耗、资源重复利用和生态环境保护；保证产品制造和使用过程中可拆卸、易回收，废弃物产生最少；综合考虑用户和环境的需要，满足可持续发展的要求。目前，已经产生了大量的绿色设计技术和各种环境管理工具，例如可拆卸性设计、可维修性设计、可回收性设计、绿色设计的材料选择、清洁生产设计、生命周期评价等，使产品符合环境友好、人类健康、节约资源的要求。

2）绿色生产加工

生产加工环节的绿色化，首先从绿色材料以及充分利用材料开始。绿色材料是指在满足一般功能要求的前提下，具有良好的环境兼容性的材料。绿色材料在制备、使用以及用后处置等生命周期的各阶段，具有最大的资源利用率和最小的环境影响。绿色制造应优先选用可再生材料，以便于再利用、回收、再制造或易于降解；尽量选用低能耗、少污染的材料；尽量选择环境兼容性好的材料及零部件，避免选用有毒、有害和辐射性材料；尽量减少材料种类，以便于回收，减少拆卸分类的工作量；在加工过程中最大限度地减少材料浪费。

例如，采用铝合金、碳纤维材料、玻璃纤维材料、陶瓷、塑料等轻质材料和高强度钢制造发动机、变速器、悬架、车身等，实现汽车节能减排，减少零部件种类和加工成本；使用低 VOC 型涂料、无铅涂料、粉末涂料、水性底色漆等环保型涂料涂装车体，减少环境污染和对人体健康损害；采用先进的喷涂设备和工艺措施，提高涂装的附着率；使用环境友好型的水基切削液等。

其次，发展绿色制造工艺。如在切削加工中少用、不用切削液（即亚干式切削和干式切削）；采用近终形制造技术，如粉末冶金、精锻、精铸、超塑成型、快速凝固、激光加工等新工艺代替传统切削工艺，降低加工过程中材料去除率，提高资源利用率，降低生产成本；在汽车发动机制造中采用装配式凸轮轴、粉末锻造连杆、陶瓷零部件等。图 1-13 简要概括了绿色制造工艺技术的主要内容。

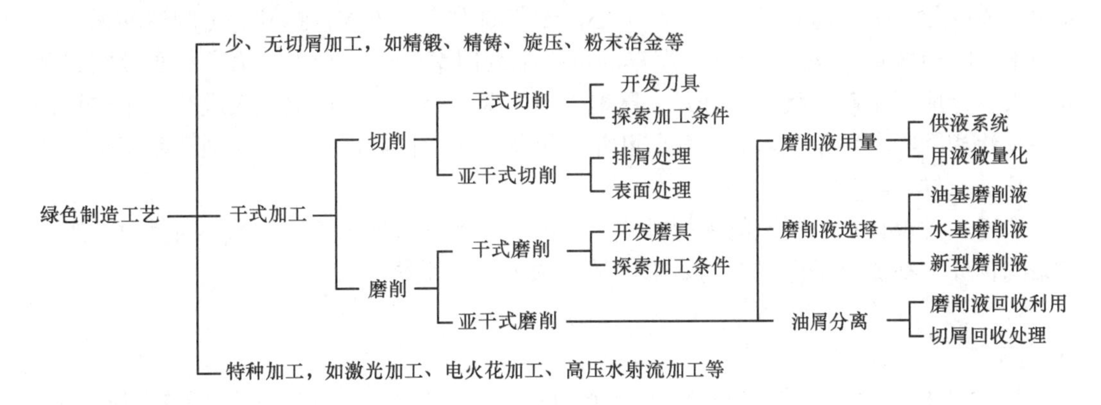

图 1-13 绿色制造工艺技术

绿色材料、绿色工艺和绿色汽车需要发展与之相适应的绿色制造装备。汽车轻量化制造装备主要包括高强度、超高强度钢车身冲压件冷、热成型设备，激光拼焊板冲压成型设备，内高压成型设备，铝合金超塑成型设备，玻璃钢、碳纤维材料成型设备，装配式凸轮轴制造设备，高性能注射机和连续脱脂烧结炉等。高效精密加工需要飞级（10^{-15}，习称微纳级，即 $10^{-6}\times10^{-9}$）复合加工中心、复合数控车床、数控磨床、珩磨机、数控电加工机床、激光加工设备以及精密装配和检测设备等成套精密数控装备。

此外，干式机床、绿色机床、超硬刀具等也将越来越多地用于汽车的绿色制造。PCD、CBN、SiN 陶瓷、Ti 基陶瓷、TiCN 涂层等超硬刀具配合高速切削、干式切削，能够有效实现绿色加工。绿色机床的主要实现途径包括：通过结构优化或采用新结构、新材料实现轻量化；采用新技术、新工艺降低机床能源消耗；采用自适应补偿技术提高机床的精度；用可回收利用材料、再生材料制造机床主要零部件；大幅减少使用过程中产生的废弃物。

3）产品的回收、复用和再生

寿命周期结束后的废旧汽车中，很多零部件及材料回收后还能够继续使用（复用），或者经过一系列处理后可以重新使用或成为生产原料（再生），是节约资源、保护环境的有效措施。这一绿色处理技术具体包括汽车产品报废、回收、拆卸、复用、再制造和材料再生等环节。

汽车产品的复用和再生主要应用拆卸技术和循环再利用技术。拆卸技术指依据最小附加成本及产品被拆卸后所能获取最大综合利用价值的原则，开发最佳的拆卸程序和方法。循环再利用技术是对拆卸下来的零部件或者直接使用，或者通过再制造将零部件的性能特征恢复到接近新产品的状态，或者分解、还原成原材料综合利用。

其中，汽车零部件的再制造，是将大量相似的报废产品回收、拆卸后，再按零部件的类型进行收集和检测，以可用的报废零部件作为再制造毛坯，运用先进的清洗、修复和表面处理等设备和技术，在流水线上对其进行批量化修复、性能升级，然后再把这些修复后的零部件重新组装成产品。汽车零部件模块化设计、可拆卸性设计、可维修性设计以及标明零部件材料代号等措施，有利于报废后的回收、处理和再制造。

目前，发达国家十分重视汽车的回收与再制造，美国通用、福特、克莱斯勒等汽车公司结成回收联盟，建立了汽车拆卸中心，专门研发汽车零部件拆卸、再制造和循环利用技术；欧盟规定到 2015 年废旧汽车的可再生利用率要达到 95%，大众汽车公司已将可回收设计应用于新一代汽车开发；日本丰田、本田等汽车公司也积极进行汽车的可回收性设计和回收利用新技术。现在全世界每年从汽车上回收的钢材，与制造新车使用的钢材几乎一样多。

作为一种现代汽车制造的新型模式，绿色制造不仅对加工工艺技术，而且对汽车生产系统各环节都提出了许多新的要求，是一项庞大的系统性工程。

小　结

现代汽车生产具有专业化、社会化、标准化、自动化、规模化、订单化、柔性化等基本特点，其生产过程是将原材料转变为汽车产品的全过程，工艺过程则是指直接改变毛坯、零件、部件或总成等的性质、形状、尺寸、相对位置和物理化学性能的具体方式方法。汽车集团公司、整车生产企业、主要总成生产企业、零部件生产企业构成了金字塔式的汽车生产体系，其核心是整车制造；冲压、焊装、涂装和总装是整车制造的四大主要工艺。企业的工艺特征应当与其生产纲领、生产类型相适应，才能取得较好的经济效益。汽车生产历经了单件小批量手工生产、机械化标准化批量生产、刚性自动化大量生产、柔性自动化生产、计算机集成自动化生产等代表阶段，正向智能化、敏捷化、数字化、网络化、精密化、高效化、虚拟化、绿色化方向发展。

思考题

1. 什么是狭义的汽车生产系统？广义的汽车生产系统包括哪些子系统？
2. 简述现代汽车生产的基本特点。
3. 什么是工序、安装、工位、工步？
4. 什么是工艺流程？
5. 现代汽车生产系统是由哪些企业构成的？整车制造企业有哪几种类型？
6. 什么是生产纲领？什么是大量生产？
7. 汽车生产工艺和装备经历了哪几个发展阶段？发展趋势是什么？

第 2 章
汽车及其零件制造工艺设备基础

［本章提要］

现代汽车及其零部件制造广泛涉及钢、铁、铜、铝等金属材料和塑料、橡胶、玻璃、陶瓷等非金属材料，集成了多领域的新技术、新工艺和新设备；但作为一种大型行走机械，汽车及其零部件的制造工艺和设备，仍然是以常规机械制造工艺和设备为基础，包括铸造、锻造、冲压、焊接、切削加工、热处理、粉末冶金和塑料成型等。

现代汽车及其零部件制造广泛涉及钢、铁、铜、铝等金属材料和塑料、橡胶、玻璃、陶瓷等非金属材料，集成了多领域的新技术、新工艺和新设备；但作为一种大型行走机械，汽车及其零部件的制造工艺和设备，仍然是以常规机械制造工艺和设备为基础，包括铸、锻、焊、切削加工、热处理、粉末冶金、塑料成型等。本章简要介绍若干典型工艺方法和设备。

2.1 常用机械加工方法

机械加工是用加工机械对工件的外形尺寸或性能进行改变的过程。按加工时工件所处的的温度和物相状态分为冷加工和热加工：一般金属材料在再结晶温度以下的加工称冷加工，如冷轧、冷锻、切削加工等；高于再结晶温度的加工称热加工，如铸造、热轧、热锻、焊接、热处理等。人们有时也把机械加工的概念狭义化，即单纯指切削加工。

【补充阅读资料】

数控机床新技术和新理念

当前，世界数控机床工业技术和理念的发展正呈现如下趋势：

① 与智能机器人融合。新一代机器人已具有视觉和触觉功能，不仅能完成搬运、装卸任务，而且能完成具有人类感官功能的操作；数控机床与智能机器人相结合的制造系统减少了作人员，

节省了大量的工装、卡具，取消了立体托板库，并且大大缩小了作业面积。

② 直驱技术广泛应用。大功率直线电机驱动重载、高速机床，力矩电机驱动摆角与旋转运动等，不仅速度快、加速度高，而且定位精度高，大有取代普通机械传动的趋势。

③ 复合加工范围拓展。复合加工已经超过一般车、铣、钻等加工工序的复合，扩大到内外圆磨削、齿面加工以及表面处理等。

④ 绿色环保成为热点。新型数控机床更重视环境保护，强调节能减排，关注与环境和人的关系，在大幅度提高生产效率的同时，降低生产系统对环境的影响及对操作人员健康的危害，向“绿色机床”转化。

⑤ 人体工学充分体现。机床加工区域具有更好的可视性，提高了加工过程的透明度；操作面板、显示屏、座椅等可根据个人需要调试到最佳位置，提高了操作舒适性。

2.1.1 铸造

2.1.1.1 概述

铸造是将金属熔炼成符合一定要求的液体，浇注、压射或吸入铸型型腔中，经冷却凝固、清整处理后得到有预定形状、尺寸和性能的工件的工艺方法。铸型是金属液注入其中而形成铸件的模型。铸件因近乎成型，可达到减免加工的目的，降低了成本并在一定程度上节省了时间。

铸造可以分为砂型铸造和特种铸造。以型砂为铸型原材料，液态金属完全依靠重力充满型腔，这种方法称为砂型铸造；不同于砂型铸造的其他铸造方法统称为特种铸造。

图 2-1 所示为一般铸铁件的铸造工艺过程。

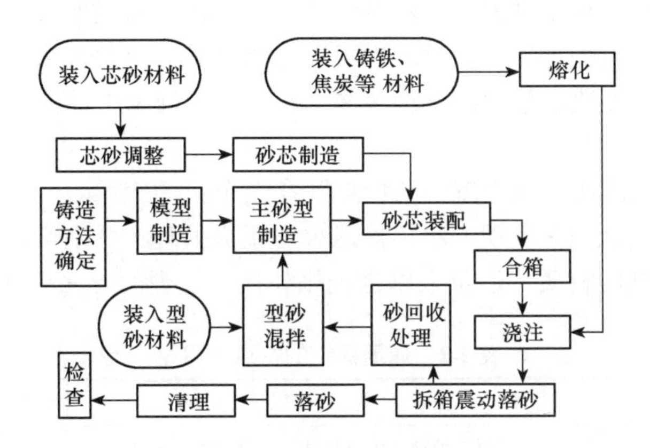

图 2-1 常规铸造工艺过程

材料在铸造过程中所表现出来的流动性、收缩性、偏析和吸气性等称为材料的铸造性能。

铸件一般占汽车自重的 20%左右，包括铸铁、铸钢、铸铝、铸铜等，仅次于钢材用量；其中铸铁件重量能够达到 50%，灰口铸铁、球墨铸铁、蠕墨铸铁、可锻铸铁及合金铸铁等都有使用。

2.1.1.2　铸造材料及应用

根据铸件材料的不同，可以分为铸铁、铸钢、有色金属铸造、复合材料铸造等。

1）铸铁

铸铁最基本的特征是含碳量比钢高，基体组织中存在游离的石墨。由于基体组织及石墨的形态不同，铸铁的性能呈现出非常丰富的变化。

（1）灰口铸铁　应用最广泛，即普通铸铁。石墨呈片状，基体组织通常是以珠光体为主，兼有部分铁素体的混合组织。灰口铸铁具有良好的吸振性、导热性、铸造性，而且成本很低，是生产发动机铸件的优良材料。表 2-1 列出了不同代号灰口铸铁的特点及在汽车上的应用。

表 2-1　灰口铸铁的特点和用途

代　号	特　点	典型应用
HT 150	强度较差，可用于强度要求不高、但需要良好铸造性能和切削加工性能的场合。需要特别注意材料性能差异较大的特点	一般容器类零件
HT 200	兼有一定强度、良好铸造性能和切削性能，材料性能差异较小，应用较广，在汽车工业中用量仅次于 HT 250	变速器壳体、进排气歧管、制动鼓
HT 250	强度优于 HT 200，耐磨性好，铸造性能、切削性能也不低于 HT 200，多用于重要零件	汽缸体、汽缸盖、凸轮轴、汽缸套
HT 300	强度和耐磨性能良好，铸造性能和切削加工性能稍差	飞轮、阀座、阀门摇臂

（2）球墨铸铁　石墨呈球状分布的灰口铸铁称为球墨铸铁；但基体组织较灰铸铁稍复杂一些，通常呈珠光体＋铁素体＋渗碳体的混合组织。石墨变成球状可大幅提高自身强度，而且铸造性和机械加工性较好，也可以采用高频淬火等局部性的硬化处理，因而用途甚广，已成为发展速度最快的一种金属结构材料。近 80%的汽车发动机曲轴采用球墨铸铁制造。

表 2-2 列出了不同代号球墨铸铁的特点及在汽车上的应用。各种球墨铸铁性能的差异，通常可以通过热处理来实现：对铸件退火与正火处理，分别可以得到强度低、韧性好与强度高、韧性低的材质。近年来以合金化替代热处理的方法逐渐增多。

表 2-2　球墨铸铁的特点和用途

代　号	特　点	典型应用
QT 400—18	原则上铸造后应进行退火处理。由于基体组织全部为铁素体，淬火硬化处理困难，因此韧性提高而强度、耐磨性降低	轮毂，驱动桥、离合器、差速器壳体及支座，飞轮壳
QT 450—10	在铁素体组织中有若干珠光体，比 QT 400—18 强度有一定提高，一般不进行热处理	
QT 500—7	珠光体和铁素体大致对半存在，强度、耐磨性、韧性等综合性能较好，几乎不进行热处理	飞轮，传动轴，机油泵齿轮，制动鼓（盘），托架类零件
QT 600—3	珠光体含量、强度、硬度均高于 QT 500—7。一般不能进行热处理	曲轴，凸轮轴，传动轴，转向节，汽缸套，连杆，进排气门座，气门摇臂
QT 700—2	原则上铸造后应进行正火处理。基体组织以珠光体为主，韧性有一定程度下降，但强度和耐磨性有所提高	

此外还有蠕墨铸铁、可锻铸铁、合金铸铁等。

2）铸钢

一般工程用铸造碳钢是含碳量0.2%～0.6%的中碳钢，代号为ZG 200～ZG 640。液态钢流动性较差，提高碳含量能够增加流动性，有利于成型。在汽车工业当中，由于铸钢件的生产率较低，使用量较少，一般仅在排气歧管、变速器壳体等很少场合有所应用。

3）铸铝

铸铝材料通常是以硅为主要合金元素的铸造铝合金（即硅铝明合金），通过适当的合金化改善其铸造、焊接、抗蚀、机械和理化性能。主要可分为铸件铝合金和压铸件铝合金。

（1）铸件铝合金　是用重力金属型铸造和低压铸造的铝合金。汽车上常用的几种铸件铝合金包括 ZL 101、ZL 106、ZL 109 等，都是以硅铝明合金为基础，通过调整其中的 Si、Mg、Cu 等合金元素改善其铸造性能、力学性能和物理化学性能。

（2）压铸铝合金　是在压力铸造当中采用的铝合金。压铸铝合金流动性较好，热脆性较小，对金属模具贴附作用较小，可用于生产薄壁的大型零部件，生产率很高。在汽车上使用较为普遍的是 YL 112 和 YL 113，常用于制造汽缸盖罩壳、变速器壳体等。

随着汽车轻量化的要求，近年来用铸铝合金替代铸铁零部件的趋势越来越普遍。表2-3 列出了可用于汽车零件的铸铝合金代号与特点。铸镁、铸锌合金等在汽车上也有使用，铸造复合材料发展也很快。

表2-3　铸铝合金的特点和用途

代　号	特　点	典型应用
ZL 101	铸造、焊接、抗蚀和机械性能良好，切削性中等，耐热性不高。可热处理强化。ZL 101A 较 ZL101 杂质含量低，并加入少量钛以细化晶粒，机械性能有较大提高	水泵及传动装置壳体，水冷发动机汽缸体、汽缸盖，进气歧管，汽化器
ZL 104	铸造、抗蚀、常温力学性能良好，但吸气倾向大、高温机械性能较差，焊接、切削性中等。可热处理强化。熔炼中需变质处理。不宜用于工作温度超过200℃的场合	水冷发动机曲轴箱，滑块，汽缸体，汽缸盖
ZL 105 ZL 105A	铸造、焊接、切削性能良好；常温、高温机械强度较高，但韧塑性较低；抗蚀性尚可；熔炼工艺简单；可热处理强化。无需变质处理。ZL105A 杂质含量低，并加入少量钛以细化晶粒，强度更高	水冷发动机汽缸体、汽缸盖，空冷发动汽缸盖、曲轴箱
ZL 106	铸造、焊接、抗蚀和切削性能良好；常温、高温机械性能较好。可热处理强化。适于工作温度低于225℃的场合	水冷发动机汽缸体、汽缸盖、曲轴箱，进排气歧管
ZL 107	切削、力学性能良好，铸造性能一般，耐蚀性不高。可热处理强化，需变质处理	阀体，汽缸盖，曲轴箱，离合器壳，汽化器零件，柴油发动机附件
ZL 108 ZL 109	铸造、力学性能良好，但吸气倾向大；热膨胀系数低，导热率高，耐热性好；切削性较差。可热处理强化。熔炼中需变质处理	发动机活塞，带轮以及工作温度低于250℃的零件
YL 102	铸造、抗蚀性能良好，屈服强度稍低	汽车主车架，前面板
YL 104	抗蚀性能良好，抗冲击强度和屈服强度高，铸造性能较差。	汽车轮罩，车轮
YL 112 YL 113	铸造、切削、力学性能良好。	汽缸体，汽缸盖，变速器壳体，曲轴箱

2.1.1.3 铸造工艺及设备

1）砂型铸造

砂型铸造的铸型以砂为主要造型材料。砂型铸造应用十分广泛，用砂型铸造生产的铸件占总产量的80%～90%。砂型铸造主要由以下工艺过程组成：造型、造芯、砂型及型芯烘干、合型、熔炼金属、浇注、落砂和清理、检验。但对某个具体的铸造工艺过程来说，并不一定包括上述全部内容。

（1）造型材料　制造铸型用的材料称为造型材料，砂型铸造中主要指型砂和芯砂。它由砂、黏结剂和附加物等组成。造型材料应具备可塑性、强度、耐火度、透气性和退让性。

（2）造型工艺　指铸型的制作方法和过程，是砂型铸造工艺过程中最重要的组成部分。砂型铸造可分为手工造型和机器造型两大类。

① 手工造型：是指全部用手工或手动工具完成的造型过程，按照起模特点可分为整模造型、挖砂造型、分模造型、活块造型、三箱造型等方法。手工造型主要用于单件、小批生产，也用于形状复杂和大型铸件的生产。

② 机器造型：是指用机器完成全部或至少完成紧砂操作的造型过程，包括振击造型、压实造型、振压造型、气动微振压实造型、抛砂造型、射砂造型、多触头高压造型等多种紧实型砂的方法。机器造型是现代化铸造车间生产的基本方式，大批量生产时主要采用机器造型。

机器造型多采用高速高压的造型机，造型、拆箱和其他工序可以全部自动化。目前液压造型机的发展已超过气压造型机成为主流。图2-2为无砂箱造型机及其造型工艺示意图。

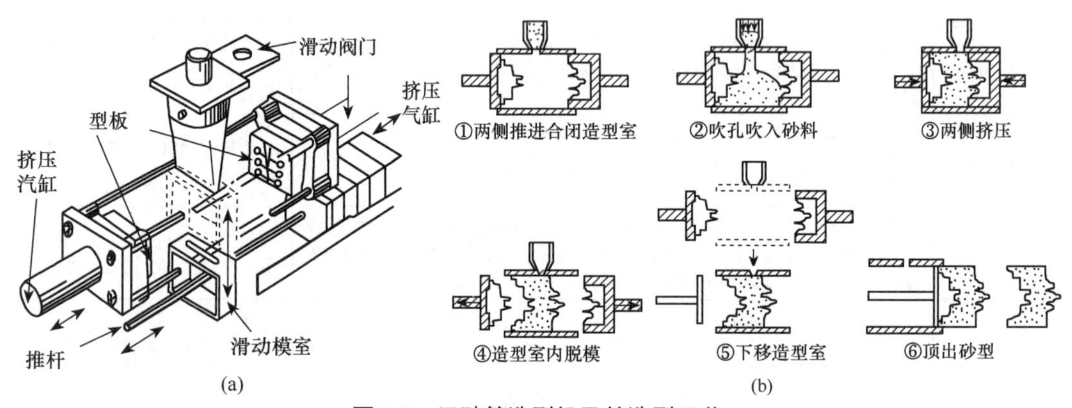

图2-2　无砂箱造型机及其造型工艺

（a）模室移动式无砂箱造型机　（b）造型工艺流程示意

机器造型是采用模板进行两箱造型的，不能进行三箱造型，同时也应避免活块。

③ 制芯：与制造砂型一样，砂芯也可分为手工制芯、机器制芯。手工制芯方法有很多种，但主要是用芯盒造芯，制造芯盒的材料一般有木材、塑料和金属材料。在大量生产中多采用吹芯机或射芯机等机器制芯方法：吹芯机是以5～7kg/cm^{2}的压力将油砂或CO_2干燥砂吹入芯盒，制成砂芯；射芯机是靠安装在储气罐和砂斗之间的射芯阀的开闭，

将砂射入芯盒内制芯。

（3）熔化　铸铁熔化主要采用冲天炉、低频感应电炉，以及冲天炉与低频感应电弧炉相结合的双联熔化方式；还有单独使用 30～40t 大容量坩埚低频感应电炉进行熔化，或是与槽型低频感应电炉结合进行双联熔化等。低频电炉中的铁水成分与熔化温度容易控制，铸件质量稳定。近年来，随着汽车用铸铁材料的多样化，高频感应电炉（图 2-3）的使用也逐渐增多。

铝合金的熔化一般属于大批量熔化加工，所以主要采用连续投入熔化方法。图 2-4 所示为一种铝合金连续熔化炉，炉体预热后连续投料，自下而上直接加热熔化。

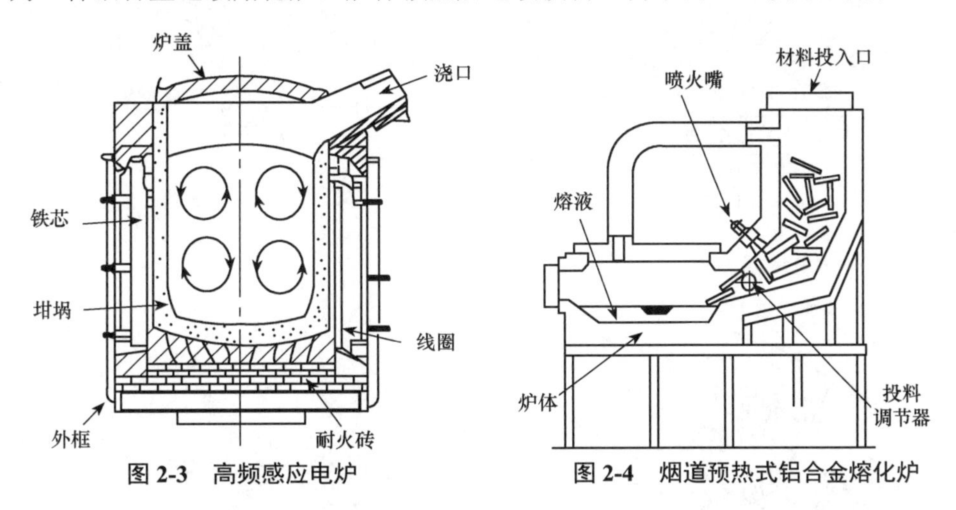

图 2-3　高频感应电炉　　图 2-4　烟道预热式铝合金熔化炉

（4）浇注　铁水先经孕育处理再注入砂型。孕育处理是为了改善石墨形状、防止铸造缺陷、防止白口化、防止薄壁部位微冷硬化、改善材料的机械强度、改进切削性等。浇注工序目前已可以实现自动化浇注，如采用倾动式、柱塞式、加压式、电磁泵式等自动浇注设备；但人工操作铁水包进行浇注的方式仍然存在。

（5）清理　冷却的铸件经过捅型机、振动落砂机、除芯机等拆箱、落砂，再经喷丸机和喷丸清理滚筒充分清理后，送去热处理或机械加工。

2）特种铸造

（1）壳型铸造　是以热固性树脂使型砂结成硬壳。型砂采用复膜树脂砂或粉末树脂砂，黏结剂采用热固性树脂，用翻斗法或喷吹法成型；壳芯制作可使用高效壳芯吹芯机；浇注多采用立浇立冷的工艺方案。壳型铸造也可以与金属型结合使用，就是在金属型腔表面覆盖一层 3～6mm 厚的型砂壳层，即可减少昂贵的树脂用量，也可使材质稳定。

（2）金属型铸造　是依靠金属液自身重力注入金属铸型型腔获得铸件的方法。金属铸型是由金属材料制成的铸型，不能称作金属模。金属型铸造设备简单，便于机械化、自动化，劳动生产率较高；制作型芯方便，对复杂形状的零件的适应性较好；铸件尺寸精度高，表面粗糙度低，质量稳定，废品率较低；机械性能好，抗拉强度可提高 25%。但金属型的成本高，故多品种少量生产时经济性较差。在汽车工业中，发动机汽缸体、汽缸盖、进气歧管、活塞以及铝制车轮等形状不太复杂的中、小铸件的大批量生产均采用金属型铸造。

金属型铸造为了避免空气混入，浇注时需要平稳。图 2-5 所示用倾转式浇铸机进行翻炉浇注，由于型腔内的空气与金属液交换顺畅，对金属液的回转有利，是一种很好的铸造方法。

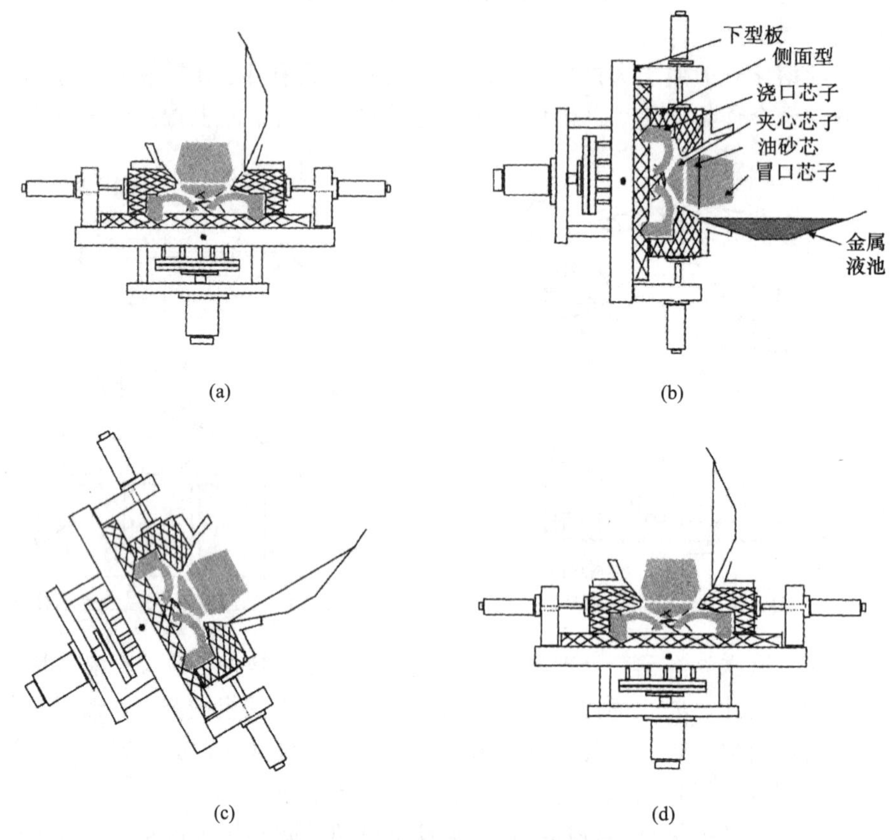

图 2-5　金属型铸造倾转式浇铸机及翻炉浇注法示意

（a）放入铸芯 （b）铸机倾转 90°后向金属液池注入熔液 （c）铸机翻转过程中向铸型注入熔液 （d）冷却凝固

（3）压力铸造　是将液态或半液态熔融金属在高压下高速充型，并在高压下凝固结晶而获得铸件的铸造方法。高速和高压是压铸的两大特点，也是区别于其他铸造方法的主要特点，其压铸压强可达 30～90MPa。压力铸造以金属型铸造为基础，高压高速充型，从根本上解决了金属的流动性问题；铸件组织更细密，力学性能显著提高；铸件尺寸精度高，表面粗糙度低；可以直接铸出零件上的各种孔眼、螺纹、齿形等。但高速充型条件下铸件表皮下常常形成许多包含气体的小孔，因而压铸件不能进行热处理，以免表面产生突起缺陷或使整个铸件变形；模具生产周期长、成本高；而且仅限于铝、镁、锌、铜等低熔点有色合金的铸造生产。

压力铸造使用的压铸机由定型、动型、压室等组成，如图 2-6 所示。首先使动型与定型合紧，用活塞将压室中的熔融金属压射到型腔，凝固后打开铸型并顶出铸件。

（4）低压铸造　是在 0.2～0.6MPa 的压强下，使金属液压入铸型并在压力下结晶

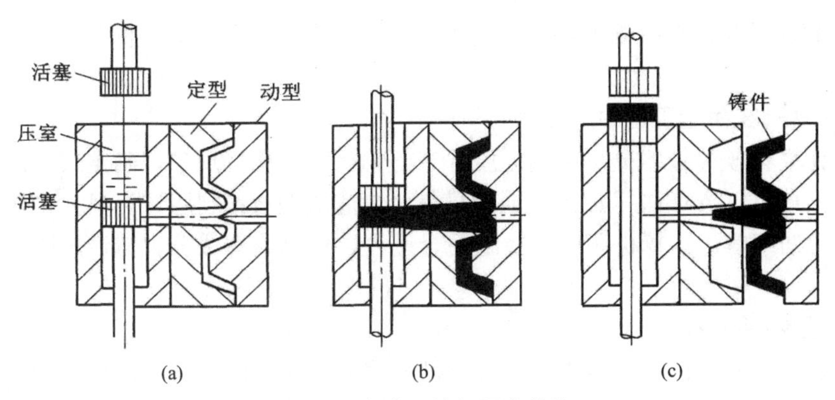

图 2-6　立式压铸机压力铸造

（a）合型浇注　（b）压射　（c）开型顶件

凝固的铸造方法。因其压强低，故称为低压铸造。低压铸造工艺原理如图 2-7 所示。工作时由贮气罐向保温室中送入压强为 0.01～0.08MPa 的干燥压缩空气或惰性气体，使金属液沿升液管从密封坩埚中以 10.5～10.6m/s 的速度压入铸型型腔中，充满后仍保持一定压力或适当增压至型腔内金属液完全凝固；然后撤销压力，使未凝固的金属液在重力作用下流回坩埚，保证升液管和浇口中没有凝固的金属液；最后，打开铸型取出铸件。

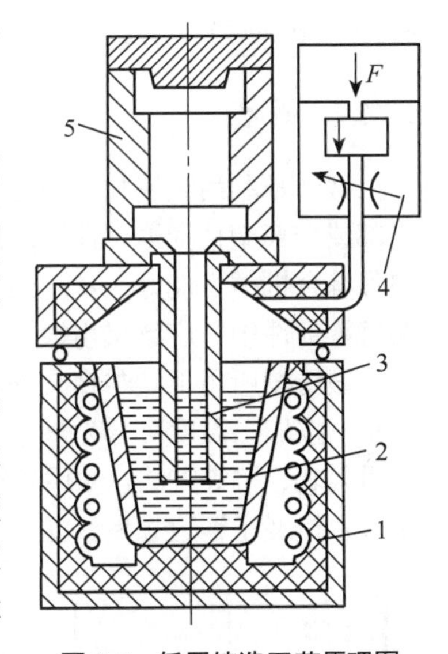

图 2-7　低压铸造工艺原理图

1. 保温室　2. 坩埚　3. 升液管
4. 贮气罐　5. 铸型

低压铸造是介于重力铸造和压力铸造之间的一种铸造方法，可以生产铝、镁、铜合金和少量钢制薄壁壳体类铸件，如发动机的缸体、缸套、活塞、进气歧管，变速箱壳体，带轮，车轮等。低压铸造的铸件表面粗糙度可达 R_a＝3.2～12.5μm，公差等级能满足 IT12～IT14，最小壁厚可至 2～5mm。

除上述方法外，还有离心铸造、熔模铸造、陶瓷型铸造、消失模铸造、连续铸造等，这里不一一阐述。

2.1.1.4　汽车铸件铸造工艺的新发展

1）节材、节能、提高铸件内在质量的工艺技术

如在大量流水生产线上采用型内球化法生产球墨铸铁件，不仅可减少球化剂的加入量，减少环境污染，改善工人劳动条件，而且在节能、节材、提高铸件内在质量等方面具有显著的技术经济效益。

2）提高铸件表面光洁度和尺寸精度的铸造工艺

与砂型铸件相比，压铸、金属型铸造、离心铸造等特种铸造工艺方法加工裕量可减少 50%～60%，已经从中小型铝铸件生产发展到大型黑色金属铸件。

3）表面改性处理工艺

表面合金化处理、高频淬火、激光表面处理等，可使铸件耐磨性及疲劳强度大大提高。如用 TIG 弧光再熔融处理铸铁凸轮轴表面、在铝制汽缸表面喷涂钼等，以提高它们的耐磨性。

4）计算机在铸造工艺中的应用

采用计算机模拟技术分析凝固温度分布、偏析、缩孔等现象，确定最优的铸造工艺方案；借助 CAD/CAM 技术加工金属型模具、快速成型等；利用计算机控制压铸机压射速度、压力曲线等。计算机还用于控制冶金过程、检测冶金成分、铸铁缺陷以及混砂配料等。

5）新型铸造材料

铸造复合材料、铸焊、铸造粉末冶金以及铸造与塑料的结合，可使不同材质组成一个整体零件，从而材质利用、制作工艺更趋合理，减轻汽车铸件自重，延长使用寿命，降低成本。

2.1.2　锻造

2.1.2.1　概述

锻造是利用金属材料的可塑性，借助压力设备和工模具的作用，使坯料或铸锭产生局部或全部塑性变形，而形成所需要的形状、尺寸和一定组织性能的工件的加工方法。锻件综合机械性能好、富于强韧性、可靠性高，在汽车发动机、传动装置、行走系统的关键零部件中，广泛采用锻造零件。

锻造按所用工具与模具安置情况不同，可分为自由锻、胎模锻、模锻等，如图 2-8 所示；按加工温度可分为热锻、温锻、冷锻、等温锻等。随着生产技术的发展，锻造中也引入轧、挤等方法，如用辊锻方法生产连杆，用挤压方法生产发动机气阀、汽车转向轴等，扩展了锻造领域，提高了毛坯质量和生产率。

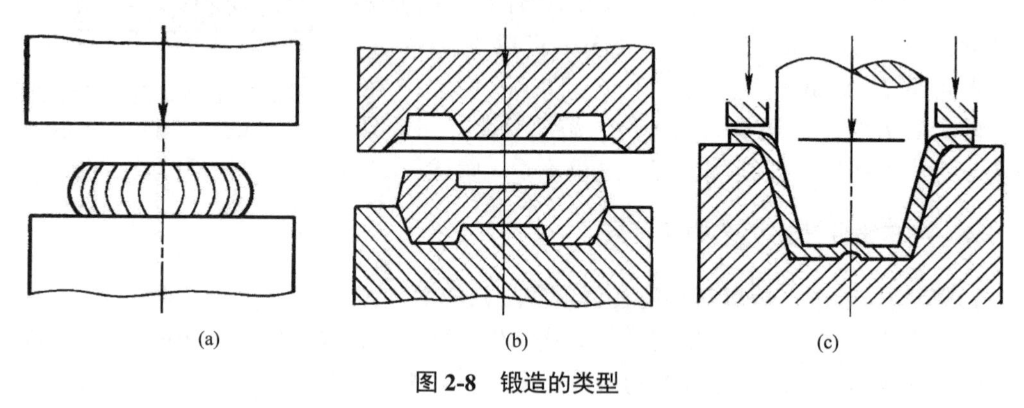

图 2-8　锻造的类型

（a）自由锻　（b）胎模锻　（c）模锻

自由锻、胎模锻、模锻都是通过金属体积的转移和分配来获得毛坯的加工方法。为使金属有较好的塑性，一般都在热态下加工。其中自由锻是利用冲击力或压力，使金属在上下砧面间各个方向自由变形而获得所需形状、尺寸和一定机械性能的锻件，砧面是固定的平砧或型砧；胎模锻是在自由锻设备上使用胎生产锻件，其锻模为可移动式；模锻是利用模具使毛坯变形而获得锻件，其锻模为固定式。

热锻是指终锻温度高于再结晶温度、工作温度高于模具温度的锻造，汽车后半轴与转向节等须保证安全的重受零件，连杆、曲轴等发动机零件，以及齿轮毛坯等，都采用热锻成型。冷锻是指在室温下进行的或低于再结晶温度的锻造，发动机气门、球头销、差速器小齿轮和后半轴等可以采用冷锻。温锻是指介于热锻和冷锻温度之间的加热锻造。等温锻是指模具带加热和保温装置，成型时模具与坯料等温的锻造。

图 2-9 与图 2-10 所示分别为热锻工艺过程与冷锻工艺过程。一般来说，整个工艺过程包括落料、成型、锻件检验以及原材料与毛坯热处理等各工序。这些工序从采用送料器开始，逐渐采用自动锻造机，提高了自动化程度和生产效率。

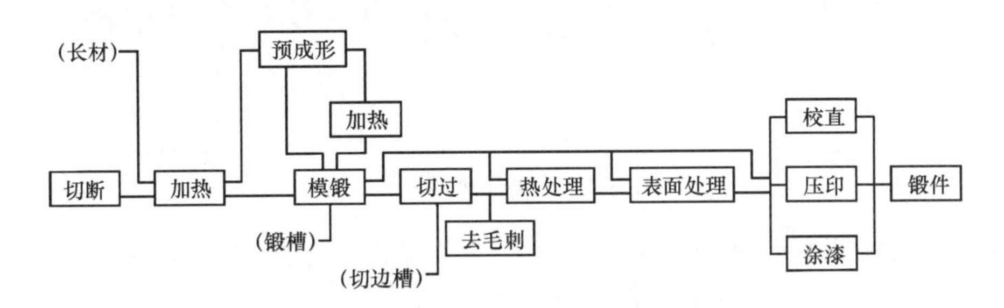

图 2-9　热锻工艺过程

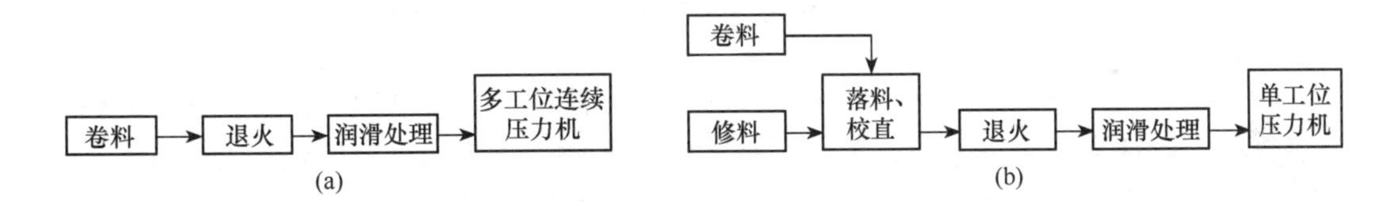

图 2-10　冷锻工艺过程

(a) 采用多工位连续压力机　(b) 采用单点压力机

2.1.2.2　锻造工艺及设备

1）热锻

热锻趋向于大型化、高速化和自动化，图 2-11 是自动化热锻生产线示意图。为了提高锻压设备锻制小型零件的生产率，降低操作技能要求，逐渐用压力机和镦锻机代替锻锤。模膛润滑对提高热锻模寿命和锻件质量、改进工艺性能有重要作用。

(1) 加热装置　钢锻造加热温度可达到（1 200±50）℃。热锻加热工艺的完善程度（表面脱碳情况、过热程度等）与坯料的尺寸精度，对锻件质量及模锻成型工艺性有很大影响。

① 重油或燃气加热炉：目前使用最多的加热炉是燃烧重油或气体燃料的周期作业式炉和连续作业式炉。周期作业式炉价格低、通用性高、用途广，但手动装出炉、温度变动大且不易保持均匀；连续作业式炉包括输送带式炉、推杆式炉、步进式炉、转底式炉等，容易自动化和控制温度，但对炉料批量变动的适应性差，且存在运动部件的耐高温与氧化生锈问题。

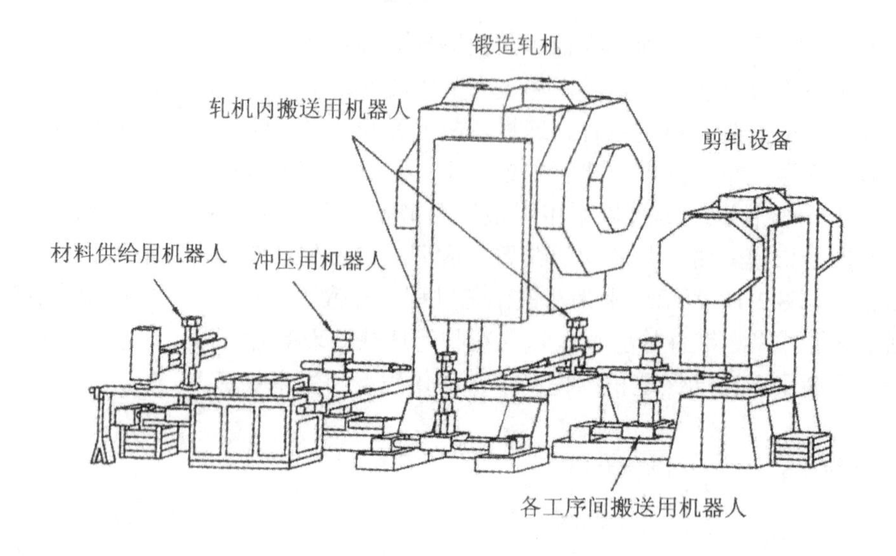

图2-11　自动化热锻生产线

② 感应加热装置：采用电磁感应加热，装置紧凑，升温速度快，氧化皮少，容易自动化，适合与自动锻造机配套使用；但价格较高。

（2）辊锻机　辊锻机广泛用于锻坯预成型。辊锻使材料延展均匀、迅速。大量生产时，与锻锤或压力机配套，能够高效率生产锻件。汽车后半轴类零件就可采用双支承式辊锻机加工。

（3）锤锻　锤是锻造最常用的机械，可分为夹板锤、空气单动锤、空气锤、无砧座锤等数种；以往夹板锤占主流，现在几乎都用空气锤。大型锻件有些使用25～35t级无砧座锤。由于锻锤构造简单、适用广泛、容易制造，虽然存在振动、噪声等问题，但很难完全废弃不用。

（4）压力机　是利用机械或液压装置驱动滑块对工件施加压力的机器，具有提高材料利用率、保持尺寸精度、容易操作、改善劳动环境等优点。最初以加工小型锻件的1 000t级以下压力机为主，逐渐出现大型锻件大量生产用压力机，例如超过万吨级的压力机。

（5）镦锻机　是卧式曲柄压力机中的一类，是由连杆机构开闭的夹紧模和安装在曲柄驱动导向滑块上的冲头进行锻造的。其典型应用如汽车后半轴的镦锻加工等。

2）冷锻

冷锻是一种精密塑性成型技术，与切削加工相比，冷锻制品力学性能好、生产率高、材料利用率高、表面质量好，特别适于大批量生产，而且可以作为近终形产品。但冷锻不适于有些材料和形状很复杂的零件，且应注意避免零件内部发生缺陷。

（1）冷锻工艺与冷锻件　按工艺方法冷锻可分为正挤压、反挤压、径向挤压、镦锻等，形状复杂的零件可以组合使用这些方法。正挤压广泛用于汽车后半轴等轴类零件加工，镦锻则用于球头销、螺栓加工。表2-4列举出了可以冷锻成形的汽车零件。

表 2-4 可用冷锻成型的汽车零件

钢材型号	应 用
10 15 20 25	火花塞罩、压力开关壳、轴环、球节罩壳、扭力杆固定器、气门挺杆、气门、挺杆柱塞、活塞销、气门弹簧座、门锁齿轮、摇臂支持衬套、各种螺钉、各种衬套、销钉类零件
15Cr 20Cr 00Cr25Ni26Si2V2	活塞销、轴类件、轴承环、球头销、齿轮、各种衬套、销钉类件、花键轴
30 35 40 45	半轴、球头销、发电机轴，减振器轴，传动轴端花键、各类螺钉、销钉等
40Cr 45Cr 42CrMo	球头销、各类螺钉、销钉

（2）材料的预处理　与热锻不同，材料的预处理对于冷锻件质量和加工的难易程度有很大影响。在预处理方面，属于热处理的有软化退火和球化退火，此外还有磷酸锌膜处理，这是目前最有效的润滑处理方法。

（3）冷锻机　冷锻用机械分为机械式压力机和液压式压力机两种。除了较长的轴类零件要采用液压机外，都可以采用机械式压力机。

3）温锻

与热锻相比，温锻成型件表面不会发生强烈的氧化作用，表面质量好，尺寸公差小，甚至可直接成型零件的工作表面，完全省去后续机加工，节省原材料。冷锻虽然可以获得更高的表面质量和尺寸精度，但对变形材料及零件形状的要求比较苛刻，对于常用的合金结构钢，只有在其含碳量低于 0.45%时才能采用冷锻成型，且只限于形状简单的零件；而且合金结构钢冷变形抗力大，对压机吨位及模具材料要求高。温锻时材料的变形能力与室温下相比可提高 2～3 倍，既突破了冷锻成型中变形材料、零件形状、需进行中间热处理及变形抗力大的局限性，又克服了热锻中因强烈氧化作用而引起的表面质量及尺寸精度问题，具有显著的优越性。

温锻可利用多工位连续自动轧机进行连续加工操作。为防止工件氧化和脱碳，原材料需要进行石墨涂敷操作，同时还起到模具润滑和冷却作用。常采用高频感应加热装置。

温锻精密成型工艺需要高精度的专门设备，且对模具结构、模具材料的要求较高，所以只适宜于大批量生产。汽车工业中存在大量形状较复杂的轴对称或旋转对称零件，如采用温锻或“温锻—冷锻”综合工艺生产，则可以充分发挥温锻精密成型的优势，降低成本，提高质量。因此，温锻精密成型技术在美国、日本、德国等发达国家得到越来越广泛的应用，并有逐步取代热锻工艺的趋势。

4）特种锻造

特种锻造包括回转锻造、烧结锻造、液态模锻、摆动碾压等。

（1）回转锻造　回转锻造有多种方式，以辊锻为例，是将坯料在装有扇形模块的一对相对旋转的轧辊中间通过，使坯料受压发生塑性变形，从而获得锻件或锻坯的锻造方法如图 2-12 所示。辊锻实质是一种纵向轧制，与模锻件相比，辊锻件力学性能较好，尺寸稳定，还

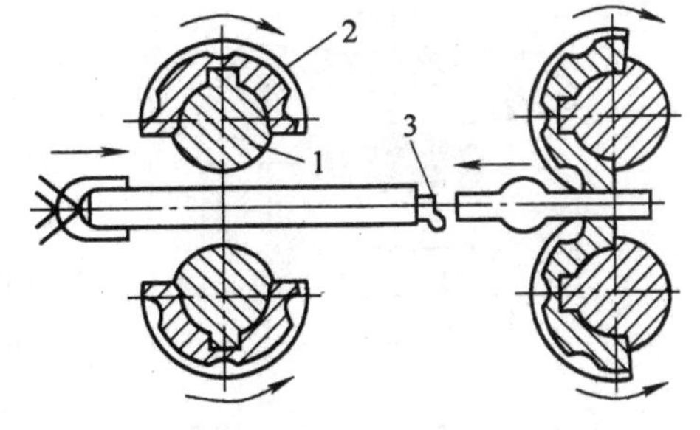

图 2-12 辊锻

1．轧辊 2．扇形模块 3．定位块

可节省材料，但尺寸和形状精度不高，且只能使截面变小而不能变大，主要适于生产长轴、长杆类锻件或锻坯。辊锻工艺已用于制造汽车、拖拉机前梁、连杆、传动轴、转向节等零件。

（2）液态模锻　又称高压铸造法或半熔融锻造法，是一种将铸造、锻造结合起来的成型工艺。其方法是将熔融或半熔融状态的金属注入金属型内，使已凝固的封闭金属硬壳在压力作用下进行塑性变形，强制性地消除因金属液态收缩、凝固收缩所形成的缩孔和缩松，阻止晶粒生长，以获得铸造缺陷极少的各种液态模锻件。液态模锻件与铸件相比，补缩彻底，易于消除各种缺陷，同时提高了零件强度；与热模锻件相比，成型容易，设备吨位小，能量消耗少，金属损失也低，能高效生产形状复杂的零件。图 2-13 是液态模锻示意图，基本过程是：①把液态金属浇入锻模内；②加压使金属充满模腔；③在高压下金属结晶；④金属受压力作用发生塑性变形，直到锻压成锻件。

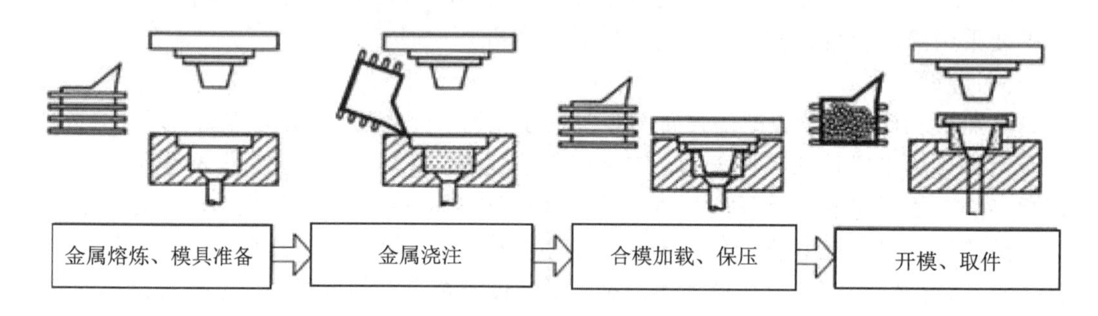

图 2-13　液态模锻工艺过程示意图

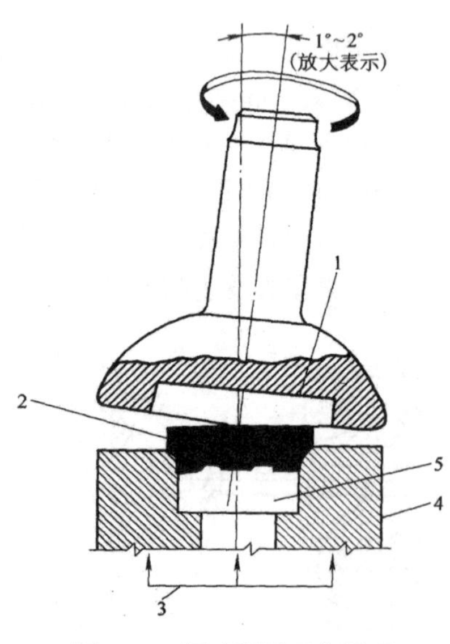

图 2-14　摆动碾压工作原理

1. 上模　2. 坯料　3. 柱塞　4. 下模　5. 顶杆

在汽车工业中，有色金属特别是铝合金液态模锻应用最为广泛，例如铝合金柴油机活塞（裙）、连杆、轮毂，铜合金轴瓦等；黑色金属液态模锻零件如齿轮坯、齿轮箱、模具坯、汽缸体、货车铲板等也开始商业化生产。此外还有复合材料的液态模锻，如生产铝基陶瓷纤维材料活塞。液锻设备包括自动化液态模锻压力机、四柱万能液压机等。

（3）摆动碾压　又称旋转成型，其工作原理如图 2-14 所示。上模 1 与垂直轴线呈一倾斜角，上模作高频率的圆周摇摆运动，与坯料 2 顶面局部接触，同时，液压柱塞 3 推动下模 4 使坯料向上移动，对摆动的上模加压。当液压柱塞到达预定位置，锻造完毕，柱塞下降，顶杆把成型锻件顶出。摆动辗压虽为冷锻，但由于模具与工件接触部分面积较小，以及材料属于逐步、缓慢变形，所以其所需锻造压力仅为一般冷锻设备的 5%～10%，设备吨位较小、费用较低。

摆动碾压锻件表面光滑，尺寸误差达到 0.025mm，表面粗糙度达到 R_a＝1.6～0.4μm。

可加工内外表面有凹凸的锻件，如汽车后桥法兰半轴、后桥从动齿轮及各种饼盘类、环形类、带法兰的轴类零件等。

2.1.3　冲压

2.1.3.1　概述

冲压是利用设备和模具对板料施加压力，使之产生分离或塑性变形，从而获得具有一定形状、尺寸和性能的零件的加工方法。冲压通常是在冷态下进行的，所以又称冷冲压；只有当板料厚度超过 8mm 时，才采用热冲压。冲压与锻造同属压力加工，合称锻压。

冲压工艺方法大致可以分为两类——分离工序和成型工序。分离工序是将冲压件或毛坯在冲压过程中沿一定的轮廓使其相互分离，分离断面满足一定的质量要求；成型工序是使板料在不破坏的情况下产生塑性变形，获得所需求的形状及尺寸。具体又可分为冲裁、弯曲、拉深、成型、立体压制等五个基本工序。图 2-15 所示为冲压工艺过程概要。

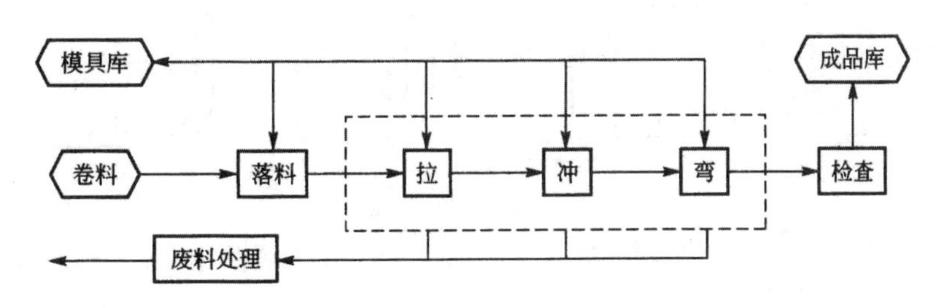

图 2-15　冲压工艺过程

2.1.3.2　冲压材料

冲压用材料必须具备良好的延展性、弯曲性、凸缘拉伸性，以及上述的复合成型性。冲压常用的原材料有低碳钢、高塑性的合金钢、铜、铝及镁合金等金属板料。汽车车身、车架等冲压件大部分由低碳钢板制成，而电器、内饰与其他附件则往往采用不锈钢板、有色金属板制造。现在，有些车身也用复合成型材料。

2.1.3.3　冲压工艺及设备

1）冲压件的结构工艺性

进行冲压件结构设计时，不仅要保证其使用要求，还要满足冲压工艺性的要求。通常对冲压件结构工艺性影响最大的是几何形状、尺寸和精度要求。

（1）冲裁件　如图 2-16 所示，冲裁件的尺寸与厚度应考虑如下关系：

① 冲裁件的外形和内孔形状应尽量简单、对称，最好是规则的几何形状如圆弧、矩形等，且其宽度 b 应大于料厚 S 的 2 倍（$b>2S$），尽量避免狭槽、长悬臂结构。

② 冲裁件直线相交处要以圆角过渡，通常圆角半径 $R>0.5S$，否则会显著降低模

具寿命。

③ 孔的尺寸不能过小，保证 $d>S$，避免增加孔的冲压难度。

（2）弯曲件

① 弯曲件的圆角半径不能小于最小弯曲半径，也不宜过大，过大则因回弹影响，弯曲角度和圆角半径的精度不易保证。

② 弯曲件的形状应尽量对称，弯曲半径应左右对称，以免板料因摩擦阻力不均而产生滑移；如工件不对称时，为防止板料偏移，在模具上可考虑增设压紧装置或定位工艺孔。

③ 弯曲边不要过短，应使弯曲边平直部分的高度 $H>2S$，如图 2-17（a）所示。

④ 弯曲带孔件时，应使孔的位置 $L>$（1.5～2）S，以避免孔的变形，如图 2-17（b）所示。

⑤ 弯曲件的尺寸精度一般不应超过 IT9～IT10。

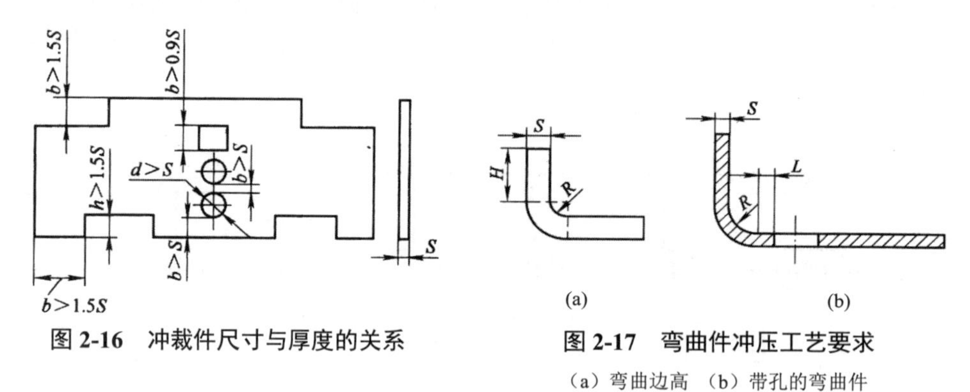

图 2-16　冲裁件尺寸与厚度的关系

图 2-17　弯曲件冲压工艺要求

（a）弯曲边高　（b）带孔的弯曲件

（3）拉深件

① 拉深件形状力求简单，避免圆锥、球面和空间复杂曲面形状，尽量采用轴对称结构，使零件变形均匀，方便模具加工制造。

② 应使拉深件的高度尽可能降低，过高、过深的拉深件易出现废品，需要多次拉深。

③ 对于半敞开或不对称的拉深件可采用合冲工艺，即将两个或几个零件合并成对称形状一起冲压，然后切开，以减少工序、节约材料、保证质量。

④ 对带凸缘的拉深件，凸缘宽度要适当，凸缘过宽，需增加拉深次数，但凸缘过窄，拉深时压边圈不易压住，容易起皱；凸缘直径的合理尺寸为

$$d+12S\leqslant d_T\leqslant d+25S \tag{2-1}$$

式中：d_T 为凸缘直径，mm；d 为拉深件内径，mm；S 为坯料厚度，mm。

⑤ 拉深圆筒形件时，底与壁间的圆角半径 r_p 应满足 $r_p\geqslant S$，凸缘与壁间的圆角半径 r_d 要满足 $r_d\geqslant 2S$；一般 $r_p\approx$（3～5）S，$r_d\approx$（4～8）S。

⑥ 矩形盒角部的圆角半径 $r\geqslant 3S$。为减少拉深次数，尽可能取 $r\geqslant H/5$（H 为矩形盒高）。

⑦ 拉深件的高度尺寸精度不应高于 IT16～IT17，直径尺寸精度不应高于IT12～IT16。

2）汽车零件的冲压工艺过程

汽车车身零件大多是用 0.7～1.2mm 厚的钢板经 3～6 道的冲压加工工序加工而成，图 2-18 是发动机罩内板的冲压加工过程，经四道工序成型。

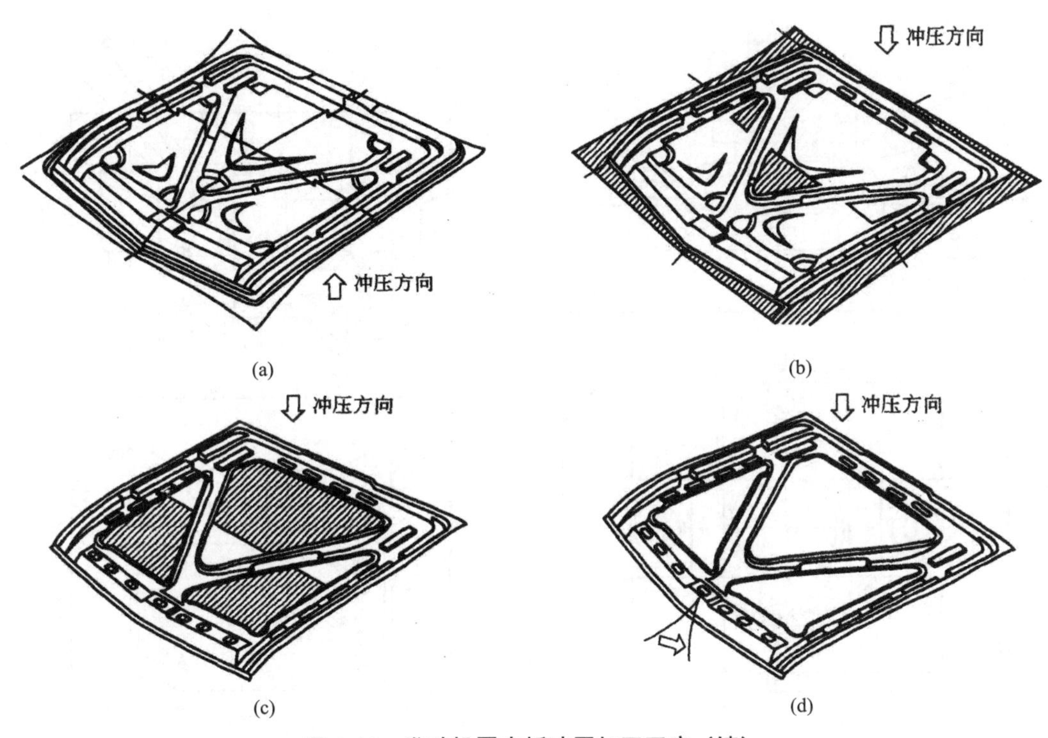

图 2-18　发动机罩内板冲压加工工序（续）

（a）拉深　（b）切边　（c）冲孔　（d）弯曲冲孔

3）冲压模具

冲压模具可分为拉深模、弯曲模、冲裁模等，而在模具结构、工序类别和压力机形式等方面，模具还可以细分。如：拉深模可细分为首次拉深模、二次拉深模、三次拉深模；冲裁模可细分为坯料落料模、外形落料模、落料冲孔模、冲孔模、复合冲模；弯曲模可细分为弯曲模、二次弯曲模、复合弯曲模以及连续冲模等。

（1）冲裁模　冲裁模有落料模、切口模、冲孔模、修边模等。在这里主要强调简单冲裁模、级进冲裁模和复合冲裁模的概念、组成和结构特点。

① 简单模：简单模与连续模、复合模的区别在于它是单工序模，即在压机一次工作行程中该冲模只完成一道工序。简单冲裁模按凸、凹模的装配位置可区分为顺装式、倒装式；按工件出模方式又可以分为上出件、下出件和打料出件；从卸料方式上又分为刚性卸料和弹性卸料；按导向方式上又分为无导向、导板导向以及导柱导向。图 2-19 所示为无导向落料模。该模具的冲裁过程是：条料从前往后送至定位板 7 时被挡住，此时，导料板 4 对条料起导向作用，定位板 7 对条料定距，凸模 2 随压力机滑块下行，与凹模 5 共同完成对条

料冲裁，分离后的落料件靠凸模从凹模孔中依次推出。箍在凸模上的废料则由固定卸料板强行刮下。以后依次连续进行。无导向模具的优点是结构简单，制造周期短，成本低。

图 2-20 所示为导柱式落料模。导柱冲模的上、下模利用导柱和导套的导向来保证其正确位置，所以凸、凹模间隙均匀，制件质量比较高，模具寿命也比较长。导柱、导套都是圆柱形，加工比导板方便，另外安装维修也方便，所以应用十分广泛。

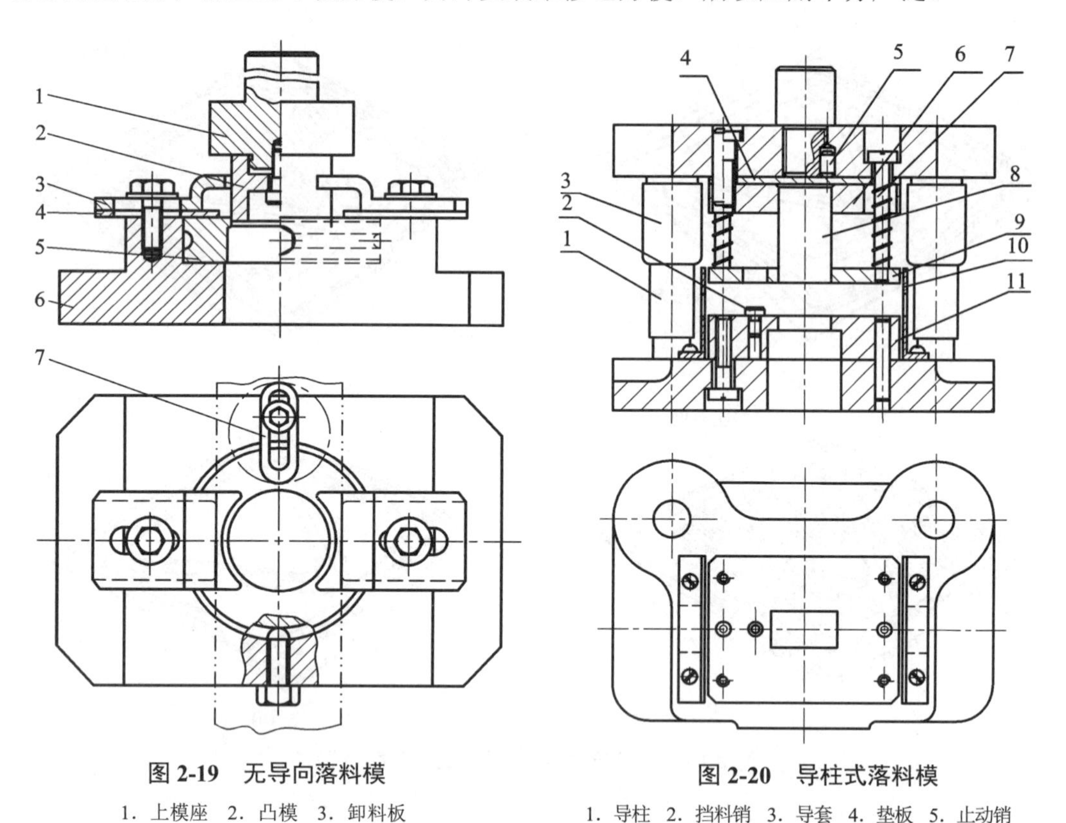

图 2-19　无导向落料模

1．上模座　2．凸模　3．卸料板　4．导料板　5．凹模　6．下模座　7．定位板

图 2-20　导柱式落料模

1．导柱　2．挡料销　3．导套　4．垫板　5．止动销　6．凸模固定板　7．卸料螺钉　8．凸模　9．弹压卸料板　10．导料板　11．凹模

导柱式落料模的凹模 11 用螺钉和销钉与下模座紧固并定位，凸模 8 与凸模固定板 6 铆接固定，并通过螺钉、销钉与上模座紧固定位。凸模背面加垫板 4，以防上模座压塌。旋入式模柄旋入上模座以使止动销 5 止转。导料板 10 安装在下模座上，既有通过其上的长方孔对条料起导向作用，又有安全保护作用。条料的定距则由挡料销 2 完成，又有安全保护作用。弹压卸料板 9 在冲压开始时起压料作用，冲压完后把包在凸模外边的废料卸下。它借助 4 个弹簧和卸料螺钉 7 实现卸料。装配后的弹簧应有一定的预压量。

图 2-21 所示为导板式落料模，它是从无导向模具的基础上改进而来的。不同之处在于下模部分有一块起导向作用的导板 9。由于导板孔与凸模间是采用 H7/h6 的配合，所以能对凸模与凹模进行导向。导板同时也起到固定卸料板的作用。

导板模具有精度较高、使用寿命较长、安装调整容易、使用安全的优点，但制造比无导向模具要求高。

② 级进模：在压力机一次行程中，在不同工位上连续冲出一个或多个制件，生产效率高，送料方便、安全，便于实现自动化及大批量生产，对于一些无法再复合模上生产的小件，往往可采用级进模生产。在一般情况下，级进模的制件精度低于复合模；但近年来由于模具加工技术的提高，出现了高精度级进模，制件可达到较高的精度。

图 2-22 所示为垫圈类零件的落料冲孔级进模。该冲模有两个工步：第一工步为冲一大孔两个小孔，第二工步为落料。冲孔凸模 1 及 2 与落料凸模 7 之间的距离等于毛坯的送进步距。冲距凹模与落料凹模做成一体。条料沿导尺 3 送进，由挡料销 5 粗定位，然后再由装于落料凸模前端的导正销 6 进行精确定位，以保证冲孔与落料的位置精度。初始挡料销 4 是在条料开始送进时作初始限位用。

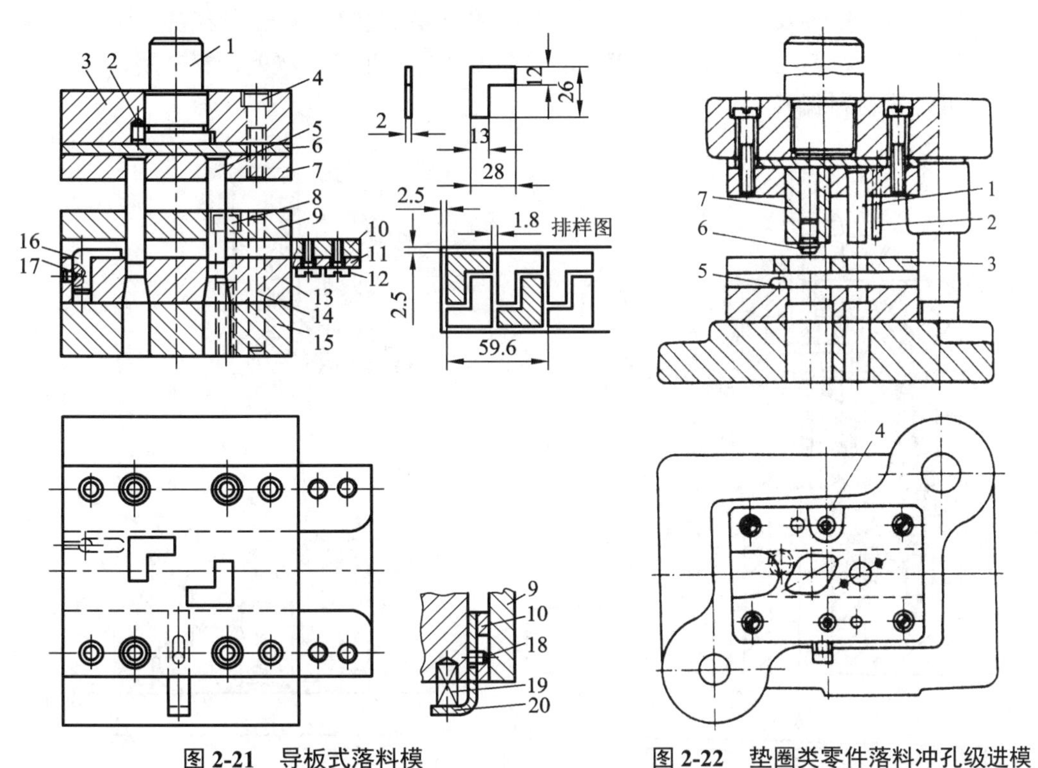

图 2-21 导板式落料模

1．模柄 2．止动销 3．上模座 4、8、12．内六角螺钉 5．凸模 6．垫板 7．凸模固定板 9．导板 10．导料板 11．承料板 13．凹模 14．圆柱销 15．下模座 16．固定挡料销 17．止动销 18．限位销 19．弹簧 20．初始挡料销

图 2-22 垫圈类零件落料冲孔级进模

1、2．凸模 3．导尺 4．初始挡料销 5．挡料销 6．导正销 7．凸模

这种冲裁模生产效率高、送料方便、安全，便于实现自动化及大批量生产。

③ 复合模：几个工序能同时在一个工位上完成的冲压模具称为复合模。如图 2-23 所示为冲孔、落料两道冲裁工序的复合模。冲裁工序还常与弯曲、拉深、局部成型等工序组成复合模。

图 2-23 所示模具中的凸凹模 21 装于下模上。冲孔凸模 17、19 及落料凹模 20 则装于上模座上。上模向下行程时由冲孔凸模与凹模完成冲孔工序。由落料凹模与凸凹模配合完成落料工序。上模回程时，在压力机打料机构作用下，通过打料杆 14、打料板 13 及顶杆

12推动顶件板11从落料凹模中顶出。与此同时，冲孔废料从下模的出料孔排出，而卡在凸凹模上的废料则被由卸料弹簧驱动的弹性卸料板5卸料。卸料螺钉22在冲模工作中，随弹性卸料板一同上下运动，并用以控制弹性卸料板的上下极限位置。活动定位销6用以毛坯定位，为了不影响落料凹模工作，在落料凹模工作时，活动定位销被压入弹性卸料板内。件4为活动定位销的复位弹簧。为了提高上、下模板的挤压强度及结构的需要，在冲孔凸模上装有上垫板18。复合模的优点是结构紧凑，生产效率高，工作精度高，安全可靠。

（2）弯曲模　弯曲是将金属材料沿弯曲线弯成一定的角度和形状的工艺方法。它是冲压基本工序之一，广泛应用于制造大型结构零件。

① V形件弯曲模：图2-24所示为V形件弯曲模的基本结构。该模具的优点是结构简单，在压力机上安装及调整方便，对材料厚度的公差要求不严，工件在冲程终了时得到不同程度的校正，因而回弹较小，工件的平面度较好。顶杆7既起顶料作用，又起压料作用，可防止材料偏移。

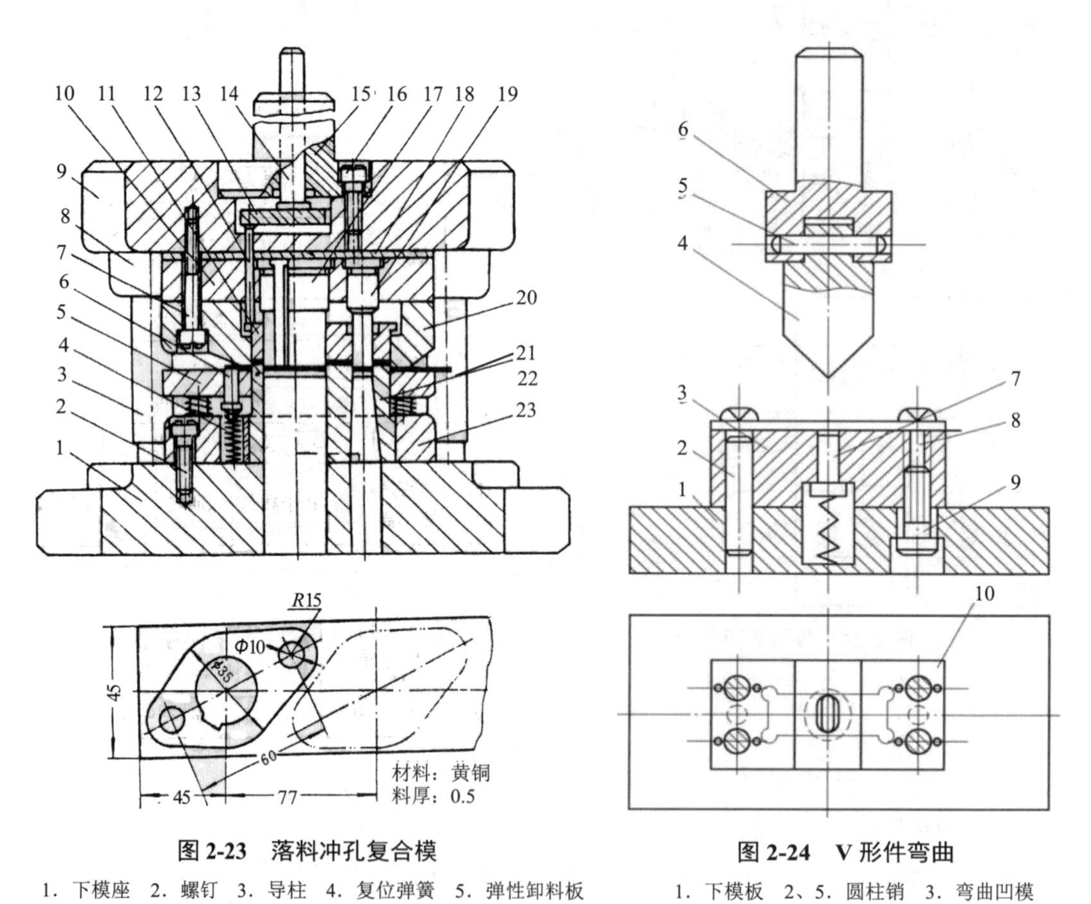

图2-23　落料冲孔复合模

1．下模座　2．螺钉　3．导柱　4．复位弹簧　5．弹性卸料板　6．活动定位销　7．连接螺钉　8．导套　9．上模座　10．固定板　11．顶件板　12．顶杆　13．打料板　14．打料杆　15．模柄　16．紧固螺钉　17．凸模　18．上垫板　19．凸模　20．落料凹模　21．凸凹模　22．卸料螺钉　23．凸凹模固定板

图2-24　V形件弯曲

1．下模板　2、5．圆柱销　3．弯曲凹模　4．弯曲凸模　6．模柄　7．顶杆　8、9．螺钉　10．定位板

② U形件弯曲模：图2-25所示为一般U形件弯曲模的基本结构。材料沿着凹模圆

角滑动进入凸、凹模的间隙并弯曲成型，凸模回升时，顶料板将工件顶出。由于材料的弹性，工件一般不会包在凸模上。

③ Z形件弯曲模：Z形件可一次弯曲成型。图2-26所示Z形件弯曲模在弯曲Z形件时，先弯曲Z形件的左端还是先弯曲Z形件的右端，取决于托板2上橡胶弹簧3的弹力与顶板上弹顶装置的弹力的大小：若橡胶弹簧3的弹力大于顶板上弹顶装置的弹力，则先弯Z形件左端再弯右端；若橡胶弹簧3的弹力小于顶板上弹顶装置的弹力，则先弯Z形件右端再弯左端。本图以先弯左端再弯右端为例叙述动作过程。弯曲前，由于橡胶弹簧3的作用使凸模6与活动凸模7的端面平齐。弯曲时，活动凸模7与顶板1将坯料夹紧，由于橡胶弹簧3的弹力大于作用在顶板上弹顶装置的弹力，迫使坯料向下运动，先完成左端弯曲；当顶板1接触下模座8后，活动凸模7停止下行，而上模的继续下行，迫使橡胶弹簧3压缩，凸模6和顶板1完成右端的弯曲；当压块4与上模座5相碰时，整个工件得到校正。

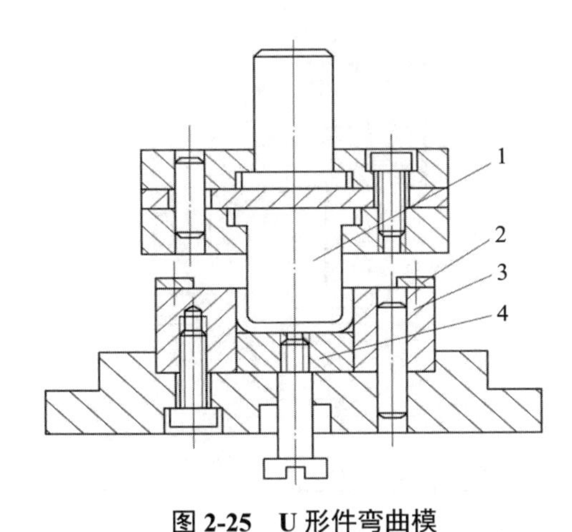

图2-25　U形件弯曲模

1. 凸模　2. 定位板　3. 凹模　4. 顶料板

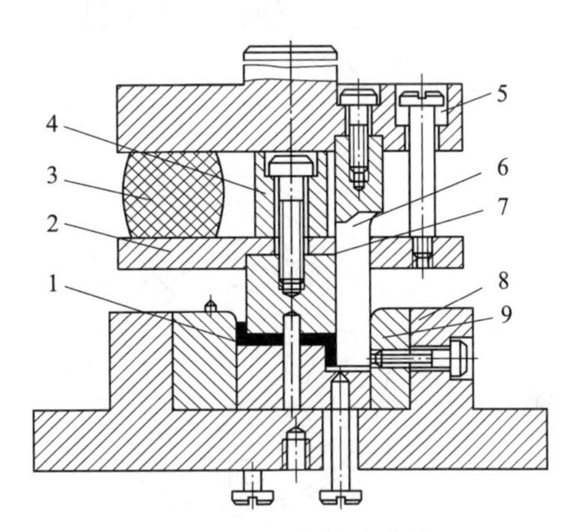

图2-26　Z形件弯曲模

1. 顶板　2. 托板　3. 橡胶弹簧　4. 压块　5. 上模座　6. 凸模　7. 活动凸模　8. 下模座　9. 反侧压块

（3）拉深模　根据拉深工艺特点，拉深模分为有压料和无压料装置；从压料装置结构上，拉深模可分为刚性压料模和弹性压料模；从拉深工序次数上又可分为首次拉深模和多次拉深模；从坯料变形方向上，可分为顺拉深模和反拉深模；从工序特点上还可分为复合拉深模、连续拉深模等。下面仅介绍几种常见的拉深模结构：

① 无压料装置的首次拉深模：图2-27所示为无压料装置的首次拉深模，这种模具结构简单，上模往往是整体的。当凸模3直径过小时，还应加上模座，以增加上模部分与压力机滑块的接触面积，下模部分有下模板1、定位板2与凹模4。为使工件在拉深后不致于紧贴在凸模上难以取下，在拉深凸模3上应有直径3mm以上的小通气孔。拉深成型后，冲压件靠凹模下部的脱料颈勒下。这种模适用于拉深材料厚度较大及深度较小的零件。

② 有压料装置的首次拉深模：图2-28所示为有压料装置的首次拉深模。拉深模的压料装置在上模，由于弹性元件高度受到模具闭合高度的限制，因而这种结构形式的拉深模只适用于拉深高度不大的零件。

③ 以后各次拉深模：图 2-29 所示为无压料装置的以后各次拉深模，前次拉深后的工序件由定位板 6 定位，拉深后工件由凹模孔台阶卸下。为了减小工件与凹模间的摩擦，凹模直边高度 *h* 取 9～13mm。该模具适用于变形程度不大，拉深件直径和壁厚要求均匀的以后各次拉深。

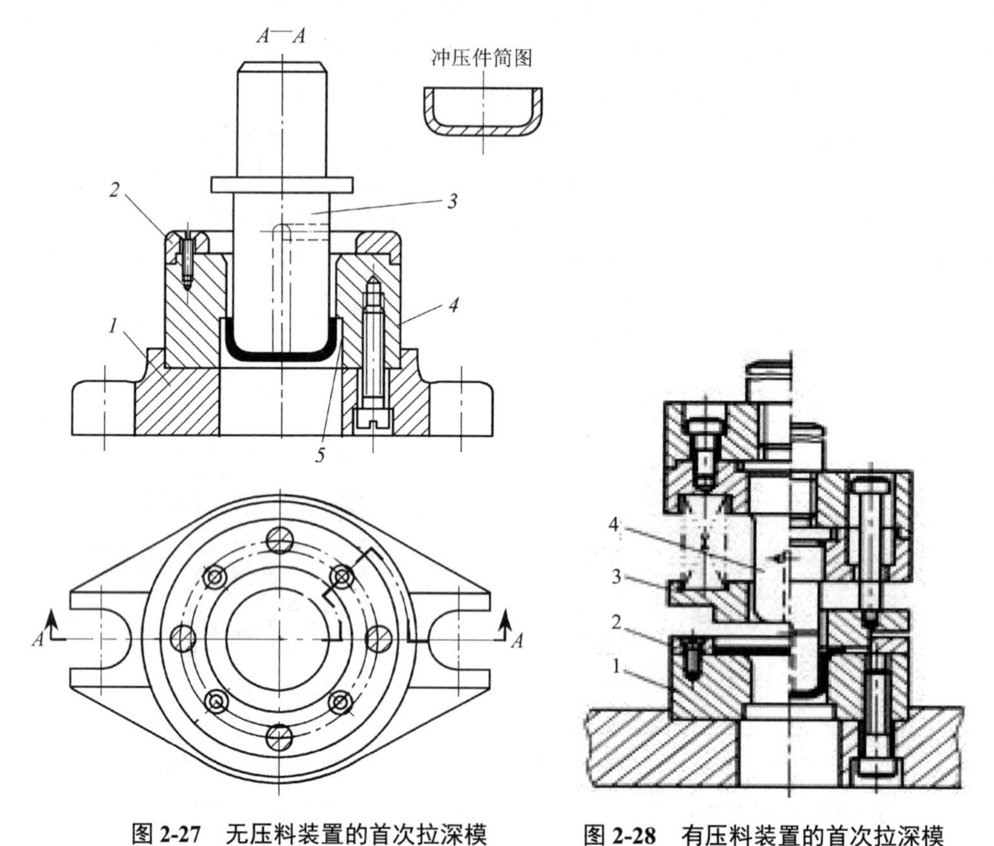

图 2-27　无压料装置的首次拉深模

1．下模板　2．定位板　3．拉深凸模 4．拉深凹模　5．脱料颈

图 2-28　有压料装置的首次拉深模

1．凹模　2．定位板　3．压料圈　4．凸模

④ 落料拉深复合模：图 2-30 为落料拉深复合模。制件为带凸缘的拉深件。落料时，由定位销定位，在落料凹模和落料凸模的作用下，冲下拉深时所带的圆形毛坯，废料由卸料卸下，落料完毕后，随即进行拉深工作，这时落料的凸模即成为拉深时凹模，拉深凸模固定在下模座上。顶件器兼压料作用，可防止制件在拉深过程中产生起皱，顶件器上部的压料圈在橡皮作用下，通过顶杆产生压力。当落料工作完成后，压料圈就与拉深凸模将毛坯压紧，直至拉深完毕，当拉深完毕上模上升时，压料装置将制件顶出。如制件卡在拉深凹模内时，则由卸料杆将制件顶出。

4）冲压设备

冲压设备都是压力机械，通过滑块带动上模相对下模做往复运动，克服工件变形阻力，完成冲压。可分为机械压力机和液压压力机两大类。

（1）落料剪切生产线　车身冲压件所用钢板大部分都是以卷料进厂，在冲压前应在剪切线上剪成所需要的尺寸与形状。卷料剪切线可分为高速剪床生产线、剪床生产线、落料压力机生产线、移动式梯形落料生产线、圆盘剪床生产线等。图 2-31 为一种落料剪切生产线示意图。

（2）压力机　压力机按床身结构可分为C（开式）、单柱式、双柱式、拱式、四柱

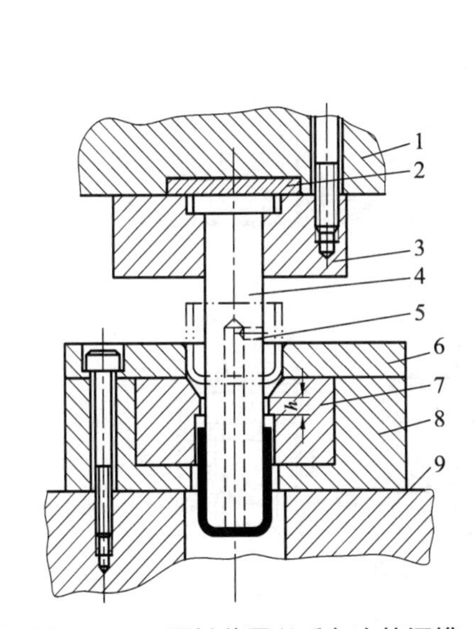

图 2-29　无压料装置以后各次拉深模

1．上模座　2．垫板　3．凸模固定板　4．凸模
5．通气孔　6．定位板　7．凹模　8．凹模座　9．下模座

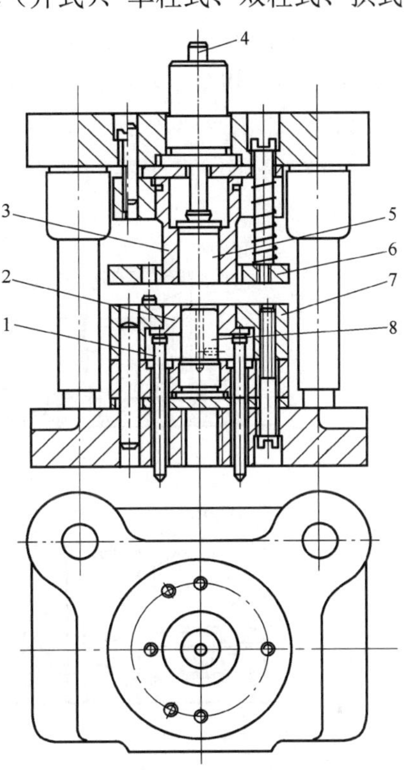

图 2-30　落料拉深复合模

1．顶杆　2．压边圈　3．凸凹模　4．推杆
5．推件板 6．卸料板　7．落料凹模　8．拉深凸模

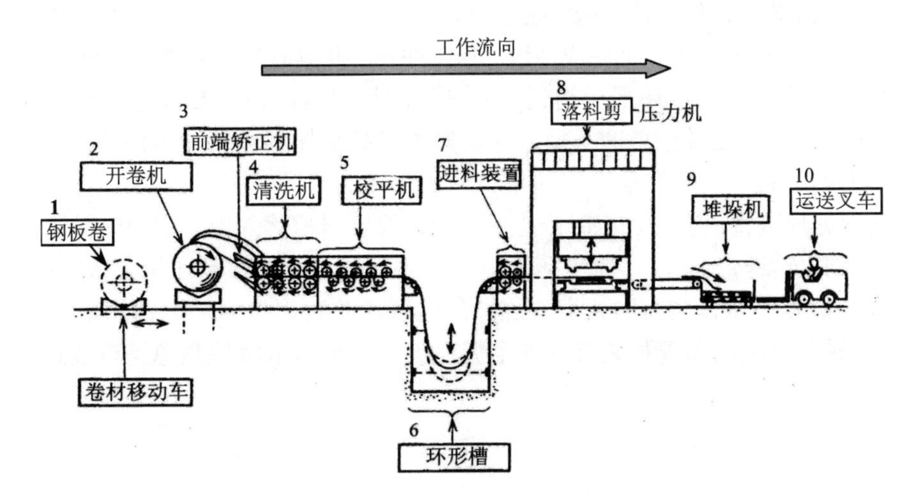

图 2-31　开卷落料生产线

1．钢板卷　2．开卷机　3．前端矫正机　4．清洗机　5．校平机　6．环形槽
7．进料装置　8．落料剪床　9．堆垛机　10．运送叉车

式等类型，按传动机构可分为曲柄压力机、弯板机、特种压力机、液压机等类型。有关压力机的详细介绍见第5.3节。

（3）冲压生产线

① 串联压机生产线：这是目前最有代表性的冲压生产线，由多台直线配置的压机组成，分为半自动线和全自动线两类。半自动线除二次加工件需人工搬运外，其他全部自动化；全自动线以电力或机械搬运装置连接压力机而成，上下料全部自动化。图2-32是这两种自动线示意图。近年来，由于多关节机器人的普及使用，全自动线已成为主流。

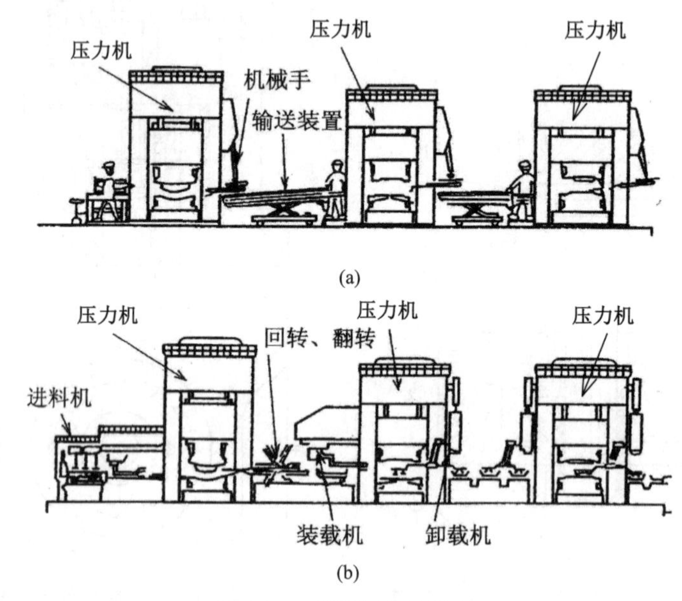

图2-32 串联压机生产线

（a）半自动冲压生产线 （b）全自动冲压生产线

② 多工位压机生产线：是指送料装置能够往复运动，向下一个工位台供料的自动冲压装置。由于能在一台压机上快速完成多道冲压工序，因此具有生产率高、节约能源等优点。

③ 顺序生产线：通过环形运输就可以进行产品搬运，不需要输送夹具就可以高速生产。适于生产形状比较简单的小型零件，典型产品是托架类汽车零件。

（4）附属设备：

① 废料处理装置：冲压加工时产生的废料，经废料槽落入地下室的废料输送带分支上，再集中到主输送带上去，最后汇集到车间的某一区域，在废料压机上压成铸造原料。

② 安全装置：压机装有防止滑块连冲的装置、防止误按启动电钮的踏板护罩和电钮护罩、各种联锁机构和警报装置、安全栅栏等，还可设置滑块紧急停车装置。

2.1.4 焊接

2.1.4.1 概述

1）焊接及其工艺特点

焊接是指通过加热、加压或两者并用，在使用或不用填充材料的情况下，使工件连接在一起的一种加工工艺方法。焊接与其他连接方法有着本质的区别。通过焊接，被连接的工件不仅在宏观上建立了永久性的结构联系，而且在焊接区域微观上建立了内在的组织联系。焊接能够非常方便地利用型材和采用铸—焊、锻—焊、冲—焊等复合工艺，制造出各种大型、复杂的机械结构和零件，并可把不同材质和不同形状尺寸的坯材连接成不可拆卸的整体，从而使许多大型复杂的铸、锻件的生产过程由难变易，由不可能变为可能。

2）焊接方法分类

焊接种类繁多，目前一般按其焊接过程的不同将焊接分为三大类，如图 2-33 所示。

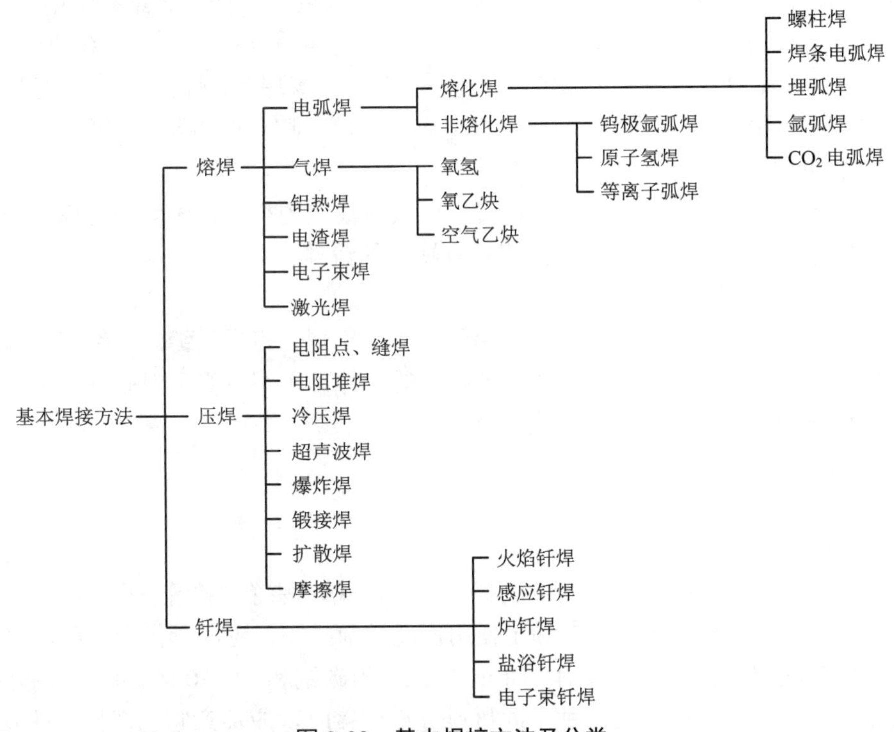

图 2-33 基本焊接方法及分类

（1）熔焊 将待焊处的母材金属熔化以形成焊缝的焊接方法。

（2）压焊 焊接过程中，必须对焊件施加压力（加热或不加热），以完成焊接的方法。

（3）钎焊 采用比母材熔点低的金属材料作钎料，将焊件和钎料加热到高于钎料熔点温度而低于母材熔化温度，利用液态钎料浸润母材、填充接头间隙并与母材相互扩散实现连接的焊接方法。

2.1.4.2 材料的焊接性能

1）金属材料的焊接性

金属材料的焊接性是指在一定的焊接工艺条件下，金属材料获得优质焊接接头的难易程度。它包括两方面的内容：一是工艺焊接性，即金属形成焊接缺陷的敏感性要小；

二是使用焊接性，即金属焊接接头或整体焊接结构要满足使用性能要求。焊接性的主要影响因素是材料的化学成分，其中影响最大的是碳元素，含碳量越高，越容易产生焊接裂纹等缺陷；同时，也与焊接时采用的工艺条件、焊接方法有关。

2）碳钢及低合金钢的焊接

低碳钢的碳含量少，焊接性良好，焊接过程中不需要任何特殊的工艺措施，几乎所有的焊接方法都能获得优质焊接接头。中碳钢的含碳量 w_C=0.25%～0.60%，随着碳含量增加，焊接性能变差，焊接时应适当进行预热。高碳钢的碳含量高，焊接性很差，一般只对高碳钢工件进行焊补，而不进行结构焊接。

合金钢中作为焊接结构使用的一般是低合金结构钢。在低合金结构钢中，当 w_c<0.4%时，强度级别较低，合金元素含量少，焊接性良好；当 w_C=0.4%～0.60%时，强度级别较高，合金元素含量较多，焊接性变差，应选用低氢焊条，焊接前一般要进行预热，焊接时工艺措施要求严格，焊接后要进行退火处理，以避免产生裂纹和变形。

3）铸铁的焊补

铸铁的碳、硅含量高，塑性很差，属于焊接性很差的材料，一般不考虑作为焊接构件，而只能进行焊补，即用焊接方法修补有缺陷的铸件。

4）有色金属的焊接

有色金属的焊接性较差。铝合金常用氩弧焊、气焊、点焊、缝焊和钎焊，以氩弧焊的质量最好，焊接时可不用熔剂；对要求不高的焊件可采用气焊，但必须使用氯化物和氟化物等组成的熔剂，以去除氧化膜及杂质。

2.1.4.3 焊接工艺及设备

1）焊接件的结构工艺性

焊件结构工艺性包括结构材料的选择、接头形式、焊缝布置等方面。

（1）焊接结构材料的选择　在满足使用性能的前提下，应尽量优先选用焊接性良好的材料，如低碳钢和普通低合金钢；而 w_C>0.5%的碳钢和 w_C>0.6%的合金钢焊接性不好，应尽量避免采用。在采用两种不同材料进行焊接时，应注意它们焊接性的差异。

（2）焊接接头形式　熔化焊接头基本形式有对接接头、搭接接头、角接接头和T形接头。图2-34为常用焊接接头的过渡形式。对接接头的应力分布均匀，接头质量容易保证且节省材料，是使用最多的接头形式，重要的受力焊缝应尽量选用。当焊件厚度较大时，为保证焊透，接头处应加工出各种坡口。通常，要求焊透的重要受力焊缝应尽量采用双面焊。

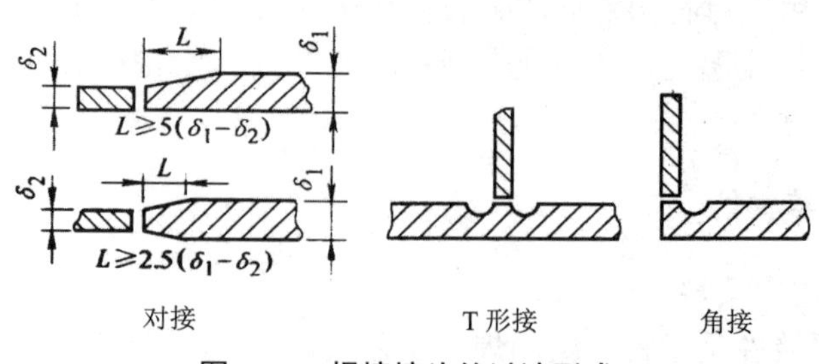

图2-34　焊接接头的过渡形式

（3）焊缝的布置　焊接结构件的焊缝布置对焊接质量、生产率有很大影响，通常应考虑如下原则：①焊缝的位置应便于操作；②焊缝应避开应力最大和应力集中的部位；③焊缝布置应尽可能分散；④焊缝位置应尽可能对称；⑤焊缝位置应远离加工表面。

2）焊接方法及其汽车生产应用

在汽车装配过程中，焊接占的比例极大，而且主要是电阻焊。车身装配几乎都用电阻焊，只对一些大于 2mm 的较厚零件或由于结构要求不能采用电阻焊时，才用其它焊接方法；汽车精密部件普遍采用电子束焊；转向管柱接头则采用摩擦焊；气焊仅用于修补焊接缺陷；气焊软、硬钎焊可用于车身外护板表面的精整加工。表 2-5 列举出了汽车制造常用的焊接方法。

表 2-5　汽车制造常用焊接方法

基本分类	工艺方法	基本分类	工艺方法
电阻焊	点焊 凸焊 滚焊、缝焊 闪光焊	电弧焊	包剂焊丝电弧焊 CO_2气体保护焊 金属焊丝惰性气体保护焊 钨极惰性气体保护焊 埋弧焊
气　焊	氧—乙炔焊 硬钎焊 软钎焊	其　他	T 形螺栓焊 摩擦焊 电子束焊

（1）焊条电弧焊　是用手工操作焊条进行焊接的一种电弧焊。具有操作简单灵活、对生产环境及焊接位置的要求适应性强、对焊接接头装配要求低、可焊的金属材料广等特点。由于焊条电弧焊的熔敷速度低、焊接质量受焊工水平的影响大、焊后焊渣的清理比较麻烦，在汽车生产线上已较少使用。

（2）电阻焊　是利用电流通过焊件接触面所产生的电阻热，将焊件局部加热到高塑性或半熔化状态，并在压力下结晶凝固形成焊接接头的方法，属于压焊的一种。电阻焊生产率高，适用于大批量生产，焊接变形小，不需要填充金属，劳动条件好，操作简便，易于实现自动化生产；但焊接设备复杂，耗电量大，对焊件厚度和接头形式有一定限制。电阻焊的基本形式可分为点焊、缝焊和对焊，如图 2-35 所示。

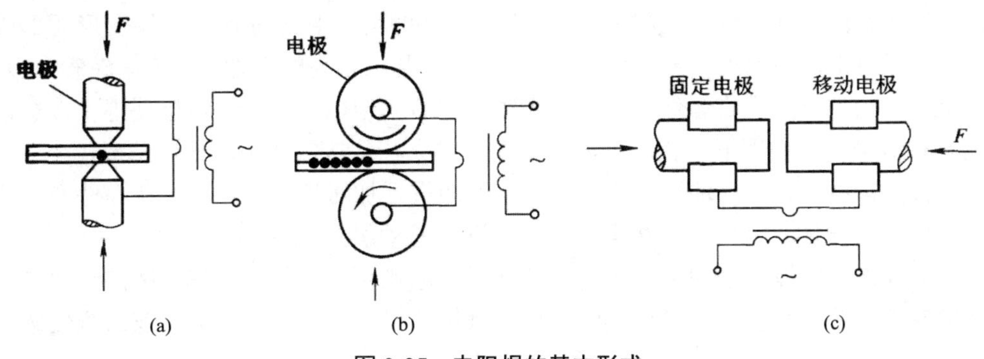

图 2-35　电阻焊的基本形式

（a）点焊　（b）缝焊　（c）对焊

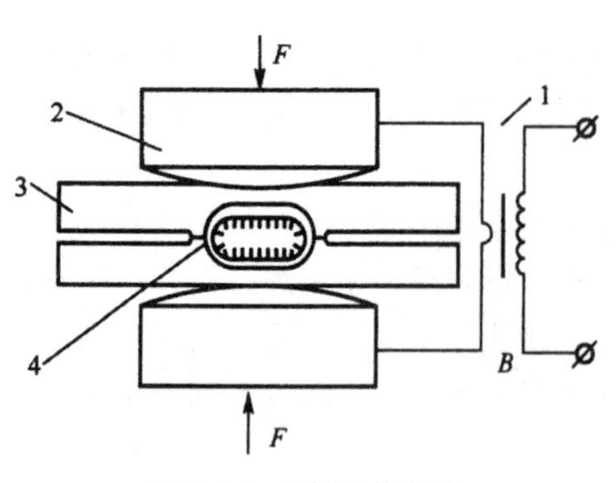

图2-36　点焊工作原理

1．变压器　2．极　3．件　4．化核心

① 点焊：是汽车焊接生产中应用最广的工艺方法，适于焊接可以采用搭接接头、接头不要求气密性的薄板构件，如轿车车身、货车驾驶室等。点焊的工作原理如图2-36所示，将装配成搭接接头的焊件置于两个圆柱形电极间预压紧并通电加热，由于电极是通有冷却水的铜合金，在电极与焊件间的电阻热被迅速传走，而两焊件接触处热量集中，将金属局部熔化形成熔核；然后断电，保持或增大压力使熔核金属在压力下凝固结晶，形成组织致密的焊点。其具体工作过程如图2-37所示。

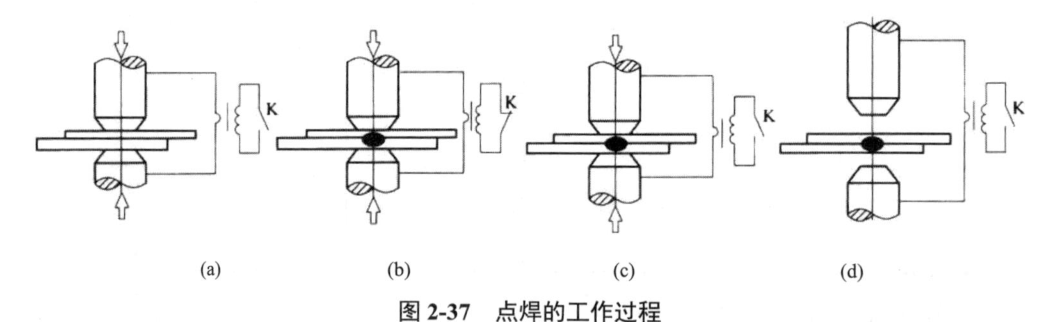

图2-37　点焊的工作过程

（a）预压　（b）焊接　（c）锻压　（d）休止

② 缝焊：也可称为滚压点焊，其电极是一对旋转的滚轮，焊件一边随滚轮转动而送进，一边在滚轮压力下施加脉冲电流，得到连续、相互重叠的焊点组成的焊缝。缝焊电能利用率大大高于点焊，焊点互相重叠，焊件密封性优良，但分流现象严重（新焊点的焊接电流会流经已焊焊点），所以焊接相同条件的焊件时，缝焊的焊接电流为点焊的1.5～2倍。缝焊一般适于焊接3mm以下要求密封性好的薄壁结构，如汽车顶盖、油箱、消音器、后桥壳等。

③ 对焊：是在焊件对接接触面上通电产生电阻热使其连接在一起的焊接方法，可分为电阻对焊和闪光对焊。电阻对焊是将焊件夹紧在电极钳口中并施加预压力，再通电加热，待接触面被加热到塑性状态后，加压顶锻并断电，接触面产生塑性变形而形成焊接接头，适用于截面简单、直径小于20mm、强度要求不高的焊件，如汽车轮毂、阀座、管路架等。闪光对焊是将焊件夹紧在电极钳口中后先通电，再移动电极使焊件接触，在强电流和电磁力的作用下，金属迅速熔化并形成火花从接触面中飞出，形成闪光现象；闪光进行一段时间后，焊件端面达到所需温度即进行加压顶锻并断电，使焊件产生塑性变形而焊合成一体，常用于重要焊接件，如汽车发动机排气阀等。

（2）气体保护焊　是利用外加气体进行保护电弧和焊缝的电弧焊。保护气体的作用是保护电弧、熔池和基体免受空气的氧化、氮化等侵害，目前常用氩气或二氧化碳，称为氩弧焊或二氧化碳保护焊。

① 氩弧焊：按所用的电极不同可分为钨极氩弧焊和熔化极氩弧焊。钨极氩弧焊如

图 2-38（a）所示，以钍钨棒或铈钨棒为电极，焊接时钨棒不熔化，仅有少量损耗；焊丝从一侧送入，熔化后填充焊缝。为减少钨极损耗，焊接电流不宜过大，常适用于焊接厚度 4mm 以下的薄板。熔化极氩弧焊如图 2-38（b）所示，以连续送进并不断熔化的焊丝作为电极，导电嘴通电，使母材与焊丝之间产生电弧并熔化，周围以氩气保护电弧和熔融金属。

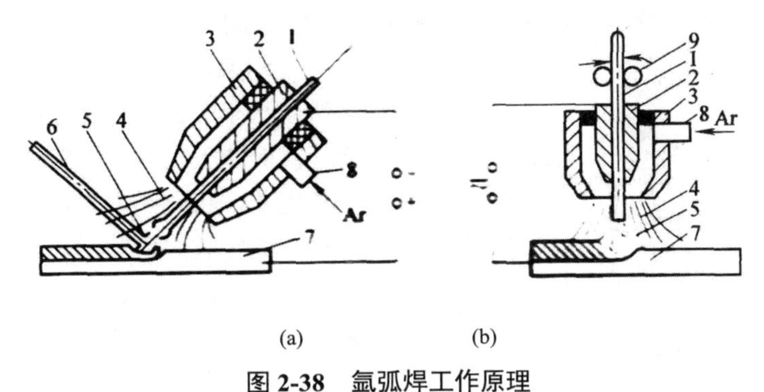

图 2-38 氩弧焊工作原理

（a）不熔化极氩弧焊 （b）熔化极氩弧焊

1.焊丝或电极 2.导电嘴 3.喷嘴 4.氩气流 5.电弧 6.填充焊丝 7.工件 8.进气管 9.送丝滚轮

焊接过程可实现自动焊或半自动焊，可采用较大的焊接电流，适于焊接厚度 25mm 以下的焊件，如制造车身地板、纵梁、车门、机油盘、铝合金零部件等。

② 二氧化碳气体保护焊：以二氧化碳为保护气体、连续送进的焊丝为电极，焊接过程和装置与熔化极氩弧焊相似，可实现自动焊或半自动焊。但二氧化碳是氧化性气体，不适于焊接非铁金属。为了保证焊缝中合金元素的含量，应采用硅、锰含量较高的焊丝。二氧化碳气体保护焊可用于生产汽车前悬架厚板、箱型结构零部件、减振器阀杆、转向轴、传动轴、后桥壳、车厢、车身地板、车架等。二氧化碳气体保护焊接设备组成如图 2-39 所示，由焊接电源、焊枪、送丝机构、供气系统和控制电路组成，焊接程序为：提前送气→通电、送丝、焊接→断电、停丝、停止焊接→滞后停气。

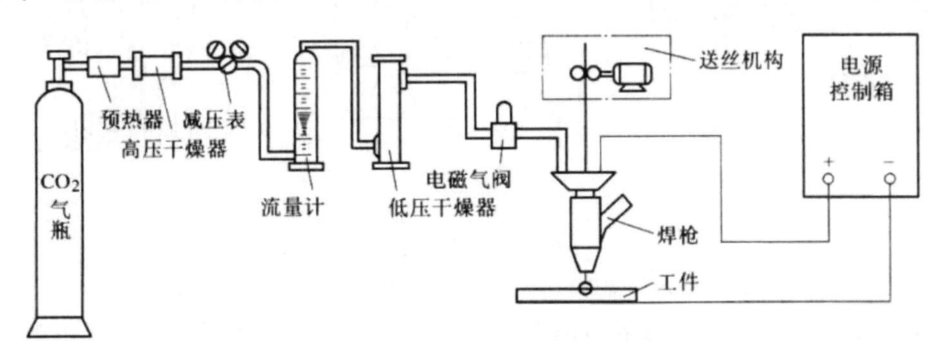

图 2-39 二氧化碳气体保护焊接设备组成

（4）钎焊 是将熔点比焊件低的钎料加热熔化后渗入固态焊件间的间隙内，将焊件连接起来的焊接方法。钎焊时焊件常以搭接形式装配好，钎料安放在间隙旁或间隙内，加热后熔化的钎料在熔剂的作用下，依靠浸润和毛细现象吸入并保持在固态焊件的间隙内，液态钎料与固态金属相互扩散而形成钎焊接头。根据钎料的熔点不同，钎焊可分为硬钎焊和软钎焊，前者钎料熔点高于450℃，接头强度较高（>200MPa），主要用于受力较大或工作温度较高的工件，常用钎料有铜基、银基和镍基合金等；后者钎料熔点低于450℃，接头强度低（≤100MPa），主要用于受力较小或工作温度较低的工件，常用钎料是锡铅合金（焊锡）。在汽车生产中，硬钎焊可作为不产生变形的焊接方法，如生产汽车车身外板等；软钎焊可用于焊接汽车油箱注油嘴、管路等，以及用于填补车身点焊焊缝以美化表面。

3）焊接设备

量产汽车的白车身几乎都是采用1～2mm的冷轧钢板冲压成型的，其中90%以上通过点焊方法组装，特别是电阻焊占主流地位。手提式焊机、固定式焊机等手工焊接设备在一些小型汽车制造和改装厂、客车厂等仍然使用；但很多大型汽车制造企业采用自动焊机和弧焊机器人等，几乎完全实现了焊接自动化生产。

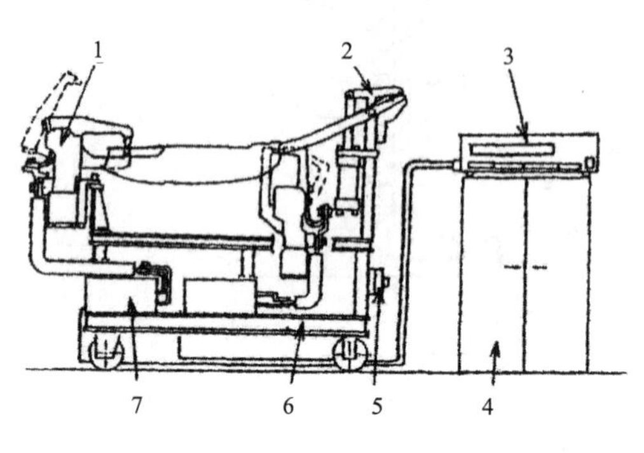

图2-40　台式多路焊机

1．焊枪　2．定位器　3．焊接计时器　4．控制箱　5．空气电磁阀　6．机架　7．焊接变压器

（1）台式多路焊机　如图2-40所示，台式焊机由定位器、焊枪、焊接变压器、空气电磁阀以及控制系统等组成。点焊枪是其中的主要部件，其基本形式分为C形和X形，如见图2-41所示；加压动力源主流采用空气加压方式。通常每个焊接变压器仅接一个焊枪，也有连接两个以上焊枪的。

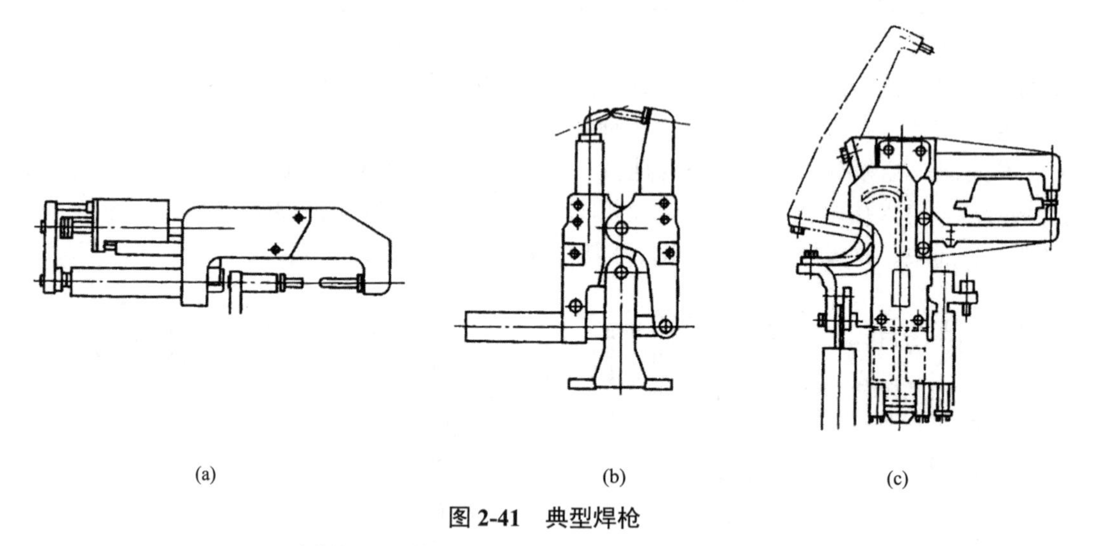

图2-41　典型焊枪

（a）直线式C形焊枪　（b）支点式X形焊枪　（c）凸轮式C形焊枪

（2）焊接机器人　可实现6自由度以上的轨迹运动，自主控制自身运动电机、焊枪电机的运行。图2-42所示为点焊机器人结构，包括机器人本体、焊枪、控制装置、电极修整器等。现在应用的几乎都是电动伺服型机器人，具有动力源简单、运送质量高、维修容易等特点。焊枪有气动加压枪和电动伺服枪两种，不同焊接部位所需要不同形式焊枪；控制装置包括机器人控制器、焊接计时器和定热量控制装置等，用以精确控制焊接位置和焊接条件。电极修整器自动修整电极前端的形状和尺寸。

（3）自动氩弧钎焊机 是以氩弧焊枪作为焊接工具的一种自动化焊接设备，可用于纵缝焊接、环缝焊接及其他类型的焊接。通常由焊接电源、送丝装置、引弧及稳弧装置、焊枪、供气系统、水冷系统、程序控制装置以及机械行走机构等部分组成。

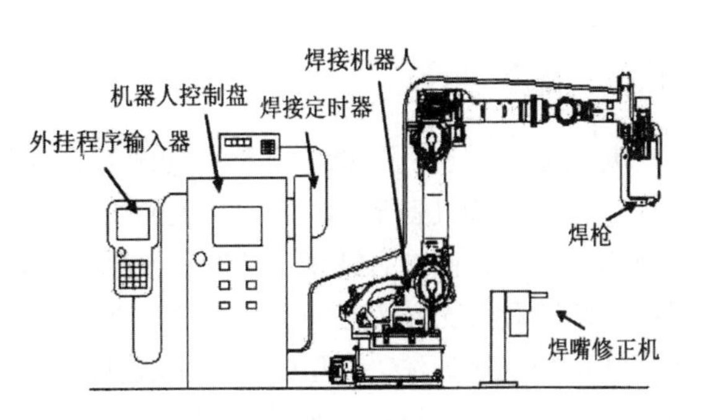

图 2-42 点焊机器人结构

（4）压力机焊接生产线 目前大部分多点焊机是在焊接压机组成的通用生产线上工作的。一般来说，焊接压机生产线上除装有焊接用四柱压力机、双柱压力机和C形床身压力机外，还包括台式焊接固定装置和台车移动式焊接固定装置；如果再增添卷边加工装置，黏结剂和防声、防振胶的涂敷装置，并设置梭式输送器，即可形成焊接搬运自动化生产线，如车门生产线、发动机罩生产线、后行李箱盖生产线、地板总成生产线、仪表板生产线等。图 2-43 是车门焊装生产线示意图，以四柱压力机为主体，包括卷边压力机和防声、防振胶涂敷装置等。发动机罩及后行李箱盖的装配工序与车门几乎完全一样，通过更换夹具与固定装置，即可形成相应的焊装生产线。此外还有双柱压力机焊接生产线、C 形压力机焊接生产线等。

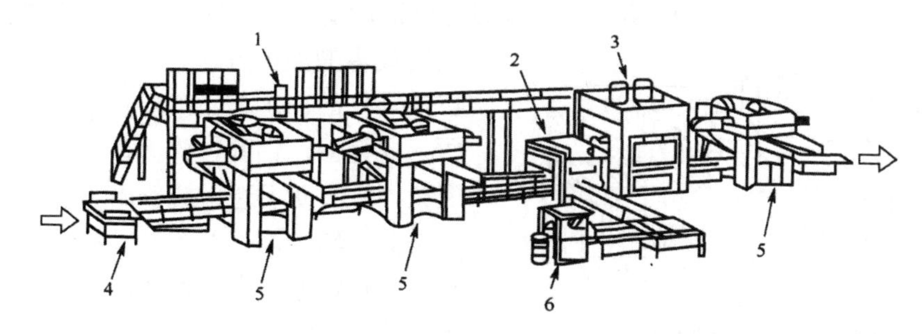

图 2-43 车门焊装生产线

1．油压系统与程序控制台架 2．内、外护板自动配合工序 3．卷边压力机 4．焊接固定装置预装台 5．焊接用四柱压力机 6．防振胶涂敷装置

（5）自动焊接生产线 过去，焊接自动化是指单台焊机的自动化，目的在于提高设备效率和稳定焊接质量，便于掌握操作技术；而当前的焊接自动化包括进料、出料以及向下道工序运送的全过程，将自动焊机与自动搬运装置相结合，向无人管理的焊接自动生产线发展，如车身焊装生产线等。

2.1.5 切削加工

切削加工是机械制造中最主要的加工方法，能达到很高精度和很低的表面粗糙度。机床、夹具、刀具和工件构成切削加工的工艺系统。加工工艺和设备的刚性与柔性虽然具有一定的相对性，但还是有本质上的区分特征；刚柔结合的单机和生产线是现代机械工业发展的方向。

2.1.5.1 概述

切削加工是在机床设备上利用切削刀具或其他工具，去除坯料或工件上多余材料，使工件获得需要的几何形状、尺寸和表面质量的机械加工方法。切削加工按照工艺特征可分为车削、铣削、刨削、钻削、镗削、铰削、插削、拉削、磨削、刮削、抛光、锯切等；按材料切除率和加工精度可分为粗加工、半精加工、精加工、精整和光整加工等；按表面形成方法可分为轨迹法、成型法、相切法和展成法；按刀具运动方式，可分为固定刀具加工和回转刀具加工。机床、夹具、刀具和被加工工件，构成切削加工的工艺系统。

切削加工是机械制造中最主要的加工方法。虽然毛坯制造精度不断提高，精铸、精锻、挤压、粉末冶金等加工工艺应用越来越多，但由于切削加工的适应范围广，且能达到很高的精度和很低的表面粗糙度，在机械制造工艺中仍占有十分重要的地位。在汽车工业中，切削加工主要用于需要高精度、多工序制作的重要零部件、安全零部件等的精加工，如发动机、变速器、传动轴、差速器、前后轴、转向器等。由于不同的切削加工方法繁多，这里只介绍一些在汽车零件制造中应用较为广泛的加工方法。

2.1.5.2 加工方法

1）车削

车削是以工件旋转为主运动、车刀移动为进给运动的切削加工过程，是机械加工中应用最多的加工方法之一，广泛用于各种回转体零件的加工，如车削圆柱或圆锥面、端面、成型面，钻孔，镗孔，切槽，车螺纹，滚花等；借助于通用或专用夹具，也可加工一些非回转表面。汽车发动机、变速器、转向机、主减速器等总成中诸多零件——各种传动轴、齿轮、曲轴和凸轮轴等，都需要进行车削加工。图 2-44 集中示意了各种回转面的车削加工方式。

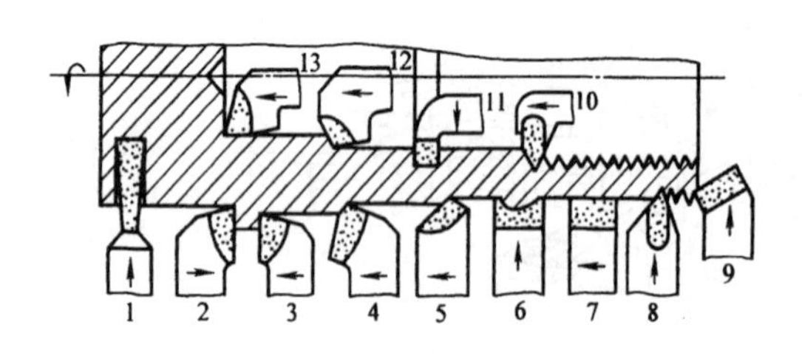

图 2-44 车削各种表面

1. 切断 2、3. 车轴肩 4、5、7. 车外圆 6. 车成形表面 8、10. 车螺纹 9. 车端面 11. 车内孔槽 12、13. 车内孔

车削加工可分为粗车、半精车、精车和精细车。粗车是从毛坯表面上切削掉较多的加工余量，经济精度为 IT11～IT12 级，表面粗糙度为 6.3～12.5μm，一般可作为低精度表面的终加工或高精度表面的预加工。半精车是介于精车和粗车之间的车削加工，经济精度为 IT8～ IT10 级，表面粗糙度为 3.2～6.3μm，可作为中等精度表面的终加工，或作为磨削或其他精加工工序的预加工。精车一般作为较高精度表面的终加工，经济精度为 IT7～IT8 级，表面粗糙度为 0.8～3.2μm；对于要求高加工精度和低粗糙度的表面，精车也可以作为精细加工或其他光整加工的预加工。精细车削是作为高精度、低粗糙度表面的终加工，精度可达 IT6～IT7 级，表面粗糙度为 0.2～0.8μm；对于磨削加工性不好的有色金属零件的加工，常采用精细车削作为终加工。

2）铣削

铣削是以铣刀回转为主运动，工件或铣刀移动为进给运动的切削加工工艺过程，可加工平面、曲面、台阶、沟槽、螺纹、成型表面、齿轮等，多种汽车零件、冲压模具等都是用采用铣削加工的。图 2-45 所示为典型的铣削加工方式。

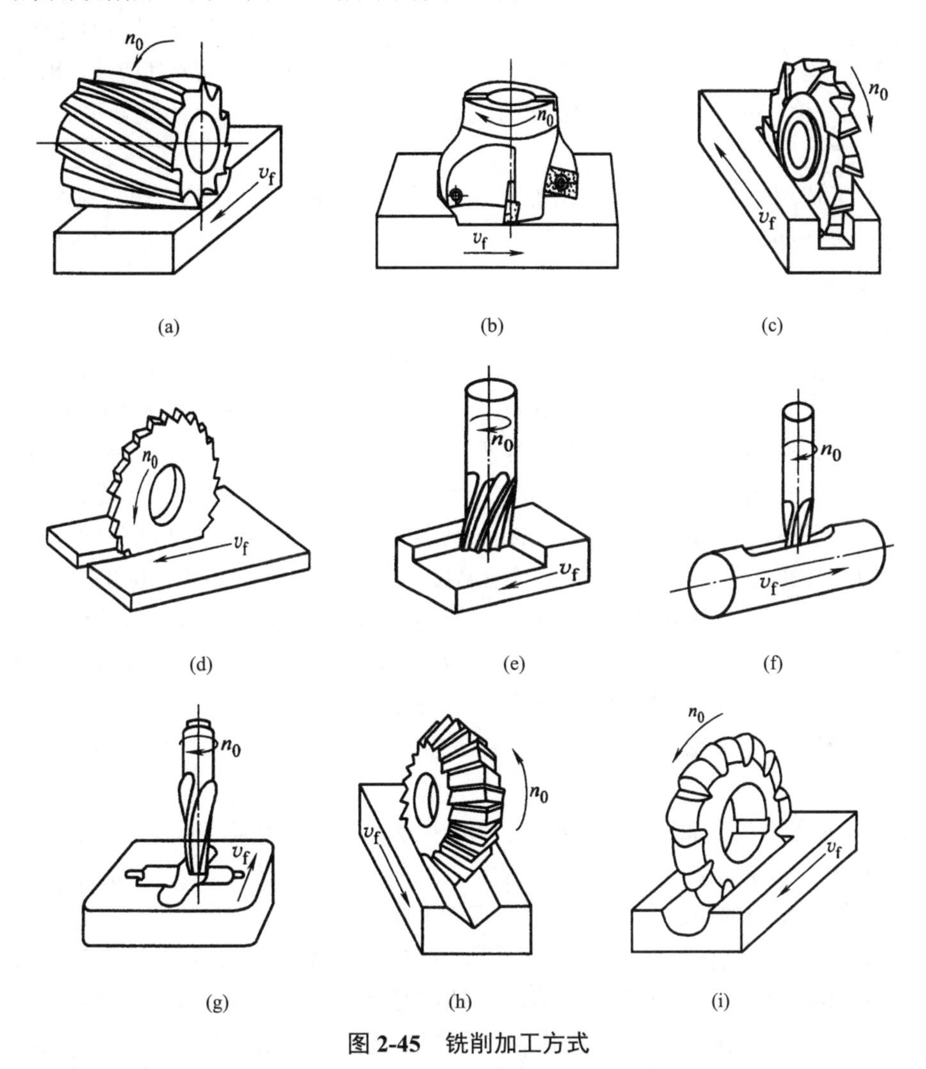

图 2-45　铣削加工方式

（a）圆柱铣刀铣平面　（b）面铣刀铣平面　（c）槽铣刀铣槽　（d）锯片铣刀切断　（e）立铣刀铣小平面　（f）键槽铣刀铣键槽　（g）指状铣刀铣模具槽型　（h）角度铣刀铣 V 形槽　（i）成型铣刀铣凹槽

铣削加工的特点是：①精度较高，一般可达 IT7～IT9，表面粗糙度可达 1.6～6.3μm。②生产率较高。由于铣削时有多个刀齿同时参加切削，总切削宽度较大，还可以采用高速铣削，所以具有较高的生产率。③加工范围广。由于铣刀种类很多，加工方法多样，所以铣削加工的范围很广。④刀齿散热条件较好。铣削是断续切削，刀齿在切离工件后可以得到一定程度的冷却，散热条件较好。⑤容易产生振动。铣削时参加切削的刀齿数以及在铣削时每个刀齿的切削厚度的变化，会引起切削力和切削面积的变化，因此铣削过程不平稳，容易产生振动。

铣削适用于多种汽车零件以及模具的加工，包括箱体、壳体、缸体、曲轴、齿轮、车身冷冲压模具等。

3）刨削

刨削是以刨刀直线往复移动为主运动、工件横向步进移动为进给运动的切削加工工艺过程，主要用于加工平面和直槽；如对机床进行适当的调整，用成型刨刀还可以加工齿轮、花键以及一些母线为直线的成型表面。刨削加工精度一般可达 IT7～IT8，表面粗糙度可达 1.6～6.3μm。汽车上的汽缸体与汽缸盖、变速器箱体与盖的配合平面等都可以采用刨床加工。

刨削加工费用低，可满足一般平面的加工要求，特别适宜加工尺寸较大的 T 形槽、燕尾槽及窄长平面，但生产率较低。

4）磨削

磨削是以砂轮回转为主运动，工件或砂轮移动、工件回转为进给运动的切削加工工艺过程，主要用于零件精密加工和超精加工。在磨床上采用各种类型的磨具，可以完成内外圆柱面、平面、螺旋面、化键、齿轮、导轨和成型面等各种表面的加工。

磨削加工具有如下特点：①高加工精度和低表面粗糙度。精度可达 IT5～IT6，表面粗糙度可达 0.2～0.8μm（普通磨削）、0.025μm（精密磨削）或 0.01μm（镜面磨削）。②高磨削速度。砂轮转速可以达到 45～60m/s 甚至更高；线速度可达 2 000～3 000m/min，约为其他切削加工方法的 10 倍。③高磨削温度。磨削时温度可高达 1 000℃以上，因此要充分供给切削液。④很小的切削余量。磨粒的切削厚度均在微米以下，比其他切削加工小几十倍甚至数百倍，因此加工余量要小得多。⑤能够加工硬度很高的材料。可磨削一般刀具难以切削的高硬度材料，如淬硬钢、硬质合金和各种宝石等。

在汽车制造业中，磨床约占 25%，一些经过热处理后的汽车零件，均用磨床进行精加工。

5）齿轮加工

按照加工原理，齿形加工可分为展成法和成型法。滚齿、剃齿、插齿、磨齿等，是展成法加工齿形；而采用指状铣刀、盘形铣刀铣齿，齿轮拉刀拉内、外齿等，是成型法加工齿形。

汽车部件中使用的齿轮，主要是圆柱齿轮和圆锥齿轮两大类。

（1）圆柱齿轮　圆柱齿轮的加工可分为切削加工和无屑加工两类。汽车上的圆柱齿轮常采用图 2-46 列出的加工方法。滚齿和插齿是齿坯切削加工后的轮齿粗加工，一般称为轮齿的预加工；剃齿和冷挤齿是齿轮热处理前轮齿齿面的精加工，称为热前精加工；珩齿、磨齿和研齿是热处理后的精加工，称为热后精加工。

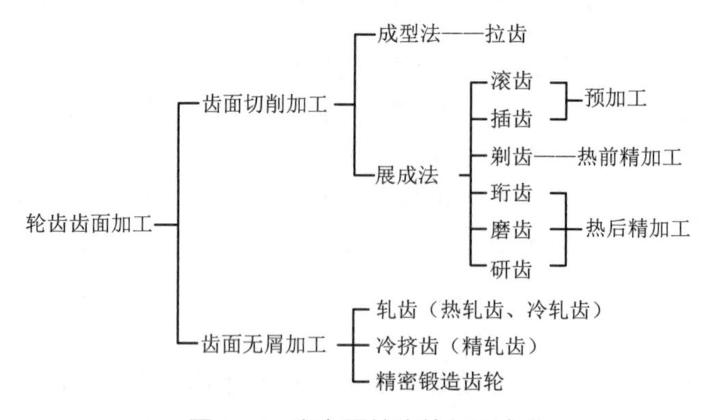

图 2-46　汽车圆柱齿轮加工方法

一般，切削加工 7 级和 6 级精度的盘状齿轮，多采用“滚齿或插齿→热处理→精磨定位基面（内孔和轮毂端面）→磨齿”的工艺方案；对由于结构限制不便于磨齿的 7 级精度齿轮，可以采用“滚齿或插齿→剃齿（或冷挤齿）→热处理→精磨定位基面→珩齿”的工艺方案。

① 滚齿：滚齿是应用一对交错轴斜齿圆柱齿轮副啮合原理，使用齿轮滚刀进行切齿的一种加工方法。如图 2-47（a）所示，被切削齿轮装夹在回转工作台的夹具上，滚刀安装在滚刀刀杆轴上，滚刀与被切削齿轮作啮合展成运动时，滚刀切削刃连续运动轨迹的包络线形成了被切削齿轮轮齿齿廓。

② 插齿：插齿是利用一对平行轴圆柱齿轮副啮合原理，使用插齿刀具进行切齿的一种加工方法。如图 2-47（b）所示，插齿刀是由假想圆柱齿轮演变而来的，与被切削齿轮间严格保持一对圆柱齿轮的啮合传动关系，插齿刀刀齿的连续运动轨迹包络出被切削齿轮的轮齿齿廓。插齿加工主要用于组合齿轮（双联、多联齿轮等）的小齿轮和内齿轮，以及多联渐开线外花键、较大尺寸渐开线内花键等的加工。

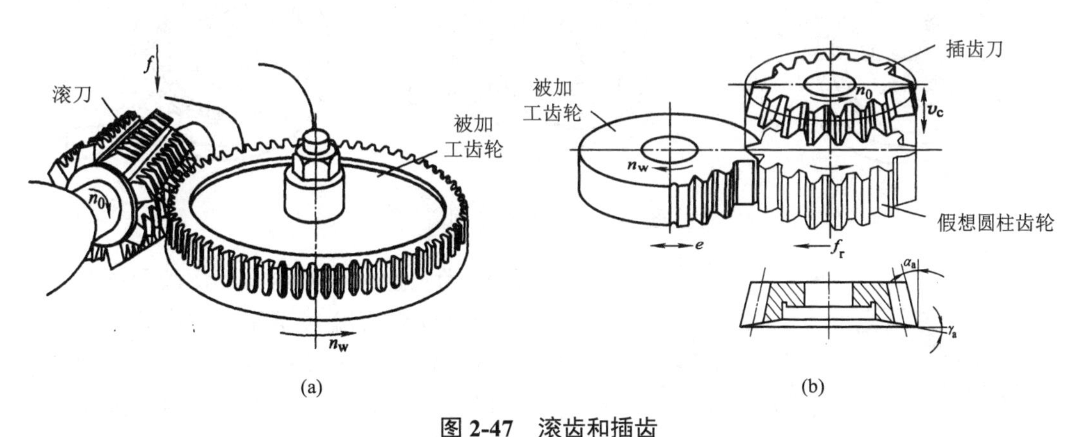

图 2-47　滚齿和插齿

（a）滚齿　（b）插齿

汽车零部件生产企业在加工低速传动齿轮时，常采用成本低、效率高的滚齿—剃齿（或冷挤齿）工艺，插齿通常只是作为滚齿的一个补充，用于不便或不能采用滚齿加工的场合。

③ 齿轮轧制：是一种大量、快速加工齿轮的方法，或者直接以齿成型工具与齿坯啮合轧成齿轮；或者把经过齿形粗加工的齿轮与两个齿形轧制工具相啮合，进行齿形精加工，适于大模数齿轮。热轧齿面粗糙度能达到 0.4～0.8μm，精度达到 8～9 级；冷轧齿面粗糙度能达到 0.1～0.2μm，精度达到 6 级。由于受轧制工具精度的限制，轧制齿轮通常还需再经剃齿加工。

（2）圆锥齿轮　在各种汽车驱动桥中，广泛使用锥齿轮传动机构。在差速器中的锥齿轮副，通常采用正交收缩齿直齿锥齿轮副；主减速器中的锥齿轮副，主要采用收缩齿弧齿锥齿轮副。在中型载货汽车的主减速器中，多采用正交收缩齿弧齿锥齿轮副传动。

锥齿轮加工方法主要分为包络法和成型法两类。在包络法中，有瞬心包络法亦称为展成法或滚切法，是利用假想的平面齿轮或平顶齿轮啮合原理进行切齿的；无瞬心包络法切齿采用圆盘拉铣刀拉铣齿。

① 直齿锥齿轮轮齿：在汽车差速器的直齿锥齿轮轮齿的展成法加工中，常采用双展成刨刀刨齿或双展成铣刀铣齿。

图 2-48 所示为双展成刨刀在刨削一个轮齿时，两把刨刀与被切削锥齿轮的一个轮齿进行无侧隙啮合传动的过程。刨刀只与被切削锥齿轮的一个轮齿啮合进行切齿，当刨刀脱离啮合位置时，第一次粗切或半精切齿完毕；然后反向啮合，对该轮齿进行第二次精切齿。在啮合过程中两把刨刀切削刃包络出一个轮齿的齿廓和齿面。这种方法生产率较低，主要用于中小批直齿锥齿轮的加工，精度一般只能达到 7～8 级，齿面粗糙度只能达到 12.5～32μm。

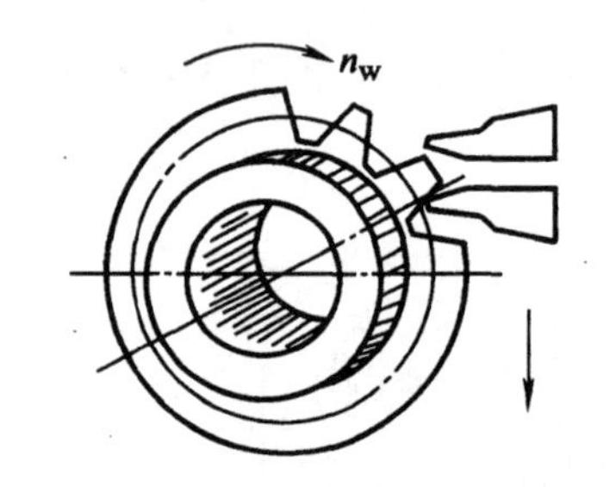

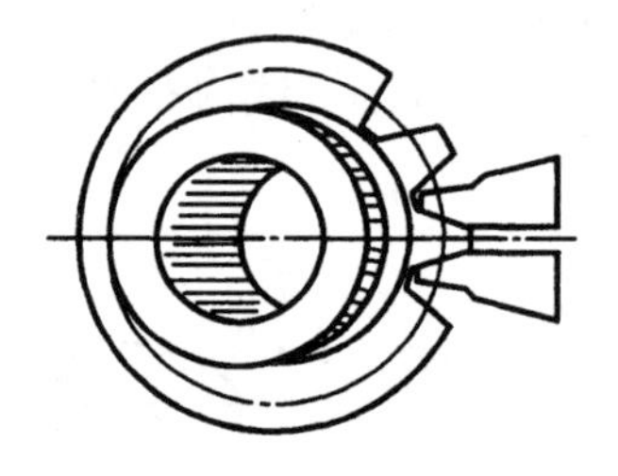
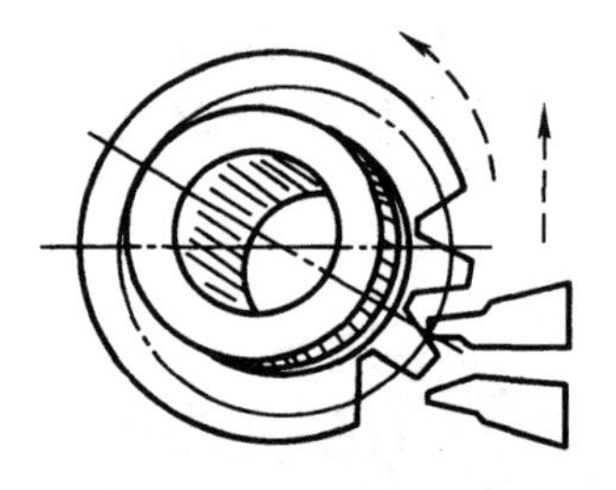

图 2-48　双展成法刨齿

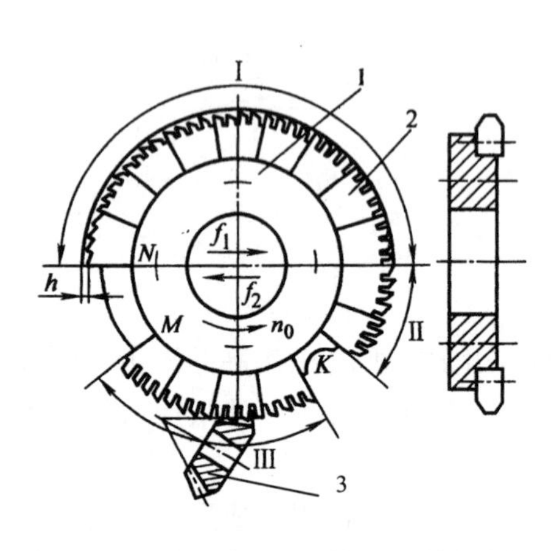

图 2-49　圆盘拉铣刀结构及切齿示意图

1．刀盘体　2．扇形刀块　3．被切削齿轮

图 2-49 为圆盘拉铣刀结构及切齿示意图。扇形刀块的刀齿分粗切齿 I、半精切刀齿 II 和精切刀齿 III 三部分，粗切刀齿以其顶刃作层剥切削，半精切刀齿以其侧刃和顶刃修整齿槽两侧齿面和槽底，精切刀齿切削齿槽两侧齿面。

圆盘拉铣刀切削出的齿廓并非渐开线形，而是近似圆弧形，不能与双展成刨刀加工出的锥齿轮互换啮合。这种方法主要用于大批量生产差速器中等模数（$m \leqslant 6$mm）的直齿锥齿轮等，生产率比双展成刨刀刨齿高 7 倍以上，精度可达 8～9 级，齿面粗糙度可达 3.2～12.5μm。

② 弧齿锥齿轮轮齿的加工：收缩齿弧齿锥齿轮属于曲线齿锥齿轮，齿线为椭圆的一部分。可采用“铣齿→热处理→磨削定位（或装配）基面（主动锥齿轮的轴颈和轴肩，从动锥齿轮的内孔及端面）→磨齿”的加工方案，也可以热处理后不再加工。其切齿工艺分单个齿槽齿面的加工和齿轮副轮齿的加工。

收缩齿弧齿锥齿轮单个轮齿齿槽的加工有双面切削法和单面切削法两种。前者使用具有内、外切削刃的双面切齿铣刀同时切削齿槽的凸、凹齿面，如图 2-50（a）所示，齿槽槽底是由同一圆心 O_0 的两个同心圆弧 $\widehat{CD}$ 和 $\widehat{AB}$ 所形成的，根锥齿槽宽度相等，而轮齿齿厚由小端向大端增厚。后者是使用只有外切削刃或内切削刃的单面切齿铣刀分别切削凹齿面或凸齿面，如图 2-50（b）所示，齿槽的凸齿面 $\widehat{C_1D_1}$ 由切齿铣刀的内切削刃加工而得，其切齿铣刀中心为 O_{0i}，铣刀半径为 r_{0i}；齿槽的凹齿面 $\widehat{A_1B_1}$ 由切齿铣刀外切削刃加工而得，其切齿铣刀中心为 O_{0e}，铣刀半径为 r_{0e}。因此，弧齿锥齿轮轮齿凸、凹齿面是由两把切齿铣刀在两次不同刀位调整中分别加工出来的，根锥齿槽由小端向大端变宽。

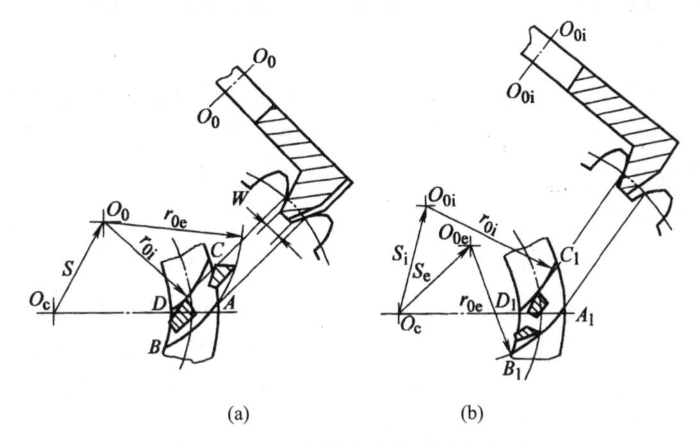

图 2-50 弧齿锥齿轮齿槽齿面加工

（a）双面切削法 （b）单面切削法

收缩齿弧齿锥齿轮副的常用加工方法有展成法和半展成法。展成法在小轮和大轮轮齿加工时均采用滚切切齿法。半展成法大轮粗、精切齿分别使用两把双面粗、精切切齿铣刀，在两道工序中，以成型法进行粗、精切齿；小轮粗切齿使用一把双面粗切切齿铣刀同时粗切轮齿的凸、凹齿面，精切齿使用两把单面精切切齿铣刀，在可以进行滚切修正的切齿机床上，在两道工序中分别切削小轮轮齿齿廓为变性渐开线的凸、凹齿面。

上述锥齿轮加工方法均需要逐齿加工，效率较低。现在人们通过改进工艺方法，也可以利用普通滚齿机加工直齿锥齿轮，或者利用数控机床加工直齿和弧齿锥齿轮。

2.1.5.3 加工设备

1）机床和自动生产线

现代工业切削加工设备的主体是机床，按加工方式、对象和用途可分为车床、钻床、镗床、磨床、齿轮加工机床、螺纹加工机床、铣床、刨插床、拉床、锯床、特种加工机床以及其他机床等 12 类；按适用范围可分为通用机床、专门化机床和专用机床；按控制方式可分为普通机床、数控机床、加工中心、柔性制造系统；按加工精度可分为普通精度级、精密级和超精密级机床；按自动化程度可分为手动、机动、半自动、自动机床；按质量和尺寸可分为仪表机床、中型机床、大型机床（重 10t 以上）、重型机床（重 30t 以上）和超重型机床（重 100t 以上）；根据主要工作部件数目可分为单轴机床、多轴机床、单刀机床、多刀机床等。

各类机床通常由主传动系统、进给传动系统、工件安装装置、刀具安装装置、支承部件、动力源、控制和操纵系统、润滑系统、冷却系统以及附属装置等基本部分组成。

主传动系统包括主轴箱、变速箱等，用以支撑并传动机床主轴，实现其启停、变速和换向；进给传动系统包括进给、变速和换向装置，用以改变进给量、进给速度和方向；工件安装装置包括工作台、夹具等，用以装卡和定位工件；刀具安装装置包括刀架、刀轴、刀库等，用以固定、更换刀具；支承部件如床身和立柱等，用于安装和支承其他部件和工件，承受其重量和切削力；动力源通常采用电动机；附属装置包括上下料装置、机械手、工业机器人等。

机械加工生产线按其规模可以粗略地分为以通用机床为主的小批量多品种生产线（或机群），以专用机床为主的中等批量生产流水线和以自动机床为主的大批量生产流水线。汽车制造工业通常属于大量生产，主要采用后两类生产线。

自动生产线简称自动线，是多工位生产过程，由流水生产线方式发展而来。它通过工件传送系统和控制系统，将一组自动机床、工艺装备和辅助设备按照工艺路线和顺序联结起来，自动完成产品全部或部分制造工艺过程。切削加工自动线在机械制造业中发展最快、应用最广，主要用于加工轴类、盘环类、箱体、壳体、旋转体以及其他杂类等零件。

（1）普通机床　包括卧式车床、万能升降台铣床、卧式镗床等，可以加工多种零件的不同工序，工艺范围宽，通用性好，但结构复杂，生产率低，适用于单件、小批量生产。图2-51（a）～（f）示意出若干典型普通机床的样式和构成。

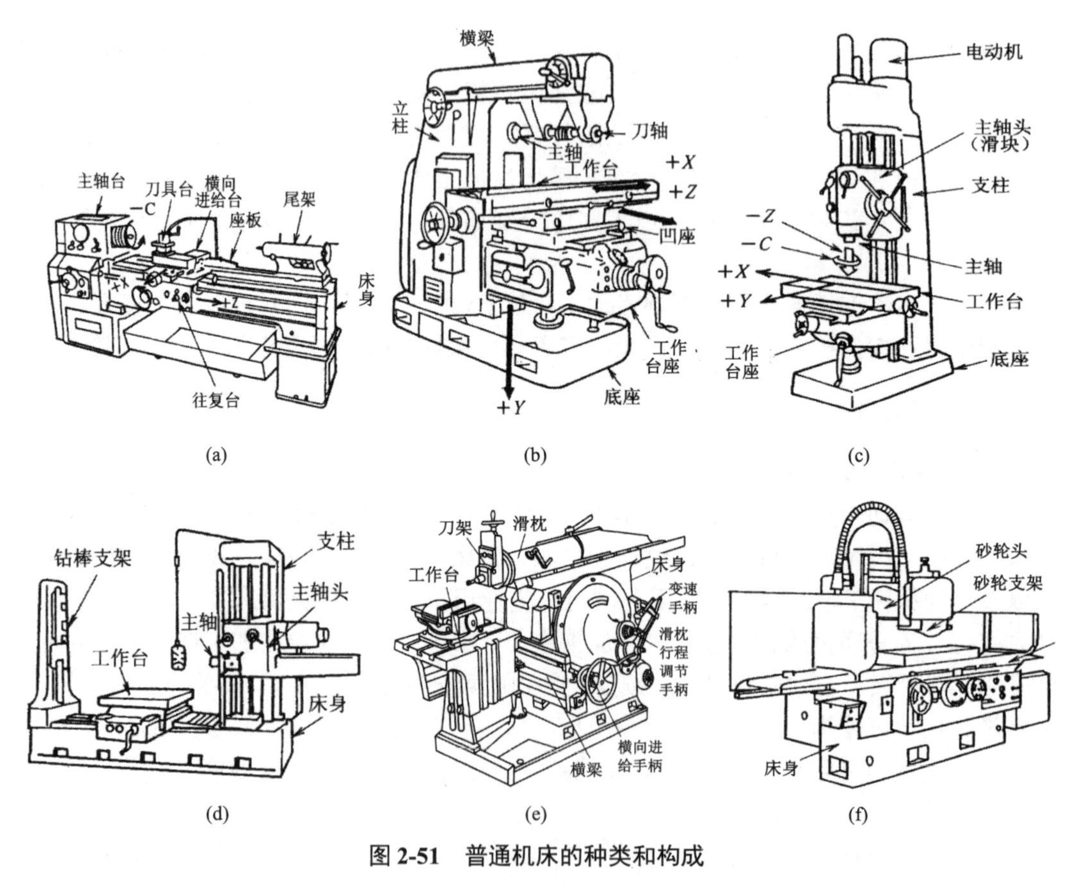

图2-51　普通机床的种类和构成

（a）卧式车床　（b）万能铣床　（c）立式钻床　（d）卧式镗床　（e）牛头刨床　（f）平面磨床

（2）数控机床和加工中心 金属切削类数控机床按用途分为普通数控机床和数控加工中心两大类。普通数控机床是一种将机械设备与计算机程序控制结合在一起的自动化机床，通常由控制系统、伺服系统、检测系统、机械传动系统及其他辅助系统组成。控制系统用于机床的运算、管理和控制；伺服系统根据控制系统的指令驱动机床，使刀具和零件执行数控代码规定的运动；检测系统用于检测机床执行件（工作台、转台、滑板等）的位移和速度偏差，为闭环控制提供数据；机械传动系统是由进给伺服驱动元件至机床执行件之间的机械进给传动装置；辅助系统种类繁多，如固定循环（能进行各种多次重复加工）、自动换刀（可交换指定刀具）、传动间隙补偿等。普通数控机床包括数控车床、数控铣床、数控刨床、数控镗床、数控钻床、数控磨床、数控拉床、数控齿轮加工机床等，它们的工艺范围与普通机床相似，但加工形状复杂的工件更有优势。

数控加工中心是一种带有刀库和自动换刀装置的高度自动化的多功能数控机床，能够在一定的范围内集中地、自动地对工件进行多种加工操作。工件一次装夹后，加工中心可以对两个以上的表面完成诸如铣、钻、镗、铰、攻丝等多种工序的集中连续加工，并且在加工过程中由程序自动选用和更换刀具，自动对刀，自动改变主轴转速、进给量等，从而大大减少了调整机床、搬运工件、装夹、测量等时间，提高了生产效率、加工质量及其稳定性。

目前应用最广泛的加工中心为车削加工中心和镗铣加工中心。车削加工中心与一般数控车床的主要区别，在于增设了多种有独立驱动装置的自驱动刀具（如铣削头、钻削头等），并且机床主轴也进行伺服控制。车削加工中心不仅具有车削功能，还能进行铣平面、铣键槽、铣径向螺旋槽以及钻径向和轴向孔等加工。

通常所说的加工中心实际上是指镗铣加工中心。在工件的一次装夹中，它能自动连续地对工件多个表面完成钻孔、扩孔、铰孔、镗孔、攻螺纹、铣削等多工步的加工，适用于复杂的板类、盘类、箱体类等零件的多品种、中小批量加工。图 2-52 所示是一种立式加工中心的构成。

（3）柔性制造系统 数控机床或加工中心配以物料运送存贮设备如托盘交换装置或工业机器人等夹具，就形成了柔性制造单元（FMC）或柔性制造系统（FMS），进而可以构建柔性生产线（FML）、柔性制造工厂（FMF）。通常把 3 台以下数控机床或单台加工中心组成的柔性制造系统称为 FMC，4 台数以上控机床或 2 台以上加工中心组成的柔性制造系统称为 FMS。图 2-53 为一种由单台加工中心组成的 FMC 构成示意图。概括地说，FMC 是一种在人的参与减到最小时，能连续运转的对同一工件族内不同的工件进行自动化加工的最小单元。它既可以作为独立使用的加工生产设备，又可以作为更大、更复杂的柔性制造系统和柔性生产线的组成模块。实际上，FMC 问世并在生产中使用比 FMS 晚 6～8 年，是 FMS 向小型化、廉价化、敏捷化方向发展的产物，可视为一个规模最小的 FMS；其目的是实现更高的柔性化，更低的成本，更加灵活地适应加工多种产品的需要。FMC 通常有两种形式：一种是加工中心配托盘交换系统，即托盘存储库式；另一种是数控机床配工业机器人，即机器人直接搬运式。

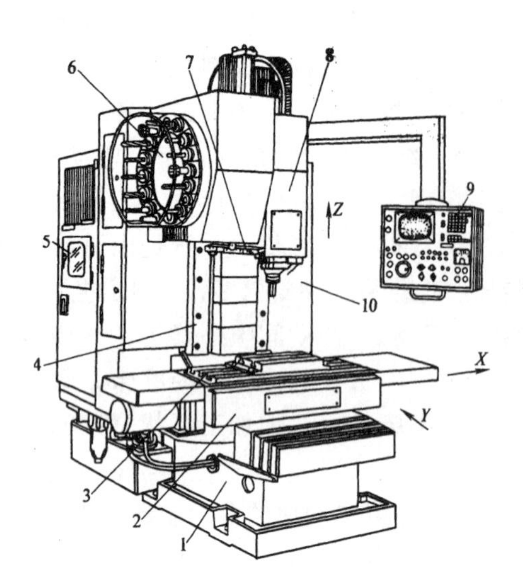

图 2-52　立式加工中心

1．床身　2．滑座　3．工作台　4．立柱　5．数控柜　6．刀具库　7．换刀机械手　8．主轴箱　9．操作面板　10．驱动电柜

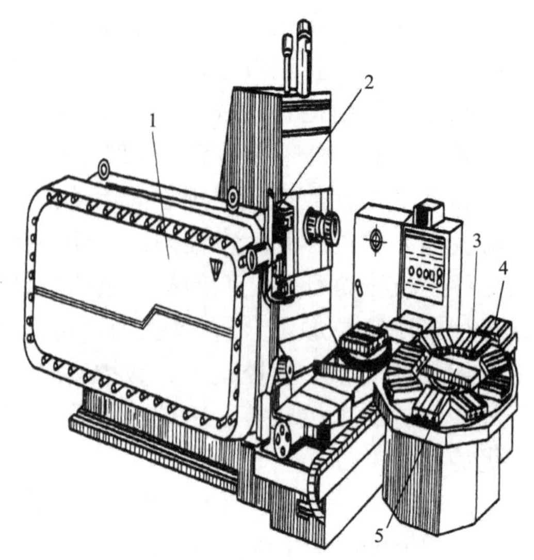

图 2-53　柔性制造单元 FMC

1．刀具库　2．换刀机械手　3．托盘库　4．装卸工位　5．托盘交换系统

柔性制造系统融合现代机床技术、监控技术、检测技术、刀具技术、传输技术、电子技术和计算机技术于一体，加工零件具有高质量、高可靠性、高灵活性、高自动化和高效率，易于实现更高级的自动化制造系统，最适于多品种、中小批量的零件生产。

（4）专门化机床和专用机床　专门化机床只能加工某一类或几类零件的某一道或几道工序，功能单一，工艺范围较窄，如曲轴连杆轴颈车床，专门用于加工内燃机或空气压缩机曲轴的连杆轴颈及曲臂侧面。其他还有凸轮轴车床、凸轮磨床等。

专用机床只能加工特定尺寸、形状和材质的零件，完成其特定工序，如加工汽车制动器磨擦片的专用机床，用于对分装后的制动器总成车削磨擦片外圆的工序。其他还有汽车后桥壳孔加工的专用镗床、连杆扩大头孔的八轴钻床等。

组合机床 MMT（Modular Machine Tool）通常也归类于专用机床。它根据工件加工需要，以大量通用部件为基础，配以少量专用部件组成。但 MMT 实际上可以分为两种情形，一种是根据具体加工对象进行专门设计制造的高效专用组合机床；另一种是具有一定通用性（柔性）的组合机床，又称为“专能组合机床”，只需改变少量专用部件就可以部分或全部进行改装，在一定范围内适应新的加工要求，从而融合了专用机床与通用机床的优点，在一定程度上达到通用性与灵活性、高效率的统一。

MMT 通常采用多轴、多刀、多工序、多面或多工位同时加工的方式，由刀具的旋转运动和刀具与工件的相对进给运动实现钻孔、扩孔、锪孔、铰孔、镗孔、铣削平面、切削内外螺纹以及加工外圆和端面等；或者采用车削头夹持工件使之旋转，由刀具作进给运动，实现某些回转体类零件——如飞轮、汽车后桥半轴等的外圆和端面加工。目前，MMT 主要用于加工平面和孔两类工序，特别适合加工箱体类零件和复杂孔系。

通用部件是 MMT 的基础，常用的通用部件有床身、底座、立柱、动力箱、动力滑台、各种工艺切削头等，只有多轴箱和夹具是根据具体工件工艺要求设计的专用部件。MMT 的通用部件绝大多数已形成标准化、系列化、通用化、模块化的标准部件，用户可根据加工对象的工艺要求选用通用部件，组合成不同形式的组合机床。图 2-54 示意出典型组合机床的构成。

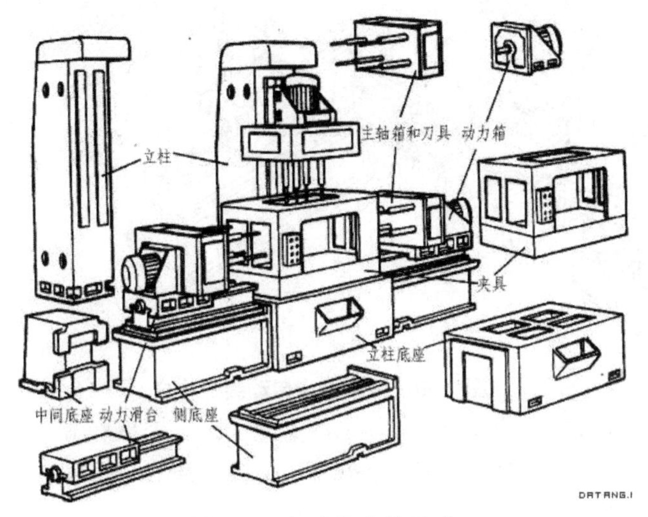

图 2-54 组合机床的构成

专门化机床和专用机床均具有生产率高、加工质量好、结构简单、操作方便、自动化程度高等优点。其中，组合机床配置灵活、工序集中、精度稳定、加工时间和辅助时间短、经济性好，还可以组成自动生产线，在大批量生产中广泛应用。目前，组合机床仍是大批量机械产品实现高效、高质量和经济性生产的关键设备。汽车工业是组合机床的最大用户，实际上，专用机床就是随着汽车工业的兴起而发展起来的。

(5)自动机床和自动线　自动线的核心设备和组成单元是自动机床(简称自动机)，包括自动单机和半自动单机，前者能自动完成包括切削、上下料及其他辅助作业在内的工作循环，后者与前者的区别仅在于没有自动上下料装置。自动线上的自动机往往采用专用组合机床，其组成主要有底座、立柱、滑台、动力头、多轴箱、进给装置、工件装夹装置、电气控制装置、油压气压控制装置等。工艺装备包括刀具、夹具、量具、模具、检具、辅具等。辅助设备包括储料装置、上下料装置、物料输送装置、工件安装装置、排屑装置、切削液处理装置、集尘集雾装置等。物料输送装置的种类和结构较多，对单机而言，有滑台式、托架式、机械手式等搬运和交换装置；对机床间而言，有链式、带式、辊道式、转鼓式、步进式、升降式、梭式等多种输送机以及运输小车、机器人或机械手等；有的包括搬运、提升、转位和分配等功能，有的还有存储功能。排屑装置一般采用刮板式、链板式或螺旋式输送器。图 2-55 所示是一种由 3 台组合机床构成的自动线，包括 1 台立式组合机床、2 台卧式双面组合机床、固定式机床夹具、步进式棘爪输送带、水平转位台、转位鼓轮和排屑装置等，用于钻削箱体零件各面的孔系。

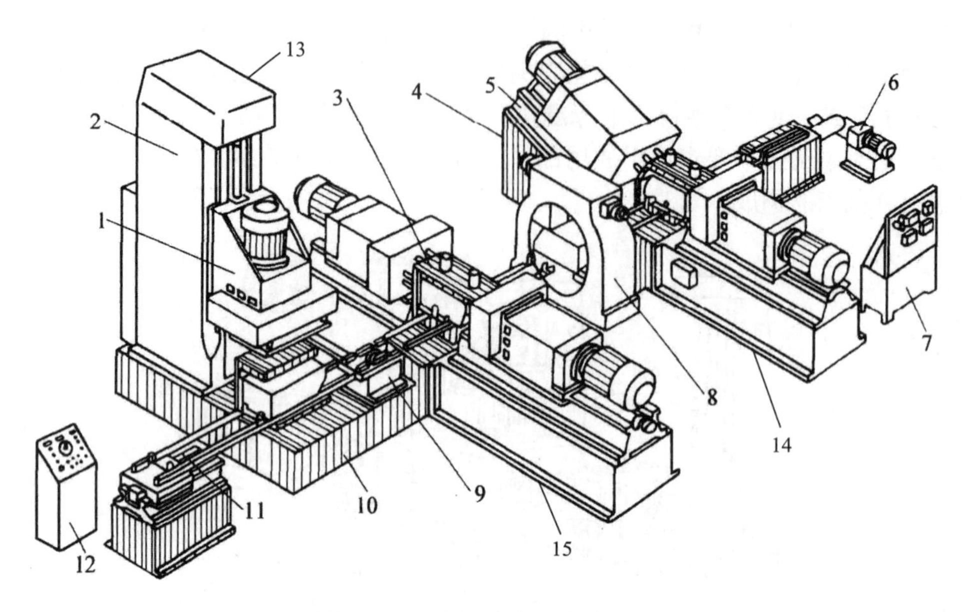

图2-55 组合机床自动线的构成

1．动力头 2．立柱 3．夹具、夹紧液压缸 4．侧底座 5．滑台底座 6．排屑装置 7．液压站 8．转位鼓轮 9．水平转位台 10．底座 11．工件输送装置 12．中央操纵台 13、14、15．组合机床

自动线中设备的连接方式有刚性连接和柔性连接两种。前者工序之间没有储料装置，工件的加工和传送过程有严格的节奏性（节拍），对各种设备的工作可靠性要求高；后者在各工序（或工段）之间设有储料装置，各工序节拍不必严格一致，其中某设备短暂停歇时，可以由储料装置在一定时间内起调剂平衡作用，不会影响其他设备正常工作。综合自动线、装配自动线和较长的组合机床自动线常采用柔性连接。

与单机的情形类似，自动线也有刚性与柔性之分。“刚性”的含义主要是指该自动线只适于大批量制造某种或某类工艺相近的产品，表现为产品的单一（或类似）性、大量性；“柔性”是指自动线的产品、产量及工艺的多样性和可变性，表现为设备柔性、工艺柔性、产品柔性、生产能力柔性、运行柔性、维护柔性、扩展柔性等。刚性自动线生产周期短、效率高、成本低、便于管理，可以取消半成品的中间库存，缩短物料流程，是少品种、大量生产不可替代的主要加工装备，但缺点是投资大、系统调整周期长、更换产品不方便。刚性自动线随组成设备的不同，也能表现出一定的柔性，如前述组合机床通过一些结构调整能够取得一定的柔性，但它们本质上仍然属于传统的刚性专用机床，所组成的自动线也属于刚性自动线。

组合机床及其自动线的真正柔性化是通过数控技术实现的。数控组合机床的出现，不仅完全改变了传统组合机床由继电器电路组成的控制系统，而且也使组合机床的机械结构乃至通用部件标准发生了巨大的变化。由数控加工模块组成的柔性组合机床和柔性自动线FTL（Flexible Transfer Line），可通过应用和改变数控程序来实现自动换刀、自动更换多轴箱和改变加工行程、工作循环、切削参数以及加工位置等，以适应变型品种的加工。当然，FTL中有些机床也带有一定的专用性，有生产节拍，但FTL本质上是柔性的，是可变加工生产线。柔性程度低的FTL，在性能上接近大批量生产的刚性自动线；柔性程度高的FTL，接近于中批量、多品种生产的柔性制造系统FMS；准柔性自动线QFTL（Quasi-flexible Transfer Line）是一种介于刚性自动线与FMS之间的适应产品快速更换的可调加工系统。

FTL与FMS的组成和功能基本相似，但FMS可以没有一定的生产节拍，工件的输送方向也可以是随机性质的；而FTL则具有一定的生产节拍，工件沿一定的方向顺序传送。FTL主要适用于工件品种变化范围不大的大中批量生产。

随着市场环境的巨大变化和订制式生产的兴起，汽车工业由传统的单品种、大批量生产方式正在或已经过渡到多品种、中小批量及“变种变量”的生产方式，由生产者主导的生产方式逐步转变为消费者主导的生产方式。柔性制造是适应这种转变的较佳的生产方式，目前柔性自动线已占有相当重要的位置；刚性自动线也正在向刚柔结合的方向发展。

2）刀具

刀具种类很多，根据用途和加工方法不同，可分为以下几大类：

（1）切刀类：包括车刀、刨刀、插刀、镗刀、成型车刀以及一些专用切刀等。

（2）孔加工刀具类：包括各种钻头、铰刀等。

（3）拉刀类：用于加工各种不同形状的通孔、贯通平面及成型面等，一般用于大批量生产。

（4）铣刀类：用于在铣床上加工各种平面、侧面、台阶面、成型表面以及用于切断、切槽等，如面铣刀、成型铣刀、键铣刀等。

（5）螺纹刀具类：包括螺纹车刀、丝锥、板牙等。

（6）齿轮刀具类：包括齿轮滚刀、蜗轮滚刀、花键滚刀等。

（4）磨具类：包括砂轮、砂带、油石、抛光轮等用于表面精加工的刀具。

刀具切削部分工作时承受高温、高压、摩擦、冲击和振动，因此应具备高的硬度和耐磨性、足够的强度和韧性、良好的耐热性和导热性、良好的工艺性和经济性。常用刀具切削部分的材料有碳素工具钢、合金工具钢、高速钢、硬质合金和超硬材料等，此外还有涂层刀具材料（沉积TiC、TiN、Al_2O_3薄层等）、陶瓷刀具材料（烧结Al_2O_3）、金刚石、立方氮化硼等。

3）夹具

夹具是机械加工中装夹工件的工艺装备，其主要功能是实现工件的定位和夹紧，保持工件加工时相对于机床、刀具的正确位置。夹具种类和结构虽然繁多，但通常都是由定位装置、夹紧装置、夹具体、对刀导向元件、连接元件、其他元件及装置等组成的。其中，定位装置由定位元件及其组合构成，用于确定工件在夹具中的正确位置；夹紧装置在工件定位后将工件夹紧，保证其在夹具中的既定位置，包括夹紧元件、传动装置及动力装置等；夹具体用于连接夹具各元件及装置，保证夹具的精度和刚度；对刀导向元件使刀具相对于夹具的定位元件取得正确位置，如钻套、镗套、铣床夹具的对刀元件等；连接元件是保证夹具在机床上定位和夹紧用的元件；其他元件包括分度装置、靠模装置、工件抬起装置等。定位元件、夹紧装置和夹具体是夹具的基本组成部分。

（1）通用夹具：是指已经标准化，无需调整或稍加调整就可装夹不同工件的夹具，如三爪自定心卡盘和四爪单动卡盘、平口钳、回转工作台、分度头等，主要用于单件、小批量生产。

（2）专用夹具：是专为某种工件在某道工序上的装夹而设计制造的夹具，主要用于产品相对稳定的大批量生产中。在实际生产中，技术人员所设计的机床夹具通常都是专用夹具。

（3）组合夹具：是指按一定的工艺要求，由一套预先制造好的通用标准元件和部件组合而成的夹具，可进行拆卸或重新组装夹具。根据组合夹具组装连接基面的形状，可将其分为槽系和孔系两大类：槽系组合夹具的连接基面为 T 形槽，元件由键和螺栓等元件定位紧固连接；孔系组合夹具的连接基面为圆柱孔组成的坐标孔系。组合夹具可拼装钻床、镗床、车床、铣床等机床夹具，适用于新产品试制及多品种、小批量生产。图 2-56 所示为一种槽系组合夹具。

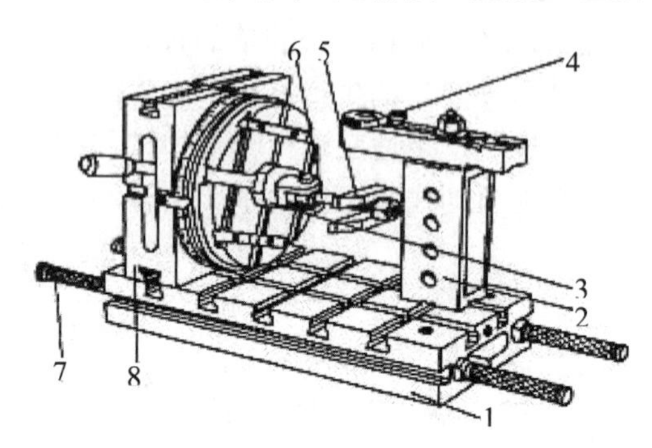

图 2-56 槽系组合夹具

1．基础件 2．支承件 3．定位件 4．导向件 5．夹紧件 6．紧固件 7．辅助件 8．合件

（4）可调夹具：是指由一种工件加工转换为另一种形状相似、尺寸相近的工件加工时，只需对夹具中个别元件或装置进行调整或更换，即可实现工件装夹。可调夹具可以弥补组合夹具刚性不足的弱点，，适用于多品种、中小批量的生产。

（5）随行夹具：是指用于自动线上可随工件同行的一种移动式专用机床夹具，具有装夹工件和沿自动线输送工件的功能。工件先装夹在随行夹具中，然后连同随行夹具一起沿着自动线依次从一个工位（机床）移动到下一个工位，并在每个机床的工作台或固定夹具上定位、夹紧；当工件退出自动线时，才将工件从随行夹具中卸下。

在现代工业中的柔性组合机床和柔性自动线上，越来越多地使用机器人和伺服驱动的夹具，特别在柔性自动线上，目前已经比较普遍地采用龙门式空架机器人进行工件的自动上下料、转位或翻转；伺服驱动夹具可以适应工件族内不同工件的自动夹紧。

2.1.5.4 加工质量及检验

1）加工质量

机械加工质量包括加工精度和表面质量两个方面。

（1）加工精度 是指零件加工后的实际几何参数（尺寸、形状和表面间的相互位置）与理想几何参数的符合程度，符合程度越高，加工精度就越高。由于加工过程中各种因素的影响，使得加工出的零件不可能与理想值完全符合，于是会产生加工误差。加工误差是指加工后零件的实际几何参数对理想几何参数的偏离程度。加工精度和加工误差是从两个不同角度来评定加工零件的几何参数，加工精度高低就是通过加工误差的小大来表示。从保证产品的使用性能考虑，允许有一定的加工误差，只要不超过图样规定的偏差即为合格品。

加工精度具体包括尺寸精度、形状精度和位置精度。尺寸精度是指零件的直径、长度和表面间距离等尺寸的实际值与理想值的接近程度；形状精度是指零件表面或线的实际形状与理想形状的接近程度；位置精度是指零件表面或线的实际位置与理想位置的接近程度。

（2）表面质量　包括加工表面的几何形状误差和表面层金属的力学物理性能和化学性能变化两方面内容。几何形状误差包括表面粗糙度、波度和纹理方向三个部分。如图2-57所示，根据加工表面不平度的特征（步距 L 与波高 H 的比值），可将其分为三种类型：$L_3/H_3<50$ 为微观几何形状误差，常称为表面粗糙度；$L_2/H_2=50\sim1\,000$ 称为波度，主要是由加工中的振动所引起的；$L_1/H_1>1\,000$ 称为宏观几何形状误差，属于加工精度范畴。纹理方向是指表面切削刀痕的方向，取决于表面形成所采用的切削加工方法。

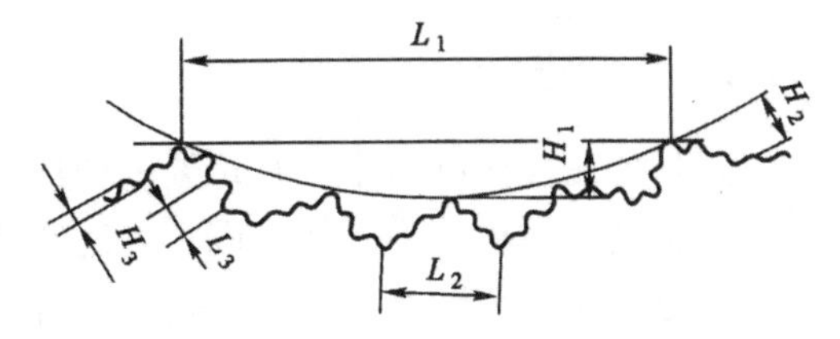

图 2-57　切削加工表面的几何特征

表面层金属的力学物理性能和化学性能的变化是指在机械加工中由于力因素和热因素的综合作用，加工表面层可能产生的加工硬化、金相组织变化、残余应力等现象。

2）经济加工精度

零件的加工精度越高则加工成本也越高，而生产效率相对越低。因此设计人员应根据零件的使用要求，合理地规定零件的加工精度；工艺人员则应根据设计要求、生产条件来制定适当的工艺方法，以保证加工误差不超过允许范围。

某种加工方法的经济加工精度，是指在正常的生产条件下（机床设备、工艺装备、切削用量、工人等级、工时定额等）所能达到的公差等级。每一种加工方法的经济加工精度都与一定范围的公差等级相对应，而且经济加工精度所对应的公差等级并不是一成不变的，它随着机械加工水平的不断提高、机床和工艺装备的改进而逐渐提高。

每种加工方法的经济加工精度，也有相应的表面粗糙度范围。在一般情况下，尺寸公差等级和表面粗糙度是相对应的，即公差等级愈高，表面粗糙度值愈小。

3）加工质量检验

切削加工的质量检验包括加工检验和产品检验，分别是在加工过程中和加工后对工件的精度、表面质量、性能等进行检测，但两者的目的不同，前者是为了闭环控制加工质量，防止产生不合格产品；后者是为了挑选成品（即合格产品）。应以加工检验来防止加工过程中出现大量不合格品，而以产品检验来保证产品质量。

汽车零部件生产过程中的质量检验项目包括尺寸与形状、压漏性、平衡、质量、表面缺陷、淬火层深度、硬度等。尺寸检验多用于发动机和变速器车间，进行选配零件的级别选定、标记和质量筛选，常用设备有反压式空气测微仪和差动变压器式电动测微仪等；压漏检验多用于发动机车间，检查铸件、压铸件的漏水、漏油情况，检测设备有各种压力变送器和流量变送器；动平衡检验可采用差动变压器式秤量仪；表面与内部缺陷通常采用各种无损检测设备，如表面粗糙度测量仪、磁力探伤仪、超声波探伤仪等；淬火层深度、硬度等可以采用各种硬度计，无损检测设备则有分别基于超声波、电涡流、电磁感应等原理的测硬仪、测厚仪。

产品质量检验设备是指抽样检验、精密检验或其他性能检验所使用的设备，包括三维测量仪、椭圆度测量仪、表面粗糙度测量仪等高通用性设备，也有凸轮外形测量仪、活塞外形测量仪、差速器壳校准测量仪等专用设备，此外还有材料试验机、X射线仪等理化仪器。

2.1.6　热处理

热处理在机械制造中具有重要的作用。化学成分相同的金属材料，力学性能可能因其组织和晶体结构的不同而不同。热处理就是金属材料通过在固态下的加热、保温和冷却，改变内部或表面组织结构，获得所需性能的一种热加工工艺方法。它不仅能提高金属材料的使用性能、节约金属、延长机械的使用寿命，还能改善金属材料的工艺性能、提高生产率和加工质量。据统计，机床中要进行热处理的零件占60%～70%，汽车、拖拉机中占70%～80%，而各种工具、量具和模具等则100%要进行热处理。现在，甚至陶瓷、塑料也可以通过热处理改善其性能，但钢铁等金属材料仍然是热处理加工的最主要对象。下面主要以钢铁材料为例说明热处理加工的工艺和设备。

2.1.6.1　钢铁的微观构造与热处理

钢铁材料包括铁和钢，是铁与碳组成的合金。含碳量低于0.0 218%的铁碳合金称为工业纯铁（熟铁），在0.0 218%～2.11%之间的称为钢（碳钢），在2.11%～6.69%之间的称为铸铁（生铁）；含碳量大于6.69%的铁碳合金由于太脆而没有实用价值。可见，即使是工业纯铁，也含有微量的碳元素；实际上还可能含有微量的硅、锰、硫、磷、铜、铬、镍等其他元素。碳钢与铸铁是使用最为广泛的金属材料。图2-58表示出铁碳合金的一种分类。

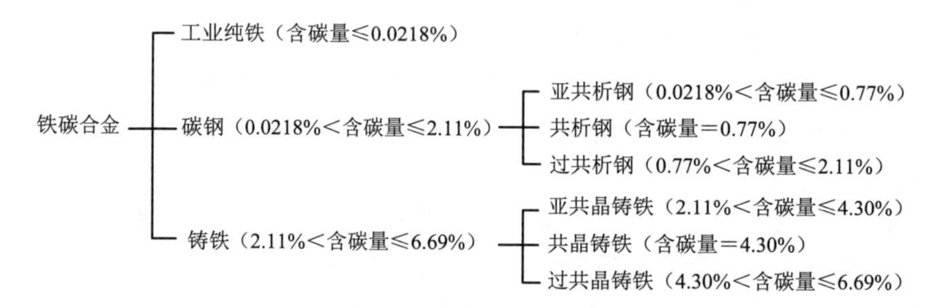

图2-58　铁碳合金的分类

钢铁材料微观上并不是均匀的，而是存在多种不同的相和组织。相是成分、结构和物理、化学性质完全相同的均匀部分，相与相之间有明确的物理界面。从一个相转变为另一个相的过程称为相变，是物质结构发生突然变化的过程。组织是相的种类、相对含量、颗粒及晶粒的形状、大小及其在空间的相互位置与分布关系状态，形象地表现为用肉眼、放大镜或显微镜所观察到的材料内部的微观形貌。相是组织的基本构成单元。

钢铁随温度和含碳量的变化，呈现出很多种相、组织及其变化；而不同的微观组织表现出不同的宏观机械性能、工艺性能和物理化学性能，这是钢铁材料能够进行热处理的基础。热处理一般不改变工件的形状和整体的化学成分，而是通过改变工件内部的微观组织，或改变工件表面的化学成分，赋予或改善工件的使用性能。

固态钢铁中的相大致可以分为固溶体和化合物两大类。固溶体是碳或其他合金元素溶于铁中形成的固态溶体。固态纯铁在不同温度范围内有三种不同的原子排列方式，分别称为 α 铁、γ 铁和 δ 铁；碳或其他合金元素溶入 α 铁形成的固溶体称为铁素体，溶入 γ 铁形成的固溶体称为奥氏体，溶入 δ 铁形成的固溶体称为 δ 固溶体。固溶体由于溶质原子进入溶剂晶体点阵的间隙或结点，导致晶格发生畸变，使强度和硬度升高，产生固溶强化现象。碳、铁或某些合金元素之间都可以形成化合物，钢铁中最常见的是铁碳化合物 Fe_3C，称为渗碳体，含碳量 6.69%，硬度很高而塑性极差，是基体中最重要的强化相。Fe_3C 实际上是一种亚稳定相，在一定条件下可以分解为铁固溶体和石墨。

固态钢铁在加热或冷却时会发生相变。在缓慢加热或冷却条件下发生的相变是平衡相变，转变产物是稳定的组织，即平衡组织；快速加热，特别是快速冷却时则会发生不平衡相变，形成不稳定的组织，即不平衡组织。在一定条件（足够能量和时间）下，不平衡组织会转变为平衡组织。图 2-59 是简化的铁碳合金平衡相图，能全面地反映碳钢和铸铁发生平衡相变的情况。

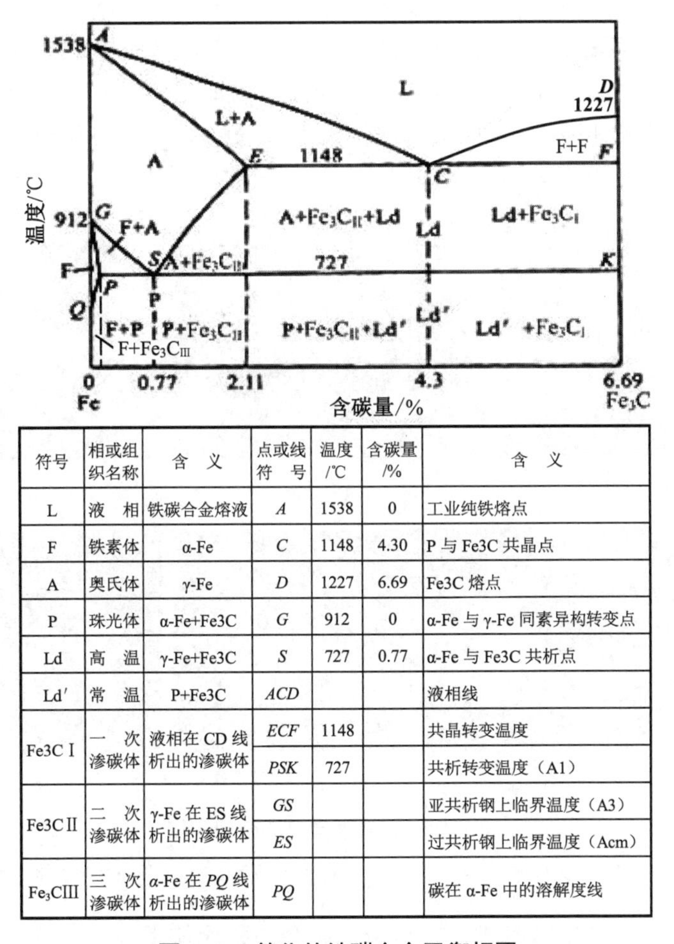

符号	相或组织名称	含 义	点或线符 号	温度/℃	含碳量/%	含 义
L	液 相	铁碳合金熔液	*A*	1538	0	工业纯铁熔点
F	铁素体	α-Fe	*C*	1148	4.30	P 与 Fe3C 共晶点
A	奥氏体	γ-Fe	*D*	1227	6.69	Fe3C 熔点
P	珠光体	α-Fe+Fe3C	*G*	912	0	α-Fe 与 γ-Fe 同素异构转变点
Ld	高 温	γ-Fe+Fe3C	*S*	727	0.77	α-Fe 与 Fe3C 共析点
Ld′	常 温	P+Fe3C	*ACD*			液相线
Fe3CⅠ	一 次渗碳体	液相在 CD 线析出的渗碳体	*ECF*	1148		共晶转变温度
			PSK	727		共析转变温度（A1）
Fe3CⅡ	二 次渗碳体	γ-Fe 在 ES 线析出的渗碳体	*GS*			亚共析钢上临界温度（A3）
			ES			过共析钢上临界温度（Acm）
Fe₃CⅢ	三 次渗碳体	α-Fe 在 *PQ* 线析出的渗碳体	*PQ*			碳在 α-Fe 中的溶解度线

图 2-59 简化的铁碳合金平衡相图

钢铁中常见的平衡组织和不平衡组织包括珠光体、贝氏体、马氏体和莱氏体。珠光体通常是铁素体与渗碳体两相呈片层状相间排列的组织，如图2-60（a）所示，含碳量0.77%，具有良好的综合机械性能，强度与塑性有较好的配合，且强度和硬度随片层间距的减小而增高。贝氏体是由铁素体与其内部弥散分布的碳化物组成的两相混合组织，常见的为上贝氏体和下贝氏体，上贝氏体呈羽毛状，渗碳体呈断续片状分布于铁素体片之间，如图2-60（b）所示；下贝氏体呈针状，渗碳体以小片状分布于铁素体片内，如图2-60（c）所示。贝氏体具有优良的综合机械性能，强度和韧性都较高。贝氏体属于不平衡组织，需要将钢加热获得奥氏体，再冷却到中温区域（多数碳钢约在550℃以下）获得；冷却可以采用等温保持（等温淬火），也可以采用连续冷却。马氏体是由奥氏体转变而成的固溶体，含碳量与母相奥氏体相同，其形态一般为片状，如图2-60（d）所示或板条状，如图2-60（e）所示。通常马氏体相变产物在含碳量＜0.3%的钢中几乎全部为板条马氏体，含碳量＞1.0%的钢中几乎全部为片状马氏体，而在含碳量0.3%～1.0%的钢中则转变为板条马氏体和片状马氏体的混合物。马氏体是一种不平衡组织，通常需要在奥氏体开始转变为马氏体的温度（上马氏体点）以上急速冷却获得。马氏体具有很高的强度、硬度和脆性，且随含碳量的增大而增大，例如片状马氏体就是硬而脆，而板条状马氏体韧性相对较高。莱氏体是短棒状珠光体均匀分布在渗碳体基体上的混合组织，如图2-60（f）所示，含碳量4.3%，产生在含碳量＞2.06%的铁碳合金中，是白口铸铁的常见组织，硬度很高但非常脆。在铸铁中，碳还会以游离的片状或球团状石墨出现于显微组织中。

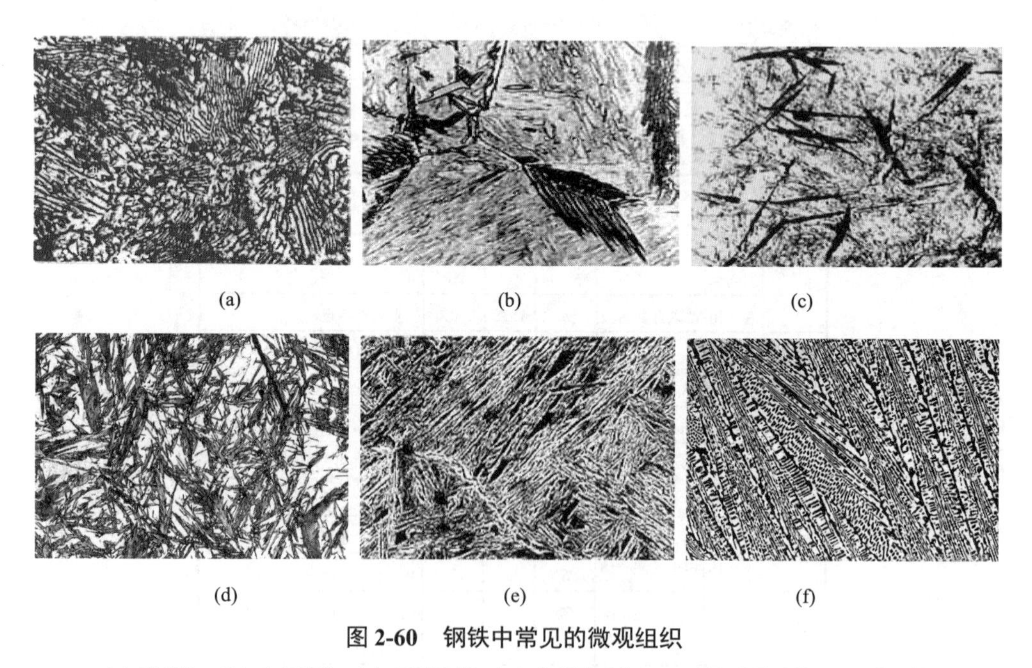

图2-60　钢铁中常见的微观组织

（a）珠光体　（b）上贝氏体　（c）下贝氏体　（d）片状马氏体　（e）板条状马氏体　（f）莱氏体

除共析钢完全由珠光体组成、共晶铸铁完全由莱氏体组成外，绝大多数钢铁的实际微观结构不是单一一种相或组织，由于成分、加热及冷却温度、速度、时间的不同，碳钢和铸铁呈现出多种不同的相和组织的混合状态，因而其性能也千差万别。

2.1.6.2 热处理工艺

热处理过程一般分为加热、保温和冷却三个阶段。加热温度通常要超过临界温度，如对共析钢要加热到 Ac_1 以上（Ac_1 是理论临界温度 A_1 在加热时所表现出的实际临界温度，因通常的加热过程是非平衡状态，所以 Ac_1 稍高于 A_1；以下 Ac_3、Ac_{cm} 均与此类同），使珠光体向奥氏体转变。钢在加热到规定的温度后，需要进行一段时间保温，目的是把工件热透，使其内部与表面的温度趋于一致，并且获得均匀一致的奥氏体组织。钢的冷却是热处理过程的关键阶段。生产中常采用不同的冷却方法，如水冷、油冷、空冷、炉冷等，以便在冷却过程中获得不同的组织和性能。

热处理工艺大体可分为整体热处理、表面热处理和化学热处理三大类；根据加热介质、加热温度和冷却方法的不同，每一大类又可区分为若干不同的热处理工艺，包括退火、正火、淬火、回火等，以及它们的综合运用。工件在机械加工前、后热处理的目的和作用不同，所以其所用的工艺方法也分别有所不同。毛坯件进行热处理的目的是匀化组织，提高切削性，消除残余应力，提高硬度、韧性与疲劳强度，主要采用正火、淬火、回火、退火等工序，常用正火（或退火）与调质处理；机加件热处理的目的是提高表面硬度、强韧性、耐磨性和疲劳强度等，主要采用渗碳、氮化、高频淬火等表面强化处理。应根据热处理目的、钢种与产品形状，确定热处理的方式与条件。

1）退火

退火是将钢加热到一定温度并保持足够时间，然后在炉内缓慢冷却，使组织接近平衡状态的一种热处理方法。退火处理的目的包括：消除冶金及热加工过程中产生的缺陷；使经过铸造、锻轧、焊接或切削加工的毛坯或半成品降低硬度，去除残余应力，提高加工性；改善塑性和韧性；均匀化学成分；细化组织；获得预期的物理性能等。因此，通常把退火称为预先热处理。对于性能要求不高的工件，有时也作为最终热处理。

根据使用要求，退火的工艺方法有很多种，生产中常见的有完全退火、不完全退火、球化退火、扩散退火、再结晶退火和去应力退火等。

（1）完全退火　将钢加热到 Ac_3 以上 30～50℃并保温足够时间，然后随炉缓冷的工艺称为完全退火。完全退火使钢的组织以平衡转变的方式由单一均匀的奥氏体完全转变为铁素体和珠光体，达到降低硬度、消除内应力和细化组织的目的。完全退火主要用于亚共析钢的铸、锻件，而不能用于过共析钢，因为后者加热到 Ac_{cm} 温度以上退火后，二次渗碳体呈网状析出，使钢的机械性能显著降低，并易在淬火时开裂。

（2）不完全退火　将钢加热到 Ac_1 以上 30～50℃并保温足够时间，然后随炉缓冷的工艺称为不完全退火。由于不完全退火是在两相区加热，组织不能完全重结晶，铁素体的形态、大小与分布不能改变，晶粒细化的效果也不如完全退火，所以不完全退火主要用于晶粒并未粗化，铁素体分布正常，只是锻、轧终止温度过低，或冷却过快的亚共析钢件，以降低硬度，消除内应力，改善组织。

（3）球化退火　是将钢中的碳化物球化的退火方法。大致可分为以下四类工艺方法：

① 将钢加热到接近 Ac_1 长时间保温。

② 将钢加热到略高于 Ac_1 并经短时间保温，然后缓慢冷却或低于 Ac_1 等温分解；或在 Ac_1 温度上下循环加热冷却数次。

③ 将钢加热到高于 Ac_3 或 Ac_{cm} 后进行淬火，在低于 Ac_1 温度进行高温回火。

④ 在室温下对工件进行形变加工，然后在低于 Ac_1 温度进行退火（低温形变球化退火）；或在 Ac_1＋（30～50℃）形变后立即进行缓冷或等温退火（高温形变球化退火）。

球化退火主要用于共析钢和过共析钢，如含碳量大于 0.60%的各种高碳工模具钢、轴承钢等；有时也用于低中碳钢。球化退火得到类似粒状珠光体的球化组织，可以提高塑性、韧性、耐磨性和接触疲劳强度，改善切削加工性，减少最终热处理时的变形开裂倾向。低碳钢经球化退火后硬度过低，在切削时发黏，不易达到好的光洁度，因此，不适合作为切削加工前的预先热处理；但是此类钢中碳化物的球化，可以大为改善冷变形的加工性。具有网状渗碳体的过共析钢难以球化，应先进行一次正火以消除网状渗碳体。

（4）扩散退火　将钢加热到 Ac_3 以上并在 150～250℃下保温 10～20h，然后缓慢冷却。扩散退火主要用于合金钢铸锭和铸件，通过原子扩散，消除结晶过程中产生的枝晶偏析，均匀成分。扩散退火后如不进行热压力加工，还须进行一次完全退火，以细化晶粒。

（5）再结晶退火　金属的再结晶温度（T_R）约为熔点（T_M）的 40%；这种工艺通常是将钢加热到 T_M＋（150～250℃）（一般为 600～700℃）保温 0.5～1h，随炉冷却至 550℃出炉空冷。再结晶退火主要用于消除冷变形工件的加工硬化，以利于继续变形加工。再结晶退火有时也作为冷变形件的最终热处理。

⑥ 去应力退火（低温退火）　将钢加热到 Ac_1 以下 100～200℃（一般为 500～650℃），保温足够时间后缓慢冷却。由于加热温度低于 Ac_1，工件原来组织未发生变化，只是在缓慢冷却过程中，消除铸、锻、焊或切削加工过程中形成的内应力，使其达到稳定状态，防止工件在使用中发生变形；也可以在一定程度上降低硬度，改善切削加工性。

碳钢的各种退火加热温度范围如图 2-61 所示。

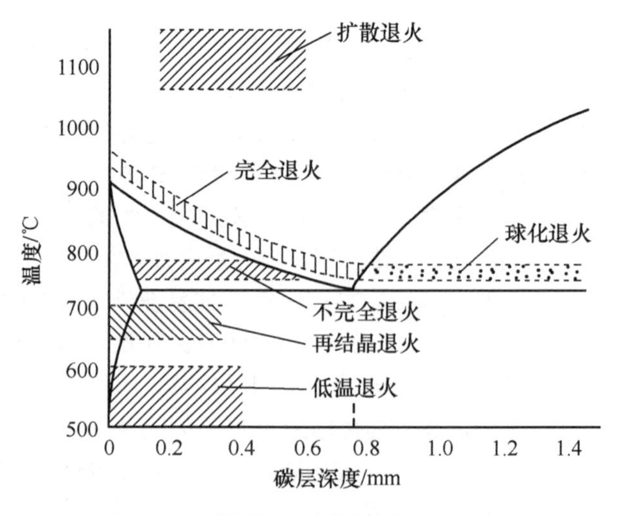

图 2-61　碳钢的各种退火加热温度范围

2）正火

正火是将钢加热到 Ac_3（亚共析钢）、Ac_1（共析钢）或 Ac_{cm}（过共析钢）以上 30～50℃保温足够时间，然后在空气中冷却的热处理工艺，又称常化处理。正火处理的目的主要是：匀化组织，改进切削性，作为淬火、回火前的预处理，代替中碳钢的调质处理，作为性能要求不太高的零件的最终热处理。

正火后的组织，共析钢是珠光体，亚共析钢为铁素体与珠光体的混合物，过共析钢为珠光体与二次渗碳体的混合物。

正火工艺的要点是：加热温度要足够高，一般要求得到均匀的单相奥氏体组织，工件透烧均温后再于空气中自然冷却。对某些钢材在正火时也可用强迫空气循环冷却或喷雾冷却以获得细珠光体组织。某些高合金钢在空气中冷却时可以实现空冷淬火，即过冷奥氏体在空冷时发生了马氏体或贝氏体转变。这时尽管工件是空冷，也不属于正火的工艺范畴。

正火所达到的效果与材料的成分及组织状态有关。过共析钢及合金钢正火后可消除网状碳化物，而低碳钢正火后将显著改善钢的切削加工性。所有的钢铁材料通过正火均可使铸锻件过热，晶粒细化和消除内应力。

退火和正火（再结晶退火和去应力退火除外）在零件的加工工艺路线中，一般应安排在铸、锻、焊等工序之后，粗机械加工之前。

3）淬火

淬火是将钢加热到 Ac_3 或 Ac_1 以上 30～50℃，保温后以大于临界淬火速度冷却，使过冷奥氏体转变为马氏体或贝氏体组织的热处理工艺方法。

根据钢成分和淬火工艺的不同，淬火组织主要包括马氏体和贝氏体，可能还有少量残余奥氏体。马氏体是碳在 α-Fe 中的过饱和固溶体；贝氏体是由过饱和的板条状 α-Fe 固溶体加相邻短棒状碳化物（上贝氏体），或过饱和的片状 α-Fe 固溶体加内部弥散碳化物（下贝氏体）组成；残留奥氏体是处于过冷状态的 γ-Fe。马氏体和贝氏体具有很高的硬度和强度，特别是马氏体，最大硬度可以达到 HRC65，经过淬火的工件，强度、硬度和耐磨性能够得到很大提高。一定含碳量的淬火马氏体经中温回火后，可以具有很高的弹性极限；中碳钢经淬火和高温回火（即通常所谓调质处理）后，可以有较好的强度、塑性、韧性的配合。但马氏体很脆，转变时产生很大的内应力，而且不稳定，如果不是在硬度上有特别要求，通常淬火组织要经过回火处理。贝氏体中下贝氏体具有较高硬度、强度和一定的韧性，较低的缺口、裂纹和缺口疲劳敏感性，还能够隔断粗大马氏体的形成，也是一种不可忽视的淬火组织。淬火工艺同样是强化非铁合金（如钛合金、铜合金等）的重要手段。

淬火操作必须保证快速冷却，也就是要大于临界淬火速度。不同材料的临界淬火速度不同，通常碳钢在水中冷却，合金钢在油中冷却；某些高合金钢淬透性很高，在空气中冷却就能实现淬火。用于淬火冷却的介质还有盐水、碱水和一些合成有机溶液等。除淬火介质外，工件的实际冷却速度还与工件尺寸有关，如果工件尺寸足够大，淬火时工件内部冷速就可能小于临界淬火速度，从而表面形成马氏体，内部可能形成部分贝氏体甚至铁素体及珠光体。淬透性是钢在淬火时能够获得马氏体的能力，是材料本身固有的性质。低碳钢的淬透性较低，往往采用高温淬火以利于实现全截面的整体强韧化；碳及多数合金元素能够提高钢的淬透性，所以中、高碳钢及合金钢的淬透性较高。在中、高碳钢中为了抑制大量形成脆性大的片状马氏体，可以采用低温淬火或快速加热等方法，增加韧性较高的板条状马氏体含量。

4）回火

回火是将淬火钢重新加热到 Ac_1 以下的某一温度保温一段时间，然后冷却（一般空冷到室温）到室温的热处理方法。回火的目的主要是为了消除工件淬火时产生的残留应力，防止变形和开裂；调整工件的硬度、强度、塑性和韧性，达到使用性能要求；稳定组织与尺寸，保证精度；改善和提高加工性能。

钢淬火后获得的组织主要是马氏体、贝氏体加残余奥氏体，在室温下，它们都是非平衡组织，承受相变和固溶等应力、应变作用，处于亚稳定状态，趋于向平衡组织铁素体和渗碳体转化。回火本质上就是采用加热等手段，使淬火组织（主要是马氏体）分解以及碳化物析出、聚集长大，向相对稳定的回火组织转化的工艺过程。随回火温度升高，淬火组织依次分解为回火马氏体、回火屈氏体、回火索氏体、粒状珠光体组织。

马氏体时效钢、高碳高合金工具钢的回火是使之获得弥散硬化效应的主要工序，其作用与一般回火过程有所区别。

根据加热温度不同，回火可分为低温回火、中温回火和高温回火三种。

（1）低温回火　加热温度为 150～250℃。对要求有较高的强度、硬度、耐磨性及一定韧性的淬火零件，通常进行低温回火，获得以回火马氏体为主的组织。低温回火可以消除内应力，降低脆性，并保持其高硬度和耐磨性，主要适用于中、高碳钢制造的各类工具、刃具、量具、模具和机械零件等。对于渗碳及碳氮共渗淬火后的零件，也要进行低温回火。低碳钢制成的形状简单工件经淬火后获得的低碳马氏体可以不必回火。

（2）中温回火　加热温度为 350～500℃。含碳 0.6%～0.9%的碳素弹簧钢、含碳在 0.45%～0.75%的合金弹簧钢以及锻模等均在此温度范围内回火。中温回火能够显著提高弹性极限，同时又具有足够的强度、塑性、韧性。中温回火的组织通常是回火屈氏体，实际上是一种极细的珠光体，但碳化物呈细粒状，具有较高的弹性极限和韧性。为避免发生回火脆性，一般中温回火的温度不宜低于 350℃。

（3）高温回火　加热温度为 500～650℃。高温回火组织通常是粒状索氏体，也是一种碳化物呈细粒状的极细珠光体，具有较高的韧塑性。淬火钢经高温回火后，残余应力基本上完全消除，可以获得强度、硬度、塑性和韧性等都较好的综合机械性能，适用于受力情况复杂的重要零件，如主轴、齿轮、连杆等。生产上习惯把淬火后高温回火的热处理称为调质处理。在硬度相同的条件下，调质处理比正火的屈服强度、塑性、韧性都有明显提高，因此高温回火主要用于中碳调质钢制造的各种机械结构零部件。高碳高合金钢、高合金渗碳钢为了性能或工艺需要，往往也采用高温回火。

5）表面热处理

前述正火、淬火、回火及退火工艺，一般都是使工件的整体性能发生变化，属于整体热处理；但有些零件要求表面与内部具有不同的性能，如汽车变速箱的高速齿轮，需要表面具有高硬度和耐磨性，而心部具有良好的韧性，这就很难仅仅通过选材达到相应要求，生产上广泛采用表面热处理解决。表面热处理是通过对工件表面的加热、冷却而改变表层机械性能的热处理工艺。常用方法包括表面淬火和化学热处理。

表面淬火是将工件表面迅速加热到淬火温度，在热量未传到工件内部即快速冷却，使表层淬硬到一定深度，而内部仍保持原来状态的一种局部淬火方法。目的是获得高硬度的表面层和有利的内应力分布，同时心部具有良好的韧性，以提高工件的耐磨性能和抗疲劳性能。表面淬火采用的快速加热方法有多种，如电磁感应加热、火焰加热、接触电阻加热、电解液加热、激光加热、电子束加热等，工业上应用最多的是电磁感应加热和火焰加热。

化学热处理是将工件置于含有某种元素的介质中加热和保温，使这些元素渗入工件表层或形成某种化合物的覆盖层，以改变表层的成分和组织，然后再通过适当热处理，使工件表面达到要求的机械或物理化学性能。化学热处理的种类很多，根据渗入元素的不同，可分为渗碳、渗氮、渗硼、渗硅、渗硫、渗铝、渗铬、渗锌、碳氮共渗（氰化）、铝铬共渗等。渗入不同元素是为了适应不同的表面性能要求，渗碳、氮、硼、钒、铌、铬、硅可以提高表面硬度和耐磨性；渗硫、磷、氮、蒸汽处理可以提高表面抗擦伤能力，改善抗咬合性，降低摩擦系数；渗铝、铬、镍可以提高表面抗氧化、耐高温性能；渗硅、铬、氮可以提高表面抗蚀性。

下面择要介绍两种最常见的表面热处理工艺——高频淬火和渗碳淬火。

（1）高频淬火　高频淬火是利用电磁感应快速加热的表面淬火方法。在交变电磁场中的导体工件会产生非常大的电涡流，迅速加热工件；由于电涡流具有表面效应（又称集肤效应），即电涡流的强度由工件内部向表面逐渐增大，且这种倾向随电磁场频率的增大而增大，因而高频电磁场所生产的电涡流主要集中在工件的表层。高频淬火就是利用这一原理，以高频交变电磁场在工件表面产生巨大电涡流，使之急速加热，随后喷水急冷而硬化。淬火层深度主要通过电流频率、输入功率、加热时间等参数进行控制。

高频淬火组织由工件表面向内部一般可依次分为淬硬层、过渡层及心部组织三部分。以 45 钢为例，表面是淬硬层，加热温度高于 Ac_3，淬火后得到全部马氏体；中间是过渡层，加热温度在 $Ac_3 \sim Ac_1$ 之间，淬火后得到马氏体＋铁素体；心部加热温度低于 Ac_1，仍然保持原始组织。上述各层次的厚薄实际上取决于高频加热的温度梯度。通常浅层淬火主要为了提高零件的耐磨性，深层淬火主要为了提高零件的疲劳强度。

高频淬火前要进行预先热处理，以便做好表层组织准备，同时也使工件整体具备良好的机械性能。预先热处理通常采用调质处理；如果心部性能要求不高也可以采用正火处理，这样可以兼顾切削加工性能。高频淬火后一般只进行低温回火，主要是为了减少残余应力和降低脆性，但应尽量保持高硬度和高表面残余压应力。表 2-6 列出了 45 钢回火温度、回火方式与回火硬度的关系。

表 2-6　45 钢高频淬火后回火温度、回火方式与回火硬度

平均硬度（HRC）	回火方式和回火温度/℃		平均硬度（HRC）	回火方式和回火温度/℃	
	炉中回火	自回火		炉中回火	自回火
62	100	185	50	305	390
60	150	230	45	365	465
55	235	310	40	425	550

高频淬火主要用于含碳量为 0.35%～0.55%的中碳调质钢或中碳低合金钢工件的表面硬化，如 45、40Cr、40MnB、50Mn、55 等；也可用于部分高碳工具钢或铸铁件，如相当于中碳成分的普通灰铸铁、球墨铸铁、可锻铸铁、合金铸铁等，其中以球墨铸铁的工艺性最好。原则上，凡能通过淬火进行强化的金属材料，都可以进行高频淬火；但低碳钢由于表面强化不显著，很少采用。对于形状复杂的工件，由于感应器制作较困难，一般不宜采用高频淬火。

（2）渗碳淬火　渗碳淬火是应用最广泛的一种化学热处理方法。低碳钢或低碳合金钢有良好的塑性和韧性，但强度和硬度较低；通过扩散碳元素到材料表层，增加其含碳量到共析或略高于共析成分，随后经适当热处理，可显著提高表层硬度、强度，特别是疲劳强度和耐磨性，而心部仍然保持原有成分和良好的韧塑性。渗碳淬火就是将工件置于能够产生活性碳原子的介质中加热、保温，使其表层增加含碳量并形成一定的碳浓度梯度，然后通过淬火、回火而硬化。

低碳钢经渗碳后的平衡组织可分为渗层组织和心部组织。渗层组织基本上与铁碳相图上各相区相对应，即由表面向内依次为过共析层、共析层和亚共析层。其中过共析层为珠光体＋粒状、块状或网状渗碳体；共析层为珠光体；亚共析层为珠光体＋铁素体，是渗层与心部组织的过渡层。心部组织则为原始组织。由于实际冷速较快，渗层中发生的是伪共析转变，使共析区含碳范围变宽。随后进行的淬火，使渗层组织依次变为高碳马氏体＋少量渗碳体＋残余奥氏体、低碳马氏体＋残余奥氏体，心部组织是低碳马氏体。回火组织是上述淬火组织在不同温度下的相应回火转变。低碳合金钢渗碳淬火后还可能出现贝氏体组织，其渗层往往不是简单的二元合金，而是呈现复杂的多元合金相结构，应当借助多元铁合金相图进行分析。

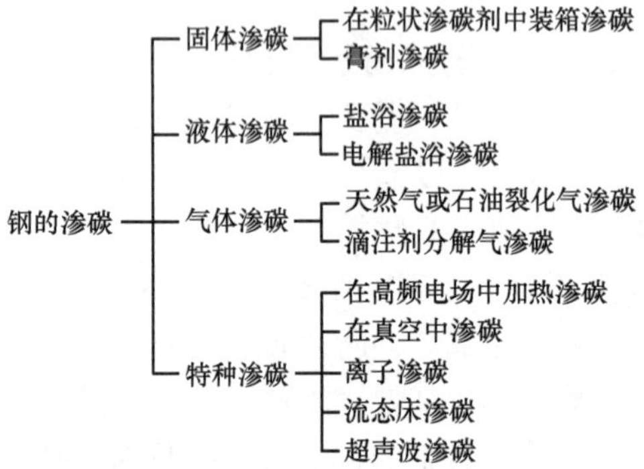

- 钢的渗碳
  - 固体渗碳
    - 在粒状渗碳剂中装箱渗碳
    - 膏剂渗碳
  - 液体渗碳
    - 盐浴渗碳
    - 电解盐浴渗碳
  - 气体渗碳
    - 天然气或石油裂化气渗碳
    - 滴注剂分解气渗碳
  - 特种渗碳
    - 在高频电场中加热渗碳
    - 在真空中渗碳
    - 离子渗碳
    - 流态床渗碳
    - 超声波渗碳

图 2-62　钢的渗碳工艺分类

按渗碳介质的不同，渗碳方法可分为固体渗碳、液体渗碳、气体渗碳和特种渗碳。固体渗碳采用木炭粉等固体渗碳介质加催渗剂进行渗碳；液体渗碳采用含木炭粉或石墨粉的液态盐浴进行渗碳；气体渗碳采用一氧化碳、烷烃或烯烃类气体渗碳介质进行渗碳，气体渗碳介质可以由液化石油气、煤气、煤油、丙酮等获得，后二者虽然是液体，但在渗碳炉内高温下发生分解，析出活性碳原子；特种渗碳是利用高频电流加热、真空保护、高压电离等方法提高工件温度、加速碳原子扩散、缩短渗碳时间或增加渗层厚度、提高渗层质量。各种渗碳方法的分类如图 2-62 所示。气体渗碳由于容易控制碳浓度、质量稳定、工艺简单、适合大量生产等特点，在工业生产中居于主流。

由于碳在铁素体中的溶解度极小（最高约 0.025%），而在奥氏体中的溶解度却较大（最高为 2.0%），所以渗碳通常要在 Ac_3 以上的温度（一般在 850～950℃）进行，以使钢处于奥氏体状态。温度越高，渗碳速度越快；但温度也不宜过高，否则会显著降低设备寿命，促进工件晶粒粗化，并可能使表层含碳量过高以致生成网状碳化物网缺陷。

对渗碳层的主要技术要求是：渗层表面含碳量；渗层深度；渗碳淬火回火后的表面硬度；对重要工件还可能规定表层和心部最终金相组织要求，包括碳化物分布的级别、残余奥氏体等级、表层和心部组织的粗细等。

为了得到预期的表面含碳量、渗层深度及浓度梯度、正常的渗碳组织，在渗碳工艺中应当控制渗碳介质活性（碳势）、渗碳温度、渗碳时间以及冷却方式。当渗碳气氛碳浓度确定时，渗层深度与渗碳温度、渗碳时间呈现下列经验关系：

$$X=\frac{802.6\sqrt{\tau}}{10^{\frac{3720}{T}}} \tag{2-1}$$

式中：X为渗层深度，mm；T为绝对温度，K；τ为渗碳时间，h。

由式（2-1）可知，如果单纯依靠延长渗碳时间来增加渗层深度，不仅大大延长生产周期，而且仅能获得一定深度的渗层，远不如提高温度更为有效。

渗碳淬火通常适于含碳量 0.1%～0.25%的低碳钢或低碳合金钢；对于一些强度要求稍高而断面尺寸较大的零件，基体含碳量可达 0.3%。渗碳后表面含碳量一般控制在 0.6%～1.1%范围内。渗层深度一般在 0.5～2.5mm；但某些特殊工件（如小型薄壁工件）可为 0.1～2.3mm，大型滚动轴承等可达 4～10mm。

低碳钢和低碳合金钢渗碳后的热处理，通常采取如下一些工艺：

① 直接淬火法：工件渗碳后自炉中取出直接淬火，在 150～200℃低温回火，回火时间≥1.5h。适用于细晶粒低碳钢和低碳合金钢、大量生产方式。

② 一次淬火法：工件渗碳后空冷或淬火，然后加热到略高于Ac_3淬火，在 150～200℃低温回火，可以达到较高强韧性；或者加热到 Ac_1～Ac_3 之间淬火，在 160～180℃低温回火，可以达到较高表面耐磨性。适用于粗晶粒低碳钢和低碳合金钢，以及渗碳后需机械加工的零件。

③ 二次淬火法：工件渗碳后缓冷至室温，然后加热到高于心部 Ac_3 进行第一次淬火，再重新加热到高于表层 Ac_1 进行第二次淬火，然后在 150～200℃低温回火。适用于粗晶粒低碳钢和低碳合金钢，特别是力学性能要求很高的重要渗碳件。

由于高合金钢渗碳件淬透性高，空冷也能淬硬，为了改善切削加工性能，需要进行高温回火处理；为了进一步减少残余奥氏体，提高表面硬度，可在高温回火后进行冷处理。

2.1.6.3　热处理设备

热处理的基本设备是热处理炉。单件小批量工件或试验研究件的热处理，可采用周期式作业的箱式电炉，如图 2-63（a）所示或管式电炉，以电阻丝加热，闭环温度控制，炉体采用耐高温绝热材料保温。罩式炉和井式炉在工业生产中也很常用。图 2-63（b）所示是一种罩式炉的内部结构，其炉座固定，加热炉罩可升降（或加热炉罩固定，炉座可升降），主要用于薄板垛或钢卷的退火处理。井式炉炉身是位于地面下的圆筒形深井，工件由专用吊车垂直装入炉内加热，适用于杆类、长轴类、法兰环等零件的热处理，可以避免工件在红热状态下发生变形。加热能源除电力外，还有燃油、燃气等方式。此外，还有辊底炉、真空炉、盐浴炉等。

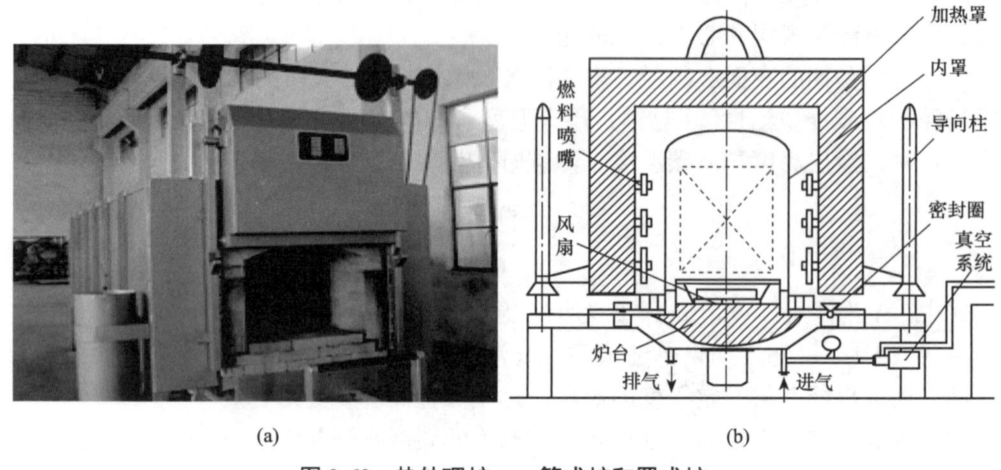

图 2-63　热处理炉——箱式炉和罩式炉

（a）箱式电炉实物外观　（b）罩式炉结构

图 2-64 是一种高频淬火装置的结构示意图，工件（例如轴、杆类零件）以一定速度连续从电磁感应线圈中通过，线圈内的部分被快速加热，随即被喷水急冷淬火。喷水装置也可以与感应线圈制成一体。图 2-65 是一种井式气体渗碳炉的构造。

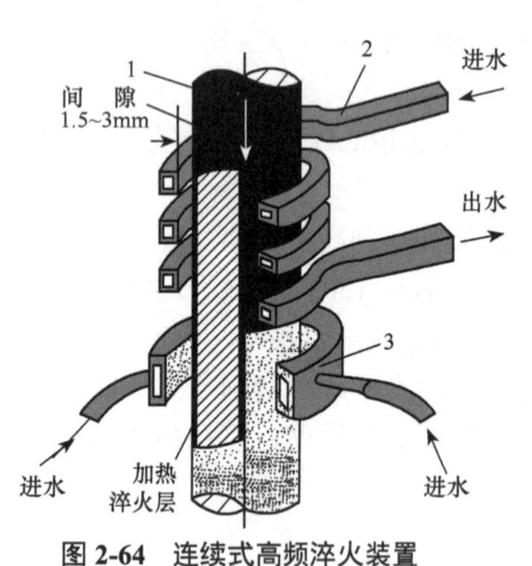

图 2-64　连续式高频淬火装置

1．工件　2．感应圈　3．喷水圈

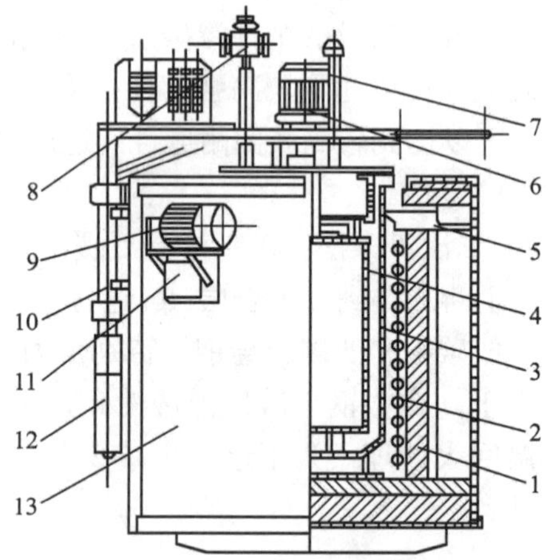

图 2-65　井式气体渗碳炉构造

1．炉衬　2．加热元件　3．炉罐　4．装料筐　5．炉盖　6．通风装置　7．排气管　8．滴量器　9．油泵　10．行程开关　11．油桶　12．液压机构　13．炉壳

对于需要大批量热处理的工件如毛坯件或原材料，为提高生产质量和效率，提高自动化程度，通常采用连续式作业的热处理炉。图 2-66 所示是一种输送带式连续热处理炉，工件从加料门连续装入，通过炉膛，从出料门连续卸出；炉内传送方式有连续式工作的耐热钢制输送带，步进式工作的移动梁或推杆等。

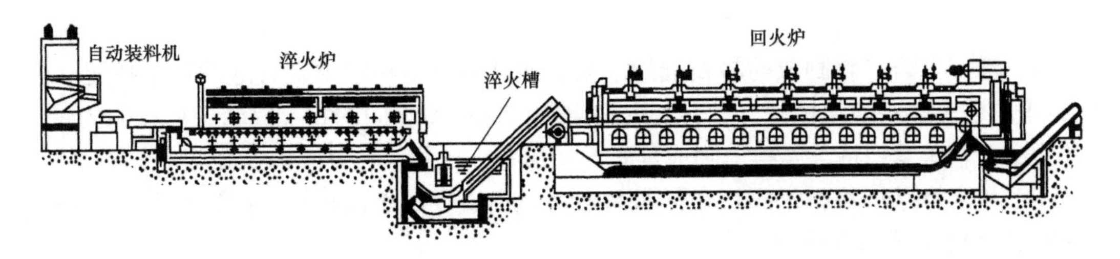

图 2-66 热处理炉——输送带式连续调质炉

淬火冷却设备由淬火槽，淬火液搅拌装置、控温装置，装卸工件装置，淬火液冷却、加热装置等构成。应该根据热处理炉的类型与容量选择合适的淬火冷却设备。

2.2 粉末冶金

粉末冶金是机械制造工业中一种重要加工方法，能够实现传统熔铸等方法难以达到的化学组成和机械、物理性能，是有些零件无可替代的加工方式，在汽车生产中得到越来越多的应用。粉末冶金件不仅可以通过冷、热加工达到尺寸、性能和精度要求，而且在很多情况下可以直接作为终形件或近终形件。后处理能够进一步改善粉末冶金件的性能、质量和精度。

【补充阅读资料】

粉末冶金技术发展动向

汽车行业是粉末冶金工业发展的最大动力和最大用户，一方面汽车产量在不断增加，另一方面粉末冶金零件在单车上的用量也在不断增加。汽车上使用的粉末冶金零部件可分为两类：一类是只能用粉末冶金而不能用其他方法制造的，如含油轴承、摩擦零件、多孔性金属制件等；另一类是可用铸造、锻压、切削加工等传统工艺制造的机械结构零件，但采用粉末冶金制造更经济合理、性能更好，如齿轮、连杆、凸轮等。粉末冶金行业发展了许多新材料、新工艺、新装备，例如开发将铁基粉末冶金零件密度提高到 7.6g/cm3 的制造技术和粉末原料，而法国 Sintertech 生产的粉末冶金同步器环密度已达到了 7.5g/cm3。当前值得注意的一些技术发展动向是温压、模壁润滑、高温烧结、金属注射成型、烧结硬化及软磁复合材料等。

2.2.1 概述

粉末冶金法是将细小的金属或非金属粉末放入模具加压成型后，在熔融温度以下加热使粉末颗粒扩散固结，成为具有一定形状制品的技术。粉末冶金可以将任意组合的粉末配合在一起，无须或很少机械加工就能制成精度高、坚固耐用、具有特殊性能的成品，例如机械结构材料、摩擦材料、电焊材料、磁性材料、多孔材料、超硬材料、超耐热材料等。

粉末冶金工艺过程通常包括以下几个步骤：

① 粉料制备：通过机械、物理或化学方法制取粉末。往往还需要退火、筛分等预

处理。

② 粉末混合：将制取的粉料混配起来。通常需要多种粉末及合适的粒度搭配，但粉料平均粒度越小烧结性越好；常加入润滑剂以减少粉末间的相互黏着及脱模阻力。

③ 粉末压紧：将金属粉末制成具有一定形状、尺寸、孔隙度以及强度的预成型坯。

④ 粉末烧结：将粉末压坯在低于熔点的适当温度加热，颗粒之间发生粘结，烧结体的强度增加，密度通常也会提高。

⑤ 后续处理：对烧结制品进行表面处理、机械加工、热处理等，以达到需要的性能。

粉末冶金的工艺流程如图 2-67 所示。

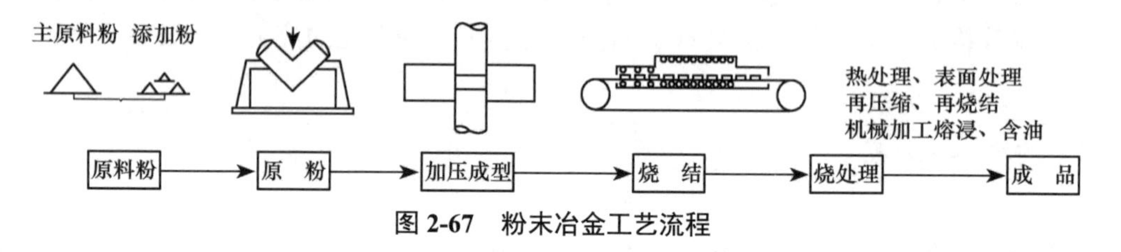

图 2-67　粉末冶金工艺流程

粉末冶金零件是机械制造工业中的一大类通用性基础零件，一般包括结构零件、减摩零件和摩擦零件。汽车工业中使用的各类粉末冶金零件，已占粉末冶金总产量的 70%～80%，其中使用最广的是铁系材料。

2.2.2　粉末制取

制粉方法大体上可归纳为机械法和物理化学法两大类。机械法是将原材料机械地粉碎，而化学成分基本上不发生变化的工艺过程；物理化学法是借助化学或物理的作用，改变原材料的化学成分或聚集状态而获得粉末的工艺过程。工业生产中应用最广泛的制粉方法是雾化法、还原法和机械法。

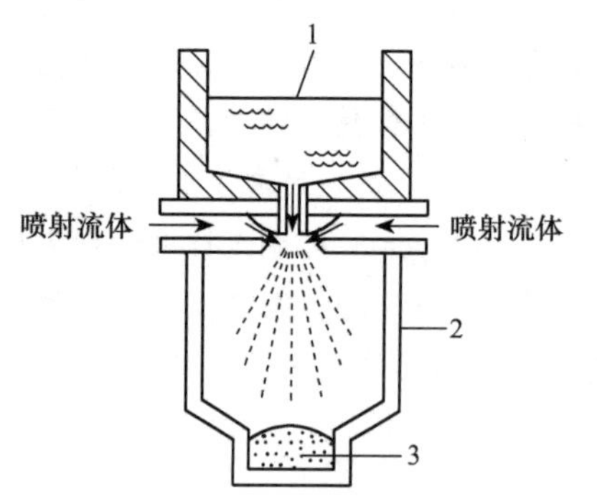

图 2-68　雾化制粉

1．熔融金属　2．集气室　3．金属粉末

2.2.2.1　雾化法

如图 2-68 所示，金属液流依靠自重从漏包中流出，被喷射高压气体或水冲击，雾化成粉。喷射流的主要作用是把熔融液流击碎成细小液滴，通过急冷使其凝固成粉末。

2.2.2.2　还原法

利用氧化物与盐类发生还原反应制取粉末材料。还原法制粉不仅经济、过程简单，而且容易控制粉末颗粒的大小和形状，其粉末还具有很好的压制性和烧结性，因此在工业上被广泛地用来制取铁、铜、镍、钴、钨、钼等金属粉末。

2.2.2.3　机械法

机械法是指利用破碎机、锤击机或球磨机粉碎材料生产细小颗粒的粉末。最常见的球磨机是利用回转筒内硬质球体的抛落、摩擦来破碎金属。

其他还有一些生产粉末的方法，如电解法、化学沉积法和高速冲击法，一般应用较少。

2.2.3 零件成型

粉末冶金零件成型方法大致有压制成型和注射成型两种，其中压制成型是将粉体填充于模中，通过较高的压力挤压成型。压制成型种类繁多、应用广泛，温压、流动温压、冷封闭钢模压制、冷等静压、热等静压、高速压制等都属于压制成型。

现在汽车上应用的粉末冶金零件生产仍然以冷模压工艺为主，常用方法为钢模压制，设备为机械、水压或二者的结合，如图 2-69 所示，两个方向相反的冲头挤压位于模腔中的粉末。压制后的工件称为预成型坯，一般具有足够的强度，搬运时不会破裂，但远低于烧结后的工件强度。根据工件的复杂程度，钢模压制的基本方式有单向压制、双向压制、浮动阴模压制以及分立操纵压制等四种。

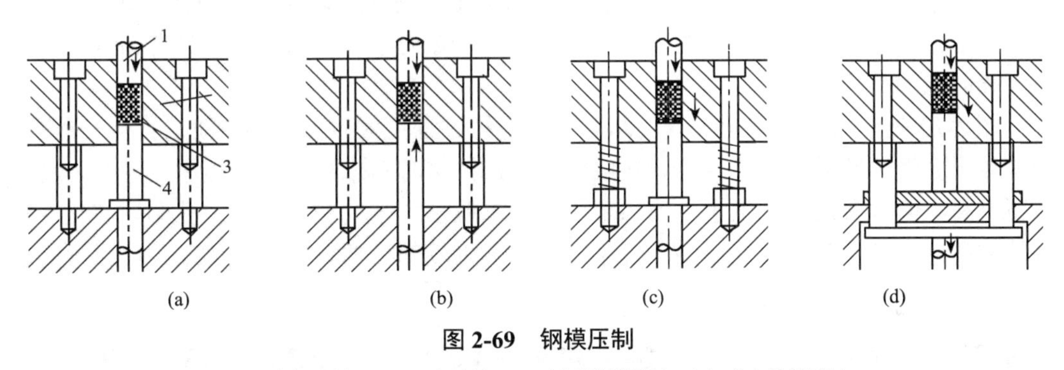

图 2-69 钢模压制

（a）单向压制 （b）双向压制 （c）浮动阴模压制 （d）分立操纵压制

1．模冲头 2．阴模 3．粉末 4．下模冲头

在单向压制时［图 2-69（a）］，阴模和下模冲头不动，由上模冲头单向加压，压力施加在粉末坯料的上顶部，在取出成型零件时下模冲头才上升运动。由于粉末坯料与阴模之间的摩擦，预成型坯底部与顶部的密度不均匀，会产生密度差。使用润滑剂可以减小粉末坯料与模壁之间的摩擦力，从而降低高度方向上的密度不均匀程度。这种方法模具结构简单，成型加工过程容易，适于生产不容易产生密度差的扁平形状的零件，如垫片等。

在双向压制时［图 2-69（b）］，压力同时从上、下两个方向施加在粉末坯料上，与冲头接触的预成型坯两端密度较高，中间部分密度则较低，相对于中间位置上下对称分布；但总体来看，采用双向压制可以减小预成型坯中密度分布的不均匀性，适于压制较长的制品。由于双向压制机械结构复杂，这种方法通常仅在下侧有结构要求（例如有角度的或球形）的特殊形状零件成型中应用。

浮动阴模压制时［图 2-69（c）］，下模冲头固定不动，仅驱动上模冲头移动；阴模安放在弹簧（或液压缸、气压缸）支承上，可以浮动；当上模冲头压制粉末时，粉末与阴模内表面之间的摩擦力使阴模克服浮动支撑的阻力向下运动，会产生类似下模冲头向上运动的效果，使预成型坯密度沿高度分布趋于均匀，与双向压制法相当，但结构简单，因此被广泛应用。

分立操纵压制［图2-69（d）］又称降低法，下模冲头固定，上模冲头移动的同时强制带动阴模下降，也可以看作是双侧压制法的一种形式，广泛适用于复杂形状零件的成型加工。

2.2.4 烧结

2.2.4.1 烧结机理

烧结是将粉末预成形坯加热到低于其中基本成分熔点的温度下保温，然后以各种方式和速度冷却到室温所发生的现象或过程。烧结过程中粉末颗粒通过扩散、再结晶、熔焊、化合、溶解等一系列的物理化学变化，从粉末颗粒的聚集体变成为晶粒的聚结体，成为具有所需物理、力学性能的制品或材料。烧结不同于熔化金属，烧结时至少有一种元素仍处于固态。

粉末冶金材料的烧结过程很复杂，存在多种不同机制，包括同种金属在不熔融的单一固相下的烧结、不同金属在多元固相状态下的烧结、某些组分处于熔融状态的液相烧结等，但一般烧结过程的驱动力是同样的。如果比较粉状与块状的相同材料就会发现，前者由于表面积大，具有较多的表面能，因而处于热力学不稳定状态，具有相互结合以减少表面能的趋势。

图2-70是单一固相烧结过程的示意图。烧结过程可大致分为两个阶段：第一阶段，粉末粒子之间的接触部分相结合，接触面积增加，这时粉末材料的导电率、拉伸强度等有所提高，但致密性变化很小；第二阶段，粉末粒子之间的空隙减小，孔洞球状化，材料的致密性、延伸率及韧性提高。上述过程任一阶段都需要材料原子的迁移，原子的表面扩散和体积扩散起着重要作用。

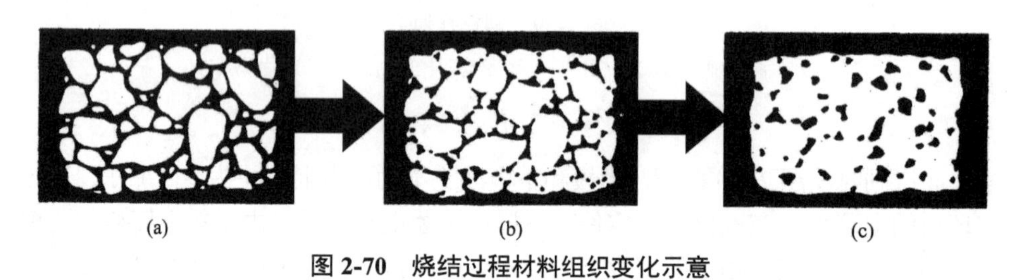

图2-70 烧结过程材料组织变化示意

（a）成型阶段（压粉体） （b）第一阶段 （c）第二阶段

2.2.4.2 烧结操作

烧结操作一般包括三个步骤：预热、烧结和冷却。以铁系粉末冶金材料的烧结为例，先在保护性气体氛围下进行400～800℃预热，使润滑剂充分分解蒸发；再在1 100～1 200℃的高温下进行10～60min加热烧结；最后进行缓慢冷却，以避免变形。保护性气体主要采用吸热性气体（主要成分是H_2、N_2和CO）或者分解氨气（主要成分是H_2和N_2）。

烧结设备主要采用保护气氛的高温烧结炉或真空烧结炉。烧结炉往往并不是一台设备，而是由若干设备按工序组成的一个系统。由于粉末冶金生产属于大批量生产，所以大多数烧结炉设计成自动进料方式。图2-71所示为工业用粉末冶金烧结炉和生产线。

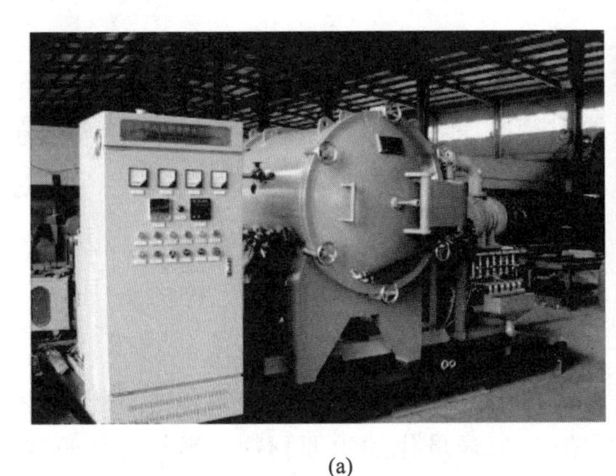
(a)

(b)

图 2-71 粉末冶金烧结系统

（a）真空脱脂烧结一体炉 （b）网带式烧结生产线

2.2.5 后处理

粉末冶金制品通常还需要根据性能要求，进行一些后处理操作。

2.2.5.1 残留孔洞的处理

烧结制品中通常会残留很多的孔隙，很多情况下利用这些孔隙存储润滑油，工作时起到润滑作用；含油操作是在 80～100℃温度下加热浸泡完成，需要数十分钟的浸油时间。对于不允许有空隙的制品，则采用熔浸金属铜（铜合金)或者浸泡树脂的方法处理。

2.2.5.2 提高尺寸精度

有些制品需要提高尺寸精度时，必须进行形位尺寸矫正，例如采用金属模具进行精压、滚压、挤压等再加压精加工。如果需要更高精度时，可以进行切削和研磨等机械加工。另外，由于粉末成型方法限制而难以制作的部位，也是采用机械加工方法处理。

2.2.5.3 提高强度特性

粉末冶金材料的性能虽然随密度提高而提高，但是由于成型时压力和烧结温度的制约，致密程度受到一定限制。因此，有时先进行一次预烧结，然后将加工硬化的粉末软化，再次压缩到较高密度（如 7.3g/cm^3）后，再进行正式烧结加工。

为提高粉末冶金制品强度和耐磨性能，有时也采用一般钢材的处理方法，如表面淬火、淬火回火、渗碳淬火回火等硬化处理方法。

2.2.5.4 其他处理方法

对粉末冶金制品进行水蒸气处理、电镀处理等，以提高耐腐蚀、耐磨损性能；进行喷丸、表面研磨等，以处理毛边或提高表面光洁度。

随着技术的发展，粉末冶金出现了许多具有更高质量、更高性能、更高生产率的新工艺并获得迅速发展，如粉末挤压、粉末锻轧、动磁压制、爆炸压制、微波烧结、电场辅助烧结、自蔓延高温合成等。

2.3 塑料成型工艺基础

塑料具有质量轻、防锈蚀、成型容易、设计自由度大、加工工时少等优点，已广泛用于制造汽车内外饰件、覆盖件甚至结构件，是汽车轻量化的重要材料。塑料加工通常包括配料、一次加工、二次加工等工序。塑料成型工艺在汽车零部件生产中将占有越来越重要的地位。

【补充阅读资料】

全塑料汽车

目前汽车塑料零部件的重量总和还不及汽车总重的1/10，可以扩展应用的领域还非常广泛。发达国家已将汽车用塑料量的多少作为衡量汽车设计和制造水平的一个重要标志。法国科研人员发明了一款全塑料敞篷汽车，整车包括内部的各种部件都是由塑料制成的，重量仅为370kg，装备了排量0.5L、功率20马力的发动机，最高时速100km/h，动力重量比匹配得非常合理。这款汽车已经在英国销售，售价8 000英镑。

2.3.1 概述

2.3.1.1 塑料组分

塑料是一种高分子化合物，由合成树脂以及增塑剂、稳定剂、润滑剂、填充剂、阻燃剂、发泡剂、着色剂等添加剂组成。合成树脂是由小分子量物质经聚合反应而制得的高分子聚合物，包括聚氯乙烯、聚乙烯、聚丙烯、聚苯乙烯、聚酰胺、聚碳酸酯、酚醛树脂、聚氨脂、环氧树脂等。合成树脂成分约占塑料总重量的 40%～100%，塑料的基本性能主要取决于其中的树脂，但添加剂也起着重要作用。

2.3.1.2 塑料分类

塑料的种类很多，分类方法也较多，常用的有以下两种分类：

1）根据受热后物理性质分类

根据塑料受热后物理性质的不同，可分为热塑性塑料和热固性塑料。热塑性塑料受热时发生软化或熔化，可塑制成一定形状，冷却后又变硬，如聚氯乙烯、聚乙烯、聚苯乙烯、ABS树脂、聚烯烃等。热固性塑料受热时也发生软化，可以塑制成一定形状，但受热到一定程度或加入少量固化剂后就硬化定型，再加热也不会变软和改变形状，如酚醛塑料、氨基塑料、环氧树脂等。

2）根据用途分类

根据塑料用途的不同，可分为通用塑料、工程塑料和功能塑料。通用塑料一般只能作为非结构材料使用，产量大、用途广、价格低，主要有聚乙烯、聚丙烯、聚氯乙烯、酚醛塑料和氨基塑料等，日常生活中许多塑料制品都是由通用塑料制成。工程塑料可作为工程结构材料使用和代替金属制造机器零部件，机械性能优良、化学稳定性高、电绝缘性优越、加工成型容易，能在较宽温度范围内承受机械应力和较苛刻的化学、物理环境中使用，广泛用于汽车、电器、化工、机械、仪器、仪表等工业，主要有聚酰胺、聚碳酸酯、聚甲醛、ABS 树脂、聚四氟乙烯、聚苯醚、聚砜、聚酯、聚酰亚胺及各种增强塑料等。功能塑料是具有某种特殊性能、用于特种环境中的塑料，主要有医用塑料、光敏塑料、导磁塑料、高温耐热塑料、高频绝缘件塑料等。

2.3.1.3 塑料的特性

与其他材料相比，塑料具有质量轻，比强度高，弹性好，耐磨减摩性及耐腐蚀性好，绝缘性和隔热、消声作用优良，成型容易等许多特殊的物理、化学性能和力学性能；同时也具有耐热性差、耐老化性差、热膨胀系数大等缺点。

2.3.2 塑料加工方法

塑料加工是指将化工厂生产的聚合物制成所需成品的整个工艺过程，可以大致分为三道工序：配料（配比、着色），一次加工（成型），二次加工（表面处理、装配）。

2.3.2.1 配料

配料是指按需要把树脂、填料、添加剂等混合成适于成型用料的过程，或者是把由聚合物为主的混合物制为粒料的过程。添加剂与聚合物经混合，均匀分散为粉料，又称干混料。有时粉料还需经塑炼加工成粒料。这种粉料和粒料统称配合料或模塑料。

2.3.2.2 一次加工

一次加工就是将各种形态的塑料（粉料、粒料、溶液或分散体）制成所需形状的制品或坯件，是塑料加工的关键环节。加工热塑性塑料常用的方法有挤出、注塑、压延、吹塑和热成型等；加工热固性塑料一般采用模压、传递模塑，也用注塑成型。层压、模压和热成型是使塑料在平面上成型。此外，还有以液态单体或聚合物为原料的浇铸等。在这些方法中，挤出成型和注塑成型用得最多，也是最基本的成型方法。

1）压塑成型法

压缩成型又称压制成型、压塑成型、模压成型等，主要用于热固性塑料（酚醛、尿素、三聚氰酸胺、环氧、不饱和聚酯等）零件的生产。将粉状、粒状或纤维状的热固性塑料按计量填充在模具加料腔内，如图 2-72（a）所示，然后合模加热、加压并保持一定时间，使其熔融充满模腔，如图 2-72（b）所示，同时塑料高分子发生交联固化而定型，最后脱模，即得到所需制品，如图 2-72（c）所示。有时为了提高成型效率和产品质量，也可将成型材料在注入模型之前先经预热。

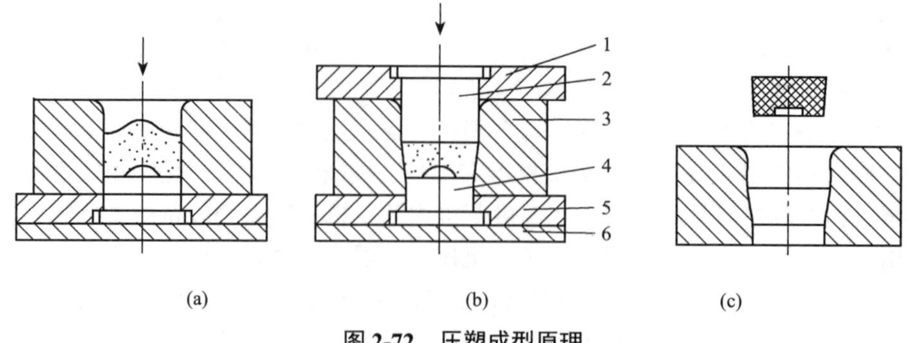

图 2-72 压塑成型原理

1．凸模 2．上凸模 3．凹模 4．下凹模 5．凸模固定板 6．下模座

热塑性塑料也可采用压塑成型，在成型前一阶段与热固性塑料相同，但由于没有交联反应，所以必须冷却固化才能脱模，因此需要模具交替加热与冷却，生产周期长，只在模压较大平面热塑性塑料零件时才采用压塑成型。

压塑成型适合于汽车大型零件的生产，如导流板、车门、门梁柱、顶盖等。

2）注塑成型法

注塑成型又称注射成型，是使用注塑机（或称注射机）将热塑性塑料熔体在高压下注入到模具内，经冷却、固化获得产品的方法。注塑是热塑性塑料制件的一种主要成型方法，也能用于热固性塑料及泡沫塑料的成型。注塑的优点是生产效率高，操作可自动化，能成型形状复杂的零件，特别适合大量生产；缺点是设备及模具成本高，注塑机清理较困难等。注塑成型具体可分为以下几种方法：

（1）排气注塑成型 采用排气式注射机，原料不必预干燥，真空泵可将塑料中含有的水汽、单体、挥发性物质及空气等经排气口抽走，特别适用于聚碳酸酯、尼龙、有机玻璃、纤维素等易吸湿材料的成型。

（2）流动注塑成型 采用普通移动螺杆式注射机，塑料经不断塑化并挤入有一定温度的模具型腔内，塑料充满型腔后螺杆停止转动，借螺杆的推力使模内物料在压力下保持适当时间，然后冷却定型。流动注塑成型特点是，塑化的物料不是储存在料筒内，而是不断挤入模具中，因此实质上是一种注塑与挤出相结合的成型方法。它克服了生产大型制品的设备限制，制件质量可超过注射机的最大注塑量。

（3）共注塑成型 采用有两个或两个以上注塑单元的注射机，将不同品种或不同颜色的塑料同时或先后注入模具内，生产多色彩、多种塑料复合制品的方法，如双色注射和多色注射。

此外还有无流道注塑成型、反应注塑成型等。热固性塑料的注塑成型，是将粒状或团状热固性塑料在严格控制温度的料筒内塑化成黏塑状态，以较高的压力注入一定温度的模具内交联固化，除有物理状态变化外还有化学变化，因此在设备及加工工艺上与热塑性塑料注塑成型存在着很大的差别。

注塑成型在汽车塑料制品生产中所占的比例很大，如保险杠、通风格栅、仪表板、座椅靠背、护风圈、空调机壳等大型零件及各种开关、把手、结构件、装饰件、减摩耐磨件、轮罩、护条等小型零件。

3）挤塑成型法

挤塑成型法又称挤出成型法，是采用挤塑机将加热的树脂通过模具连续挤出制品的方法，一般可在螺旋挤压机前端安装成型模，以一定速度将熔融塑料挤出，随后再经整形模、冷却装置、导引装置、缠绕装置或定长截割装置等，加工为成品。挤塑有时也用于热固性塑料的成型，并可用于泡沫塑料的成型。挤塑成型可挤出各种形状的制品，生产效率高，可自动化、连续化生产；但制品尺寸容易产生偏差，而且不能广泛用于热固性塑料的加工。常用于薄膜、板、管和电线包皮的成型。

4）发泡成型法

发泡成型法是使塑料内部产生微孔结构的成型方法。常用的发泡方法有如下三种：

（1）物理发泡　在塑料中溶入气体或液体，而后使其膨胀或气化发泡。物理发泡适应的塑料品种较多。

（2）化学发泡　原料组分间发生化学反应或加入化学发泡剂产生气体，使塑料熔体充满泡孔。化学发泡剂在加热时释放出的气体有 CO_2、N_2、NH_3 等。化学发泡常用于聚氨酯泡沫塑料的生产。

（3）机械发泡　借助机械搅拌方法使气体混入液体混合料中，然后经定型过程形成泡孔。常用于脲甲醛树脂，也适用于聚乙烯醇缩甲醛、聚乙酸乙烯、聚氯乙烯溶胶等。

泡沫塑料具有隔热、吸音、减振、质轻等特性，用途很广。热塑性塑料和热固性塑料均可作为发泡成型材料。聚氨酯泡沫塑料就是一种热固性树脂，它实际是具有羟基的聚脂或聚醚的反应生成物；通过改变聚醚的种类，可调节泡沫塑料的硬度，得到软质、半硬质和硬质三种塑料。软质聚氨酯泡沫塑料的弹性极好，可用作床垫、汽车坐垫等原料；半硬质泡沫塑料的冲击吸收特性强，适于制造汽车内饰件；硬质聚氨酯的绝热性好，常用作冷藏库、建筑用的绝热材料。

除上述一次加工方法外，还有吹塑成型法、砑光成型法、真空成型法等，不一一详述。

2.3.2.3　二次加工

塑料成型后还可以进行截断、切削、形变、黏结、焊接、表面涂漆、电镀、印刷、刻印等二次加工。

塑料的机械加工是借用金属和木材等的加工方法，制造尺寸很精确或数量不多的塑料制品，也可作为成型的辅助工序。常用的机械加工方法有锯、剪、冲、车、刨、钻、磨、抛光、螺纹加工等，也可用激光截断、打孔和焊接。

1）接合　把塑料件接合起来的方法有焊接和粘接。焊接法是使用焊条的热风焊接，使用热极的热熔焊接，以及高频焊接、摩擦焊接、感应焊接、超声焊接等。粘接法可按所用的胶黏剂，分为熔剂、树脂溶液和热熔胶粘接。

2）表面修饰　表面修饰目的是美化塑料制品表面，通常包括：机械修饰，即用锉、磨、抛光等工艺去除制件上毛边、毛刺，以及修正尺寸等；涂饰，包括用涂料涂敷制件表面，用溶剂使表面增亮，用带花纹薄膜贴覆制品表面等；施彩，包括彩绘、印刷和烫印；镀金属，包括真空镀膜、电镀以及化学法镀银等。

3）装配　装配是用粘合、焊接以及机械连接（螺纹连接、铆接）等方法把塑料件组装成完整制品的作业，如塑料型材经过锯切、焊接、钻孔等步骤组装成塑料窗框和塑料门。

2.3.3　塑料加工设备

2.3.3.1　成型模具

1）压塑成型模

压塑成型模大致如图 2-73 所示，可分为三种类型。一般广泛使用半压入型。

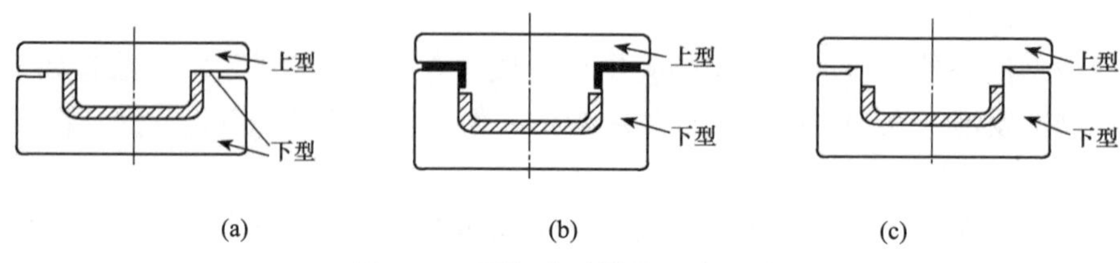

图 2-73　压塑成型模的三种类型

（a）平压型　（b）压入型　（c）半压入型

2）注塑成型模

注塑模由定模和动模两部分组成，定模安装在注塑机固定板上，动模安装在注塑机移动板上，动模与定模闭合后构成浇注系统及型腔。图 2-74 所示是一种单分型面注塑模的构造。注塑成型是制造最复杂塑件的方法，因此所用模具的复杂程度和精度也最高。

3）挤塑成型模

挤塑模包括机头和定型模两部分，机头是主要部件，直接装在挤塑机上，产生成型压力和塑件形状；定型模使口模中挤出的塑件形状稳定下来。如图 2-75 所示。

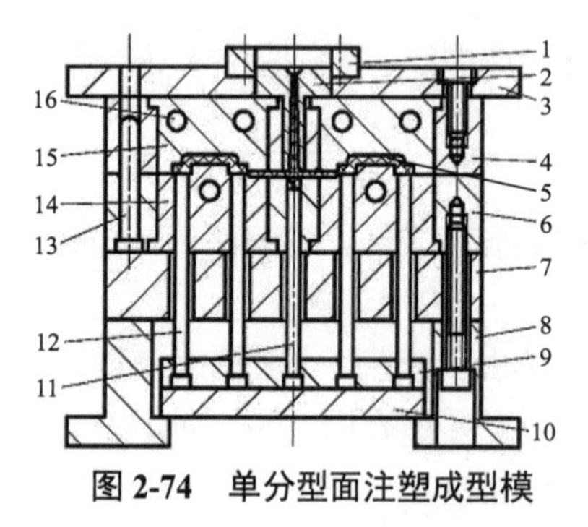

图 2-74　单分型面注塑成型模

1．定位环　2．浇口衬套　3．定模底板　4．定模板　5．塑件　6．动模板　7．动模垫板　8．模座　9．顶出板　10．顶出底板　11．拉料杆　12．顶出杆　13．导柱　14．凸模　15．凹模　16．冷却水道

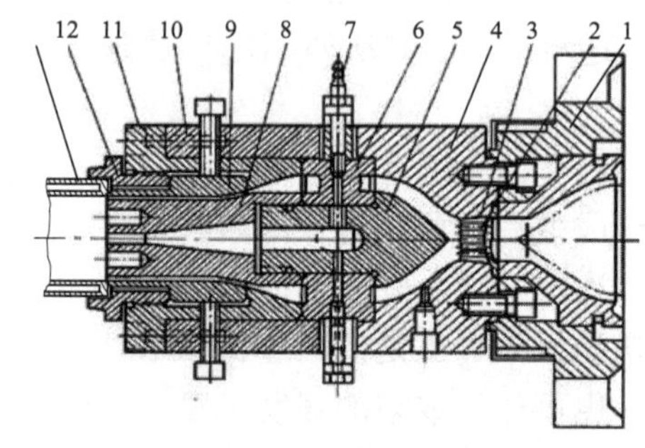

图 2-75　管材挤塑成型模

1．挤塑机　2．过滤网　3．分流板　4．机头体　5．分流锥　6．分流锥支架　7．进气管　8．芯棒　9．口模　10．模体　11．中套　12．压环　13．定径套

2.3.3.2　成型机

1）注塑成型机

注塑成型机分为柱塞式和螺杆式两大类，由注射装置、锁模装置、液压传动及电器

控制系统、机架等部分组成。图 2-76 为螺杆式注塑机结构示意图。将粒状或粉状塑料从注塑机料斗送入高温的料筒，塑料受到料筒加热和螺杆的剪切摩擦热作用而逐渐熔融塑化，在不断被螺杆压实的同时被推向料筒前端，产生一定压力；然后使螺杆在转动的同时缓慢向后移动，触及限位开关时即停止转动；接着注射活塞带动螺杆以一定的压力和速度，将积存于料筒端部的塑料黏流态熔体经喷嘴注入模具型腔；熔料经一定时间的保压冷却定型后，开模、分型、脱模获得塑料制件；最后，除去浇口凝料、余料和飞边毛刺。有些塑件还需要进行消除应力或稳定性能的后处理。

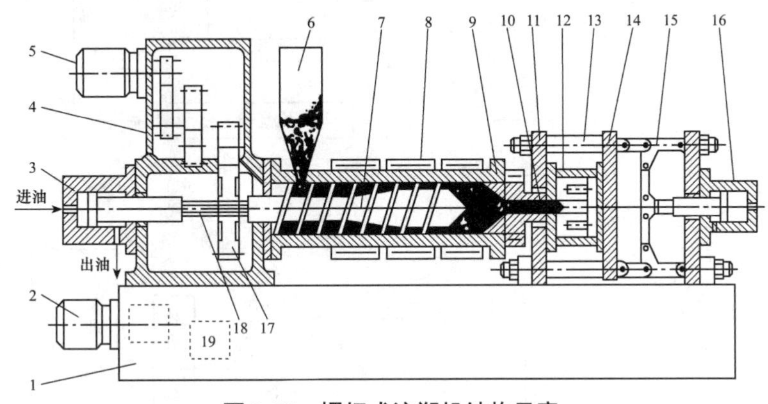

图 2-76 螺杆式注塑机结构示意

1. 机身 2. 电动机及液压泵 3. 注射液压缸 4. 齿轮箱 5. 齿轮传动电动机 6. 料斗 7. 螺杆 8. 加热器 9. 料筒 10. 喷嘴 11. 定模固定板 12. 模具 13. 拉杆 14. 动模固定板 15. 合模机构 16. 合模液压缸 17. 螺杆传动齿轮 18. 螺杆花键 19. 油箱

2）压塑成型机

压塑成型机按传动方式可分为机械式压机和液压机，按机身结构可分为框架式压机和立柱式压机，按加压形式可分为上压式压机和下压式压机。

目前使用的压塑机基本上都是液压机，施压介质通常有油和水两类，前者在中小型设备广泛应用。此外，还有滑块式固定成型机和回转式压塑成型机。玻璃纤维增强塑料成型机也属于压塑成型机。

图 2-77 所示为上压式液压机，工作油缸设在压机上方，柱塞由上向下压，模具的阳模和阴模分别固定在上下压板上，下压板固定，靠上压板的升降来完成模具的启闭和对塑料施加压力。下压式液压机工作油缸设在压机下方，柱塞由下向上压，使用较少。

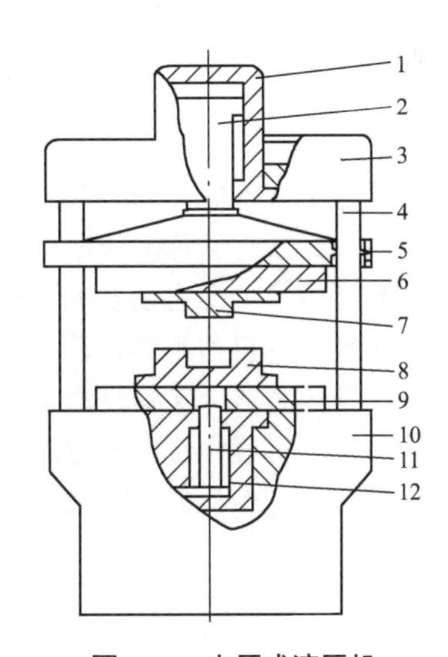

图 2-77 上压式液压机

1. 主油缸 2. 主油缸活塞 3. 上横梁 4. 立柱 5. 活动横梁 6. 上模固定板 7. 上模 8. 下模 9. 下模固定板 10. 机座 11. 顶出缸活塞 12. 顶出油缸

2.3.3.3 加工生产线

1）注塑成型生产线

确定注塑成型车间平面布置时，通常按图 2-78 所示的工艺流程配置各工序，同时必须考虑模型装卸、设备维修、原料运入、冷却水管排列、产品运出等问题。图 2-79 所示为注塑加工生产线平面布置的一般情况。

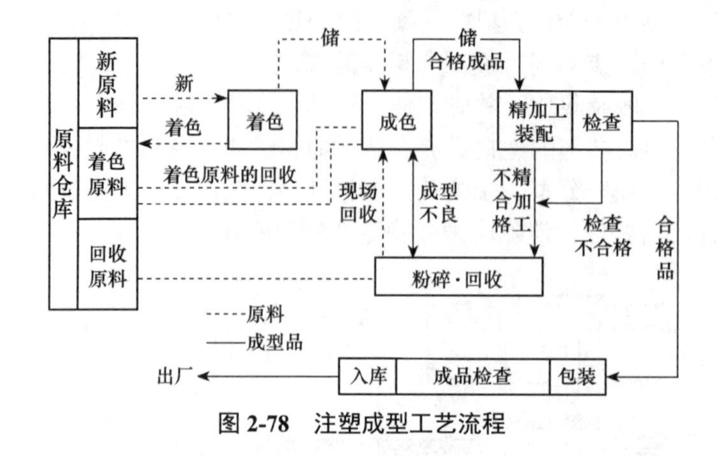

图 2-78 注塑成型工艺流程

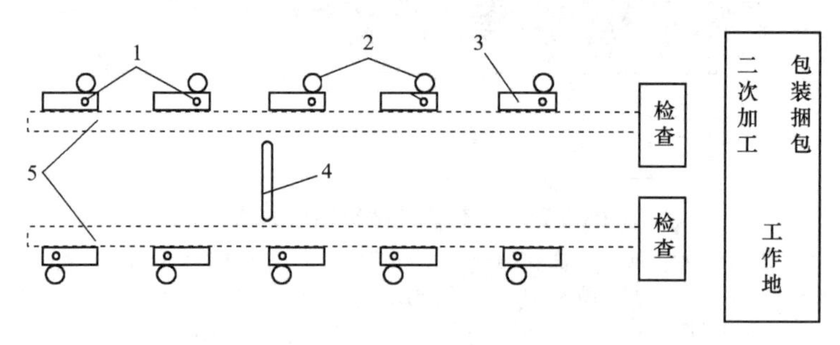

图 2-79 注塑生产线直列式设备布置

1．料斗 2．常用料箱 3．成型机 4．警报指示器 5．中央输送机

2）聚氨酯发泡成型生产线

聚氨酯发泡成型法有开式和模塑式两种。

（1）开式 又称泡沫塑料板坯法，是把熔融塑料浇注到放在输送带上的“ ⊔ ”形牛皮纸型内，使之自由发泡，可制成长 50～100m、宽 1.5～2.5m、高 1.5～2m 的板坯。随后再经切片机截割劈开，可用于制造汽车内饰衬垫、坐垫等。

（2）模塑式 又称模塑法，是将金属模具安装在输送带上，注入定量发泡树脂，在输送带运行过程中经过一定时间的发泡处理，将成品从模型中取出。图 2-80 所示为汽车坐垫用泡沫塑料的模塑法平面布置。

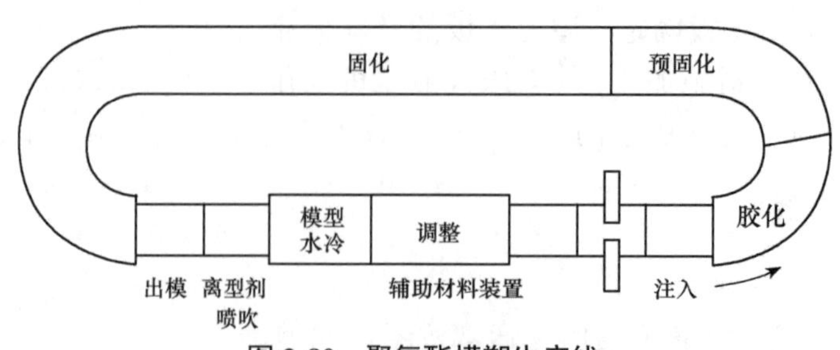

图 2-80 聚氨酯模塑生产线

2.3.4 塑料在汽车上的应用

汽车常用塑料的种类、特性及应用如表 2-7 所示。

表 2-7 汽车常用塑料的种类、特性及应用

名称		主要特性	应用举例
一般结构件	酚醛塑料（PF）	有优良的耐热、耐磨、电绝缘、化学稳定性、尺寸稳定性和抗蠕变性，但较脆，抗冲击能力差	分电器盖、分火头、水泵密封垫片、制动摩擦片、离合器摩擦片等
	聚苯乙烯（PS）	有优良的耐蚀、电绝缘、着色及成型性，透光度较好，但耐热、抗冲击能力差	各种仪表外壳、汽车灯罩、电器零件等
	低压聚乙烯（HDPE）	强度较高，耐高温、耐磨、耐蚀、电绝缘性好	汽油箱、挡泥板、手柄、风窗嵌条、内锁按钮、轿车保险杠等
	改性聚丙烯（PPC）	密度小、透明度高、无毒性、易加工，化学稳定性极好，电绝缘性能好且高频绝缘性不受湿度影响，强度、刚度、硬度、耐热性均优于低压聚乙烯，韧性也较好，但低温冲击性、耐磨性较差，容易老化	保险杠、蓄电池壳、仪表板、挡泥板、嵌板、采暖及冷却系统部件、发动机罩、空气滤清器、导管、容器、侧遮光板等
	ABS 树脂	有较高的抗冲击性能，良好的强度、耐磨性、化学稳定性、耐寒性，吸水性小	转向盘、仪表板总成、挡泥板、行李箱、小轿车车身等
	聚甲基丙烯酸甲酯（有机玻璃）（PMMA）	高透明度，耐蚀、电绝缘性能好，有一定的力学强度，但耐磨较差	油标尺、油杯、遮阳板、后灯灯罩等耐磨减摩零件
耐磨减摩件	聚酰胺（尼龙）（PA）	有韧件、耐磨、耐疲劳、耐水等综合性能，但吸水性大、尺寸稳定性差	午窗升降摇把、风扇叶片、里程表齿轮、输油管、球头碗、衬套等
	聚甲醛（POM）	有优良的综合力学件能，尺寸稳定性好，耐油、耐磨、电绝缘性好，吸水性小	力向节轴承、半轴和行星齿轮垫片、汽油泵碗、转向节衬套等
	聚四氟乙烯（PTFE）	有极强的耐蚀性，良好的化学稳定性、耐高低温性、电绝缘性，摩擦因数小	汽车各种密封圈、垫片等
耐高温件	聚苯醚（PPO）	具有很宽的使用温度范围（−127～121℃），良好的耐磨、抗冲击及电绝缘性能	小型齿轮、轴承、水泵零件等
	聚酰亚胺（PI）	有良好的力学性能，耐磨、耐高温，自润滑性能好，化学性能稳定	活塞裙、正时齿轮、水泵、液压系统密封圈、冷却系统密封垫等
隔热减振件	聚氨酯泡沫塑料（PU）	相对密度小，质轻、强度高、热导率小、耐油、耐寒、防振和隔音	汽车内饰材料、坐垫、仪表板、扶手、头枕等
	聚氯乙烯泡沫塑料（PVC）	相对密度小、热导率小、隔热防振等	各种内装饰覆盖件、密封条、垫条、驾驶室地板减振垫等

小 结

虽然现代汽车生产已经和正在发展着许多新技术、新工艺和新设备，但传统的机械加工方法仍然是汽车及其零部件制造的基础，车、铣、刨、磨、铸、锻、焊、热处理等冷热加工技术在汽车制造业中占有重要地位；粉末冶金、精密铸锻等近终形制造方法不仅提高了生产效率，而且适应特殊、特定的性能要求，提高了产品质量。塑料制品由于性能和成型的优势，越来越多地应用于汽车的内外饰件甚至是结构件。塑料既有其特有的成型方法，也可以采用机械加工和表面处理等方法进行二次加工，以达到需要的结构和性能。

思考题

1．砂型铸造包括哪些工艺过程？什么是砂型铸造的机器造型？

2．与砂型铸造相比，金属型铸造、压力铸造有什么优缺点？

3．什么是热锻、冷锻、温锻？温锻工艺有什么优点？

4．有哪些设备可应用于热锻？

5．结合示意图说明冲压弯曲件的结构工艺性要求。

6．压力机和生产线分别有哪些类型？

7．简述金属材料的焊接性。

8．焊接件的结构工艺性主要包括哪些内容？

9．试画出圆柱齿轮加工方法分类图。

10．什么是普通数控机床和数控加工中心？普通数控机床各组成系统的作用分别是什么？

11．什么是FMS？FMC与FMS、FMS与FTL主要有什么区别？

12．什么是专用夹具、组合夹具、随行夹具？

13．钢在淬火后为什么要回火？什么是调质处理？

14．什么是化学热处理？有哪些种类？

15．井式炉适于什么类型零件的热处理？为什么？

16．简述粉末冶金的工艺过程。

17．简述浮动阴模压制方法。

18．塑料成型的方法主要有哪些？

19．注塑成型主要有几种方法？各采用什么设备？简述螺杆式注塑机的工作过程。

第2篇

汽车发动机和底盘制造工艺及装备

第 3 章
汽车发动机制造工艺设备装备

[本章提要]

汽车发动机是汽车中的核心动力装置，其设计结构复杂、精度要求高、制造工艺难度较大、要求设备及工装精良。本章以汽车发动机中几种典型零部件（汽缸体、汽缸盖、曲轴及连杆）为例，重点介绍其结构特点及结构工艺性、机械加工工艺和主要表面的机械加工方法、发动机的总装配工艺、加工中所使用的装备及生产线，以及现代汽车发动机零部件加工的新工艺、新技术。

3.1 箱体类零件制造

箱体零件是机器或部件的基础零件，它把有关零件连接成一个整体，使这些零件保持正确的相对位置，彼此能协调地工作。因此箱体零件的加工精度，将直接影响机器或部件的装配质量，进而影响整机的使用性能和寿命。

对于汽车的箱体零件，按其结构形状可以分为两大类。一类是回转体型的箱体零件，如水泵箱体、差速器箱体和汽车后桥箱体等；另一类是平面型箱体零件，如汽缸体（机体）、变速器（变速箱）箱体等。本节将以发动机汽缸体为例，着重讨论平面型箱体零件的机械加工工艺。

3.1.1 箱体类零件结构工艺性及技术要求

箱体零件的机械加工质量要求高，劳动量大。对于成批大量生产的汽车箱体，要特别注意其结构工艺性，使之能采用既简单又合理的机械加工工艺。

3.1.1.1 结构特点

图 3-1 所示为某汽车发动机汽缸体三维结构。其外部一般具有若干相互垂直的表面安装其他零部件，而内部为呈复杂腔形结构。上部有若干个垂直于顶面的汽缸或汽缸套安装孔；从

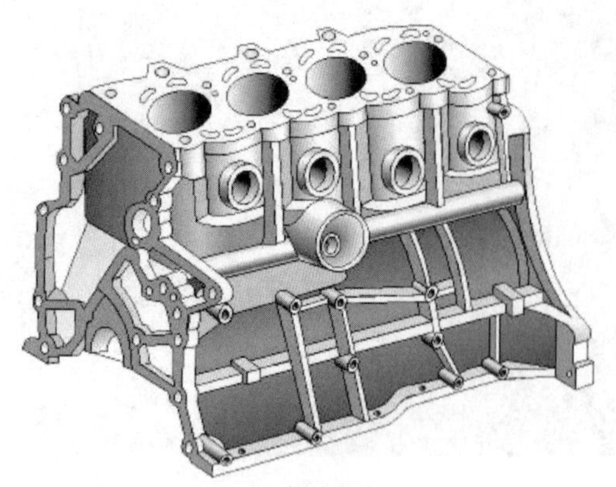

图 3-1 某汽车发动机汽缸体三维结构

前端面到后端面贯通若干个同轴线的曲轴主轴承孔，有时布置若干与主轴承孔轴线平行的凸轮轴或中间轴或平衡轴轴承孔。缸体上还有较多供连接或装配用的螺纹孔。此外，缸体还应具有足够的刚性和稳定的定位基面，使之容易保证加工精度并适合在自动线上进行加工。

箱体类零件的工艺特点是：结构、形状复杂，内部呈腔形结构；壁薄且不均匀，刚度较差；加工部位多，加工难度大；有若干精度要求较高的平面和孔系。

3.1.1.2 结构工艺性

对于箱体来说，其主要加工面是平面和孔，这些平面和孔的结构和配置形式是影响其结构工艺性的重要因素。因此在分析箱体零件的机械加工工艺性时，除一般零件通用性结构分析外，还要考虑如下几个方面。

1）孔的基本形式及其工艺性

箱体上主要孔的形式，如图 3-2 所示。当孔的长径比 $L/D=1\sim1.5$ 时，为短圆柱孔[图 3-2（a）]，这种孔工艺性最好，如汽缸孔；当 $L/D>5$ 时为深孔[图 3-2（b）]，加工困难，工艺性较差，如中间轴孔、平衡轴孔及下置式凸轮轴承座孔。交叉孔[图 3-2（c）]和轴线与端面不垂直的孔[图 3-2（d）]因切削力不均，工艺性不好，如润滑油孔及其工艺孔。大多数汽车发动机曲轴主轴承座孔和上顶置凸轮轴轴承座孔为剖分孔[图 3-2（e）]，一般需组合加工，工艺性不好。具有环槽的通孔[图 3-2（f）]，当采用数控车床时，其环槽尺寸较易控制。阶梯孔[图 3-2（g）]的工艺性与孔径比有关，孔径相差越小，工艺性越好，若孔径相差很大，而其中最小的孔径又很小，则接近于盲孔。必须机加的盲孔[图 3-2（h）]比较少见，其工艺性最差。

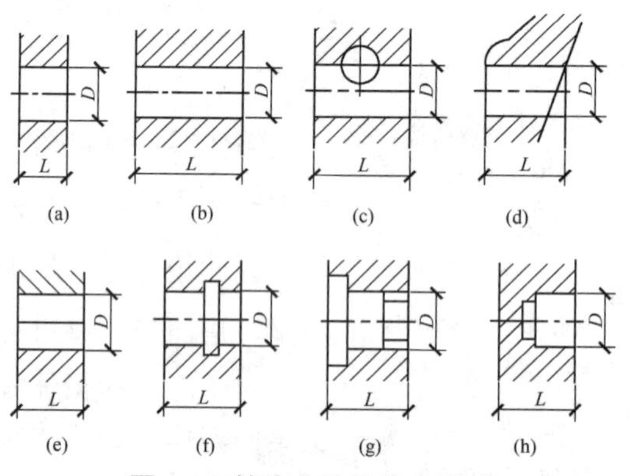

图 3-2 箱体上孔的基本形式

2）同轴线孔的工艺性

为了提高生产率，箱体的加工可采用专用机床及生产线，其上同轴线各孔在同一次工作行程中用多把刀具同时镗出，因此，相邻孔的毛坯直径能使加工小孔用的镗刀自由通过，如图 3-3（a）所示为最佳。但考虑到相配合轴承尺寸的统一性，实际上往往采用图 3-3（b）所示的形式，即各孔直径相同，因此在成批生产加工时，夹具需采用工件抬起机构和主轴定向机构。图 3-3（c）所示的同轴线上的孔径分布形式，因加工和装配困难，很少采用。

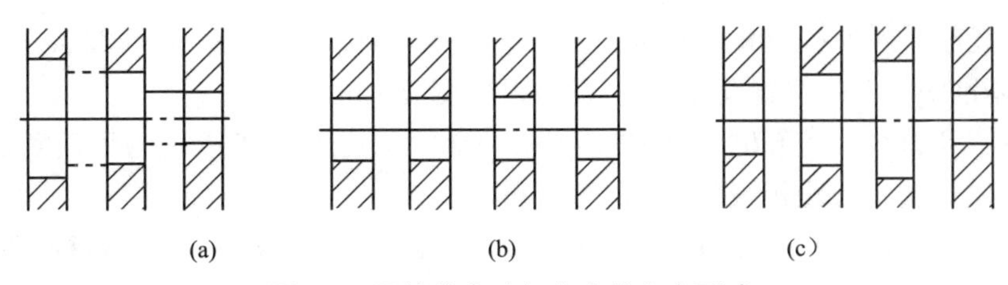

图 3-3 同轴线上孔径大小的分布形式

在现代发动机中，当柴油机负荷较大，使用滚动轴承和组合式曲轴时，方采用图 3-3（b）的形式，即隧道式汽缸体，如 6135Q 等发动机缸体。负荷不大的发动机缸体主轴承孔一般采用图 3-2（e）所示的形式，组合加工。

3）孔与平面布置的工艺性

箱体上布置的孔的中心线，应尽量与平面垂直，以便于加工及安装工件，使机床和夹具结构简单。尽量不在箱体的各个面上都布置需加工的孔，以免多次安装工件或增加机床台数。

4）孔的中心距及孔径尺寸的标准化

在箱体上还有用于安装或装配的各种螺纹孔，应注意孔中心距不能过小。如图 3-1 所示，在汽缸周围分布的缸盖螺栓孔距汽缸孔边缘的距离不宜太近，防止装配后因变形影响汽缸孔的精度。此外，设计产品时应尽可能统一各种孔径尺寸规格，以最大限度地减少刀具规格，提高标准化程度。

3.1.1.3 技术要求

箱体零件在工作时，承受拉、压、弯、扭等不同形式的机械负荷及热负荷，设计上要求有足够的强度和刚度、耐磨损及耐腐蚀、结构紧凑、质量轻，内部各种孔道如水套、油孔、气孔等部位还要求密封良好、流动通畅。其机械加工主要技术要求包括：主要孔的尺寸公差及形状公差；孔与孔、平面与平面、孔与平面之间的位置公差；主要孔和主要平面的表面粗糙度。

图 3-4 为某汽车发动机汽缸体结构图，其主要技术要求如下：

① 曲轴轴承座孔 ΦA 直径公差 0.04，圆柱度 Φ0.07，相邻两孔同轴度 Φ0.01，对两端轴孔公共轴线同轴度 Φ0.03。表面粗糙度 R_a1.6μm。

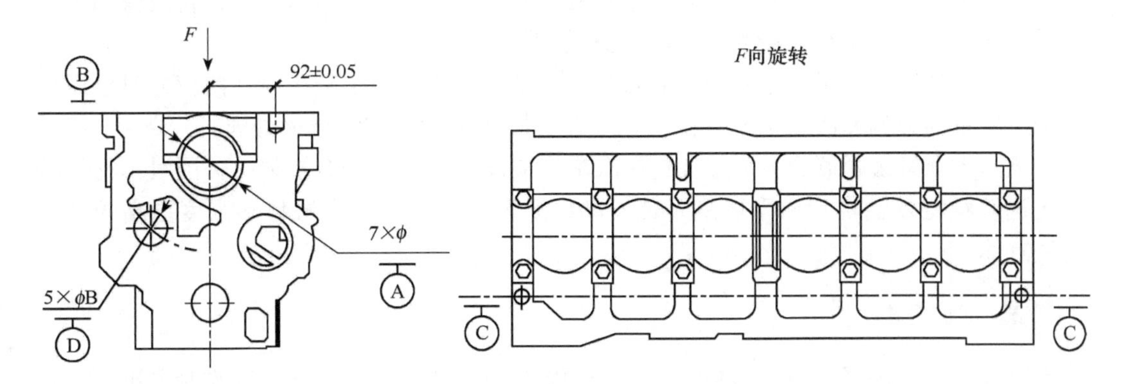

图 3-4 某汽车发动机汽缸体结构

② 凸轮轴轴承座孔 ΦB 直径公差 0.03，各孔同轴度 Φ0.05，对基准 A 平行度 0.1。加工中对基准 B、C 的位置度 Φ0.1。表面粗糙度 R_a1.6μm。

③ 汽缸孔直径公差 0.045，圆柱度公差 0.01，缸孔对主轴承孔的垂直度 0.05。

④ 主要孔的中心距极限偏差为±0.05mm。

⑤ 上表面平面度 0.03/100，对主轴承孔垂直度 0.1。前后端面对主轴承孔垂直度 0.1。

3.1.2　汽缸体制造工艺过程

汽缸体（简称缸体），是构成发动机的骨架，也是发动机各机构和各系统的安装基础。曲柄连杆机构、配气机构以及供油、润滑、冷却等系统都装配在缸体上连接成一个整体，各零部件之间保持正确的相对位置，协调工作。缸体的加工质量，对发动机的工作精度、使用性能和寿命具有很大影响。

3.1.2.1　材料及毛坯

根据工作要求，缸体材料必须具有足够的强度、刚度、耐磨性和抗振性，我国发动机汽缸体常采用 HT200 灰铸铁、HT250 灰铸铁、合金铸铁和铝合金等。

灰铸铁具有较好的耐磨性、减振性以及良好的铸造性能和切削性能，且价格低廉，多用于不镶缸套的整体式缸体。在铸铁中加入少量合金元素如镍、钼、铬、磷等优质合金铸铁作为缸体的材料，不仅可以提高缸体的耐磨性和抗拉强度，而且还能改善铸造性能。为减少材料上的浪费，广泛采用镶入缸体内的汽缸套，形成汽缸工作表面。汽缸套可用耐磨性较好的合金铸铁或合金钢制造，以延长汽缸使用寿命，而缸体则可采用价格较低的普通铸铁或铝合金等材料制造。

铝合金铸缸体不但重量轻、油耗少，而且导热性、抗磁性、抗蚀性和机械加工性均比铸铁好。采用铝合金缸体时，为保证耐磨性，必须镶入汽缸套或对汽缸表面进行处理。如奇瑞某型发动机汽缸体，其材料采用铝合金（AlSi6Cu4），镶嵌的缸套材料为 HT250。

缸体毛坯一般为整体铸造型式。毛坯不允许有裂纹、冷隔、疏松、气孔、砂眼、缺肉等铸造缺陷。缸体的铸造方法，取决于生产类型和毛坯的尺寸。在单件小批生产中，多采用木模手工造型或快速成型技术翻模；在成批大量生产中，广泛采用砂型铸造和金属模机器造型，毛坯的尺寸误差和表面粗糙度较小。当加工余量过大时，将造成加工节拍长，增加机床的负荷，影响机床和刀具的使用寿命。

由于缸体结构复杂，毛坯中常有较大的铸造内应力，为了减小铸件内应力对以后机械加工质量的影响和改善切削性能，毛坯在机械加工之前需经退火处理。

德国大众等公司联合开发了 Lupo 汽车三缸发动机的镁合金缸体；美国汽车材料等公司也以福特发动机为原型研制了使发动机质量更小的镁合金缸体和强度更高的蠕墨铸铁缸体。

3.1.2.2　定位基准

定位基准的选择影响汽缸体上孔及平面的尺寸精度和位置精度。在选择基准时，首先要遵守基准重合和基准统一的原则，同时必须考虑生产批量的大小、生产设备、刀夹量具，尤其是夹具的选用等因素。

1）粗基准

粗基准的作用主要是决定非加工面与加工面的位置关系，以及保证加工面的余量均匀。

缸体零件上的主要孔为汽缸和主轴承孔。在实际生产中，可通过铸造时使用一个芯盒来控制两者间的位置公差；通过以主轴承孔的毛坯孔为粗基准，限制其四个自由度，而以内腔（两壁上定位凸台）或其他毛坯孔为辅助基准，保证孔的加工余量均匀。

2）精基准

箱体类零件加工的精基准，最常见的是采用一面两孔定位，即用一个平面和该平面上的两个工艺孔定位。若不具备一面两孔定位基准条件，可采用三个相互垂直的平面作定位基准。缸体加工一般以顶面及其上两销孔做精基准，孔径公差采用 H7～H9，中心距公差±（0.03～0.05）mm。

3）辅助基准

有些缸体零件不具备良好的定位基面。虽然工件上已有加工平面，但由于这些平面因不便于安装或其他原因不能作为定位基准时，可在工件上设计工艺凸台或工艺用支承平面，或者将缸体固定在定位板上，然后将缸体和定位板一起装到机床夹具上，以定位板的底平面及其上的两销孔进行定位。图所示 3-5 为汽缸体采用专用拖板定位的典型实例。

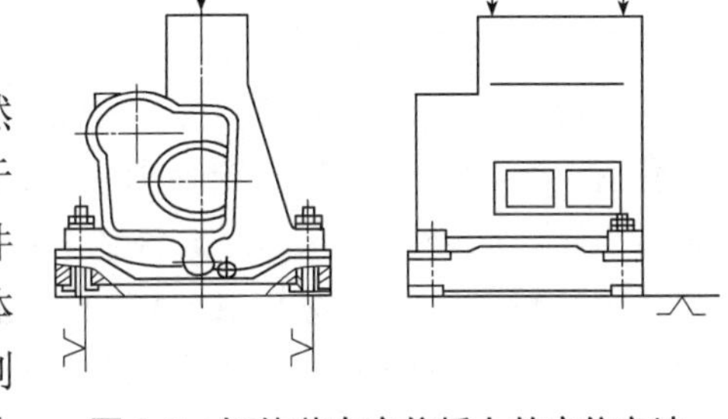

图 3-5　缸体装在定位板上的定位方法

在图 3-1 所示的汽车发动机汽缸体的加工中，先以缸体前后端面出砂孔为粗基准，内腔两壁上定位凸台为辅助基准，加工缸体上凸台、工艺导向面、机冷器面等部位。再以粗基准定位加工缸体龙门面、对口面、底面、顶平面等部位。此后其他表面的粗精加工大多以顶面及两销孔为定位基准。这样即可保证汽缸及轴承座孔的加工余量均匀，且装入曲轴箱内的零件与内壁之间有足够的间隙。

3.1.2.3　主要表面加工方法与装备

缸孔、主轴承孔、顶面及前端面等是缸体的主要加工表面，这些表面的加工精度将直接影响发动机的装配精度和工作性能，主要依靠设备精度、工夹具的可靠性和加工工艺的合理性来保证。

1）汽缸体零件的平面加工

缸体零件平面加工的技术要求，主要有平面本身的尺寸公差、平面度公差及该平面与其他表面的位置公差。汽缸体类零件平面的加工方法有车、铣、刨、磨等。采用何种加工方法，视零件结构形状、尺寸、材料、技术要求、零件刚性、生产类型及工厂现有设备等条件决定。

汽缸体的主要平面有顶面、底面、前后端面、主轴承盖定位安装面等，目前国内外对上述平面的加工基本上采用铣削方法，铣削能达到较高的加工效率和加工质量，也便于使用组合机床自动线及加工中心等设备。

在成批大量生产中，广泛采用密齿硬质合金可转位端铣刀铣削汽缸体平面。在组合机床上，为了提高机床的工序集中程度，可用多个密齿硬质合金可转位端铣刀同时加工汽缸体的几个表面，能有效提高加工质量和生产率。

平面的拉削加工在箱体类零件上应用很少，这主要是由于拉刀结构复杂，难以适应多品种工件加工，不能在加工中心机床上应用及无法加工不能通过的表面。平面的磨削加工应用也较少，因为加工效率低，不宜纳入自动线，只有少数工厂为了得到较好的顶面和底面几何精度及表面质量，在铣削后增加磨削工序。

2）汽缸体零件的孔和孔系的加工

（1）孔和孔系加工方法　汽缸体零件孔加工的技术要求，主要有以下两个方面：孔本身的尺寸公差及孔与其他表面间的位置公差（如同轴度、平行度、垂直度等）。

汽缸体零件上孔的加工方法很多，主要有钻、扩、铰、镗、磨、珩等。加工方法的选择，根据毛坯的材料及其制造方法、零件结构特点、孔径大小、加工精度要求、生产类型和生产条件等因素决定。

汽缸零件上的孔，按其工作性质和加工精度的要求，可以分为主要孔和次要孔。主要孔有主轴轴承座孔和凸轮轴轴承座孔。这类孔公差要求较严，一般为IT7～IT9，在镗床类机床（如卧式镗床、组合镗床）或珩磨机上加工。次要孔如螺纹底孔及油孔等，这类孔公差较大，一般为IT11～IT12，通常在普通立式钻床，摇臂钻床或多轴组合钻床上加工。汽缸孔表面由于工作特性的要求，其加工工艺在后面详述。

此外，在缸体零件上可能有深孔，如油孔。深孔加工比较困难，影响生产率的提高，在大批大量生产，常使用特殊的刀具和分级进给机构，以改善排屑和刀具冷却的条件。目前在组合机床上已经普遍采用枪钻加工深孔，获得良好的效果。

缸体零件上多个轴承座孔形成孔系，如曲轴主轴承孔、凸轮轴承孔、中间轴或平衡轴等，这些孔不仅自身尺寸公差要求较小，而且彼此之间的位置公差也较小，因而是缸体零件加工中最关键的工序。缸体零件孔系的加工，可在普通镗床或专用组合镗床上进行。获得孔系各孔之间位置公差的方法，主要有找正法，镗模法及坐标法。

① 找正法：找正法是工人在通用机床上利用辅助工具找正要加工孔的按划线加工孔系，此方法加工效率低，一般只适于单件小批生产。常见的有划线找正法、心轴和量规找正法和样板找正法。

划线找正法是在加工前，先按照零件图上规定的尺寸，划出各孔轴线，然后根据划出的线逐一找正进行加工。这种方法加工误差较大，适用于孔距公差要求不高的零件加工或粗加工。如在卧式镗床上加工，一般孔距误差为±（0.2～0.3）mm。

心轴和量规找正法如图3-6（a）、（b）所示。镗第一排孔时将心轴插入主轴孔内（或直接利用床主轴插入主轴孔内），然后根据孔和定位基准的距离，组合一定尺寸的量规来校正主轴位置。校正时用塞尺测定量规与心轴之间的间隙，以避免量规与心轴直接接触而损伤量规。镗第二排孔时，分别在机床主轴和已加工孔中插入心轴，采用同样的方法来校正主轴线的位置，以保证孔距的精度。这种找正法的孔距精度可达±0.03mm。

样板找正法如图3-6（c）所示。用10～20mm厚的钢板制成样板装在垂直于各孔的端面上（或固定于机床工作台上），样板上的孔距精度较箱体孔系的孔距精度高[一般为

(±0.01～±0.03) mm]，样板的孔径较被加工的孔径大，以便于镗杆通过。样板上孔的尺寸精度要求不高，但要有较高的形状精度和较小的表面粗糙度值。当样板准确地装到工件上后，在机床主轴上装一个百分表，按样板找正机床主轴，找正后即换上镗刀加工。此法加工孔系不易出差错，找正方便，孔距精度可达±0.05mm。这种样板的成本低，仅为镗模成本的 1/7～1/9，单件小批的大型箱体加工常用此法。

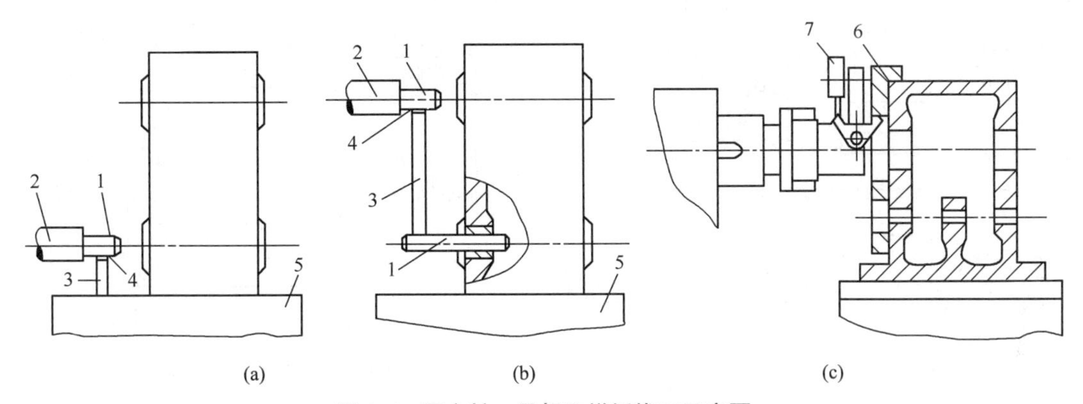

图 3-6 用心轴、量规和样板找正示意图

(a) 心轴及量规找正法第 1 工位 (b) 心轴及量规找正法第 2 工位 (c) 样板找正法

1. 心轴 2. 镗床主轴 3. 量规 4. 塞尺 5. 镗床工作台 6. 样板 7. 百分表

② 坐标法：坐标法镗孔，是先把被加工孔系的位置尺寸转换为两个相互垂直的坐标尺寸，然后在机床上利用坐标尺寸的测量装置确定主轴与工件之间的相互位置，从而保证孔系的加工精度。这样不但省去多次测量和找正主轴的麻烦，操作技术也不需要很高，也不需要专用的工艺装备。坐标法镗孔系，主要用于小批生产，有时也用于成批生产。坐标法镗孔，主要在卧式或立式镗床上进行，也可以在卧式或立式铣床上进行。

使用带有指示表测量装置的卧式镗床进行坐标法镗孔，可以保证孔与孔或孔与基面的位置尺寸误差在±（0.02～0.03）mm 范围内。如果位置公差较大，可以直接利用镗床上带游标的刻度尺进行调整，其误差一般为±（0.1～0.2）mm。安装坐标光学读数装置或数显装置的卧式镗床，可大大提高工作台或主轴的位移精度，一般可以保证坐标误差为±（0.01～0.02）mm。位置公差要求特别小的孔系，可以使用精密坐标镗床进行加工，其位移误差保持在±（0.002～0.008）mm 范围内。在单件小批生产中，采用数显装置加工孔系是较先进的方法。图 3-7 为在卧式铣镗床上用坐标法加工孔系示意图。

在现代化的汽车工厂中，单件小批量生产已广泛使用加工中心进行镗孔加工；而大批量生产时，则采用数控专用机床。数控机床具有自动换刀、自动完成汽缸体多个平面上的铣、钻、镗、铰、锪、攻螺纹等工序的加工。其孔系坐标误差可达±0.005mm。

③ 镗模法：在大批量生产时，多在组合机床上用钻模和镗模加工孔系。此外，在小批生产中，当零件的形状较复杂、技术要求较高、孔加工量较大时，也可在车床、卧式镗床或其他机床上安装镗模加工孔系。因为这种方法不但容易保证加工精度，而且生产率也高。用镗模加工孔系，如图 3-8 所示。工件装在镗模里，镗杆被支承在镗模的导

套里，增加系统刚性，这样镗刀便通过模板上的孔将工件上相应的孔加工出来。加工的孔距精度主要取决于镗模制造精度、镗杆导套与镗杆的配合精度、工件余量的大小和均匀性，以及切削用量等因素。当从一端加工、镗杆两端均有导向支承时，孔与孔之间的同轴度和平行度可达 0.02～0.03mm；当分别由两端加工时，可达 0.04～0.05mm。

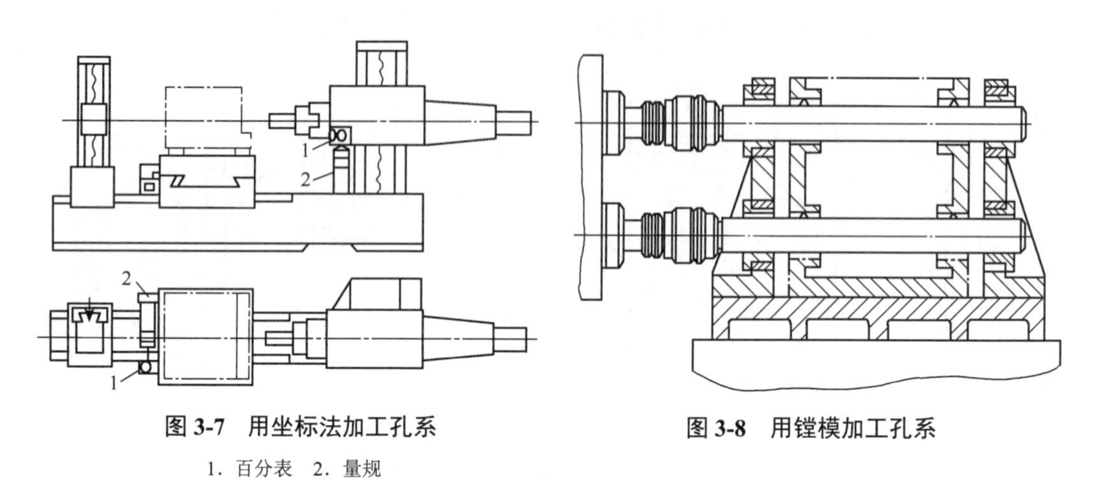

图 3-7　用坐标法加工孔系

1. 百分表　2. 量规

图 3-8　用镗模加工孔系

当用两个或两个以上的支承来引导镗杆时，镗杆与机床主轴必须浮动连接。采用浮动连接时，机床主轴回转误差对孔系加工精度影响很小，因而可以在精度较低的机床上加工出精度较高的平行孔系。镗模应在保证加工质量的前提下，尽可能简单。

（2）孔的检测方法　缸体零件加工时，在完成一定工序之后，应对主要技术要求进行全部检验，次要技术要求进行抽检，孔系的位置误差是检验的重点项目之一。当成批大量生产时，可以使用专用量具进行检验，但现代企业生产线上更多采用线上和线外测量系统代替传统测量方法，如后面提到的发动机缸体在线气动测量系统。

3）汽缸的加工工艺

目前汽车行业缸孔的加工工艺普遍采用粗镗→半精镗→精镗→珩磨的工艺流程。

（1）粗镗和半精镗　主要去除大的加工余量，为后序精镗提供可靠加工保证。为了及早发现缸体毛坯的内部铸造缺陷，消除应力，应尽量提前粗镗汽缸孔。

（2）精镗　是缸体加工中的重要工序，目的是去除绝大部分加工余量，保证珩磨余量的均匀和准确，保证汽缸内孔的尺寸精度和形状位置精度，为珩磨工序提供良好的加工基础。缸孔精镗的工艺选择涉及到加工设备、镗削工艺及镗刀等各种因素。

在大批量生产中，汽缸孔镗削加工一般采用组合/专用机床与加工中心，效率高、质量好，且大部分机床带有缸孔精镗自动补偿功能。如图 3-9 所示，精镗自动补偿系统主要由随机检测、反馈补偿和具有微调功能的镗头三部分组成。镗孔至某一尺寸后镗刀 4 退出，由测头 2 测量孔径；测头退出后将检测数值送入测量仪 1，经放大和 A/D 转换后再送给补偿控制单元 9，补偿控制单元进行运算、判断，若需要实施补偿，则发出相应指令给补偿执行器 7；补偿执行器通过某种形式（图中所示为拉杆）产生位移，再通过具有微调功能的镗刀（头）引起镗刀切削刃的径向位移，从而完成镗孔过程中刀具的自动补偿。

在上述精镗补偿系统中，精镗刀是决定缸孔精镗质量的重要因素。一种目前广泛采用的带斜楔机构的微调镗刀的基本结构如图 3-10（a）所示。拉杆位于镗刀中部，其前端有一角度很小的斜楔，杠杆上部的短柱与斜楔紧密接触，精镗刀片安装在杠杆下部的前端。当拉杆前后移动时，会引起刀尖的径向微小位移。根据已知的斜楔角度和杠杆比，分析拉杆的轴向位移量与刀尖径向位移之间的数学关系，进而计算出精镗刀的微调量。补偿控制单元对检测结果的运算、处理，并做出相应的判断后，发出指令给补偿执行器从而实现微调。

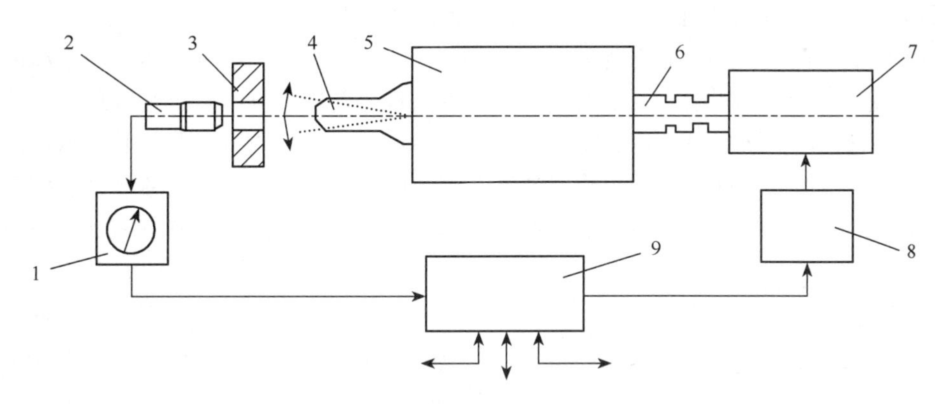

图 3-9 精镗自动补偿系统示意图

1．测量仪 2．测头 3．工件 4．镗刀 5．微调镗刀刀杆 6．拉杆 7．补偿执行器 8．驱动电源 9．补偿控制单元

另一种微调镗刀采用了偏转机构。如图 3-10（b）所示，刀片切削刃的径向调整 r 通过偏转机构转换而得到。偏转机构主要由调整叉、垫（滑）块和偏转轴等组成，壳体内的调整叉在与其同轴相连接的拉杆（图中未示）的带动下产生轴向位移 S，调整叉内部两表面与中心线的夹角为 α。起传递作用的偏转轴通过回转枢轴固定在壳体上，并借助两个垫块与调整叉两内表面相配合，当调整叉轴向移动时，偏转轴产生相应的径向位移。镗杆通过端面连接固定在偏转轴的左侧，刀片的切削刃位于镗杆前端，因此偏转轴径向位移又变成刀片的切削刃径向补偿。采用这种机构的微调镗刀在由拉杆的轴向移动转换为切削刃径向补偿过程中，不存在配合间隙，故传递、转换精度相比斜楔形要高，密封效果也更好。

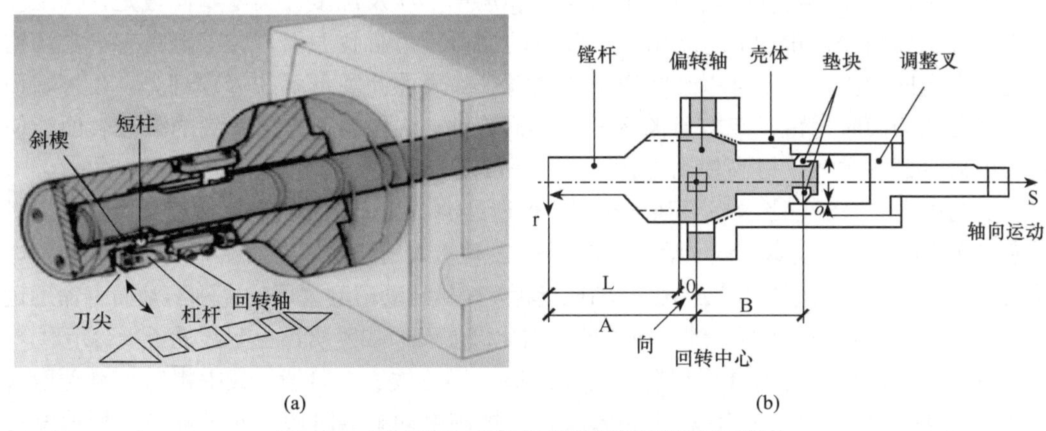

图 3-10 斜楔形和偏转机构微调镗刀结构示意图

（a）斜楔型微调镗刀 （b）偏转机构微调镗刀

有的发动机厂采用较为简单的补偿模式，即“强制补偿”方式，当精镗刀片每加工若干个孔时，就自动补偿刀具一定的磨损量。磨损量根据经验数据和调试结果决定。此外也可采用手动补偿的模式，在生产线内不设置随机检测工位，操作人员利用线外设置的检具，根据在每一个抽检周期得到的测量结果决定是否补偿及补偿量。具体做法是先在公差范围内设置一定控制范围，当发现周期内抽检零件的实测值（或平均值）超出控制范围数值后，就执行人工补偿，调整到公差的中间值。

（3）珩磨　珩磨是决定缸孔加工质量的最终因素，其过程一般分为粗珩、半精珩、精珩三个阶段。粗珩磨阶段的主要目的是快速去除大部分珩磨余量，修正精镗加工时产生的形状误差，保证汽缸网纹加工工序的余量均匀和准确。半精珩与精珩阶段是保证成品尺寸精度、形状精度及缸孔表面评定参数稳定性的关键工序。珩磨后，缸孔的圆度、圆柱度可达到0.005，表面粗糙度可达 $R_a0.32$，这些是影响发动机机油消耗等性能指标的主要技术要求。

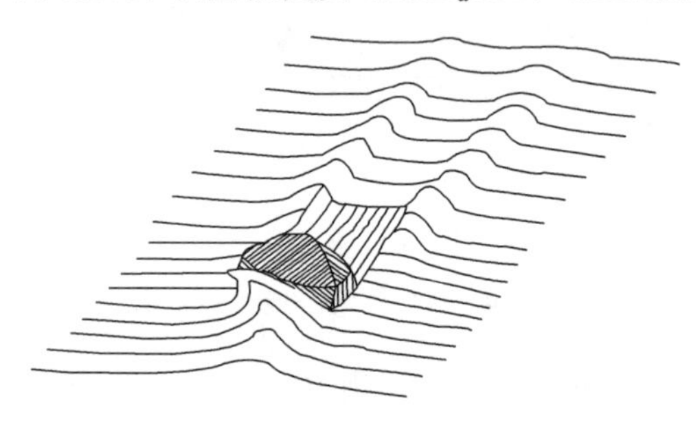

图 3-11　气缸珩磨的基本原理示意图

① 汽缸珩磨的基本原理：如图 3-11 所示，在汽缸珩磨切削过程中磨粒的加工轨迹形成带有隆起的沟槽，这些沟槽是汽缸工作中需要的储存润滑油的沟槽，而因挤压向两边隆起的金属则是精珩中必须去除的部分。

② 汽缸珩磨工艺种类：主要有普通珩磨、平顶珩磨、滑动珩磨、激光珩磨等类型。

普通珩磨是传统的缸孔加工工艺，是利用珩磨条表面的粒度和珩磨时珩磨头的运动轨迹在缸孔表面形成具有一定沟槽深度和夹角的网纹。在发动机磨合期，缸孔表面经过磨合后，网纹尖端部分被磨损掉，断面呈平台状。平台部分能够增大与活塞环的接触面积，提高缸孔承载能力，同时使缸孔表面的磨损趋于稳定。但磨掉的细小金属颗粒混入润滑油中，如未及时更换润滑油将加速发动机的磨损，导致发动机寿命降低。

平台珩磨是近年来流行的加工工艺。该技术模拟缸孔磨合期的工作状态，通过设备的先进控制系统，控制缸筒表面的珩磨网纹和沟槽形状及深度。其基本原理是，当工件的内孔形状达到一定精度后，先用一组较粗的油石精珩缸孔表面，加工出具有一定沟槽深度和夹角的网纹，然后再用一组较细的油石去除表面微观形状的峰顶部分，在将峰顶磨成平台状的同时保留一定数量的沟槽容纳润滑油。这种加工方法得到的缸孔表面能使发动机减少磨合时间，提高使用寿命。

滑动珩磨的原理与平台珩磨基本相同，但珩磨油石的选择和工艺参数有所区别，前者效率明显比后者高，成本也低于后者。DA468 发动机采用滑动珩磨后活塞漏气量和机油燃油比都明显优于平台珩磨的 DA462 发动机指标，而且滑动珩磨采用的金刚石油石寿命远远大于平台珩磨的碳化硅油石，综合成本低于碳化硅油石，加工质量也明显优于平台珩磨。

螺旋滑动珩磨的切削过程与普通滑动珩磨一样分成三个阶段，其中粗珩与滑动珩磨相同，网纹夹角为 40°～60°。在半精珩及最终螺旋滑动珩磨阶段，通过提高冲程速度及降低珩磨头转速，使珩磨网纹夹角增大到 130°～140°。珩磨后比普通滑动珩磨增加了一些细小的平台，从而形成与之不同的表面网纹结构。发动机工作时，活塞环与缸孔磨损下来的细小金属颗粒在螺旋珩磨网纹内很容易被带走，而当遇到滑动珩磨网纹时就被截留在网纹内，因此降低了摩擦副的磨损。相关研究表明，采用螺旋滑动珩磨后发动机机油耗比采用普通珩磨时能够减少 40%～70%。

激光珩磨是激光与珩磨两种技术的结合，可获得宽度、深度，间距相等的储油槽，充分提高发动机的性能。激光珩磨由粗珩、激光造型和精珩三道工序组成。粗珩时根据汽缸体性能所要求的激光造型类型确定宏观形状，然后由激光造型实现连贯的输送机油的交叉形网纹结构或螺旋型凹腔结构（沟槽也可具有硬化层），最后用较细的珩磨油石磨掉激光脉冲产生的波峰，同样保留沟槽以储存润滑油。

除上述技术外，还有一些其他的珩磨技术如刷珩磨、电解珩磨、超声珩磨等，但在发动机生产企业应用很少，在此不一一赘述。

【补充阅读资料】

激 光 珩 磨

激光珩磨机床与珩磨机类似，具有往复运动和螺旋运动，三个主要部件是：激光器、光导系统和激光加工头。通过光导系统将激光器产生的光束聚焦到孔壁上，经过数控系统可以保证激光加工头灵活地按照用户所要求的表面结构进行加工。某公司开发的激光头可以通过调整，来适应 40mm 的直径变化范围。

研究表明经激光珩磨的缸孔与普通珩磨方式相比，可降低机油耗 30% ~ 60%，可降低尾气中的颗粒排放量 25% ~ 30%，可减少 HC 排放约 20%，活塞环的磨损从 5μm 降低到 2.5μm，汽缸套的磨损从 5μm 降低到 1.51μm，并降低了摩擦损失和燃油耗量，降低了活塞环组的成本，减少了催化器的污染。

但是，激光对缸体材料有微观汽化和烧蚀作用，可造成局部材料性能发生变化，如果控制不好，容易产生金属相变，并且激光珩磨设备维护成本昂贵，技术含量高，操作复杂，对维修人员要求素质高，维修难度大。

③ 珩磨机与珩磨头：加工缸孔的珩磨机一般由珩磨头、驱动主轴、测量系统、控制系统（包括计算机控制系统和 PLC 控制系统）、夹具及输送系统、液压系统、伺服系统等组成，一些先进的珩磨机还可根据用户的要求直接完成清洗、翻转空水、缸孔测量分级、缸孔级别标记等功能。珩磨机的特点是珩磨头与主轴之间的连接为具有一定刚性的万向连接，从而保证珩磨缸孔表面时不受缸孔位置误差的影响，也不会破坏精镗完的缸孔位置度。

目前汽车企业广泛使用带自动液压膨胀进给装置的两阶段（粗珩、精珩两阶段）珩磨机。这种珩磨机粗、精珩在一次装夹中完成，并且在同一个珩磨头上对称、间隔地布置了两组不同的珩磨油石，粗珩、精珩条由特殊的液压双联进给系统自动控制，缸孔的圆柱度可通过人工调整上下折返点位置来控制。采用气动非接触式主动测量装置自动控制缸孔尺寸，与早期的珩磨机相比大大提高了产品的加工质量和加工效率。

三阶段珩磨（粗珩、基础珩、平台珩）的平台珩磨或滑动珩磨机以及其他可实现平台效果的珩磨机正日益得到广泛应用。珩磨头的结构及测量和控制系统与上述相似但更趋智能化。而激光珩磨机不属于传统意义上的接触式的机械加工范畴，目前尚未大量使用。

平台珩磨头结构如图 3-12 所示。珩磨机主轴内双进给油缸及活塞杆分别推动珩磨头的外锥套 2 和内锥套 3，控制粗珩油石 5 和精珩油石 9，进行粗精珩磨，加工效率较高。粗珩时，活塞杆 *A* 推动套杆 11，使外锥套下移，涨开粗精油石座 6 进行珩磨。气动测量仪通过珩磨头上两个对称硬质合金导向条上安装的气动测量喷嘴 12 检测压力信号并转换为缸孔尺寸，当粗珩达到预定尺寸时，发出信号使粗珩油石缓慢退回；活塞杆 *B* 则迅速推动内锥套，使精珩油石涨出开始进行精珩。精珩结束后，油石卸压缩回，珩磨头复位。

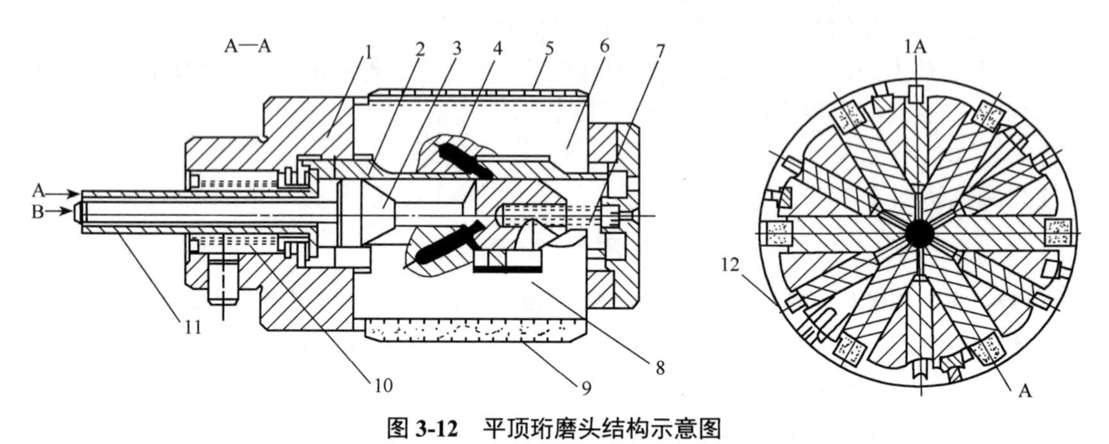

图 3-12　平顶珩磨头结构示意图

1．本体　2．外锥套　3．内稚套　4．斜销　5．粗珩油石　6．油石座　7．复位弹簧
8．精珩油石座　9．精珩油石　10．复位弹簧　11．套杆　12．气动测量喷嘴

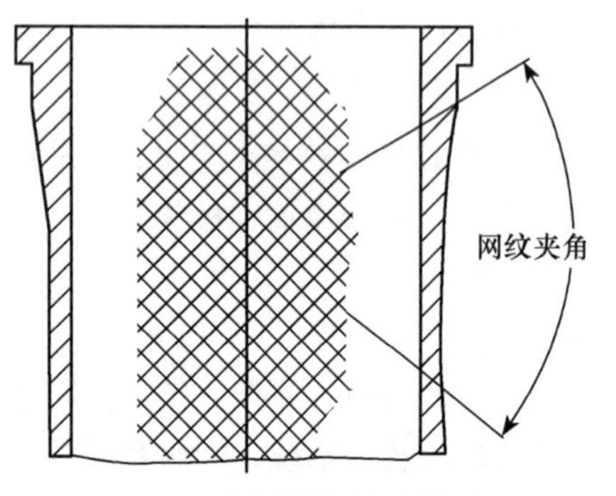

图 3-13　气缸珩磨的网纹夹角

④ 珩磨的切削参数：珩磨的几个主要的切削参数为:珩磨头的转速、珩磨头的冲程速度、珩磨油石的膨胀压力以及转速和冲程速度综合形成的网纹夹角。一般来说，珩磨的工作速度是磨削加工的 1/50 左右（一般珩磨速度在 15～80m/min 之间），但珩磨油石与工件的接触面积是磨削的 150 倍以上，每一个磨粒上作用的切削力只有磨削的 1/100～1/50，平均每一个切削刃在单位时间内产生的切削热仅仅是磨削的 1/3000～1/1500（通常磨削区温度在 50～150℃的范围），所以珩磨加工具有效率高、切削温度低、加工后工件表面残余应力小、热变质层小、加工应变层少等优点，容易获得较高的加工表面质量。

珩磨的网纹夹角如图 3-13 所示，其对珩磨的加工效率、珩磨油石的磨损和加工件的表面质量都有很大的影响。一般粗珩夹角为 40º～60º，精珩夹角为 20º～40º。如果珩磨网纹夹角太小，发动机趋于无润滑状态，如果珩磨网纹夹角过大，则机油消耗增大。珩磨的网纹夹角由珩磨头的冲程速度和珩磨头的转速共同形成。

形成微观支撑平台也是保证良好润滑的关键。如果支撑平台过小，发动机磨合期延长，容易造成缸筒早期磨损，支撑平台过大则会造成润滑油量不足而无法形成有效的润滑油膜，不利于活塞环的润滑。这些特殊要求在实际生产中使用普通加工方法难以实现。

珩磨液对加工质量亦有重大影响，珩磨液要求黏度低，具有极好的渗透性、润滑性和排屑性，要有很强的清洗能力以保持布磨油石的自砺和微孔的畅通，并且要求抗烟雾性好、燃点高。目前广泛使用的珩磨液有两大类: 珩磨油和水基珩磨液。珩磨油的渗透性、润滑性好，排屑性和清洗能力强，缺点是燃点低，工作时冒烟、容易起火、抗烟雾性差，废弃时有污染。近年来，欧洲一些国家广泛使用水基珩磨液替代珩磨油以适应日益严格的环保要求。

珩磨油石的磨料对缸孔的加工质量和效率有重大影响，除直接影响缸孔的宏观几何形状精度外，还影响微观的表面结构和润滑油沟的分布。珩磨油石材料主要有氧化铝（$A1_2O_3$）、碳化硅（SiC）、立方氮化硼（CBN）、人造金刚石等为磨料，常见的结合剂有陶瓷结合剂、人造树脂结合剂、铜基金属结合剂、银基结合剂以及钴基结合剂等。缸孔珩磨油石主要采用人造金刚石加金属结合剂在高温、高压下烧结而成，结合剂多为铜基或钴基金属结合剂。烧结成型的珩磨油石内部组织中还存在着大量的气孔，以便积存珩磨加工中产生的切屑。

3.1.2.4 典型发动机汽缸体机械加工工艺过程

1）安排汽缸体零件加工工序时应遵循的原则

（1）先粗后精　划分粗、精加工阶段对汽缸体零件机械加工的质量影响很大。当工件刚性好、内应力小、毛坯精度高时，粗加工后的变形很小，这时可以在基准平面及其他平面粗、精加工后，再粗、精加工主要孔，从而减少工序数目，减少零件安装次数，而且可以减小加工余量。因此，这种方案的生产率高，而且经济性好。当零件结构合理时，无论是大批量生产（使用刚性高的粗、精加工机床）或是单件、小批量生产，都比较合适。但是，当工件刚性差、内应力大、毛坯精度较低时，粗加工后的变形就很大，往往影响加工质量，同时粗加工孔时，可能会破坏平面粗加工后的质量。因此，当汽缸体零件技术要求较高，而粗加工又引起显著变形时，常将平面和孔的加工交替进行，即粗加工平面→粗加工孔→精加工平面→精加工孔。虽然交替加工使生产管理复杂，加工余量大，但较易保证加工精度，也能及早发现毛坯的缺陷。

（2）先面后孔　加工平面型汽缸体时，一般是先加工平面，然后以平面定位再加工其他表面。这是由于平面面积较大，定位稳固可靠，可减少装夹变形，有利于提高加工精度，而且汽缸体零件的平面多为装配和设计基准，这样可以使装配和设计基准与定位基准、测量基准重合，以减少积累误差，提高加工精度。

（3）工序集中　在成批大量生产汽缸体零件的流水生产线上，广泛采用组合机床或其他高生产率机床以工序集中方式进行加工。这样可以有效地提高生产率。把一些相关的表面加工集中在同一工位或同一台机床上进行，有利于保证各表面之间的尺寸和位置公差。

近年来，由于自动换刀（或更换主轴箱）数控机床的出现，有时一台机床就相当于一条生产线，工件在一次装夹中，可以利用更换刀具或主轴箱的方法，对工件完成平面和孔的铣、镗、钻、扩、铰等多种工序内容，有利于提高加工精度和机床利用率。

（4）其他　容易发现零件内部缺陷的工序应安排在前面；各深油孔也尽量安排在较前面的工序，以免因较大的内应力而影响后续的精加工工序；正确安排密封试验、压装、清洗检验等非机械加工工序。

因此，汽缸体零件主要工序的顺序，一般是先加工定位用的平面及其上的两工艺孔→粗、精加工其他平面→钻各面上的螺纹底孔→粗镗主要孔→钻、铰其余孔→精镗主要孔→攻螺纹。

2）典型发动机汽缸体机械加工工艺过程

发动机缸体的机械加工工艺过程，随生产类型、结构特点、工厂设备条件等不同而异，表3-1所示为东风日产大批量生产某型发动机汽缸体的机械加工工艺流程。

表3-1 大批量生产发动机汽缸体的机械加工工艺过程

工序号	工序内容	基准面	设 备	工 艺 说 明
20	加工定位基准（底平面及两个定位孔的加工）	毛坯基准（前后端面的主轴承铸孔及内壁凸台）	HT3005专机线	底平面作为加工基准，加工面大且精度较高，采用龙门式铣床加工，各凸台面的加工采用高速加工中心
	缸体各凸台面的加工	底平面及两定位销孔	HR3032～HR3033加工中心	
40	缸孔粗加工、起动机面及机油标尺孔	底平面及两定位销孔	HT3006专机线	缸孔粗镗采用二工位四根主轴加工、对于加工中心难于加工的起动机安装面和机油标尺孔也在此工序加工
60	缸体半精加工	底平面及两定位销孔	HR3034～HR3046 加工中心及多轴箱单机设备	用10台加工中心和2台多轴箱设备完成了缸体的半精加工，为了降低工件姿势变更次数，更合理安排加工内容，引入了搬送用托盘
80	清洗、干燥缸体	底平面及两定位销孔	HYW3005 中间自动清洗机	采用定点定位和浪泳相结合的清洗方式，保证良好的清洗效果
85	对小泄漏工件渗补	上下前后四面限位	HWZ3002 含浸设备	引进日本含浸液，加上德国的带有二次真空和加工含浸的特殊工艺，确保一次含浸合格率在99.9%以上
90	曲轴瓦盖拧紧	底平面及两定位销孔	HWA3003 瓦盖拧紧机	瓦盖及螺栓的安装人工完成，拧紧机自动拧紧
100	曲轴孔精加工	底平面及两定位销孔	HT3007自动线	二工位粗镗，三工位完成曲轴孔的半精撞和精镗，四工位自动测量、刻印各档曲轴孔等级。并将测量结果反馈给三工位，刀具进行自动补偿
110	缸体前后面及上面精加工	1#、5#曲轴孔及止推面	HT3008自动线	采用三轴联动式NC单元加工，并采用工件定位系统确保加工精度
120	工艺缸盖安装	底平面及两定位销孔	HWA3004 自动装配线	电动拧紧机，自动控制拧紧力矩
130	缸孔精加工	底平面及两定位销孔	HT3008 自动加工线	三工位完成缸孔的半精镗和精镗，五工位粗珩，七工位精珩和平台珩，并在四工位和八工位有气动检测系统，并将检测结果反馈给加工工位自动调整刀具的进给值
140	工艺缸盖拆卸、清洗	底平面及两定位销孔	HWA3005 自动加工线	气动拧紧机松开，并送入自动清洗机进行清洗
150	最终清洗	底平面及两定位销孔	HYW3005 中间自动清洗机	采用定点定位和浪泳相结合的清洗方式，保证良好的清洗效果
160	涂胶并压堵	底平面及两定位销孔	HWA3006 自动装配机	对五个压堵孔涂胶，并带有是否涂胶检测装置，压堵工位各压头带有压力监控系统
170	最终试漏	底平面及两定位销孔	HTM3010 自动试漏机	对水套和压堵后的堵盖进行试漏，确保无泄漏

3.1.2.5　汽缸体自动化生产线及装备

缸体生产线主要承担缸体机械加工、清洗、合件装配、气密性试验、检测、分组等任务。一般按直线形、并列型（含U形）及S形布局，按工艺流程顺序排列，并根据生产线的大小、长短、产量、厂房的格局等具体情况而定。其中采用直线布局和并列布局以及两者相结合的情况为多。图 3-14 为某发动机厂一直线形布局的缸体生产线及加工工序示意图。

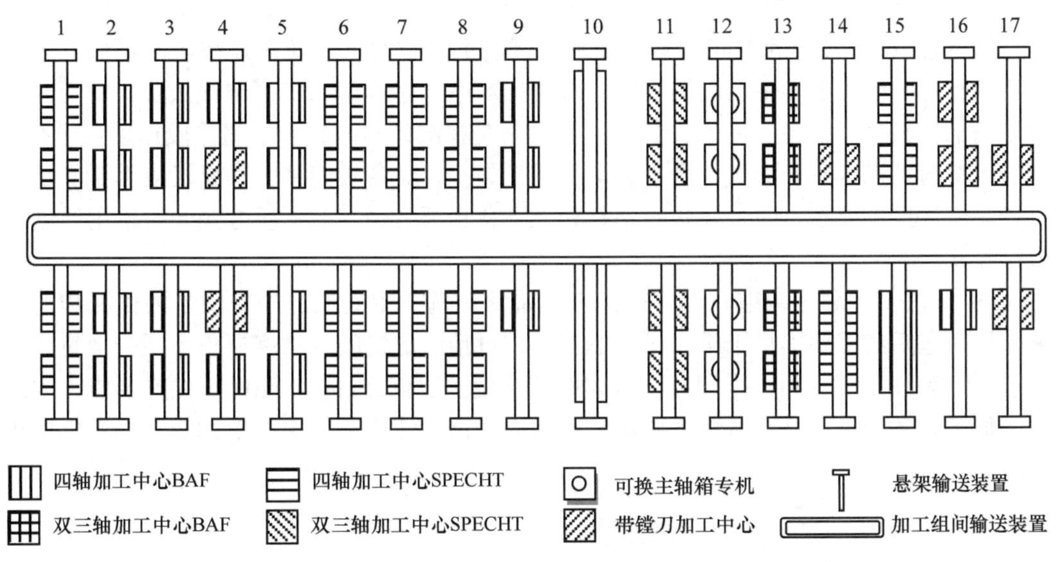

图 3-14　直线形发动机缸体生产线及加工工序示意图

1．基准加工（前后面）　2．粗铣底面和顶面　3．粗加工汽缸孔　4．铣轴座端面和空刀槽　5．加工油孔　6～8．钻、铰及攻螺纹　9．精铣底面和轴承盖止口面　10．装配轴承盖　11．钻、铰及攻螺纹（端面）　12．加工曲轴孔及凸轮轴孔　13．精加工挺杆孔　14．装配凸轮轴轴承　15．精加工前后端面、测量　16．精加工汽缸孔　17．精铣及磨顶面

以专机为主的生产线单台机床加工内容少，生产节拍较短，因而生产效率较高。但机床数量多，生产线排列布置较长，先期投资很大，后期技术改造也不易；以卧式加工中心和数控柔性设备为主组成的柔性生产线，则可以适应不同型号缸体共线生产的需求。

发动机缸体生产线还具有如下特点：

① 加工设备应为全封闭防护结构，工作时产生雾气的设备应配备通风过滤装置。

② 工件运输装置一般采用机动摩擦辊道，自动输送工件。除加工中心等单机设备采用人工借助辅助上下料装置装卸工件外，其他工序均为全自动机床或自动线。毛坯、成品可采用叉车进行运送。

③ 大量采用机夹不重磨刀具、涂层刀具、CBN 刀具、陶瓷刀具及内冷刀具，并选用快换刀柄，实行线外对刀，从而提高刀具寿命，减少辅助加工时间。

④ 工序检测广泛采用电感、气动测量仪；生产线上设 SPC 检测台对零件的主要尺寸进行检查并进行数据统计分析；关键工序的加工配备检测工位，精镗缸孔机床配备主动测量装置并实现刀具的自动补偿。

⑤ 采用步进输送、通过式、定点定位专用清洗机。为防止温度变化对加工精度的影响，中间清洗采用常温清洗。最终清洗采用高压定位清洗，保证产品的清洁度。

⑥ 缸体各面、缸孔、曲轴半圆孔等的粗加工宜采用刚性较好、效率比较高的设备，配用 HSK100 的刀柄；非关键的孔系等的加工宜采用效率比较高、精度稍低的设备，配用 HSK63 的刀柄；关键部位及基准孔等的加工宜采用刚性好、精度较高的设备，配用 HSK100 的刀柄。

⑦ 珩磨机采用多工位的专机自动线形式，缸孔珩磨设两个工位，曲轴孔铰珩设一个工位，即五轴三工位的结构方式。

⑧ 试漏机通常分为中间试漏机和最终试漏机。中间试漏通常是在全部粗加工完成之后进行，以便找出发生泄漏的缸体，避免在后序工序继续加工而造成浪费。中间试漏封堵的部位较多，设备较复杂。最终试漏通常是在缸体出砂孔和油道涂胶压堵后进行，目的检查封堵部位是否漏气，由于封堵的部位较少，设备较简单。试漏机应尽量满足多机种轮流生产的要求，同时设备的调整和上下料也要方便。上下料方式一般采用通过式或推拉式。

⑨ 清洗工序分为两道，即中间清洗和最终清洗。中间清洗的目的是为试漏和瓦盖装配这两道后续工序提供干净、干燥的工件，对预清洗机的清洁度要求可适当放宽，只要能保证后续工序顺利进行即可。缸体的清洁度一般≤25mg 就能保证生产要求，因此也降低了设备投资。最终清洗主要保证产品的清洁度，还要考虑去毛刺等功能，价格相对较高。

3.1.2.6　发动机缸体在线气动测量系统

发动机缸体在线气动测量系统基于气电转换技术，能够实现自动测量、实时显示、存储、打标及统计分析功能，测量机构简单，操作维修方便，气动非接触测量可避免划伤珩磨精加工后的内孔表面。该系统采用测量心轴测量四个缸孔和五个主轴承孔孔径，判断其是否合格，并按孔径分组，由电磁锤打印分组号。测量及打印分为四个工位完成：缸孔测量—打缸孔分组号—主轴承孔测量—打主孔分组号。由于缸孔和主轴承孔两个测量工位距离较远，为方便观测，采用多屏显示技术，在两个工位的显示器上同步显示缸孔和主轴承孔的测量数据。该测量系统由气动测量系统和计算机控制系统两部分组成。

气动测量系统包括空气净化和稳压系统、差压式测量回路、缸孔和主轴承孔气动测量心轴、气电转换器等。图 3-15 所示为气动测量系统构成，其中风冷式干燥器和多级过滤器干燥和过滤测量用压缩空气；空气稳压器保证工作压力的恒定，避免工作压力波动引起测量误差，减少测量时压力的相互干扰；测量心轴为径向双喷嘴式。气电转换器由背压气路、调零装置、节流孔和信号放大电路等组成，采用硅压阻式压力传感器作为压力敏感元件。

缸孔测量为距顶面 40mm 处孔径尺寸，测量数据分成四组，并按分组号打标记。被测缸体定位后，四个单截面测量心轴由液压滑板带动，以被测孔为导向到达缸孔内指定截面测量。测量心轴与测量滑板用平面轴承连接，测量心轴可在被测孔径方向做平行移动（浮动心轴），消除因缸体定位引起的缸孔与测量心轴的不重合误差。图 3-16 为缸孔测量装置示意图。

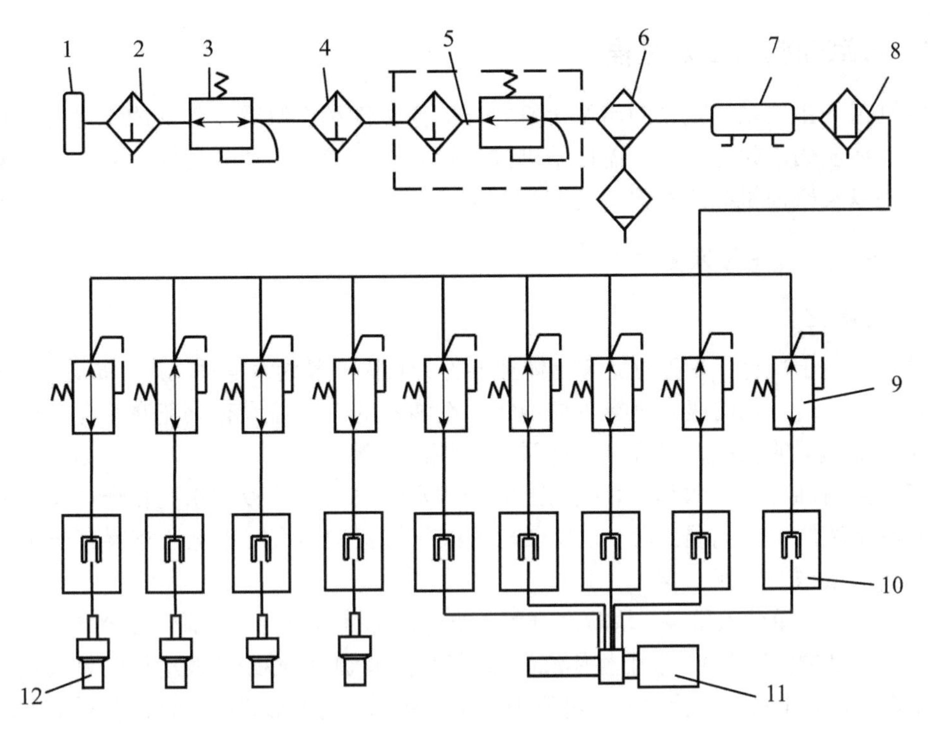

图 3-15　气动测量系统构成

1．气源　2、4．过滤器　3．减压阀　5．带减压阀过滤器　6．干燥机　7．储气罐　8．油雾器　9．稳压器　10．气电转换器　11．主轴承孔测量心轴　12．缸孔测量心轴

测量主轴承孔时，缸体在回转工作台上实现定位、夹紧并转动 90º 至测量位置。主轴承孔测量位置分别在孔中心水平±45º 处，孔径测量数据分成 2 组打印分组号。由一个五截面测量心轴采集五个主轴承孔的数据，该测量心轴由回转气缸带动，可回转 90º，在孔内指定位置测量。浮动式测量心轴以五个主轴承孔为导向，由行程开关定位测量。

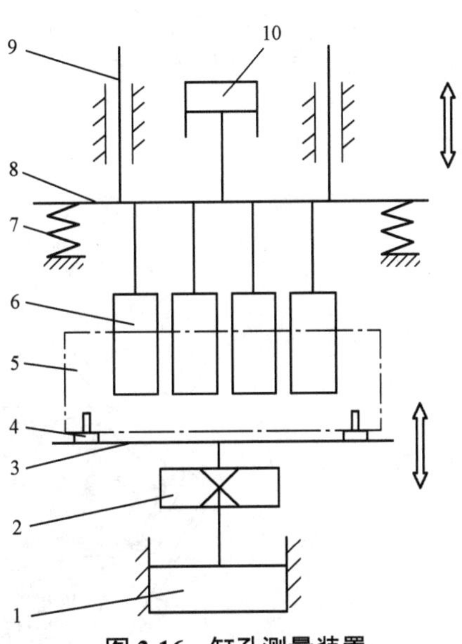

图 3-16　缸孔测量装置

1.缸体升降油缸　2.缸体升降机构　3.托板　4.定位销　5.缸体　6.缸孔测量心轴　7.弹簧　8.测量芯轴固定板　9.滑板　10 滑板升降油缸

计算机数据处理系统由信号调理电路、工控机高速数据采集卡、多屏显示卡、PLC，I/O 板和专用测量与控制软件组成。工件输送、到位检测、工件夹紧、转位等所有动作由 PLC 控制执行。工控机完成数据采集、尺寸分组、输出分组信号给 PLC 等，由 PLC 控制打印头分组打号，整个过程自动完成，无需人工干预。测量分组系统采用汉字显示及提示操作，提供方便实用的人机对话界面，具有数据存盘、查看和打印功能，自动生成 X-R 控制图和直方图，便于工艺管理。

3.1.3　汽缸盖制造工艺过程

汽缸盖的主要功用是密封汽缸上部，与活塞顶部和汽缸壁一起形成燃烧室，并承受汽缸内气体压力。此外，汽缸盖也是进排气管和出水管、燃油分配管、顶置气门发动机配气机构以及柴油机高压油泵等的装配基体。

3.1.3.1　结构特点与技术要求

1）结构特点

汽缸盖属于薄壁、多孔的复杂箱体类零件，形状一般为六面体，其上布置有燃烧室、气门导管孔、进排气门座和进排气通道等。汽油机的汽缸盖设有火花塞座孔，柴油机则设有安装喷油器的座孔，以及其他各种孔及螺纹孔等。

汽缸盖内部有冷却水套，其底面上的冷却水孔与汽缸体冷却水孔相通，以便利用循环水套冷却燃烧室等高温部分；顶置凸轮轴式配气机构的汽缸盖上还布置有凸轮轴轴承座孔，摇臂或摆臂轴座。

汽缸盖分为单体汽缸盖、块状汽缸盖（能覆盖部分汽缸的汽缸盖）和整体汽缸盖（能覆盖全部汽缸的汽缸盖）。采用整体汽缸盖可以缩短汽缸中心距和发动机的总长度，其缺点是刚性较差，在受热和受力后容易变形而影响密封。这种形式的汽缸盖多用于发动机缸径小于 105mm 的汽油发动机上。缸径较大的发动机常采用单体汽缸盖或块状汽缸盖。

汽缸盖应具有足够的强度和刚度，以保证在气体的压力和热应力的作用下可靠的工作。它与汽缸垫的结合面应具有良好的密封性，其内部的进排气通道应使气体通过时流动阻力最小，还应冷却可靠，并保证安装在其上的零部件能可靠的工作。图 3-17 所示为某汽车柴油发动机汽缸盖。

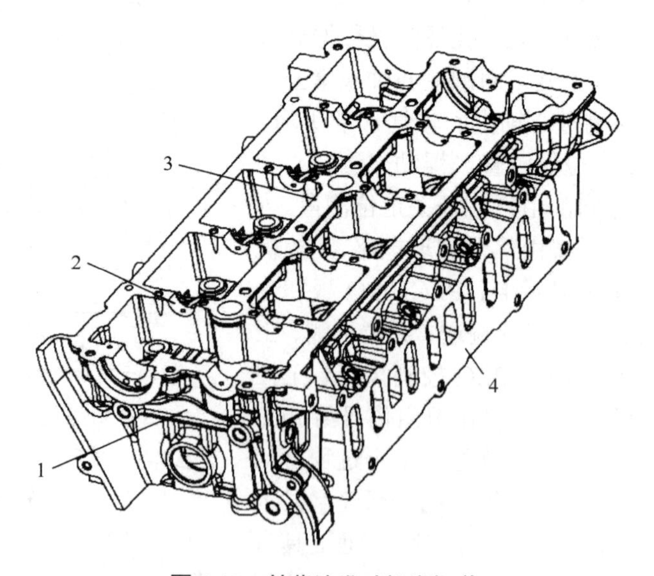

图 3-17　某柴油发动机汽缸盖

1．前端面　2．凸轮轴轴承座孔　3．上顶面　4．进气面

2）技术要求

汽缸盖的技术要求主要有：主要孔和平面的尺寸公差及形状公差；孔与平面、孔与孔、顶面与底面的位置公差；气门与阀座的配合及密封；气门导管、气门阀座与汽缸盖的过盈；以及汽缸盖的密封性能等。表 3-2 所示为长安奥拓某型发动机汽缸盖的主要技术参数。

表 3-2 长安奥拓某发动机汽缸盖主要技术参数

序号	项 目	要 求	序号	项 目	要 求
1	凸轮轴孔公差	$^{+0.025}_{0}$mm	7	气门座 45°锥面对气门导管孔轴线的圆跳动	0.06mm
2	凸轮轴孔轴线至底平面位置尺寸公差	±0.05mm	8	气门座与气门接触带宽度	1.3～1.6mm
3	凸轮轴孔公共轴线对底平面的平行度	0.03mm	9	气门导管与汽缸盖导管孔配合过盈量	0.027～0.056mm
4	各凸轮轴孔同轴度	*Φ*0.03mm	10	气门座与汽缸盖气门座孔配合过盈量	0.079～0.130mm
5	凸轮轴孔表面粗糙度	*Ra*0.8μm	11	底平面表面粗糙度	*Ra*1.6μm
6	汽缸盖与汽缸体接合平面平面度	0.03mm			

3.1.3.2 材料及毛坯

汽缸盖合金材料的成分、热处理规范以及成型工艺，是影响汽缸盖材料金相组织、进而影响其综合机械性能的重要因素。由于形状复杂，汽缸盖一般可用灰铸铁或合金铸铁铸成，特别是大排量发动机的汽缸盖，如 CA6102 等型发动机的汽缸盖，采用铜钼低合金铸铁铸造。为了降低燃料消耗，目前大部分乘用车发动机汽缸盖已采用高强度铝合金生产，如捷达 EA113 发动机五气门汽缸盖材料为铸造路合金 ALSi10Mg，硬度 HB85～HB115。铝合金材料比重小，强度较高，铸造流动性好，适于浇铸形状复杂的铸件；铝的导热性比铸铁好，更有利于提高压缩比。其不足之处是铝合金材料的弹性模数较低，刚度较差，在使用中易产生变形，因此在汽缸盖结构设计时要充分考虑其结构力学特性，并优化冷却系统的冷却液流量及其分配和组织。

对缸盖毛坯的技术要求是：不应有裂纹、浇不足、表面疏松、气孔、砂眼、粘砂等缺陷；定位基面（粗基准）和夹紧表面应光滑平整。如果毛坯余量较大，可在铸造车间粗铣六个面去除大部分余量，提高毛坯精度，使零件便于直接上线。

很多汽车制造厂采用先进的铸造工艺提高毛坯质量，如金属型铸造、压力铸造、中压铸造、低压铸造、精确砂型铸造、Cosworth 法、实型铸造和湿型铸造等。其机械性能、热变形及耐磨性和可靠性均能达到汽缸盖使用要求。使毛坯余量控制在 3mm 以内，既可以省去毛坯检查装置、实现毛坯直接上线，同时也能避免因毛坯质量问题而造成的工时浪费，在减少加工设备和厂房面积的同时提高经济效益。

【补充阅读资料】

Cosworth 铸造法

英国 Campbell 教授发明的 Cosworth 法，采用冷芯盒砂芯组芯造型，但是它使用锆砂（通常在铸造生产中使用石英砂）。它利用电磁泵来实现在可控压力下使铝合金液由下而上地充填铸型。由于锆砂的热膨胀率很小而且恒定，因而有利于获得尺寸精确度高的铸件。但是，由于锆砂导热性极好，比石英砂高出2倍，因而用它所造的砂型难以浇注出壁厚＜4mm的铝铸件。另外，砂芯采用机械组装，组装后砂型如同一个整体，也有利于确保铸件尺寸精度。Cosworth法最初是用于一级方程式赛车发动机缸体、缸盖及航空铸件的小批量生产。20世纪80年代中期美国福特汽车公司从英国引进这一技术，对其加以改造，使之适用于大批量生产。为此福特公司于1988年投资580万美元兴建一中试车间，即“铸铝研究开发”车间，安装有倾转式Cosworth铸造机及容量为22.7t的熔化炉，试浇注V6及V8轿车发动机缸体和缸盖。在工艺成熟的基础上，福特汽车公司投资近6千万美元在1992年秋建成安装有38台冷芯射芯机、103台机器人以及3台倾转式Cosworth转盘铸造机的全自动铸铝厂。该厂已具备年产约89万件缸体的生产能力。其铸件废品率（内废、外废）仅0.6%，这样低的废品率对于大量生产复杂薄壁铝合金铸件来讲，在世界上是罕见的。

Cosworth法的特点是：将铝液从保温炉输送到型腔中时没有能形成新的氧化膜的搅动；型腔的充填由计算机控制，由于型腔的充填是采用底注的，因此要求电磁泵连续地向型腔供应铝液直至铸件完全凝固为止。以代表性的缸盖铸件为例，充型和凝固时间约为4.25min，其中充型时间仅为10s～12s。

经过改进的Cosworth倾转法是从铸型的侧面注入铝液直至型腔被充满为止。随后将整个铸型倾转，此时电磁泵仍在工作，当铸型被倾转180°后电磁泵开始降低压力以便处于横浇道中的铝液返回到电磁泵的浇注管中，铸件则在具有热的铝液的冒口作用下进行凝固。这样1台电磁泵配合1台倾转铸型机每小时浇注55型。福特汽车公司采用四工位转盘式浇注机（配1台电磁泵），每小时生产率达100型。

3.1.3.3　定位基准

1）粗基准

粗基准的选择，影响加工余量分布的均匀性和非加工面的正确位置。汽缸盖加工中最常见的问题是汽缸盖座圈底孔余量不均匀、气道位置形状发生变化等等。因此，应选择主要孔系（面），或铸件毛坯上精度较高、质量较好的孔系（面）作为粗基准，以保证关键孔系（面）加工余量均匀、位置正确，零件定位可靠。

在加工图3-17所示的汽缸盖时，首先以底面上的三个铸造凸台小平面为初定位基准，加工顶平面及两个工艺销孔，再以顶平面及两个工艺销孔定位加工底平面及其孔系。

2）精基准

汽缸盖一般选用一面两孔为精基准，并在加工中遵循基准统一原则，保证夹具结构的统一，避免产生定位误差。基准面的平面度误差可能会造成工件定位不可靠，使工件在夹紧过程中发生变形，因此，一般要求其平面度为0.04/100～0.06/100。定位销孔的中心距公差一般为±（0.015～0.025）mm。

对于较长的自动线或生产系统，为避免定位销孔在使用过程中的磨损而造成定位不准确，可将定位销孔分成2～3段使用。第1段用于粗加工，第2、3段用于精加工，以保证定位可靠。

3）输送基准

输送基准包括工件移动时的滑动面、限位面及输送元件对工件的作用面。确定输送基准应根据产品和加工特点以及输送方式确定。自动线输送系统主要的六种方式有：棘爪式输送、摆杆式输送、抬起步伐式输送、线式输送、柔性输送和空架机械手。其中前三种方式为传统方式，应用较早，而后三种方式目前也已得到广泛采用，是输送系统的发展方向。确定输送基准应根据产品和加工特点以及输送方式确定，如棘爪、摆杆作用面可选择工件端头较完整的平面；抬起步伐式输送可选择抬起面上的四点作为输送点；空架机械手具有很强的柔性，可完成多种转位动作和不受工件形状制约。

3.1.3.4　主要表面加工方法与装备

虽然汽缸盖的品种繁多，但其结构要素和基本技术要求都基本相同，所以汽缸盖的基本工序也大致相同。这些工序大致可分为平面加工、一般孔加工和高精度孔的加工。

1）平面加工

缸盖的顶面、底面和排气管结合面等都是大面积平面，精度要求高，又是全部工艺过程中的工艺基准，应合理安排平面加工的工艺顺序，采用高效率的加工方法。通常采用三种方法。一是粗铣→半精铣→精铣工艺，二是粗铣→半精铣→磨削，三是粗铣→精铣→拉削。采用先进的刀具材料（如涂层刀片、陶瓷刀片等）、刀具结构（密齿铣刀盘等）以及改善机床结构，其铣削进给量可达 2000～4000mm/min。同时，通过缩短辅助时间，如零件输送与刀具退回时间重合、线外调刀与对刀、提高零件输送速度等，可大大提高生产效率。

2）高精度孔的加工

汽缸盖上的气门座孔、导管孔和凸轮轴孔等都是孔系，有配合要求，其尺寸精度，位置精度和表面粗糙度要求极为严格，所以这些高精度孔系的加工工序是缸盖工艺中的核心工序，应予充分重视。

（1）气门座圈孔和导管孔的加工　该工序是汽缸盖加工中的重要工序，尺寸精度和位置精度要求很严格，其加工工艺过程包括以下三个部分：加工气门座底孔和导管底孔，压装气门座和气门导管，加工气门座孔和气门导管孔。具体工艺过程为：钻→（复合扩）半精镗阀座、导管底孔→精镗阀座底孔，枪铰导管底孔，压导管、座圈→精车座圈锥面、枪铰导管孔。

① 加工气门座底孔和导管底孔：气门座底孔和导管底孔的圆柱度误差将直接影响气门座孔与导管孔的最后加工精度，因此多采用复合刀具加工，同时也能以此保证同轴度要求。

② 压装气门座和气门导管：气门座、气门导管与其底孔的配合均为过盈配合，而缸盖又是较易变形的箱体零件，为防止缸盖变形、保证压装质量，应在工艺上采取必要措施，如用液态氮冷冻气门座圈后压装，也可对缸盖加热后再压装，目前也有很多常温压装方法。

③ 加工气门座孔和气门导管孔：目前成熟和稳定的加工工艺主要有两大类：

第一类是以成品气门导管孔为定位基准的加工工艺。首先精加工气门导管，再以导管孔为导向完成气门座圈锥面的加工。这种方法加工精度较低，与导管孔的同轴度要求不易保证，误差一般为 0.08～0.10mm；同时由于是深孔加工，径向力不均匀，刀具易弯曲变形，造成座圈密封带宽窄不均匀，难以保证气门的密封性。

第二类是导管孔和气门座圈同时加工工艺。气门导管和座圈是半成品，与汽缸盖组装后，同时加工导管孔和气门座圈。这种加工方法可使气门座圈与导管孔间的圆跳动不大于 0.03～0.05mm。由于其加工精度高，所用刀具和专机的结构都较复杂。

【补充阅读资料】

气门座孔和气门导管孔的加工

（1）以成品气门导管孔为定位基准的加工。该工艺方案为：钻、扩、铰气门导管及座圈底孔→安装成品导管以及半成品气门座圈→精铰座圈锥面→研磨气门座圈密封带→清洗→检查密封性。

目前导管孔的加工一般采用单刃铰刀（即枪铰刀）进行加工。枪铰刀的切削部分为硬质合金，刀杆是无缝钢管，高压力和大流量的洁净冷却液从枪铰刀中心的孔送出进行冷却润滑和排屑。这种枪铰刀一般有两个切削刃，还有两个导向棱边。导向棱边在切削过程中可起导向作用，对加工余量不均匀的敏感性低，因此能加工出较高精度的孔。此外，导向棱边还有挤压作用，能提高孔的表面质量。另外，在上述铰刀基础上发展起来的一种枪铰刀，与枪铰刀十分类似，它采用三个导向条，这样，在铰刀切入工件后，其中一导向条立即起支撑作用，提高了铰刀的刚性。上述 EA113 汽缸盖即采用 MAPAL 单刃枪铰刀。

加工气门座圈时以成品导管孔为定位，在立式钻床上精铰座圈锥面，最后进行研磨。

研磨的加工工艺：使用专用的气门研磨机，研磨剂为 240#研磨砂，对座圈密封带和气门进行配研 5min。其工作原理是，气门与座圈配合，研磨机带动气门上下、旋转运动，产生摩擦，在此过程中研磨剂对密封带进行研磨，使其得到更好的表面质量。

研磨后的气门进行清洗，与座圈一起装配，保证它们是研磨偶件。最后对研磨后的座圈锥面进行跳动检测，并且进行试漏检测。

（2）采用套装的双层主轴专用机床同时精加工气门座圈与导管孔。外层主轴上的刀具精镗气门座锥面，内层主轴的刀具枪铰气门导管内孔。利用可转位刀片的刀尖沿座圈锥面进给，分别控制两套拉杆来实现导管孔镗刀和座圈锥面车刀的进给。同时在车削加工时，还要通过内部复杂的滑块结构来控制斜向进给。

座圈材料的不同，会影响加工方式的选择。一般地，当座圈硬度在 HRC40 以上时，座圈硬度较高，只能采用车削锥面；当座圈硬度低于 HRC40 时，既可采用车削锥面，也可采用锪锥面工艺。如 EA113 发动机五气门汽缸盖气门座的材料为粉末冶金，硬度 HRC42，即采用立方氮化硼刀片车削。

（2）缸盖凸轮轴孔的加工　目前一般有两种典型的加工方法，一种是在专机生产线上采用组合刀杆，通过导向支撑装置定位进行加工，其特点是确保刀杆定位，每档孔径任意可调，但夹具结构较为复杂；另一种是在加工中心上采用一组铰刀以钻削加工方式进行，这种方式对机床和刀具要求较多，夹具结构则相对简单。

3）一般孔的加工

汽缸盖上有很多的紧固孔、油孔、堵盖孔等，这些孔的精度要求不高，其加工一般采用钻、扩、铰或攻螺纹等传统工艺方法。随着技术的进步和发展，已经采用超硬刀具和枪钻用于孔的加工中，虽然一般孔的精度要求不高，但因其加工数量大，工序集中，多工位复合加工，所以很难用人来监视刀具的损坏情况，为保证加工系统的正常运转，及时发现和排除故障，应在自动线上设置孔深探测装置和刀具自动检测装置。

3.1.3.5　汽缸盖机械加工工艺过程

1）加工阶段划分与工序顺序的安排

安排汽缸盖加工工序时，总的原则是先面后孔，先粗后精，先主后次，先基准后其他，大致过程是顶平面、底平面、定位孔、两侧面、两端面加工，一般孔加工，主要孔粗加工，主要孔精加工。在安排加工顺序时要注意以下事项：

（1）当缸盖尺寸较大时，由于内应力重新分布而产生变形，会严重影响加工精度，此时，其工艺过程一般是先粗、半精加工顶面、底面、侧面，加工次要的孔，粗加工主要孔，再精加工底面、侧面，再精加工主要孔；当缸盖尺寸较小时，内应力的影响不严重，则可粗精加工连续进行。

（2）缸盖毛坯铸件复杂，容易产生铸造缺陷，机械加工工序多，工艺流程长，所以其工序安排应能及早发现铸造缺陷，以便及时将废品剔除，使损失降至最低。

（3）为避免平面划伤，影响缸盖的密封性和保证导管底孔，气门座圈孔的加工精度，在导管底孔和气门阀座底孔精加工阶段之前应将平面精铣一次。

（4）加工过程中水腔渗漏试验，一般安排一次，如果毛坯气孔、砂眼等缺陷严重则须安排两次，密封性试验安排在与水腔有关的加工部位都加工完之后进行。

（5）设置中间清洗和最终清洗辅助性工序，防止砂子或铁屑等进入发动机润滑系统或汽缸中，保证发动机对缸盖的清洁度要求。

（6）尽量提高工序集中程度，提高缸盖生产率。其方法可采用专机＋专机自动线加工；采用多刀加工和采用复合刀具加工。发展趋势是采用加工中心柔性生产线的加工。

（7）提高加工系统的多品种适应性，适应市场对产品周期短、变化快的需求。

2）典型发动机汽缸盖机械加工工艺过程

表 3-3 所示为某发动机制造厂大批量生产发动机汽缸盖的机械加工工艺过程。

表 3-3　大量生产发动机汽缸盖的机械加工工艺过程

工序号	工序内容		基准面	设备	工艺说明
10	工位 1	探测四个火花塞凸台面	利用毛坯上三个粗基准定位	自动线	工件前端面向下，排气面在内上料
	工位 2	粗铣进排气侧面及各凸台面			
	工位 3	钻、攻进排气 M8、M6 螺纹孔			
	工位 4	钻、铰排气侧定位销孔。			
	工位 5	精铣进排气侧面及定位面			

（续）

工序号	工序内容		基准面	设备	工艺说明
30	工位1	粗铣顶面和前后端面	一面两销	自动线	工件前端面向右，排气面定位
	工位2	粗铣凸轮轴半圆孔			
	工位3	粗铣第一缸凸轮轴孔			
	工位4	粗铣止推面			
	工位5	钻攻顶面及前后端面螺纹孔 引导钻、深孔钻主油道孔			
	工位6	精铰顶面凸轮轴承盖定位销孔			
	工位7	钻火花塞底孔			
	工位8	精铣止推面			
40	工位1	粗铣底面	一面两销	自动线	工件前端面向下，排气面基准定位
	工位2	钻挺杆孔及泻油孔			
	工位3	凸轮轴润滑油孔			
	工位4	引导钻及深孔钻			
	工位5	钻底面及进气侧面油道孔			
	工位6	钻缸盖螺栓孔			
	工位7	钻导管底孔、锪弹簧座面			
	工位8	粗锁进排气座圈底孔及气道喉部			
	工位9	精锁进排气导管、座圈底孔			
	工位10	精铰底面螺栓定位销孔			
	工位11	精铣顶面及去毛刺			
60	工位1	定位清洗	工件底面螺栓孔定位	通过式清洗机	1. 清洁度 20mg（欧洲标准）； 2. 出口工件温度不超过环境温度5℃
	工位2	紊流清洗			
	工位3	吹干			
	工位4	真空干燥			
	工位5	冷却			
70		中间试漏	工件底面螺栓孔定位	试漏机	1. 油道测试压力4bar，允许泄漏量10mL/min； 2. 水套测试压力2bar，允许泄漏量10mL/min
80	工位1	导管压装		数控自动压装机	1. 导管和座圈与工件底孔贴合严密无明显缝隙； 2. 导管压装深度（16±0.3）mm
	工位2	阀座压装			
90	工位1	凸轮轴承盖装配	工件底面螺栓孔定位		扭矩（9.5±1.5）N·m
	工位2	装配凸轮轴承盖并预拧紧，自动拧紧到位			
100	工位1	精铰底面两定位销孔	一面两销	自动线	工件前端面向下，排气面基准定位
	工位2	粗镗进气座圈并引导扩导管			
	工位3	精镗进气导管座圈			

（续）

工序号	工序内容		基准面	设备	工艺说明
100	工位 4	粗镗排气座圈并引导扩导管			
	工位 5	精镗排气导管座圈			
	工位 6	精铰进排气挺杆孔			
	工位 7	精铰火花塞孔			
	工位 8	火花塞孔攻丝			
120	工位 1	精键碗形塞孔	一面两销	自动线	工件前端面向左，排气面基准定位
	工位 2	精铣结合面和后端面			
	工位 3	精铣前端面			
	工位 4	凸轮轴孔引导			
	工位 5	精键凸轮轴孔			
	工位 6	凸轮轴孔去毛刺			
	工位 7	结合面去毛刺			
130	工位 1	射流清洗	工件底面螺栓孔定位	通过式清洗机	1. 清洁度 7mg（欧洲标准）或 50mg（中国标准）； 2. 出口工件温度不超过环境温度 5℃
	工位 2	定位清洗			
	工位 3	紊流清洗			
	工位 4	吹干			
	工位 5	真空干燥			
	工位 6	冷却			
140	工位 1	压装钢球碗形塞	工件底面螺栓孔定位	试漏机	1. 油道测试压力 4bar[①]，允许泄漏量 10mL/min； 2. 水套测试压力 2bar[①]，允许泄漏量 10mL/min
	工位 2	油道测试			
	工位 3	水套测试			
150	工位 1	打号		打号机	
	工位 2	成品目视检查			
	工位 3	下线			

注①：1bar$=10^5$Pa。

3.1.3.6 汽缸盖自动化生产线及装备

汽缸盖生产线承担缸盖机械加工、清洗、合件装配、气密性试验、检测等任务。生产线设备以加工中心为主、配置少量一定柔性的专用机床及必需的辅机。近年来，柔性制造技术（FMS）有了较大发展，汽缸盖生产线越来越多采用柔性生产线。图 3-18 所示为某发动机厂采用敏捷高速柔性生产线（AFTL）生产发动机缸盖的生产线布置和工序安排，主要承担缸盖机械加工、清洗、合件装配、气密性试验、检测等任务。缸盖毛坯为铸铝毛坯。生产纲领为 10 万件/年，三班工作制度，单件节拍为 2.7min。

1）设备类型

为适应不同排量、不同系列缸盖共线生产的需求，以高速加工中心和数控柔性设备为主组成柔性生产线；针对部分加工内容需在立式加工中心置备第四轴。与选用卧式加工中心相比，这样既达到了加工要求，又减少了设备费用支出。其参数为：主轴刀柄为 BT40，主轴最高转速为 8000r/min，快移速度 32m/min，刀对刀换刀时间 0.9～1.2s，刀库 20 把。

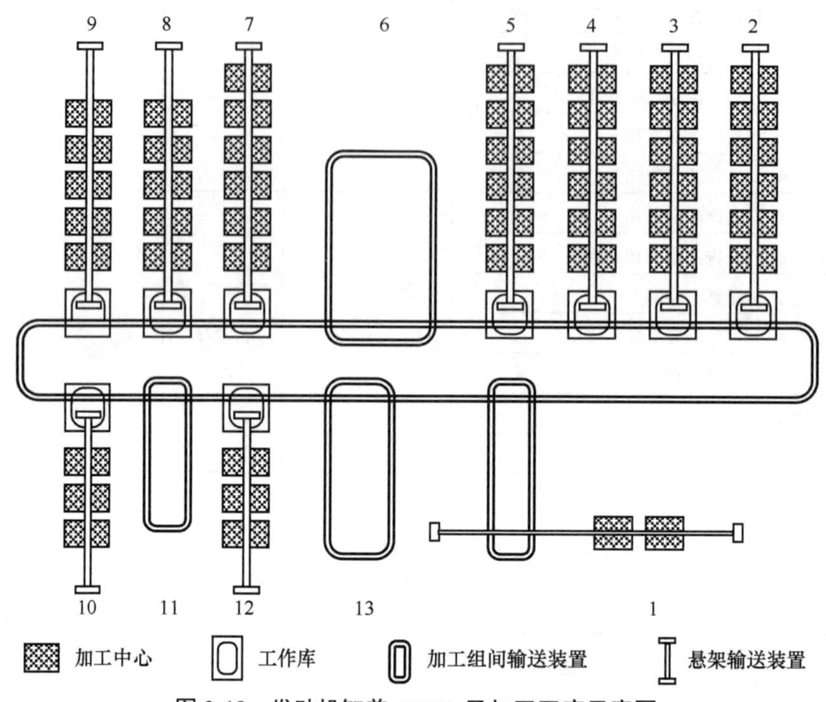

图 3-18　发动机缸盖 AFTL 及加工工序示意图

缸盖工序：1．基准加工（排气面）　2．铣其他各面　3．钻孔及攻螺纹　4．钻孔、攻螺纹及铰削　5．阀孔精加工（装配阀座及导管前）　6．清洗、试漏和装配阀座及导管　7．导管孔及阀座精加工（进气面）　8．导管孔及阀座精加工（排气面）　9．精加工挺杆孔　10．精铣上下面　11．装配凸轮轴盖　12．精加工凸轮轴孔　13．清洗、试漏、装配堵塞及测量

因节拍、精度或成本等影响，少部分加工内容在产品变化后设备工装调整不大，可选用 NC 专机。

2）定位基准

工件定位统一为一面两销，夹具全部采用液压夹紧。

3）检测

工序检测广泛采用电感、气动量仪；线上设 SPC 检测台，对零件的主要尺寸进行检查并进行数据统计分析；关键工序的加工配备检测工位，并实现刀具的自动补偿。

4）刀具

大量采用机夹不重磨刀具、涂层刀具和聚晶金刚石刀具、陶瓷刀具、内冷刀具，选用快换刀柄，实行线外对刀。钻孔专机有主轴配水装置，采用直槽枪钻，中心出水冷却。凸轮轴孔粗镗、半精镗在立式加工中心上采用调头镗方式完成，精镗在专机上采用可微调式多刀，连同止口和多阶凸轮轴孔同时完成。

5）压装机

压装动力采用液压驱动，双工位，进排气门导管、座圈同时压装。根据不同产品要求，调整压装角度、位置。

6）工件密封性检测

对缸盖的油道、水道、燃烧室采用气体密封试验工艺进行检测。检测设备人工放置工件后自动封堵、检测，并有声光报警系统，油道、水道检测还设有水箱，不合格时工件浸入水箱，可观察工件泄漏部位。

7）清洗机

中间清洗采用普通通过式清洗。最终清洗采用浪涌加高压喷射方式清洗。设置了浪涌清洗装置、升降清洗装置和横移清洗装置，分别对缸盖不同清洗部位，进行定点定位清洗及大流量翻转冲洗，清洗压力为 0.5～0.7MPa。浪涌清洗装置主要是针对缸盖的内外表面及型腔的清洗；还设有翻转倒水吹干、真空干燥等。机内工件输送方式采用机械抬起步伐式输送，准确可靠，并利用定位销定位，保证定位准确，同时机床设置了托盘自动返回装置，变换托盘上的定位机构可以适用不同产品清洗。

为防止温度变化对加工精度的影响，中间清洗采用常温清洗。最终清洗采用高压定位清洗，保证产品的清洁度。清洗液进行两级过滤，一级过滤精度＜50μm，二级过滤精度＜20μm。采用乳化液单机自循环。

8）安全防护

设备选用全封闭防护结构，产生雾气的设备配备通风过滤装置。

9）机械化和自动化水平

工序间运输采用机动摩擦辊道，工件自动输送。除高速加工中心等单机设备采用人工借助辅助上下料装置装卸工件外，其他工序均为全自动机床或自动线。毛坯、成品采用叉车进行运送。

3.2 连杆制造

连杆是发动机中重要的杆类组件，在工作中承受压缩、拉伸和弯曲等交变载荷，因此需具有足够的抗疲劳强度和结构刚度，质量尽可能小。其工艺特点是：外形较复杂，不易定位；杆身细长、刚度差，容易变形；尺寸公差、形状和位置公差要求很严，表面粗糙低。

3.2.1 连杆结构工艺性及技术要求

3.2.1.1 连杆结构特点

如图 3-19 所示，连杆由连杆小头、连杆杆身和连杆大头等部分组成。连杆大头为分开式结构，连杆体与连杆盖用螺栓连接。大头孔和小头孔内分别安装轴瓦和衬套。为了减轻重量且使连杆具有足够的强度和刚度，连杆杆身的截面多为工字形，其外表面不进行机械加工。有些连杆在结构上规定有工艺凸台、中心孔等，作为机械加工时的辅助基准。

连杆的大头和小头端面，一般与杆身对称。有些连杆在结构上规定有工艺凸台、中心孔等，作为机械加工时的辅助基准。

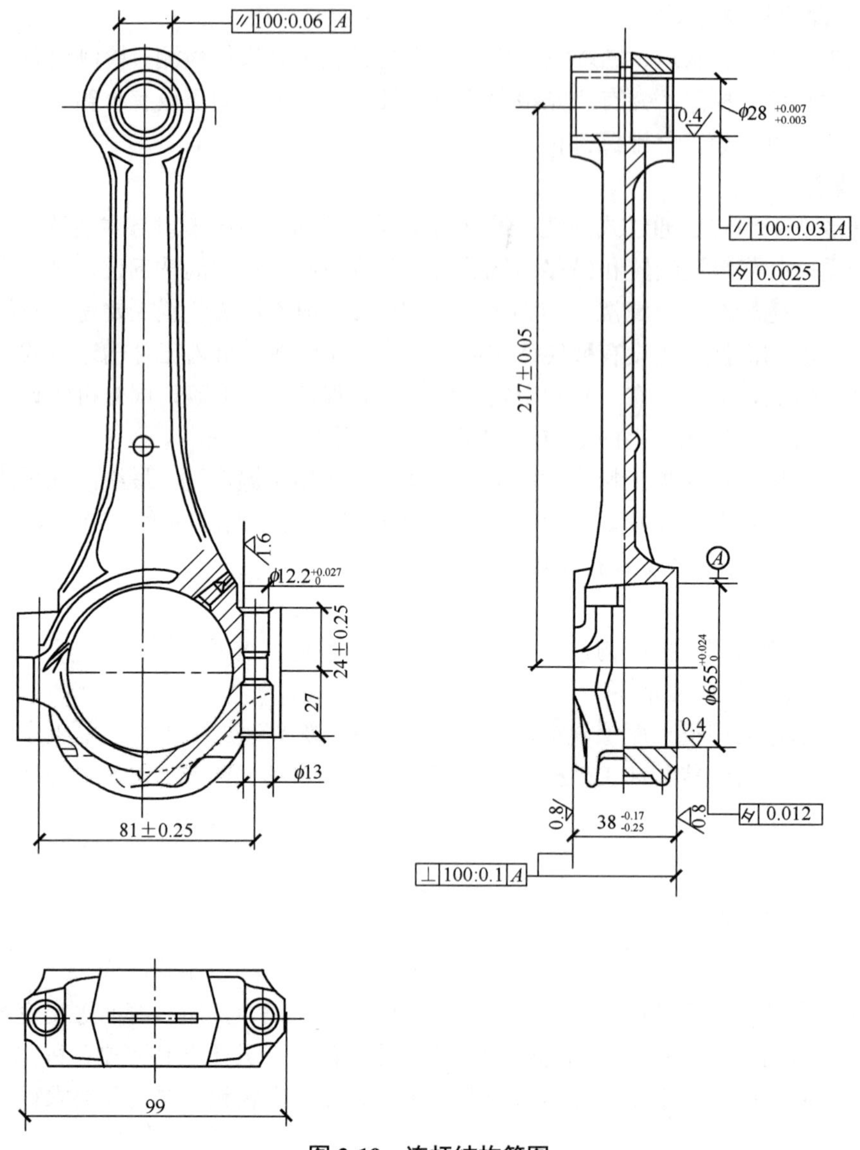

图 3-19　连杆结构简图

3.2.1.2　连杆的结构工艺性分析

连杆的结构形式直接影响机械加工工艺的可靠性和经济性。除常规结构要素外，影响连杆结构工艺性的因素，主要有以下几方面。

1）连杆盖和连杆体的连接方式

连杆盖和连杆体的定位方式主要有齿形、套筒、定位销和止口四种，如图 3-20 所示齿形定位精度高，接合稳定性好，制造工艺也较简单，连杆螺栓孔为自由尺寸，接合面上的齿形或凸肩可采用拉削方法加工，适用于大批大量生产；成批生产时，可用铣削方法加工。套筒定位是在连杆盖上的每一个连杆螺栓孔中，同心地压入刚度大、抗剪切的定位套筒。优点是能实现多向定位，定位可靠，拆装大头盖十分方便；缺点是对工艺要求高，易发生因过定位而引起连杆大头孔严重失圆的情况，大头孔横向尺寸较大。定位销定位与套筒定位的原理及优缺点基本相同。止口定位限制的自由度与齿形定位一样，但形状及工艺更为简单、成本低；缺点是大头横向尺寸较大，不紧凑。

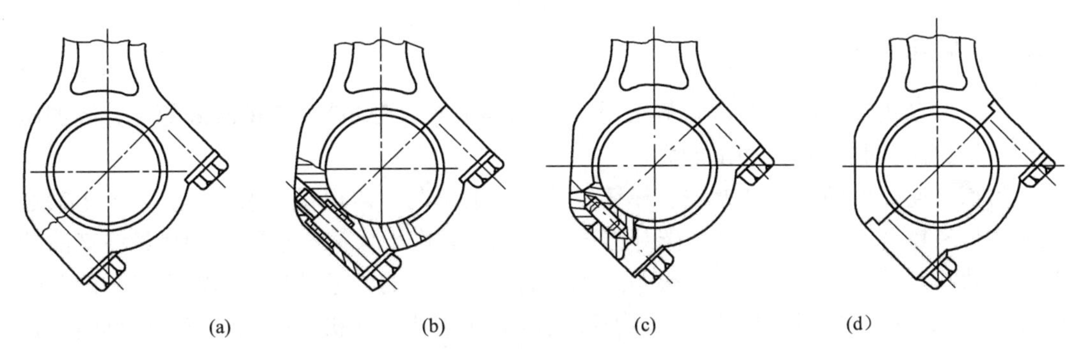

图 3-20 连杆盖和连杆体连接的定位方式

（a）齿形定位 （b）套筒定位 （c）定位销定位 （d）止口定位

2）连杆大、小头厚度

连杆大、小头厚度相等时，比较方便定位及装夹；如连杆厚度不等时，可在工艺过程中先按等厚度加工，最后再将连杆小头加工至所需尺寸。

3）连杆杆身油孔的大小和深度

连杆大头钻有油孔，可以使润滑油喷出润滑汽缸壁；连杆小头顶部铣槽或钻孔可将润滑油引入小头衬套，润滑活塞销；较粗的连杆杆身钻有深油孔，从连杆大头通向小头衬套，油孔一般为 Φ（4～Φ8）mm，为避免深孔加工困难，有些连杆采用深孔钻或者以阶梯孔代替小直径通孔。

3.2.1.3 连杆的主要技术要求

汽车发动机连杆主要技术要求如下：

① 连杆小头孔的尺寸公差不低于 IT7，表面粗糙度 *Ra* 值不大于 0.80μm，圆柱度公差等级不低于 7 级。小头衬套孔的尺寸公差不低于 IT6，表面粗糙度 *Ra* 值不大于 0.40μm，圆柱度的公差等级不低于 6 级。

② 连杆大头孔的尺寸公差与所用轴瓦种类有关。当直接浇铸巴氏合金时，大头底孔为 IT9；当采用厚壁轴瓦时，大头底孔为 IT8；当采用薄壁轴瓦时，大头底孔为 IT6。表面精糙度 *Ra* 值不大于 0.80μm，圆柱度公差等级不低于 6 级。

③ 连杆小头孔及小头衬套孔轴线对连杆大头孔轴线的平行度：在大、小头孔轴线所决定的平面的平行方向上，平行度公差值应不大于 100:0.03；垂直于上述平面的方向上，平行度公差值应不大于 100:0.06。

连杆大头两端面对连杆大头孔轴线的垂直度公差不应低于 8 级。两端面表面粗糙度 *R*a 值不大于 1.25μm。

连杆大、小头孔中心距的极限偏差一般为±0.05mm。

④ 为了保证发动机运转平稳，对于连杆的重量及装在同一台发动机中的连杆重量差都有要求。有些对运转平稳性要求高的发动机，对连杆小头重量和大头重量分别给以规定。

3.2.2　连杆制造工艺过程

3.2.2.1　材料及毛坯

汽车发动机连杆的材料，一般采用 45 钢或 40Cr、45Mn2 及 35CrMo 等，并经调质处理，以提高其强度及抗冲击能力。

目前，连杆毛坯的生产方法有模铸工艺、模锻工艺、常规粉末冶金工艺、粉末锻造工艺、粉末热挤压—锻造工艺、碳纤维强化工艺等。由于模锻成型具有接近最终产品的几何形状和尺寸精度，并同时改善其组织，能获得更高的力学性能；模锻钢连杆的疲劳强度和可靠性高，适用于负荷大、转速高的汽油和柴油发动机，因此，在连杆制造中占据主导地位。

钢制连杆一般采用锻造。在单件小批生产时，采用自由锻造或用简单的胎模进行锻造；在大批大量生产中采用模锻。模锻时，一般分两个工序进行，即初锻和终锻，通常在切边后进行热校正。中、小型的连杆，其大、小头的端面常进行精压，以提高毛坯精度。

连杆锻坯有两种型式：连杆体、连杆盖分开的分开锻件和连杆体与连杆盖合在一起的整体锻件。分开锻造的连杆盖，金属纤维是连续的，在强度方面优于整体锻造的连杆盖。整体锻造的毛坯，需要在以后的机械加工过程中将其分开，为保证切开后粗镗孔余量的均匀，通常将大头孔锻成椭圆形。整体锻件较分开锻件增加了切开连杆盖的工序，但减少了毛坯制造的劳动量，并降低了材料的损耗，又可使与连杆体的端面同时加工，减少工序数目，所以采用整体锻造的毛坯较多。

常见的汽车发动机连杆模锻工艺流程为：下料→感应加热→辊锻制坯→预锻与终锻→切边与冲孔→预热淬、回火→喷丸→清理校正→压印→探伤。

3.2.2.2　定位基准

连杆自身的结构特点给其机械加工带来了许多困难。在选择定位基准时可考虑以下几点：

① 为保证大头孔与端面垂直，加工大、小头孔时，应以一端面为定位基准。为区分作为定位基准的端面，通常在非定位一端的杆身和连杆盖上各锻造出一凸点（小凸台），以作标记，如图 3-21 所示。

② 为保证两孔位置公差要求，加工一孔时常以另一孔作为定位基准，即互为定位基准。

③ 连杆加工中，大多数工序以大、小头端面，大头孔或小头孔，以及零件图中规定的工艺凸台为精基准。

工艺凸台的设置如图 3-21 所示。图 3-21（a）在大、小头侧面都设有工艺凸台，用端面（图中未画定位符号）、大头孔和工艺凸台为基准加工小头孔。图 3-21（b）在大头侧面设有工艺凸台，用端面、小头孔和大头工艺凸台为基准加工接合面。图 3-21（c）

在大、小头侧面和小头顶面设有工艺凸台，用端面和工艺凸台为定位基准加工大头孔（或小头孔），也可以同时加工大、小头孔。这种结构形式可使加工时的定位基准不变，不仅用于加工时的定位，也便于在自动化生产中作为输送基面，因而在大批量生产方式中得到广泛应用。

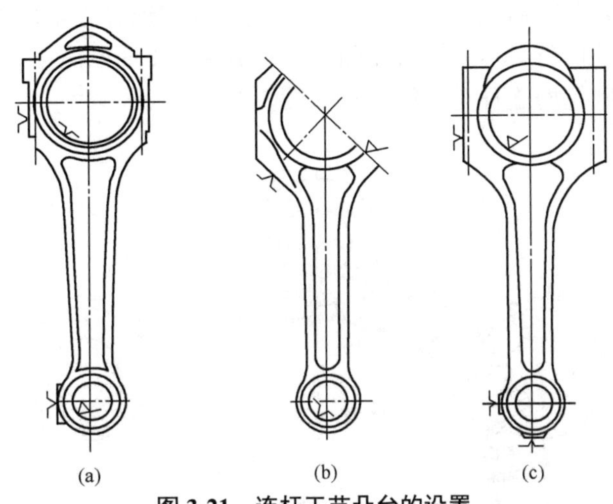

图 3-21 连杆工艺凸台的设置

④ 根据需要设置辅助基准。有的连杆在大、小头侧面有三个或四个中心孔作为辅助基准，如图 3-22 所示。采用三个或四个中心孔的定位方法，不仅可以使加工过程中基准不变，而且还可以实现大、小头孔同时加工。

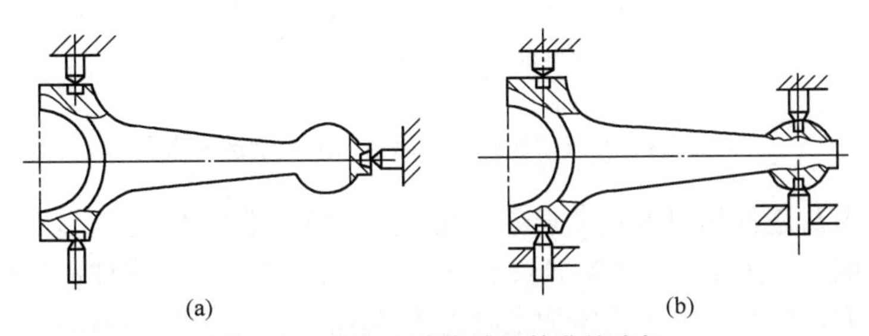

图 3-22 以中心孔作辅助基准的连杆

3.2.2.3 主要表面加工方法与装备

连杆的主要加工表面为大、小头孔，端面，连杆盖与连杆体的接合面和连杆螺栓孔；次要加工表面为油孔、锁口槽等。

1）端面的加工

连杆大、小头端面，是连杆机械加工中的主要定位基准，在工艺过程中首先加工这两端面，再粗加工其他表面；等精磨两端面后，再精加工其他表面。

端面的粗加工方法，根据毛坯的尺寸公差和加工余量，可以采用铣削或磨削加工。毛坯精度低时，多以杆身定位，可以同时加工两端面；毛坯精度高时，可以用连杆一端面定位，加工另一端面，再翻转 180°加工定位基面。成批生产时，两端面加工多采用铣削后进行磨削，铣削端面在四轴卧式铣床上以连杆对称平面定位，同时铣削连杆大、小头两端面；大批量生产时，提高毛坯精度，直接粗磨两端面。

磨削端面可在单轴平面磨床、卧式双端面磨床或立式多轴圆台平面磨床上进行。大批大量生产中广泛使用立式多轴圆台平面磨床，用砂轮端面磨削连杆端面。这种平面磨床有双砂轮、三砂轮、四砂轮和五砂轮等形式。对等厚度连杆则多用五轴圆台平面磨床。磨削时，可顺序地进行粗磨和半精磨端面。在五轴圆台平面磨床上，用三个砂轮磨连杆大头端面，用两个砂轮磨连杆小头端面，如图 3-23 所示。

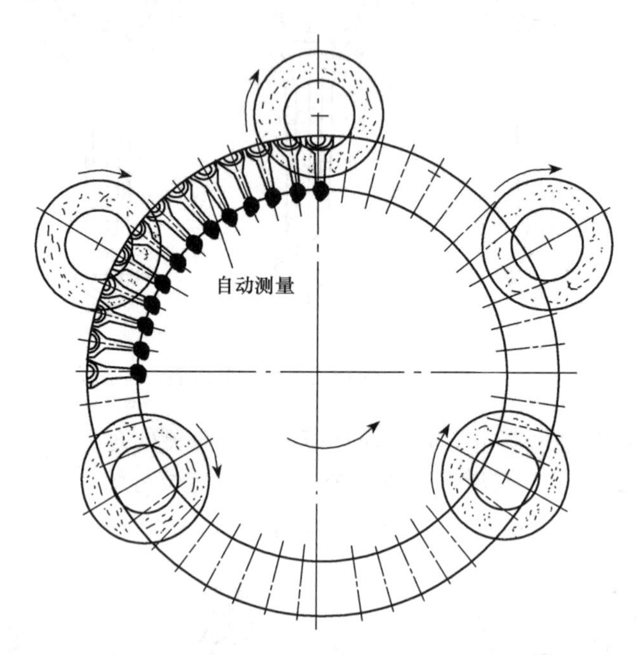

图 3-23　在五砂轮圆台平面磨床上磨削连杆端面

由于连杆盖与连杆体厚度尺寸误差不同，接合面与端面不垂直，以及螺栓孔位置偏移等误差的影响，往往使大、小头端面不在一个平面上，因此，连杆盖与连杆体合装后，必须精磨两端面，为大、小头孔精加工时提供精确的定位基准。在精磨时，为减少大头端面不平整产生的装夹误差的影响，可采取如下措施：

用磁性工作台定位时，可将连杆盖厚度制成比连杆体小 0.5mm。磨削时，只是连杆体在磁性工作台上定位而连杆盖悬空，如图 3-24（a）。

采用自动夹紧的多位夹具装夹磨第一端面时，定位元件只支承在连杆体的大头半圆端面和小头端面处，连杆盖下面悬空，从连杆体半圆孔处夹紧，如图 3-24（b）所示。即用 F_{c1} 力夹紧，而不用 F_{c2} 力夹紧，使夹紧力作用于定位元件的支承平面内。磨另一端面时，可用已磨过的端面定位。

2）连杆辅助基准和其他平面的加工

辅助基准主要是指连杆上的工艺凸台和连杆侧面。其他平面指的是连杆盖与连杆体的接合面和连杆盖、连杆体与螺栓头、螺母的支承面等。这些表面常用铣削或拉削加工，接合面的精加工一般用磨削。

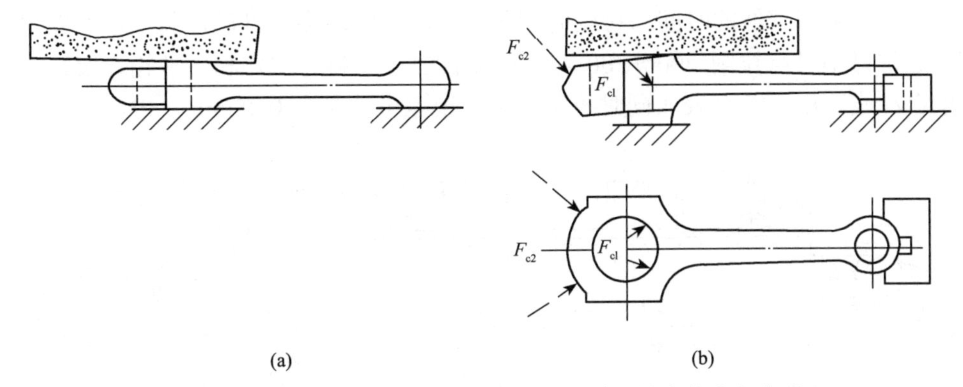

图 3-24 当大头端面不平整时精磨连杆端面的定位夹紧方式

在拉削中，有在双溜板立式外拉床和卧式连续式拉床上拉削两种方式。在立式外拉床上拉削时，为提高生产率和保证各加工表面的位置公差，常将几个表面组合起来同时进行拉削。根据连杆结构的不同，有不同的组合加工方式。图 3-25 所示为分开锻造的、小头无工艺凸台，侧面为辅助基准的连杆。在图 3-25（a）所示的组合加工方式中，第 1 工步拉削连杆体侧面和半圆孔；第 2 工步拉削接合面和螺栓头支承面。在图 3-25（b）中，第 1 工步拉削连杆体侧面和螺栓头支承面；第 2 工步拉削接合面和半圆孔。加工上述平面时，是以小头孔，连杆体大、小头端面和大头外形表面定位的。

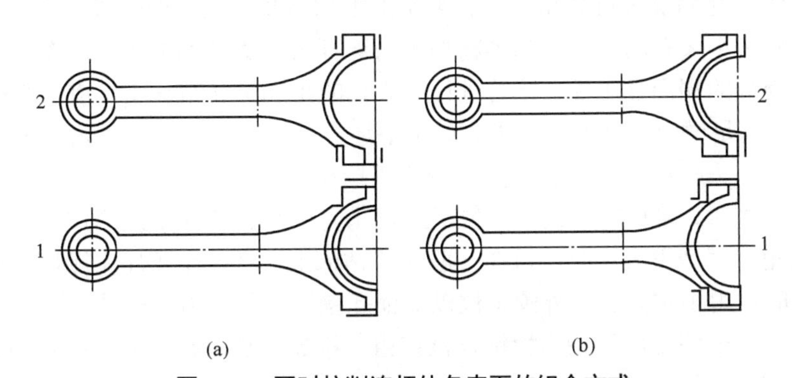

图 3-25 同时拉削连杆体各表面的组合方式

大批大量生产中，国内、外广泛采用连续式拉床拉削连杆。图 3-26 为卧式连续式拉床示意图。电动机 9 通过传动带使主传动链轮 11 旋转，链条连续运动，使连接在链条 8 上的一组

夹具 6 在机床床身导轨上连续移动。组合式拉刀安装在刀具盖板 7 内，当装有工件的夹具从床身和拉刀刀齿间通过时，就逐渐地对工件进行拉削。加工时，被拉削的连杆放在夹具上，首先通过工件校正装置 3 校正连杆位置；然后，经过毛坯检验装置 4，如连杆安装位置不正确或余量过大，连杆外表面就会碰到毛坯检验装置，作用于微动开关，使机床运动停止下来，以防止拉刀和拉床损坏；若连杆位置正确，则顺利通过毛坯检验装置。同时，夹具经过夹紧用撞块 5 使连杆得到夹紧。拉削完毕，夹具碰到松开用撞块 10，将连杆松开，当夹具在翻转状态时，连杆从夹具中脱落，进入下料机构 12。用连续

式拉床加工，装卸工件的时间与拉削时间重合，而且实现多工件顺序拉削，所以生产率很高，通常每小时可拉削200～300件。如配备自动上料、定位和工件输送装置，可组成拉削自动线。由于多个表面同时拉削，尺寸误差可控制在0.05mm之内，尺寸稳定。

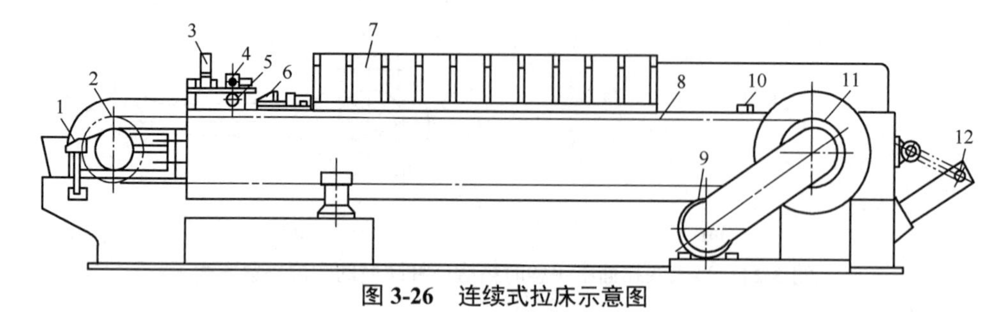

图3-26　连续式拉床示意图

1．电气按钮站　2．张紧链轮　3．工件校正装置　4．毛坯检验装置　5．夹紧用撞块　6．夹具
7．刀具盖板　8．链条　9．电动机　10．松开用撞块　11．主传动链轮　12．下料机构

连杆体与连杆盖的接合面，拉削后还需进行磨削。可在立式双轴圆台平面磨床上成对地磨削连杆体和连杆盖的接合面，这类机床可进行多工件连续加工，因此生产率很高，适于大量生产。

3）连杆大小头孔的加工

连杆大小头孔的加工可分粗加工、半精加工和精整加工三个阶段。

（1）连杆大小头孔的粗加工和半精加工　连杆大小头孔的加工，是连杆机械加工的重要工序。连杆的端面加工后，接着进行小头孔的粗加工和精加工，使孔的尺寸公差达到H7级，以满足做定位基准的要求。如果毛坯已冲出孔，以扩孔作粗加工。小的连杆毛坯上没有孔，需先钻孔、扩孔，然后铰孔或拉孔。

生产量较大时，采用转台式多工位组合机床完成小头孔的钻孔或扩孔、铰孔或镗孔以及孔口倒角。生产量较小时，可在一般立式钻床上，在一个工序中顺序完成钻、扩、铰孔。加工时，用小头非加工外圆定位以保证孔壁厚均匀。由于枪钻、枪铰工艺使用范围的日益扩大，一些工厂开始用枪钻、枪铰粗、精加工小头孔，减少了孔加工工步数，生产率也得到提高。

在大量生产中，多用钻（或扩）、拉方案进行小头孔的粗加工和半精加工。该方案的生产率高，且加工精度容易保证。如某汽车制造厂在粗磨连杆大、小头端面后，钻通小头孔，并经小头孔两端倒角后，进行拉孔。拉削小头孔，通常在立式拉床上进行。

对于整体式连杆毛坯，大头孔的粗加工，可以在切开连杆盖前或切开连杆盖后进行。在切开前加工，是当端面和小头孔加工后，通过两次偏心扩孔或偏心镗孔加工出椭圆孔。多数情况下，大头孔是在切开连杆盖后并在连杆体合装在一起进行加工。生产量较大时，用多轴镗头和多工位夹具或多工位机床进行加工。大量生产时，可以在连杆盖切开（铣削或拉削）后，在连续式拉床上将大头侧面、半圆孔和接合面等一起进行拉削；或者在几台连续式拉床上分别拉削大头侧面、螺栓头及螺母的支承面，切开连杆盖和拉削连杆盖、连杆体的接合面、半圆孔。

（2）连杆大小头孔的精加工和光整加工　连杆大头孔半精加工、精加工和光整加工是在连杆体和连杆盖合装后进行的；而小头孔因在合装前已加工到一定尺寸公差，所以合装后直接进行精加工。一般小头底孔和衬套孔采用金刚镗，大头孔多采用金刚镗及珩磨。此外，有的连杆小头底孔拉削后，不再进行金刚镗，仅金刚镗大头孔；有的连杆小头底孔、大头孔均经珩磨；有的连杆大、小头孔均以金刚镗为最后加工；有的则以脉冲式滚压代替珩磨。

① 连杆大、小头孔的金刚镗：金刚镗是保证连杆大、小头孔中心距公差和位置公差的主要方法。镗大头孔和小头衬套底孔，可分开进行，也可以在多轴镗床上同时进行。

连杆小头衬套孔的加工，在大、小头孔经过金刚镗，大头孔又经过珩磨和小头孔压入衬套后进行。为了保证大、小头孔间的位置公差，通常将大头孔装在液性塑料心轴上，小头孔插入定位插销，以实现按大、小头孔和端面定位，夹紧后拔出插销，以加工小头衬套孔。插销为菱形销，为消除配合间隙，也可选用锥体菱形销。

由于连杆刚性低，易变形，所以必须合理确定夹紧方式。如果夹紧连杆的方法不完善，在夹紧力的作用下，连杆会发生变曲和扭曲变形，而使加工后的孔出现相当大的位置（平行度）误差。因此，在设计夹具时除了要控制夹紧力大小外，还采用浮动夹紧装置等，使工件在正确位置的状态下定位、锁紧，保证镗孔时连杆不会产生弯曲和扭曲。为保证大、小头孔中心距尺寸公差和平行度公差，大、小头孔也可以同时进行金刚镗。图 3-27 所示为一种连杆小头浮动夹紧装置。

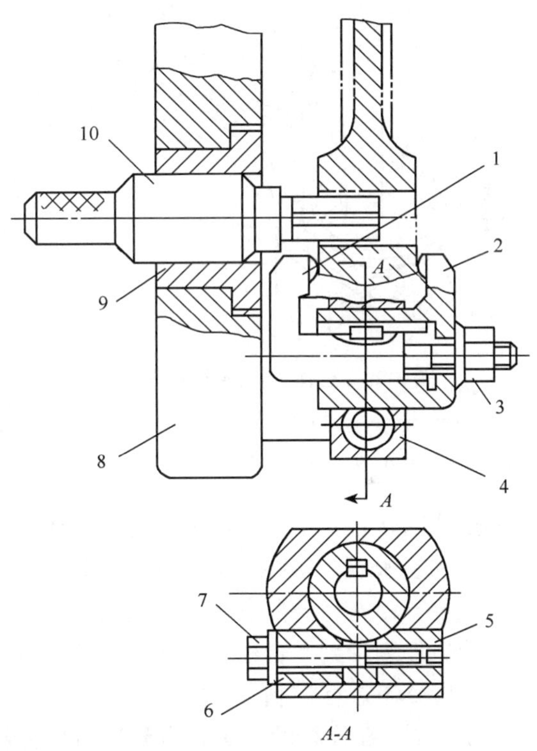

图 3-27　连杆小头浮动夹紧装置

1、2.浮动夹爪　3.螺母　4.支座　5、6.锁紧套　7.锁紧螺栓　8.夹具体　9.定位套　10.定位插销

② 连杆大头孔的珩磨：连杆大头孔的最后加工一般用珩磨。因为珩磨只能减少孔本身的尺寸误差、形状误差和减小表面粗糙度，不能减少孔的位置误差，所以大、小头轴线间的位置公差，应在上一工序金刚镗孔时保证。

珩磨连杆大头孔时，为了保证轴线位置公差和防止产生喇叭孔口，可加长油石长度，减小越程，以使导向可靠。此外，有些工厂采用了珩磨头带导向和夹具浮动自动定心的结构，有效地提高了珩磨质量。珩磨头进入孔之前，先经过一个导向套筒，这样在珩磨过程中珩磨头即变成刚性连接，而工件浮动，保证了连杆大头孔轴线对端面的垂直度，并使孔端喇叭口和圆度误差较小。

在珩磨连杆时，一般采用自动测量装置或数控机床，保证在达到要求尺寸时使其停止加工。

4）整体精锻连杆裂解加工工艺

连杆裂解工艺（又称连杆涨断工艺）是利用材料断裂理论，首先在整体锻造连杆毛坯大头轴承孔内适当位置预制特定缺口（裂纹槽），形成初始断裂源，再主动施加垂直于预定断裂面的载荷进行引裂，最终在几乎不发生塑性变形的情况下，使连杆本体与连杆盖在缺口处按设计的方向产生规则裂断，实现连杆体与连杆盖的无屑断裂剖分。

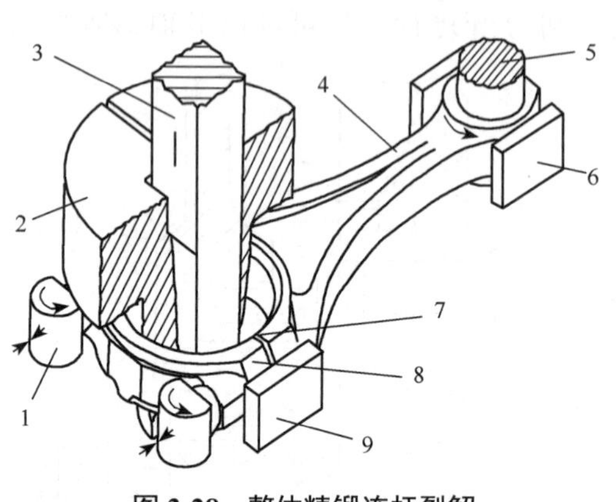

图 3-28　整体精锻连杆裂解

1．连杆螺栓　2．大头芯棒　3．胀塞　4．连杆　5．小头芯棒　6、9．定位块　7．V 形槽　8．连杆盖

胀断过程如图 3-28 所示。通过直接进料驱动装置使连杆到达指定的胀断装置处，胀断装置由一个带吹气嘴的芯棒及定中心元件组成，胀断装置对大头孔施加一个撑开的力，这样在 V 形凹槽处将形成应力集中，从而将连杆体和连杆盖撑断，并沿着 V 形槽准确断裂。连接到颗粒过滤器及吸气装置的管路用于吹走胀断时的颗粒，从而达到用压缩空气吹去断面残渣的目的。整个胀断工序包括以下工步内容：应力槽加工，体盖胀断，吹屑（胀断口清理），体盖合装。

轿车发动机连杆的裂解工艺工艺一般采用六工位回转台式组合裂解机，通过下述的六个工位完成裂解、装螺栓及预拧紧、定扭距拧紧到屈服点、压装小头衬套并精整。

工位一：先对一根裂解装配完的连杆进行轴向及径向错位检测，然后自动下料，而将不合格件剔除到不合格品的料道上。随后一根未裂解的连杆自动上料，并对连杆的型号、位置姿态进行控制。

工位二：在连杆的大头孔内激光切割裂解槽，要求槽深（0.4±1）mm，槽宽 0.3mm，起点及终点处除外。激光切割的起点设置在一侧倒角的中间位置，而终点设置在另一侧倒角的中间位置。

工位三：裂解连杆并吹断所脱落的碎屑。

工位四：装连杆螺栓并预拧紧。快速带上螺栓至力矩为（5±2）N・m，随后电动拧紧至（30±3）N・m，然后继续转角 90°±10°。采用屈服点控制拧紧法，对最大力矩、最大转角及梯度进行控制，最终力矩控制在 40～70N・m。

工位五：松开螺栓三圈，摇动连杆盖并吹吸断面所脱落的碎屑，之后预拧力矩至（10±2）N・m，电动拧紧至 30±3N・m。然后采用屈服点控制拧紧法，如工位 4 一样，最终力矩控制范围为（40～70）N・m。

工位六：压装并精整连杆衬套，压装过程中应对压装力及路径进行监控，使衬套接缝位于与连杆轴线呈 45°的两个位置，压装角度为 45°±10°。

对胀断面的评定标准是：裂解过程中大头孔不能产生明显的塑性变形；胀断面

能够完全啮合；胀断外表面掉渣小于 3mm；胀断面内掉下的单个颗粒（最多五个）小于 3mm；胀断面凸缘小于 3mm；胀断面的倾斜度不允许超过 3mm；涨断面不能有旁向涨断裂纹。

连杆胀断槽有两种加工工艺，即拉削加工和激光加工。采用拉削方法加工时，拉刀在加工过会出现磨损，影响被拉削的胀断槽的形状，继而影响连杆大头孔在胀断后的变形，常常出现胀断时一个分离面已断开，而另一个分离面尚未完全断开的现象。激光加工时通过调节激光的脉冲频率和脉冲强度来控制胀断槽的深度及宽度，可保证两个胀断槽的形状一致，即保证了连杆大头孔在胀断后的变形一致，同时，激光加工还具有柔性好、加工运行费用低等优点。

采用该工艺裂解连杆本体与连杆盖，其接合面具有完全吻合的犬牙交错结构，在后续的大头孔精加工及装配过程中，分离后的连杆体与连杆盖在断裂面处自然啮合，精确合装。这种工艺不但提高了连杆的承载能力与抗剪能力，同时使连杆螺栓孔的结构设计及整体加工工艺更为简单，具有加工工序和精加工设备少、节约材料、降低能耗、产品质量好、生产成本低等优点。目前，国内采用连杆胀断工艺的汽车厂及设备制造厂有一汽大众、上海大众、上海通用和奇瑞公司等。

3.2.2.4 典型发动机连杆机械加工工艺过程

1）连杆零件加工工序的安排

（1）主要表面机械加工工序的安排　为了保证主要表面的加工精度和表面粗糙度的要求，连杆在机械加工时，应分粗加工、精加工和光整加工工序三阶段进行。粗加工阶段是连杆体和连杆盖合并前的加工阶段，包括基准面及辅助基准面的加工，连杆体与连杆盖结合面的铣、磨加工等；半精加工阶段是指连杆体和连杆盖合并后的加工，如精磨两平面、半精磨大头孔及孔口倒角等，是为精加工大、小头孔做准备的阶段；精加工阶段主要是最终保证连杆主要工作表面，即大、小头孔全部达到图样要求，如珩磨大头孔，精镗小头活塞销轴孔等。

根据连杆的结构特点及机械加工的要求，各表面的加工顺序大致可归纳如下：加工大、小头端面；加工基准孔（小头孔）和工艺凸台；粗、半精加工主要表面（包括大头孔、接合面及螺栓孔等）；把连杆盖和连杆体装配在一起；精加工连杆总成；校正连杆总重量；对大、小头孔进行精加工和光整加工。

（2）其他工序的安排　连杆非机械加工技术要求有喷丸、探伤和称重。此外，还有去毛刺、清洗、检验等工序。

喷丸处理工序安排在模锻毛坯和热处理工序之后，其目的一是去除连杆表面上因锻造和热处理而产生的氧化皮；二是使毛坯表面生成一层硬化层，提高材料的表面强度。

喷丸处理工序之后进行探伤工序，目的是检查连杆是否有锻造裂痕和热处理裂纹。如果使用磁力探伤，在探伤工序之后应安排退磁工序，避免因剩磁的存在而影响连杆使用性能。

连杆的称重工序在生产线的终端。连杆的质量及大小头质量的分配影响到曲轴连杆机构的运动平衡及整机动平衡，进而影响到发动机的噪声、振动和寿命，因此必须严格控制每组连杆的总质量及大小头质量。

根据需要安排若干道去毛刺工序，如去除钻油孔毛刺等工序。连杆在加工过程中产生的毛刺，直接影响流水线，特别是自动线生产中定位的可靠性。这些毛刺若不及时去除，会影响刀具的使用寿命、后面工序的定位精度、加工质量和装配精度，甚至影响整机的装配精度和清洁度。

清洗是为了清除附在连杆表面上的切屑和污物，使工件洁净，以保证加工质量、检验方便可靠准确。一般安排 2～3 道清洗工序，即：连杆体、盖组装之前，综合检测之前，入库前。

打字工序。一般连杆生产线上安排有两道工序对连杆进行打字，一是在大头孔切开之前，在连杆体和连杆盖上打有内容相同的字，保证在分开后不与其他工件混淆；二是在连杆称重后，标记连杆重量的组号，防止在装配线上与其他连杆混淆。

检验工序是保证产品质量、防止不合格品出现的重要措施。一般生产线在每道工序均安排有操作者自检项目，并根据需要规定不同的检验频次。对一些关键工序和重要参数，配有电子塞规测量仪等高精度的检测仪器。加工完毕后进行终检，对重要参数进行 100%检查。

【补充阅读资料】

连杆的检验

连杆的检验主要分为连杆盖、连杆体和连杆总成的检验。在连杆体的检验中，对连杆小头孔的孔径尺寸用气动量规检验，对小头孔轴线与端面的垂直度、接合面到小头孔的中心距及对端面的垂直度均采用专用检具检验。在连杆总成的检验中，主要检查各主要表面的尺寸及位置精度，例如大、小头孔的直径尺寸及形状公差（使用气动量规进行检验，并对小头衬套孔尺寸进行分组），大、小头孔的中心距，大、小头孔轴线在两个相互垂直方向的平行度（使用专用检具进行检验）、扭曲度，大孔对端面垂直度等。

除了传统的生产线外检验方法外，在大量生产的自动化生产过程中，在自动线上设有切削加工的检测工位，在工件未加工前对其测量，按测量的数值不同，采用不同的加工参数进行加工。在关键设备，如连杆精镗、珩磨和平面磨削等设备上采用主动测量、自动补偿装置对加工尺寸进行实时修正，使实际尺寸保持在公差带中心附近。

在大量生产的条件下，连杆在加工完成时采用连杆综合自动检查机进行检测，对连杆关键部位尺寸和形状、位置精度需要进行 100％的检测。连杆综合自动检查机检测的特点是可进行多项检测，并且检测精度高，生产率和自动化程度高。

2）典型发动机连杆机械加工的工艺过程

连杆的机械加工工艺过程，随生产类型、结构特点、工厂设备条件等不同而异。在汽车发动机的制造中，连杆的加工多属于大批大量生产，广泛采用先进工艺和高生产率专用机床，实现机械加工、连杆盖和连杆体装配、称重、检验、清洗和包装等工序自动化。表 3-4 所示为某发动机公司大批量生产整体锻造连杆的机械加工工艺过程。

表 3-4 大批量生产整体锻造连杆的机械加工工艺过程

<table>
<tr><th>工序号</th><th colspan="2">工序内容</th><th>基准面</th><th>设备</th><th>工艺说明</th></tr>
<tr><td>10</td><td colspan="2">粗磨两端面</td><td>毛坯基准（小头外圆及大头内孔）</td><td>卧式双端面磨床</td><td>1. 一次安装多个夹具
2. 卧轴砂轮两边对置，同时磨削工件两端面</td></tr>
<tr><td rowspan="8">20</td><td>工位一</td><td>上料</td><td rowspan="8">端面、大小头内孔</td><td rowspan="8">八工位自动线</td><td rowspan="8">1. 标记面朝下
2. 保证大小头中心距</td></tr>
<tr><td>工位二</td><td>钻小头孔、预镗大头孔并倒角一侧</td></tr>
<tr><td>工位三</td><td>铰小头孔、镗大头孔并倒角一侧</td></tr>
<tr><td>工位四</td><td>铣大端两侧面，钻油孔</td></tr>
<tr><td>工位五</td><td>铣两侧螺栓座面，钻螺栓孔中心孔并倒角</td></tr>
<tr><td>工位六</td><td>钻螺栓孔中心孔并去油孔毛刺</td></tr>
<tr><td>工位七</td><td>攻丝并去出口毛刺</td></tr>
<tr><td>工位八</td><td>下料</td></tr>
<tr><td rowspan="8">30</td><td>工位一</td><td>上下料</td><td rowspan="8">侧面、小头内孔</td><td rowspan="8">八工位自动线</td><td rowspan="8">1. 调节激光的脉冲频率和脉冲强度来控制裂解槽的深度及宽度
2. 拧紧螺栓至要求：(25±3) N・m 再转角 90°±5°拧紧至 7N・m 处。
3. 设有等待功能。</td></tr>
<tr><td>工位二</td><td>空工位</td></tr>
<tr><td>工位三</td><td>激光加工涨断槽</td></tr>
<tr><td>工位四</td><td>涨断并清洁断面</td></tr>
<tr><td>工位五</td><td>安装螺栓（螺栓进料、安装并预拧紧，松开螺栓，清理结合面，拧紧螺栓）</td></tr>
<tr><td>工位六</td><td>空工位</td></tr>
<tr><td>工位七</td><td>衬套进料，压套，精整</td></tr>
<tr><td>工位八</td><td>空工位</td></tr>
<tr><td>40</td><td colspan="2">精磨两端面</td><td>小头外圆及大头内孔</td><td>卧式双端面磨床</td><td>同工序 10，保证两端面的平面度和相互平行度</td></tr>
<tr><td rowspan="5">50</td><td>工位一</td><td>上料并检查连杆厚度</td><td rowspan="5"></td><td rowspan="5">五工位自动线</td><td rowspan="5">标记面朝里，大头朝上</td></tr>
<tr><td>工位二</td><td>镗大头孔，铣锁瓦槽，去毛刺</td></tr>
<tr><td>工位三</td><td>小端面减薄</td></tr>
<tr><td>工位四</td><td>加工柴油机小端斜面</td></tr>
<tr><td>工位五</td><td>下料并检测小端厚度</td></tr>
<tr><td rowspan="9">60</td><td>工位一</td><td>称重去重</td><td rowspan="9"></td><td rowspan="9">九工位称重去重自动线</td><td rowspan="9">1. 工位四将数据传入到工位六
2. 在工位九剔除不合格工件</td></tr>
<tr><td>工位二</td><td>空工位</td></tr>
<tr><td>工位三</td><td>粗铣大头去重凸台</td></tr>
<tr><td>工位四</td><td>称重</td></tr>
<tr><td>工位五</td><td>空工位</td></tr>
<tr><td>工位六</td><td>精铣大头去重凸台</td></tr>
<tr><td>工位七</td><td>空工位</td></tr>
<tr><td>工位八</td><td>复称</td></tr>
<tr><td>工位九</td><td>下料</td></tr>
</table>

（续）

工序号	工序内容		基准面	设备	工艺说明
70	工位一	上下料		四工位回转台镗床	保证大小头中心距
	工位二	半精镗，精镗小头孔	端面、侧面、大头孔		
	工位三	半精镗，精镗大头孔	端面、侧面、小头孔		
	工位四	检测大小头孔直径并反馈至工位二和工位三			
80	工位一	上料		通过式清洗机	最终清洗
	工位二	清洗			
	工位三	吹干、冷却			
	工位四	下料			
90	工位一	上料		全自动测量分选自动线	100%检测：圆度、中心距、平行度和两母线平行度，大头孔垂直度、连杆扭曲度、弯曲度和厚度
	工位二	综合检验			
	工位三	打标记			
	工位四	下料			

3.2.2.5 连杆自动化生产线及装备

下面以某发动机连杆生产线为例介绍连杆自动化生产线及装备概况。

该生产线主要包括四条柔性专机自动线、两台双端面磨床、一台称重去重设备、一台清洗机、一台综合测量机以及一套在线和线下测量装置。其中关键工序配备了在线测量装置，工序间自动料道输送，上料料道处设有品种识别装置，防止错误连杆毛坯对设备和刀具造成损坏。另外，部分刀具还运用了刀具破损检测功能（ARTIS 监控）。整线采用卧式双端面磨、激光切割涨断槽、涨断和以镗代珩等先进工艺。生产线规划产能大，生产纲领为 140 万件/年（年工作 251 天，两班制，设备负荷率 80%），生产节拍为 8.1s。其主要设备如下：

1）连杆大头分离及装配柔性专机自动线

该线为八工位回转台机床，具有激光加工涨断槽、涨断并清洁分离面、安装螺栓并预拧紧、松开螺栓并清洁结合面、拧紧螺栓至要求、衬套上料并压装及精整等功能。

由于采用了激光裂解工艺，使得整体生产线与传统工艺比较大大简化。主要体现在：

省略了分离面的拉削加工。由于分离面完全啮合，将连杆与连杆盖装配时，也不需要增加额外的精确定位，如螺栓孔定位（或定位环孔），只要两枚螺栓拉紧即可，这样可省去螺栓孔的精加工（铰或镗）。

在裂解后不必磨削结合面。

对螺栓孔和螺栓的精度要求有所降低，而且使用六工位自动线就可以完成螺栓孔加工。传统工艺加工连杆螺栓孔需要 14 个工位，而且需要分别定位夹紧连杆体/盖，夹具复杂，设备工装投资很大。

螺栓装配工位通过带振动式储料器的螺栓进料装置、分离装置以及带导管和气嘴的进料器，将螺栓进料、安装，并用安装在齿条式安装支架及液压驱动垂直滑台上的

BOSCH 快速拧紧机进行预拧紧，当拧紧至某一设定扭矩处时，通过设有等待功能的装置松开螺栓，清理结合面，最后拧紧螺栓至要求。

压装和精整衬套工位具备衬套自动进料功能，包括料架（电气和机械连动控制）的振动式储料器的存贮能力约半个班次，还具备分料、输送及自动定向的功能。该设备还有一个可以手工调节、带直线轴承并可用于安装压装单元的水平滑台及装于立柱中间的垂直滑台，通过监控和调整 NC 控制的压装单元及反向固定装置，达到压装之后衬套精整的目的。

2）连杆大小头半精镗/精镗自动线

该线为四工位回转镗床，一次可以同时装夹三个工件。在第一工位进行定位之后，通过工作台的旋转，可以实现一次定位夹紧，多次加工的目的，从而实现了较高的加工节拍和加工质量。该工序配有在线主动测量装置，用于测量反馈并进行自动和手动补偿，同时该测量系统具有 SPC 统计分析等功能。另外，该设备仅用一把镗刀就可实现孔径的半精加工和精加工。经过精加工的孔，可以实现储油等功能，间接达到与珩磨同等的效果，省略了传统的珩磨工艺。

3）卧式双端面粗磨及精磨工艺

与传统端面磨削工艺相比，卧式双端面磨削工艺可同时磨削连杆的两端面，获得较好的表面粗糙度、平行度和平面度，即使切削余量较大时，以上要求也能得到很好的保证。在磨削的同时，还可以实现在线厚度测量，通过测量的数据进行补偿。机床还带有金刚石滚轮，可定期对砂轮进行自动修整，从而较好地控制加工过程和质量。

3.3 曲轴制造

3.3.1 曲轴结构工艺性及技术要求

曲轴是发动机的重要零件之一。工作时，曲轴承受着周期性变化的气体压力、活塞连杆往复运动和自身旋转运动的惯性力、离心力，有时还承受扭转振动引起的附加载荷。因此要求曲轴具有足够的强度、刚度和较高的加工精度。

3.3.1.1 结构特点

曲轴的常见结构有整体式及组合式。其中整体式曲轴最为常见，其结构特点是整个曲轴为一体，由前后端和若干曲拐组成，如图 3-29 所示。大多数汽车发动机采用整体式曲轴，而组合式曲轴多用于大型低速柴油机。本节重点阐述整体式曲轴制造工艺。

图 3-29 整体式曲轴

3.3.1.2 结构工艺性

曲轴的结构与一般轴不同，因此具有如下工艺特点：

1）形状及工艺复杂，需采用专业装备

曲轴的主轴颈和曲柄销不在同一轴线上，采用传统工艺加工曲柄销时，须采取措施使曲柄销与机床主轴同心，因此使工艺过程变得复杂。加工大型整体曲轴的曲柄销时，应采用回转刀架机床加工，由刀具旋转来完成切削运动而不让曲轴回转，避免出现不平衡回转。

2）刚度差，必须采取相应的工艺措施

曲轴类似细长轴，其长径比一般为10～20，刚度很差。在自重和切削力的作用下会产生较严重的弯曲和扭曲变形，因此在工艺过程中必须采取相应的措施。例如，车外圆时，特别是在粗加工工序中，应采用具有大刚度的工艺系统；尽量使曲轴的夹紧表面或支承表面与加工面相接近，为此须安放一些必要的辅助支承（如中心架），以增强工件在切削过程中的刚性和改善其受力情况；应采用双边（床头和尾座）同时传递扭矩的机床，以减少工件的扭曲变形。

3）技术要求高

曲轴的尺寸精度、形状和位置精度及表面粗糙度都有较高的要求，必须采取一系列措施才能达到加工要求。例如，为了达到轴颈的高精度和低粗糙度的要求，必须严格划分加工阶段和采用必要的光整加工工序。在不影响精加工的前提下，热处理后的精加工工序余量应尽量减少，以免在精加工时由于切削力的影响而造成曲轴的变形等。

3.3.1.3 技术要求

汽车发动机曲轴主要技术要求如下：

1）尺寸精度和形状精度要求

① 主轴颈和曲柄销的直径尺寸：按IT6级或更高一级的公差加工。

② 曲柄半径的偏差：每100mm长不超过±0.15mm。

③ 轴径的形状公差要求：IT7级公差的1/4。

2）位置精度要求

① 主轴颈对曲轴轴线的径向圆跳动量：高速发动机为0.02～0.04mm。

② 曲柄销轴线与主轴颈轴线的平行度误差，在每100mm长度上不大于0.01mm。

③ 曲轴各曲柄间的夹角误差应不大于±15′。

④ 曲轴凸缘端面应与曲轴轴线垂直，其端面圆跳动公差，对凸缘直径在300mm以下的应不大于0.03mm，对凸缘直径在300mm以上的应不大于0.05mm。

⑤ 曲轴凸缘外圆对曲轴轴线的径向圆跳动误差，一般为0.02～0.05mm。

⑥ 曲轴的臂距差，每米活塞行程不大于0.075mm。

3）表面粗糙度要求

① 主轴颈和曲柄销：Ra=0.2～0.1μm。

② 油孔孔口和轴颈过渡圆弧表面粗糙度Ra<0.8μm。

4）其他方面的要求

曲轴所有加工表面不允许有裂纹、麻点、凹陷、毛刺和碰伤等缺陷；非加工表面不允许有氧化皮、分层、裂纹、折叠及过烧等缺陷。此外还有平衡性要求等。

3.3.2 曲轴制造工艺过程

3.3.2.1 毛坯及材料

汽车发动机曲轴的材料，应在保证具有足够强度的前提下，尽可能采用一般材料。除考虑机械性能、疲劳强度外，还要考虑耐磨性、抗冲击韧性以及制造加工的工艺性、设备能力和热处理性能等。曲轴主要采用材料有优质碳素钢、合金钢、球墨铸铁等。现代大量生产的小型车用发动机，其曲轴材料一般采用优质碳素钢和球墨铸铁，如 35 钢、40 钢、45 钢和 QT700-2 球墨铸铁等。

由于球墨铸铁的切削性能良好，可获得较理想的结构形状，并且和钢质曲轴一样可以进行各种热处理和表面强化处理来提高曲轴的抗疲劳强度、硬度和耐磨性，球墨铸铁曲轴成本只有调质钢曲轴成本的 1/3 左右，所以球墨铸铁曲轴在国内外得到了广泛应用。据统计资料表明，车用发动机曲轴采用球墨铸铁材料的比例：美国为 90%、英国为 85%、日本为 60%，此外德国、比利时等国家也已经大批量采用球墨铸铁材料。国内采用球墨铸铁曲轴的趋势则更加明显，85%以上的中、小型功率的发动机曲轴均采用球墨铸铁材料。

锻钢曲轴具有较高的综合机械性能。许多高强化的中高速大功率四冲程柴油机都无一例外地采用锻钢曲轴，排量在 1.6L 以上的发动机也都采用钢质模锻曲轴。

曲轴毛坯制造方法取决于所选用的材料、生产批量和工厂具体情况。当选用球墨铸铁时，用铸造方法获得曲轴毛坯。当选用钢材时，则常用锻造法制造毛坯：小型曲轴大批量生产时采用模锻；中、大型整体曲轴采用自由锻或墩锻。

钢制曲轴毛坯一般在锻成后做正火或退火热处理，以消除锻造应力，改善坯件材料组织的均匀性，并有利于机械加工及为最终热处理做好准备。对于性能要求不高的碳素钢曲轴，即可通过锻件的正火或退火作为最终热处理，在机械加工中不再进行热处理。对于性能要求高的碳钢或合金钢曲轴，除了毛坯做预先正火处理或退火处理外，在机械加工过程中，常常还要进行调质处理作为最终的热处理。调质后的硬度，碳钢 207～269HB，合金钢 214～352HB。调质可以提高曲轴的疲劳强度、韧性和耐磨性，但往往引起淬火不均匀而造成曲轴的变形。热处理变形可以通过校直的方法来消除。

对球墨铸铁曲轴一般采用正火处理，正火后硬度 240～320HB。精加工前应进行退火处理，硬度 220～290HB。对铸钢曲柄应经过两次正火和回火处理，或高温扩散退火、正火及回火处理，粗加工后应进行退火处理。对工件表面要求硬化处理的合金钢曲轴，轴颈表面可采用表面淬火或氮化处理，硬度达 HRC50 以上，淬硬深度＞2～3mm，氮化层深度＞0.3mm。必须注意，各轴颈圆角处不应淬硬。对工件表面要求淬硬的轴颈，推荐采用高频表面淬火，淬硬深度为 2.5～4mm。

3.3.2.2 定位基准

正确地选择定位基准对保证曲轴加工精度很重要，对不同结构和不同毛坯的曲轴，其定位基准的选择和使用略有差异。

1）粗基准

为了保证中心孔钻在主颈毛坯外圆面的轴线位置上，选用主轴颈的外圆面为粗基准。同时为了保证所加工的基准面的轴向尺寸，一般选用中间某一主轴颈（如六缸机第四主轴颈）两侧扇面为轴向粗基准。

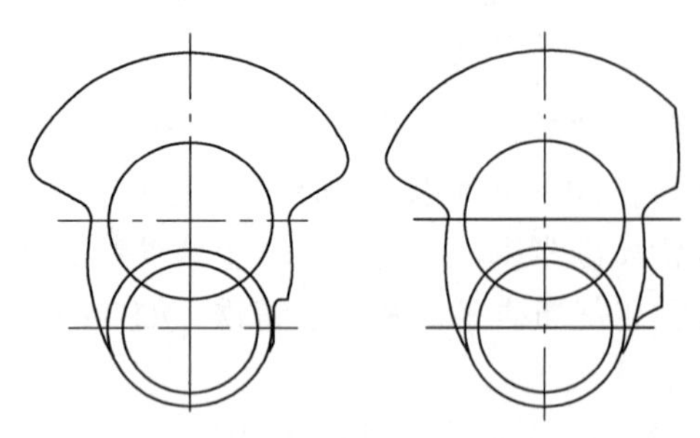

图 3-30　在扇板上铣出辅助粗基准

2）辅助基准

一般在扇板上铣出两个工艺平面作为加工连杆轴颈时所用的辅助基准。如图 3-30 所示。

3）精基准

加工主轴颈及与其同轴心的轴颈外表面时，以中心孔为精基准。加工连杆轴颈时，用加工的主轴颈作为精基准基面、法兰上工艺定位销孔角度定位，这样便于保证技术要求。此外，轴向定位基准采用止推面（如第四主轴颈）的两个台阶的端面，与设计基准一致。

加工曲轴加工过程中的定位基准中心孔，按其加工位置可分为两种：一种是曲轴主轴颈的几何中心；另一种是利用专门的测试设备测出整轴的质量中心，在此中心上加工出的中心孔称为质量中心孔。由于毛坯上几何形状误差和质量分布不匀等原因，一般几何中心和质量中心不重合。传统曲轴加工工艺多采用几何中心孔，但是利用几何中心孔做定位基准进行车削或磨削加工时，工件旋转会产生离心力，这不仅影响加工质量，而且加工后余下的动不平衡量较大，需多次反复测量去重才能达到要求，影响生产效率。

质量中心孔的加工在质量定心机上进行。曲轴放置在两端滑动单元法兰盘的支撑上并被夹紧，法兰盘回转中心形成测量中心线。回转过程中，支撑的位置即曲轴的位置不断被调整，使质量中心线逐渐靠近回转中心线。当曲轴毛坯不平衡量达到设定范围时，钻削单元钻中心孔。目前国内外曲轴加工企业大都采用了质量中心孔技术，可基本解决采用几何中心孔产生的问题。

【补充阅读资料】

曲轴质量中心孔

1）曲轴不平衡量与质量定心工艺及加工程度的关系

钻质量中心孔的曲轴，随着加工程度的深入，曲轴的不平衡量呈上升趋势，上升程度的大小与毛坯质量有主要关系，毛坯质量越差（弯曲），上升趋势越大，甚至报废。

钻几何中心孔的曲轴，随着加工程度的深入，曲轴的不平衡量呈下降趋势，如果毛坯质量很差（弯曲），经粗加工后大部分曲轴被淘汰。

2）曲轴质量中心孔和几何中心孔的选用

（1）毛坯质量好，加工余量小且加工余量分布均匀。这时，曲轴的质量中心孔与几何中心孔基本重合，不必花费较高的经费购置质量定心设备。

（2）毛坯质量较差，加工余量大且分布不均匀，择优先选用质量中心孔。因初始不平衡量较大，如果钻几何中心孔，质量分布不均匀，转动惯量较大，损坏后续加工设备精度。再者，采用几何中心孔，在进行动平衡时，初始不平衡量可能超出平衡机要求而无法平衡。在这种情况下，应优先选用质量定心机。

（3）毛坯质量如果再差，则无论是钻质量中心孔还是钻几何中心孔都不会起到多大的作用，通过铣曲臂等措施达到整体平衡实际是不合格的（单拐不平衡），是一种假象。这种曲轴装机后会重新产生扭曲变形，引起振动和噪声，也影响整机的寿命。由此可知，提高产品质量关键是提高毛坯的质量。

3.3.2.3 主要表面加工方法与装备

1）主轴颈的加工

主轴颈的加工工艺过程一般是粗车、半精车（或精磨）以及光整加工。由于机型、毛坯、生产规模及生产条件不同，采用的加工工序亦有差异；在加工方法上，也从传统的普通加工方法向着车拉工艺、高速内外铣和随动磨削的方向发展。

（1）车拉工艺　车拉可视为车削与拉削技术的复合，特别适合于曲轴的粗加工。在车拉加工时，除了工件做旋转运动以外，刀具也做进给运动以实现拉削加工。根据刀具运动形式，车拉加工可分为直线式车拉和旋转式车拉。

在直线式车拉中，刀具在工件回转运动的切线方向做直线运动，并依靠刀具的齿升完成径向切入进给。该刀具与平面拉刀相似，工作原理如图 3-31（a）所示。

在旋转式车拉中，工件做旋转运动的同时，刀具也做旋转运动，有时还需做径向直线运动。根据刀齿径向切入进给方式的不同，旋转式车拉又分为采用螺线形刀具车拉和采用圆柱形刀具车拉两种。其工作原理如图 3-31（b）、（c）所示。采用螺线形刀具时，工件与刀具轴线之间的距离保持不变，刀具的径向切入进给是靠刀具上刀齿的高度各不相同形成阶梯式齿升来实现的。采用圆柱形刀具时，刀具边做旋转运动边沿径向运动实现切入进给和让刀。

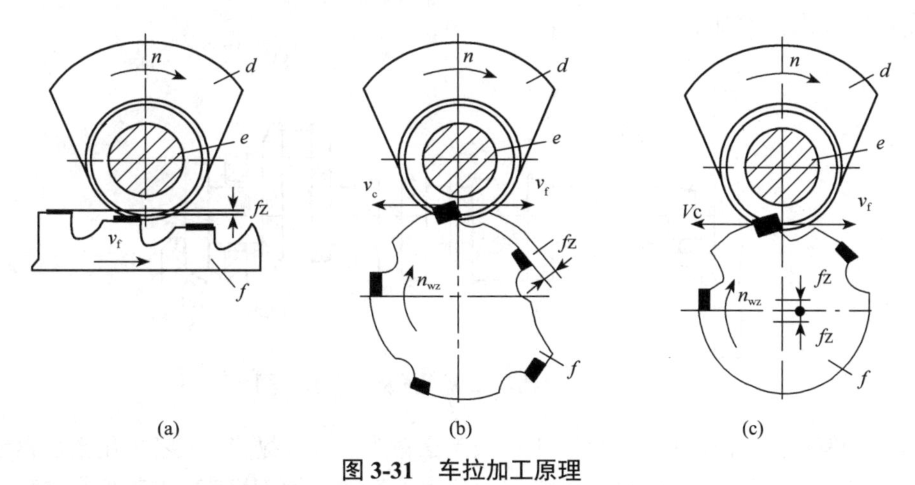

图 3-31　车拉加工原理

（a）直线式车拉　（b）旋转式车拉（采用螺线形刀具）　（c）旋转式车拉（采用圆柱形刀具）

d—曲柄臂　f—刀具　e—连杆轴颈　n—曲柄转速　fz—齿升　n_{wz}—刀具转速　v_c—切削速度　v_f—进给速度

车拉切削切削力较小、加工平稳性好、不需要冷却液。在一次加工中能进行粗切和精切。粗、精切刀具分别布置，有利于采用各自最佳的刀刃几何形状、容屑空间、刀具材料和切削用量。与传统加工方法相比，车拉加工工时短、效率高，热负荷和机械负荷低，刀具寿命长，能达到较高的加工精度，机床传动功率高。车拉后可不再进行粗磨或半精磨，简化了工艺过程。

采用车拉工艺加工发动机曲轴时，可在两道工序中加工出发动机曲轴的全部主轴颈、连杆轴颈、曲柄臂平面、台肩和沉割等表面。切削过程是从最大的工件直径即曲柄臂外径开始，靠已确定的齿升值和相应的刀片把曲柄臂平面上的余量切除，此时仅在左右两边进行切削。当达到轴颈毛坯表面时，刀齿从一端开始切入，从另一端切出。在工步安排上，曲轴精切台肩、沉割和轴颈外圆的形状和尺寸由最后的刀齿车拉得到。因此，在精车拉后可以得到较高的尺寸精度、形状精度和较低的表而粗糙度值，可取消传统方法中的粗磨轴颈工序。

曲轴精车拉后可达到的精度：主轴颈宽度误差为 0.05mm，轴颈直径误差为 0.05mm，径向跳动 0.05mm，表面粗糙度 0.3 μ m。一次车拉同一相位角的连杆轴颈的时间分别为 24s 和 42s，刀具寿命可达 2000 件。

采用车拉刀片方式进行车拉加工的缺点是加工工件外圆的长度受车拉刀片宽度的限制，这使得这种加工工艺在加工某些零件时受到限制。

（2）高速外铣　高速外铣特别适用于大批量生产中小型汽车曲轴的粗加工阶段。它采用一种快速旋转的密齿侧铣刀和面铣刀，可转位刀片固定在扇型体上，容易迅速调换并精确固定。一般而言，Φ700mm 的刀具可在圆周方向均布 350 把刀片。高速外铣不仅能加工主轴颈，当曲轴以组合运动旋转时，也能加工连杆轴颈。该方法的特点是切削速度高（可达 350m/min）、循环时间短、金属去除率高、刀具调整时间短、切削定位迅速、切削力较小、工件温升较低、换刀次数少、刀具寿命高、加工精度更高、柔性更好。可加工曲轴的支承表面、销表面和侧壁顶部，缺点是不能加工轴向有沉割槽的曲轴。

主轴颈粗加工时，可根据毛坯实际情况决定是否装中心架；主轴颈半精加工时，必须加装中心架，以便提高曲轴加工时的刚性，如图 3-32 所示；主轴颈精加工时，为了达到高精度要求，可加装若干中心架。

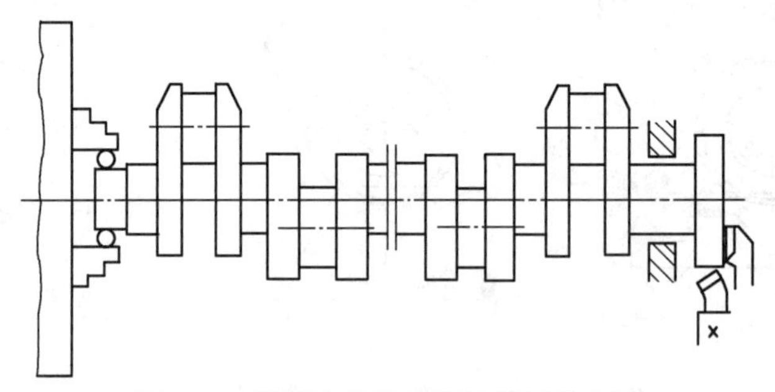

图 3-32　半精车凸缘外圆及端面装夹图

（3）光整加工　主轴颈的光整加工一般是在精车后进行抛光，或者采用滚压器进行冷压光加工来提高表面质量。传统工艺是采用靠模油石超精加工机床，加工后容易破坏轴颈的几何形状，而且对轴颈尺寸影响较大。目前比较流行的方法是采用数控砂带抛光工艺，砂带上的植砂具有防潮和防静电植砂功能（保证砂粒尖锋朝外）。为了能对圆角和轴肩抛光，砂带两侧开槽以便与加工面贴合。这种曲轴砂带抛光机可同时抛光主轴颈、连杆轴颈、圆角、轴肩及止推面。其结构均采用对夹式，每个轴颈上用四片垫块（中凹型）压紧砂带；

垫块和砂带宜根据工件材质和硬度选择；机床上的卷带机能保证每个轴颈都有一段新砂带（长度可调）参加工作；抛光的方式以超精加工的原理进行。其效率和效果都远远优于油石。此外，航空工业中采用的振动光饰法近年来也在曲轴光整加工中有应用趋势。

对于球铁曲轴的抛光与磨削，由于球铁内的铁素体磨削后会形成突起毛刺，所以应使轴的磨削转向与工作转向相反，抛光转向与工作转向相同。这样才能在抛光中有效地去除毛刺，避免工作时刮伤轴瓦。

此外，对轴颈圆角深滚压加工能够进一步提高曲轴疲劳强度，如图 3-33 所示。径向滚压力 F 沿 x 角度方向的分力 F_W 作用在曲轴主轴径和连杆轴径过渡圆角处，形成一条滚压塑性变形带。此塑性变形带产生的残呆压应力可与曲轴在工作时的抗应力抵消或部分抵消从而提高疲劳强度。同时，形成高硬度的致密层；使曲轴的机械强度和疲劳强度得以提高。另外，还可使圆角表面粗糙度达到 Ra0.2μm 以下，从而大大减小了圆角处的应力集中，提高疲劳强度。球墨铸铁曲轴经滚压后寿命可增至 280%，钢制热处理曲轴滚压后寿命可提高至 237%，滚压加工时间只需 24～30s。但要注意，若半成品因加工或热处理原因存在不合理残余应力时，滚压后必须安排校直工序，或滚压前安排去应力工序，方可保证稳定的加工质量。

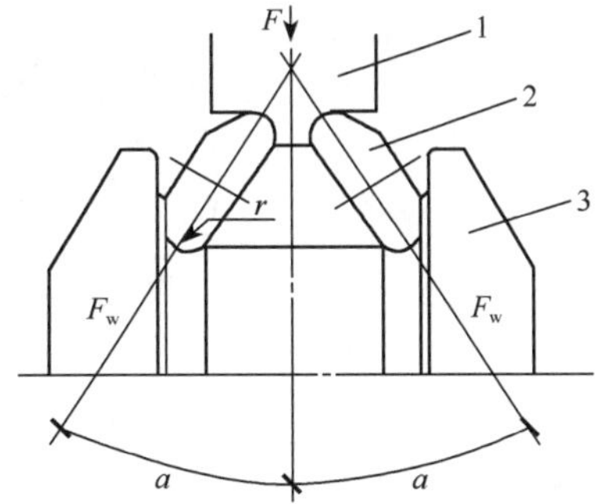

图 3-33 轴颈圆角滚压加工

1. 施力器 2. 滚轮 3. 工件

2）曲柄销的加工

曲柄销即连杆轴颈。采用传统工艺方法加工曲柄销时，一般靠夹具上的分度装置保证曲柄销之间的角度位置精度。一种常见的偏心夹具如图 3-34 所示。曲轴以主轴颈（或自由端轴颈）和凸缘外圆及端面（或凸缘端止口外圆及端面）为定位基准，安装在专用的偏心卡盘分度夹具中，并通过夹具体上的分度板 1 与分度定位销 5 进行分度。加工时，依次加工同一轴线上的曲柄销及曲柄端面。由于曲轴偏心装夹，虽然卡盘上装有平衡块，但曲轴回转时仍有振动，所以必须适当降低主轴转速。

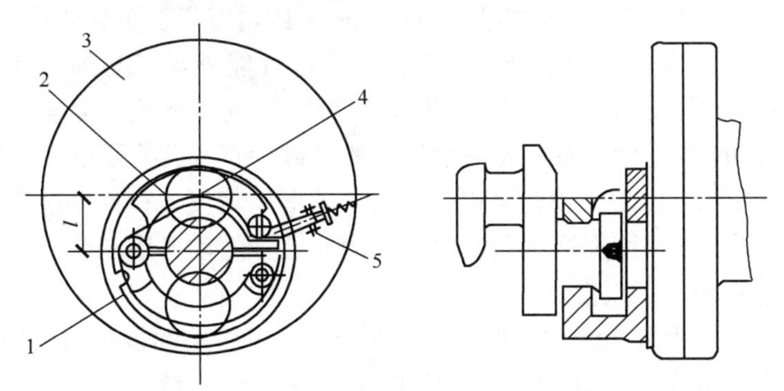

图 3-34 车削曲轴偏心卡盘分度夹具

1. 分度板 2. 工件 3. 夹具体

F—滚压力 4. 转动轴线 5. 分度定位销

曲柄销的加工还可在曲轴铣床上进行，在专用曲拐磨床上进行精磨。曲柄销的光整加工与主轴颈相同。

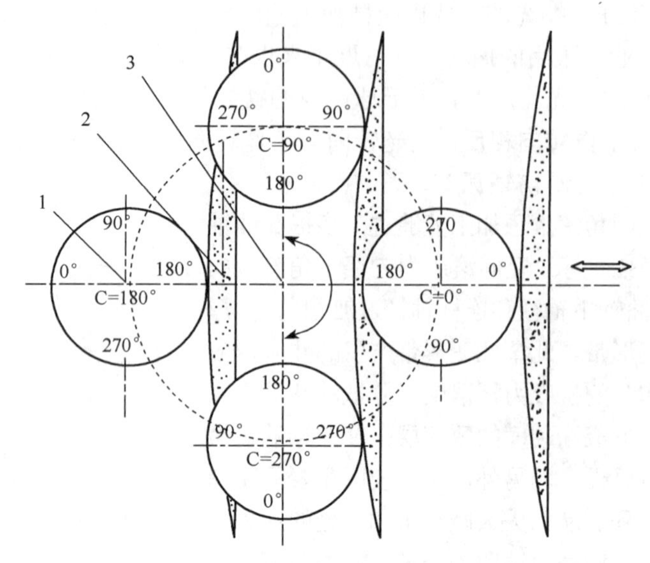

图 3-35　连杆颈随动磨削工作原理

1．曲柄销　2．砂轮　3．曲轴

目前一种称为随动磨削工艺的曲轴精加工技术正得到日益广泛的应用，它是近年来随着磨削技术和数控技术（特别是伺服驱动和控制技术）等的发展而出现的一种新型工序集中式的曲轴类零件的磨削加工方法。该方法提出以曲轴主轴颈定位，以主轴颈中心连线为回转中心，在一次装夹下完成所有连杆颈和主轴颈的磨削。其工作原理如图 3-35 所示，主轴颈的磨削与传统方式相同，而在磨削曲柄销（连杆颈）时，曲轴以主轴颈中心线为轴线旋转，砂轮往复摆动进给跟踪连杆颈进行磨削，连杆颈轴心运动轨迹为曲柄半径，曲轴旋转一周，砂轮往复进给一次，连杆颈表面也被完整磨削一次。这种磨削方法通过采用计算机数控（CNC）技术，根据建立的连杆轴颈磨削运动的数学模型，控制砂轮的横向进给和工件回转运动联动插补，能够很好的保证连杆颈的磨削精度和表面质量。

随动磨削技术要求磨头除了必须具有高的动态性能外，还必须具有足够的跟踪精度，以确保连杆颈所要求的形位公差。此外，CBN 砂轮的应用也是实现随动磨削的重要条件。一是 CBN 砂轮耐磨性高，在磨削过程中砂轮直径几乎不变，一次修整可磨削 600～800 根曲轴；二是 CBN 砂轮可以采用很高的磨削速度，在曲轴磨床上一般可高达 120～140m/s 甚至更高，因而磨削效率很高。因此这种随动磨削工艺可显著地提高曲轴连杆颈的磨削效率和加工精度。

随动磨削工艺由于采用全数控磨削的加工方式，在对不同型号的曲轴（不同的几何尺寸和曲拐分布方位及曲拐数）进行磨削时，不必采用专用偏心夹具就能方便地通过重新设定参数、生成新的数控加工代码，实现曲轴的高柔性磨削加工。这使曲轴的加工对设备数量的要求及对厂房的投资大大减小。

3）油孔的加工

发动机曲轴的油道孔直径一般为 5mm，从主轴颈到连杆颈倾斜贯通，属典型细长孔且位于曲面上，工艺性差。目前大多数汽车企业采用枪钻工艺加工曲轴油道孔。

枪钻又称深孔钻，可加工长径比达 250:1 的深孔。枪钻结构如图 3-36 所示，由钻柄、钻杆、钻头三部分焊接在一起，外侧面有一直 V 形槽，中间有一通孔使冷却液通过流向钻头，从后刀面上的小孔处喷出，直接冷却切削区。当使用高压冷却液时，其切屑能从被加工孔中通过直 V 形槽有效排出，在钻削过程中无须定期退刀排屑。

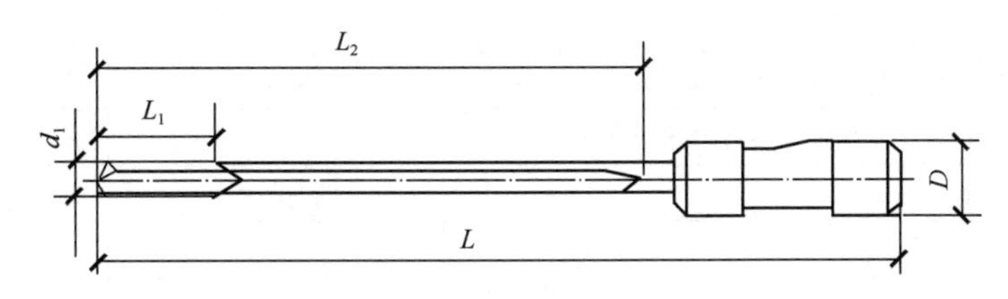

图 3-36 枪钻结构示意图

在加工细长孔时，枪钻可以将钻孔、扩孔、铰孔一次走刀完成，孔的精度可达 IT6～8 级、直线度 0.16～0.33mm/1000mm，表面糙度值 *Ra*3.2～0.1μm。

依据经验，当用枪钻加工发动机曲轴的油道孔时，必须使用尺寸适合的专用钻套，一般为硬质合金或高合金工具钢制造的精密枪钻钻套。使用枪钻的机床主轴必须有较高的轴向和径向刚度，使用时应正确选取切削用量。此外，一般枪钻用切削液应有极压添加剂，以保证在高压下形成油膜，防止产生干摩。切削液的黏度与钻孔直径有关，直径越小，黏度越低。送往枪钻切削区的切削油和一般机械加工相比具有压力高、流量大、过滤精度高的特点。流量应随孔深的增大而增大，以保证切削油有更大的流速，达到通畅排屑的目的。

3.3.2.4 典型发动机曲轴机械加工工艺过程

1）加工阶段的划分

曲轴的加工一般分为粗加工、半精加工、精加工和光整加工四个阶段。

① 粗加工阶段：加工定位基面→粗、精车主轴颈；

② 半精加工阶段：粗磨主轴颈→车连杆轴颈→加工定位销孔、油孔等次要表面；

③ 精加工阶段：精磨主轴颈→精磨连杆轴颈；

④ 光整加工：超精加工主轴颈及连杆轴颈。

有时为了减少工件的装夹次数，将半精加工和精加工阶段合并进行，用多次走刀和控制切深来达到加工精度要求。

在加工过程中还要安排淬火、去毛刺、中间检查、磁力探伤、退磁、清洗、检验和防锈等辅助工序。其中热处理和表面处理的安排是：在粗加工之前安排正火处理；在粗、精加工阶段之间一般插入中间热处理（如回火）；在精加工之前安排高频淬火。

2）加工工艺过程

汽车发动机曲轴的加工一般属于大批量生产，由于生产规模不同、毛坯不同，曲轴加工的具体工艺顺序有所不同。根据上述分析，中、小型整体曲轴的主要机械加工顺序如下：

加工定位基准（打顶针孔等）→粗加工主轴颈→加工辅助基准或凸缘螺孔加工→加工曲柄销和曲柄臂→斜油孔和键槽加工→中间热处理后修正精加工定位基准→精加工

主轴颈→精加工曲柄销和曲柄臂→其他表面精加工→主轴颈和曲柄销光整加工。

表 3-5 所示为大量生产的四缸汽油机曲轴机械加工工艺过程的基本内容。

表 3-5　整体四曲柄曲轴加工工艺过程

工序号	工序内容	定位基准	机床或工作地点
10	铣端面，钻两端中心孔	毛坯表面	专用机床
20	车削所有与主轴颈同轴的轴颈和 1、8 平衡块外圆轴颈同轴的轴颈和 1、8 平衡块外圆	中心孔	数控车拉床
30	外铣所有连杆轴颈和 2～7 平衡块外圆	主轴颈	高速外铣床
40	钻油孔及倒角	凸缘外圆及中心孔	多工位枪钻自动线
50	去毛刺		专用去毛刺机机床
60	清洗		多工位专用清洗机
70	感应淬火所有主轴颈和连杆轴颈及前后油封		热处理车间
80	回火		热处理车间
90	圆角滚压及校直	凸缘外圆及主轴颈	精车滚压机床
100	止推面精车和滚光	主轴颈或凸缘外圆	车床
110	中间检验（在线检测）	中心孔	在线测量机
120	磨主轴颈	中心孔	数控磨床
130	磨连杆颈	主轴颈及凸缘上销孔	数控磨床
140	两端精加工	主轴颈或凸缘外圆	数控磨床
150	磨小头	凸缘外圆及中心孔	数控磨床
160	磨法兰端	小头外圆及中心孔	数控磨床
170	平衡、去重	同工序 100	动平衡自动线
180	抛光	主轴颈	砂带抛光机
190	清洗		多工位专用清洗机
200	检测（在线检测）	中心孔	在线测量机
210	上油		喷油机

3.3.2.5　曲轴自动化生产线及装备

曲轴生产线主要承担曲轴机械加工、热处理、压键、球堵、试漏、清洗、检测等任务。在汽车发动机的制造中，曲轴加工多属于大批大量生产，一般生产纲领为 10～20 万件/年，三班工作制度，单件节拍为 2～3min。

1）生产线概括

曲轴生产线形式上常见有直线、U 形两种，按工艺流程顺序排列，并根据生产线的大小、长短、产量、厂房的格局等具体情况而定。也有企业的生产线呈不规则的 U 形，在某些工位之间没有轨道连接，曲轴由小型天车调取在前后两工位间移动，生产效率受到一定限制。

曲轴生产线应尽量采用先进工艺和高生产率的专用装备和生产线，以提高曲轴加工的精度和生产率。传统的专用机床生产线加工效率高，但不能适应多品种的要求；加工中心单元具有高速度、高柔性、高精度、高效率等特点，可以弥补传统组合机床方面的不足，最适合产品的变型和更换。未来流行趋势是采用柔性加工中心单元和专用机床组成汽车发动机曲轴柔性加工生产线，按工艺流程排列机床，并由自动输送装置连接，采用柔性夹具和高效专用刀具生产。为防止关键工序设备故障造成全线停产，可增设平行设备增补，亦能满足大批量生产的需要。

目前发动机曲轴生产线主要采用以专机为主，辅以加工中心的形式，一般具有如下特点：

能够生产轴颈直径不同、曲柄半径不同的曲轴。

能够生产铸铁或钢曲轴。

采用几何/质量定心工艺、柔性深孔加工工艺、CBN 砂轮随动磨削工艺。

曲轴精磨主轴颈和精磨连杆颈工序应选用单砂轮、独立双砂轮数控磨床，不宜选用多砂轮一体化磨床，虽效率高，但不能适应多品种柔性化需要。

生产线设备采用单机冷却和单机排屑，废冷却液就近排放到收集管道，人工小车将废屑运出生产线，再由废屑收集车运出联合厂房。

生产线采用人工上下件，工序间运输采用辊道和机械手输送。

2）曲轴线主要装备

参考国内外发动机工厂的成功经验，曲轴生产线主要由专机组成，曲轴采用打几何/质量定心中心孔工艺，两端轴颈及主轴颈的粗加工采用数控车床车削，连杆轴颈的粗加工采用内铣（大中型发动机）或车－车拉工艺（中小型发动机），油孔加工采用加工中心钻孔工艺，采用加工中心进行两端部位的加工，采用圆角滚压机进行圆角滚压，止推面采用精车滚压机床进行精车滚压，主轴颈采用数控多砂轮磨床磨削，连杆颈采用数控磨床磨削，端部轴颈采用数控端面外圆磨床进行磨削，采用动平衡去重机组进行平衡去重，各轴颈采用砂带抛光机进行抛光。国产设备和进口设备相结合以降低设备投资。

3.4 发动机装配

发动机装配是发动机制造过程中重要组成部分，也是生产的最后环节。装配对于保证汽车产品的质量、提高产品市场竞争力具有重要的意义。在完成装配的同时，发动机的性能、内在和外观质量应同时得到保证。应合理安排装配工艺，采用必要的装备和质量保证手段，实现发动机装配的机械化、自动化和柔性化，降低制造成本，提高产品效益。

发动机装配主要涉及三方面内容，装配、检测及物流。

3.4.1 发动机装配生产线

汽车发动机的整个生产过程由发动机的零件加工、发动机装配及试验两大部分组成。其中，装配生产线由于装配工艺的复杂性，在整个生产过程中更为关键。

3.4.1.1 发动机装配生产线组成

发动机装配线承担缸盖总成、活塞连杆总成的分装、发动机总装等工作内容，由发动机总装线及发动机分装线（缸体、缸盖、曲轴等主要部件）组成。总装线从缸体上线开始，依次装配其他零部件和分装线送来的分总成，直到缸体下线结束。分装线完成各分总成装配，其中缸体和缸盖分装线是保证性能质量的关键。发动机装配遵循由低到高的装配原则，即尽可能地将零部件在线外分装成总成，缩短装配线装配时间节拍，提高效率。

在装配过程中，如果总装配生产线因故停线，发动机分装线将正常运行，直到分装线库存达到一定数量。当总装配生产线输送带停止运行时，则分线上与总装线对应的各部件将全部被输送到与之对应的轨道。当装配生产线恢复正常生产时，恢复总装线的发动机装配，这时，分装线可以比总装线晚一段时间恢复生产。

3.4.1.2　发动机装配生产线布局

一般发动机企业应包括：主要零部件机加工生产线（缸盖、缸体、曲轴等）及机加车间辅房，零部件存储区，零部件库存区，发动机总装线及总装车间辅房，发动机热试返修以及下线存储等综合区等。某发动机厂装配生产线布局如图3-37所示。

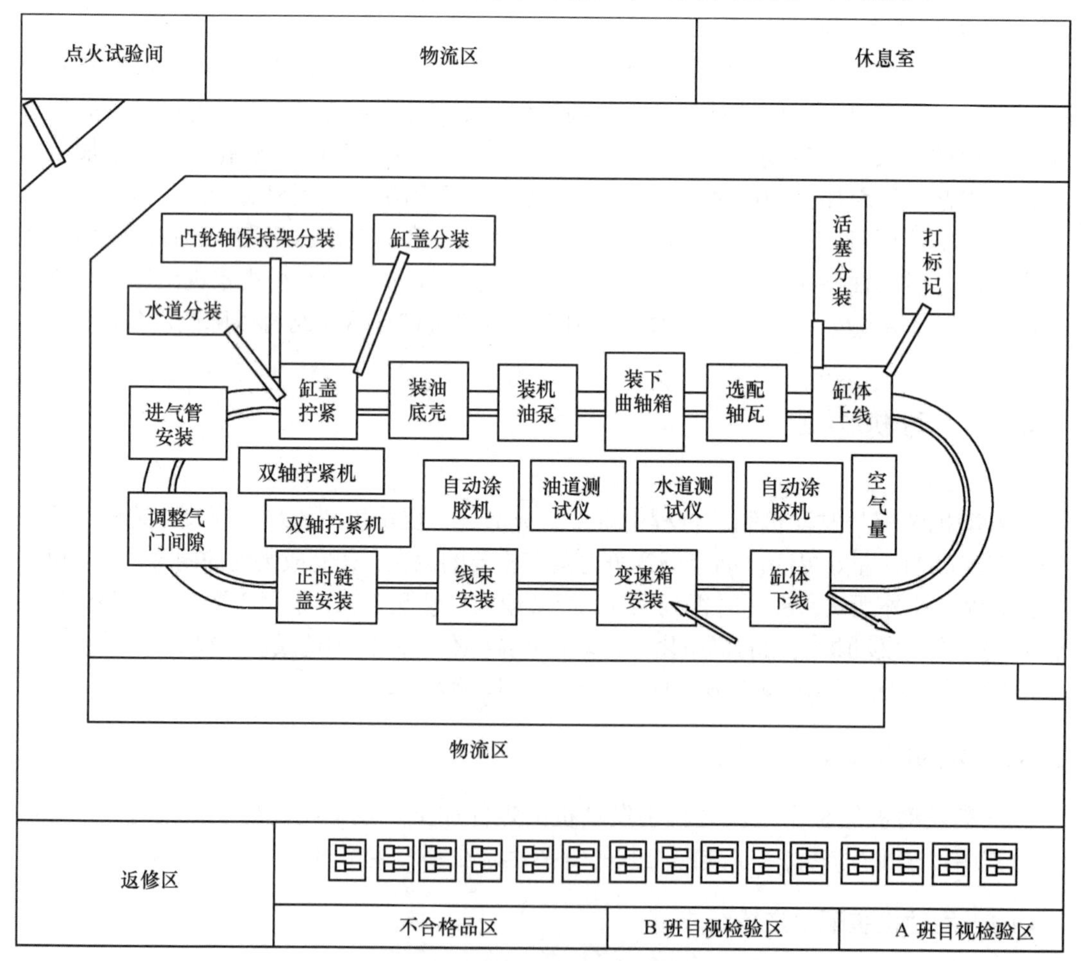

图3-37　某柴油发动机生产线布局

主装配线一般采用配膳形式进行装配，采用滚道式输送线，环形布置。采用配膳方式有效防止错漏装，柔性高，能够两侧作业，根据生产任务任意组合和拆分工序。

缸盖分装线采用带托盘的摩擦滚子集放输送线，环形布置。气门油封和锁片的装配采用专用压装机，锁片的合装采用自动合装机，并自动检查装配质量，装配合格的缸盖运至总装线与总成合装。

活塞连杆总成分装采用带托盘的摩擦滚道柔性装配线，直线形式，布置在发动机装配线旁。活塞基本上按缸孔尺寸分组，连杆按重量分组。活塞连杆合件要依据缸体的数据组合，需在主线上适当的工位将缸体上带码的缸孔数据（或分组标记）及时送到活塞连杆分装线，活塞连杆分装线据此提供活塞连杆合件和连杆大头孔数据给连杆瓦选瓦工位。需设置：主装线与活塞连杆线数据通信；活塞连杆分装线一组活塞连杆下线（通常用托盘装载一组活塞连杆合件）的积放与主装线取料环节；主装线对这组活塞连杆的识别确认与对连杆数据取值装置。其中活塞气环的装配采用半自动装配机。

为确保装配质量，装配线上配置一定数量高水平的检测设备，包括综合测量站、气门锁片装配检查机和整机密封试验机等。

冷试区域设置在热试区之前，便于公用系统（油、水、液）集中布局，提高空间利用率。发动机在冷试之前预先安装好各连接管路采用快速对接、自动定位压紧系统来实现全自动快速上冷试台架。

关键部位的螺纹连接采用电动拧紧机，可实现扭矩、转角、屈服点控制和多螺栓的顺序拧紧等功能，保证了产品装配质量，其余部位的螺栓连接采用定扭矩拧紧扳手。

需涂胶的结合面，全部采用专用涂胶机。

先进的汽车制造企业通常采用订单化生产，可以尽可能节省库存，也能平衡销售市场的矛盾。为此，现在大量的汽车总装车间都采用柔性生产线，同一条总装线可以完成2～3个车型的总装需要，且每个车型也根据订单实现不同的装配要求，例如配置不同的型号和排量的发动机、电子设备和内饰等。由于不同车型的外形尺寸、重量各有差异，生产线要考虑兼容最大件的外形尺寸和最重件的重量，按最大车型的长度制定装配线的节拍和节距；装配线的吊具或托架等设备应能灵活调换适应多种车型。在车间周边设置停车和集装箱泊位，使大件、重件能够及时供货，在每条装配线的末端配置质量检测点以保证产品质量。

发动机装配车间的生产管理、质量管理和设备监控采用先进的计算机管理系统，可实现生产计划的执行、生产的组织、对装配线及线上各台设备运作情况的监控管理、故障的分析、各种数据的存储、统计等功能，使每台产品装配质量具有可追溯性。

3.4.1.3 发动机装配生产线工艺性能参数

装配生产线的工艺参数是影响装配生产线能否达到产能要求，装配生产线运行是否流畅的重要参数，其主要参数有：生产纲领，生产能力（指一定时期内能够生产各类产品的最大数量，它分为计划能力、设计产能、安装产能），节拍，链速（输送工件的输送线的速度）以及班次（安排工人上下班的时间，一般为一天两班或一天三班，上下班及休息有具体的时间安排）等。

3.4.1.4 输送线及主要装配技术

1）输送线

目前，总装线和分装线上工件的输送通常采用柔性输送线，并在输送线上配置自动化装配设备，以提高效率。柔性输送线主要分为摩擦辊道输送线和启停式动力辊道输送线两种。

摩擦辊道输送线属于连续运行方式，工作站间分隔运用停止器，定位准确可靠，输送线上可配置装配托盘输送工件，工件可在工作站间积放，也可采用特别处理的辊面直接输送工件。启停式动力辊道输送线只在需要输送工件时才启动辊道运转，其柔性不及摩擦辊道输送线，成本也比摩擦辊道输送线高，但其使用寿命长，耗能少，通常用于重型装配生产线的输送。某发动机装配生产线的输送线类型如表 3-6 所示。

表 3-6 某发动机装配生产线的输送线类型

分装线和总装线名称	输送线类型	分装线和总装线名称	输送线类型
缸体曲轴分装曲轴输送线	双层摩擦辊道	活塞连杆分装线	单层摩擦辊道
缸体曲轴分装缸体输送线	单层摩擦辊道	缸盖分装线	单层摩擦辊道
齿轮室分装线	单层摩擦辊道	总装线	启停式动力辊道
凸轮轴分装线	单层摩擦辊道		

总装线的输送装置主要有如下几种：

（1）机动滚道和托盘 这种方式工作可靠，且输送和定位精度均较高，特别是在半自动、自动工位，可保证装配设备的工作性能。通常用于装配线上的工序间输送。

（2）小车输送 小车输送一般都在地面安装轨道和拖动装置，定位精度低，一般很难用于半自动和自动工位。也有小车悬吊在空中轨道，相对定位精度高一些，如在美国的奔驰公司重型柴油机装配线上，内装线依然用机动滚道，而外装线采用悬吊式小车。在欧美国家，小车输送基本上用于重型总成而且产量较低的情况，日本有些小型发动机装配线也采用小车输送。

（3）其他输送装置 从缸盖线到装配线，内装线到外装线以及外装线到测试线之间的线间输送，如距离近，尽量采用全自动转运机械手或单梁吊；如距离远，可采用自行电动葫芦。也有采用无人搬运车（AGV）输送，但价格较昂贵。库房到操作工位的转运，一般采用叉车。

2）拧紧设备

主轴承螺栓、连杆螺栓采用悬挂式的拧松机和拧紧机进行装配，其中拧紧机与曲轴摩擦力矩、曲轴轴向间隙检测设备组成工作站。

缸盖螺栓、飞轮及减振器螺栓采用柔性拧紧机形成自动工作站，具备自动走位及换套筒功能。其他螺栓采用电动拧紧扳手配合套筒选择器以及反力机构，发挥电动扳手的数字技术的优势和效率。

为了保证产品质量，在装配线中主要部位都采用多轴电动拧紧机或带有控制和检测功能单头的电动拧紧头。它们占有配套件中大部分资金，目的是保证±（3～5）%的扭矩和转角的要求。为达到此目标，首先拧紧机结构设计要正确。多轴拧紧机在拧紧过程中必须保证每个拧紧轴只承受纯扭矩。所以无论是基座式还是悬吊式，固定拧紧轴的机架必须和工件相互定位，并形成刚性连接，以保证每个拧紧轴和接杆与套筒不受任何附加的径向力，只受纯扭矩。

有的装配线采用的拧紧机，机架与工件相互独立没有连接。在拧紧过程中，各轴的反扭矩靠各轴相互平衡，并都承受在接杆上。接杆和拧紧轴是有一定的间隙，因而形成各接杆倾斜和扭曲。接杆倾斜后的转速是变化的，所传递的扭矩必然也是变化的。接杆的扭曲影响输出的扭矩，同时也降低了拧紧轴使用寿命。目前电动拧紧轴都有自动检测和自动修复功能，自检不合格时，自动拧松重新再拧。按设定的修复次数再不合格时，自行报警，需下线或到下工位修复。除多轴扭紧机和单头电动气动定值等高价格的扭紧机外，还有大量螺栓扭紧。一汽马自达 6 发动机线即采用了大量的低价的气动扳手把螺栓扭到位，再用可发出电信号的手持棘轮扳手（即 QL 扳手）扭到设定值，费用低而且保证了质量。

3）防错与识别技术

防错，指主要防止装入零件从料架上取错，以及防止从总成上拆下的零件放错和重新装入时装错。带有防错功能的所谓智能料架的防错方式基本采用指示灯和光电方式。指示灯根据识别装置的指令显示应取的零件和数量，光电开关防止漏取。拆下再装入的零件（如分体凸轮轴瓦盖）一一对应，不可装错，一般采用专用机械手，即松开螺栓后再一起抓起放在原来部位，也可采用夹具一起将瓦盖抓起，装入凸轮轴后再放回原位。

识别，指通过两种以上产品的装配线，对进入装配线的产品进行机型识别，并给全线带有智能功能的料架发出指令，料架自动切换信号，显示应取的零件，同时对有调整环节的设备发出指令。自动调整的设备，按指令自动切换到相应部位与程序；手工调整的部位，指示操作者进行调整；有人机界面的工作站，按指令切换到相应显示和信号。如带有可读写射频识别系统的装配线，由上位机或本线计算机站发出产品变化信号，可由托盘上的数据携带器把识别信息带给各工位。不带可读写射频识别系统的装配线，通常可以采用机电式识别，即选择不同机型，外形有差异之处，用机械探测，用电信号发到各工作站。对外型无法区别的，通常可在托盘上装带有数个伸缩销的装置，更换产品时，人工设定哪个伸缩销伸出，代表某个机型，各工作站上的感应开关可以对伸出的销头进行识别，从而可以判断是何种机型。

气门油封装配防错采用红外线光学技术防错。气门锁块的装配完备性防错采用摄像图像对比技术进行防错防漏。

4）压装及其质检技术

缸套的压装需采用装配和检测集成的设备，压装过程进行压力—位移的过程监控，压装完成后立即进行缸套凸肩高的检测，由控制系统进行数据分析和判断。

前挡板润滑油管的压装采用专用设备，钩形机架配合平面滑台，保证润滑油管充分变形。达到装配质量要求。

前后油封的压装采用全自动设备，完成二次精定位、压头走位，压装过程采用压力保持的工艺，压装完成后进行装配位置、平面度的检测，由控制系统进行数据分析和判断。另外配合辅助装置完成油封预成型的操作。

在压装工序中，压装是否合格可以用压力和位移的参数检测出来。检测不合格的产品更换一个零件后也可能合格，这个检测的参数同时也给机械加工质量控制提供公差带漂移信息。 压力检测一般都采用压力传感器与位移传感器配合使用。压力传感器检测数值，位移传感器指挥取值范围。

气门锁片压装后的质量检查：检查方法目前多采用激光式、气密式、摄像式和机电式四种。从实际使用情况来看，激光式最简单，费用也低，但对锁片装入状态和清洁度要求较严，有时因为清洁度直接影响测量效果；气密式不适用一个卡槽的结构；机电式比较复杂，但从使用情况来看最稳定。激光与机电方式都是检查锁片顶面距弹簧上座的顶面距离，只要装入不合格或漏装零件都可以直接反映出来，摄像式近几年也在使用，但效果还须进一步验证，如产量低节拍长时，可直接人工目检。

5）密封测试技术

密封测试一般采用压差式和流量式，压差式用于泄漏量较小的精密测试，如水套泄漏量的测试；流量式用于泄漏量较大部件测试，如气门密封测试。测试机的密封头结构与密封件材质是重要因素，一般都需开专用模具压制。密封元件是两种形式，大部分是在钢制的密封头上，开有密封槽，将密封件坎在槽里，进行密封。少数是整个密封头由密封材料制成。

6）涂胶技术

在发动机的装配中共有三处需要涂胶，涂胶均采用独立的供胶系统配合机器人使用，对供胶量、供胶压力及涂胶轨迹均进行严格的控制。胶泵的驱动气源压力可调，经加压后胶的压力也可作适应性调整，以稳定的压力，将胶压送到自动涂胶枪的胶嘴。胶形控制设备通过与机器人之间的通信，了解机器人运动速度和工艺对胶形的要求，对胶形实现实时控制。

自动涂胶胶条的检查目前一般采用激光和摄像两种方法。采用激光检查的方法是将激光头安装在胶枪胶条出口处，检查是否有断胶。采用摄像的方法是，涂胶完成后，用摄像法发现断胶或胶条宽度有较大差异自行报警，前者价格便宜，后者价格昂贵，且成功率不高。

3.4.1.5 发动机试验线

发动机试验线主要承担发动机出厂试验及返修、发动机抽查试验等工作内容，检查发动机的制造和装配质量。试验包括生产试验和性能抽检两部分：100%进行的生产试验，其主要目的是采取合理的磨合规范以延长发动机寿命，同时对发动机的怠速稳定性、加速稳定性、机燃油冷却的压力、温度，发动机三漏、异响等项目予以检测；抽检的性能试验，主要是检测发动机的功率、扭矩、油耗、排放等性能指标。

装配合格的发动机通过移载机或小推车运至发动机试验线，100%进行出厂试验。为减少占用试验台架的辅助时间，发动机试验采用带试验托盘的快速对接方式。操作者在输送线上完成循环水管路、线束、各种传感器的连接，并加注发动机润滑油，连接后带托盘的发动机自动进入各试验台，快速对接并进行试验。试验过程中自动记录并显示发动机转速、水温、机油压力、机油温度、冷却水温度等试验数据。经试验不合格的发动机返修后，根据返修情况的不同，部分发动机需重新进行试验。试验合格的发动机运至成品库。

发动机总成出厂试验线及发动机抽查试验室可采用集中的燃油供应系统、冷却水循环系统、发动机废气排放系统及局部的通风系统。试验区应设有火灾自动报警及自动灭火系统。

发动机台架试验，通常分为发动机冷试验和热试验两种形式。

发动机冷试验是采用电电机拖动，在不点火燃烧的情况下，按预定的转速规范进行测试。冷试验的测试项目主要有：线束的连接导通性（在安装连接线束时测定）、传感器验证、执行元件检查、喷油器的功能检查，凸轮轴/曲轴信号测试、电控单元通信测试、发动机电控系统测试，进气真空度测量、点火测试、进排气门正时，机油流量测试、机油泵性能测试（在安装供油系统和添加机油时测定），扭矩测试，密封测试，振动/噪声故障检查。

发动机冷试验有半自动测试系统和自动测试系统两种。半自动测试系统是在发动机冷试开始前，由人工将各种管路连接到发动机上。为了缩短测试时间，在测试工位前的预装工位连接这些管路。自动测试系统是在发动机冷试开始前，设备自动将各种管路连接到发动机上。

发动机热试验模拟发动机真实工况，其基本测试项目有：发动机启动、怠速的稳定性，测定发动机正时、发动机点火系统故障，测试出水温度、节温器开启时间和温度、排气温度，发动机控制模块故障，机油泄漏、振动、噪声、不平顺性。在基本测试项目基础上可增加以下测试：起动扭矩，汽缸效能影响，对发动机上所有传感器及执行器进行验证确认。也可采用测功机对发动机进行加载，进行燃油消耗量、功率、点火/喷射正时及尾气排放分析等测试项目。

近年来，美国通用、德国奔驰及宝马、意大利菲亚特、日本丰田等汽车公司在汽油发动机生产试验中采用冷试验取代热试验，成为当今世界各国汽车发动机生产试验的发展趋势。

3.4.2 发动机装配工艺流程

典型发动机装配生产线的工艺流程包括各部组件装配和总成装配两部分，分别在附线及总装线上完成。

3.4.2.1 附线装配工艺流程

某柴油发动机装配生产线主要分装线装配流程如表 3-7 所示。

表 3-7 某柴油发动机装配生产线主要分装线装配内容及流程

分装线名称	分装线装配内容	分装线装配流程
活塞连杆总成分装	活塞，连杆，卡环，膨胀环，活塞销，油环气环	连杆盖分解。拆活塞包装，准备活塞环，准备活塞连杆总成分装。活塞重量分组、装活塞环，活塞加热、装活塞销。活塞环检测
缸盖分装	气门，气门导管，气门弹簧，气门油封，VTEC 滑柱阀，水温传感器，水道二通管，空气净化管，水管接头，缸盖密封性检测	上缸盖，压装气门导管，装气门，测量气门下沉量，翻转，装气门油封。装弹簧及弹簧座，装气门锁夹。装喷油嘴及缸盖输油管，测量喷嘴伸出量，上缸盖螺栓。装 VTEC 滑柱阀，装水温传感器，装水道二通管，装空气净化管，装水管接头。进行缸盖密封性检测
前端板分装	液压泵，工艺堵盖，润滑油管，齿轮及其上排气涡轮，喷油嘴密封橡胶圈	扫描条形码，将前挡板放到工作台上，装液压泵上工艺堵盖，放双头螺栓，安装润滑油管，安装齿轮（装有排气涡轮），装喷油嘴密封橡胶圈，拧紧齿轮上的涡轮，拧紧双头螺栓，清洁前挡板，按确按钮电子签名，将前挡板放上输送滑轨

（续）

分装线名称	分装线装配内容	分装线装配流程
曲轴分装线	曲轴动平衡，油道清洗，飞轮压装	曲轴动平衡，油道清洗，飞轮压装

3.4.2.2　主线装配工艺流程

总装线具体作业内容随发动机型号、结构的不同而异，但都以缸体为装配基础，由内向外逐段装配。

缸体曲轴缸盖等部件分装之后，用吊钩柜将缸体吊到发动机总装的上线工作站，然后按照装配工艺顺序装配各零部件和分装线上装配完成的部件，直到进入发动机总装的下线工作站，发动机装配完成。从发动机总装上线工作站到下线工作站约需 60s。一般装配过程如下：缸体上线、缸体打号、曲轴箱分解、选装主轴瓦、装入活塞连杆总成、曲轴装配、主盖螺栓拧紧、连杆盖螺栓拧紧、回转力矩测量、水泵机油泵装配、油底壳涂胶并装配，自动翻转、缸盖装配、气门间隙检查、正时齿轮装配、齿形链装配、滤清器、发电机、火花塞、皮带轮及各种管线等的装配，正时离合器装配、飞轮等装配内容，并完成整机油道、水道的密封试验工作。

图 3-38 所示为某系列柴油发动机装配的工艺流程。

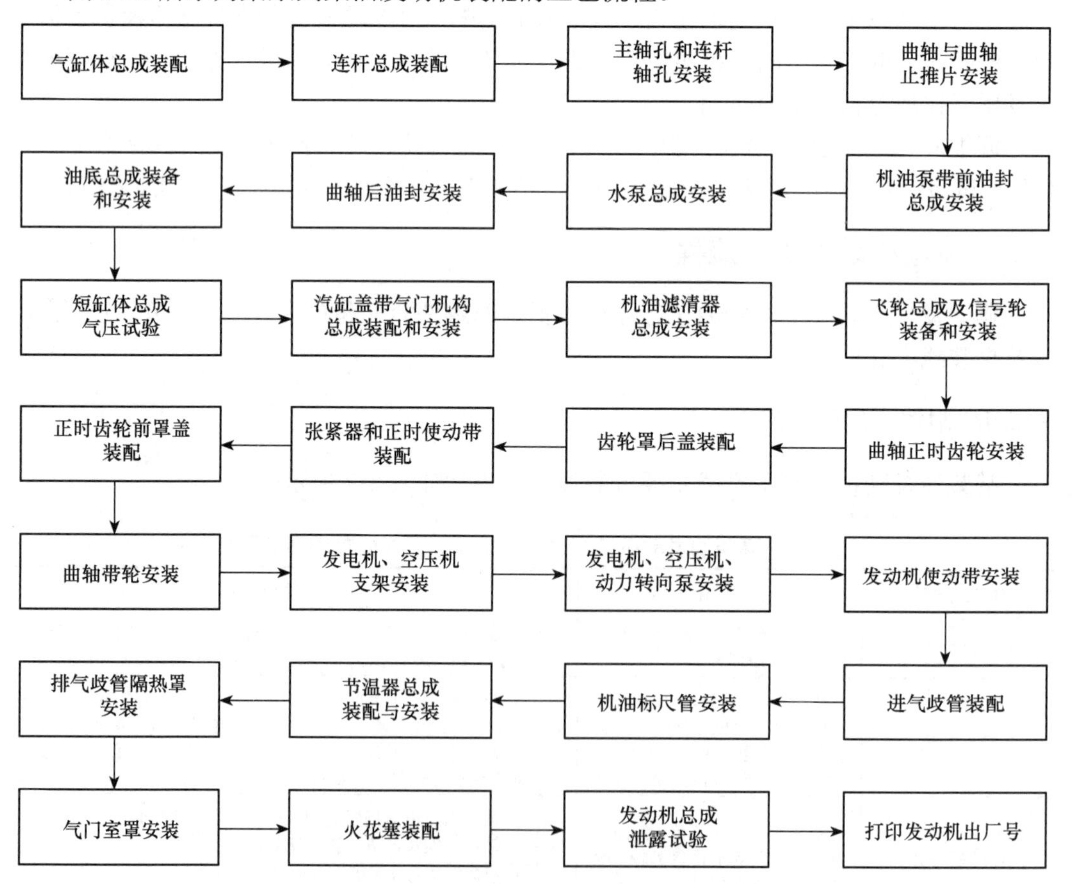

图 3-38　某系列柴油发动机装配工艺流程

3.5 发动机零部件机械加工工艺规范

规定产品或零部件制造工艺过程和操作方法等的工艺文件称为工艺规程（规范）。它是在具体的生产条件下，最合理或较合理的工艺过程和操作方法，并按规定的形式书写成工艺文件，经审批后用来指导生产。工艺规程是指导工人操作和用于生产、工艺管理工作的主要技术文件，又是新产品投产前进行生产准备和技术准备的依据和新建、扩建车间或工厂的原始资料。此外，先进的工艺规程还起着交流和推广先进经验的作用。

规定零件机械加工工艺过程和操作方法等的工艺文件称为机械加工工艺规程。

机械加工工艺规程是机械加工部门组织生产和管理生产的基本依据。在产品投产之前，工艺部门根据生产纲领的需要，按照设计图样的要求，依据生产实践和科学实验并结合具体生产条件，制订出合理、科学的机械加工工艺规程；生产准备部门根据工艺规程进行有关工艺技术准备（如工艺装备）计划和调度部门按工艺规程和生产计划要求，下达零件的投料时间、数量及任务计划，调整设备负荷。

机械加工工艺规程严格地规定了各工序的顺序、生产用工艺装备，科学地制订了每一工序的加工方法及具体操作内容。典型和标准的工艺规程能缩短工厂的生产准备时间，从而使整个生产得以优质、高效、低成本、安全地运行。

3.5.1 机械加工工艺规范制订的基本原则

机械加工工艺规程的制订原则是保证产品质量、高效率和低成本，即在保证产品质量前提下，能尽量提高劳动生产率和降低成本。此外，还要考虑操作者的劳动条件。

在制订机械加工工艺规程时，应在充分利用本企业现有生产条件的基础上，尽可能采用国内、外先进工艺技术和经验。同时，在规定的生产纲领和生产批量下，能够保证产品技术要求的工艺方案可能会有若干个，应对比选择成本最低的最佳工艺方案。在制订工艺方案上要注意采取机械化或自动化的措施，尽量减轻工人的劳动强度，保障生产安全、创造良好、文明的劳动条件。

由于机械加工工艺规程是直接指导生产的重要技术文件，所以其内容应正确、完整、统一和清晰，采用的术语、符号、计量单位等均应符合相应标准。必须能够可靠地实现设计图样上的技术要求。如果在制订规程时，发现设计图样中的技术要求不够合理或难以实现，应及时向有关部门提出建议、协商解决，而不得擅自更改图样或不满足图样要求。

3.5.2 机械加工工艺规范的制定依据

设计工艺规程必须具备以下原始资料：

① 产品图纸（装配图、零件图等）；

② 产品验收质量标准；

③ 产品的年生产纲领；

④ 毛坯材料与毛坯生产条件；

⑤ 制造厂的生产条件（机床设备和工艺装备的规格、性能和当前的技术状态，工

人的技术水平，工厂自制工艺装备的能力以及工厂供电、供气的能力等有关资料；

⑥ 工艺规程设计、工艺装备设计所用设计手册和有关标准。

⑦ 国内外有关制造技术资料等。

3.5.3 机械加工工艺规范的内容及编制步骤

（1）计算零件年生产纲领，确定生产类型。

（2）对零件进行工艺分析　在对零件的加工工艺规程进行制订之前，应首先对零件进行工艺分析，主要内容包括：

① 分析零件的作用及零件图上的技术要求；

② 分析零件主要加工表面的尺寸、形状及位置精度、表面粗糙度以及设计基准等；

③ 分析零件的材质、热处理及机械加工的工艺性。

（3）确定毛坯　毛坯的种类和质量对零件加工质量、生产率、材料消耗以及加工成本都有密切关系。毛坯的选择应以生产批量的大小、零件的复杂程度、加工表面及非加工表面的技术要求等几方面综合考虑。正确选择毛坯的制造方式，可以使整个工艺过程更加经济合理，故应慎重对待。在通常情况下，主要应以生产类型来决定。

（4）制订零件的机械加工工艺路线：

① 确定各表面的加工方法：在了解各种加工方法特点和掌握其加工经济精度和表面粗糙度的基础上，选择保证加工质量、生产率和经济性的加工方法。一般根据被加工表面的加工要求和零件的结构特点及材料性质等因素选择。在确定某一表面的加工方法时，一般总是首先确定其最终加工方法，再从后向前逐一确定其他工序的加工方法。

② 选择定位基准：定位基准是工件在加工时，用以确定工件对机床及刀具相对位置的点、线、面。最初工序中所使用定位基准，是毛坯上未经加工的表面，为粗基准；在其后各工序加工中使用已加工的表面作定位基准，为精基准。应根据粗、精基准选择原则合理选定各工序的定位基准。

③ 制订工艺路线：在对零件进行分析的基础上，划分零件粗、半精、精加工阶段，并确定工序集中与分散的程度，合理安排各表面的加工顺序，从而制订出零件的机械加工工艺路线。对于比较复杂的零件，可以先考虑几个方案，分析比较后，再从中选择比较合理的加工方案。

（5）加工余量的确定　加工总余量（毛坯余量）为毛坯尺寸与零件图设计尺寸之差。基本余量是工艺设计时给定的余量，可查阅工艺设计手册或根据经验值给出。工序间加工余量（工序余量）为相邻两工序尺寸之差。

加工余量又分单面加工余量和双面加工余量，前者为加工前后半径之差，平面余量为单面余量；后者为加工前后直径之差。

工序余量有公差，其值为本工序的最大余量与最小余量之代数差的绝对值，即本工序的公差与上工序公差之和。最大余量、最小余量及余量公差的计算可采用极值计算法或误差复映计算法，也用分析计算法确定最小余量。总之，确定工序余量要综合考虑影响加工余量的各种因素。

（6）确定各工序的工序尺寸及其公差：

① 确定工序尺寸的方法：

A．对外圆和内孔等简单表面的加工，工序尺寸可由后续加工的工序尺寸加上（对被包容面）或减去（对包容面）公称工序余量而求得，工序公差按所用加工方法的经济加工公差等级选定。

B．当工件上的位置尺寸精度或技术要求在工艺过程中是由两个或两个以上的工序间接保证时，需通过尺寸链计算来确定有关工序尺寸、公差及技术要求。

C．对于同一位置尺寸方向有较多尺寸，加工时又需多次转换定位基准的工件（如轴类、套筒类等），由于工序尺寸相互关系较复杂（如某些设计尺寸是间接保证的，或加工余量有误差累积），则需要做出工艺尺寸链计算图表，综合计算，以求出各工序尺寸、公差及技术要求。

② 工艺尺寸链的计算：工艺尺寸链的计算方法可参考 GB/T 5847—2004《尺寸链计算方法》中的相应规定。一般在下列情况中需要进行尺寸链计算。

A．工艺尺寸换算：当基准不重合时，走刀次序与走刀方式不同时，定程控制尺寸精度时，同一表面经多次加工时，均需要进行工艺尺寸换算。

B．表面处理工序工艺尺寸计算：对于渗碳类如齿轮齿面渗碳层的计算，由于渗碳回火后还需磨削齿面，设计图要求的渗碳层在此为间接保证的封闭环。对于镀层类表面处理工序，当零件表面镀层后无须加工时，如生产批量较大，可通过控制电镀工艺条件，直接保证电镀层厚度，此时电镀层厚度为组成环；当单件、小批生产或镀后表面尺寸精度要求特别高时，电镀表面的最终尺寸精度通过电镀过程中不断测量直接控制，此时电镀层厚度为封闭环。当零件镀后表面质量要求较高时，需在镀后对其进行精加工，则镀前、镀后的工序尺寸和公差对镀层厚度有影响，故镀层厚度为封闭环。

C．中间工序尺寸计算：如轴上键槽深度尺寸，由于在插槽后还需磨削内孔，则设计图样中要求的该尺寸为封闭环。需通过尺寸链换算计算插槽的深度尺寸。

（7）选择工艺装备　机械设备的选用应当既保证加工质量又要经济合理。在成批生产条件下，一般应采用通用机床和专用工夹具。

① 机床的选择：

A．机床的加工尺寸范围应适应零件加工尺寸；

B．机床的工作精度应适应工序要求的精度；

C．机床的功率应与工序要求的功率相适应；

D．机床应适应零件的生产类型；

E．机床应与现有的设备条件相适应。

② 夹具的选择：在大批量生产汽车产品时，应根据工序加工要求设计制造专用工装，提出专用工艺装备明细表及专用工艺装备设计任务书；在单件小批量生产中，应尽量选用通用夹具和组合夹具。

③ 刀具的选择：依据加工表面的尺寸、工件材料、所要求的加工精度、表面粗糙度及选定的加工方法等选择刀具。一般应采用标准刀具，必要时采用组合刀具及专用刀具。提出外购工具明细表及企业标准（通用）工具明细表。

④ 量具的选择：主要依据生产类型和零件加工所要求的精度选择量具。一般在单件、小批量生产时，采用通用量具量仪；在大批量生产中采用各种量规、量仪和专用量具，或在线量仪进行测量。

（8）确定各主要工序的技术要求及检验方法　根据设计要求和工艺流程顺序明确各主要工序的技术要求。在重要工序加工前后、热处理工序前后及加工完毕后安排中间检验和最终检验。

（9）确定各工序的切削用量和时间定额　单件小批量生产厂，切削用量多由操作者自行决定，机械加工工艺过程卡片中一般不作明确规定。在中批量，特别是在汽车产品大批量生产时，为了保证生产的合理性和节奏的均衡，则要求必须规定切削用量，并不得随意改动。重要的工序参数，也必须明确给出。

（10）填写工艺文件　将上述工艺设计结果按要求填入工艺规范。

3.5.4　工艺文件格式及填写规则

3.5.4.1　工艺文件编号方法

1）基本要求：

① 凡正式工艺文件都必须具有独立的编号。同一编号只能授予一份工艺文件（一份工艺文件是指能单独使用的最小单位工艺文件，如某个零件的铸造工艺卡片、机械加工工艺过程卡片、机械加工工序卡片等均为能单独使用的最小单位工艺文件）。

② 当同一文件由数页组成时，每页都应填写同一编号。

③ 引证和借用某一工艺文件时应注明其编号。

④ 工艺文件的编号应按 JB/T 9165.2—1998《工艺规程格式》和 JB/T 9155.3—1998《管理用工艺文件格式》中规定的位置填写。

2）编号的组成：

① 工艺文件编号的组成推荐以下两种形式，各企业可以根据自己的情况任选一种：

A. 由工艺文件特征号和登记顺序号两部分组成，两部分之间用“—”字线隔开，如下所示：

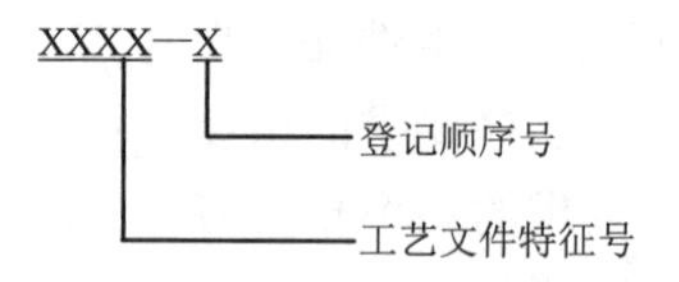

B. 由产品代号（型号）加 工艺文件特征号加登记顺序号组成，各部分之间用“—”字线隔开，如下所示：

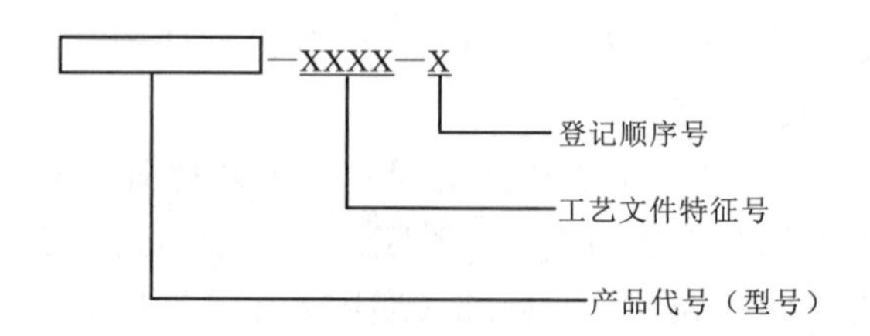

② 工艺文件特征号包括工艺文件类型代号和工艺方法代号两部分，每一部分均由两位数字组成。

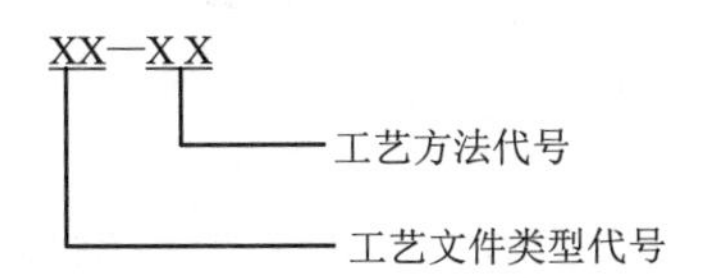

③ 登记顺序号在每一文件特征号内一般由 1 开始连续递增，位数多少根据需要决定。

3）代号编制规则和登记方法：

① 工艺文件类型代号按 JB/T 9166—1998《工艺文件编号方法》规定。

② 工艺方法代号按 JB/T 9166—1998 规定。

③ 登记顺序号由各企业的工艺标准部门统一给定。

④ 工艺文件编号时需要登记。

⑤ 不同特征号的工艺文件不能登记在同一张登记表中。

⑥ 经多处修改后重新描晒的工艺文件在其原编号后加 A、B、C 等，以示区别。

3.5.4.2 工艺文件的完整性

1）基本要求

① 工艺文件是指导工人操作和用于生产、工艺管理的主要依据，要做到正确、完整、统一、清晰。

② 工艺文件的种类和内容应根据产品的生产性质、生产类型和产品的复杂程度，有所区别。

③ 产品的生产性质是指样机试制、小批量试制和正式批量生产。样机试制主要是验证产品设计结构，对工艺文件不要求完整，各企业可根据具体情况而定；小批试制主要是验证工艺，所以小批试制的工艺文件基本上应与正式批量生产的工艺文件相同，不同的是后者通过小批试制过程验证后的修改补充，更加完善。

④ 生产类型是企业（或车间、工段、班组、工作地）生产专业化程度的分类。生产类型的划分方法参见第 1 章。

⑤ 产品的复杂程度由产品结构、精度和结构工艺性而定。一般可分为简单产品和复杂产品。复杂程度由各企业自定。

⑥ 按生产类型和产品复杂程度不同，可规定常用的工艺文件完整性内容。使用时，各企业可根据各自工艺条件和产品需要，允许有所增减。

2）常用机械加工工艺文件

① 产品零、部件工艺线路表：产品全部零（部）件（设计部门提出的外购件除外）在生产过程中所经过部门（科室、车间、工段、小组或工程）的工艺流程，供工艺部门、生产计划调度部门使用。

② 毛坯图及毛坯制造工艺卡片。

③ 冷冲压工艺卡片：用于零件的冲压、加工。

④ 焊接工艺卡片：用于对复杂零（部）件进行电、气焊接。

⑤ 机械加上工艺过程卡片。

⑥ 机械加工工序卡片。

⑦ 调整卡片（如弧齿锥齿轮加工机床调整卡片）。

⑧ 表面处理工艺卡片：用于零件的氧化、钝化、磷化等。

⑨ 热处理工艺卡片。

⑩ 塑料零件成型工艺卡片。用于热塑性及热固性塑料零件的成型及加工。

⑪ 粉末冶金零件工艺卡片。

⑫ 装配工艺过程卡片。

⑬ 装配工序卡片。

⑭ 电气装配工艺卡片：用于产品的电器安装与调试。

⑮ 涂装工艺卡片。

⑯ 操作指导卡片（作业指导书）：指导工序质量控制点上的工人生产操作的文件。

⑰ 检验卡片：根据产品标准、图样、技术要求和工艺规范，对产品及其零、部件的质量特征的检测内容、要求、手段做出规定的指导性文件。

⑱ 工艺装备明细表：填写产品在生产过程中所需的全部专用工装的编号、名称等的一种工艺文件。

⑲ 专用工艺装备图样及设计文件：专用工装应具备完整的设计文件，包括专用工装设计任务书、装配图、零件图、零件明细表、使用说明书（简单的专用工装可在装配图中说明）。

⑳ 材料消耗工艺定额明细表：填写产品每个零件在制造过程中所需消耗的各种材料的名称、牌号、规格、重量等的一种工艺文件。

㉑ 材料消耗工艺定额汇总表：将“材料消耗工艺定额明细表”中的各种材料按单台产品汇总填列的一种工艺文件。

㉒ 工艺文件标准化审查记录：对设计的工艺文件，依据各项有关标准进行审查的记录文件。

㉓ 工艺文件目录：产品所有工艺文件的清单。

3）工艺规程格式（参见JB/T 9155.2—1998）

（1）对工艺规程填写的基本要求

① 填写内容应简要、明确。

② 文字要正确，应采用国家正式公布推行的简化字。字体应端正，笔划清楚，排列整齐。

③ 格式中所用的术语、符号和计量单位等，应按有关标准填写。

④ “设备”栏一般填写设备的型号或名称，必要时还应填写设备编号。

⑤ “工艺装备”栏填写各工序（或工步）所使用的夹具、模具、辅具、刀具、量具。其中，专用工装按专用工艺装备的编号（名称）填写；标准工装填写名称、规格和精度，有编号的也可填写编号。

⑥ “工序内容”栏内，对一些难以用文字说明的工序或工步内容，应绘制示意图。

⑦ 对工序或工步示意图的要求：

a．根据零件加工或装配情况可画向视图、剖视图、局部视图，允许不按比例绘制；
b．加工面用粗实线表示，非加工面用细实线表示；
c．应标明定位基面、加工部位、精度要求、表面粗糙度值、测量基准等；
d．定位和夹紧符号按有关规定选用。

（2）工艺规程格式的名称、编号及填写说明。工艺规程中几种主要工艺卡片的格式见附录。

3.5.5　工艺验证

3.5.5.1　工艺验证的范围与基本任务

凡需批量生产的新产品，在样机试制鉴定后批量生产前，均需通过小批试制进行工艺验证。工艺验证的基本任务是，通过小批试生产考核工艺文件和工艺装备的合理性和适应性，以保证今后批量生产中产品质量稳定、成本低廉，并符合安全和环境保护要求。

3.5.5.2　主要验证内容

① 工艺关键件的工艺路线和工艺要求是否合理可行。
② 所选用的设备和工艺装备是否能满足工艺要求。
③ 检验手段是否满足要求。
④ 装配路线和装配方法能否保证产品精度。
⑤ 劳动安全和污染情况。

3.5.5.3　验证程序

（1）制订验证实施计划　计划的内容应包括：主要验证项目；验证的技术；组织措施；时间安排；费用预算等。

（2）验证前的准备　验证前各有关部门应按验证实施计划做好以下各项准备工作：
① 生产部门负责下达验证计划。
② 工艺部门负责提供验证所需的工艺文件和有关资料。
③ 工具部门提供所需的全部工艺装备。
④ 供应部门和生产部门应准备好全部材料和毛坯。
⑤ 检验部门应做好检查准备。
⑥ 生产车间应做好试生产准备。

（3）实施验证：
① 验证时必须严格按工艺文件要求进行试生产。
② 验证过程中，有关工艺和工装设计人员必须经常到生产现场进行跟踪考察，发现问题及时进行解决，并要详细记录问题发生的原因和解决措施。
③ 验证过程中，工艺人员应认真听取生产操作者的合理化意见，积极采纳有助于改进工艺工装的合理化建议。

（4）验证总结与鉴定　小批试制结束后，工艺部门应写出工艺验证总结，其内容包括：

① 产品型号和名称。

② 验证前生产工艺准备工作情况。

③ 试生产数量及时间。

④ 验证情况分析，包括与国内外同类产品工艺水平对比分析。

⑤ 验证结论。

⑥ 对今后批量生产的意见和建议。

小　结

本章通过汽缸体、曲轴、连杆等零部件的工艺分析，介绍了汽车发动机中几种典型零部件的结构特点、结构工艺性、机械加工工艺和主要表面的机械加工方法、汽车发动机的总装配工艺，以及加工中所使用的装备。综述了机械加工工艺规范的编制方法和编制程序，着重地强调了工艺设计的内容和在编制规范过程中需要考虑的各种因素。

思考题

1．连杆的主要表面及主要技术要求有哪些？加工中应采取哪些措施保证其主要技术要求？

2．箱体类零件在加工中定位基准有哪些？确定定位基准的原则是什么？

3．现代汽车发动机曲轴采用了哪些先进制造技术？

4．大批量生产轿车发动机曲轴应采用何种毛坯形式及相应热处理方法？

5．孔系加工有哪些方法？它们各有何特点？

6．安排箱体加工顺序时应遵循哪些原则？为什么？

7．气缸孔加工主要采用哪些方法与测量技术？

8．绘出发动机总装配工艺流程。

9．大批量生产连杆的工艺设计应考虑哪些因素？

10．分析气缸盖与气缸体加工的异同点。

第 4 章
汽车底盘制造工艺及装备

［本章提要］

汽车底盘包括汽车传动系统、行驶系统、转向系统及制动系统。本章主要介绍底盘中几种典型零部件的结构特点、结构工艺性、机械加工工艺和主要表面的机械加工方法，汽车底盘的总装配工艺，以及加工中所使用的装备。通过本章学习，使学生掌握齿轮、轴类零件、弹簧、车轮及轮胎、车架等零部件的制造工艺及装备，了解其工艺特点，了解总装配工艺及生产线，了解现代底盘零件制造的新工艺、新技术。

4.1　齿轮类零件制造

齿轮是机械传动系统中应用极为广泛的零件之一，在汽车变速器中和驱动桥中占有重要地位。此外，在其他系统和机构中也常有应用。齿轮的制造工艺重点主要是轮齿的加工以及保证轮齿正确定位的基准加工。

4.1.1　汽车齿轮结构工艺性及技术要求

4.1.1.1　结构特点

汽车中的齿轮，按照结构的工艺特点可分为五类，如图 4-1 所示。

单联齿轮，如图 4-1（a）所示；多联齿轮，如图 4-1（b）所示。这两种齿轮亦称筒形齿轮，内孔为光孔、键槽孔或花键孔，孔的长径比 $L/D>1$。

盘形齿轮，具有轮毂，如图 4-1（c）所示；齿圈，没有轮毂，如图 4-1（d）所示。这两种齿轮的内孔一般为光孔或键槽孔，孔的长径比 $L/D<1$。

轴齿轮如图 4-1（e）所示。

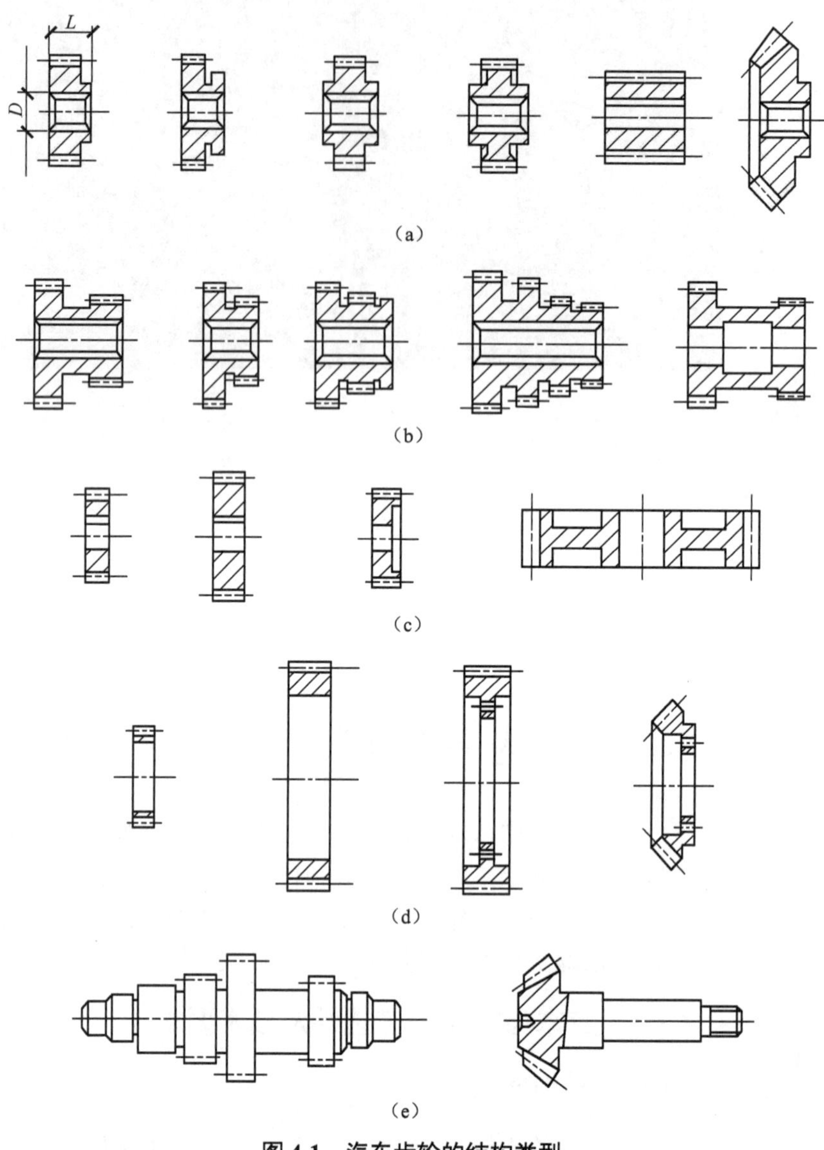

图 4-1　汽车齿轮的结构类型

（a）单联齿轮　（b）多联齿轮　（c）盘形齿轮　（d）齿圈　（e）轴齿轮

4.1.1.2　结构工艺性

齿轮的结构直接影响齿面加工方法的选择。对齿轮机械加工工艺性的分析，当采用传统加工方法时，除通用的结构工艺性的一般分析外，还应考虑以下几方面。

用滚刀加工双联齿轮的小齿轮时，大、小齿轮之间的距离 B 要足够大，以免加工时滚刀碰到大齿轮的端面。如图 4-2 所示，B 的大小和滚刀直径 D_0、滚刀切削部分长度及滚刀安装角度等有关。

当齿轮较宽时，盘形齿轮的端面形状常做成有凹槽的形式，如图 4-3（a）所示，可减轻重量和减少机械加工量。但当齿轮尺寸较小和齿轮强度不足时，可采用图 4-3（b）结构。

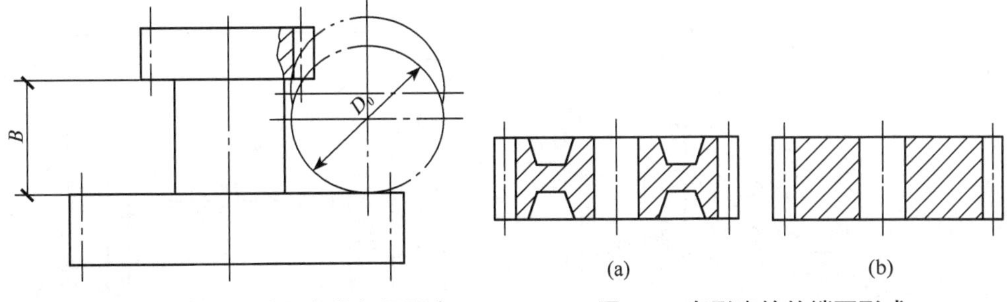

图 4-2 双联齿轮加工时两齿轮之间距离　　**图 4-3 盘形齿轮的端面形式**

盘形齿轮在滚齿机上加工时，为了提高生产率，常采用多件同时安装一起加工，如图 4-4（a）所示。如果采用图 4-4（b）所示结构，不仅可提高滚齿的生产率，也加强了工件的安装刚度。而图 4-4（a）所示结构安装刚度差，并增加了滚刀行程长度，影响生产率的提高。

汽车主减速器轴齿轮（主动锥齿轮）的结构，有跨置式和悬臂式两种，跨置式轴锥齿轮的两轴颈位于两侧，如图 4-5 所示，悬臂式轴锥齿轮的两个轴颈位于齿轮同一侧，如图 4-6 所示；设计跨置式的轴锥齿轮时，应注意铣齿时铣刀盘不应与小头一侧轴径发生干涉，如图 4-5 所示，铣刀将切去轴颈。图 4-6 为汽车主动锥齿轮零件简图。图 4-7 为汽车倒车齿轮的零件简图。

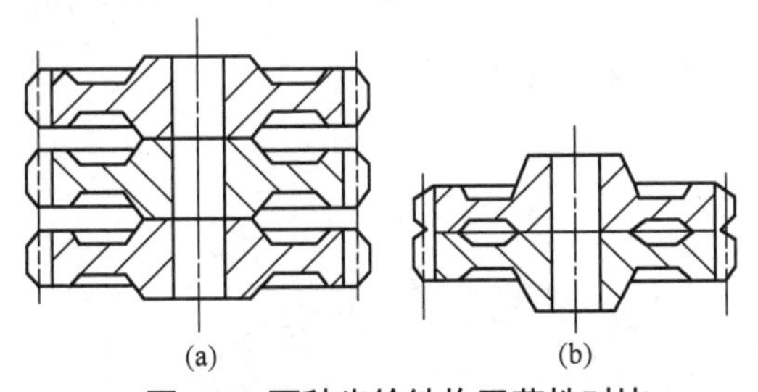

图 4-4 两种齿轮结构工艺性对比

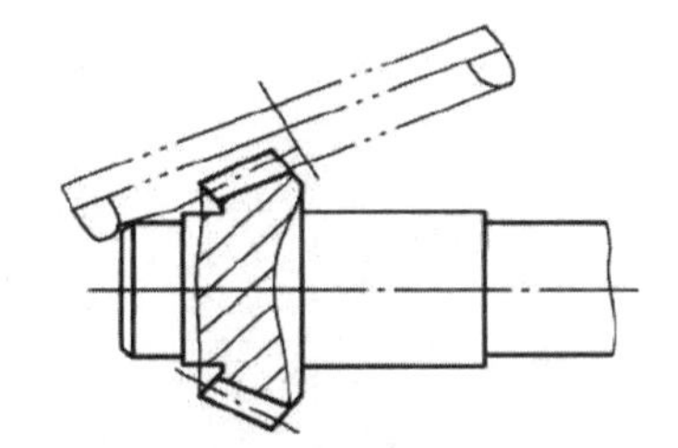

图 4-5 跨置式轴锥齿轮结构工艺性

4.1.1.3 技术要求

为了保证齿轮正常工作和便于加工，齿轮主要表面的尺寸公差、位置公差和表面粗糙度均须达到一定的标准（GB/T 10095.1～10095.2—2001）。归纳起来，其主要技术要求有：

（1）齿轮精度和齿面粗糙度　载货汽车变速器齿轮的精度不低于 8 级，表面粗糙度不大于 *Ra*3.2μm；轿车齿轮的精度不低于 7 级，表面粗糙度不大于 *Ra*1.6μm。

汽车驱动桥主动圆柱齿轮的精度不低于 8 级，从动圆柱齿轮的精度不低于 9-8-8 级。

（2）齿轮孔、齿轮轴径尺寸公差和表面粗糙度　齿轮孔和齿轮轴径是加工、测量和装配时的基准面，它们对齿轮的加工精度有很大的影响，所以要有较高的加工精度和表面粗糙度。

6 级精度的齿轮，其内孔应为 IT6，轴径为 IT5；7 级精度的齿轮，内孔应为 IT7，轴颈为 IT6。基准孔和轴径的尺寸公差和形状公差应遵守包容原则。表面粗糙度为 *Ra*0.40～0.80μm。

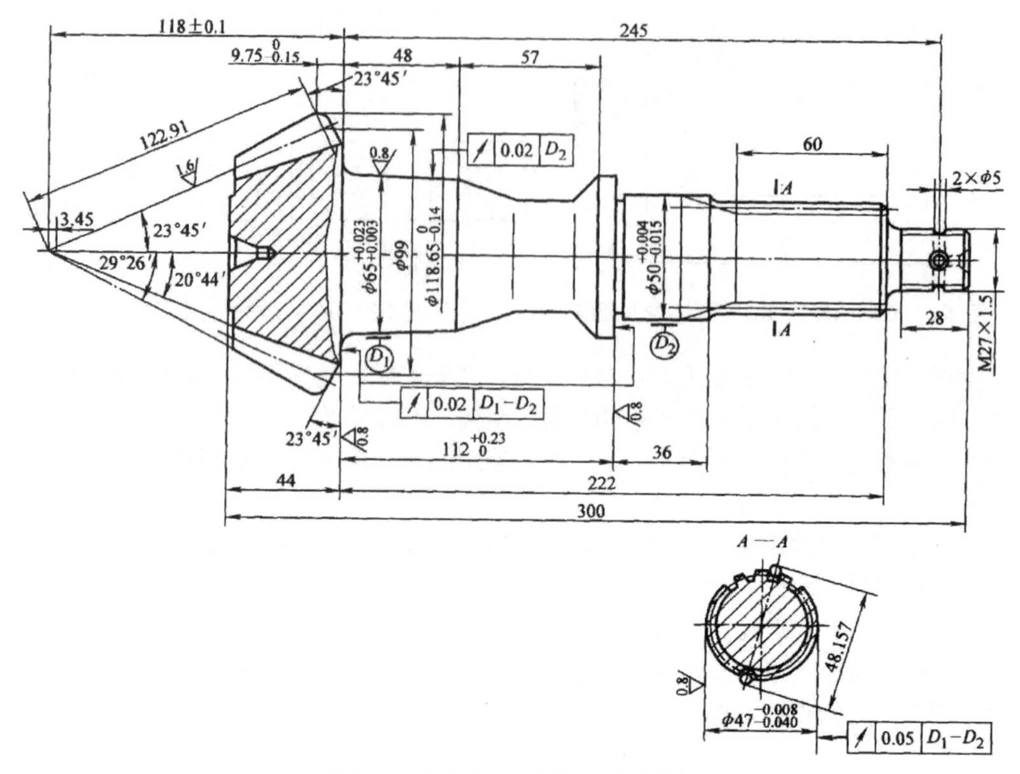

图 4-6　汽车主减速器主动锥齿轮

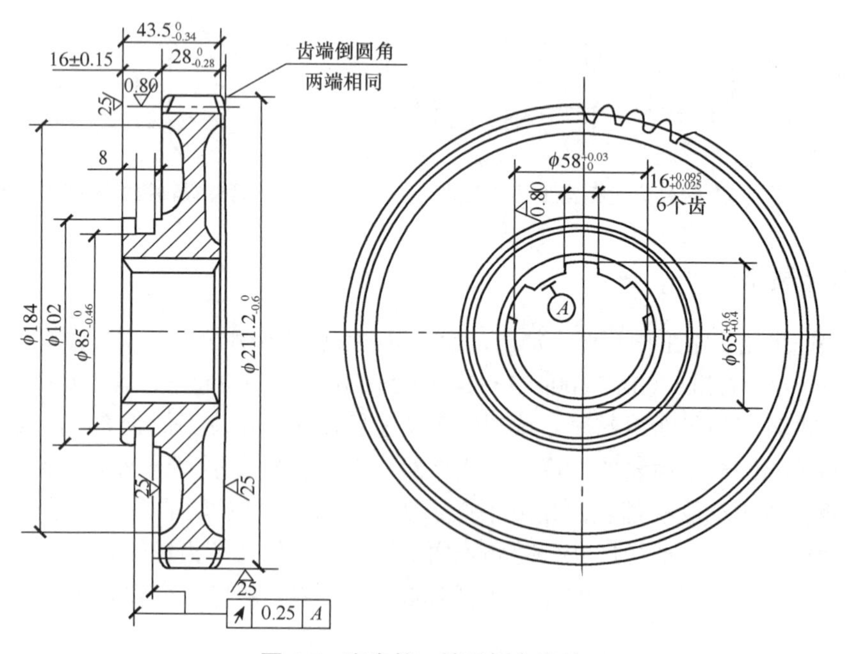

图 4-7　汽车第一挡及倒车齿轮

（3）端面跳动　带孔齿轮的齿坯端面是切齿时的定位基准，端面对内孔在分度圆上的跳动量对齿轮加工精度有很大的影响，因此，端面跳动量规定较小的公差值。端面跳动量视齿轮精度和分度圆直径不同而异，对于6～7级精度齿轮，规定为0.011～0.022mm；基准端面的表面粗糙度为*Ra*0.40～0.80μm，非定位和非工作端面表面粗糙度为*Ra*6.3～25μm。

（4）齿轮外圆尺寸公差　当齿轮外圆不作为加工、测量的基准时，其尺寸公差一般为IT11，但应不大于0.1m_n（法向模数）。当它作为定位、测量的基准时，其尺寸公差要求较严，一般为IT8；此外，还规定有外圆对孔或轴径轴线的径向跳动的要求。

（5）齿轮的热处理要求　对常用的低碳合金钢，渗碳层深度一般取决于齿轮模数的大小。如中等模数m_n＞3～5mm的齿轮，渗碳层深度为0.9～1.3mm，齿面淬火硬度HRC56～64，心部硬度HRC32～45。对中碳钢或中碳合金钢，经表面淬火后，齿面硬度不低于HRC53。

（6）齿轮修缘要求　采用齿轮修缘能有效减小齿轮传动中的撞击，从而控制齿轮传动噪声，某些场合下齿轮修缘比提高齿轮精度对于降低噪声更为有效。齿轮修缘方式主要有长修缘、短修缘和齿向修缘。

4.1.2 汽车齿轮制造工艺过程

4.1.2.1 毛坯及材料

在未加工齿形前的齿轮毛坯称为齿坯。在中、小批量生产中，齿轮毛坯可以在空气锤上用胎模锻造。产量大时，齿轮毛坯一般均采用模锻。

齿坯一般都经模锻。锻造盘状齿轮毛坯时，如果齿轮孔径大于25mm，孔长不超过2倍孔径时，最好在毛坯上冲出通孔（在卧式锻造机上，还可以锻出孔的长径比大于5的深孔）。图4-8为汽车变速器倒车齿轮锻件毛坯。钢材经模锻后，内部纤维对称于轴线，可以提高材料的强度，如图4-9所示。

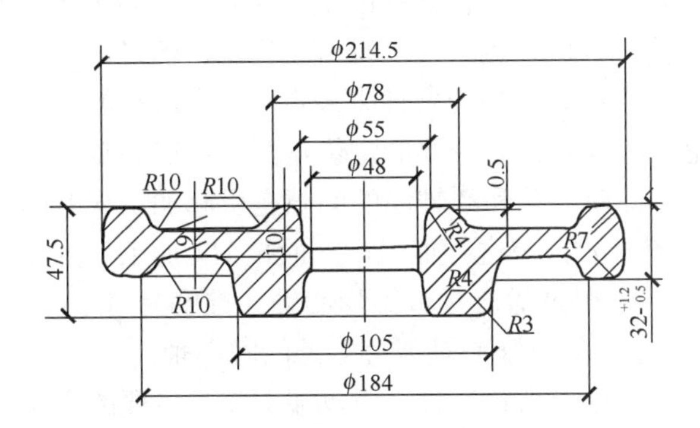

图4-8 汽车第一挡及倒车齿轮毛坯锻件

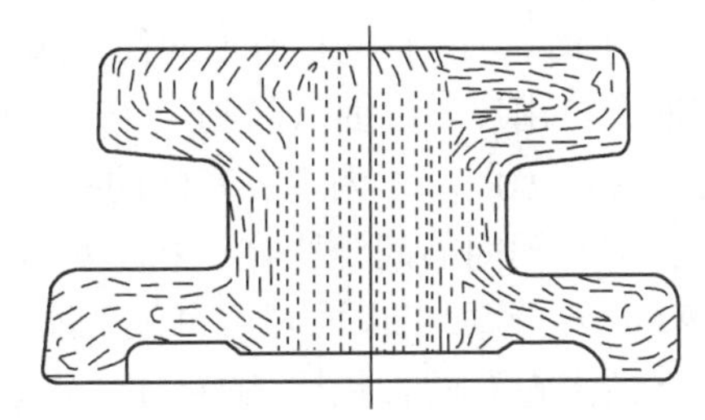

图4-9 镦锻齿轮毛坯材料纤维排列

原材料的选择直接影响着齿轮热处理后的变形程度，对于热处理后没有磨齿工序的生产线来说，能否保证齿轮精度，齿轮原材料的选择至关重要。为了减少被加工齿轮在渗碳和淬火时的变形，要求毛坯的金相组织和晶粒大小均匀。所以，锻造毛坯一定要经初步热处理（正火、退火、等温正火），目的是获得适合后序齿轮切削加工的硬度和为最终热处理做组织准备，以消除锻件的内应力，有效地减少热处理变形和提高材料的切削性能。目前我国齿轮的冶金质量和国外先进水平的差距主要表现在钢材的纯净度、淬透性带宽及原始组织几个方面。为此，采用等温正火工艺。

钢材的纯净度主要为含氧量。含氧量对齿轮疲劳强度和工艺性能都有明显的影响。

钢材的淬透性包含两方面内容，一是钢材的淬透能力，它主要是保证不同大小齿轮的心部硬度以满足接触疲劳强度和弯曲疲劳强度的要求；另一个便是淬透性带宽度，尽可能小的淬透性带宽度波动有利于齿轮热处理变形的控制，尤其对批量生产的汽车齿轮就显得更为重要。为此发展研制出保证淬透性的钢（H 钢）。

汽车中传动齿轮常用的材料有 20CrMnTi、20CrNiMo、20CrMo、20CrMoH 、20MnVB、40Cr、40MnB 和 45 钢等。

精密锻造、粉末冶金锻造（即粉末冶金精密锻造）的齿轮毛坯，在我国汽车工厂中已得到了广泛应用。

齿轮精密锻造成型后，齿面不需机械加工，只是内孔和端面留有适当精加工余量，它不仅大大提高了劳动生产率，降低生产成本，也节约了大量钢材。

粉末冶金锻造齿轮，是少或无切削先进工艺之一。若采用粉末冶金锻造生产行星齿轮的毛坯，只要模具有足够的精度（不低于 IT11 公差），除了油孔、精磨内孔和球形端面之外，齿面不需加工就能满足尺寸公差和表面粗糙度的要求。为了满足内孔、球面和齿面的耐磨性，齿轮在精磨前须经热处理。粉末冶金锻造齿轮能大大缩短机械加工时间，生产效率提高近 3 倍，材料利用率提高 1 倍以上。但是由于存在粉末材料成本较高，设备投资较大等问题，所以推广应用受到一定限制。

4.1.2.2　定位基准

带孔的盘类齿轮工件，无论是设计基准还是工艺基准均选择为内孔和大端面，加工齿面时用光孔（或内花键孔）及端面作为定位基准，符合基准重合原则；许多工序，如齿坯和齿面加工等都可用内孔和端面定位，因此，也符合基准统一原则。但是，孔和端面两者应以哪一个作为主要的定位基准，要从定位的稳定性来决定。当齿轮孔的长径比 $L/D>1$ 时，如图 4-10 所示的筒形齿轮，应以孔作为主要的定位基面，装在心轴上，限制四个自由度，端面只限制一个自由度。此时，孔和心轴间的间隙是引起加工误差的主要原因，因此，作为定位基面的孔应以较小的公差进行加工，一般按 H7 加工。为了消除孔和心轴间的间隙影响，精车齿坯时，常用过盈心轴或锥形心轴（锥度为 1/6 000～1/4 000）；预加工齿面时，可采用能自动定心的可涨心轴或分组的间隙心轴。

当齿轮孔的长径比 $L/D<1$（如图 4-11 盘形齿轮）时，应以端面作为主要的定位基准，限制三个自由度；内孔限制两个自由度，如图 4-11（a）所示。为使作为定位基面的孔和端面具有较高的垂直度，在加工这两个表面时，可装在三爪卡盘内，在一次安装中加工完成，如图 4-11（b）所示。

对于轴齿轮，当加工轴外圆表面、外螺纹、圆柱齿轮齿面和花键时，常选择轴两端的中心孔作为定位基面，把工件安装在机床前、后（或上、下）顶尖之间进行加工。如以工件两端中心孔定位不方便或安装刚度不足时，有的工序可用磨过的两轴径作为定位基面，例如加工汽车主动锥齿轮（参见图 4-6）轴端的齿面时，常用两轴径定位，装在精密弹性夹头中进行加工。若在轴上钻径向孔、铣键槽等，则常以两轴径在两个 V 形块上定位夹紧进行加工。

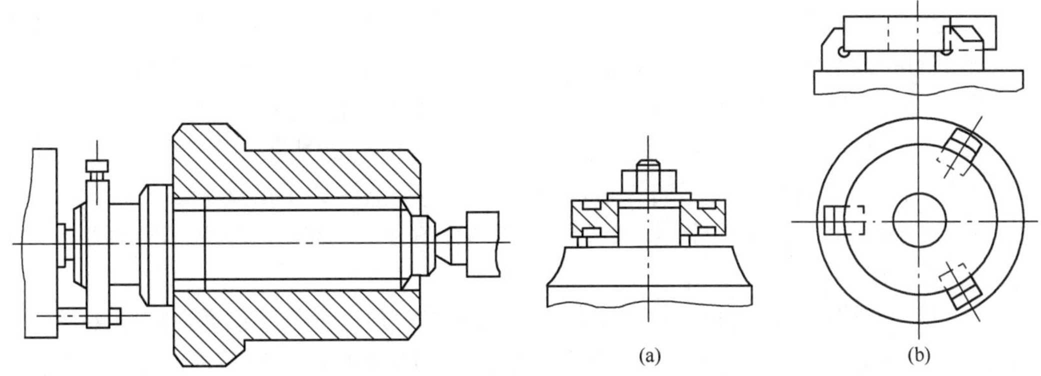

图 4-10 齿轮孔长径比 *L*/*D*>1 的筒形齿轮的定位　图 4-11 齿轮孔长径比 *L*/*D*<1 盘形齿轮的定位

用中心孔在机床两顶尖间定位时，定心精度高；用两轴径在三爪卡盘或弹性夹头定位时，限于夹头结构的精度，定心精度较低，但夹紧力较大，安装刚度较好。

在单件小批生产时，齿面的加工通常是按外圆（齿顶圆）用百分表找正的。也就是说，是以齿坯外圆作为定位基面。为了保证齿轮的加工精度，对于齿坯外圆的尺寸公差，及其对孔轴线或轴径轴线的径向跳动，都提出了较高的要求。

综上所述，为了减少定位误差，提高齿轮加工精度，在加工时应满足以下要求：

① 应选择基准重合、统一的定位方式；

② 内孔定位时，配合间隙应尽可能减少；

③ 定位端面与定位孔或外圆应在一次装夹中加工出来，以保证垂直度要求。

4.1.2.3 主要表面加工方法与装备

当前国内外汽车齿轮的制造工艺还是以切削加工为主，以变速器圆柱齿轮为例，主要仍采用传统的滚、插、剃齿工艺。近来随着汽车工业中高速和重型汽车的发展，特别是对汽车齿轮降低噪声要求的不断提高，磨齿和珩齿作为齿轮热处理后精加工工艺的应用正日益增多，为此，当今汽车齿轮加工最常用的工艺方法及其特点如表 4-1 所示。

表 4-1 汽车齿轮加工最常用的工艺方法及其特点

种类	加 工 方 法	特 点
1	滚齿（插齿）→剃齿→热处理→（珩齿）	加工效率高、成本低，适合轿车及微型车齿轮加工
2	滚齿（插齿）→剃齿→热处理	加工效率高、成本低，适合于一般中重型汽车齿轮加工
3	滚齿（插齿）→热处理→磨齿	加工精度高，但加工效率较低、成本较高，适合于高速齿轮、大型客车、高档重型汽车齿轮的加工

1）带孔盘齿轮的机械加工方法与装备

（1）齿坯的加工　齿坯的加工精度直接影响齿轮的加工精度，如内孔尺寸误差、端面的形位误差等直接影响工件的定位、夹紧和切齿精度。为了满足高精度齿轮加工的定位要求，齿坯的加工采用数控车床，使用机械夹固不重磨车刀，实现了在一次装夹下孔径、端面及外径加工同步完成，既保证了内孔与端面的垂直度要求，又保证了大批级齿坯生产的尺寸离散小，从而提高了齿坯精度，确保了后序齿轮的加工质量。另外，数控车床加工的高效率还大大减少了设备数量，经济性好。由于大量使用不需刃磨的硬质合金刀片，可使切削速度提高 30%～50%，表面粗糙度也有显著降低。

（2）齿端倒角加工　齿面加工之后，有时还要进行齿端倒角。齿端倒角有两种，一种是去掉直齿轮或斜齿轮齿端的锐角，另一种是加工变速器中滑动变速齿轮的齿端圆角。齿轮的齿端加工有倒圆[图 4-12（a）]、倒尖[图 4-12（b）]、倒棱[图 4-12（c）]和去毛刺等方式。

① 去掉齿端锐角：齿轮，特别是斜齿轮的齿端锐角部分强度很低，如图 4-13 中的 g 处，齿面经过淬火很脆，工作中锐角容易折断，断片会破坏齿轮箱内的零件，故必须预先把锐角去除。去除锐角的方法很多，例如可在滚齿机上用齿轮滚刀倒角，但生产效率低、成本高。

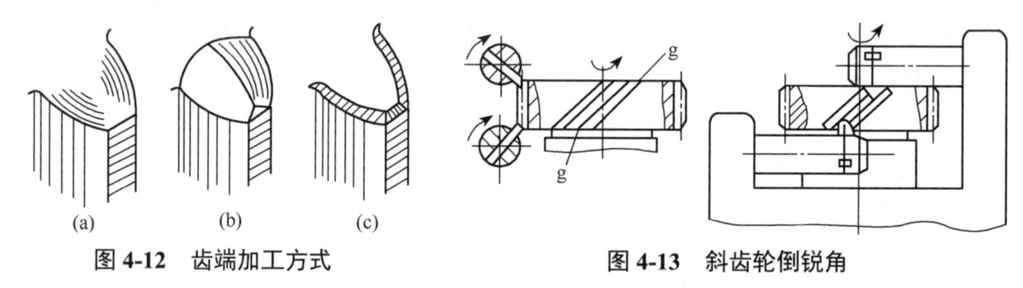

图 4-12　齿端加工方式　　图 4-13　斜齿轮倒锐角

图 4-14 所示为半自动齿轮倒角机，使用方便，生产效率高。这种机床结构简单，在两个刀具主轴上各装一个刀头，同时切削齿轮两个端面上的斜齿锐角。工件连续旋转，两刀头便连续地切去所有的轮齿锐角。两刀具轴与被切齿轮间的传动比，可由挂轮调整。

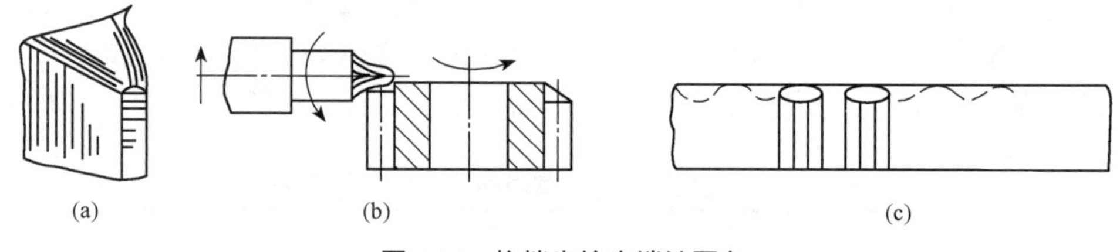

图 4-14　换挡齿轮齿端铣圆角

② 滑动变速齿轮齿端倒圆角后，变速器（变速箱）在换挡时容易进入啮合状态，减少撞击现象，齿轮倒棱可除去齿端尖角和毛刺，齿端倒圆加工示意图如图 4-14 所示。倒圆时，指状铣刀高速旋转的同时，并沿圆弧做摆动，加工完一个齿后，工件退离铣刀，经分度再快速向铣刀靠近加工下一个齿的齿端。两者符合一定的传动比关系。这样，刀具相对于工件的运动轨迹为与工件的齿数相协调的波浪形，铣刀便在齿端铣出圆角。

齿端加工须在淬火之前进行，通常都在滚（插）齿之后、剃齿之前安排齿端加工。

（3）修磨基准孔和端面　作为齿轮定位基面的内孔和端面，淬火后其形状和尺寸都有一定变化，轮齿的相对位置也有了新的误差。为了保证齿面最后精加工（如珩齿或磨齿等）和装配基准的精度，热处理后要修磨这些基准孔和端面。

图 4-15 所示为磨直齿或斜齿圆柱齿轮内孔的一种弹性膜片定心卡盘。被加工齿轮以其齿面套在圆周上有六个滚柱 3 的环 4 内，然后一同装于弹性膜片卡盘的卡爪 2 内。当推杆 6 向右压在弹性盘 1 中部时，盘的卡爪就略微径向张大而将滚柱松开，此时可以装卸工件。当推杆后退时，弹性膜片本身靠弹性收拢卡爪，通过滚柱定位夹紧工件。工件还以端面靠在三个支承钉 5 上。

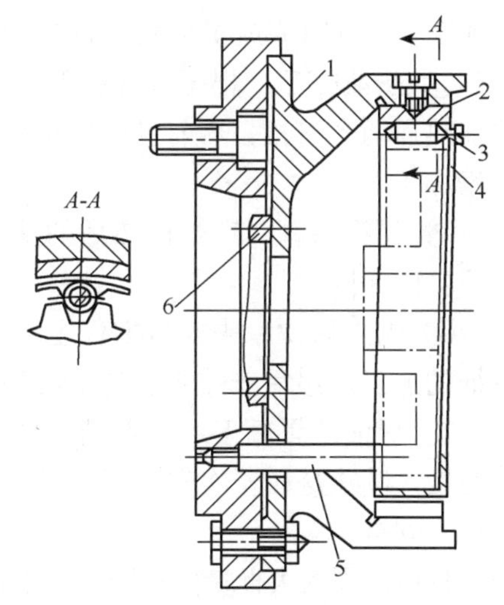

图 4-15 磨齿轮孔用的弹性膜片定心卡盘

1. 弹性盘 2. 卡爪 3. 滚柱 4. 环 5. 支承钉 6. 推杆

为了保证内孔对齿面的位置公差（齿圈的径向跳动），磨基准孔和端面时，应以齿面定位进行加工。圆柱齿轮用滚柱在齿面上定位，锥齿轮用钢球在齿面上定位。要正确选择滚柱或钢球的尺寸，以保证它和齿面的接触部位是在全齿高的中部（齿的节圆处）。

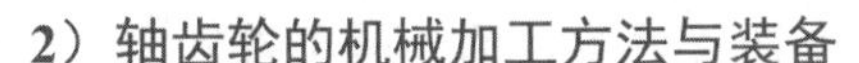

2）轴齿轮的机械加工方法与装备

（1）两端定位基准中心孔的加工　汽车的轴类零件常用 A 型及 B 型（带 120°保护锥）两种中心孔。钻中心孔前，一般先加工轴的两端面，以防止因锻件的端面不平整使中心孔钻偏或折断中心钻头。

加工轴的端面和钻中心孔的方法，根据生产类型和工厂的具体条件而异。单件小批生产时，一般是在车床上用三爪卡盘夹住外圆，先车出端面，然后钻出中心孔。

批量生产时，为了提高生产效率，可在卧式铣床上用端面铣刀铣端面，然后在卧式双面中心孔钻床上，同时钻出两端中心孔。批量大时，可在双面铣端面打中心孔钻床上加工，如图 4-16 所示，这种机床是双面的，两面各有铣端面和钻中心孔的切削头。工件以外圆在双 V 形块上定位并夹紧后，装有夹具的工作台带着工件横向进给，先同时铣削两个端面；铣完端面后工作台停住，此时两中心钻的轴线对准工件轴线，两边的切削头同时进给，钻出两端的中心孔。在大批量生产时，为进一步提高生产效率，也可以采用鼓轮式，两边同时铣端面和钻中心孔的组合机床，这种机床把装卸工件的辅助时间和加工的基本时间合并，从而再次提高了生产效率。

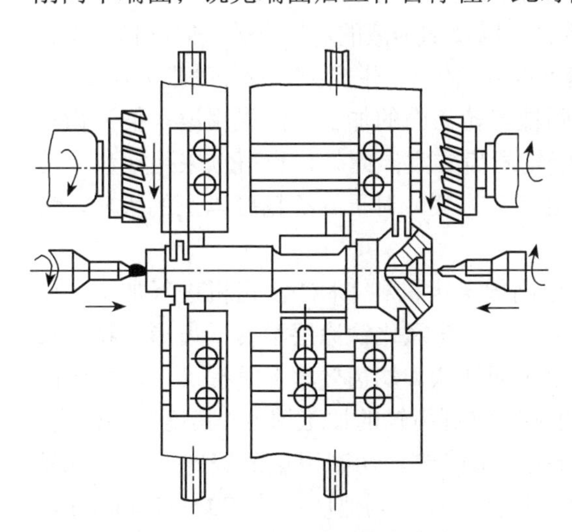

图 4-16 双面铣端面钻中心孔

（2）轴齿轮坯外圆表面的车削加工　齿轮轴类件除具有回转体零件的加工特征外，还具有齿轮加工特征，在大批量生产条件下考虑的决策原则如下：

① 工序集中与分散：由于采用组合机床和半自动机床为主，工序以集中与分散相结合，例如在粗车与半精车加工阶段由半自

动加工机床同时完成多个表面的加工，而齿轮表面及其他辅助表面采用相对分散工序。

② 热前热后：根据零件材料及机械性能的差别，中间安排热处理工序，加工分为热前热后两个阶段。热前包括齿轮轴车削及齿轮表面的粗加工，热后包括外圆磨削及齿面精加工。

③ 先粗后精：在热前热后的基础上将加工过程分阶段进行。工步优化时应遵循先粗后精的原则。

④ 先主后次：先安排零件主要特征的粗加工工步和半精加工工步，然后安排次要特征的加工，最后安排主要特征的精加工工步。

⑤ 保证位置精度：位置精度主要针对同轴度、垂直度、对称度等。零件要保证位置精度，最好是在一次安装下就能加工出所有的相关表面，具有位置精度要求的工步相对集中安排。

目前，国内大批量生产轴类齿轮时，通常用两种方法加工齿坯，一种是“铣两端面→钻中心孔→粗车一端→粗车另一端→精车一端→精车另一端→粗精切各台阶、槽→磨削各外圆”的工艺方案；另一种是采用轴类数控车床进行齿坯加工，如“铣两端面钻中心孔→粗精车一端→切各台阶、槽→粗精车另一端→切各台阶、槽→磨削各外圆”。采用两台数控车和一台多砂轮外圆磨床完成齿坯加工，确保外圆和端面跳动的要求。

由于数控车床加工的零件改变时，除更换刀具外，只需更换数控程序，就可以自动地加工出新零件，不需对机床本身做任何更大的调整，因此，近年来，汽车中带孔齿轮和轴齿轮开始采用数控车床加工。这种机床停机调整时间短，提高了机床利用率。由于全部加工过程实现了自动化，显著地缩短了基本时间和辅助时间，提高了生产效率。数控车床不仅适用于中、小批生产，也适用于大批量生产。

3）齿面的机械加工方法与装备

齿面加工方案应根据加工对象和要求，选择适合的机床。如适合的机床规格、数控轴数、性能，机床要有高的刚性、良好的热稳定性、高可靠性等。齿轮的加工精度和效率，还与刀具的材料、参数、涂层工艺、精度等级及刚性，夹具的定位方式、精度和刚性，齿坯的材料、硬度、精度和刚性，切削用量的选择，以及切削液的选用有关。但选择加工方法主要取决于齿轮的精度等级，同时考虑齿轮的结构特点、生产类型及热处理方法等。

在大批量生产条件下，7 级精度硬齿面圆柱齿轮齿面的加工广泛采用滚（插）齿→剃齿→热处理（渗碳、淬火+回火）→蜗杆珩轮珩齿方案；此外，也可以采用滚齿→冷挤齿→热处理→蜗杆珩轮珩齿（或蜗杆砂轮磨齿）方案。对于 6 级精度以上的齿轮，齿面最终工序须采用磨齿。

（1）滚齿　为提高加工效率，目前多采用高效滚齿机和 CNC 滚齿机进行加工，剃前滚刀一般选用多头滚刀（2～3 头），这种小直径多头氮化钛涂层滚刀，齿形经特殊设计。在使用时，工件的转速随着滚刀的头数增多而加快。切齿效率显著提高，对机床的刚性与功率提出更高的要求。滚刀的精度，直接影响到齿轮的加工精度，其精度的确定，需参照热处理变形大小及热后有无硬齿面精加工来确定。切削用量的确定要从机床精度、刚度、刀具及工件材质各因素综合考虑，目前滚齿切削速度可达 70～110m/min，进给量 1.5～4mm/r。加工直齿轮时，采用小直径滚刀进行逆滚较为有利，而加工斜齿轮时，采用与工件旋向相反的滚刀进行逆滚较为有利。要提高滚齿精度，刀具的安装、调整环节不容忽视，有的滚齿机采用外装校刀方法，可以提高刀具的安装精度。目前高精度的内涨式夹具已在滚齿加工中广泛应用，因其消除了定心孔处的间隙，可减小齿圈径向跳动误差、齿距累积误差，同时与机床上下料装置密切配合，实现了滚齿加工过程的自动化。插齿用于加工双联齿、带倒锥接合齿、内齿轮等。

（2）剃齿 常用的剃齿方法有：轴向剃齿、切向剃齿、对角剃齿和径向剃齿。目前汽车齿轮大量生产多采用效率最高的径向剃齿方法，一般加工一个齿轮只需 20 多秒。该方法要求机床刚性高，目前 CNC 剃齿机的应用也日渐增多。径向剃齿时，只有刀具相对工件的径向进给，而无轴向走刀运动，所以能剃削带凸缘齿轮和双联齿轮。生产效率比轴向剃齿高 2～3 倍。径向剃齿根据刀槽错位的排列也分顺剃和逆剃切削两种，在相同切削力的情况下，逆剃比顺剃有利，可使齿面粗糙度明显改善。工件齿形与齿向的鼓形量由刀具保证。剃齿刀具设计参数及修磨参数，根据试剃、测量以及参考热处理变形情况，通过分析计算确定，并以多次试剃修整，才能剃出具有理想接触区、低噪声的齿形。

对角剃齿是指工件沿其轴线偏斜成一定角度的方向进给，刀具与工件啮合节点在加工过程中沿刀宽方向连续移动的方法，刀具磨损也较均匀、使用寿命较长，同时工作行程短，可减少机动时间，生产效率也较高，因此，在汽车齿轮大批量生产中也较适用。

4）齿轮热处理后的机械加工方法与装备

齿轮热后加工有珩齿加工、磨齿加工、硬齿面刮削等。

（1）珩齿 珩齿有外啮合珩齿、内啮合珩齿和蜗杆珩齿三种工艺。其中内啮合珩齿应用较广，常用的设备为 Fassler 公司和 Hulth 公司的珩齿机。

（2）磨齿 磨齿是齿轮精加工最常用的一种方法，砂轮与工件是强制啮合，故不仅能够加工淬硬齿轮，并且能修正齿轮预加工中的各项误差。有的卧式磨齿机主轴上装 5～8 个工件同时磨削。砂轮的磨料为立方氮化硼（CBN），砂轮的制造是在轴承钢基体上电镀一层均匀的 CBN 颗粒（颗粒度 25～30μm），黏结剂为镍。CBN 层磨损后可以重镀 20～50 次。国内常用的磨齿设备有蝶形双砂轮型磨齿机、蜗杆砂轮磨齿机、成型磨齿机以及类似的其他磨齿机。

（3）硬齿面刮削 硬齿面刮削工艺通常采用硬质合金滚刀，CBN 涂层滚刀，对热处理后的硬齿面进行加工，该加工方法可以纠正齿向误差。

近年来热后齿轮加工工艺有了很大的发展，如强力齿面珩磨和蜗杆包容硬齿面磨削工艺，强力齿面珩磨工艺得到的齿面精度较好，可取消剃齿加工，但加工成本相对较高。

5）磨加工

磨加工主要是对经过热处理的齿轮内孔、端面、轴的外径等部分的精加工以提高尺寸精度和形位精度。齿轮加工采用节圆夹具定位夹紧，能有效保证齿部与安装基准的加工精度获得满意的产品质量。

6）齿轮焊接与整体精锻

如图 4-17（a）所示的变速器齿轮，结合齿圈采用一般的切削加工是无法实现的，通常考虑将齿体与结合圈分两部分（图中虚线为分界线）分别加工出来，然后通过花键过盈压装连接成一体，这不仅使工序增多，增加加工成本，而且有时受结构限制花键是

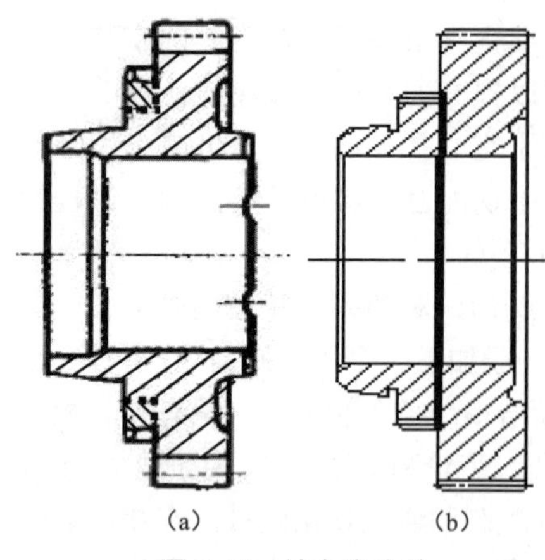

图 4-17　结合齿齿轮

无法加工出来的（本例花键即无法加工），所以必须寻求新的工艺技术支持。因此，齿轮整体精锻及焊接新工艺应运而生。整体锻造工艺获得的齿部加工精度依赖于模具加工精度，且一套模具只能用于一种零件，前期投入较大，工艺适用范围窄，只适于大批量的生产，如整体锻造的差速器齿轮。使用齿轮焊接与整体精锻技术在结构设计上可去掉机加工用退刀槽，尺寸既可留做增加齿宽以提高齿部强度，也可直接省去减小整体设计尺寸，使结构更加紧凑。图 4-17（b）所示即为采用焊接工艺制造的变速器齿轮。焊接工艺比整体锻造技术更加灵活、通用性强，能够适应多品种生产加工，成本也更低。当然，一般焊接工艺由于热影响区使焊后零件变形较大且无法控制，难以满足齿轮加工要求，只有电子束焊接与激光焊接能够适应。这两种技术由于焊接热影响区很小，对于齿轮加工精度几乎没有影响，焊后牢靠且焊缝美观。近年来，随着激光技术的发展，国内对激光焊接的研究已从试验研究阶段进入生产应用阶段，并开始走向成熟，激光焊接技术比电子束焊易于操作，具有更多优势应用前景更加广阔。

另外，轴类的冷挤压制胚，热处理后应用强力喷丸工艺进行齿面强化等，都是近年来国外已经广泛应用的新技术。

4.1.2.4　典型汽车齿轮机械加工工艺过程

齿轮机械加工工艺过程虽各不相同，但不论产量大小，归纳起来主要由以下几部分组成：基准面（齿轮内孔及端面或轴齿轮端面及中心孔）的加工；外表面及其他表面的加工；齿面的粗、精加工；热处理；修复定位基面及精加工装配基准（内孔及端面、轴颈、花键等）；齿面进行热处理后的精加工；主要工序完成后，对工件清洗、中间检验和最终检验。

1）盘齿轮机械加工工艺过程

对于图 4-1（a）、（b）类齿轮，一般先粗、精加工内孔到 H7 级（有时还要加工外端面），然后以内孔在心轴上的定位，加工外圆、端面、沟槽和齿面等。对于图 4-1 中（c）、（d）类齿轮，先以毛坯的一个端面和外圆作为粗基准，在车床上加工非基准端面、内孔、外圆、沟槽等；然后调头，加工内孔、基准端面、外圆及其他表面，使内孔达到 H7 级，并保证端面与内孔轴线的垂直度。

齿面加工，是以端面和内孔作为定位基准的。有时，外圆等表面的加工也这样定位。

2）轴齿轮机械加工工艺过程

对于轴齿轮，首先加工好作为定位基准的两端中心孔。为保证中心孔的加工质量，事先应加工轴的两端面，然后才能以中心孔定位，车削外圆面、端面等。

大批量生产时，可在多刀半自动车床或液压仿形车床粗、精车轴的外表面；产量小时，则用普通车床车削。外表面加工后，便可加工其他表面，如花键、螺纹、键槽及小孔等。

轴齿轮的齿面加工，如需以轴颈外圆及支承端面定位时，则要预先磨削轴颈外圆到 h6

级。对于后桥主减速器轴锥齿轮，还要同时磨削轴颈支承端面，以保证位置公差的要求。

由于热处理产生变形，所以热处理后还需对中心孔进行修整，使用硬质合金顶尖加磨料研磨，或用60°锥形砂轮磨削中心孔。中心孔修整后，再精磨轴颈外圆、支承端面、花键轴的外圆、花键槽和侧面。

钢制齿轮淬火工序，主要是使齿面具有高的硬度，但心部要保持强韧。变速器（变速箱）中滑动齿轮的热处理，还要提高花键孔内径表面（内径定心的定心表面）和侧面的硬度，因为滑动齿轮的主要表面应具有足够的耐磨性。

热处理（渗碳、淬火）后，齿面精度一般下降一级左右，此外还常常发生内孔缩小或涨大，端面翘曲及径向跳动增加等变化，直径大、轮缘薄的齿轮尤为严重。微小的变形，都会使齿轮的工作质量显著下降，产生噪声和齿面上载荷不均匀等缺陷。直径大而薄的齿轮，热处理时最容易产生端面翘曲。不可用压力矫正的方法消除变形，这样会使齿轮产生残余内应力，并使齿轮在工作过程中残余内应力重新分布又产生翘曲。如果在热处理时把这种齿轮用压模压着淬火，则可以减小其变形。

在局部淬火中，汽车生产厂主要采用高频（或中频）加热。这时齿轮变形小，不会使齿形精度下降过多，有时仍可能保持原精度。高频淬火，齿轮孔的变形也很小，且容易用推刀校正。通常表面高频淬火的性能不如表面渗碳淬火可靠耐用。

淬火后的齿轮都要进行回火，以消除内应力。

由于热处理产生变形，所以热处理后还需对定位基准面和装配基准（内孔、基准端面、轴齿轮的中心孔、轴颈等）进行修整。内孔和端面一般用内圆磨床磨削，花键孔的外径和侧面如需修整，可根据情况用推刀加工，或用电镀金刚石（或立方氮化硼）拉刀加工，或用电解成型等方法修整。轴齿轮中心孔的修整，是用硬质合金顶尖加磨料研磨，或用60°锥形砂轮磨削。中心孔修整后，再精磨轴颈外圆、支承端面、花键轴的外圆、花键槽和侧面。

大量生产和成批生产倒车齿轮（参见图4-7）的两个典型工艺过程分别见表4-2和表4-3。

表4-2 大量生产汽车倒车齿轮的工艺过程

工序号	工序内容	设　备	工序号	工序内容	设　备
1	扩孔	立式钻床	10	剃齿或冷挤齿	剃齿机或挤齿机
2	车轮毂端面	车床	11	修花键槽宽	压床
3	拉花键孔	拉床	12	清洗	清洗机
4	精车另一端面	车床	12J	中间检验	
5	车齿坯	八轴立式车床	13	热处理	
5J	中间检验		14	对滚	专用对滚机
6	去毛刺		15	磨内孔	内圆磨床
7	滚齿	双轴滚齿机	16	珩磨	蜗杆式珩齿机
8	倒齿端圆角	倒角机	17	清洗	清洗机
9	清洗	清洗机	18	修理齿面	
9J	中间检验		18J	最终检验	

表 4-3 成批生产汽车倒车齿轮的工艺过程

工序号	工序内容	设备	工序号	工序内容	设备
1	粗车小端外圆、端面	车床	7J	中间检验	
2	粗车大端外圆、孔、端面	车床	8	倒齿端圆角	倒角机
2J	中间检验		9	剃齿或冷挤齿	剃齿机或挤齿机
3	半精车大端面、孔	车床	10	清洗	清洗机
4	拉花键孔	拉床	10J	中间检验	
4J	中间检验		11	热处理	
5	精车两端面及外圆	多刀半自动车床	12	磨内孔	内圆磨床
5J	中间检验		13	珩磨	蜗杆式珩齿机
6	滚齿	滚齿机	14	清洗	清洗机
7	清洗	清洗机	14J	最终检验	

4.1.2.5 变速器齿轮生产线及自动化装备

1）变速器齿轮生产线

滚齿—剃齿工艺是最经济，使用范围最广泛的汽车齿轮加工工艺路线。该工艺中要选择合适的机床、刀具、夹具和合理的切削用量，同时对齿坯的精度也要控制。变速器齿轮工艺流程：数控车→滚齿→倒棱→剃齿→加工中心→热处理→磨削→清洗→交付。

生产线设备布局安排顺序和工艺流程尽可能一致，形成流水作业线，在一个加工循环中尽可能减少零件回退现象。

实行粗精加工分离，粗加工工序外委加工，生产线只承担半精和精加工，尽量减少零件在线时间。设备布局紧凑，不浪费空间，但要距离适中，设备间距原则上要保证操作者日常维护和机修人员修理作业。

存放工装的待加工区域尽量选择在机、线附近。零件装夹方式采用随行夹具和自动定心锁紧夹具，避免找正及手工操作。

图 4-18 是五挡变速器齿轮生产线平面布局图。该生产线设计能力为年产 20 万件，生产节拍 90s，有操作人员 18 人，按工艺流程及生产节拍考虑，采用“一个流”的方式布局，减少了零件运转时间，零件传输方式为自动传输线，一人操作多机时移动距离短。

生产线主要设备自动化程度较高，配有自动报警装置及数据自动采集分析系统，可以在发生故障时及时得到信息，迅速排除。

2）变速器齿轮生产自动化装备

目前，根据各行业齿轮加工工艺特点，变速器齿轮使用最广泛的制齿设备有数控滚齿机、插齿机、剃齿机、倒棱机、倒角机、花键冷轧、磨齿机等。

（1）数控滚齿机 图 4-19 为四轴数控滚齿机机床结构外形简图，该机床用于加工各种模数的弧齿锥齿及准双曲面齿轮。它采用伺服直线轴实现 X、Y、Z 三个坐标方向的运动，取代原来的摇台、偏心鼓轮的合成滚切运动和机械式进给结构，将传统的机械结

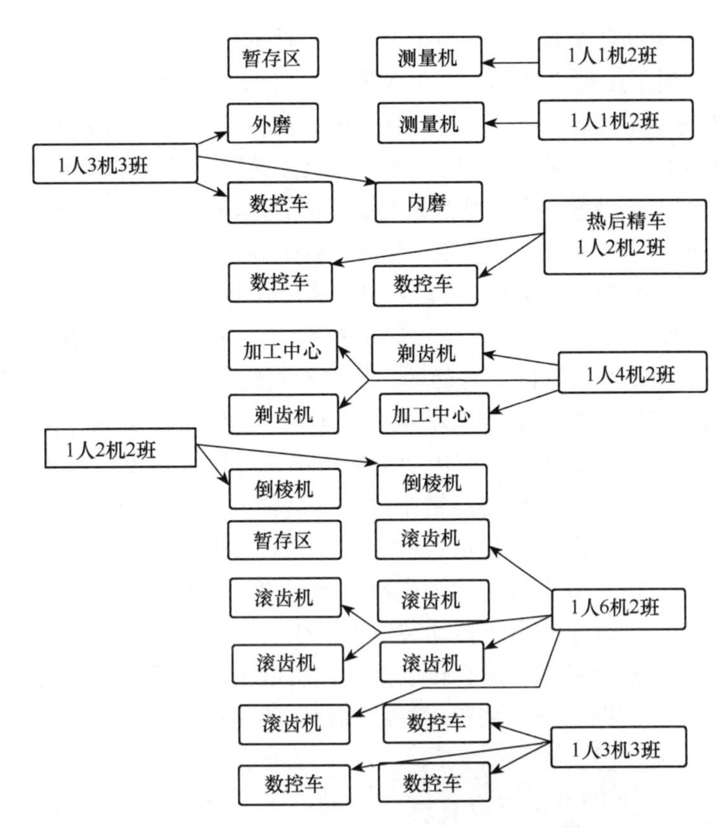

图 4-18　五挡变速器齿轮生产线平面布局图

构复杂的机床向数字化程序控制的智能化发展，将传统的复杂的齿轮的传动结构变为接近零传动。机床的传动链短，动态刚度明显提高，从而加工效率和工作稳定性大幅提高。该系列机床采用德国西门子公司的四轴数控系统，精度高、刚性好、效率高，操作方便简单。

一般数控滚齿机的滚刀主轴由变频交流主电机通过一对斜齿轮驱动，直接驱动工件主轴的分度副，一般采用高精度蜗轮副或是特殊齿形的多头双蜗轮副以及大直径齿轮副，各进给轴通过滚珠丝杠副实现旋转运动向直线运动的转换。

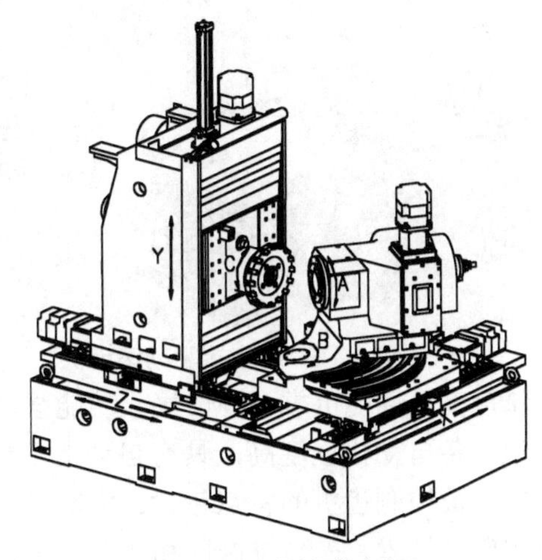

图 4-19　数控滚齿机

近几年国外的各齿轮制造厂家在小直径、小模数齿轮加工方面已推出滚刀轴和工件轴直接驱动的机型。直接驱动的实现是使用电主轴直接驱动滚刀主轴，用同步力矩伺服电机直接驱动工作台。由于直接传动，去掉了高精密齿轮等关键零件，这样就消除了由于传动装置而产生的误差，如反向间隙、啮合误差等，使机床精度大大提高。

随着先进数控技术的广泛应用，出现了全数控滚齿机。现代数控滚齿机用伺服电机分别经过传动系统驱动各个数控轴，而滚刀轴和工件轴之间的联动，则通过数控系统电子齿轮箱来实现。但对于工件主轴仍没有引入零传动概念，而是将伺服电机通过大传动比的蜗轮蜗杆副或齿轮副与负载相连，来达到减速增力的目的。工件主轴的工作性能在很大程度上取决于分度副的精度、耐磨性、啮合侧隙和极限速度。蜗杆螺旋面的极限滑动速度是限制工件轴转速的主要因素。使用单头分度蜗杆的普通滚齿机，在良好的润滑条件下，蜗杆螺旋面的极限滑动速度允许范围为 2～3m/s，对于高速滚齿机，要求工件轴提高转速，往往需要使用 2～4 头的分度蜗杆，或者采用其他形式的传动方式。分度副蜗杆一般采用优质合金钢制造，经热处理和精磨，生产制造难度大。而且，只要存在传动部件，势必会有弹性变形、摩擦磨损和反向间隙等问题，这些都制约了高速高精度滚齿机的发展。

如果滚齿机各进给轴采用直线电动机直接驱动，工件主轴负载直接与力矩电动机转子刚性联结，即完全实现零传动。零传动滚齿机不仅可以大幅度提高机床的加工精度和加工速度，也可以完全解决机械传动链中存在的磨损问题，可以长期保持机床的精度。此外，零传动方案极大地简化了滚齿机的机械结构，提高机床的动静刚度。

将滚齿机工件主轴负载直接与力矩电动机转子刚性联结，具有以下优点：①大大提高工件主轴的转速；②消除了由于传动装置而产生的误差，提高了工件主轴的速度与定位精度；③由于直接驱动基本上没有传动部件，所以噪声很低；④系统中唯一的磨损件是轴承，如果轴承能定期润滑，装置就能达到日常零维护。

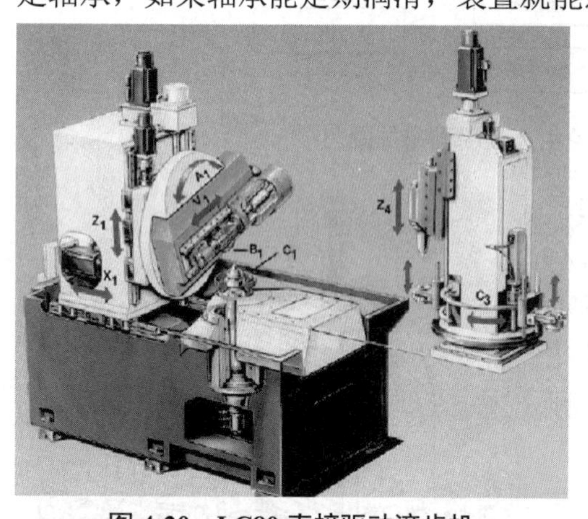

图 4-20　LC80 直接驱动滚齿机

目前已有“零传动”数控滚齿机床成熟产品，图 4-20 所示为 Liebherr 公司生产的 LC80 直接驱动滚齿机。

目前国内外数控高效滚齿机的发展趋势是：高速（滚刀主轴 8 000r/min 以上，工作台转速 800r/min），高精度（可滚齿 5～6 级齿轮），全数控（六轴五联动以上），模块系列化（由直径 Φ200mm 规格机型发展到 Φ（120～350）mm 规格机型），绿色制造（干式滚切和冷风滚切），网络化（多台滚齿机联网）。

（2）数控剃齿机　数控剃齿机具有加工精度高、性能可靠、刚性好、功能强、操作调整及维修方便、安全性能好等特点，同时该设备自动化程度高，具有自动上下料装置，多种工件自动循环方式等。

数控剃齿机的特点包含：大立柱、床身、工作台等基础部件刚性好，大平面导轨采用塑贴技术，提高抗振性和接触刚度；采用径向剃齿工艺时，工作台滑板自动锁固在床身导轨上；径向进给采用空心大直径（Φ82mm）预加荷载滚珠丝杆；剃刀主轴前端为复合滚动轴承，同时采用主轴辅助支承座，大大提高主轴刚度和加工精度；鼓形齿、小锥度齿修形机构，采用无间隙滚动导轨副，提高接触刚度，稳定加工质量，减少调整时间；剃刀箱主轴交叉角调整准确，减少辅助时间；采用外置式大容量磁力排屑冷却油箱，减少机床热变形，便于清洁管理；用棘轮手柄，可方便自如地调整左、右顶尖座位置，省时省力；可增设液压左顶尖，便于装卸工件。

3）检测与监控

生产线上实现在机或在线测量，自动测量，达到设备自主控制产品质量，减少人为因素影响。对齿轮精度各项偏差按标准要求，采用全自动齿轮检测仪和现场双啮仪检测相结合的办法对产品进行检测。

双啮综合检验具有反映信息好、仪器结构简单、操作维护方便、检验效率高、测量稳定、易于实现机械化和自动化、适合与车间现场使用等优点，它是现代齿轮生产中最终检验的主要测试方法之一。特别是在中小模数齿轮中，由于对齿轮的质量和要求与日俱增，单项检验已不能满足当前的需要，而单啮综合检验目前尚难在小模数齿轮测量中推广，因此双啮综合检验也值得在一定范围内加以推广。

双啮综合测量原理是检测径向综合偏差时，所用的装置上能安装一对齿轮，其中一个齿轮安装在固定的轴上，另一个齿轮则安装在带有滑道的轴上，该滑道带有弹簧装置，从而使两个齿轮在径向能紧密地啮合，在旋转过程中测量出中心距的变动量，如果需要，可将中心距变动曲线图展示出来。

通常是用一个测量齿轮对产品齿轮做此项检测，测量齿轮精度很高，以达到其对径向综合偏差的影响可以忽略不计。当被测产品齿轮旋转一周后，将自动输出检测记录。

而单项测量需要采用先进的齿轮自动检验仪器，主要用于：加工过程和对于齿形、齿向以及齿距偏差监控测量和成品各项精度的抽测。

此外，还有部分采用噪声检测的方法进行成品检验的模式。

随着科技的发展，齿轮制造技术和装备也在进一步发展，高效、高精度、自动化、智能化、信息化及清洁加工是今后齿轮加工技术及装备的发展趋势。

4.2 轴类零件制造

轴类零件是汽车零件中经常遇到的典型零件之一，如变速器轴、传动轴、半轴等。它主要用来支承传动零部件，传递扭矩和承受载荷。由于在汽车运行中这些轴高速运转，同时要传递较大的扭矩，因此不但要求传动轴有较好的动平衡性能，良好的耐磨性要求，也要求零件有良好的机械强度和刚度高的抗疲劳强度，以保证零件的工作性能。

这类零件在实际切削加工过程中由于其刚性差而极易产生弯曲和震动，难以获得良好的加工精度和表面粗糙度，且在加工中热扩散差，线膨胀大，当工件两端顶紧时受热变形和切削力作用影响而易产生弯曲，需要在加工工艺方案中采取一定的措施以获得较好的加工效果。

本节重点介绍变速器轴及半轴的加工工艺。

4.2.1 汽车轴类零件的结构特点、结构工艺性及技术要求

4.2.1.1 结构特点

轴类零件是旋转体零件，其长度大于直径，一般由同心轴的外圆柱面、圆锥面、内

孔和螺纹及相应的端面所组成。根据结构形状的不同，轴类零件可分为光轴、阶梯轴、空心轴和曲轴等。这里主要对变速器轴（齿轮轴）、传动轴及半轴的结构特点进行简要介绍。

轴的长径比 $L/D\leqslant5$ 的称为短轴，$L/D\geqslant20$ 的称为细长轴。大多数轴介于两者之间。

1）变速器轴（齿轮轴）

常用的齿轮轴指支承转动零件并与之一起回转以传递运动、转矩或弯矩的机械零件。一般为金属圆杆状，各段可以有不同的直径。汽车发动机、变速器中做回转运动的零件就装在轴上。

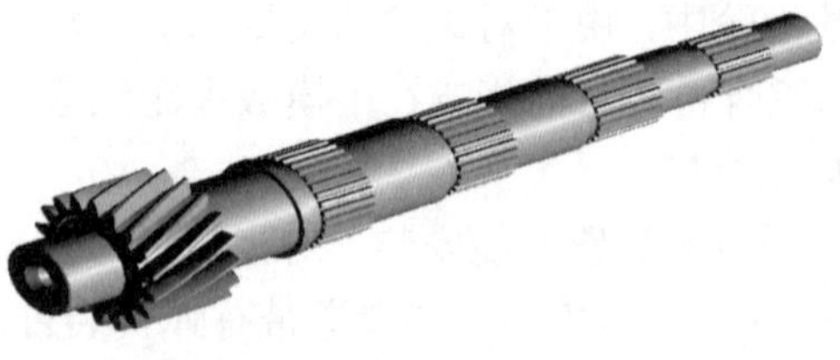

图 4-21 变速器齿轮轴

变速器中的齿轮轴由同一轴线上不同直径的圆柱体或圆锥体及其他要素等构成，如图 4-21 所示变速器齿轮轴上有齿轮、轴肩、花键、退刀槽、螺纹和倒角等结构；轴向长度远远大于径向尺寸。

2）传动轴

传动轴的作用是用来把变速器传来的动力传给驱动桥。为了减少因传动轴过长而产生振动，现代汽车都是将传动轴分为两段，中部用一个中间支承来支撑。图 4-22 所示为一种汽车后传动轴总成，由十字轴式万向节 1、3 及传动轴 2 组成。

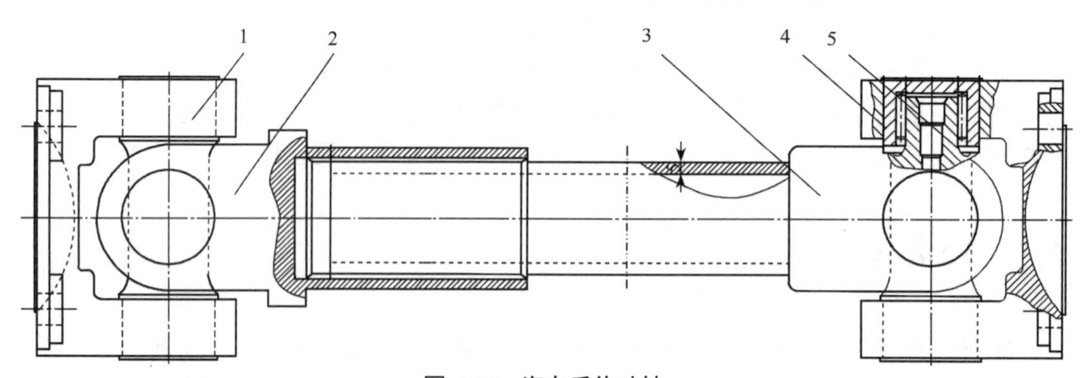

图 4-22　汽车后传动轴

1、3．十字轴式万向节 2．传动轴

3）半轴

半轴是驱动车轮的传动装置的主要部件，其功能是将转矩由差速器的半轴齿轮传给驱动车轮。半轴在汽车的轴类零件中是承受转矩最大的工件，多为实心轴，其内端制有花键与半轴齿轮连接，外端的法兰盘与车轮轮毂连接。半轴齿轮在工作时只将转矩传给半轴，几个行星齿轮对半轴齿轮施加的径向力是相互平衡的，并不传给半轴内端，因而半轴内端只受转矩而不受弯曲力矩。图 4-23 为解放 CA10B 半轴的零件简图。

4.2.1.2　结构工艺性

1）加工工艺性

轴上各段的直径变化尽可能小，并应尽量限制轴的最小直径及最大直径差，这样既能节省材料，又可减少切削加工量。

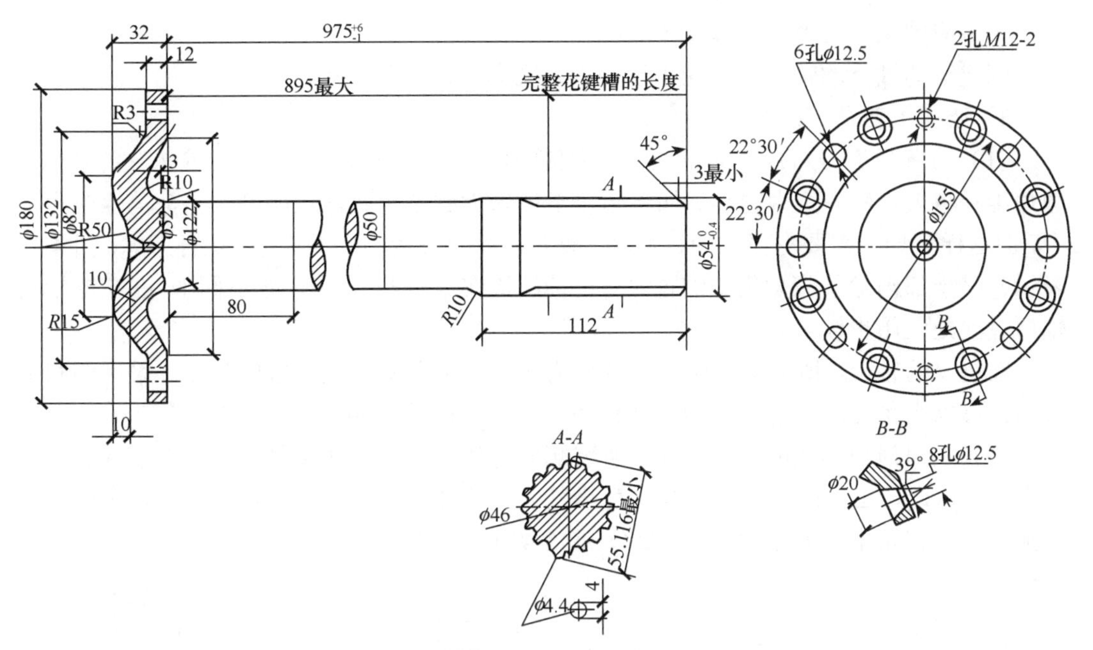

图 4-23 解放 CA10B 半轴的零件简图

轴上需磨削或切削螺纹处，应留出砂轮越程槽和螺纹退刀槽，如图 4-24 所示，以保证加工完整。

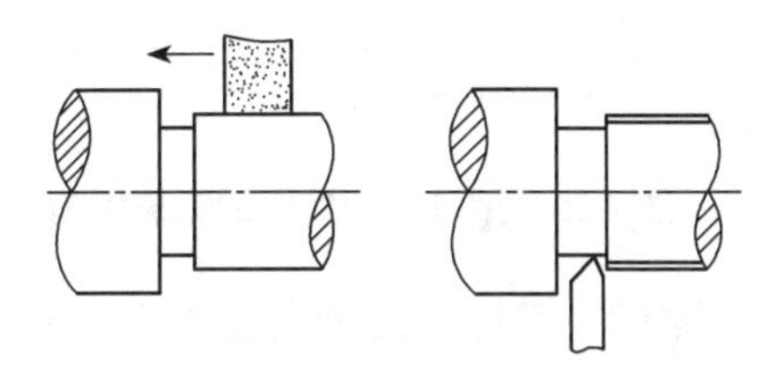

图 4-24 砂轮越程槽和空刀槽

应尽量使轴上同类结构要素（如过渡圆角、倒角、越程槽、退刀槽及中心孔等）的尺寸尽可能相同，并符合标准规定，如：数个轴段上有键槽，应将它们布置在同一母线上，以便于加工，可以减少刀具和量具种类，缩短工艺过程，降低制造成本。

轴径上的配合轴段应取标准值，与滚动轴承配合的轴径应按滚动轴承内径选取，轴上螺纹部分的直径应符合螺纹标准等。

2）装配工艺性

为了便于零件的拆装和固定，常将轴设计呈阶梯形。图 4-25 为齿轮轴装配示意图。图中表明，可依次把齿轮、套筒、左端轴承、轴承盖带轮和轴端挡圈从左端导入，这样零件依次往轴上装配时既不擦伤配合表面，又使装配方便；右端轴承从右端装入。

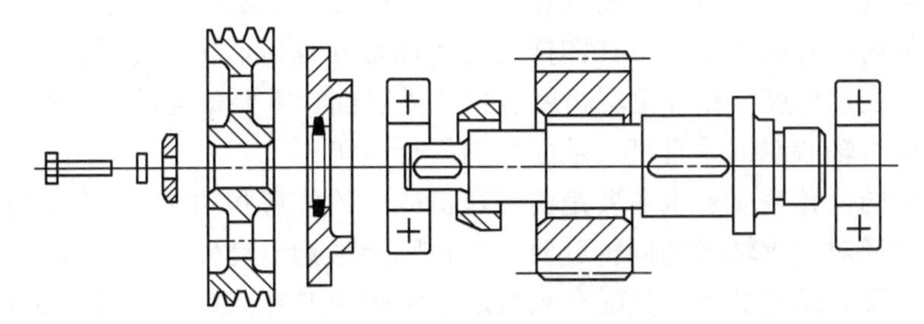

图 4-25 齿轮轴装配示意图

轴端应倒角、去毛刺，以便于装配。

固定滚动轴承的轴肩高度应小于轴承内圈厚度，以便装拆。

3）结构工艺性

（1）轴肩圆角　为减少轴肩处的应力集中，轴肩的过渡截面处半径应为 r 的圆角，圆角半径越大，应力集中越小。如将圆角半径增大到一定数值，就可能完全消除应力集中，但这样又导致需要有很长的过渡区，增大了轴的长度，所以应进行综合考虑，图 4-26 表示几乎全部消除了应力集中的过渡。这种结构在半轴凸缘圆角处常采用，在花键轴与轴肩过渡处应用也较多。

在重要的轴上，既要减小轴肩处的应力集中，又要减少过渡区的长度。采用椭圆形圆角，可以满足这两个要求，但制造比较困难，一般不采用。

不管采用何种形式的圆角，轴上所装配的工件端部的圆角半径，必须大于轴肩的圆角半径，这样，工件的侧边才能与轴肩靠紧。当工件内孔的圆角半径不允许增大时，可以加装有大圆角半径的垫圈（图 4-27）或者切出空刀槽。

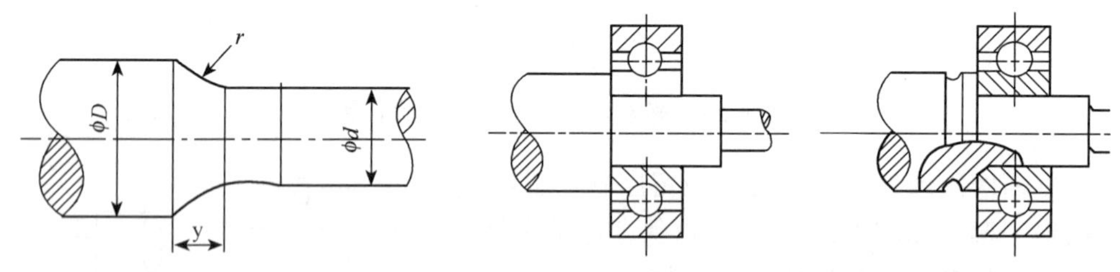

图 4-26　消除应力集中的轴肩圆角　　**图 4-27　轴肩过渡圆角的结构**

（2）键槽　键槽会使轴产生应力集中，应力集中随键槽根部圆角半径 r 的减小而迅速增大，因此对于重要的轴类工件，应注意键槽根部的圆角半径，当采用标准刀具加工花键时，尤其应注意。

4.2.1.2　技术要求

轴的技术要求一般根据轴的主要功用和工作条件制定，通常有以下几项：

（1）尺寸精度　轴类零件的主要表面常为两类，一类是与轴承的内圈配合的外圆轴径，即支承轴径，用于确定轴的位置并支承轴，尺寸精度要求较高，通常为 IT5～IT7；另一类为与各类传动件配合的轴径，即配合轴径，其精度稍低，通常为 IT6～IT9。

（2）几何形状精度　轴类零件的几何形状精度主要是指轴径表面、外圆端面、锥面、莫氏锥孔等重要表面的圆度、圆柱度等，一般应将其公差限制在尺寸公差范围内。对精度要求较高的内、外圆表面，应在图样上另行规定其几何形状精度所允许偏差。

（3）相互位置精度　相互位置精度包括内外表面、重要轴面的同轴度、圆的径向跳动、重要端面对轴心线的垂直度、端面间的平行度等。

轴类零件的位置精度要求主要是由轴在机械中的位置和功用决定的。通常应保证装配传动件的轴径对支承轴径的同轴度要求，否则会影响传动件（齿轮等）的传动精度，并产生噪声。普通精度的轴，其配合轴段对支承轴径的径向跳动一般为 0.01～0.03mm，高精度轴通常为 0.001～0.005mm。

下面以半轴为例说明轴类零件的主要技术要求：

① 法兰盘安装面的端面全跳动公差等级不低于 9 级。

② 与轴承配合的轴颈表面径向圆跳动公差等级不低于 7 级。

③ 与轴封配合的轴颈表面径向圆跳动公差等级不低于 9 级。

④ 花键定心表面的径向圆跳动公差等级不低于 10 级。

⑤ 杆部表面的径向圆跳动公差等级不低于 12 级。

⑥ 法兰螺栓孔的位置度公差不大于 Φ0.2mm。

⑦ 半轴磁力探伤后应退磁。

⑧ 花键应用综合量规检验或进行单项检验，花键齿的周节累积公差、齿形公差和齿向公差应符合产品图样的规定。

⑨ 半轴表面不应有拆叠、凹陷、黑皮、砸痕、裂纹等缺陷。杆部表面允许有磨去裂纹的痕迹。磨削后存在的磨痕深度不大于 0.5mm，同一横断面不允许超过两处。

⑩ 半轴的表面粗糙度：法兰盘安装端面不大于 *Ra*3.2μm，非加工杆部及杆根部圆角为毛坯表面，经过加工的杆部不大于 *Ra*6.3μm（喷丸处理允许增大到 *Ra*12.5μm），杆根部圆角不大于 *Ra*3.2μm，花键外圆定心表面不大于 *Ra*0.8μm，花键齿侧定心表面不大于 *Ra*3.2μm，与轴承配合表面不大于 *Ra*0.8μm。

4.2.2 变速器轴制造工艺过程

4.2.2.1 材料及毛坯

变速器的轴用与齿轮相同的材料制造。

变速器轴的毛坯主要采用锻造（冷、温、热）成型。选用锻件既节约材料，又减少机械加工的工作量，还可改善力学性能。根据生产规模的不同，毛坯的锻造方式有自由锻和模锻两种。中小批生产多采用自由锻，大批大量生产时采用模锻。

热锻工艺基本流程是：棒料切断→电加热→预锻→终锻→切边→热处理（正火或调质）→抛丸→清理。

毛坯锻造后安排正火，目的是获得适合后序齿轮切削加工的硬度和为最终热处理做组织准备，使钢材的晶粒细化（或球化）以消除锻造后的残余应力，降低毛坯硬度，改善切削加工性能。采用等温正火工艺，能有效地改变一般正火的弊端，产品质量稳定可靠。

冷压精密锻造工艺的基本流程是：棒料切断→退火→冷挤成型→热处理（正火）。

热锻和冷挤压的毛坯以前较广泛采用。近年来，楔横轧技术在轴类加工上得到了大量推广。这项技术特别适合为比较复杂的阶梯轴类制坯，它不仅精度较高、后序加工余量小而且生产效率高。

4.2.2.2 定位基准

合理地选择定位基准，对于保证零件的尺寸和位置精度有着决定性的作用。变速器轴的几个主要配合表面及轴肩面对零件回转中心线均有径向圆跳动和端面圆跳动的要求，所以应选择两端中心孔为基准，采用双顶尖装夹方法，以保证零件的技术要求。

1）以外圆和中心孔作为定位基准（一夹一顶）

粗加工时，为了提高零件的刚度，可采用轴的外圆表面和另一端中心孔作为定位基准来加工。这种定位方法能承受较大的切削力矩，也是轴类零件最常见的。

变速器轴粗基准采用毛坯外圆。加工中心孔时用三爪卡盘装夹毛坯外圆，车端面、钻中心孔；然后以车过的外圆作基准，掉头装夹，车另一端面、钻中心孔。必须注意，粗基准只能使用一次。

2）半精加工、精加工以零件中心孔定位

零件各外圆表面、花键节圆、螺纹表面等的同轴度，端面对旋转轴线的垂直度是其相互位置精度的主要项目，这些表面的设计基准一般都是轴的中心线，此外，中心孔不仅是车削时的定位基准，也是其他加工工序的定位基准和检验基准，因此符合基准统一原则。当采用两中心孔定位时，还能够最大限度地在一次装夹中加工出多个外圆和端面。

定位精基准面中心孔应在粗加工之前加工，在调质之后和磨削之前各需安排一次修研中心孔的工序。调质之后修研中心孔是为消除中心孔的热处理变形和氧化皮，磨削之前修研中心孔是为提高定位精基准面的精度和减小锥面的表面粗糙度值。

以中心孔作为变速器轴的定位基准，其质量对加工精度有着重大影响，所以在热处理后精加工之前必须安排修研中心孔工序。

4.2.2.3　主要表面加工方法与装备

1）外圆

变速器轴上各表面大都是回转表面，主要表面的公差等级（IT6）较高，表面粗糙度值较小（R_a=0.8μm），故车削后还需磨削。外圆表面的加工主要采用车削与外圆磨削成型，加工方案为：粗车→半精车→磨削。

2）花键

花键轴制造过程中关键工艺为花键成型和齿面淬火，花键一般分为渐开线和矩形两种，目前，花键轴零件的生产工艺主要有传统的切削加工工艺和塑性成型工艺两种方式。

花键切削加工工艺与齿轮相似，可分为仿形法和展成法两种。仿形法是利用与花键轴齿廓曲线相同的成型刀具在机床上直接切出齿槽，通常在卧式铣床或专用花键轴零件铣床上完成，刀具通用性差，生产效率低，加工精度达6～7级，适合单件小批量生产。展成法分为插齿和滚齿两种，在插齿加工花键轴零件工艺中，需使用专用的与花键轴齿廓相同的插齿刀完成花键轴零件的加工，生产效率低，加工精度达6～7级；而在滚齿加工花键轴零件工艺中，滚齿刀具的轴向截面齿廓为精确的直线齿廓，刀具在转动时相当于齿条在移动，可实现花键轴零件的连续切削。花键轴的展成法生产需在专用的插齿机或滚齿机上完成，生产效率高，加工精度达6～7级，适合大批量生产，但设备成本较高。花键的切削加工工艺在加工原理上与齿轮相同，有时也可在齿轮机床完成加工。

汽车花键轴零件的塑性成型工艺利用了金属在常温下具有一定塑性的特点，在模具的作用下使毛坯产生塑性变形而形成渐开线花键轴。根据成型原理的不同可分为挤压、滚轧、滚打等。花键轴零件的挤压工艺较为常见。毛坯在压力机作用下通过具有与花键轴零件参数相同的内花键模具，毛坯在轴向送进的同时在径向逐渐发生塑性变形，从而在毛坯表层挤压出花键结构。挤压生产方式机床简单，但模具容易磨损，仅适于加工齿数少和模数较小的花键轴零件，不适于加工细长类花键零件。生产效率较高，成型花键轴零件表面质量可达 R_a0.8μm。抗弯扭能力强。

花键轴零件的滚轧工艺中，滚轧模具在转动的同时压入毛坯，使毛坯表层金属产生塑性变形，从而形成花键轴零件的齿廓结构。可分为齿轮形模具滚轧和齿条形模具滚轧两种。滚轧生产方式需专用机床，设备成本高，可加工小模数、阶梯类花键轴零件，生产效率高，成形花键轴零件表面质量可达 R_a0.4～1.6μm，使用性能好。

滚轧成型后的花键，为提高花键轴的强度，齿面需热处理淬火，齿面淬火一般为高频淬火。为进一步改善滑动结构的合理性，可采用较为先进的涂塑工艺或进行磨削，使花键轴具有很好的吸振功能和较高的花键耐磨性，提高花键配合精度。

汽车变速器的大批量生产类型要求具有高的生产率，因此花键加工趋向少无切屑。目前，国内外的汽车整车厂对渐开线花键均要求采用冷轧成型工艺，以提高产品的机械强度。在此重点介绍齿轮形模具滚轧和齿条形模具滚轧。

（1）齿轮形模具滚轧 齿轮形模具滚轧（冷滚轧花键）技术是一种无切屑、高效率、高质量的加工技术，该技术与传统的花键加工技术相比不仅加工效率高，而且能改善加工表面金属组织，使其表面质量得到很大提高，产品使用寿命也得以延长。花键滚轧机床加工基本工作原理如图 4-28 所示。

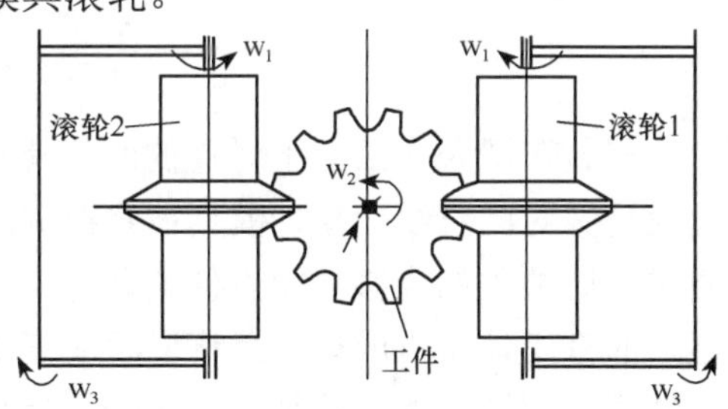

图 4-28 花键轴冷滚轧机工作原理

该机床通过一对具有一定形状的滚轮对花键毛坯进行连续击打，使毛坯产生塑性变形，从而在工件上形成合格的花键齿。滚轮分别偏心安装在两根高速旋转轴上，两轴同步旋转，每转一转，滚轮对工件击打一次。当两滚轮同时接触工件的一瞬间，两轮作自转转动。在滚轧过程中，工件作分齿旋转，并轴向移动形成轴向进给。滚轧机床采用双轮滚挤，两个参数相同的滚轮在传动机构驱动下反方向同步旋转，通过机床的一个调整机构可使两个滚轮在花键表面上的压痕重合。

在滚轧过程中，一方面滚轮由高速的旋转轴带动进行高速旋转，另一方面花键轴进行轴向进给和旋转，从而快速挤压花键以形成齿廓。由于滚轮是偏心安装在旋转轴上，因此滚轮并不始终与花键相接触，滚轮滚轧花键的时间只占滚轮绕高速旋转轴旋转整个周期的一小部分，其余时间滚轮绕旋转轴空转。

冷滚轧花键具有如下优点：

① 设计灵活，例如：一套齿条可以滚轧 20 种不同齿数的零件，而且可以使齿牙和轴肩之间不留间隙。

② 生产效率高：与传统滚齿相比，滚轧机动时间约为 4s，滚齿机动时间为 13s。

③ 节省材料，而且省去了手工处理切屑的麻烦。

④ 加工精度高：滚轧具有极小的啮合间隙强迫塑性变形，使工件在使用过程中，可保持极优的啮合性能。

⑤ 提高轴的强度：冷成型可提高零件的物理性能，如：增加扭矩力，减少疲劳应力灵敏度和无裂缝扩展。

⑥ 提高负载能力：滚轧后，其晶格结构和滚齿、铣齿不同，金属流线未被破坏，疲劳强度相当于滚齿、铣切花键的3倍多。

（2）齿条形模具滚轧（切向搓齿） 该工艺是一种渐开线花键加工先进工艺，与传统的花键加工技术相比不仅加工效率高，而且能改善加工表面金属组织，使其表面质量得到很大提高，产品使用寿命也得以延长。其基本工作原理如图4-29所示。

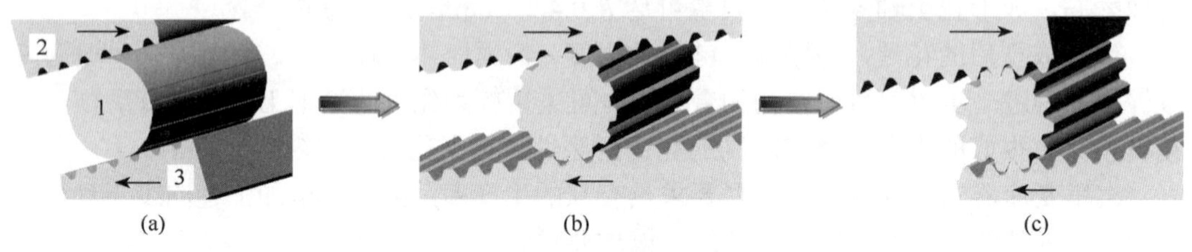

图4-29 搓齿成型过程

（a）起始成型 （b）成型中 （c）最终成型

1．工件 2、3．搓齿板

安装在滑台上的上下对置的两把搓齿模具，在经同步机构同步后由油压或伺服电动机驱动做对向直线运动，模具被修磨成逐渐切入的齿形，工件由前后顶尖支撑，并可以通过前后顶尖的位移功能方便的调整工件加工部位，上下模具相对运动带动工件旋转并逐渐的将工件挤压成型，经整型后最终退出，花键的成型精度及稳定性是由上下搓齿模具的预置刚性距离而获得，数秒钟内完成无屑冷挤压成型。

搓齿板成型区的齿顶为斜面。搓齿板斜面与工件的毛坯外圆相切，搓齿过程中依靠斜度轧入工件。设计搓齿板时按所需毛坯的直径计算，以保证齿板上同齿数的齿距和等于毛坯圆的周长。搓齿过程中，搓齿板与工件之间始终保持相同的传动比，因此搓齿加工比普通轮式轧齿的精度要高，稳定性更佳。

两搓齿板在搓齿过程中的对称同步性依靠高精度齿轮齿条副来保证。制作刀具时，两把搓齿板刀齿与装刀基准端面之间保持严格一致的位置关系（奇数齿时，两搓齿板刀齿与装刀基准端面之间差半个齿距），因此搓齿机加工工件时无需对齿，极大地节约了切换工件的调试时间，减少了对操作者的技能要求。

承载成型模具的两个滑台的运动同步性是影响花键加工质量的主要因素之一。上、下齿板之间距离的变化将影响尺寸的变化。搓齿前的工件直径的大小也是影响加工质量的另一个主要因素。通过计算程序，可以在计算机上方便地计算出成型需要的材料理论直径。经过修正即可得到最终的材料直径。

切向搓齿具有如下优点：

① 相对轮式轧齿有更高的成品率、精度及光洁度。加工精度轻易可达5～8级。

② 相比传统铣齿，节省材料8%～15%，降低原材料损耗；

③ 加工效率高，节能；

④ 加工的产品疲劳强度、扭转强度及耐磨性大幅提高，承载能力比切削件提高

40%以上；

⑤ 刀具耐用，一般加工 10 万只后才会产生较明显的金属疲劳。使用保养方便，且可修磨。修磨时只需去掉疲劳部分，重新加工出齿形即可。

（3）涂塑　工艺关键工序为磷化、涂塑和推塑整形，其中涂塑采用的是浸塑，先将花键轴加热到一定温度，然后掌握浸塑的时间，以控制涂塑层的厚度，花键轴加温温度和浸塑的时间随不同季节和环境而变化。

4.2.2.4　变速器轴机械加工工艺过程

1）划分阶段

对精度要求较高的零件，其粗、精加工应分开，以保证零件的质量。

变速器轴加工一般划分为三个阶段：粗车（粗车外圆、钻中心孔等），半精车（半精车各处外圆、台阶和修研中心孔及次要表面等），粗、精磨（粗、精磨各处外圆）。各阶段划分大致以热处理为界。

2）确定工艺路线

拟定传动轴的工艺过程时，在考虑主要表面加工的同时，还要考虑次要表面的加工。在半精加工外圆时，应车到图样规定的尺寸，同时加工出各退刀槽、倒角、螺纹；键槽应在半精车后以及磨削之前铣削加工出来，这样可保证铣键槽时有较精确的定位基准，又可避免在精磨后铣键槽时破坏已精加工的外圆表面。

此外，还应考虑检验工序的安排、检查项目及检验方法的确定。

综合上述分析，变速器轴的工艺路线如下：

输入轴：锻造制坯→正火→精车加工→搓齿→钻孔→插齿→倒尖角→滚齿→剃齿→热处理→磨加工→对啮修整。

输出轴：锻造制坯→正火→精车加工→搓齿→滚齿→剃齿→热处理→磨加工→对啮修整。

3）加工尺寸和切削用量

磨削余量可取 0.5mm，半精车余量可选用 1.5mm。加工尺寸可由此从后依次往前推算。

4.2.3　半轴制造工艺过程

4.2.3.1　毛坯及材料

1）材料及热处理

半轴材料牌号常见为 40Cr、42CrMo、40MnB、40CrMnMo、35CrMo、35CrMnSi、40CrV 和 45 钢，也允许采用能满足设计要求的其他材料。

半轴热处理工艺，推荐采用预调质处理后表面中频淬火处理工艺。预调质处理后心部硬度为 HRC24～30；中频淬火处理后杆部表面硬度不低于 HRC52；花键处允许降低三个硬度单位，杆部硬化层深度范围为杆部直径的 10%～20%，硬化层深度变化不大于杆部直径的 5%，杆部圆角应淬硬，法兰盘硬度不低于 HRC24。在保证半轴性能指标要求条件下，也允许采用其他热处理工艺，如正火处理后表面中频淬火工艺。

半轴采用高频、中频等感应淬火时，其热处理工艺步骤是：

开启加热至电炉设定温度（840～860℃）→通氯气扫炉（约 30min）→通保护气氛→到达保温时间（60min）→半淬（油温 30～80℃）清洗→回火（550～650℃）→到达回火保温时间（120min）→冷却→卸料。

感应淬火后半轴的金相组织：预调质处理后表面中频淬火处理，硬化层为回火马氏体，心部为回火索氏体；正火处理后表面中频淬火处理，硬化层为回火马氏体，心部为珠光体加铁素体。

2）半轴毛坯

半轴毛坯成型目前主要有三种方法：

（1）锻造　目前国内外生产半轴主要利用平锻或摆辗等锻造方法，在平锻机上进行墩头成型，再经过机械加工和热处理获得最终产品。

锻造方法生产半轴，通常需要经过聚料、预锻、终锻，再进行调头墩尾部和切边等多道工步，而且每道工步都需要配置相应设备和模具；另外，锻造方法生产半轴，锻造成型部分必须经过粗加工后再进行精加工，而且其细杆部也必需进行车削加工。生产效率低，工序复杂，而且工作环境差，工作人员的劳动强度大。

（2）楔横轧单楔工艺轧制　楔横轧是一种先进的轴类零件成型技术，采用两个带楔形模具的轧辊，以相同的方向旋转并带动圆形轧件旋转。轧件在楔形孔型的作用下，轧制成各种形状的台阶轴。楔横轧的变形主要是径向压缩和轴向延伸。

楔横轧单楔精密轧制成型汽车半轴工艺，即在楔横轧机上安装单楔模具轧制半轴。将圆棒料加热到1 000～1 200°C，通过轴向进料装置送入两个同向旋转单楔模具间进行轧制。采用楔横轧单楔工艺轧制半轴，只需一副模具即可实现半轴上除法兰盘连接部分的成型，对于半轴细杆部无须进行车削加工，而其他部分无需粗加工直接进入精加工即可。

（3）楔横轧多楔工艺轧制　楔横轧多楔轧制是主楔和侧楔同时对轧件进行径向压下和轴向延伸的塑性成型，是一种先进的长轴类零件精密成型技术。采用多楔精密轧制成型新工艺，就是在楔横轧机上安装具有 2～6 对楔的多楔模具轧制半轴。具体实施过程是将圆棒料加热到 1 000℃～1 200℃，通过轴向进料装置送入两个同向旋转具有 2～6 对楔的多楔模具间进行轧制。

楔横轧单楔成型与锻造成型比较，尽管生产效率和材料利用率都有了较大提高，但由于半轴属于长轴类零件，采用单楔楔横轧工艺轧制生产汽车半轴也有一定的局限性。首先，单楔生产模具辊面长，致使设备本体重量增加，模具增大，模具加工成本大大提高。采用多楔精密成型工艺轧制半轴，可显著节省辊面，大大减少设备本体尺寸和模具尺寸，显著降低成本，用较小设备即可代替单楔轧制所需要的庞大设备，易于实现汽车半轴的经济化生产。

4.2.3.2　定位基准

1）粗基准

有两种方案：当半轴毛坯质量较好、形位误差较小时，首选外圆上两处轴颈做粗基准，在专用机床上铣端面、打中心孔；当毛坯质量一般、形位误差较大时，按常规方法，分别车两端面并打中心孔，此时，分别以一端外圆及其端面做粗基准，必要时辅以中心架。

2）精基准

半轴精基准的选择通常是采用中心孔作为定位基准。这样可以实现基准统一，能在一次安装中加工出各段外圆及其端面，可以很好的保证各外圆表面的同轴度以及外圆与端面的垂直度，加工效率高，并且所用夹具结构简单。

对于实心半轴（锻件或棒料毛坯），在粗加工之前，应先打中心孔，后面各工序都用中心孔定位。

对于空心半轴，由于中心的孔钻出后，定位中心孔消失，可以用下面的方法解决：

（1）在中心通孔的直径较小时，可直接在孔口倒出宽度不大于 2mm 的 60°锥面，用倒角锥面代替中心孔。

（2）在不宜采用倒角锥面作为定位基准时，可采用带有中心孔的锥堵或带锥堵的拉杆心轴，如图 4-30 所示。锥堵与工件的配合面应根据工件的形状做成相应的锥形，如果轴的一端是圆柱孔，则锥堵的锥度取 1∶500，通常情况下，锥堵装好后不应拆卸或更换，如必须拆卸，重装后必须按重要外圆进行找正和修磨中心孔。

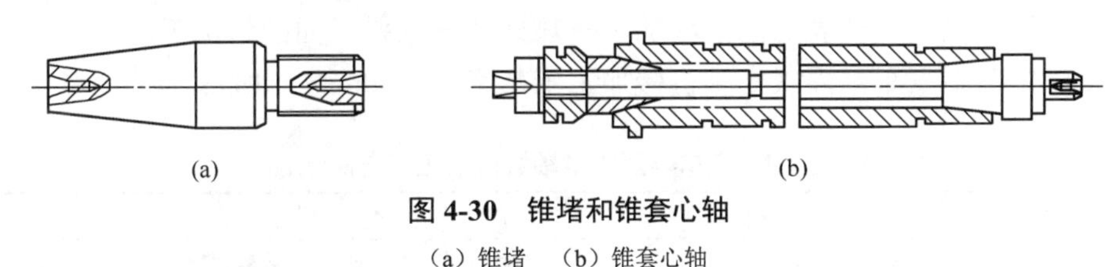

图 4-30　锥堵和锥套心轴

（a）锥堵　（b）锥套心轴

3）注意事项

（1）使用锥堵和锥堵心轴时要注意不能中途更换或拆装，以免增加安装误差；另外锥堵和锥堵心轴要求两个锥面同轴；

（2）中心孔的研磨：热处理、切削力及重力等，对中心孔的定位精度有重要影响，因此在热处理后和磨削加工前需要研磨中心孔，提高其精度。

（3）中心孔研磨方法：可以采用铸铁顶尖研磨；用油石或橡胶砂轮夹在车床的卡盘上，用金刚钻研磨；用硬质合金顶尖刮研。

如果半轴的长径比较大，而刚性差，通常还需要增加中间支承来提高系统的刚性，常用的辅助支承是中心架或跟刀架。

4.2.3.3　主要表面加工方法与装备

对于全浮式半轴，半轴的主要加工表面是花键和法兰安装时的定位端面；对于半浮式半轴，还有轴承支承轴颈。其中，花键的加工方法与变速器轴相同，轴承支承面采用粗车→半精车→精车→磨削的常规工艺方法，此处不再赘述。

4.2.3.4　半轴机械加工工艺过程

1）加工阶段的划分

半轴加工质量要求高，可将其加工阶段划分为粗加工、半精加工和精加工三个阶段。

在粗加工阶段，首先将精基准（零件两端面中心孔及法兰外圆）准备好，使后续工序均可采用精基准进行定位加工，从而保证其他加工表面的精度要求；然后车法兰左端各外圆。

在半精加工阶段，完成花键、各外圆表面及孔的加工要求，对于要精加工的表面留精车余量。

在精加工阶段，对轴承支承外圆表面及与法兰过渡圆角进行磨削加工。

采用工序集中原则安排零件的加工工序。该零件的生产类型为批量生产，可以采用万能型机床配以专用工、夹具，以提高生产效率；运用工序集中原则可以减少工件的装夹次数，缩短辅助时间，而且在一次装夹中可以加工出许多表面，有利于保证各加工表面的相对位置精度要求。由于汽车半轴的零件比较长，部分工序要使用工序分散原则，便于装夹，从而保证加工精度。

在零件的所有加工工序完成之后，安排去毛刺、清洗、终检工序。

2）加工工艺过程

汽车半轴的加工一般属于大批量生产，根据上述分析，半浮式半轴的主要机械加工顺序为：基准加工→法兰右端台阶轴各圆柱段的粗加工、法兰左端各圆柱段粗加工→主要表面的半精加工、次要表面的半精加工→热处理→主要表面的精加工。

最终确定某型汽车半浮式半轴机械加工工艺路线，如表4-4所示。

表4-4 汽车半浮式半轴机械加工工艺路线

工序号	工序名称	工序内容	工序号	工序名称	工序内容
05	锻造	锻造（模锻）	60	铣削	铣花键
10	热处理	热处理（正火）	65	热处理	热处理（中频淬火、退火）
15	辅助工序	校直	70	修中心孔	修研杆头中心孔
20	铣削	铣右小端面	75	辅助工序	校直
25	钻削	钻小端中心孔	80	车削	精车轴承支承处外圆及法兰外表面
30	车削	粗车台阶轴及法兰外表面	85	钻削	钻法兰上安装孔
35	钻、车削	调头钻法兰端工艺孔及法兰内过渡圆弧	90	铰削	孔口倒角
40	车削	车法兰端中心孔，平端面粗车外圆柱段及法兰外表面	95	磨削	磨轴承支承处外圆
45	钻、车削	调头平小端面、精加工中心孔	100		磁力探伤
50	辅助工序	校直	105		入库清洗
55	车削	精车台阶轴各圆柱段及法兰过渡圆弧			

4.3 弹簧类零件制造

4.3.1 汽车钢板弹簧

4.3.1.1 结构特点与技术要求

汽车钢板弹簧除了起弹性元件作用之外，还兼起导向作用，而多片弹簧片间摩擦还起系统阻尼作用。由于钢板弹簧结构简单，使用、维修、保养方便，长期以来钢板弹簧在汽车上得到广泛应用。

1）结构特点

车用钢板弹簧又称叶片弹簧，它是汽车悬架中应用广泛的一种弹性元件。它由若干片长度不等、曲率半径不同，厚度相等或不等的合金弹簧钢片叠合在一起，组成一根整体上近似等强度的弹性梁。钢板弹簧的断面形状除普遍采用的矩形断面外，也可采用其他特殊断面形状，如单面带抛物线边缘的及单面带槽的。这样可以改善弹簧的受力状况，不仅提高了其疲劳强度，还节约了金属材料。

目前汽车上使用的钢板弹簧常见的有以下几种。

① 普通多片钢板弹簧，如图 4-31 所示，这种弹簧主要用在载重汽车和大型客车上。第一片最长，成为主片，其两端变成卷耳 1，内装衬套，以便用销子与车架连接。

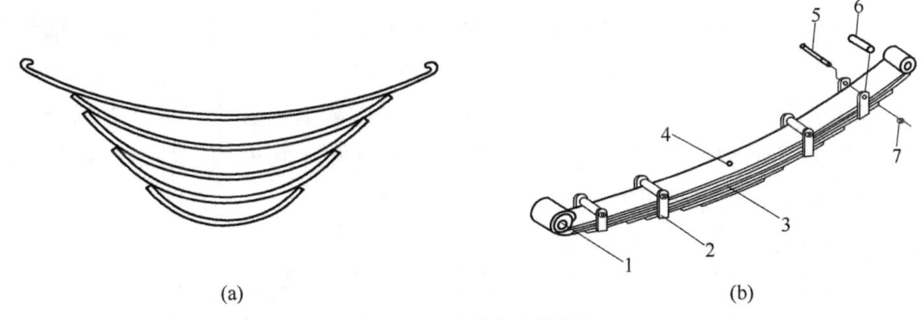

图 4-31 汽车钢板弹簧

（a）自由状态 （b）安装状态

1．卷耳 2．弹簧夹 3．钢板弹簧 4．中心螺栓 5．螺栓 6．套管 7．螺母

② 少片变截面钢板弹簧，如图 4-32（a）所示，为减小质量，弹簧厚度沿长度方向制成不等厚，即两端薄、中间厚，可以减小片与片之间的干摩擦，这种弹簧主要用于轻型载货汽车及轻、中型汽车前悬架。

③ 两级变刚度复式钢板弹簧，如图 4-32（b）所示，这种弹簧主要用于大、中型载货汽车后悬架。为两级变刚度特性，开始时仅主簧起作用，当载荷增加到某一值时，副簧与主簧共同起作用。

④ 渐变刚度钢板弹簧，如 4-32（c）所示，这种弹簧多用于轻型载货汽车与厢式客车后悬架，副簧放置在主簧之下，副簧随汽车载荷变化逐渐起作用。

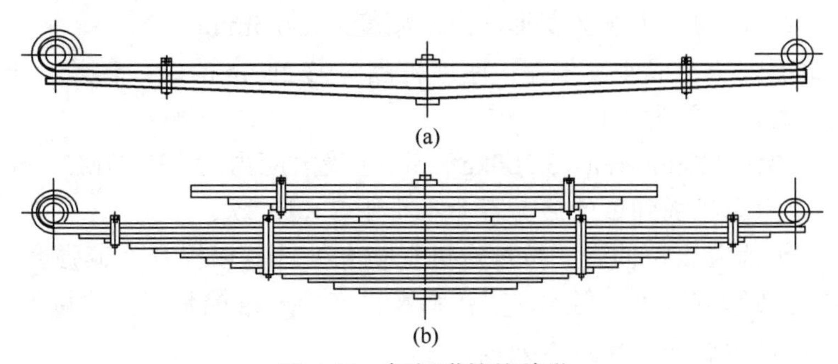

图 4-32 钢板弹簧的种类

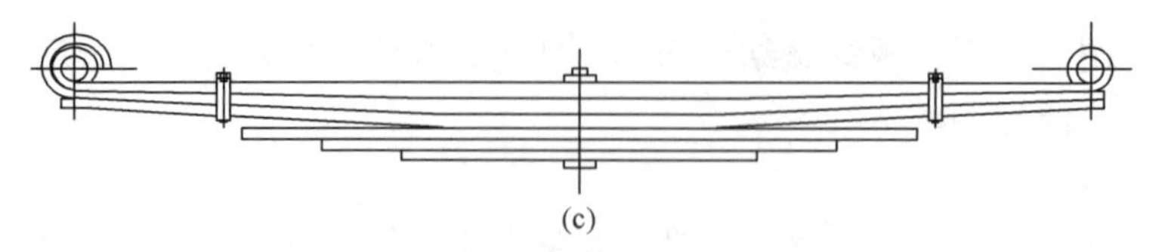

(c)

图 4-32 钢板弹簧的种类（续）

（a）少片变截面钢板弹簧 （b）两级变刚度复合式钢板弹簧 （c）渐变刚度弹簧

2）技术要求

汽车钢板弹簧与其他弹性元件一样，弹簧使用寿命与材料及制造工艺有很大关系，因此选用弹簧材料时应考虑：弹性极限、弹性模量、疲劳强度和淬透性等方面因素，即汽车钢板弹簧材料应具有较高的抗拉强度、屈服强度、疲劳强度及一定冲击韧度，要求材料具有良好的淬透性，热处理不易脱碳等性能。

目前国内使用最多的热轧弹簧钢板材料是 Si-Mn 钢，如 60Si2Mn 和 60Si2MnA，这两种弹簧钢适用于生产厚度在 12mm 以下的钢板弹簧。由于材料中含有硅、锰元素，经调质处理，硬度达到 HB375～444，明显提高了钢的弹性极限、屈服强度比及疲劳强度。

为了提高弹簧材料性能，新推出了 55SiMnVB 弹簧钢。由于该材料中减少了硅元素含量和加入了微量硼和少量钒元素，改善了钢的淬透性和回火稳定性，并起到细化晶粒作用，从而提高了材料强度和韧性。

汽车钢板弹簧尺寸精度有如下要求：

① 汽车钢板弹簧卷耳装入衬套后，卷耳轴线的倾斜的偏差不大于 1%。

表 4-5 汽车钢板弹簧总成夹紧后宽度偏差表

总成宽度/mm	宽度偏差/mm
≤100	±2.5
＞100	±3.0

② 汽车钢板弹簧总成夹紧后，在 U 形螺栓夹紧距离及支架滑动范围内的总成宽度应符合表 4-5 的规定。

③ 汽车钢板弹簧总成（平直时）两卷耳轴心距的偏差≤±3mm，一端卷耳至弹簧片中心孔（或定位凸包）的偏差≤±1.5mm。

④ 汽车钢板弹簧总成，在静负荷下的弧高偏差≤±6mm，重型汽车≤±8mm。钢板弹簧装入支架内的各片的侧面弯曲≤1.5mm/m，其余各片≤3mm/m。

⑤ 装配好的钢板弹簧总成各片中部应紧密贴合，相邻两片在总接触长度的 1/4 长度内允许有少许间隙，但不得＞1.2mm。

钢板弹簧除以上尺寸精度要求外，还应满足以下性能和技术要求：

① 汽车钢板弹簧总成，应进行预压缩，经预压缩后的总成，再以产品图样给定的验证负荷压缩时，不得产生永久变形，测量精度为±0.5mm。

② 汽车钢板弹簧总成刚度偏差：刚度范围≤93.2N/mm 时，偏差为±7%；刚度范围＞93.2N/mm 时，偏差为±1%。

③ 在应力幅为 323.62MPa（3 300kgf/cm^2），最大应力为 833.57MPa（8 500kgf/cm^2）的试验条件下，汽车钢板弹簧的疲劳寿命不小于 8×10^4 次。

④ 钢板弹簧片应在拉伸表面按规定进行喷丸处理，以提高疲劳强度。弹簧表面质量对弹簧使用寿命影响较大，因此除了在弹簧生产中严格控制表面质量外，还应采取喷丸和塑性压缩处理等表面强化技术处理。

⑤ 钢板弹簧片的各片摩擦面上，在装配前应涂以较稠的石墨润滑脂进行润滑（片间有垫片的除外），并应定期维护。

⑥ 汽车钢板弹簧总成应涂漆。但卷耳衬套（装橡胶衬套的除外），不得涂漆，应采取其他防锈措施。

4.3.1.2 钢板弹簧制造工艺及装备

钢板弹簧制造工艺主要有断料、中心孔和铆钉孔加工、片端加工、冲制定位凸包、卷耳和包耳、成型热处理等。

1）断料

采用冲压机床进行毛料的剪切。当剪切时切口处出现裂纹、毛刺、斜头（切口切斜），应正确安装剪刃刀片、调整好刀片间隙，及时更换修理变钝的剪刃刀片，或修理钝损的剪刃刀片和正确调整剪刃刀片间隙。

2）中心孔和铆钉孔加工

中心孔和铆钉孔采用钻孔和冲孔工艺加工。

（1）钻孔　在普通钻床上加工中心孔和端孔是一种生产效率很低的工艺方法，适用于小批量生产，但是定位和质量情况比冲孔要好一些。尤其是当簧片比较厚而相对于孔径又比较小时，冲孔没法解决只能用钻孔。

（2）冲孔　适用于大批量生产，特别适用于端孔，因为冲孔落料一端直径较大，因此只要码放有规则就可以省去划卡子孔的工序（大孔端淬火在凹面正好铆钉）。

冲孔和钻孔时孔边尖角处易造成淬火裂纹，因此，对要求较高的钢板弹簧，中心孔边缘要进行挤压或倒角处理。

3）片端加工

端片加工有端头切角和端部压扁。端头切角一般采用冷切工艺，当板料厚度＞16mm时可考虑采用热切角工艺。切角时与钢板圆边的交汇处极易产生毛刺，要及时进行清理。

4）冲制定位凸包

在小批量生产时是在热处理前，用热冲成型工艺加工的。

5）卷耳和包耳

（1）上卷耳　上卷耳为我国大多数车型所采用。同时为了加强第一片卷耳强度和在第一片断裂后起保护作用，第二片前端采用包耳结构。第一片容易折的原因是力的传递中心与第一片根部受力处有一个作用力臂（附加弯矩），根部附近受到剪切力和弯曲应力的双重作用。

上卷耳的前端长度一定要加工准确，否则车轴会装歪，车辆会跑偏。

（2）下卷耳　一般是为了满足布置上和运动轨迹的要求而设计的，由于卷耳要承受垂直负荷，所以卷耳厚度要大些，否则容易张开产生塑变。

（3）平卷耳　这种卷耳形式比上卷耳形式合理得多，但是在工艺上也困难得多。一般这种卷耳形式，多用在越野车上。它不存在上卷耳的弯曲力矩，耳根部只受拉力。

6）成型热处理

钢板弹簧片的成型热处理由弯曲成型、淬火、回火三部分组成。

（1）弯曲成型 由于设计上的需要，板簧各单片的曲率是不一样的，所以成型夹具分为两种：一种是固定某一曲率的成型夹具，即一套成型夹具只能生产一种曲率的弹簧片，俗称死胎，适合于大批量生产。另一种是曲率可调的成型夹具，即一套成型夹具可适用于多种曲率的弹簧片的成型，一般在多品种批量生产中采用。

（2）淬火 弹簧钢全部都是亚共析钢，淬火是指把板簧片加热到 Ac_3 以上 30℃～50℃，并在该温度下保温足够的时间，使簧片整个断面的材料形成奥氏体组织，然后在淬火介质中迅速冷却，以得到不稳定的马氏体组织，从而提高簧片的硬度和强度，这一过程称为淬火。

弹簧片在淬火液中应保持足够的冷却时间，使奥氏体全部转变成马氏体，如果冷却不足或冷速过慢，就会发生非马氏体转变，影响弹簧的性能。

（3）回火 钢板弹簧片淬火后得到的马氏体组织，硬度高而且很脆，另外由于在淬火过程中，由奥氏体转变为马氏体时发生体积膨胀而产生相当大的内应力，而且该组织极不稳定，所以必须进行回火后才能使用。即将淬火后的弹簧片加热到临界温度以下某一温度并在该温度下保温一定时间，然后冷却到室温，以得到回火屈氏体（低碳马氏体钢是得到回火板条马氏体），并消除内应力。

4.3.2 汽车螺旋弹簧

4.3.2.1 结构特点与技术要求

1）结构特点

由于螺旋弹簧质量小，单位体积贮存的弹性变形能较大，因此螺旋弹簧在轿车和厢式客车上使用较多。汽车悬架螺旋弹簧外观形状须满足弹簧减振的主要功能，具体在满足硬度、负荷、变形外，还有噪声最小化、符合装配空间和装配匹配。

螺旋弹簧截面形状常见为圆形，其次是矩形。图 4-33 为夏利 TJ7100 型汽车前悬架螺旋弹簧结构简图。

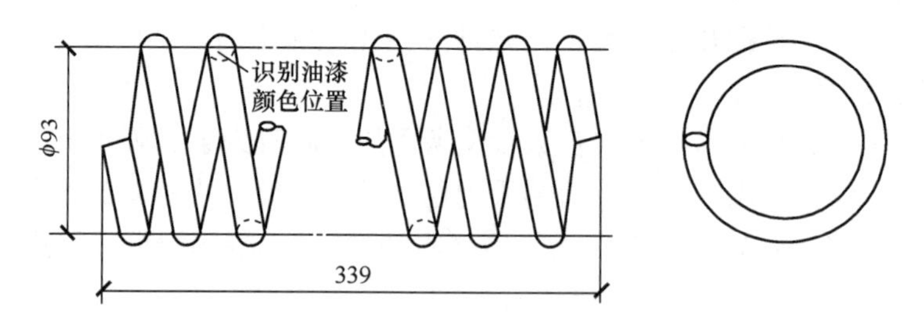

图 4-33 夏利 TJ7100 型汽车前悬架螺旋弹簧

常见的弹簧分类有：①按外轮廓形状可分为圆柱形、圆锥形、中凸形等；②按节距可分为悬架螺旋弹簧有等节距、单端不等节距、双端不等节距等；③按作用圈材料可分为钢铁材料、钢铁与高分子复合材料等，高分子材料的应用有助于降低噪声、保护表面涂层；④按端面圈形状可分为螺旋形、部分端面平面形、部分磨削端面平面形。

除了上述钢板弹簧之外，为减小汽车弹性元件重量，还采用了高强度树脂纤维制成的弹簧（FRP 弹簧）。

2）技术要求

螺旋弹簧的尺寸参数及公差要求如下：

（1）端圈直径　弹簧端圈直径公差为±1.5mm，用分辨率为 0.02mm 的游标卡尺测量，按图样要求测量端圈的内径或外径，图样标明中径时以测量外径为准。

（2）总圈数　弹簧总圈数公差为总圈数 n_1 的±1.2%，凡端圈不磨的并且安装在不旋转的弹簧座上的弹簧，总圈数公差应严格要求。公差为总圈数 n_1 的±0.5%，采用目测或专用量具。

（3）节距均匀度　不安装护套的等节距弹簧在压缩到最大负荷时，其正常节距不得接触，在相应的试验设备上进行检测。将弹簧压缩到指定负荷时，用透光法进行观测。

（4）端圈磨面　端圈并紧并磨平的弹簧，磨削面粗糙度 R_a 不低于 6.3μm，端面上磨削长度不小于 3/4 周长。端头厚度应在 $\frac{1}{4}d \pm 2\text{mm}$，采用目测。

（5）轴线直线度　圆柱弹簧自由状态时，弹簧轴线直线度公差应不大于自由高度 H_0 的 1.5%。将弹簧放入专用套筒内，弹簧应能自由通过（注：套筒内径尺寸为弹簧最大外径加上自由高度 H_0 的 1.5%）。

（6）垂直度　端圈并紧并磨平的圆柱形弹簧，当高径比≥5 时，弹簧外圆素线与两端面的垂直度应不大于自由高度的 4%。

垂直度的测量应在自由状态下进行，将磨平端放在 2 级精度平板上，用 3 级精度宽座角尺测量，将测量弹簧贴紧宽座角尺自转一周，用塞尺测量弹簧外圆素线与宽座角尺间的最大间隙。对于两端有螺旋升程的弹簧，弹簧应先放在规定要求升程的底座上，然后再用磨平的弹簧一样的测试方法测试。

（7）永久变形特性　永久变形不大于自由高度 H_0 的 0.5%（在精度不低于 1%，分辨率不低于 2N 的测力仪器或专用设备上，将弹簧压至最大连续加载两次后，测量弹簧试验前后自由高度之差值）。

4.3.2.2 螺旋弹簧制造工艺及装备

1）螺旋弹簧材料

常用的螺旋弹簧材料有：Si-Mn、Cr-Mn、Si-Cr 及 Si-Cr-V 系列低合金弹簧钢。国产材料牌号为 60Si2MnA、50CrVA 及 60Si2CrVA 等。美国材料牌号为 SAE9259、SAE9254，德国为 54SiCr 及 54Si2CrV，日本为 SUP7，SUP12 等。近来螺旋弹簧向高应力、轻量化发展。其抗拉强度为 1 600～1 850MPa，屈服极限达 1 450MPa。

目前国外已开发了更高强韧性材料，它是在上述弹簧钢，特别是 Si-Cr 钢基础上通过添加 V、Ni、Mo、Ti、B、RE 多元素综合作用来达到更高的强韧性。

常用材料的形状有：①等圆截面线材，绝大多数悬架弹簧都采用等圆截面线材；②部分连续变圆截面线材，材料直径上实施锥形加工；③分段等圆截面线材；④端部特殊成型线材。

此外，螺旋弹簧材料还跟成型工艺有关，不同的成型工艺采用不同的材料状态。当采用热成型方式时，采用热轧态、退火态、冷拔态材料。除了保证线径和圆度外，特别要求材料表面质量好、无缺陷（一般都须经过涡流探伤），表面无脱碳或只极少量的脱碳，有些还须经过表面磨光或剥皮压光处理。当采用冷成型方式时，采用油淬火回火或感应淬火回火状态材料。在退火态及冷拔态基础上进行专业的热处理加工，以达到与产品相对应的性能要求，如强度、塑性、硬度、韧性、缠绕性能和严格的表面脱碳要求等，注重表面质量，热处理后一般都需经过涡流探伤；另外，此种材料的状态处于不稳定状态，因而常有规定的储存期（自然时效期）。

2）螺旋弹簧制造工艺及装备

螺旋弹簧生产工艺方式主要有两种，热成型生产工艺和冷成型生产工艺。热成型在加热状态下加工成型，一般用于线径≥9mm，形状简单的弹簧。冷成型是在室温下进行加工成型，一般用在线径≤15mm，复杂形状的弹簧。成型工艺繁杂、多种多样，下列分析四个方面成型工艺及设备：

（1）热成型生产工艺

① 落料：将材料根据产品工艺需要精确其长度。目前国际上流行精确落料，精度一般为±2mm，端截面平整无毛刺；表面端要加工的材料则无需此工序。

② 加热：一般常用电阻加热炉或燃烧炉，也有使用感应加热。由于加热温度较高，所以一般都需可控气氛，防止氧化脱碳。在生产线方式上一般均采用连续式或步进式加热炉。

③ 热成型和淬火：热成型一般采用有芯卷绕方式，节距有相应的成型导向模来控制。计算机控制节距方式已被广泛使用。高温状态的材料经有芯卷绕成型后，抽出立即投入淬火油槽。若螺旋弹簧的两端需小圈成型时，则需分步成型。第二端小圈应在另外一台端圈成型机（俗称猪尾巴成型机）进行热成型后才淬火。

④ 回火：热成型淬火后需立即进行回火处理，一般多采用连续式或步进式电阻加热炉，具有良好的温度控制和均匀化，从而使产品达到所需的综合性能。回火出炉后或热压工艺后需较快的冷却，以防止产生回火脆性。

⑤ 热压（热态调整）：利用回火后的余热进行热态调整的压缩，强化其抗松弛性能，有利于提高疲劳强度。

⑥ 喷丸强化：弹簧采用喷丸机进行喷丸强化，喷丸使弹簧在表层形成有益的残余压应力。目前国际上开始应用多方式喷丸（Multiple-shot Peening）工艺，以达到更高、分布更合理的残余应力。

⑦ 冷态（常态调整）：喷丸后产生的压应力会使弹簧弹力减弱，冷压工序是通过超大载荷的压缩，有时是多次压缩，可以消除弹力减弱现象，同时可提高弹簧的抗松弛性能。目前同时采用热压和冷压工序的较多，但也有单纯采用热压或冷压工艺。

⑧ 磁粉或超声波探伤：此工序目的是检查出因不恰当热处理产生裂纹、表面创伤或原材料本身存在的裂纹等缺陷。一般采用荧光磁粉探伤或超声波探伤。

⑨ 表面预处理和表面涂装：表面预处理主要是对弹簧进行清洗、磷化、干燥处理。一般采用悬挂链喷淋或浸淋方式进行。表面涂装常采用粉末静电喷涂和固化处理或阴极电泳涂装。由于粉末喷涂具有更好生产调节和更换柔性，因此，目前前者应用较为广泛。

一般采用聚酯和环氧混合粉末，也有采用纯聚酯或纯环氧粉末。

⑩ 装配和质量检测：有些悬架弹簧在其工作圈或支承圈上安装有高分子材料（聚胺酯类）的碰撞套或平面套。一般采用热熔胶或压敏胶黏合工艺。

在生产线上的质量检测，最主要的是对负荷、刚度进行检测和负荷分组，使悬架弹簧装配后总体精度提高。

（2）冷成型生产工艺

① 冷卷成形：油淬火、回火或感应淬火、回火线材在弹簧自动卷簧机上，一般由数控方法一次性成型完成。具有较高的效率，但在线材直径方面上受到限制，一般直径小于 14mm。

② 回火：通过回火消除冷成型中所产生内应力，稳定弹簧的形状尺寸，但不减弱材料本身所具有的强韧性。

③ 自冷压开始至成品的工序：与热成型工艺完全一样，在冷成型工艺中若采用探伤工艺则采用涡流探伤方法，并放置在冷成型工艺中（即对原材料进行涡流探伤），其余工艺流程中无需再进行探伤工序。

4.4　车轮与轮胎制造

4.4.1　车轮

车轮是嵌在轮胎内缘上的刚性件，连接车桥。车轮通过轮胎充气后形成的压力和摩擦力实现彼此之间力的传递。

4.4.1.1　车轮结构特点与技术要求

车轮由轮毂、轮辋和轮辐组成，轮辋和轮辐可以是整体式的、永久连接式，也可以是可拆卸式的。车轮由轮辋和辐盘（或辐条）通过螺栓装于轮毂上，再一起通过轴承装在车轴上。轿车和载货汽车上广泛采用辐板式车轮和辐条式车轮。图 4-34 为辐板式车轮结构示意图。

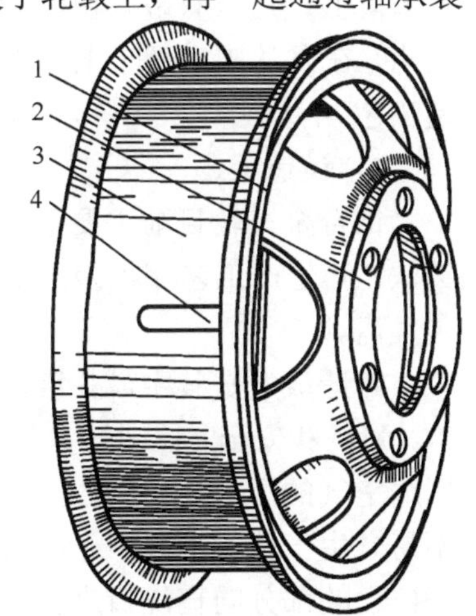

图 4-34　辐板式车轮

1. 挡圈　2. 辐板　3. 轮辋　4. 气门嘴孔

轮辋是车轮上同轮胎配合的部位，带有支持胎圈的胎圈座、轮缘、开有安装气门嘴用的气门嘴孔。一件式轮辋有轮辋槽；多件式轮辋有由挡圈、锁圈等组成的可拆轮缘；分瓣式轮辋、对开式轮辋可拼装。

轮辐是车轮上与车桥连接的部位，带有同轮边连接的紧固装置，开有手孔。板式轮辐同轮辋焊接（或铆接）成一体，用紧固孔和车桥连接；条式轮辐直接同轮辋及轮毂连接；组装式车轮没有轮辐，轮辋直接紧固在辐式轮毂上。

车轮在车桥上安装需定心。辐板式和整体式车轮一般用中心孔或螺母座定心；辐条式车轮通过调整辐条长度定心；组装式车轮由轮辋安装斜面定心。

辐板式车轮分单式车轮和双式车轮。单式车轮没有足够的偏距，不能双轮拼装；双式车轮由足够的偏距，可以双轮拼装。组装车轮使用隔圈也可双轮拼装。其他几种车轮只能单轮使用。

车轮式样变化较多，品种繁杂，通常分类如下：

（1）按轮辋结构，可分为一件式轮辋车轮、多件式轮辋车轮、分瓣式轮辋车轮和对开式轮辋车轮。

（2）按轮辋轮廓形式，可分为深槽轮辋车轮、深槽宽轮辋车轮、半深槽轮辋车轮、平底宽轮辋车轮、全斜底轮辋车轮和150mm深槽轮辋车轮。

（3）按轮辐结构，可分为辐板式车轮、辐条式车轮、组装式车轮和整体式车轮。

（4）按材质可分为钢制车轮、轻合金车轮和非金属车轮。

（5）按成型方式，可分为滚型车轮、型钢车轮和铸造车轮。

车轮的主要参数有轮辋轮廓尺寸特性和轮辐连接尺寸特性。

（1）轮辋轮廓尺寸特性：如轮辋名义直径、标定直径、检验周长，轮辋工作宽度、轮缘形状及尺寸、胎圈座形状及尺寸、轮辋槽深及槽宽、气门嘴孔尺寸等。轮辋轮廓尺寸特性标准可参见GB/T 3487—2005《汽车轮辋规格系列》。

（2）轮辐连接尺寸特性：如板式轮辐的中心孔直径、紧固孔数目及分布直径、紧固孔形状及尺寸、最小安装平面直径、偏距等。轮辐连接尺寸特性标准可参见GB/T 4095—2005《商用汽车辐板式车轮在轮毂上的安装尺寸》。

车轮的主要指标有车轮强度、车轮精度和车轮的平衡等。

4.4.1.2 铝合金车轮制造工艺及装备

多数车轮使用低碳钢制造，表面涂漆；高级车轮再加罩光漆；部分车轮用轻合金制造，特别是铝合金；少数车轮使用非金属材料制造。轻合金轮毂比传统的钢质轮毂质量明显降低，还具有散热快、减震性能好、轮胎寿命长、安全可靠、尺寸精确、平衡好等优点，在发达国家轿车上已大量使用。下面主要介绍各种毛坯状态下的铝合金车轮的制造工艺。

1）铸造毛坯

铝合金车轮目前主要采用铸造方法生产，铸造方法有重力铸造法、低压铸造法和压铸法。其生产工艺流程为：铸造成型→热处理→机械加工→气密性试验→表面涂装→包装发运。

铸造成型是其中最关键的生产工序，不仅难度大，而且其质量直接关系到产品的结构、强度和安全。控制的参数有：铝液温度、铝液成分、铝液质量（针孔度、铝水杂质）、压缩空气的压力及模具的温度。在一般情况下，溶入金属的流入速度慢，则空气夹砂少，不易产生气孔、水泡，冷却均匀，也较彻底，内部质量好。由于低压铸造法是从距离直浇口远的部分向直浇口进行有向性凝固，比较容易得到稳定的铸件，因此低压铸造法采用的较多。

热处理是对毛坯进行固溶处理和时效处理，其目的是提高产品机械性能。一般可达到：$\sigma_a \geqslant 230$Mpa，$\sigma_b \geqslant 270$Mpa，$\delta=9\%\sim13\%$，这些指标是产品通过多种形式试验来保证。铸铝材料一般采用ZL101系列（国外称为A356），热处理采用完全人工时效，固溶处理时温度一般为（530±5）℃，保温4～6h后进行淬火；时效处理时温度一般为（165±5）℃，保温6h左右后进行空冷。硬度可达到HB70～100，有时为了增加强度和提高表面性能而进行表面喷丸处理。

铸造成型设备一般采用大功率的中频感应炉，此类设备具有熔化时间短，温度控制准确，生产效率高。铝液成分用光谱法测定，铝水真空度用真空减压试验法检测，熔炼除渣以确保铝液质量，成品检验用X光探伤仪。

车轮的内、外表面全部采用机械加工，由加工中心完成。车削加工一般都采用CNC车床，转速可高达2 000r/min，轮辋廓形线精度可以达到0.05mm。螺栓孔一般用立式加工中心加工，可保证位置度小于0.04mm，检测的量具有球带尺、深度尺、位置度测量仪及一些常规检验等。

铸造易产生缺陷，气密性试验一般采用全检，将车轮内腔形成封闭式并置于水中，然后对其加压，水中无气泡则表明合格。另外一种是将车轮置于封闭的容器中，内设微型高灵敏度麦克风，如有小孔，则空气通过小孔时产生噪声，此噪声由（传声器）（麦克风）接收，信号通过电气部分进行分析、传输。

铝制车轮的表面涂装质量比钢制车轮高，外观要求几乎和轿车车身的标准一样，不允许有瑕疵。采用的涂装方法有电镀、粉末喷涂及电泳油漆，粉末喷涂采用最广泛。使用漆膜厚度测量仪检验漆膜厚度。常规检验的有漆膜结合率、色泽率、外观无流挂等。

2）锻造毛坯

铝合金车轮也可以采用锻造技术，但锻造方法车轮制造中应用的较少，它与铸造技术的区别在于成型方式不同，铸造是铝液浇注成型，而锻造是以铝坯挤压成型，其余工序基本与铸造工序相同。

3）铝板

应用铝板制造车轮已开始应用，其优点是重量轻、散热快、成本比铸造铝车轮减少25%。铝板轮辋的工艺流程为：下条料→卷圆→对焊→刮渣→扩口→滚形→冲气门孔→扩气门孔。加工中应注意以下事项：

① 铝带料的边缘不能滚压，冷滚压会产生硬化而造成微裂纹。

② 轮辋卷圆时轧辊应镀铬，以防止粘连。

③ 轮辋对焊可以采用直流或交流焊机进行焊接，采用交流焊会造成污染，最佳的焊接方式为直流。由于铝材特性和钢材特性不同，因此加热时间长，且不能用平电极。

④ 铝圈刮渣的速度要比钢圈快，刮渣时必须有润滑。

⑤ 由于铝离子较活跃，焊缝边缘存在非常硬的氧化皮，因此滚形时的线速度必须相等，且滚形时必须采用润滑液。

⑥ 铝材弹性模量低，冲气门孔时易产生裂纹，因此冲孔后须用钻孔形式将气门孔加工到尺寸。

4.4.2　轮胎

4.4.2.1　轮胎结构特点与技术要求

轮胎是包容在车轮外缘上的弹性体，接触地面。将汽车的动力传递到地面并承载负荷的载体，决定了车辆的转弯、制动和加速，现代汽车使用充气轮胎，轮胎工作时须借助内部充气压力实现本身的功能。

轮胎的结构大致相同，有内胎轮胎包括外胎、内胎及垫带；无内胎轮胎只有外胎。

轮胎（外胎）由骨架材料及填充材料构成。骨架材料由钢丝或纤维材料制成胎圈芯及其包布，帘布层和缓冲层（或带束层），用于确立胎体强度及维持轮胎充气后的开头和承载能力；填充材料是包容骨架材料的橡胶，经过硫化，用于增进轮胎的弹性、附着能力、耐磨能力和气密性。

根据轮胎结构可分为子午线轮胎和斜交线轮胎。

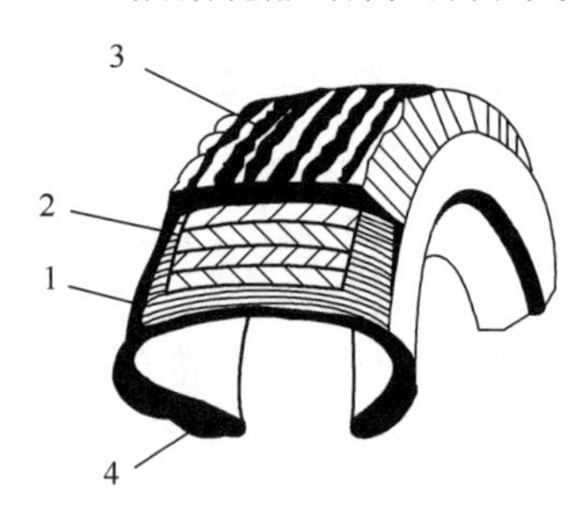

图 4-35　轮胎结构

1. 帘布层　2. 带束层　3. 胎冠　4. 胎圈

子午轮胎内部帘布编织排列方向与胎面中心线成 90°角，形似地球仪上的子午线而得名，帘布直接从轮胎一个钢丝圈绕到另一个钢丝圈，如图 4-35 所示，主要由帘布层 1、带束层 2、胎冠 3 及胎圈 4 组成；子午线轮胎的胎顶加钢丝层，能承受较大的内压应力，胎面不易变形，具有良好的地面抓力和稳定性，十分适合高速行驶。目前，现代轿车的车轮都是使用子午线轮胎。轮胎的胎里一般都有气密层。

斜交线结构即帘线与圆周成很大角度（30°～40°），帘布间交叉，胎体有三层或多层帘布。子午线结构、扁平化、无内胎化是当今轮胎的发展趋势。

轮胎的参数和指标反映轮胎的基本特性：

（1）几何形状参数：轮胎（充气后）几何形状参数包括外直径、断面宽、断面高宽比、配用轮辋名义直径、配用轮辋轮廓形式及规格、胎面花纹形式及深度、额度负荷下半径、使用后尺寸变化及最小双胎间距等。轮胎的尺寸特性通常由轮胎标准规定。

（2）负荷指数：轮胎在规定使用条件下的承载能力，用数字表示。负荷指数多用于小型轮胎，大型轮胎常用层级表示负荷能力。负荷指数和层级所对应的负荷数值可从标准中查看。

（3）速度级别：轮胎在规定使用条件下的速度能力，用字母表示。小型轮胎有多种速度级别，大型轮胎通常用统一的速度限制。

（4）充气压力：轮胎允许使用的气压范围或推荐使用的气压数值，由轮胎制造厂或标准给出。充气压力与负荷能力、速度能力三者之间互有关联，单胎或双胎工作时也有不同。

轮胎的技术要求有：

（1）外胎不允许有严重影响使用寿命的缺陷，如部件间脱层、海绵状、钢丝圈断裂和严重上抽、多根帘线断和裂开、胎里帘线起褶楞和胎冠出胶边带帘线等；若使用垫带，垫带不允许外形上有残缺和带身裂开。

（2）抽样检验外胎胎面胶的磨耗量，外胎各部件的黏合强度，外胎胎面胶的硬度，垫带的拉伸强度、拉断伸长率和拉断永久变形情况。

（3）新胎充气后的外缘尺寸等。

（4）轮胎的物理机械性能、轮胎和垫带的其他外观质量要求应符合标准规定。

（5）若使用内胎和垫带，垫带应符合与外胎配套的使用要求。

（6）每条轮胎沿周向等均布不少于四个可观察到的花纹沟剩余深度的标志，轮辋名义直径代号 20 以下为 1.5mm；轮辋名义直径代号 20 及以上为 2.0mm。

（7）轮胎两侧肩部处应模刻出指明胎圈磨耗标志位置的标记。

4.4.2.2　橡胶轮胎制造工艺及装备

半成品的重量、尺寸、形状对成品轮胎的各项性能都会产生很大的影响，因此，为了控制半成品的质量，减少人为因素，满足顾客对轮胎综合性能的要求，现在部分使用双复合和三复合挤出机，使多个部件一道压出，通过压出制成的半成品有：胎面、胎侧、三角胶等。轮胎的制造工艺有压延与裁断，胎圈的制造、成型和生胎的硫化等。

轮胎制造是一个复杂的过程，从模具加工、胶料混炼、半制品压延、压出、裁断、胎圈制造、轮胎成型、生胎硫化到成品检测等，因轮胎结构、轮胎种类不同，各工序也有所不同。

1）模具加工

轮胎模具是由结构设计工程师、花纹设计工程师和模具设计工程师共同设计，经加工而成，模具通常分为两种：两半模和活络模。两半模用于生产斜交轮胎。活络模主要用于生产子午线轮胎。用活络模生产的轮胎，产品质量比用两边模生产的轮胎好，但成本也高。

2）胶料混炼

混炼是把橡胶与各种配合剂均匀混合，从而制得用于轮胎制造使用的混炼胶。现代轮胎工业，大部分已采用密炼机进行混炼，混炼系统实现炭黑自动输送、称量及投料，橡胶、油、各种防老剂、促进剂、硫化剂等半自动称量及投料，采用温度或功率控制胶料的混炼周期，整个过程实现了高度的自动化。

在混炼过程中，胶料和配合剂按照规定的工艺条件，目前一般采用一段混炼生产工艺，排胶后，用压片机压片，经冷却系统冷却，备下道工序使用。

3）压延与裁断

压延是使混炼胶经压延机在帘布（纤维帘布、钢丝帘布）表面覆胶，或使混炼胶经压延机压出薄皮的过程，压延厚度的变化对成品轮胎也有很大影响，过厚不但浪费胶料，而且使轮胎的重量增加，导致轮胎在使用中生热加快；过薄或不均匀将影响帘布层的粘合力，从而影响轮胎的寿命。为了得到高质量覆胶帘布，在压延过程中，对供胶、辊筒速度、辊筒温度、帘布含水率、帘布张力控制都有特殊要求，并根据不同的胶料、不同的帘布而有不同的要求。

裁断是使覆胶的长卷帘布经裁断机裁成一定角度和长度的帘布，再自动或经人工接头，供下道工序使用，如用作胎体、带束等。

4）压出

压出是使混炼胶由挤出机通过一定的口型板，压制成具有一定形状和尺寸的半制品，如胎面、胎侧等，在轮胎工业中使用的挤出机有冷喂料和热喂料两种，由于冷喂料挤出机压出的半制品的质量和尺寸稳定性高，子午线轮胎的胎面和胎侧大部分采用冷喂料压出。

半制品的重量、尺寸、形状对成品轮胎的各项性能都会产生很大的影响，因此，为了控制半制品的质量，减少人为因素，满足顾客对轮胎综合性能的要求，现大部分使用双复合和三复合挤出机，使多个部件一道压出，通过压出制成的半制品有：胎面、胎侧、三角胶等。

5）胎圈的制造

胎圈由钢丝圈、三角胶和胎圈包布组成，其中钢丝圈使轮胎紧固在轮辋上，从而传递力到地面，钢丝圈是由钢丝通过挤出机覆胶，再经缠绕成型而成，由于钢丝表面覆有橡胶，故钢丝彼此紧密连成一体，可充分发挥其强度，钢丝圈的断面形状有矩形、六角形、圆形，其中对钢丝的有效利用以圆形断面最高。

胎圈是由钢丝圈和三角胶等在胎圈成型机上制成的，子午线轮胎的三角胶比较厚，其中载重子午线胎一般采用复合三角胶。

6）轮胎成型

轮胎的成型是在成型机上，将轮胎的各个部件，如胎面胶、胎侧胶、胎圈、胎体层、带速层、气密层等，按照施工表制成生胎的过程，轮胎的成型工艺因轮胎的结构（斜交胎、子午胎）不同而不同。

斜交胎的成型设备较为简单，大部分多采用压辊包边的成型机，采用套筒层贴法成型工艺。子午胎的带束不能伸张，因此不能用生产斜交轮胎的成型机生产子午胎，子午胎成型精度要求很高，一般采用一次成型法或二次成型法。

一次成型法的特点是在成型鼓上一次完成轮胎的成型。在成型鼓上把子口胶、胎侧、气密层、子口加强层、胎体帘布、胎肩垫胶、胎圈贴合成型。同时在另一个贴合鼓上把带束层、带束夹胶及胎面贴好后，送到成型鼓上，经膨胀将胎体的组合件与胎面和带束的组合件贴合，压实而成生胎。

二次成型法即二步制造法，在一段成型机完成胎体的制造，再在二段成型机上将胎体膨胀后上带束层和胎面，从而完成生胎的制造过程。

7）生胎硫化

轮胎的硫化是生胎在硫化机的模具中进行，它在热和压力作用下使生胎中的橡胶进行交联，各部件形成网络，从而生成具有预定性能的过程，硫化设备主要有双模硫化机和硫化罐。

硫化罐在硫化过程中，把高压过热水通入水胎，使轮胎内、外受热进行硫化。硫化罐一次可硫化十多个轮胎，但上、下模的温差大，影响轮胎的质量，在工厂中的使用量正在逐渐减少。

双模硫化机的自动化程度高，能自动完成装胎、定形、硫化、卸胎及后充气的操作。

根据硫化胶囊的不同，双模硫化机可分为A型硫化机、B型硫化机和AB型硫化机，子午线轮胎和大部分斜交轮胎均采用双模硫化机。硫化工艺（温度、压力、时间）条件因轮胎的结构、大小不同而有所不同，并对轮胎的质量有至关重要的影响。

8）成品胎检测

对成品胎的检测可分为生产在线检测、抽检和试验性测试。使用的设备有均匀性试验机、静平衡试验机、动平衡试验机、X光试验机等。

4.5 车架制造

车架是整车零部件安装的基础。汽车大多数部件和总成都是通过车架来固定其位置，如发动机、传动系统、悬架、转向系统、驾驶室、货箱和有关操纵机构等。因此车架应具有足够的强度和适当的刚度。

早期汽车车架的结构按照其主要纵梁的位置分为三种：边梁式车架、中梁式车架（或称脊骨式车架）和综合式车架。其中，边梁式车架应用最广泛。随着汽车制造业的发展，车架结构形式呈现出多样化的趋势，以钢管或钢板组合焊接而成的立体桁架式车架结构（包括车身）应用日益广泛，这种结构能有效增加汽车的整车强度和刚度。本节主要介绍客车车架的制造工艺。

4.5.1 车架结构特点与技术要求

4.5.1.1 车架结构形式与结构特点

客车车架按结构形式可分为三种：纵梁式、格栅式和三段式车架。

1）纵梁式车架

图4-36所示是纵梁式客车车架。它由贯通前后的纵梁及若干横梁、用铆接或焊接方式连接成的刚性构架，构件一般用低合金钢钢板冲压而成。

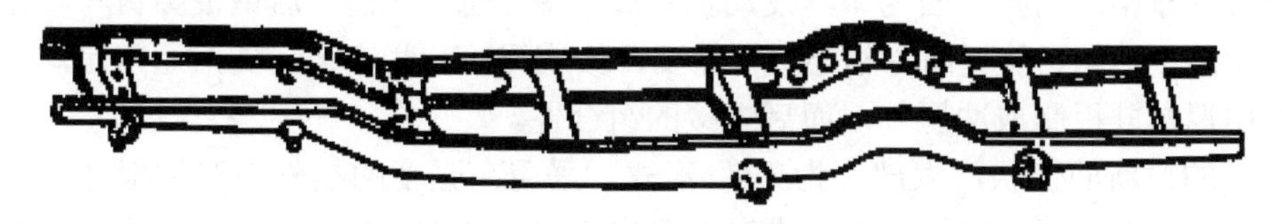

图4-36 纵梁式客车车架

2）格栅式车架

图4-37所示是格栅式客车车架。它是按整车布置要求设计的空间桁架结构，一般用薄壁矩形管或薄板焊接而成。

3）三段式车架

图4-38所示是三段式客车车架。它由纵梁式和格栅式组合而成，即前后段为纵梁式，中间为格栅式结构。

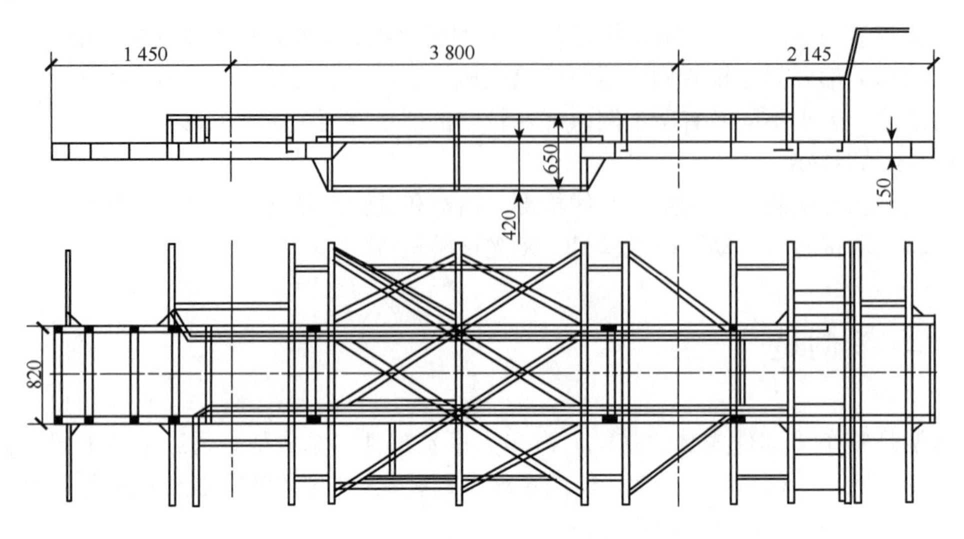

图4-37　格栅式客车车架

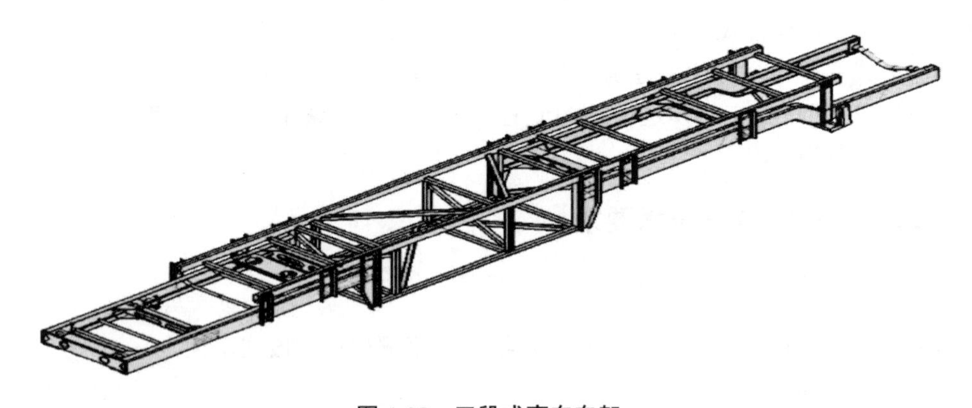

图4-38　三段式客车车架

下面以纵梁式车架为例，分析其结构特点。

纵梁式车架的内外腹面为了与发动机总成、悬挂总成（前、后钢板弹簧与减振器）、转向器总成、油箱、储气筒等相连接，需要铆接或焊接一些支架，支架通常是球墨铸铁件或由中厚热轧板制成冲压件，而后焊接的组合件。

纵梁的横断面形状，大部分为“[”形式，采用高强度的热轧中厚钢板冲压成型。根据载荷的分布情况，将纵梁冲压成变断面或者在载荷大、易损的部位，采用加强板结构，加强板通常位于纵梁的内、外侧，加强板与纵梁的连接用铆接或焊接的形式。

车架横梁由于作用不同，其断面尺寸和形状亦多种多样，有“[”形直梁，拱形梁、“Ω”形梁、圆管梁或组合式横梁等。

纵梁与横梁的连接形式是多种多样的，其中大多数车架是采用铆接结构，或者采用铆—焊接结构、全焊接结构。受力较大的横梁，常采用连接板间搭铁与纵梁腹板铆接。

为了降低客车及其重心高度，有时将纵梁局部（例如车轴上方）做成较大的向上弯拱。

4.5.1.2 车架总成技术要求

车架既是承载整车质量，同时又是传力的刚性构架，在工作中将承受来自车内外的各种载荷和力。因此对车架总成应提出很高的技术要求。

1）严格控制公差

为了保证整车装配质量，应严格控制下面这些部位的公差：

① 装发动机的四个悬置孔位的公差要求；

② 前、后钢板弹簧左右支架对角线尺寸及其销孔的同心度要求；

③ 车架总成上翼面的平度及车架扭曲度公差要求；

④ 车架总成的对角线长度以及车架宽度的尺寸公差要求。

2）车架应具有足够的强度与适当的刚度

当车轮受到冲击时，车架也会相应受到冲击载荷。车架除了承受来自车内外的种种载荷外，当汽车在崎岖不平的道路上行驶时，车架可能产生扭转变形以及在纵向平面内的变形；当一边车轮遇到障碍时，可能使整个车架变成菱形，因而要求车架具有足够的强度，合适的刚度，同时尽量减轻车架的重量。车架的形状尺寸还应保证前有轮转向要求的空间。

3）对于铆接或焊接质量的要求

① 对铆接间隙的要求：各类支架与纵梁连接的铆接间隙为0.05～0.15mm；各种横梁与纵梁之间的铆接间隙≤0.20mm。

② 铆后的铆钉不允许有松旷：铆钉应充满铆钉孔；铆钉头成型直径不小于1.5倍的铆钉直径；不允许出现铆钉松动的现象。

③ 对焊接质量的要求：一般采用电弧焊或CO_2气体保护焊。焊缝长度、焊角高度、焊接熔深等都应达到设计技术的要求；要防止假焊、开焊、焊穿等缺陷。

4）对于纵梁、横梁和支架类零件的技术要求

为了得到合格的车架总成，必须对纵梁、横梁和支架类零件自身质量进行控制。

① 控制纵向与横向的正负回弹及纵向的扭曲回弹。

② 要控制腹面和上、下翼面的平面度，特别是铆接部位的平面度，一般平面度≤0.3mm。

③ 对于一组孔之间的位置度为0.25～0.5mm，各组孔之间的位置度要求稍松些；上、下翼面之间同组孔的同心度≤1mm。

④ 支架类零件，主要控制铆接面的平面度及形位误差中的垂直度。

4.5.2 车架制造工艺与装备

4.5.2.1 纵梁与横梁制造

通常纵梁式车架由纵梁和横梁组成，下面介绍纵梁式车架构件的冲压工艺。车架构件生产常用的冲压工艺有：剪板机下料、冲孔、成型等。

1）车架纵梁冲压工艺

纵梁是构成车架总成的主要零件，也是汽车上最大的冲压件。由于纵梁属于尺寸长、材料又较厚、强度又高的冲压件，需要大的金属模具和大型压力机，因此在大批量生产中，车架纵梁采用中厚钢板，利用金属模具，在大型压力机上依次完成下料、冲孔、成型工序。该生产方式质量比较稳定、生产效率高，易于实现机械化。

对于生产规模较小的汽车，纵梁冲压工艺通常采用一些较简单的加工方法。

（1）纵梁的下料　下料是冲压件加工的第一道工序，它是根据要求将原材料加工成毛料。纵梁下料可根据纵梁长度选用相应规格的加长剪板机进行剪切，也可以采用深喉口的液压剪板机分段剪切，但加工质量、尺寸精度不如前者；还可以采用丙烷切割机、等离子切割机和激光切割机切割等方法。其中剪板机是通用的下料设备，它具有使用方便、送料简单、剪切速度快、精度高的特点，而且剪板机还能剪切较宽的板料。

丙烷切割机、等离子切割机亦在汽车生产中得到应用，尤其是数控的等离子切割机，可以极大的提高切割质量和生产效率。但丙烷、等离子切割的缺点是有时切口质量不能令人满意，切口区域会产生热影响区，使纵梁的强度和延伸率都产生变化，还会使下道工序无法钻孔和装配，使成型工序纵向翘曲回弹变大等，所以必须消除热影响区域。而激光切割机可以弥补上述不足，但由于设备成本等方面的原因，目前激光切割机主要应用在大批量的小厚度钢板的加工。

下料时应注意排料：

① 提高材料利用率：剪板机下料一般剪为矩形毛料，排样类型为无搭边型。车架构件生产中合理选择材料规格、合理排料具有很高的经济效益，使材料利用率可达90%以上；

② 注意材料纤维方向：车架构件材料为热轧大梁钢板，板平面方向性比较明显，材料轧制方向与宽度方向机械性能差别较大，下料时尽量避免后道工序的弯曲线与材料轧制方向相同，应成45°或90°。

（2）纵梁的冲孔　为了在纵梁上连接各种支架，在纵梁腹板上有很多直径为Φ(10～15）mm的孔。冲孔工序经常采用液压机和冲模完成；在小批量生产中常采用钻模在钻床上进行加工；也可采用数控冲床逐个冲孔，该方法不但生产效率高、冲孔质量好，而且能适应多品种生产。另外，也可采用专用加长压力机切边，冲孔一次完成。

（3）纵梁的成型　成型工序是车架纵梁在生产中的关键工艺。小批量生产的纵梁成型，一般用8 000～12 500kN压力的折弯机进行分段压弯成型，通常分三段或四段成型，这种成型方法生产效率低、劳动强度大、质量也不能令人满意，在分段处的翼面上有波纹、腹板平度和圆角都不太理想。第二种方法是采用多个3 000kN或5 000kN单缸液压机，通过多组框架结构构成一个整体的30 000kN或40 000kN专用加长压力机，通过整体的大滑块向下运动，从而生产出质量很好的纵梁，其生产效率较高，能达到中批量生产的需要。第三种方法对于等截面纵梁，尤其是三段式车架的前、后部分长度较短的纵梁成型，可用折弯机进行折弯成型，但该方法不能保证折边的圆角大小。此外，过去在一些企业还曾应用滚压冷弯成型法生产纵梁，但质量不太好，该成型方法现已很少应用。

2）车架横梁冲压工艺

车架横梁虽然尺寸较纵梁小得多，但横梁的形状、结构多种多样，且比较复杂，需要根据生产规模、结构形状来确定横梁的冲压工艺。

对一般“[”形直横梁，选用设备如下：

① 剪板机：选用可剪板厚较大的剪板机。

② 折边机：选用吨位较大，上、下模根据板厚相应配套的折边机。

③ 压力机：车架构件一般体积不大，加工吨位较大，故所选压力机不需很大台面。

对于较复杂的拱形横梁，一般都是先落料、冲工艺孔，再成型，最后用楔模冲孔。压力机多选用 8 000～12 500kN。

4.5.2.2 车架组装工艺与装备

1）纵梁式车架的组装工艺

纵梁式车架在组装时应以纵梁为基准零件，因此纵梁必须准确地定位。

一般情况下，采用专用的胎模对纵梁、横梁进行定位。胎模应保证左、右纵梁处于同一水平面；两纵梁间的距离符合设计要求，并且在长度方向保持一致；前、后悬架固定端支架距离和对角线距离符合设计要求；除此之外，还应保证钢板弹簧支架的铜板销孔同心。制作和调整车架组装胎模时，应满足以上技术要求。

车架组装前应先铆接钢板弹簧支架，然后在车架组装胎模上定位钢板弹簧支架，以定位纵梁在长度方向上的位置。这样，可保证两纵梁在长度方向平齐，而且可确保钢板弹簧支架的钢板销孔同心。

纵梁式车架的工艺流程如下：

铆接纵梁腹面的钢板弹簧支架、减振器上支架及纵梁加强板→纵梁在组装胎模上定位→在组装胎模上用内横梁固定纵梁→纵梁出胎模，铆接其余内横梁下平面→车架翻身→铆接其余内横梁平面→螺栓连接外横梁→车架涂装。

2）格栅式车架的组焊工艺

格栅式车架大多用耐候冷弯型钢或镀锌冷弯型钢焊接而成。一般情况下，都采用单片焊接→分段组焊→车架总成组焊→车架切齐的工艺。

车架在分片时，应考虑将车架左、右有关联的零件（如前后悬架支架、空气囊座、推力杆支座等）在同一模具中组装。单片焊接应采用组焊胎模。对于车架中相同的单片，可通用一个组焊胎模，对于不同的单片，应分别设计不同的胎模。单片焊接时应对每根矩形管都进行定位。

格栅式车架一般分前、中、后三段，每段组焊时也应采用组焊胎模，并且要保证每个单片都正确定位。

车架总成组焊时要对每段车架都进行定位，一方面保证车架的顺利组装，另一方面保证车架长度和底盘轴距的准确。

为了保证车架与车身骨架顺利连接，应对与车身骨架连接的构件进行切齐。因为，这些构件与车身骨架连接时一般都采用无间隙焊接，构件的长短与连接部位的形状都应与车身骨架相吻合。

3）三段式车架的组装工艺

三段式车架在中段大多为格栅式，前段和后段为纵梁式。为保证前段和后段车架的平面度，通常将前端纵梁和后端纵梁先压制成一根纵梁，再按纵梁式车架生产方式进行组装，组装完后按设计尺寸进行前、后段车架分割。前、后段纵梁车架与格栅式底架焊接时要有专用的胎模，胎模要保证底盘的轴距和整个底架的平面度和直线度。

4.5.3　车架制造新技术与新工艺

目前，车架使用最多的是低碳合金钢板，它的屈服极限和强度极限都比普通碳素结构钢高很多，因此很适合制造汽车的纵梁和横梁。钢板的具体尺寸规格与极限性能参见GB/T 3273—2005《汽车大梁用热轧钢板和钢带》。

现在一些钢厂又推出不少新材料，其力学性能与GB/T 3273—2005中的有些材料比较接近，但其价格比较低。可以在一些横梁及纵梁加强板上代替08TiL材料，从而可使产品的成本进一步降低。

车架的纵梁和横梁绝大多数是采用钢板冲压成型的，也有少数车的车架采用型钢。

车架零件的制造工艺一般是先落料冲孔，然后再成型，特别是对于车架纵梁这样大件的成型，通常需要大型的冲压设备和价值昂贵的大型模具，这只适用于大量生产。目前对于批量不大（3000 辆/年以下）的车架纵梁，一般都采用滚压成型或分段成型等。有时也用一些简易模具来加工制造车架的纵梁和横梁。

重型卡车车架双层纵梁在镶制后，如何保证孔的同心度是制造的一个难点。东风商用车公司采用对主、副梁同时加工出直径大小不同的孔后，再进行镶合的工艺，取得了初步成功，较大地提高了生产效率，节约了人工成本。

4.6　减振器活塞及摩擦片等粉末冶金件制造

减振器是汽车悬架的一个主要组成部分，其功能是缓和车辆因路面不平而引起的振动，提高行驶平顺性，保证乘员的舒适，降低车体各部分的动应力，从而增加车辆的使用寿命，并有效地衰减车轮的振动，使车轮更好地贴合地面，保证车辆行驶安全和操纵稳定性。

4.6.1　减振器活塞制造工艺

4.6.1.1　减振器活塞结构特点

一种用于双向调节阻尼的减振器活塞结构如图 4-39 所示。其上加工有小孔供液压油进出。在减振器里，活塞的上端装有由伸张阀弹簧、伸张阀垫、伸张阀圆片及伸张阀槽片构成的伸张阀，其特殊之处是，在活塞的下端装有与伸张阀结构相同的，由流通阀弹簧、流通阀垫、流通阀圆片及流通阀槽片构成的流通阀，流通阀与减振器的压缩阀一起形成压缩阻尼力。减振器的阻尼力可以根据路面状况和车辆的装载质量进行调整和选择，提高了乘坐的舒适性、操纵的稳定性和行车的安全性，而且阻尼力的调整在外部进行，调整简便，使用效果显著。

4.6.1.2　减振器活塞技术要求

减振器活塞的技术要求如下：

① 活塞的内孔尺寸公差按IT8级精度。

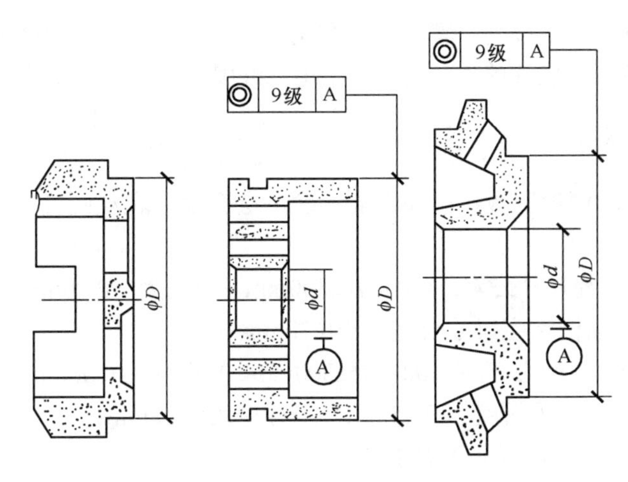

图 4-39 减振器活塞结构

② 外径尺寸 D 不低于 IT9 级精度。

③ 外径 D 对内孔中心线的同轴度应不低于 GB/T 1184—2008《形状位置公差和未注公差标准》中规定的 9 级。

④ 其余尺寸公差、形位公差按 GB/T 1184—2008 中 H 级精度执行；未注公差尺寸的极限差按 GB/T 1804—2000 中 m 级执行，未注公差角度尺寸±2°。

⑤ 活塞内孔表面粗糙度 Ra＝1.6μm，活塞外径 Ra＝0.4μm

4.6.1.3 减振器活塞粉末冶金成型工艺

烧结零件可分为两大类，一类是只能用粉末冶金法制造的，如含油轴承、摩擦零件、多孔性金属制品、硬质合金及难熔金属制品等；另一类是烧结零件，虽可用铸、锻、冲压、机械加工等工艺制造，但用粉末冶金法制造较经济。粉末冶金活塞采用铁基粉末冶金压铸、烧结和切削加工成型。粉末冶金活塞生产方法及成型工艺是：

1）选用粉末冶金原料的成分及配比

原料采用 30%～94%的硬质相含铁硼化物，0.01%～1%的稀土元素，其余为铁粉或钢粉。

2）粉末冶金活塞环的生产工序

粉末配制→成型生坯→烧结毛坯→磨削两端面→切开口→磨削内、外圆→外圆珩磨→修开口。

采用粉末冶金加工活塞操作方法简便，生产成本可降低 30%以上，且无环境污染，活塞耐磨性和密封性能大大提高，使用寿命长。

4.6.2 摩擦片制造工艺

4.6.2.1 摩擦片结构特点

当前国际上比较先进的摩擦材料是新型的无石棉有机物基摩擦材料，该种摩擦材料因为其独特的配方，具备了以往半金属基摩擦材料所无可比拟的优良性能。

摩擦片是由背板、粘接剂、摩擦材料和副件四部分组成。除摩擦材料之外，其他组成部分的质量好坏对摩擦片的作用性能也有直接的影响。

4.6.2.2　摩擦片技术要求

（1）摩擦片的动摩擦因数、磨损性能、摩擦层密度、表观硬度等物理性能应符合相关标准规定。

（2）摩擦片的外径尺寸公差：100＜d≤300mm，公差为－0.80mm；300＜d≤500mm，公差为－1.00mm；油槽深度尺寸公差为±0.20mm；

（3）摩擦片的形位公差：直径100＜d≤300mm，平面度为0.35mm，平行度为0.10mm；直径300＜d≤500mm，平面度为0.45mm，平行度为0.15mm；

4）摩擦片的外观质量有如下要求：

（1）烧结质量　产品表面无明显氧化，不允许有直径大于1mm的氧化斑。

（2）表面质量　产品无毛刺和面积大于0.25cm^2的碰伤。

（3）粘接质量　烧结材料层不能覆压芯板齿部或超出芯板外径。

（4）表面粗糙度　摩擦材料层工作表面粗糙度应达到Ra＝6.3μm。

4.6.2.3　摩擦片粉末冶金成型工艺

粉末冶金摩擦材料广泛用于制动器与摩擦片。对摩擦材料性能的要求是：具有较大的摩擦系数、较好的耐磨性、足够的强度、良好的磨合性、抗胶合性等。

粉末冶金摩擦材料通常由强度高、导热性好、熔点高的金属组元如铁等作为基体，并加入能提高摩擦系数的摩擦组元（如Al_2O_3、SiO_2、石棉）以及能抗胶合、提高摩擦性的润滑组元（如Pb、Sn、石墨、MoS_2）。因此，它能较好地满足摩擦材料性能的要求。

所有的粉末冶金材料制造产品首先根据需要按照要求配制铁粉，称好重量，按产品做好模具，将铁粉加入模具，加压成型，然后再烧结，热处理。

摩擦片采用双金属轴套。双金属轴套大多采用08AL低碳冷轧钢带制作钢背，以提高其强度刚度，并具有良好的加工性能，将不同粒度组成的铅青铜粉或锡青铜粉烧结到钢背上以作为摩擦及耐磨合金表面层，从而复合成双金属轴套。

材料：各类纤维增强材料、黏接剂树脂、填料。

工艺流程：称料→混料→热压→固化→磨削处理→打标→包装。

4.7　底盘总成装配

4.7.1　底盘装配工艺流程

4.7.1.1　客车

下面分别介绍客车的车架式底盘、三段式底盘和格栅式客车底盘的装配工艺流程。

1）车架式底盘

图 4-40 所示为一典型的车架式客车底盘装配生产流程。主生产线有 11 个工位，间歇式流水作业，各工位运行节拍为 24min，底盘在生产线上辅送是采用地面传动链和通过锁销相连接的前后工艺小车。为了保证主生产线的稳定生产，设置了 7 个辅助工位。该生产线单班年产客车底盘 5 000 台。

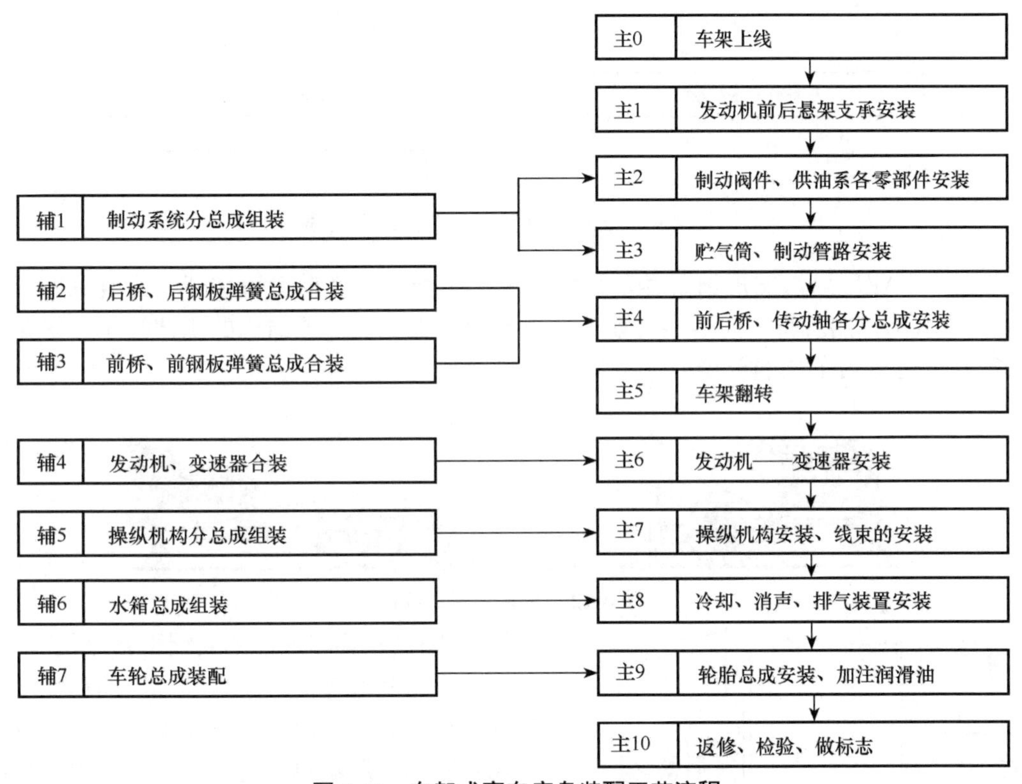

图 4-40　车架式客车底盘装配工艺流程

客车底盘进行装配的基础件是车架，为此车架总成应首先上装配线，然后在车架上依次安装各总成、零部件。其装配工艺流程由两个阶段构成。第一阶段（主 0～主 4 工位），车架反放置，将前桥、后桥、悬架、传动轴等总成进行安装；然后将车架翻转，进入第二阶段（主 6～主 10）的装配，即发动机、变速器、操纵机构、冷却、消声、排气装置、轮胎等总成的安装。

2）三段式底盘

许多客车厂常常将客车底盘组装线作为客车装配流水线的一个组成部分，其工艺流程如图 4-41 所示。

首先将外加工的前、后车架吊放在辅助生产线上，将前桥总成、转向机构、操纵机构等安装在前车架上；将发动机、变速器、后桥各总成安装在后车架上。将组装完工的前车架总成、后车架总成吊入客车生产流水线，并定轴距；中车架与前后车架总成组焊；安装油路、气路、电路；进行车身底盘的扣合等。

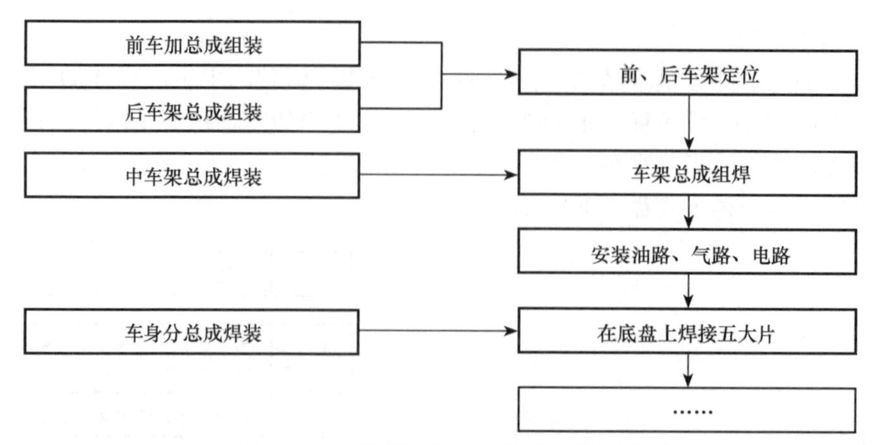

图4-41 三段式客车底盘装配工艺流程

对于专业厂提供的短轴距客车底盘，客车生产厂将其前后段切开，固定轴距，如图4-42所示，然后将中间桁架与前、后车架组焊在一起。该结构的工艺技术关键是中间桁架与前、后车架的连接方法，如图4-43所示。

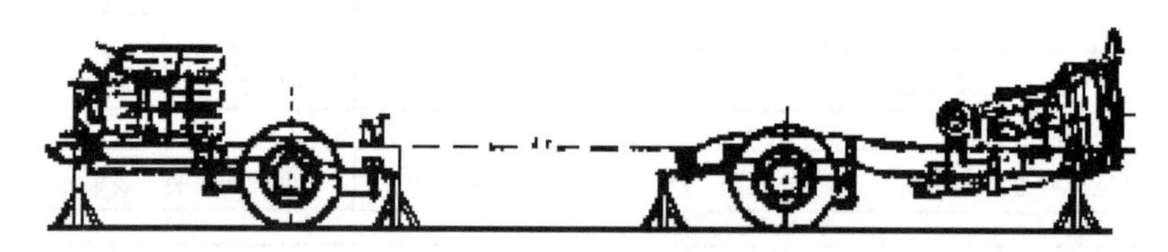

图4-42 短轴距客车底盘

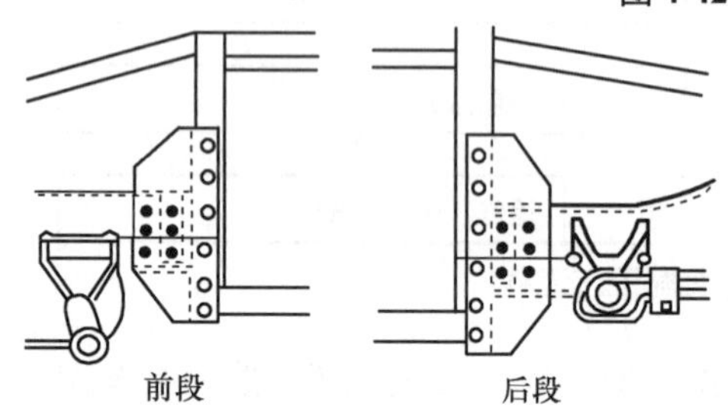

图4-43 中间桁架与前、后车架的连接方法

3）格栅式客车底盘的装配工艺流程

对于商品底盘而言，焊装完工的格栅底架要进行涂装处理，喷涂二遍底漆。冷弯型钢内充入聚氨酯发泡塑料或防锈蜡，防止管内壁锈蚀，然后在涂装后的格栅底架上进行各总成、零部件及管线的安装。为防止整个底盘在运输过程中或长期停放时产生变形，在底架上面安装贯通整个底盘长度上的副梁，以增强底架的刚度。

国内大部分客车制造厂是在总装配线上完成客车底盘的装配，其生产流程如图4-44所示。

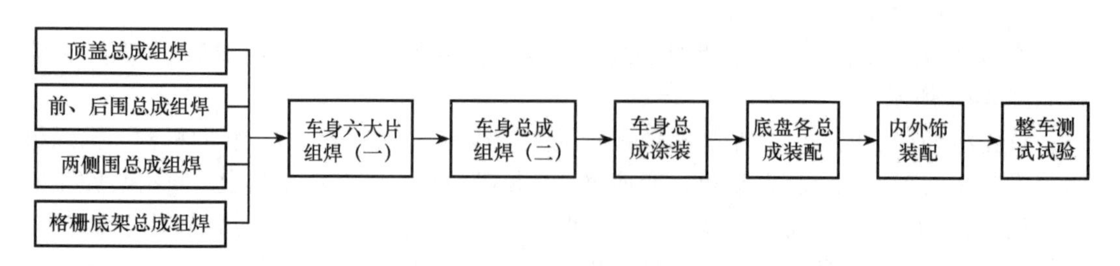

图4-44 格栅式底盘生产工艺流程

将涂装完工的车身用机械式车体举升器或车身专用吊车抬高，然后依次将底盘各总成用带举升、装夹功能的小车进行安装，底盘总装安装顺序如下：

前桥总成安装→后桥总成安装→发动机、离合器、变速器总成安装→传动轴安装→变速器操纵机构安装→转向操纵系统安装→制动系统安装→燃油供给系统安装。

4.7.1.2 轿车底盘装配工艺流程

底盘装配线主要进行燃油管、制动油管、油管、发动机和变速器动力总成、前悬架、后悬架、传动轴、排气管、消声器、车轮等车底部件的装配。

根据各种不同车型结构，底盘部件装配可以采用模块化装配，即将分装好的发动机与变速器总成、前悬架总成、发动机前托架带三角臂、转向器、横向稳定杆、传动轴、排气管、油箱、后悬架等底盘部件安装并定位到合装小车上，合装小车在合装区可与底盘装配线同步运行，小车上设有液压举升装置，将分装好的底盘合件直接举升于线与车身合装。

4.7.2 主要总成的安装

4.7.2.1 发动机、离合器及变速器

发动机、离合器、变速器在底盘上是作为一个整体装配的，因此需要在专用工作台上先将它们装配调整好，其作业内容包括以下几个方面：

1）发动机的安装

发动机的安装是发动机制造工艺中最后一步。发动机装配质量的好坏直接关系到发动机的整体性能和质量。一般来说，发动机装配工艺分为零件总成分装、发动机总装和发动机性能试验。

发动机装配原则是：由低级别向高级别装配；由里向外装配。

活塞连杆的装配是先装配活塞环，接着装活塞销，然后拧松连杆螺栓，取下轴承盖，成为活塞连杆总成。

总装线就是从缸体开始，以曲轴、连杆、汽缸盖为基本部件组成发动机，最后进排气管和其他管类等外装件装配形成发动机总成下线。

在现代化的装配流水线中，原来以手工为主体的装配线被逐渐多的自动、半自动工位线代替，同时增加自动检测工位和返工工位。如自动拧松和拧紧轴承盖螺栓、自动安装气门锁片、自动拧紧油底壳螺栓、缸盖螺栓。还有采用机器人，如油底壳上胶工位。

装配线设备由连接各工序的输送设备和拧紧站、组合机、检查机等构成。为保证装配质量，在发动机装配线上设立众多全自动检查站，目前在生产线上有：

① 凸轮轴摩擦扭矩测量，检查液压挺杆质量以及进排气门弹簧上座等是否漏装。

② 活塞连杆装配前摩擦扭矩测量，检查主轴瓦是否漏装及由于机加工失误带来的咬死情况。

③ 活塞连杆装配后摩擦扭矩测量，检查连杆总装装配后的咬死情况。

④ 汽缸盖气道密封测试，检查是否气、油道相通及各安装密封面是否密封。

⑤ 发动机油道密封测试，检查是否气、油道相通及各安装密封面是否密封。

⑥ 发动机水道密封测试，检查是否气、油道相通及各安装密封面是否密封。

⑦ 水泵泄露测试，检查是否气、油道相通及各安装密封面是否密封。

⑧ 压入油封时力和位移及油封弹簧是否存在监控，避免发生窜烧机油。

⑨ 采用摄像头对活塞安装方向的检测。

⑩ 气门锁片采用激光检查安装的正确性。

⑪ 主轴瓦采用激光检查安装的正确性，防止润滑失油，造成咬死。

2）离合器壳的安装

离合器壳的装配方法如图4-45所示。

① 将离合器壳放置在变速器前端，并对中就位；

② 连接离合器壳和变速器的螺栓，按照规定扭矩旋紧；

③ 将分离叉轴带分离叉臂总成从离合器壳外端插入衬套内孔后，再装上半圆键，拧紧分离紧固螺栓；

④ 将分离叉、分离轴承及分离轴承座装到一轴的轴体上。

3）离合器总成的组装

离合器总成的组装方法如图4-46所示。

① 装配前，应在从动盘总成盘毂内花键，分离轴承座腔及分离叉和轴颈支承处涂锂基润滑脂，但油量不宜过多，以防止摩擦表面沾上油污；

② 用一个装配用轴把离合器盖总成和从动盘装到飞轮上，从动盘凸面应对着飞轮；

③ 检查连接螺栓长度，防止飞轮安装孔为盲孔引起安装问题；

④ 以规定力矩交叉顺序拧紧连接螺栓。

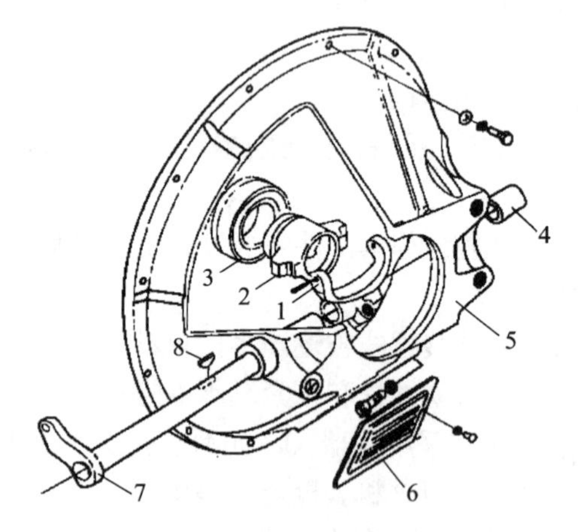

图4-45　离合器壳的装配

1．离合器分离叉　2．分离轴承座　3．分离轴承
4．离合器分离叉衬套　5．离合器壳　6．通风盖
7．分离叉轴及分离叉臂　8．半圆键

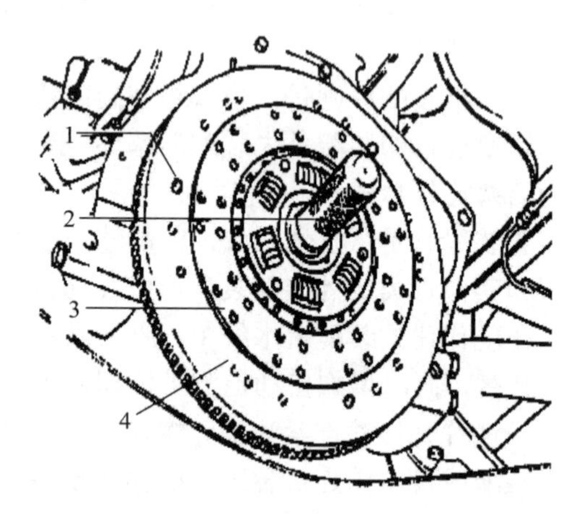

图4-46　离合器总成组装

1．定位销　2．定位工具　3．从动盘　4．飞轮

4）变速器的安装

① 使用行车安装变速器，使一轴与从动盘花键对准，并使变速器挂入挡位，缓慢推进；

② 以规定力矩交叉顺序拧紧连接螺栓；

③ 装配离台器分泵支架，变速操纵等附件。

4.7.2.2 发动机进排气系统

发动机进气系统的功能在于向发动机提供充足干燥清洁的空气，安装进气系统时应该做到：

（1）为防止灰尘和水吸入，各连接部位应密封牢靠。

（2）为保证软管与硬管间的密封，应使用端部带凸缘的硬管，如图 4-47 所示。

（3）空气滤清器至发动机的进气管尽可能不采用金属丝夹箍进行紧固，夹箍的结构应保证橡胶软管周边都能箍紧，如图 4-48 所示。采用图 4-48（a）的机构可以避免橡胶软管局部鼓起，密封性能良好；采用图 4-48（b）的结构，则可能造成外部空气从鼓起的缝隙直接进入发动机。

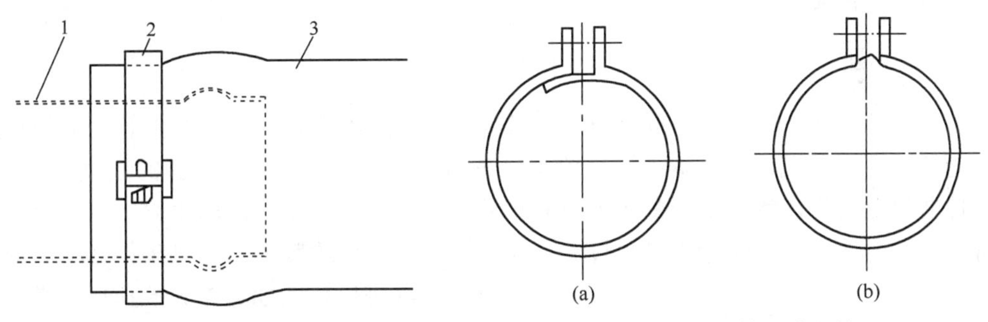

图 4-47　软、硬管通常连接方法

1．带凸缘的硬管　2．夹箍　3．软管

图 4-48　进气管连接夹箍

（4）安装空气滤清器端盖外壳时，不要漏装密封圈，排尘带应垂直指向下方，端盖上的紧固螺母必须拧紧。

（5）空气滤清器对振动比较敏感，因为振动对滤芯密封定位的可靠性有影响，因此安装时应将空气滤清器牢牢地固定在支架上。同时空气滤清器应采用弹性连接管与发动机进气管相连，防止将发动机的振动传递到空气滤清器。

带中冷器的进气系统在装配中应注意以下问题：

（1）漏气检查。

（2）特别注意防止中冷器堵塞。

（3）中冷器的耐高温硅胶管不能换用其他胶管。

发动机排气系统的功用是降低发动机噪声，同时降低排气温度和压力。安装排气系统时应做到：

（1）排气管尽量避免小管径，急拐弯等因素。

（2）为防止从排气管，消音器等高温部件的连接处泄漏气体，连接处应使用密封垫。

（3）排气管与车架连接应采用浮动支承，如图 4-49 所示。

（4）装有排气制动的排气管中，检查排气碟形阀片的位置，在不进行排气制动时应处于全开位置，即应与排气管口平行。其调整是通过限位螺栓实现的。如果不调整或调整不当，将会增大排气阻力。

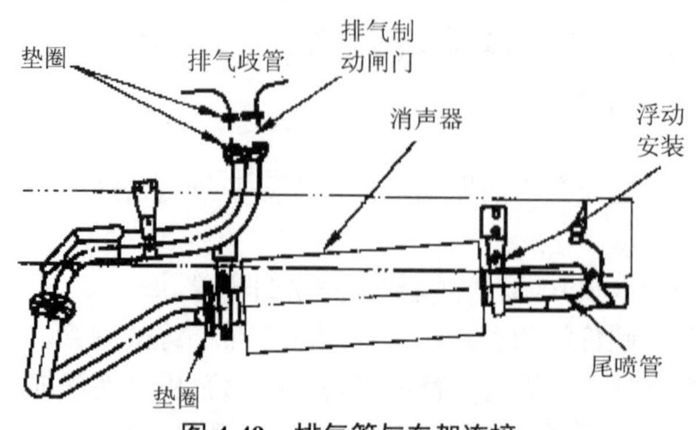

图 4-49　排气管与车架连接

（5）因发动机工作时温度较高，易降低弹簧垫圈防松性能，因此，安装排气系统时应使用双螺母固定。

4.7.2.3　散热器

对前置发动机来说，散热器的散热只要与发动机功率相匹配。一般不会出现过热现象。

对于后置发动机，散热器的安装除考虑车后部的空间位置及散热器的通风情况外，还应使散热器的进出水口尽量靠近发动机的进出水口，适当加大进出水管的直径以及改善进出水管弯头结构，使弯头光滑过渡；发动机后置客车的散热器通风条件远不如前置车，侧置散热器进风口侧面通常为负压区。进风口应采用进风效果良好的百叶窗结构，散热器与进风道连接处周边应密封，以防止发动机舱内的热空气被吸入进风道。

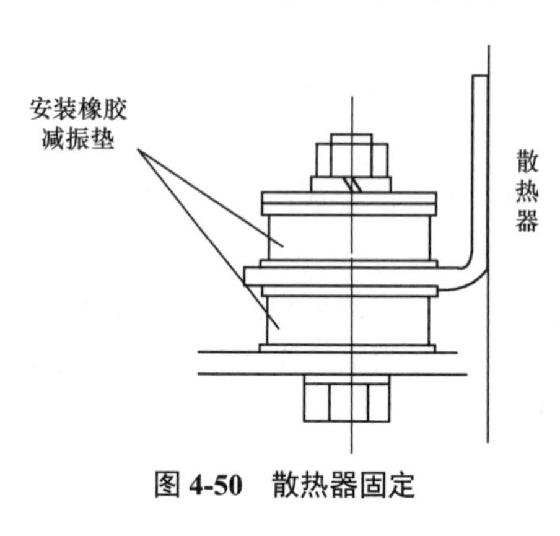

图 4-50　散热器固定

为防止散热器因车辆振动而引起脱焊、振裂。散热器与车架连接应采用弹性支承，即采用橡胶减振垫，并用螺栓紧固，如图 4-50 所示，其拧紧扭矩一般为 10N·m，太松达不到紧固散热器的目的，太紧则会破坏橡胶的减振性能。另外，辅助支承同样应采用弹性支承，即采用橡胶减振垫。

4.7.2.4　操纵机构

汽车操纵机构主要有发动机和变速器的操纵机构，下面分别介绍两类操纵机构的安装。

1）发动机操纵机构的安装

发动机操纵机构主要指供油操纵系统，即加速操纵及怠速操纵。

加速操纵有刚性杠杆操纵和软轴操纵两种，现在无论前置发动机还是后置发动机多采用软轴操纵。操纵软轴装配时，要求软轴部分弯曲半径不小于 150mm；在踏板与喷油泵连接后，调整油泵端的调整螺母。在保证发动机油泵的节气门摇臂能彻底回位的同时，使操纵线的钢丝处于微张紧状态。

其调整方法为将怠速节气门旋钮反时针转到锁止位置，在此状态将怠速节气门钢丝和加速传动装置总成上的怠速摇臂连接好，再调整怠速操纵器调整螺杆上的调整螺母，当怠速摇臂与加速传动装置总成上用于操纵加速传动操纵线的操纵臂刚好接触时固定调整螺杆。

2）变速器操纵机构的安装

变速操纵机构应保证驾驶员能准确、轻便地使变速器挂入所需的任一挡位工作，并可随时使之退到空挡。

按照变速器操纵机构分类有硬杆操纵与软轴操纵，按照发动机前后置分类又分为短距离变速操纵与远距离变速操纵，硬杆操纵又分单杆操纵与双杆操纵。轻型客车一般采用双杆操纵，中型以上前置客车一般采用单杆操纵。后置客车一般采用单杆操纵，现在发展趋势则采用双软轴操纵。

对于硬杆变速操纵，具有负载效率高，操纵手感好的优点，但中间环节多，传动机构复杂。硬杆操纵机构装配过程中应注意：

① 所有支架（支座）紧固螺栓是否拧紧；

② 所有换挡、选挡拉杆球节的锁紧螺母是否拧紧，由于拉杆多采用左右螺旋结构，装配时应注意做到左右旋调节量均等；

③ 检查各球节总成的球头是否转动自如，有无卡死现象，润滑是否良好；

④ 检查各焊接件的焊缝是否有开裂现象；

⑤ 检查换挡、选挡支座中间环节的塑料式尼龙衬套是否润滑良好；

⑥ 所有杆件不得与其他系统发生干涉。

软轴操纵机构具有布置简单、传动环节和运动部件少、体积小等特点。软轴装配调整的好坏将直接影响操纵机构的工作质量，特别是软轴两端的安装尺寸尤为重要。

软轴操纵机构装配过程中应注意：

① 软轴装配时不可手持密封罩，以免损坏内部构件，更不可用工具敲击密封罩；

② 装配时不可使软轴的外皮和密封件破损；

③ 软轴不可与其他管线干涉摩擦，更不可压挤软轴，同时应远离发动机排气管；

④ 如图 4-51 所示，软轴的走向必须自然、顺畅，软轴端部应保持 100mm 以上的直线段 A，不可有急弯，特别是不能走 S 形弯（弯曲半径 $B \geqslant 200$mm）。软轴应多夹固定，以支持软轴的正常工作。

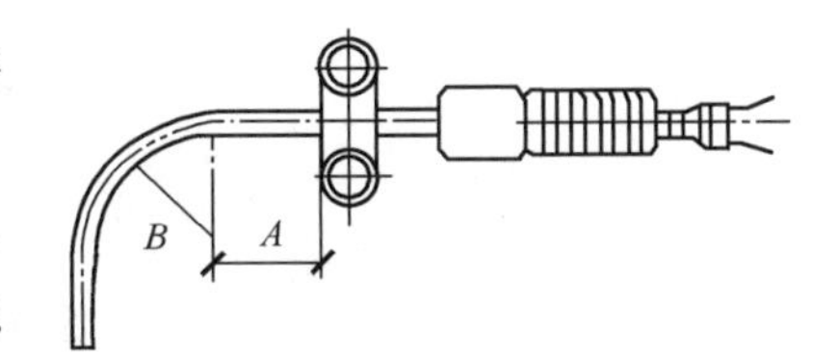

图 4-51　软轴走向

装配顺序先将端部固定，固定时不能使软轴芯线受扭，同时严格按照设计要求，保证装配尺寸。

4.7.2.5　传动轴

前置发动机汽车的万向传动轴机构，通常由中间传动轴和主传动轴两部分组成。

中间传动轴（图 4-52）装配流程如下：

（1）装配传动轴总成应从前端开始，按顺序向后装配。

（2）将中间传动轴及支承总成的突缘叉 1 装在手制动器上。装上弹簧垫圈和螺母、螺栓，并复查拧紧力矩。

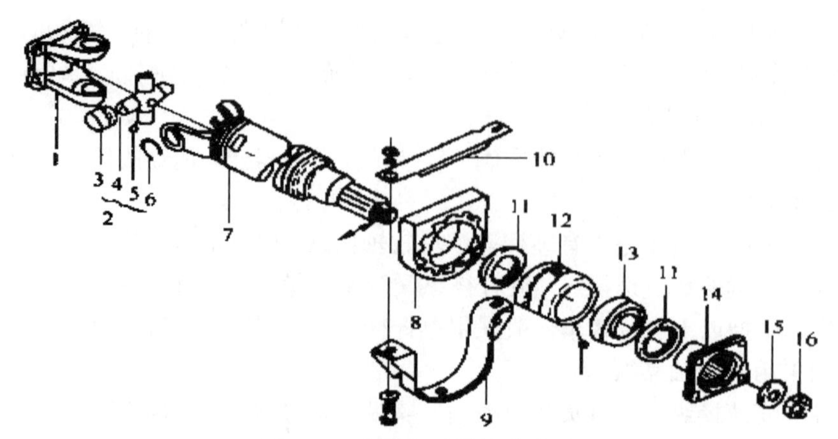

图 4-52　中间传动轴总成装配

1．突缘叉　2．十字轴带滚针轴承总成　3．滚针轴承　4．十字轴　5．滑脂嘴
6．孔用弹性挡圈　7．中间传动轴　8．中间橡胶垫环　9．中间支承支架　10．上盖板
11．油封总成　12．轴承座　13．中间支承轴承　14．垫圈　15．槽形螺母

（3）将中间传动轴及支承总成的后端通过中间支承支架 9 和上盖板 10 固定在车架上。

（4）装备完成后检查中间支承两端的活动间隙是否相等，如果相差较大，必需调整中间支承支架。

主传动轴（图 4-53）装配流程如下：

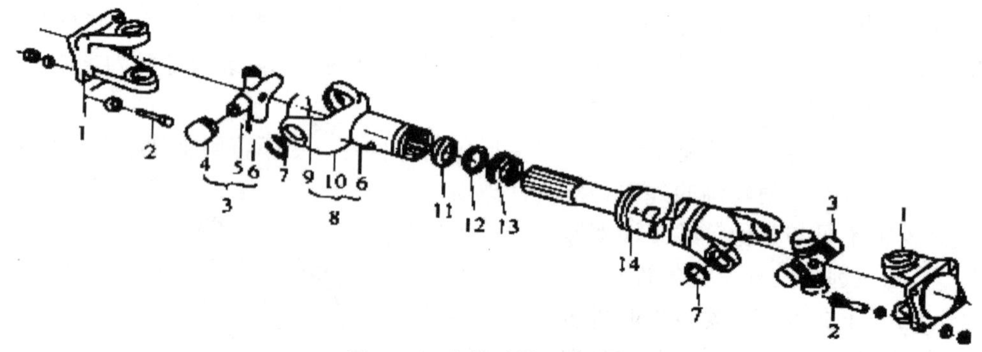

图 4-53　主传动轴总成装配

1．突缘叉　2．螺栓　3．十字轴带滚针轴承总成　4．滚针轴承总成　5．十字轴　6．滑脂嘴 7．孔用弹性挡圈
8．套管叉总成　9．塞片　10．套管叉　11．套管叉油封　12．油封垫片　13．油封盖　14．万向节叉

（1）将油封盖 13、油封垫片 12、套管叉油封 11 套在花键轴上，对准滑动叉和传动轴轴管上的装配标记，把滑动叉套在花键轴上，装好油封垫片、油封，拧紧油封盖。

（2）将主传动轴及滑动叉总成、滑动叉端的突缘与中间传动轴的后突缘连接，花键端突缘叉与后桥突缘连接，装上弹簧垫圈和螺母、螺栓，并复查拧紧扭矩。

（3）装配主传动轴时应注意滑脂嘴 6 朝向，尽可能与中间传动轴一致，以方便加注润滑脂。

（4）在每个螺栓上都应装两个弹簧垫圈，一个装在突缘叉一侧的螺栓下，另一个装在突缘叉另一侧的螺母下，做到防松可靠。

4.7.2.6 车桥与悬架

前钢板弹簧悬架一般都采用钢板弹簧上置的方式，而后钢板弹簧悬架则有上置式和下置式两种，其装配方式相同。

在车架安装前，通常在合装胎模上先将钢板弹簧与汽车前、后桥进行合装。并用合装胎模对钢板弹簧进行正确定位：

（1）使悬架两钢板弹簧平行，且中心距等于桥的板托中心距。

（2）对前、后桥进行定位，使前、后桥轴线与钢板弹簧垂直，合装胎模应方便骑马螺栓拧紧。

前、后桥都有安装钢板弹簧的定位孔，其内有定位衬套，为方便拆装钢板弹簧，根据设计，当钢板弹簧与前、后桥之间无垫板时，定位销套与前、后桥的定位孔一般都是过盈配合，而与钢板弹簧中心螺栓头的配合一般采用间隙配合；当钢板弹簧与前、后桥之间有垫板时，定位销套与垫板采用过盈配合，而与钢板弹簧和前、后桥则采用间隙配合。装配时应确保钢板弹簧中心螺栓头进入定位销套孔内，且定位销套进入前、后桥的定位孔内，然后才能拧紧骑马螺栓。

骑马螺栓拧紧前，为减少螺纹的摩擦扭矩，应在骑马螺栓螺纹部位浸润滑油。拧紧时，最好将四只螺母同时拧紧到规定的扭矩值，如没有这样的设备，可采用对角线拧紧的方法。

钢板弹簧衬套与钢板弹簧卷耳或钢板弹簧吊耳一般采用过盈配合，装配时大多用压力机将钢板弹簧衬套压入钢板弹簧卷耳或钢板弹簧吊耳内。钢板弹簧村套压入钢板弹簧卷耳或钢板弹簧吊耳内后，其内径都会缩小，有的甚至会超出设计的公差范围，因此，当钢板弹簧衬套装配好后。应对其内径进行检验，对超出公差范围的要补充进行铰削加工，直至其公差符合设计值，这样才能保证钢板弹簧销与衬套之间的径向间隙满足设计要求。

钢板弹簧卷耳及钢板弹簧吊耳两侧与钢板弹簧支座应采用间隙配合。装配时应保证钢板弹簧卷耳及钢板弹簧吊耳与钢板弹簧支座不松旷，且能运动自如。安装钢板弹簧销时，应用铜棒轻轻敲击钢板弹簧销，以防钢板弹簧销变形而难以拆卸。

4.7.2.7 转向系统

转向器及其传动装置作为客车最重要的安全部件之一，安装时应做到：

（1）按规定扭矩拧紧转向器的紧固螺栓，并对拧紧扭矩进行复测。

（2）将垂臂与摇臂轴端部刻线标记对齐，轻敲垂臂就位后，加弹簧垫圈按规定力矩拧紧锁紧螺母，并复测。

（3）检查直拉杆球头是否松旷，必要时更换。

（4）检查直拉杆球头销与垂臂及转向臂是否贴合，如锥度不一致应更换。

（5）直拉杆装配时应按规定拧紧扭矩拧紧螺母，再用手锤敲击接头处的节臂，边敲边将螺母拧紧，最后插入开销，如图 4-54 所示。

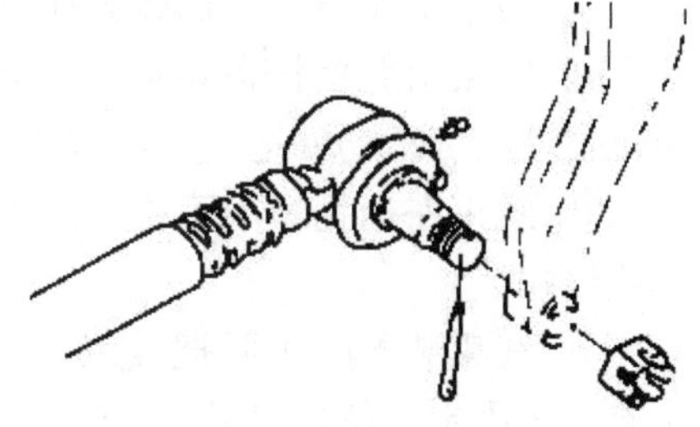

图 4-54 直拉杆装配

（6）转向管柱万向节总成装到转向器输入轴上，

按规定扭矩拧紧锁紧螺栓，并复测。

（7）架空前轮转动转向盘，检查转向盘左、右圈数是否相等，检查横直拉杆等运动部件是否与其他部件干涉。检查转向盘自由间隙、左右轮转向角度及其限位。

4.7.2.8　制动管路及线束

制动管路普遍采用邦迪管或尼龙管。安装尼龙制动管路时应做到：

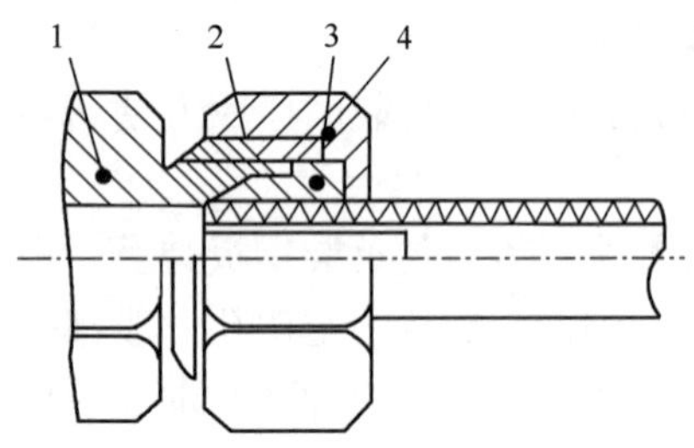

图 4-55　卡套式联管接头的连接

1. 接头体　2. 衬套　3. 卡套　4. 联管螺母

（1）保证卡套式联管接头的可靠性。装配中需现场配作时，应采用标准联管接头，对装配完成的接头应进行拉脱检查，其拉力不低于 98.066 5 N (10kgf)，并在确认可靠后装车。卡套式联管接头的连接方式如图 4-55 所示。

（2）装配时应保持气管接头体，贮气筒及气阀内腔清洁，接头螺纹允许用密封胶，但使用密封胶不得污染内腔。

（3）气管装配最小曲率半径 R 与管径大小有关，通常 Φ5mm 为 R35mm、Φ10mm 为 R65mm、Φ12mm 为 R70mm，同时气管不得有弯瘪现象。

（4）管路固定时，其塑料箍带必须箍紧，在气管箍紧处不得有松旷现象，相邻两箍带的距离不得超过 400mm，装配后检查管路不应被摩擦和受挤压。

（5）管束穿过车架横梁时，需增加橡胶护套，经过车架锐边时需采用带夹的护套。

（6）装配完成的气管应试验其密封性。

线束的铺设与安装一定要严格遵守相应的工艺规范：

① 根据车型使用相应的地盘线束。

② 核对流程卡配置，确定特殊配置。

③ 所有线束与任何金属件干涉处均需保护。主要采取以下措施：过车架上圆孔一般用槽型圈。过车架上、下翼面及半圆孔处用龙骨条。保护的目的是为了防止车辆的震动，线束与车架或其他金属件摩擦造成线束胶皮破损，因搭铁产生故障或失火。

④ 除后置发动机系列外，线束一般都铺设在车架槽形梁内。

⑤ 线束接插件一定要对插牢靠，防止接插件松动或脱开，造成接触不良。

⑥ 线束不能与高温部件固定在一起，防止烫坏。如有难以布置的情况，需加以保护，一般采用隔热纸或隔热棉。

⑦ 线束不能与发动机或其他运动件接触，防止线束被卷入造成事故。

⑧ 线束由静止状态向发动机等运动件过渡时，需将线束保留约 20mm 的运动长度，防止发动机等运动件运动时将线束拉断。

⑨ 线束在捆扎时不可松旷。规定相邻两线扣之间距离为 300mm，在悬空处应适当加扎线扣。

⑩ 线束装配时不要把线束拉的太紧，应松紧适度。避免行驶车辆在颠簸状态下，引起线束固定点位置错动，导致两固定点之间距离瞬间增大，从而拉长线束造成线束内部接点拉脱/虚接，导线参数变化，甚至拉断导线。

⑪ 线束捆扎不可过紧，应略成“几”字形状。因为绷得太直，当车辆振动时接线端子松动易造成接触不良。其次在维修时拔、插也会不便。有一个线束捆扎原则：安全比美观更重要。

线束也不能过于弯折，电线接头处不应受到油污、水、碎屑、泥巴等影响，不用的线头应用胶布包裹起来，避免出现短路。

⑫ 线束装配后，周围要有足够的间隙通过，保证不被其他部件压到，不被其他部件及其紧固件绊到。避免线束绝缘层被夹断、磨损或破损引起接地等故障。

4.8 底盘制造新技术与新工艺

4.8.1 齿轮

当前国内外汽车齿轮的制造工艺还是以切削加工为主，而随着汽车工业中高速和重型汽车的发展，特别是对汽车齿轮降低噪声要求的不断提高，磨齿和珩齿作为齿轮热后精加工工艺的应用正日益增多。为适应齿轮加工行业对制造精度、生产效率、清洁生产、提高质量的要求，制齿机床及制齿技术出现了向全数控、高速高效、高加工精度、功能复合、绿色化、智能化与信息化等方向发展的趋势。下面简要介绍汽车齿轮加工技术的新发展。

4.8.1.1 齿轮加工的干切技术

在齿轮切削加工中长期以来一直使用着切削油，它不仅造成工厂作业环境的污染，同时也会危及操作者的健康；另外切削油的使用而发生的相关费用也会增加制造成本。为此，对环保要求越来越严的欧、美、日等国的一些齿轮机床生产厂推进无切削油的干切技术。目前已得以应用的有滚齿干切技术、插齿干切技术、螺旋锥齿轮干切技术等。

以干式滚齿机为例，使用干式滚齿机加工模数 2mm、外径 Φ240mm、齿厚 30mm 的差速器齿圈，仅需 42s（使用普通滚齿机一般需要 3min），可有效减少机床数量，工艺流程更简洁，便于实现自动化生产。

4.8.1.2 强力珩齿技术

近年来，美国和日本在内齿珩轮珩齿机上开发出了强力内齿珩，其最大特点是利用 CNC 数控轴控制实现内齿珩轮和被珩齿轮间的强制传动，它不仅能提高齿形、齿向精度而且能大大提高工件的齿距精度，所以对降低齿轮的噪声非常有效。齿轮轮齿表面的波纹，即波纹的振幅、波长和方向这三个方面都会影响齿轮的噪声特性，都直接与噪声等级有关，而磨齿所形成的波纹正好在这方面较差，所以磨齿不利于噪声的降低，不少厂家在磨齿后再采用珩齿，这样就会加大制造成本。为此，目前国外正在大力推广采用滚齿—热处理—强力珩齿这一加工新工艺，如德国某公司，建立了全新的采用最新制造技术的齿轮生产厂，热前采用干式滚齿和干式倒棱去毛刺加工工艺，热处理采用真空炉进行渗碳淬火以获得最小的齿轮变形，再通过强力珩齿工艺（单边珩量在 25～30μm），采用强力珩齿后齿轮精度可达 DIN6 级，而加工成本却只有磨齿的一半。这种新工艺在国内尚属试用阶段，还未普及推广应用。

4.8.1.3　齿轮的挤齿（冷挤）技术

冷挤齿轮是一种齿轮无切削加工新工艺，有一些工厂已用它来代替剃齿，齿轮冷挤过程是挤轮与工件之间在一定压力下按无侧隙啮合的自由对滚过程，是按展成原理的无切削加工。挤轮实质上是一个高精度的圆柱齿轮，有的挤轮还有一定的变位量，挤轮与齿轮轴线平行旋转。挤轮宽度大于被挤齿轮宽度，所以在挤齿过程中只需要径向进给，无需轴向进给。挤轮的连续径向进给对工件施加压力，使工件齿廓表层金属产生塑性变形，以修正齿轮误差和提高表面质量。

制造挤轮的材料要有一定的强度和耐磨性，可用铬锰钢或高速钢制造。为了防止工件与挤轮齿面的黏结，在冷挤过程中要加硫化油来润滑，这样既可使冷挤后齿面的表面粗糙度值减少，而且还可以提高挤轮的耐用度。

挤齿与剃齿一样，均为齿轮淬火前的齿形精加工，与剃齿相比，挤齿有以下特点：

（1）生产率高：压力足够时，对中等尺寸的齿轮，一般只需 5s 左右就可以将齿轮挤到规定尺寸，挤齿余量比剃齿小，而且挤齿前滚齿或插齿的齿面粗糙度要求可比剃齿低一些，因而可以增大滚或插的进给量，使生产率提高 30%以上。

（2）精度高：挤齿可以使齿轮精度达到 6 级甚至更高。剃齿机的运动部分多，刚性差，机床调整时间长，而挤齿机只有单纯的径向进给，机床传动系统简单，刚性好，机床调整方便且精度稳定。

（3）齿面的表面粗糙度值小：挤齿时工件的余量被碾压平整，所以有些表面缺陷和刮伤等容易被填平。挤齿的表面粗糙度 Ra 值达到 0.04～0.1μm。

（4）挤轮寿命长、成本低：一般挤轮不开槽，结构简单，成本低，而且寿命却比剃齿刀长很多。一般挤轮可以加工上万个齿轮。

（5）被挤齿轮使用寿命长。

（6）挤多联齿轮时不受限制。

4.8.1.4　齿轮自动分选检验机

从当前汽车发展来看，变速器噪声大小已成为评定整车质量的主要指标之一，造成变速器噪声的主要原因是齿轮噪声，而影响齿轮噪声的一个重要因素是由齿轮的毛刺和磕碰造成的，所以在齿轮生产行业中如何防止毛刺和磕碰已成为迫切需要解决的问题。目前，国内对齿轮毛刺和磕碰主要采用齿轮配对机检查、齿轮双面啮合检查仪检查和人工目测检查三种，检查方法都需配备专人由人工来操作。而在日本、美国等变速器齿轮生产厂家采用了一种齿轮自动分选检验机，它可以对成品齿轮自动进行跨棒距、齿圈径向跳动、内孔和端面的跳动和磕碰的检验，并进行自动分选，同时对工件存在磕碰的部位打上标记以利于识别修复，把不合格品自动剔除。这种齿轮自动检验机的应用为齿轮自动检测和质量管理开辟了新途径，特别是对齿轮磕痕的自动检测对当今我们检查毛刺、磕碰是个很好的启发，这种设备目前在国内还是空白。

4.8.1.5 汽车齿轮仿形双频感应淬火技术的应用

齿轮轮齿在载荷的作用下，轮齿根部的弯曲应力最大，同时在齿根部与轮缘的过渡部分由于形状和尺寸的急剧变化产生应力集中。另外，由于在齿轮的啮合过程中轮齿的接触面积很小（理论上是线接触），在载荷的作用下，齿面将产生很大的脉动变化的接触压应力，所以齿圈的失效形式主要是轮齿折断、齿面损坏和塑性变形。为了提高汽车齿轮的耐磨性和弯曲强度，要求齿轮的齿部表面和齿根表面具有较高的硬度和表面压应力；而为了避免产生脆性断裂，提高轮齿的韧性，心部硬度不易过高。目前广泛用于汽车齿轮的热处理方法有渗碳淬火和氮化处理。渗碳处理可以满足上述性能要求，但存在生产周期长、效率低、热处理变形控制困难以及生产成本高等不足。氮化处理也存在生产周期长、效率低、生产成本高等不足，由于硬化层较薄，对提高耐磨性的作用较大，但对提高强度的作用则很小。

汽车齿轮仿形双频感应淬火技术是使用一个感应器，一套频率分别为 10～15kHz 和 200～400kHz 的双频感应加热电源，功率根据齿轮的尺寸和模数大小确定，采用同时加热的方式，即在同一个感应器内通有上述两种频率的交变电流，两种低高频率电流功率的比例为 3∶7 左右，比功率一般在 15～20kW/cm^2，根据零件的尺寸和模数通过试验确定，在极短的时间内（0.2～1.5s）完成齿根、齿面和齿根的加热过程，并立即喷水进行冷却，完成淬火过程。其优点是，加热时间短，生产效率高，零件的淬火变形小，设备的占地面积少，生产环境清洁无污染，机械化、自动化程度高，可与其他加工设备共线生产。

4.8.1.6 齿轮加工工艺过程发展趋势

齿轮加工工艺过程的发展是在不断追求加工精度的提高和加工效率的提高，具体表现在以下几个方面：

1）数控化

齿轮加工数控化既可以提高加工精度又可以提高加工效率，数控齿轮机床大有取代传统齿轮加工机床的趋势。

2）智能化

根据机床的应力、应变和温升情况，动态调节机床切削的工艺参数（切削用量），保证工件的加工精度和机床的切削效率。

3）高速化

插齿速度最高可达1 000～2 500次/min冲程数，高速钢滚刀的切削速度可达100～200m/s，卡普公司研制的磨床，砂轮转速达60 000r/min，线速度达250m/s，德国阿亨工业大学正在研究砂轮线速度为500m/s的超高速磨削技术。

4）集成化

齿轮机床（特别是大型齿轮机床）有集多种工艺于一体的趋势。如德国胡尔特（HURTH）公司的WF3500滚齿机，将滚齿、插齿、磨齿和齿轮检测集于一体，只需更换切削头，就可实现相应的齿轮加工功能。同时还可以对加工过程中的齿轮进行检测，以决定加工余量。

5）环保化

如干切削加工工艺的采用，由于无切削液，避免了油液污染空气和环境，符合环保要求，同时工件不受油污污染，工件干净，属于无污染的新工艺，且可节省大量的能源，也符合环保的要求。

6）新工艺不断涌现

（1）磨粒流光整加工工艺　磨粒流光整加工工艺是我国对齿轮光整加工的新贡献，对软、硬齿面齿轮的修形和光整加工已取得实际使用效果。使用磨粒流加工齿轮，是在磨粒流加工机床上，使用专用夹具。其夹具是一个与被加工齿轮的模数、齿数、变位系统都相同的内齿轮。修整内齿轮的轮齿，改变内齿轮与被加工齿轮轮齿间的间隙和孔道的形状，从而加工出相应形状的轮齿的齿形。因此，磨粒流除能光整齿轮外，还能快速高效修整齿面。磨粒流加工齿轮鼓形齿的方法和采用磨粒流对齿轮进行修缘的加工方法已在生产上逐步推广，生产效率高，还能防止齿面早期破坏，这两种方法已获得国家发明专利权。但是磨粒流加工时，每一种齿轮都需要专门的模具，因此只适应于大批量生产。

（2）磨—珩联合工艺　赖斯豪尔（Reishauer）公司的RZF球面蜗杆砂轮成型磨削—外珩联合工艺，可以以1.5min/件的速度磨出5级精度的低噪声齿轮，每台RZP的年生产率可达15万件，特别适用于轿车变速箱齿轮生产。

4.8.2　变速器轴

4.8.2.1　数控车床轴类零件的强力车削加工技术

强力车削机床的突出优点是加工工时少，生产效率高，可以创造更大的利润。以往高精度的轴类零件加工通常采用磨削工艺，现在，Kummer 公司采用强力车削机床加工这类零件，所加工的淬火轴类工件质量非常好，可与磨削媲美，其圆度甚至高于磨削加工。在试验中，加工 Φ10mm、长度 12mm 的轴套时，如采用磨削加工，所需的工时约为 50s，而利用强力车削仅需 5s。在一般情况下的机加工也可缩短工时 10%～20%，在大批量的生产过程中能节省的工时更为可观。

强力车削特别适用于磨削工作量较大的场合。例如：当轴类零件既需要磨端面，又要磨外圆和倒角时，磨削时需要装夹工件 2～3 次；而在采用了强力车削后，仅需要一次装夹即可。在加工轴类零件孔的长径比≤3 时，强力车削非常有效，可以在大批量生产的条件下保证 H5 级的公差配合。

强力精密车削机床的工作效率随着 CBN 型切削刀具的进一步研制开发而提高。利用这种车刀，能够实现希望的断屑。强力切削机床的技术性能在采用了这种车削刀具后得到了充分的发挥。由于这种机床的切削力较大，要求机床必须具有很好的刚性，为此，机床主轴上采用液压静力轴承，床身上安装带有预紧力装置的滚动移动滑台，并采用增强型刀架。

由于强力车削工件的公差非常小，机床任何一点热状态的变化都会对加工件的质量产生影响，因此在强力切削机床中配备冷却系统，以保证工件的刚度及状态不受切削热的影响；而热机系统则可以保证机床在短时加工停顿时热状态不会发生改变。

4.8.2.2 轴类的冷挤制坯技术

在欧美，日本等汽车工业发达的国家轴类零件的冷挤制坯技术在20世纪90年代已得到广泛应用，这不仅能实现少无切削加工节约金属材料，降低加工成本而且零件机械强度表面粗糙度显著降低。随着我国锻造技术的发展和汽车工业的要求，这项技术已经由试验研发阶段开始进入生产应用阶段。

4.8.3 弹簧

近年来，国内外在螺旋弹簧的理论研究和工艺加工技术方面都有很大的发展。随着科学技术的发展和要求，新类型的弹簧也在不断地出现。变刚度弹簧在轿车上已有应用。

新型轿车提出静音要求和紧凑型鼓形弹簧，这些弹簧有一个共同的特点是变线径、变节距、变节圆半径，已达到非线性特征。该非线性特征不能用传统的数学公式计算，生产制造过程也不能简单地设置线性的加工余量，在弹簧的负荷运动过程中其各部分的运动变量是不一致的，需要模拟分析或实际安装测试分析。

汽车悬架弹簧未来发展趋势为空气悬架弹簧和变截面悬架弹簧。

悬架螺旋弹簧产品的发展趋势对生产工艺提出如下要求：

1）变刚度

变刚度的目的使汽车在受冲击载荷时具有高的抗力。此设计计算是非线性力学问题，在生产工艺上可以采用变中径、变节距、变线径方式来获得，从而在其成型加工时其几何尺寸要求更加精确。

2）体积小

同力学性能下其体积更小，如变线径腰鼓形悬架弹簧。因而造成其成型加工复杂，而且几何尺寸要求更精确，才能保证其符合刚度要求。

3）减小悬架弹簧在使用过程中存在的噪声

一般采用聚胺酯材料碰撞套和端圈平面套来降低噪声、保护表面涂层。在工艺流程中加入装套工序，除了对碰撞套和平面套及粘合剂有特殊要求外，还须考虑高分子材料弹簧负荷和刚度的影响。

4）弹簧的刚度、负荷精度要求更高

现在一般都达到了刚度偏差5%、负荷3%，因此工艺上一般都采用了智能技术，用传感器在工序上采样并动态反馈到前影响工序上进行自动控制调质。

5）轻量化

螺旋弹簧轻量化的发展趋势要求迫使了制造过程中的强化工艺技术的提高和发展。轻量化要求，除了使弹簧产品的结构和材料选用更趋合理外，最不可避免的是将弹簧的工作应力大幅提高。悬架弹簧的最大工作剪切应力 1 100～120 040MPa，腐蚀疲劳可达30～50万次。要保证其产品质量可靠性除了选择高强韧性材料（一般是Mn、Cr-Si、V等系列）外还要注意重强化工艺，如：超高温度热处理、快速感应加热热处理、多方式喷丸强化、热压工艺等。

6）弹簧表面涂层质量要求高

由于现代悬架弹簧的工作应力相当高，因此对弹簧表面的要求也高，不能受到任何的伤害。涂层质量要求高，具体表现在不仅要求抵抗标准盐雾腐蚀试验，还要考虑气候影响，即温度变化、湿度变化的耐蚀能力，低温下涂层与基体的结合力、抗冲击试验等，最终还要衡量弹簧在盐雾状态下的疲劳试验。

所以现在一般的阴极电泳不能满足其要求，而通常采用粉末喷涂，即磷化处理后进行复合层粉末涂装工艺。

4.8.4　车轮与轮胎

旋压是一种综合了锻造、挤压、拉伸、弯曲、环轧、横扎和滚挤等工艺特点的少无切削加工的先进工艺，将金属筒坯、平板毛坯或预制坯用尾顶顶紧在旋压机芯模上，由主轴带动芯棒和坯料旋转，同时旋压轮从毛坯一侧将材料挤压在旋转的芯模上，使材料产生逐点连续的塑性变形，从而获得各种母线形状的空心旋转体零件。

车轮旋压指使用旋轮（或成型轮）将回转体锻坯或管状毛坯进行局部连续旋转压缩以成型其内外截面形状的成型方法，是近几年发展起来的新工艺方法，主要针对铝镁合金材料的轮毂，也有部分轮毂采用钢制。国外17英寸（1英寸＝25.4mm）以下的桥车铝轮的生产以锻坯或环坯经旋压成型已逐步成为主流。近几年国外用锻造、旋压工艺制造了22、24英寸载重汽车无内胎铝车轮，以其造型美观、重量轻、强度高成为钢轮的强劲竞争点。图4-56所示为旋压轮辋及整体轮毂。

图4-56　旋压轮辋及整体轮毂

旋压技术用于车轮制造有如下优点：

（1）技术先进　车轮旋压制造工艺过程为锻造→退火→旋压→热处理→机械加工→表面处理（喷涂或电镀），关键技术为旋压工艺，属于材料近净成型，成型产品精度高，较铸造材料结构致密、强度高。

（2）节省原材料　避免了通过机加方式生产时切削掉大量毛坯材料的情况，可直接旋压，无需对表面进行精加工。旋压技术还可旋制出变截面厚度的轮毂，在满足车轮强度指标要求的前提下，可适当减薄轮毂厚度，从而减少了原材料用量和车轮重量。

（3）延长使用寿命　铝镁合金有很好的导热性能，可大大延长汽车轮胎的使用寿命，特别是高负载卡车轮胎的寿命。

（4）满足强度要求　实现变壁厚等强度要求，强度性能良好。轮辋厚度较易控制，能方便的满足车轮等强度的性能要求，能较好的保证产品精度及强度要求。在相同情况下，统一规格的旋压（锻造）铝合金车轮的力学性能比铸造轮高约18%以上，而质量要轻15%。

（5）减少工序　车轮内外表面质量良好，无须后续精加工，减少了工序。旋压后的产品无需精加工就能达到很好的表面精度，减少了加工工序。

（6）外形美观　由于旋压轮辋壁厚较易控制，因此在满足等强度要求的情况下，可灵活设计造型，使之更加美观。

（7）节约成本　生产制造成本大为减少，批量化生产更有利于节约成本。

（8）技术难度低　技术难度及复杂程度较之真空铸造简单方便，容易实现。

由此可见，传统轮毂制造工艺方法虽然生产率高、合格率较高、铝液利用率较高，但表面质量欠佳、成本稍高、技术难度高，而采用旋压工艺方法生产的轮毂，大大提高了制造精度，有较致密的金相组织和较好的力学性能，易达到轮毂变壁厚等强度要求，而且重量轻、表面光洁，机械加工余量大大减少。此工艺在德国等较发达国家已发展成为成熟技术，目前国内已有少数企业在使用该新技术研究铝合金车轮。

轮毂旋压机具有较高的自动化程度，配套上下料机器人、周转带，是规模化生产线中的关键设备。机床具有立式和卧式两种结构，旋轮头可正负向高速工作进给，在一个工步可完成粗旋和精整过程，辅助工序少，产品质量及效率较高。

近年来轮胎的另两项发展是大量使用低断面轮胎和无内胎轮胎。因此，这也可以作为结构选型的主导方向。低断面轮胎胎面宽平，侧向刚性大，附着能力强，散热好，高速行驶稳定性好；无内胎轮胎因没有内胎，平衡好，发热少，不易瞬间失气，高速行驶安全性好。这两种结构都适应现代汽车运行条件日益改善、运行速度日益提高的使用要求。目前世界上多数汽车轮胎——特别是乘用轮胎，既是子午线结构，又是低断面结构和无内胎结构。无内胎化是当今轮胎发展的趋势。

4.8.5 其他

目前减振器的最新技术是磁流变液减振器的应用，利用电磁反应，以自监测车身和车轮运动传感器的输入信息为基础，对路况和驾驶环境做出实时响应。这种控制系统以经济、可靠的部件结构提供快速、平顺、连续可变的阻尼力，减少了车身振动并增加了轮胎与各种路面的附着力。与传统的减振系统不同，磁流变减振器中没有细小的阀门结构，也不是通过液体的流动阻力达到减振效果。

汽车磁流变液减振器，以工作缸作为磁场发生的外磁路，以活塞本体为磁场发生的内磁路；在励磁线圈外采用非导磁的线圈保护套，使磁力线通过由工作缸与活塞本体组成的阻尼通道；在活塞本体的外设计非导磁的导向器，以确保阻尼通道的径向尺寸均匀，更充分地发挥磁场对磁流变液作用；在工作缸的下腔设计了夹层橡胶波纹管补偿气囊，使减振器压缩过程中对簧载质量起到缓冲作用和对减振器起到体积补偿作用，有利于磁流变液的二次起浮。减振器在小激励电流作用下，减振器的阻尼力就开始发生变化，确保减振器的能耗较小；在不加激励电流作用下，减振器也有一定的阻尼力，即使出现悬架控制系统故障，汽车也同样有减振作用。

小　结

在汽车底盘中，齿轮、轴类零件、弹簧、车轮及轮胎、车架等零部件的制造工艺及装备各具特点。其中，花键轴零件的塑性成型生产方式较切削加工具有生产效率高、材料利用率高、产品使用能好等诸多优点，符合汽车轻量化的生产目标，将会逐渐取代传统的切削方式，成为汽车花键轴零件的主要生产方式。汽车齿轮加工技术的发展趋势是干切、强力珩齿和挤齿。轴类零件的强力车削加工技术和冷挤制坯技术能够极大的提高生产率和毛坯质量。旋压工艺属于材料近净成型，成型产品精度高，较之铸造材料结构致密、强度高，在轮辋及轮毂制造中呈现出较好的发展趋势。

思考题

1. 变速器轴加工的精基准有哪些方案？淬火前精基准的加工与淬火后的修正通常采用什么方法？

2. 某直齿圆柱齿轮，其模数 $m=2\text{mm}$，齿数 $z=30$，精度为 7FL（GB/T 10095—2001《渐开线圆柱齿轮精度》），齿面的表面粗糙度为 $Ra=0.8\mu\text{m}$，齿轮材料为 45 钢，齿面硬度为 HRC45～48。试制定大量生产时合理的工艺过程（简述主要工序的工序内容、定位基准，选择各工序所用的机床、刀具）。

3. 简述钢板弹簧的一般生产工艺方法。

4. 螺旋弹簧生产工艺方式主要有哪些？各应用于何种情况？

5. 目前铝合金车轮目前主要采用什么方法？简述其生产工艺流程。

6. 轮胎的技术要求主要有哪些？简述橡胶轮胎制造工艺的基本内容。

7. 为了保证整车装配质量，在制作车架时应严格控制哪些部位的公差？车架纵梁冲压工艺主要包括哪些内容？

8. 画出粉末冶金活塞环的生产工序流程。

9. 用框图绘出车架式客车底盘的装配工艺流程。

10. 对比车架式客车底盘，分析格栅式客车底盘装配工艺流程的工艺特点。

第 3 篇

汽车车身制造工艺及装备

第 5 章
汽车车身冲压工艺

[本章提要]

冲压加工是汽车车身制造的主要加工方法之一。汽车车身冲压工艺包括汽车车身冲压件材料，材料特性与要求，材料选定原则，汽车车身覆盖件冲压工艺及冲模特点，车身覆盖件主要冲压工序及模具，汽车车身典型覆盖件冲压工艺过程分析，冲压设备及冲压生产线，覆盖件冲压新技术与新工艺及模具制造技术。

5.1 车身冲压件材料

冲压所用的材料，不仅要满足产品设计的技术要求，还应当满足冲压工艺的要求和冲压后的加工要求（如切削加工、电镀、焊接等）。

汽车车身冲压件（覆盖件）的材料除了要保证足够的强度和刚性以满足车身的使用性能外，还要求必须满足冲压工艺的要求。提高冲压件的结构工艺性来改善冲压过程的变形条件，以降低对材料的质量要求；选择具有适当冲压成型性能的材料，以适应冲压过程的变形要求，保证制件质量。

5.1.1 车身冲压件材料特性与要求

冲压加工对冲压材料的要求主要包括材料性能、表面质量及厚度公差两个方面。

5.1.1.1 冲压加工对材料性能的要求

1）冲裁加工

用于冲裁加工的材料，应具有足够的塑性和较低的硬度，这有利于提高冲裁件的断面质量和尺寸精度。软材料（如黄铜）具有良好的冲裁性能，冲裁后可获得断面光洁和倾斜角度很小的工件。硬材料（如高碳钢、低碳钢）冲裁后质量不好。对于脆性材料，在冲裁时易产生撕裂现象。塑性差的材料或厚板进行冲裁时，为了提高材料的塑性，可采取加热冲裁。

2）弯曲加工

用于弯曲成型的材料，要求具有足够的塑性、较低的屈服强度和较高的弹性模量。塑性高的材料，在弯曲时不易开裂。屈服点较低、弹性模量较高的材料，在弯曲后产生的回弹小，容易得到尺寸准确的弯曲形状。在金属板料中，含碳量小于0.2%的低碳钢、黄铜和铝等塑性好的材料，容易弯曲成型；脆性较大的材料如磷青铜（QSn）、弹簧铜（65Mn）等，弯曲时必须具有较大的相对弯曲半径，否则在弯曲过程中易产生开裂。对于脆性很差的材料，为防止弯曲时产生裂纹，也可采用热弯曲方法。

3）拉深加工

用于拉深成型的材料，要求具有高的塑性、低的屈服点和高的厚向异性系数，而硬度高的材料则难以进行拉深成型。板料的屈服比越小，冲压成型性能越好，一次拉深的极限变形程度大。厚向异性系数 $r>1$ 时，宽度方向的变形比厚度方向的变形容易。r 越大，在拉深过程中越不容易产生变薄和发生破裂，拉深成型性能越好。在金属材料中，含碳量小于0.15%的低碳钢、软黄铜（含铜量68%～72%）、纯铝及铝合金、奥氏体不锈钢材料，具有较好的拉深性能。

5.1.1.2 表面质量及厚度公差

1）严格的厚度尺寸公差

在板料的尺寸精度指标中，对冲压性能影响最大的是板料的厚度公差。厚度公差的大小是板料轧制精度的主要指标，一定的冲压模具凸、凹模间隙适应一定的毛坯厚度。厚度超差则影响产品质量。板料过薄则回弹难以控制，或出现“压不实”现象；板料过厚会拉伤制件表面，缩短模具寿命，甚至损坏模具或设备。

2）良好的表面质量

汽车覆盖件不允许表面有影响其深冲性、涂装性和外观质量的表面缺陷，也不允许零件成型后的表面出现滑移线。板料的表面质量也是影响冲压性的因素之一。一般对板料的表面状况有如下要求：

① 表面不应有气泡、缩孔、划痕、麻点、裂纹、结疤、分层等缺陷，否则在冲压过程中，缺陷部位可能因应力集中而破裂。

② 表面平整。如果板料表面翘曲不平，在剪切或冲压中容易因定位不稳而出现废品；在冲裁过程中会因板料变形展开而损坏模具。拉深时可能使压料不均匀而影响材料的流向引起开裂或起皱。

③ 表面无锈。如果板料表面有锈，不仅对冲压不利，损伤模具，还会影响后续焊装涂装工序的正常进行及质量。

【补充阅读资料】

汽车车身钢板

汽车车身外板用钢。汽车车身外板用钢主要用于制造前、后、左、右车门外板、发动机罩外板、行李箱盖外板等零件。汽车车身外板应具很好的成型性，抗腐蚀性和抗凹性以及良好的点焊性，汽车车身外板多用镀层板，以满足汽车外板4年运行无锈斑的防腐要求（最近欧洲提出了防腐性更高的要求，即外板的防腐性能与汽车同寿命）。为了提高抗凹性，汽车外板的钢板多用BH钢（烘烤硬化钢）、IF增磷钢、高成型性的冷轧退火双相钢（如DP30260等），以减薄厚度，保证抗凹性；涂层板多用热镀锌板、热镀锌铁板、电镀锌板、电镀Zn-Ni板等，用合金镀层板的目的是减薄镀层厚度，提高结合力，改善点焊性，减少焊接车间锌污染。

汽车车身内板用钢（四门两盖的内板用钢）。汽车车身内板零件比外板形状更为复杂，要求车身内板用钢应具有更高的成型性和深冲性能，因此车身内板多用冲压成型性和深冲性能优良的IF钢，少量用IF增磷钢；其镀层要求与外板类同，热镀Zn2Fe板或电镀Zn2Ni板；由于合金镀层较薄，为防止运输或冲压时对镀层的损伤，通常在镀层板的表面再涂一层有机薄膜，既保护镀层，又改善冲压性能，并可减少冲压摩擦和镀层损伤，改善板材成型性。

汽车车身结构件用钢。车身结构件或者白车身既与汽车碰撞安全有关，又与汽车轻量化密切相关，因此选材要求既有高强度，又要有良好的塑性。先进的高强度钢（Advanced High Strength Steel，AHSS）由于具有较好的应变分布能力和较高的应变硬化特性，力学性能更加均匀，因而其回弹量的波动小；同时这类钢具有更好的碰撞特性和更高的疲劳寿命；因此采用这类钢具有更多的降低板厚、减薄规格的可能。高强度钢板的种类主要有：加Si、Mn、P等固溶强化型；加Nb、Ti、V等析出硬化型；复合组织型、双相型和回复退火型等。

高强度钢板的抗拉强度一般在600N/m^2以上，其破坏强度为低碳钢板的2～3倍。

5.1.2 车身冲压件材料选定原则

从生产技术方面分析材料的成型性，就材料选定的作用来说，生产技术部门比设计部门更为重要。目前，设计新零件时，还没有一种方法能够预先选定具备必要成型能力的材料，这项工作只能根据对过去数据的归纳和经验来进行。冲压件材料选定基本原则为：

1）新设计的冲压件与过去类似的冲压件做对比

将已经分析过并掌握了制造工艺的冲压件和新设计的冲压件进行对比，推算其变形状态、线增长率和面积增长率，以确定材料的级别。

2）试冲压

制成按比例缩小或1∶1尺寸的试验冲模（以锌合金制造）进行试冲压，以获得材料成型性资料。这类冲模也常用作试制样车的简易冲模。

3）在生产准备阶段掌握材料成型的难易程度

在大量生产试运转过程中，核对所用材料的适用性、生产稳定性和加工条件，最后确定生产用材料。一般问题可通过休整冲模、改变零件形状等措施来解决，有时还应对发生问题的零件进行网格塑性试验（Scribed Circle Test），掌握破断危险部位附近的变形分布状态，从变形状态图上的变形临界线判断选材是否恰当。

4）对大量生产状况的监视与价值分析

生产时应经常监视生产情况，并将废品率控制在允许限度之内，对于发生的问题应该立即采取适当的方法解决。此外，还应在稳定生产状态的前提下，力求缩小原材料尺寸，降低材料的级别。

【补充阅读资料】

汽车车身常用材料

1）超深冲 IF 冷轧钢板

在 C≤0.008%的超低碳钢中，加入足够量的强 C、N 化合物形成元素 Ti 和 Nb，使钢中的 C、N 原子完全被固定成化合物[Ti（C、N），Nb（C、N）]，钢中无间隙原子存在，这种钢称为“无间隙原子钢”，即 Interstitial Free Steel，缩写成 IF 钢。

IF 钢的性能受化学成分、钢坯加热温度、终轧温度、卷取温度、冷轧压下量和退火温度等参数的影响。但最终热轧板卷应获得细小的铁素体组织和粗大的析出物，如 C、N 化合物。

钢板的力学性能：屈服强度 127～190MPa，波动范围较大，但其平均值为 137～149MPa，即 150MPa 以内，屈服强度不高；抗拉强度 275～320MPa，平均值为 286～301MPa，比较适中；伸长率 40%～52%，平均值 43.1%～46.6%，均值可达 St17 冷轧钢板的水平。

2）冷轧高强度钢板

深冲冷轧高强度钢板主要用 P 强化，这是由于 P 的强化能力很强，约为 Si 的 7 倍、Mn 的 10 倍。钢中加入 0.1%的 P 与加入 0.7%的 Si 或 1.0%的 Mn 强化效果等同，这可节约大量的合金元素，既降低了钢的生产成本，又不会因钢中加入多量的 Si 或 Mn 而降低钢板的塑性。

强化原理：P 属于置换固溶强化，当 P 原子置换 Fe 原子时，在 P 原子周围产生弹性形变，引起晶格位移，从而使钢强化。P 在钢中的冷脆性常被人们关注。只要钢中 P 含量≤0.12%，对钢的冷脆性影响就很小。必须指出，随着钢中 C 含量增加，P 的冷脆性倾向加大，一般深冲高强度钢板均采用低碳钢或超低碳钢。

3）冷轧烘烤硬化钢板

薄钢板在冲压成型前具有较低的屈服强度，经冲压成型或预拉延变形后，随即进行烘烤（约 170℃）或高温处理，钢板的屈服强度得到一定程度的提高，这种钢板称烘烤硬化钢板（简称 BH 钢板）。

含有间隙固溶原子 C、N 的退火状态钢板，经变形后，导致基体内位错密度增加，C、N 原子向位错扩散的距离缩短，随着高温时效处理（或烤漆温度处理），提高了 C、N 原子扩散的热激活能，促使其向位错的扩散加快。C、N 原子在位错处聚集，导致位错，此时钢板再变形需要更高的屈服应力。

钢板的烘烤硬化值（BH 值）主要依赖于钢中固溶原子 C，随着固溶 C 量增加，BH 值提高，当固溶 C 量增加到 0.003%时，BH 值可达 100MPa 的最大值；其后若再增加固溶 C 量，则 BH 值几乎不再提高。为防止钢板在较短时间（3 个月）内发生时效变化，一般应控制固溶 C 量在 0.001%～0.0015%范围，这时可获得 40MPa 以上的烘烤硬化值；固溶 C 量增加，钢板的时效倾向也加大，可用增大冷平整量来控制时效倾向，但同时降低钢板的塑性；烘烤温度提高，BH 值增加，烘烤温度在 250℃～280℃时 BH 值达到最大值。

4）相变诱导塑性钢

将 0.10%～0.40%C、1.0%～2.0%Si、1.0%～2.0%Mn，加热到（α+γ）两相区，保持一定时间，以某一速度冷却到钢的贝氏体转变温度保温，最后得到铁素体+贝氏体+（10%～20%）残余奥氏体的复合组织。当钢板经冷加工成型时，诱发残余奥氏体向马氏体转变，呈现高强度和高塑性。

5）冷轧双相钢板

随着强度的增加，钢板伸长率下降，要获得强度高，塑性好的钢板，最理想的组织应为铁素体（高塑性）+马氏体（高强度）。要求马氏体不破坏冲压时的基本组织（铁素体）变形的连续性，马氏体应为岛状，这种铁素体+马氏体钢称为双相钢。其优点是：①屈服点低，抗拉强度高，屈服强度比低。②无屈服点伸长或是屈服伸长应力应变曲线平滑。③伸长率高。④初始加工硬化率高，加工强化性能高。⑤抗疲劳性能好。

冷轧双相钢（相变强化）可获得高强度和良好的塑性，冷轧双相钢具有高抗疲劳性、抗碰撞吸收能、好的抗凹陷性能和安全性，被汽车界所关注，有可能成为汽车特别是轿车首选的冷轧高强度钢板。

6）表面处理钢板

①热镀锌和电镀锌钢板；②合金化热镀锌钢板（简记为 GA 钢板）；③Zn-Ni 合金电镀钢板；④双层 Zn-Fe 合金电镀钢板；⑤薄膜有机复合钢板；

统计表明，热镀锌钢板生产的汽车的腐蚀率、故障率仅为普通钢板生产汽车的 1/3。随着汽车使用期的延长更加明显。目前，中国轿车车身全部采用镀锌钢板的有上海通用别克、上海大众帕萨特、一汽大众 Audi A6 和一汽轿车 Mazda 6 等。但目前生产量大的上海桑塔纳和一汽捷达，其车身用镀锌钢板每车只有 20～25kg。

7）减振复合钢板

减振复合钢板是在上下两层钢板之间夹着一层厚度约 0.05mm 的高分子阻尼材料，把金属材料和高分子材料的特性有机地结合起来。因此，减振复合钢板既具有金属材料的强度、塑性、可焊性和冷加工成型性，又具有高分子材料的阻尼特性。

为减小汽车振动、降低噪声、增加乘坐的舒适性，在汽车发动机和变速器周围的冲压件常采用减振复合钢板制造，如发动机油底壳、汽缸罩盖、变速器正时齿轮盖板、齿轮室罩盖和驾驶室前围板等。如果将减振复合钢板中间高分子阻尼材料由 0.05mm 增加到整板厚度的 1/3～1/2，这种钢板既具有优异的减振性能，又可在不降低零件刚度的条件下大幅度减轻汽车质量。

8）热轧酸洗钢板

热轧钢板生产流程短，成本低，钢板有较高的强度和较好的伸长率，主要用来制造汽车车架、车轮、车厢及底盘和结构件。这种钢板经盐酸酸洗、在线平整和涂油，钢板表面光洁平整，尺寸精度高，称热轧酸洗钢板。可用它代替部分冷轧钢板生产结构件和深冲件，以降低汽车成本。

9）不锈钢

具有减轻质量潜力的不锈钢材料主要为高强度不锈钢。如 AISI301L（0.02%C、17.3%Cr、7%Ni、1%Mn、0.15N）钢试制的防撞弓形梁、挡板等零部件，减轻质量幅度一般可达 15%左右。

5.2 车身覆盖件冲压工艺

5.2.1 车身覆盖件及冲模特点

5.2.1.1 车身覆盖件的特点

车身覆盖件是指汽车车身内、外表面的薄壳板件。不同于一般冲压件，覆盖件在结构上和质量上有其独特之处，在冲压工艺、冲模设计和冲模制造工艺上也有其独有的特点。因此，一般将覆盖件作为一类特殊的冲压件来研究。覆盖件主要具有以下特点。

1）形状复杂

大多数覆盖件都是复杂的三维空间曲面组成，为了获得空气动力特性好的车身外形，覆盖件应当具有连续的空间曲面形状且冲压深度不均。为体现车身造型的风格，常在一些曲面上设有棱线和装饰性结构（在拉深时相当于同时进行了反拉深），使覆盖件的形状变得更加复杂，是最为复杂的冲压件。

2）外形尺寸大

为了简化装配工艺，减少零件数，保证车身外表曲面的连续性和完整性，大多数覆盖件的外形尺寸都比较大，有些覆盖件如侧围外轮廓尺寸可达 2～3m。

3）表面质量要求高

覆盖件的可见表面不允许有波纹、皱纹、凹痕、边缘拉痕、擦伤，以及其他破坏表面完美的缺陷。覆盖件上的装饰棱线、筋条都应该清晰、平滑，曲线应圆滑。相邻覆盖件上的装饰棱线在衔接处必须一致，不允许对不齐。特别是对于乘用车，覆盖件表面上一些微小的缺陷会在涂装后引起光的杂乱不规则反射而影响外观。

4）要求足够的刚度

覆盖件是薄壳零件，在汽车行驶时会产生振动，引起覆盖件的激振。必须通过充分的塑性变形来提高覆盖件的刚度，从而避免共振，减少噪声和延长车身寿命。

5）要有良好的成型工艺性

针对产品设计结构而言，要求在一定生产规模条件下，能够较容易地安排冲压工艺和设计冲压模具，有良好的装配工艺性，能够最经济、最安全、最稳定地获得高质量的产品。

5.2.1.2　车身覆盖件冲模特点

车身覆盖件的质量要求和结构特点决定了其冲模成型特点，主要有以下几个方面：

1）一次拉深成型

对于汽车车身覆盖件而言，由于其结构形状复杂，变形也复杂，故其冲压变形规律难以定量把握。目前的理论分析和技术水平，尚不能像对圆筒形轴对称零件那样对其进行多道拉深工艺参数的分析计算，求出每次拉深的拉深系数及确定中间工序件的尺寸等。因此，要求覆盖件产品设计与冲压成型工艺相结合，以求在小变形、浅拉深的基础上保证一次拉深成型。由于多道拉深一方面难以定位和保证精度，另一方面易形成冲击线、弯曲痕迹线，从而会影响覆盖件油漆后的表面质量，这对覆盖件来说是不允许的。因此，要求以最小的拉深深度，最小的冲压工序和尽可能简单的模具结构来实现覆盖件的冲压成型。

2）拉胀复合成型

由于覆盖件形状复杂，故其成型过程中坯料的变形并不是简单的拉深变形，而是拉深和胀形变形同时存在的复合成型。通常，除了内凹形轮廓（如 L 形轮廓）对应的压料面外，压料面上坯料的变形为拉深变形（径向为拉应力，切向为压应力），而坯料轮廓内部（尤其是中心区域）的变形为胀形变形（径向和切向均为拉应力），如图 5-1 所示。

3）局部成型

当轮廓内部有局部形状（突起或凹进）的零件冲压成型时，压料面上的坯料由于所到压边圈的压力，随着拉深凸模的下行，首先产生变形并向凹模内流动，在凸模下行到一定深度时，局部形状便开始成型，并在成型终了时全部贴膜。所以该局部形状处外部的材料难以向该部位流动，其局部成型主要靠坯料在双向拉应力下的变薄来达到面积的增大，以实现局部成型，故这种内部局部成型为胀形成型。

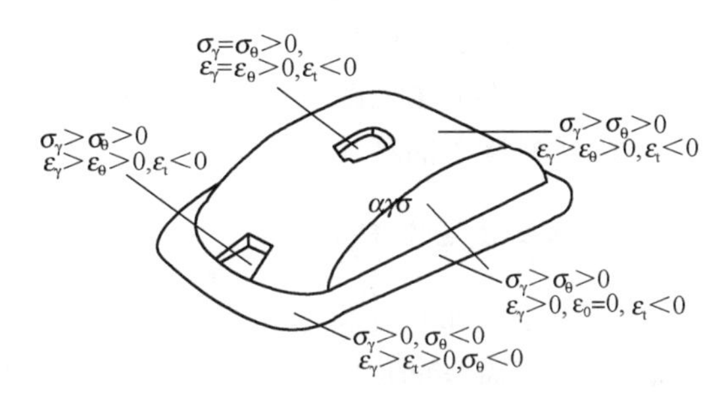

图 5-1 车身覆盖件不同部位的变形性质

σ_γ—径向应力；σ_θ—切向应力；ε_γ—径向应变；ε_θ—切向应变；ε_t—纵向应变

4）变形路径变化

覆盖件冲压成型时，内部的坯料并不是同时贴膜，而是随着拉深过程的进行而逐步贴膜。这种逐步贴膜过程，使坯料保持塑性变形所需的成型力不断变化，同时坯料各部位板面内的主应力方向与大小、板面内两个主应力之比等受力情况不断变化，坯料（特别是内部坯料）产生变形的主应变方向与大小、板平面内两主应变之比等变形情况也随之不断变化。即坯料在整个冲压成型中的变形路径不是一成不变的，而是变路径的。

5）变形趋向性的控制

覆盖件在冲压成型过程中的变形极其复杂，各部位的变形形式与趋向不同。目前，定量控制其变形十分困难。只能以板材塑性变形分析手段，通过正确地设计冲压成型工艺的覆盖件零件。控制覆盖件冲压成型变形趋向的主要措施是确定合理的冲压方向、压料面，合理设计并敷设拉深筋。确定拉深冲压方向是制定覆盖件冲压工艺方案时的首要问题。它不但决定能否拉深出满意的覆盖件来，而且影响到工艺补充部分的大小，以及拉深之后各工序的方案。

压料面是工艺补充的重要组成部分，覆盖件拉深时，压料面的形状对拉深变形起着举足轻重的作用。压料面的形状不但要保证压料面上的材料不起皱，而且应尽量造成凸模下的材料能下凹以降低拉深深度，更重要的是要保证拉入凹模内的材料不起皱、不破裂。拉深方向、工艺补充和压料面形状是决定能否拉深成覆盖件的先决条件，而控制整个拉深坯料流动的拉深筋的合理敷设则是保证拉深出合格覆盖件的必要条件。拉深筋在压料面上的合理布置能控制和调节整个拉深件向凹模内的流动。

5.2.2 车身覆盖件主要冲压工序及模具

5.2.2.1 汽车覆盖件分类及特点

汽车覆盖件按拉深复杂程度可分为：深拉深件、中等拉深件、浅拉深件等三类。

按汽车覆盖件本身所具有的特点可分为：

① 具有封闭的外形和凸缘的零件；

② 可进行双件拉深成型的左右对称零件；虽然不对称，但通过增加工艺补充可以

进行双件拉深的零件；

③ 形状不规则的零件；

④ 压弯成型的覆盖件。

5.2.2.2 车身覆盖件主要冲压工序

由于覆盖件形状复杂，轮廓尺寸大，故不可能在一两道冲压工序中制成，需要多道工序才能完成。覆盖件冲压工艺的主要工序有：落料、拉深、整形、修边、翻边和冲孔等。根据实际生产需要和可能性，可将一些工序合并，如落料拉深、修边冲孔、修边翻边、翻边冲孔等。

上述主要工序中，拉深工序是覆盖件冲压成型的关键工序，覆盖件的形状大部分主要是在拉深工序中形成的。故在覆盖件的生产技术准备中，应首先考虑拉深工艺的设计与拉深模具的设计、制造与调试。

落料工序主要是获得拉深工序所需要的坯料形状和尺寸。由于覆盖件冲压成型的复杂性，不可能计算出其准确的落料尺寸，故应在拉深工艺试冲成功后，方可确定坯料的形状和尺寸。在生产技术准备时，落料工序及落料模的设计应安排在拉深、翻边调试成功后再进行。整形工序的主要内容是将拉深工序中尚未成型出的覆盖件形状成型出来。

整形工序的变形的性质一般是胀形变形，经常复合在修边或翻边工序中。

修边工序的主要内容是切除拉深件上的工艺补充部分。这些工艺补充部分仅在拉深工序需要，拉深完成后要将其切掉。

翻边工序位于修边工序之后，其主要任务是将覆盖件的边缘进行翻边成型。冲孔工序用以加工覆盖件上的各种孔洞。

冲孔工序一般要安排在拉深工序之后，还有的要安排在翻边工序之后进行。若先冲孔，则会造成在拉深或翻边时孔的位置和尺寸形状发生变化，影响以后的安装与连接。

5.2.3 车身覆盖件拉深件设计

5.2.3.1 车身覆盖件拉深工艺的特点

拉深工序是制造覆盖件的关键工序，它直接影响产品质量、材料利用率、生产效率和制造成本。覆盖件拉深过程可参见图5-2。一般来说，汽车车身覆盖件的拉深具有以下特点：

（1）无论覆盖件分块有多大，形状有多复杂，尽可能在一次拉深中成型出全部空间曲面形状以及曲面上的棱线、筋条和凸台。否则很难保证覆盖件几何形状的一致性和表面光滑。

（2）覆盖件形状复杂，深度不匀，且又不对称，压料面积小，因而需要采用拉深筋来加大进料阻力；或是利用拉深筋的合理布置，改善毛坯在压料圈下的流动条件，使各区段金属流动趋于均匀，才能有效地防止起皱和拉裂。

（3）覆盖件的拉深不仅要求一定的拉深力，还要求在拉深过程中具有足够的、稳定的压料力。由于覆盖件往往轮廓尺寸大，普通带气垫的单动压力机不能满足其对压料力的要求。因此，在大量生产中，覆盖件的拉深均在双动压力机上进行。双动压力机具有拉深（内滑块）和压料（外滑块）两个滑块，压料力可达到拉深力的65%～70%，且四点连接的外滑块可进行压料力的局部调节，这可满足覆盖件拉深的特殊要求。

(4)覆盖件的拉深要求材料的塑性好，表面质量高和尺寸精度高。含碳量在0.05%～0.15%的低碳钢具有延伸率高（>40%），屈强比小（<0.65），硬化指数 n 和厚向异性系数 r 大的特点，能满足复杂的，拉深变形程度大的覆盖件的拉深工艺要求。

（5）覆盖件拉深时，为减少板料与凹模和压料圈的摩擦，降低材料内应力以避免破裂和表面拉毛的现象，常需要在压料面上涂抹特制的润滑剂，它能够很好地附着在钢板表面，并形成一层均匀的、具有相当强度、足以承受相当大的压力的润滑膜，并要求润滑剂在拉深后对钢板不产生腐蚀，并易于清洗。

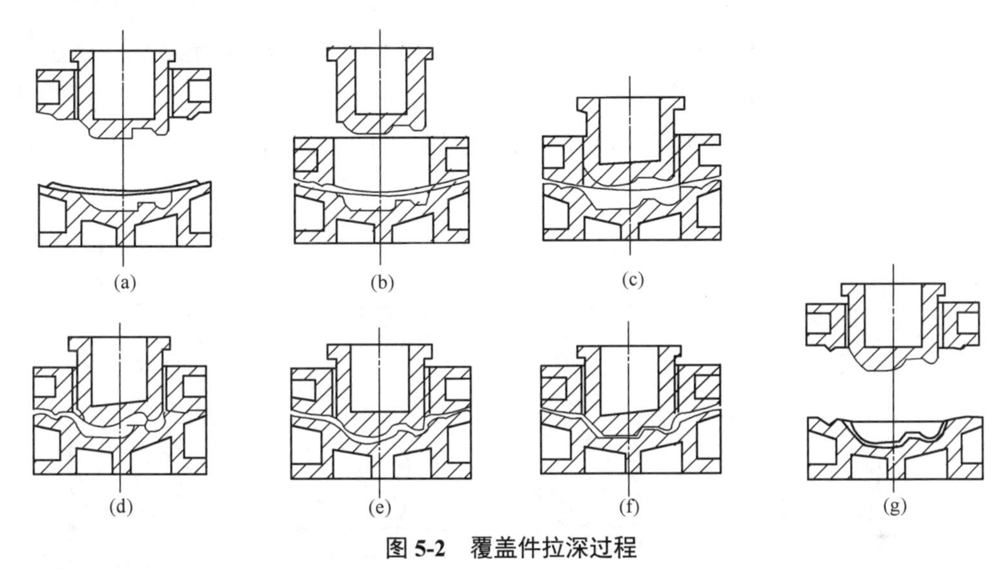

图 5-2 覆盖件拉深过程

（a）坯料放入 （b）压边 （c）板料与凸模接触 （d）材料拉入 （e）压型 （f）下点 （g）卸载

5.2.3.2 拉深方向确定

确定拉深方向，就是确定零件在模具中的三个坐标（x、y、z）位置。拉深方向的好坏，直接影响拉深零件的质量和模具的结构复杂性，有时拉深方向确定不合理，甚至会使拉深无法进行。因此，确定拉深方向是拉深工艺中一项十分重要的工作。合理的拉深方向应符合下列原则：

1）保证凸模能够顺利进入凹模

首先应保证凸模能够进入凹模，拉深方向与零件各侧壁面夹角>15°。图 5-3 为覆盖件的凹形决定了拉深方向的示意图，图 5-3（a）所示的拉深方向表明凸模不能进入凹模，如覆盖件旋转一角度——采用图 5-3（b）所示的拉深方向，凸模才能进入凹模。

正拉深、反拉深都要顺利，如图 5-4 所示。

2）凸模、毛坯接触状态

开始拉深时，凸模与毛坯的接触面积要大，其中心与冲模中心重合。

凸模开始拉深时与毛坯的接触面积要大；若接触面积小，且接触面与水平面夹角 α 大，会使应力集中，容易产生裂纹，如图 5-5（a）所示。

凸模与毛坯的开始接触点接近中间部分，这样凸模在拉深过程中使材料均匀拉入凹

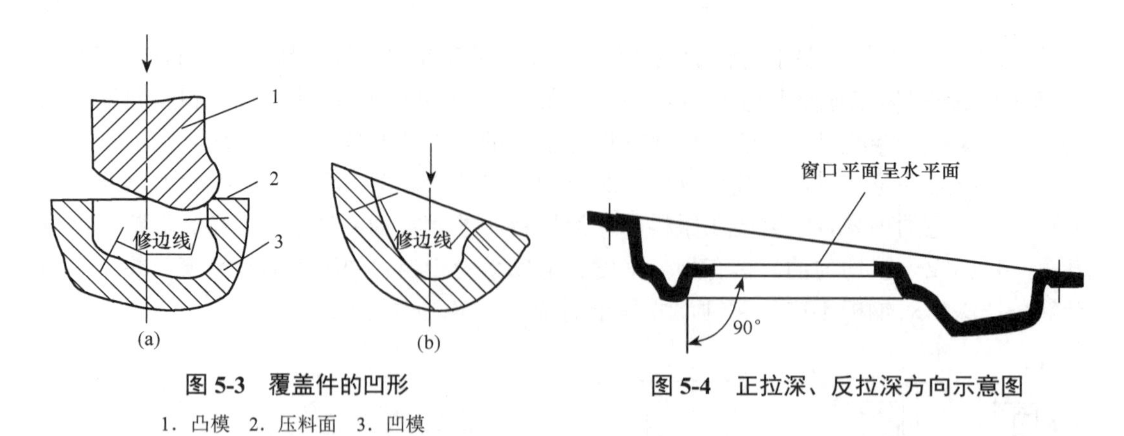

图 5-3　覆盖件的凹形

1．凸模　2．压料面　3．凹模

图 5-4　正拉深、反拉深方向示意图

模，如图 5-5（b）所示。如果接触地方不接近中间，则在拉深过程中，拉深毛坯经凸模顶部由于窜动而影响表面质量。

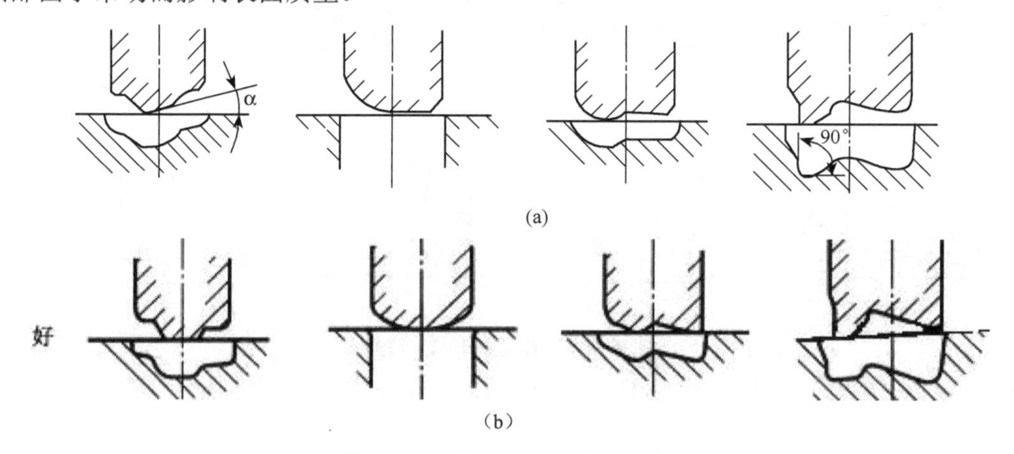

图 5-5　凸模与毛坯的接触状态

（a）正确　（b）不正确

图 5-6 所示为微型货车顶盖。若按箭头 1 所示的拉深方向，虽满足了窗口部分的凸模能够进入凹模的要求，但凸模开始拉深时与拉深毛坯接触面积小而又不在中间，这样在拉深过程中拉深毛坯容易产生开裂和坯料窜动而影响表面质量，因此不能采用。考虑到整个拉深形状的条件，变为箭头 2 所示的拉深方向，其优点是凸模顶部是平的，凸模开始拉深时与坯料接触面积大而又在中间，有利于拉深，但窗口部分凸模不能进入凹模，则必须改变窗口部分凹形的形状。其方法是把 *A* 线左边弯成水平面，参见图 5-6（b），在拉深后的适当工序中再整形回来。改变部分与整形回来部分的材料应是相等的。

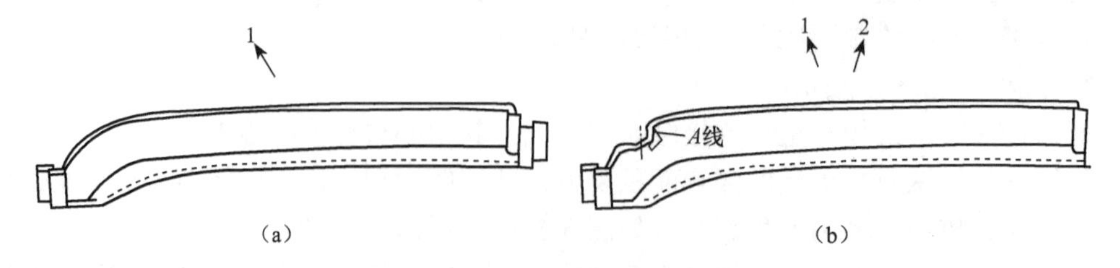

图 5-6　顶盖拉深方向

凸模与毛坯接触地方要多且分散、同时接触。若不同时接触，也会由于经凸模顶部产生窜动而影响拉深件的表面质量，为了使凸模开始拉深时与毛坯接触地方多又分散，可改变拉深方向，改善接触状态。若拉深方向因拉深确定了不能改变，只有在工艺补充部分想办法，即改变压料面形状为倾斜面，使两个地方同时接触。

3）压料面各部位进料阻力要均匀

拉深深度均匀是保证压料面各部位进料阻力均匀的主要条件。进料阻力不一样，在拉深过程中拉深毛坯就有可能经凸模顶部窜动，严重的会产生破裂和皱纹。

拉深深度均匀是保证压料面各部位进料阻力均匀的主要条件。如图 5-7 所示的微型双排座汽车立柱的上段，若按垂直方向拉深，则由于拉深深度 H_1、H_2 不等，导致进料阻力不一样，在拉深过程中拉深毛坯有可能经凸模顶部窜动，严重的会产生破裂和皱纹。若使拉深方向如图中所示与垂直方向成 6°，则两边压料面高度相等，进料阻力均匀，同时凸模开始拉深时与拉深毛坯的接触地方接近中间，拉深成形好。

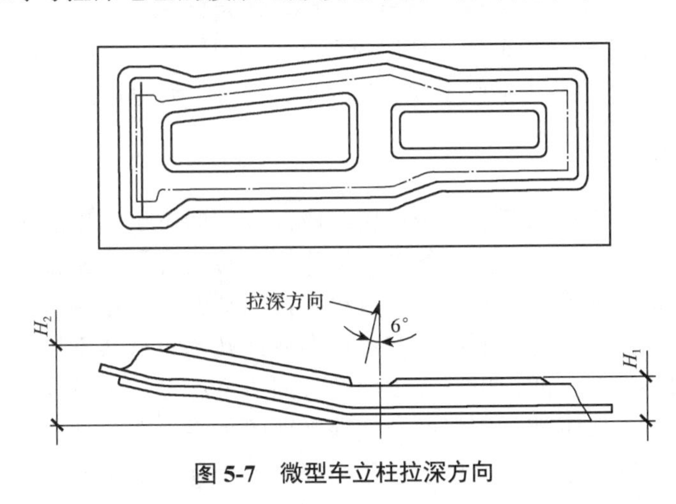

图 5-7 微型车立柱拉深方向

4）不对称覆盖件拉深方向的确定

对称的覆盖件，其拉深方向是以垂直某一对称面的轴进行旋转来确定。不对称覆盖件拉深方向确定时，除了应考虑各部位进料阻力及拉深深度均匀、凸模相对两侧的拉入角尽量相同使材料流入凹模速度趋于相等外，还应注意以下两点：

（1）保证凸模进入凹模 拉深凸模在拉深终了时，应能进入所要求的每一个角落，不能出现凸模接触不到的死角和死区。

（2）凸模开始拉深时与拉深毛坯的接触状态 开始拉深时凸模与拉深毛坯的接触面应尽量大，且接触面位于冲模中心，如图 5-8 所示。

5.2.3.3 覆盖件拉深工艺的设计原则

① 尽可能在一道拉深工序中完成覆盖件全部空间曲面形状。

② 覆盖件的拉深深度应尽可能平缓均匀。

③ 拉深表面较为平坦的覆盖件，适当地设置拉深肋和拉深槛及设计合适的压料面。

④ 在制定拉深工艺时，可以通过加大过渡区域和过渡圆角、工艺切口等方法，改

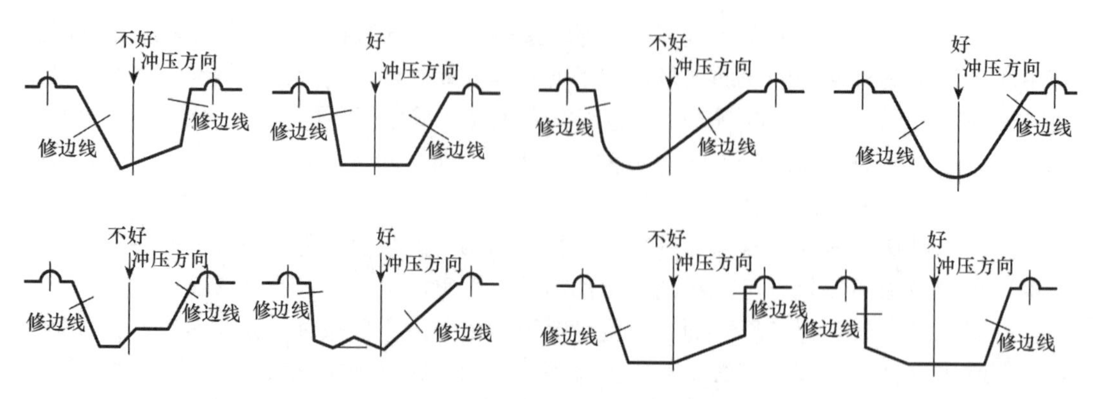

图 5-8　凸模开始拉深时与毛坯的接触状态

善材料的流动和补充条件。

⑤ 覆盖件上的焊接面不允许有皱折、回弹等质量问题。

⑥ 覆盖件上的孔一般应在零件拉深成型之后冲出。

⑦ 覆盖件拉深工序应为后续工序（如整形、修边、翻边等）提供良好的工艺条件。

5.2.3.4　压料面设计

压料面是汽车覆盖件工艺的一个重要组成部分，即位于凹模圆角半径以外的那部分坯料。在拉深开始成型之前，压料圈将要成型的覆盖件坯料压紧在凹模表面上，被压住的坯料部分即为压料面。拉深成型过程中，压料面材料被逐步拉入凹模腔内，转化为覆盖件形状。因此，压料面的形状不仅要保证其本身材料不皱不褶，同时尽可能使位于凸模底部的坯料下凹，以减少零件的拉深成型深度。更重要的是，应保证被拉入凹模腔内的材料不皱不褶。压料面与拉深零件的关系存在两种情况：一种情况是压料面全部属于工艺补充部分，最后全部要切掉；另一种情况压料面是覆盖件本身的凸缘面，即为覆盖件本体的一部分，这种压料面的形状是确定的，为便于拉深成型过程的进行，虽然也可以做局部的变动，但必须在以后的适当工序中加以整形，以达到覆盖件的整体形状要求。

确定压料面的基本原则如下：

（1）压料面应为平面、单曲面或曲率很小的双曲面，不允许有局部的起伏或折棱，如图 5-9 所示。

（2）凸模对拉深毛坯一定要有拉深作用，压料面展开长度比凸模表面展开长度短时，凸模才能对拉深毛坯产生拉深作用，保证在拉深过程中毛坯处于张紧状态，并能平稳地、逐渐的紧贴凸模，以防产生皱纹如图 5-9 所示。

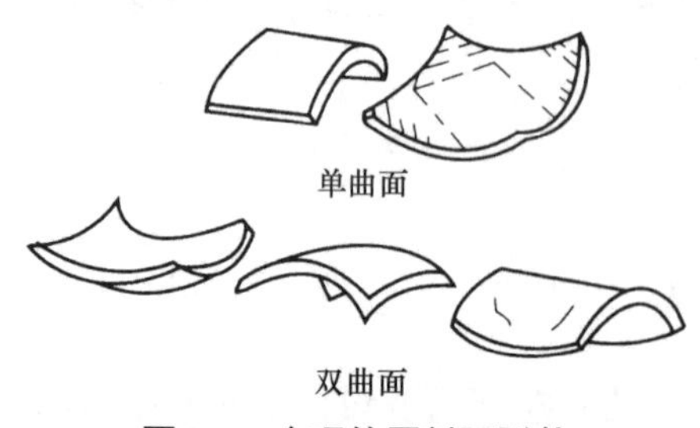

图 5-9　合理的压料面形状

（3）合理选择压料面与拉深方向的相对位置。最有利的压料面位置是水平位置，如图 5-10（a）所示；相对于水平面由上向下的压料面，只要倾角 α 不太大，亦是允许的，如图 5-10（b）所示；压料面相对于水平面由下向上倾斜时，倾角 α 必须很小。图 5-10（c）所示的倾角太大，是不适当的，因为拉深过程中金属的流动条件差。

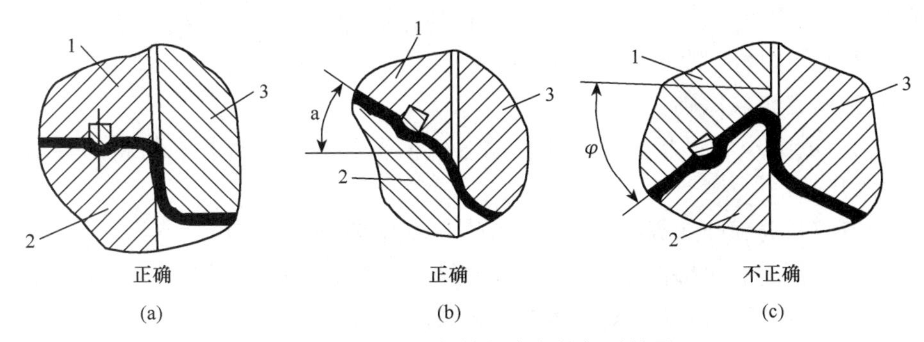

图 5-10 压料面与拉深方向的相对位置

1．压料面 2．凹模 3．凸模

（4）凹模里凸包的要求。如图 5-11，凹模里的凸包必须低于压料面。拉深时，拉深毛坯受凹模内的凸包弯曲而变形，压料面没压到坯料，即没有起到压料的作用，这样拉深就要起皱、开裂，得不到合格的零件。

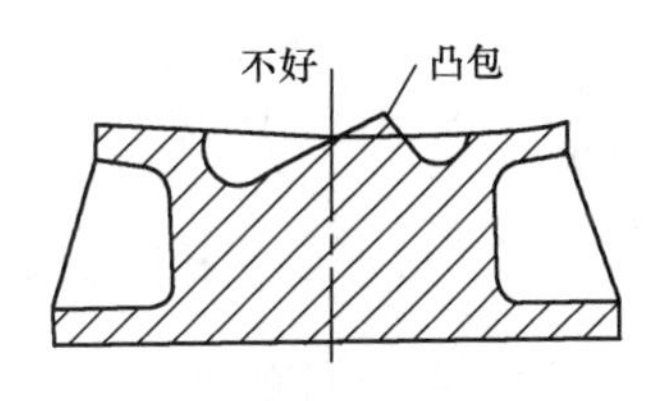

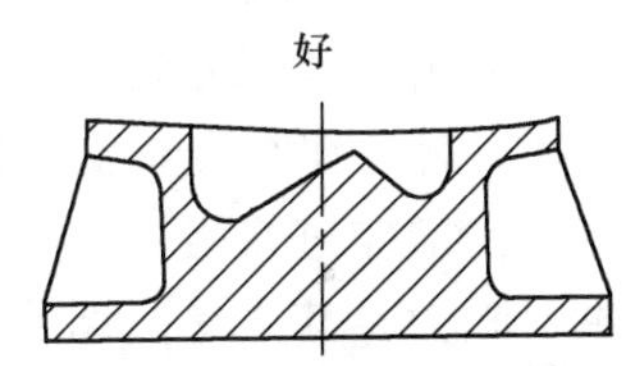

图 5-11 凹模里的凸包

5.2.3.4 工艺孔、工艺切口及工艺补充部分的确定

1）工艺切口作用

当需要在覆盖件的中间部位冲出来某些深度较大的局部凸起或鼓包时（属于胀形变形性质），在一次拉深中，往往不能从毛坯的外部得到材料的补充而导致零件局部破裂。这时可考虑在局部变形区的适当部位冲出工艺切口或工艺孔，使容易破裂的区域从变形区内部得到材料的补充。

2）工艺切口位置

必须在容易破裂的区域附近设置工艺切口，而这个切口又必须处在拉深件的修边线以外，以便在修边工序中切除，而不影响覆盖件形体，例如车门内板和上后围的玻璃口部位分别，如图 5-12（a）、（b）所示。

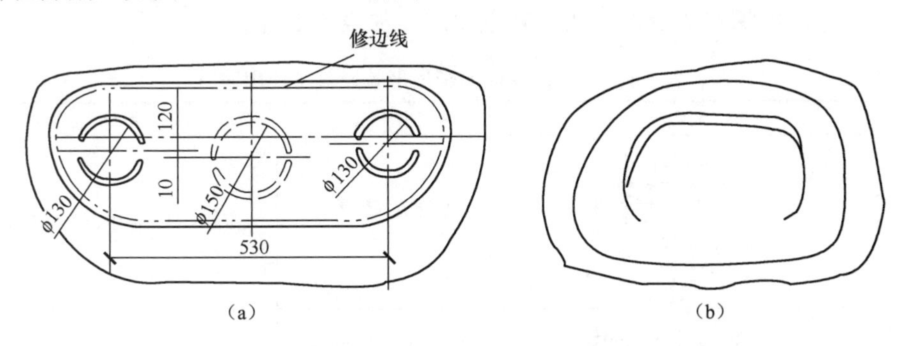

图 5-12 工艺切口

（a）上后围成型部位工艺切口布置 （b）车门内板成型部位工艺切口布置

3）工艺切口制法

落料时冲出：用于局部成型深度较浅的场合（工艺孔）。拉深过程中切出：充分利用材料的塑性，即在拉深开始阶段利用材料的径向伸长，然后切出工艺切口，利用材料的切向伸长，这样成型深度可以深一些。

4）工艺切口布置原则

工艺切口的大小和形状要视其所处的区域情况和其他向外补充材料的要求而定。一般需注意几点：

① 切口应与局部凸起周缘形状相适应，以使材料合理流动。

② 切口之间应有足够的搭边，以使凸模胀紧材料，保证成型清晰，避免波纹等缺陷；而且修边后可获得良好的窗口翻边孔缘质量。

③ 切口的切断部分（即开口）应邻近凸起部位的边缘或容易破裂的区域。

④ 切口的数量应保证凸起部位各处材料变形趋于均匀，以防止裂纹产生。如图 5-12（a）所示工件，原工艺只有左、右两个工艺切口，成型时中间仍然容易产生裂纹；增加中间切口后，才完全避免了破裂现象。

5.2.3.5　拉深筋与拉深槛设计

1）拉深筋的作用

如果说拉深方向、工艺补充部分和压料面形状是决定能否拉深出满意的覆盖件的先决条件，那么设置压料拉深筋或拉深槛则是必要条件。拉深筋（拉深槛）的作用是：首先是增加进料阻力，这是因为拉深坯料是经过反复弯曲几次才拉进凹模，故增加了进料阻力。其次是能调节压料面上各部位的进料阻力，即通过调节压料槽的松紧来增加或减少压料面上各部位的阻力，从而使拉深件外轮廓上的直线部分与圆角曲线部分的进料阻力均匀。另外，还能降低对压料面表面粗糙度的要求，在设置拉深筋后压料面之间的间隙可以适当放大并略大于料厚，这样压料面表面粗糙对拉深的影响就不会很大。

2）拉深筋结构设计

（1）拉深筋的种类及其用途　根据拉深筋的布设可将其分为单筋和重筋两大类，而按其断面形状又可分为圆筋（包括半圆筋、劣半圆筋和优半圆筋）、矩形筋、三角筋和拉深槛等。常用拉深筋的断面形状及其主要用途如表 5-1 所示。

表 5-1　常用拉深筋的断面形状及其主要用途

拉深筋种类		断面形状	用　途	特　点
圆形筋	单筋	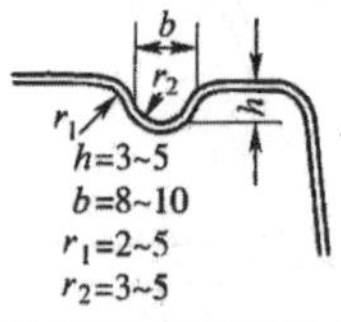 b, r_2, r_1, $h=3\sim5$, $b=8\sim10$, $r_1=2\sim5$, $r_2=3\sim5$	凸缘流入量大时的拉深	修磨容易，便于调节拉深筋阻力
	重筋		凸缘流入量很大时的拉深	为了控制筋的磨损，加大筋槽圆角半径 R。随着 R 增加附加拉力减小，用双筋来弥补

（续）

拉深筋种类	断面形状	用　　途	特　　点
矩形筋	h=4~6 b=8~10 r_1=2 r_2=2	凸缘流入量少时的拉深或胀形	与圆筋相比能提供更强的附加拉力
拉深槛（阶梯筋）	h=4~6 r_1=2 r_2=2 h=4~6 r_1=2 r_2=2	凸缘流入量少时的拉深或胀形	材料利用率高，同样的圆角半径 R 和高度 h 下，比方筋的附加拉力小
三角形筋		胀形	

拉深筋比拉深槛在采用的数量、形式及调节阻力等方面均更灵活方便，故其应用较广泛。实际中使用最多的是圆形筋和方形筋。图 5-13 所示为其断面形状及各部分尺寸，选用时参考表 5-2。

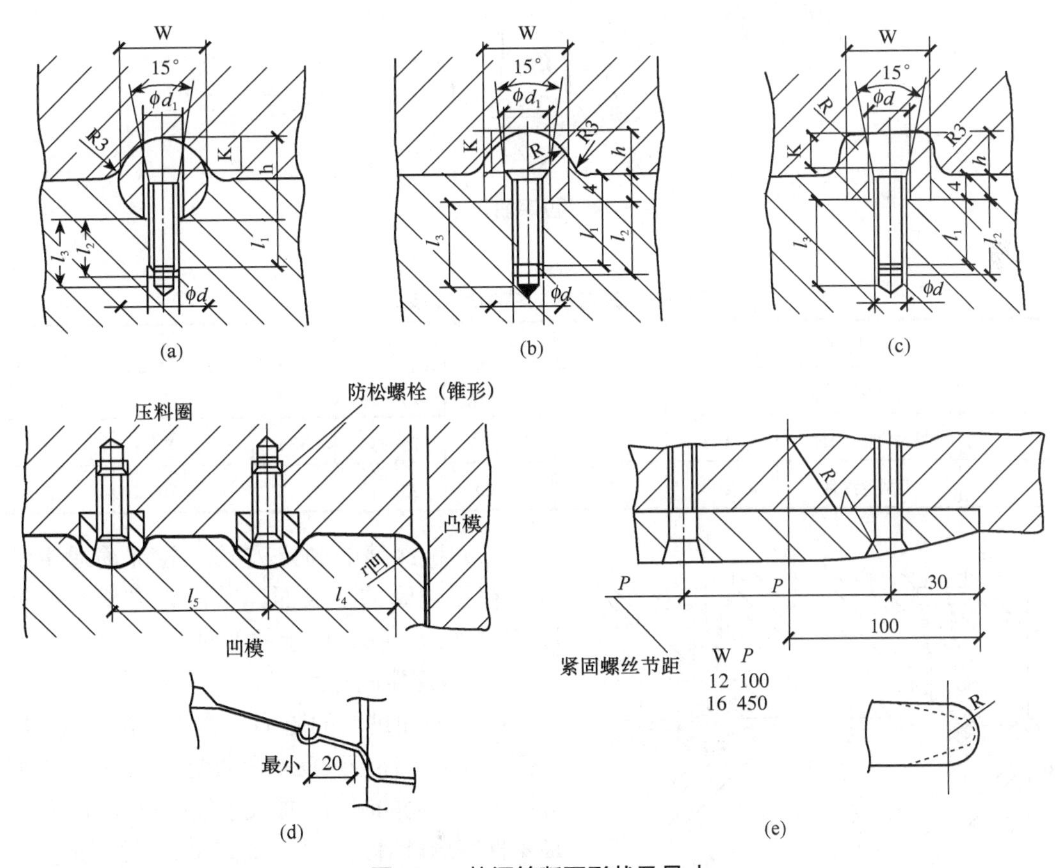

图 5-13　拉深筋断面形状及尺寸

（a）圆形嵌入拉深筋　（b）半圆形嵌入拉深筋　（c）方形嵌入拉深筋　（d）双筋　（e）纵剖面

表 5-2 各种形式的拉深筋尺寸

mm

名称	筋宽 W	$\Phi d\times p$	Φd_1	l_1	l_2	l_3	h	K	R	l_4	l_5
圆形嵌入拉深筋	12	M6×1.0	6.4	10	15	18	12	6	6	15	25
	16	M8×1.25	8.4	12	17	20	16	8	8	17	30
	20	M10×1.5	10.4	14	19	22	20	10	10	19	35
半圆形嵌入拉深筋	12	M6×1.0	6.4	10	15	18	11	5	6	15	25
	16	M8×1.25	8.4	12	17	20	13	6.5	8	17	30
	20	M10×1.5	10.4	14	19	22	15	8	10	19	35
方形嵌入拉深筋	12	M6×1.0	6.4	10	15	18	11	5	3	15	25
	16	M8×1.25	8.4	12	17	20	13	6.5	4	17	30
	20	M10×1.5	10.4	14	19	22	15	8	5	19	35

根据拉深件的大小，考虑采用拉深筋的结构如图 5-14 所示，其尺寸参数见表 5-3。

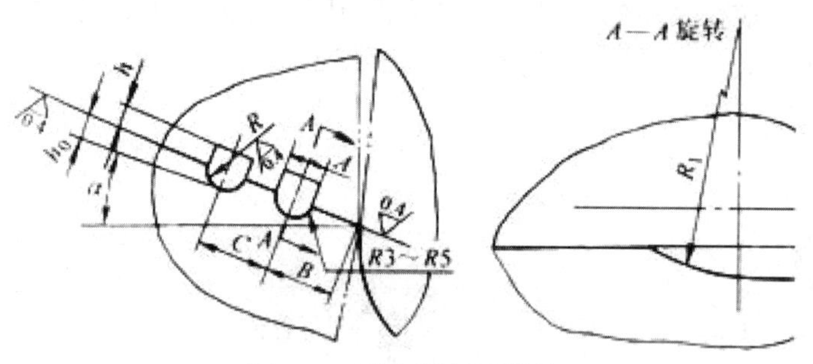

图 5-14 拉深筋尺寸结构

表 5-3 拉深筋的结构尺寸参数

mm

序号	应用范围	A	H	B	C	h	R	R_1
1	中小型拉深件	14	6	25～32	25～30	5	7	125
2	大中型拉深件	16	7	28～35	28～35	6	8	150
3	大型拉深件	20	8	32～38	32～37	7	10	150

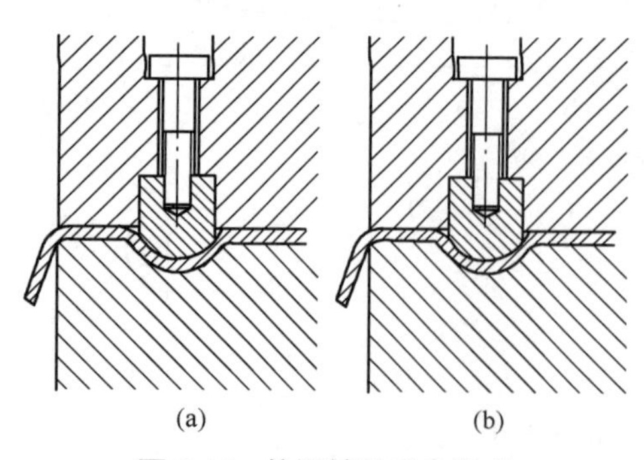

图 5-15 拉深筋的固定形式

（2）拉深筋的固定方式 拉深筋通常都嵌镶在压边圈的下表面，其固定方式一般有图 5-15（a）、（b）所示的两种。

3）拉深槛的作用

（1）增加进料的阻力 由于有拉深槛，压边圈下面的毛坯经过反复弯曲变形，增加了毛坯向凹模内流动的阻力，加大了径向拉应力，使毛坯塑性变形量增大，从而提高拉深件的刚度。

（2）使各处进料阻力均匀 由于直线部分的进料阻力小，而圆角部分进料阻力大，若在直线部分放置拉深筋，则可使直线和圆角部分进料均匀，防止起皱或开裂。

（3）降低了对压边面接触的要求　有了拉深筋，使压边面的接触状态对拉深的影响减小，降低了对压边面的要求。如不用拉深筋，不仅对压边面要求高，而且压边面容易磨损，影响拉深件品质。

（4）调整压边力　在单动压力机上调整气垫压力，在双动压力机上调整外滑块的高低，只能粗略的调整压边力，并不能完全控制各处进料量，故用拉深筋辅助调节各处压边力。

4）拉深槛的结构

拉深槛也可以说是拉深筋的一种，但它能比拉深筋提供更大的进料阻力。图 5-16 所示为拉深槛的基本结构形式和尺寸。拉深槛的剖面呈梯形，安装于凹模的洞口。它的流动阻力比拉深肋大，主要用于成型深度浅而外形平滑的零件，这可减小压边圈下的凸线宽度及毛坯尺寸。其中图 5-16（a）用于成型深度浅的覆盖件，图 5-16（b）用于成型深度大的覆盖件。

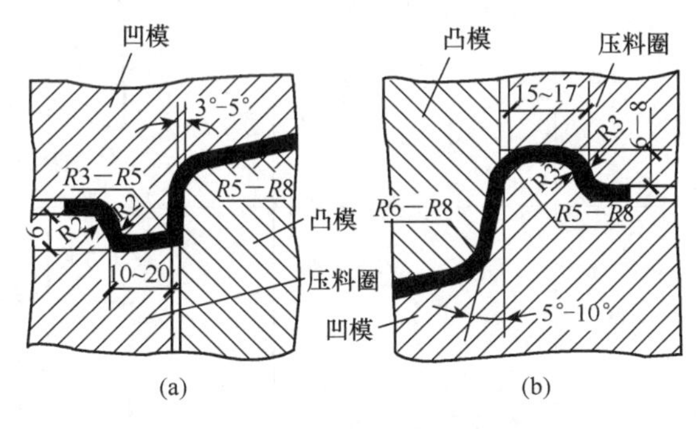

图 5-16　拉深槛结构

5）拉深槛的布置原则

① 拉深深度大的工件在直线部位安置拉深槛，在圆弧部位不设拉深筋。

② 同一工件拉深深度相差大时，在深的部位不设拉深槛，在浅的部位设拉深槛。

③ 拉深槛的位置要保证与拉深毛坯材料流动方向垂直。

5.2.4 汽车车身典型覆盖件冲压工艺过程

汽车车身的外覆盖件主要由四门（左/右前、后门）、三盖（发动机盖板、顶盖、行李舱盖）和两翼（左/右前、后翼子板）及两侧（左/右侧围外板）组成。这些覆盖件的形状各有特点，其冲压成型工艺也不相同。表 5-4～表 5-7 给出了一些典型的冲压工艺。

表 5-4　发动机罩外板冲压工艺

工序	工艺说明	设　备	示 意 图
1	下料 1 230 mm×1 560 mm	开卷线	

（续）

工序	工艺说明	设　备	示 意 图
2	拉深 （镀锌面向上）	双动压力机 14 000 kN	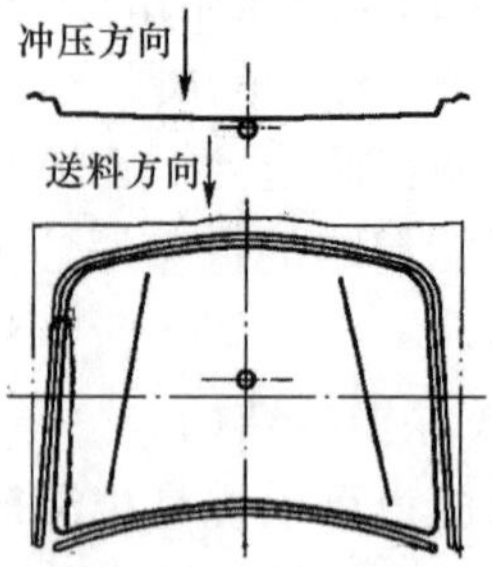 冲压方向 送料方向
3	修边冲孔 （周围修边，冲通风孔）	单动压力机 6 000 kN	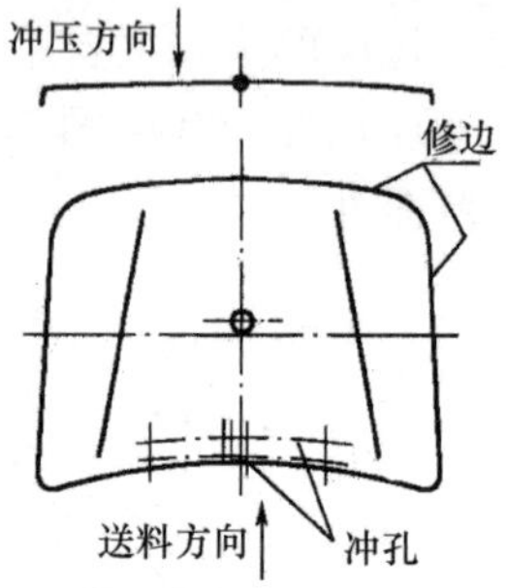 冲压方向 修边 送料方向 冲孔
4	翻边 （周围修边，通风孔翻口）	单动压力机 6 000kN	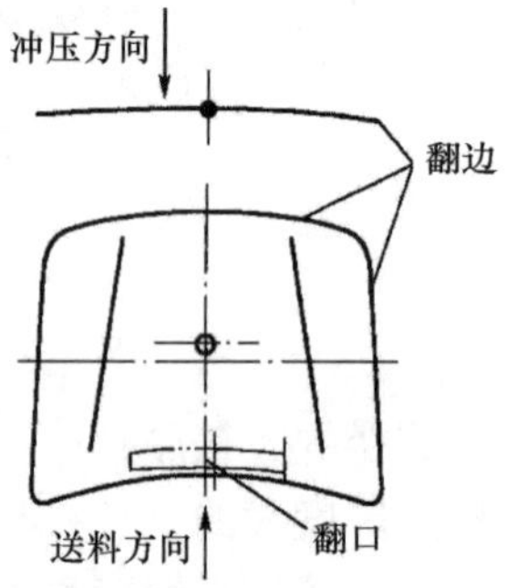 冲压方向 翻边 送料方向 翻口
5	翻边 （前后翻边）	单动压力机 6 000kN	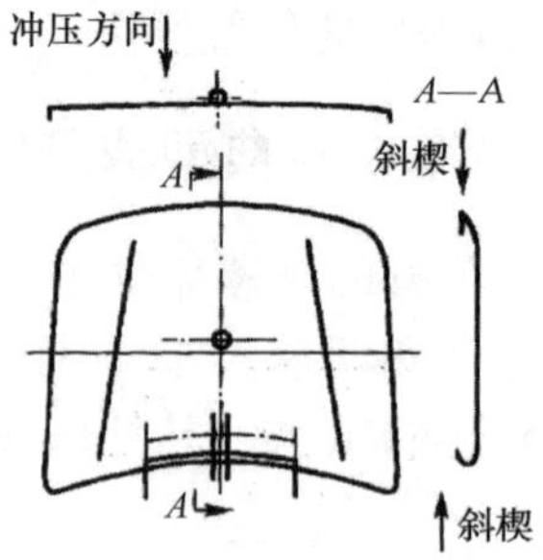 冲压方向 A—A 斜楔 A A 斜楔

表 5-5　汽车顶盖冲压工艺

工序	工艺说明	设　备	示 意 图
1	下料 1 700mm×2 500mm	开卷线	

（续）

工序	工艺说明	设　备	示　意　图
2	拉深（拉深及两侧切边）	双动压力机 20 000kN	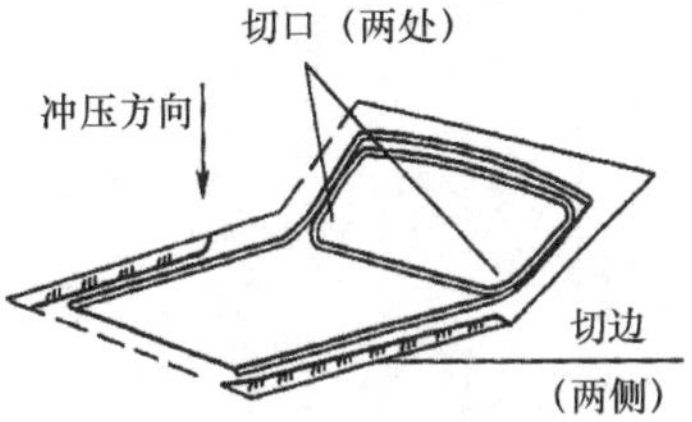
3	修边冲孔	单动压力机 10 000kN	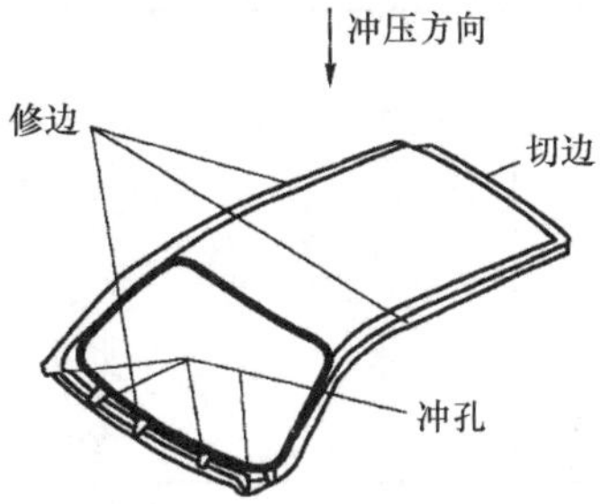
4	整形翻边	单动压力机 10 000kN	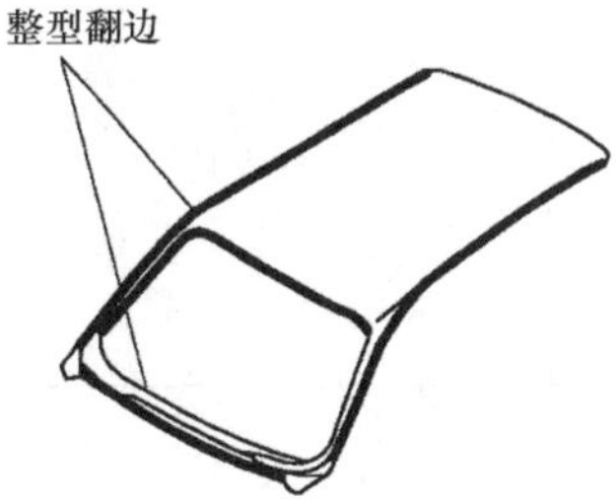
5	修边冲孔整形	单动压力机 10 000kN	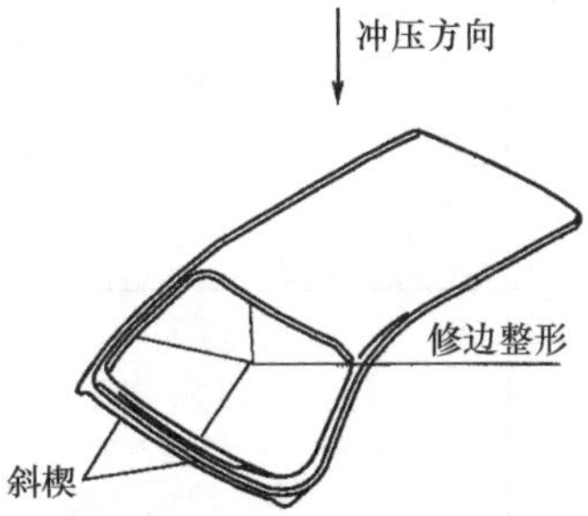

表 5-6　左/右翼子板冲压工艺

工序	工艺说明	设　备	示　意　图
1	下料并落料 0.8mm（650/1030）×1445mm	开卷线	
2	拉深	双动压力机 14 000kN	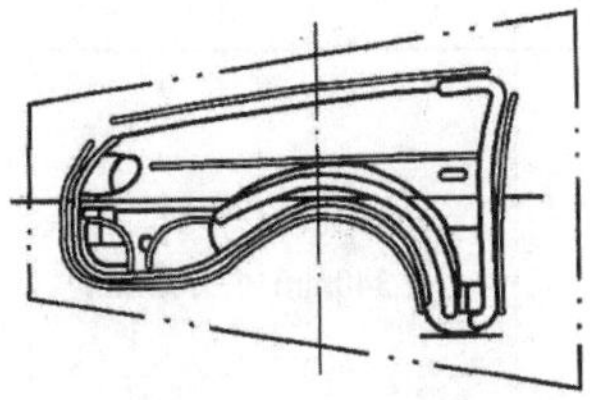

（续）

工序	工艺说明	设　备	示 意 图
3	修边冲孔	单动压力机 6 000kN	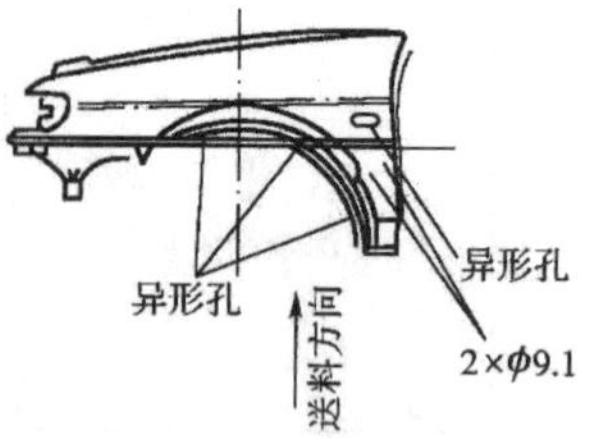
4	整形翻边	单动压力机 6 000kN	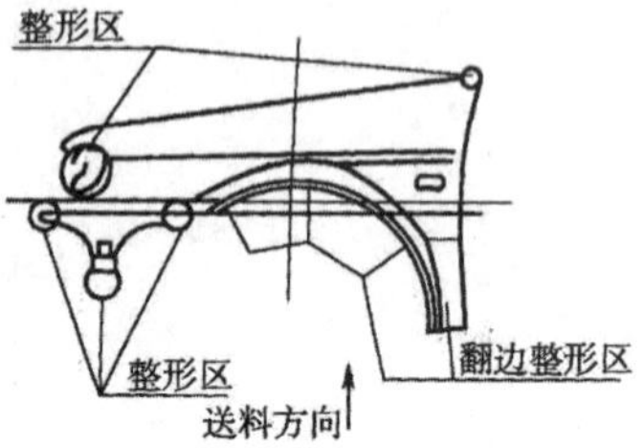
5	侧成型	单动压力机 6 000kN	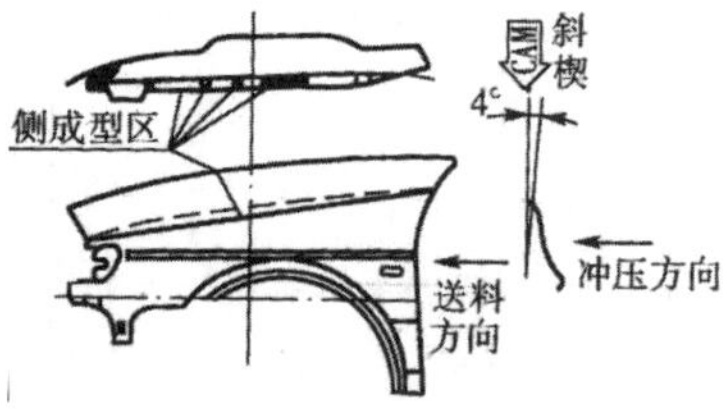
6	侧冲孔成型修边	单动压力机 6 000kN	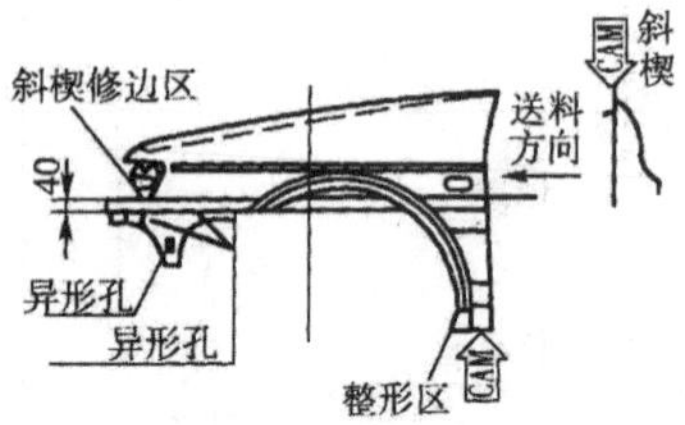
7	侧翻边冲孔	单动压力机 6 000kN	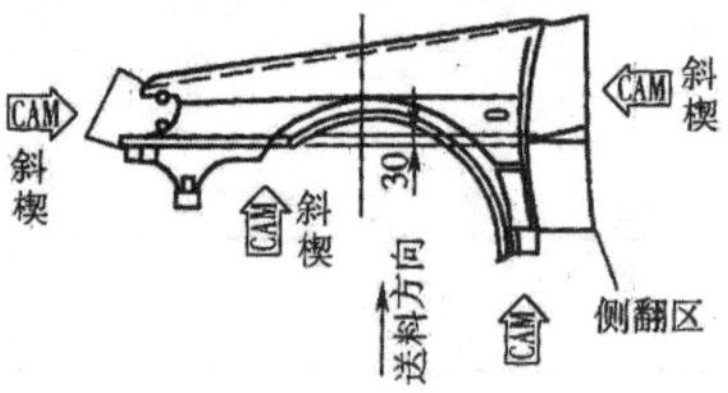

表 5-7　左/右侧围外板冲压工艺

工序	工艺说明	设　备	示 意 图
1	下料并落料 1 340mm×3 175mm	下料：开卷线 落料：单动压力机 6 300kN	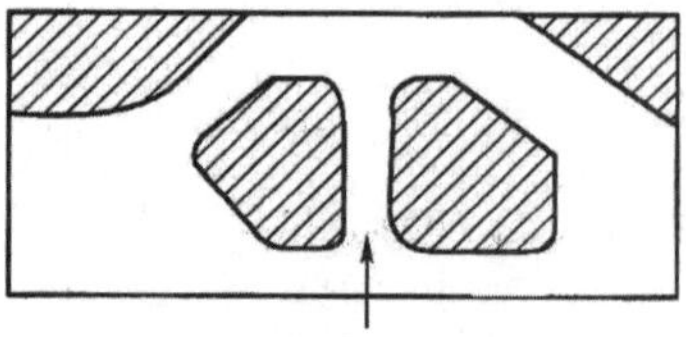

（续）

工序	工艺说明	设　　备	示 意 图
2	拉深	双动压力机 20 000kN	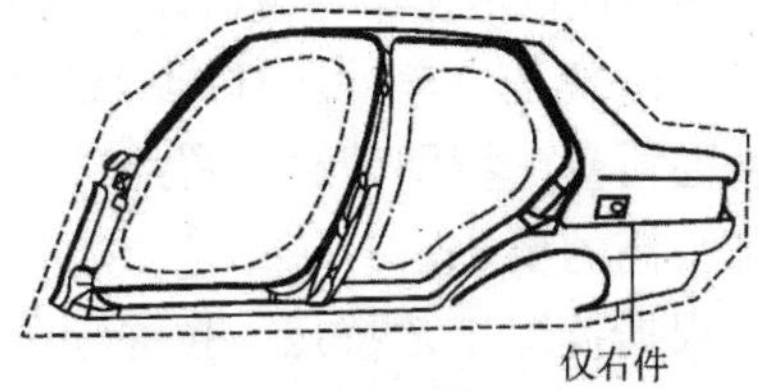
3	修边冲孔	单动压力机 10 000kN	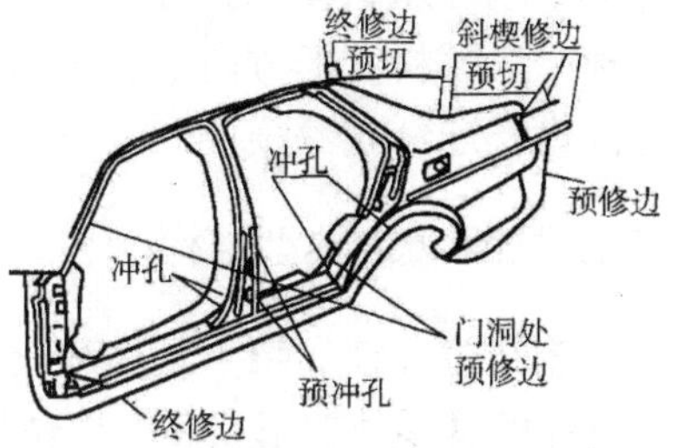
4	翻边整形冲孔	单动压力机 10 000kN	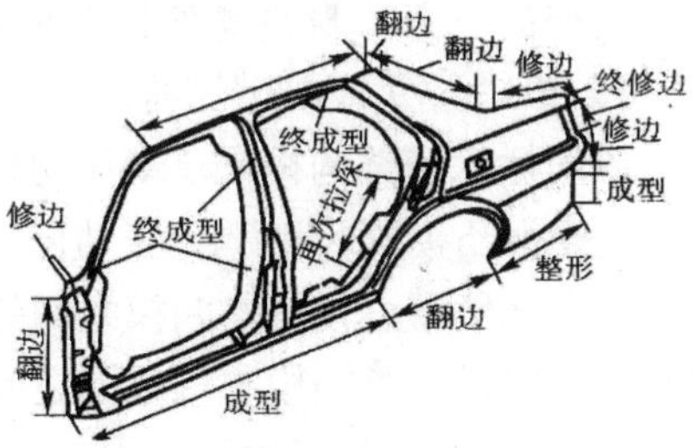
5	翻边整形冲孔	单动压力机 10 000kN	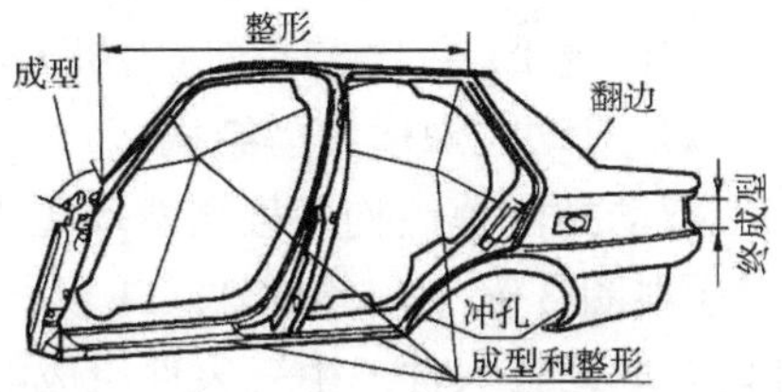
6	修边冲孔	单动压力机 10 000kN	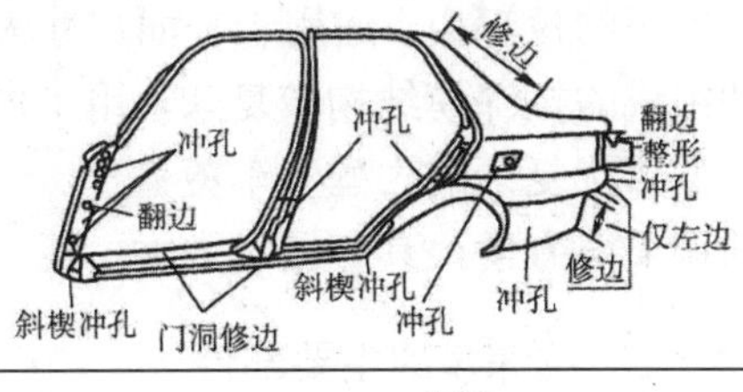
7	修边冲孔整形	单动压力机 10 000kN	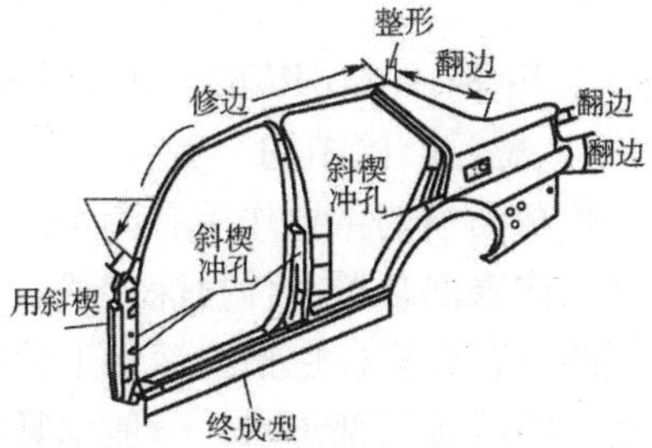

5.2.5　汽车冲压件用典型模具

本节仅以汽车车身覆盖件为例，介绍拉深模的结构组成及主要部件、设计与制造的要点。

拉深模是汽车冲压件成型过程中最为关键的因素，它直接决定了汽车冲压件的结构及表面质量，特别是汽车覆盖件，由于板料只能在拉深模中一次成型，因此对拉深模提出了很高的要求。

根据拉深工艺特点，拉深模分为有压料和无压料装置两种；从压料装置结构上分，拉深模有刚性压料模和弹性压料模两种；从拉深工序次数上又可分为首次拉深模和多次拉深模；从坯料变形方向上，分为顺位拉深模和反拉深模；此外，从工序特点上还有复合拉深模、连续拉深模。

5.2.5.1　拉深模的典型结构

覆盖件拉深模的特点是体积尺寸大、质量大、形状结构复杂，其主要零件的毛坯采用铸造件模具零件的形状和主要结构尺寸，需按拉深件和压力机的形式和规格进行设计。

典型的汽车车身覆盖件拉深模有单动拉深模和双动拉深模两类。

1）单动拉深模典型结构

单动拉深模结构根据单动压力机设计。图 5-17 所示为汽车左右车门外蒙皮单动拉深模，主要由凸模 6、凹模 1、压边圈 5 三大件及一些辅助零件组成。限位螺钉 14 用于调整压边圈上下位置，使其与凹模之间间隙合理。限位块 3 用于限制模具冲压到位时的位置，同时也可用来调整凹模与压边圈之间的间隙。到位标志器 13 用来检验拉深件是否压到位。导板 12 用于凸模与压边圈导向，导板 4 用于凹模与压边圈的导向。定位块 9 用于毛坯定位，定位键 10 用于模具在压力机工作台 T 形槽中的定位，顶杆 7 用于顶件和压料。

2）双动拉深模典型结构

双动拉深模结构是根据双动压力机来进行设计的。如图 5-18 所示，由凸模 1、凹模 5、压料圈 3 及导向元件 2、11 及一些辅助零件组成。将凸模 5 和凸模固定座 6 做成一体时，成为三大件。由三大件组成的拉深模结构相对简单，用于内、外滑块闭合高度尺寸差小的拉深模，适用于平面尺寸大而深度又小的覆盖件拉深及中大批量生产。由四大件组成的拉深模结构较复杂，用于内、外滑块闭合高度尺寸差大的拉深模，适用于拉深成型形状复杂的大型汽车覆盖件。一般双动压力机上的拉深模都采用四大件，对压边力的调节很方便，具有压边力大、压边力稳定、压边力分布可调的特点。

5.2.5.2　拉深模的主要部件

汽车覆盖件拉深模的工作零件主要有：凸模、凹模和成型局部形状所用的凸、凹模等。

1）拉深凸模结构

拉深凸模的主要作用有两个：一是传递压力机的压力，将板料拉入凹模；二是拉深凸模工作表面与覆盖件拉深件的表面相同，拉深凸模与凹模将板料压合成型。反映汽车造型的所有元素，包括拉深件上的所有装饰棱线、装饰筋条、装饰凹坑、加强筋、装配凸包、凹坑等局部形状，一般都是在拉深模上一次成型的。

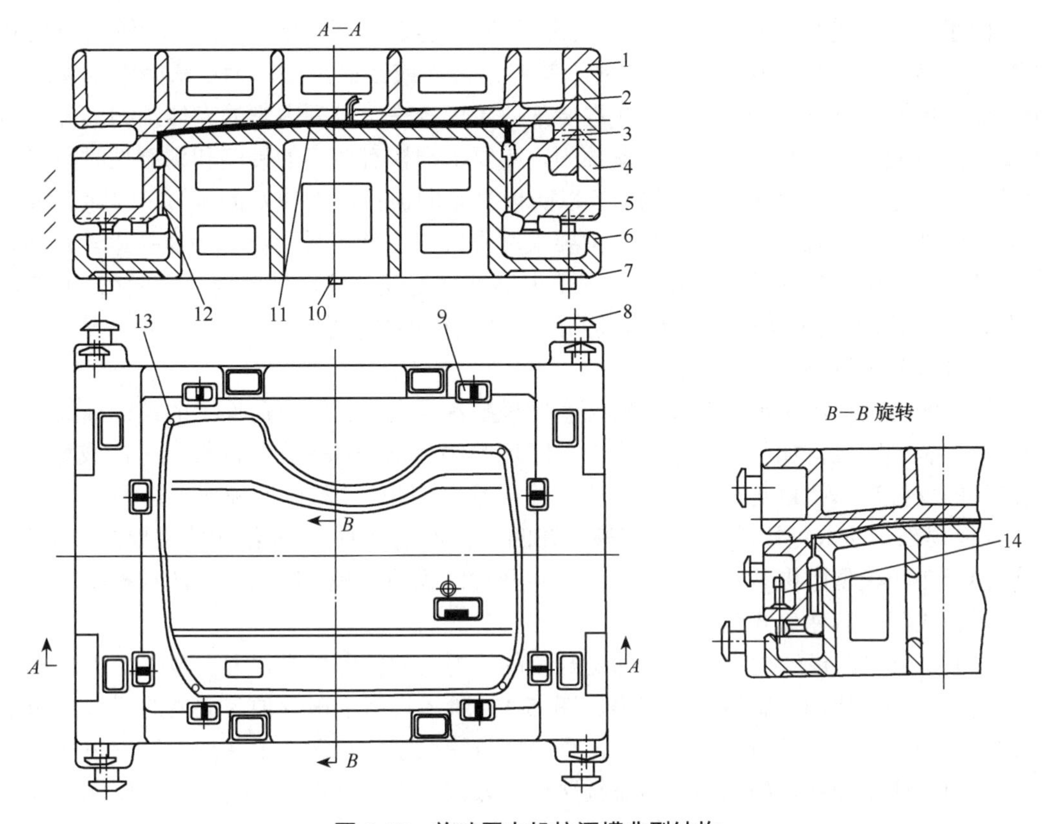

图 5-17 单动压力机拉深模典型结构

1．凹模 2、11．通气孔 3．限位块 4．导板 5．压边圈 6．凸模 7．顶杆 8．起重棒 9．定位块 10．定位键 12．导板 13．到位标志器 14．限位螺钉

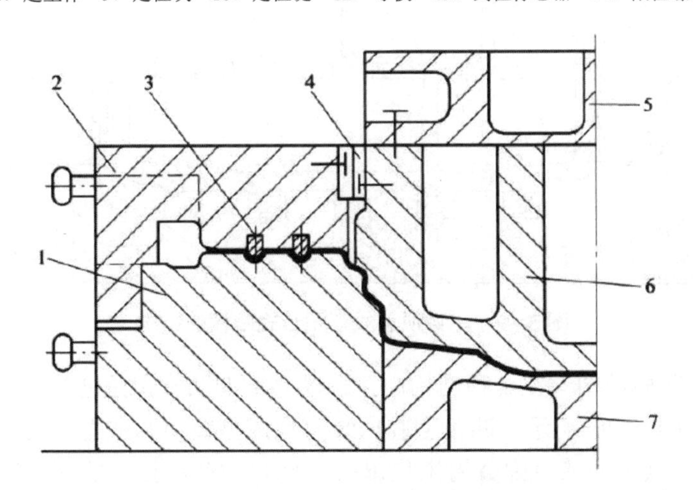

图 5-18 双动压力机拉深模典型结构

1．凹模 2．压料圈 3．拉深筋 4．导向板 5．凸模固定座 6．凸模 7．顶件器

双动拉深模的凸模结构有两种类型：一类是凸模加垫板直接与压力机的内滑块相连接的整体式结构；另一类是凸模与凸模固定座相连接后，再通过凸模固定座加垫板与压力机内滑块相连接的分体式结构。

由于汽车覆盖件的尺寸比较大，决定了凸模的尺寸也比较大（但一般较凹模尺寸小），故一般采用铸造成型，常用材料为镍铬钼铸铁或钼钒铸铁。为尽量减轻凸模的质量又保证足够的强度和刚度，将其非重要部位予以挖空，成为中空的壳体结构。由于凸模要承受很大的压力和较大的滑动摩擦力，在要求凸模有较高的硬度和耐磨性时，需对模具表面进行处理，使硬度分布均匀，以防模具表面被拉毛而使寿命缩短。国际上对模具表面的处理主要有两种方法，日本主要采用电镀法，欧美采用离子渗氮技术。目前，国内拉延模表面处理还停留在拉延凸圆角火焰淬火处理阶段，硬度低（一般在 HRC40 左右），大的摩擦面无法处理，大型模具的表面电镀还是空白。

2）拉深凹模结构

阴模的主要作用是形成凹模压料面和凹模拉深圆角。由于覆盖件上的装饰棱线、装饰筋条、装饰凹坑、加强筋、装配凸包、凹坑等绝大部分都是在拉深模上一次成型的，覆盖件的反拉深形状也是在拉深模上成型的，因此，凹模结构除凹模压料面和凹模圆角外，还有局部形状成型用的凸模或凹模装在凹模结构里，也属凹模结构的必要组成部分。

由于在凹模型腔内装有成型或反成型用两种凹模或凸模，因此凹模的结构不同，一般有闭合式凹模和通口式凹模两种。

（1）闭合式凹模结构　凹模底部是封闭的。覆盖件拉深模中，大多数采用闭合式凹模结构，这种结构加工制造比较容易。图 5-19 所示为用于车身顶盖成型的闭合式凹模结构的实例。拉深凹模的侧壁是直的，靠凸模拉深成型。拉深件上有加强筋，必须在凹模里有用于成型加强筋的结构。顶盖拉深件比较浅，又没有直壁，因此无须顶件装置将覆盖件顶出。闭合式凹模结构用于凹模立体形状需简单加工或无需加工的情况。

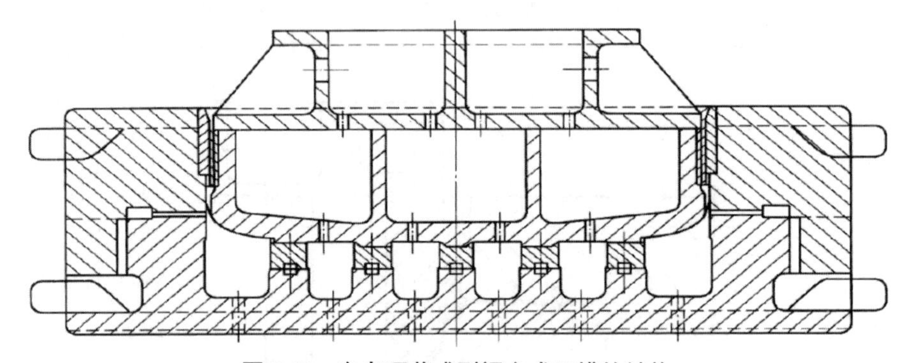

图 5-19　车身顶盖成型闭合式凹模的结构

（2）通口式凹模结构　在这种结构中，凹模底部的凹模口是通的，下面加底板。通口式凹模结构如图 5-20 所示。凹模型腔内装有反成型窗口和成型装饰筋及凹坑等用的凹模（顶件器），其下面放有弹簧用来顶出拉深件。为使反拉深能够压料，反拉深凸模是固定成型的。成型装饰筋的凹模（顶件器）是活动的，反拉深凸模紧固于底板上。通口式凹模结构因其顶件器的外轮廓形状是拉深件的一部分，形状比较复杂，且顶件器与凹模型腔的配合要求也较高，因此一般无法直接在凹凸模的型腔中划线加工，而需分开加工后再装配，故这种结构加工装配比较困难。

单动拉深模的凹模一般加垫板安装在上滑块上（上模），拉深过程结束后，拉深件因自重而留在下模上，故多为闭合式凹模结构。在拉深件有较大的直壁时，还要在凹模内设置顶件装置。拉深件上有局部形状成型时，模具上应有成型局部形状的凸模或凹模。

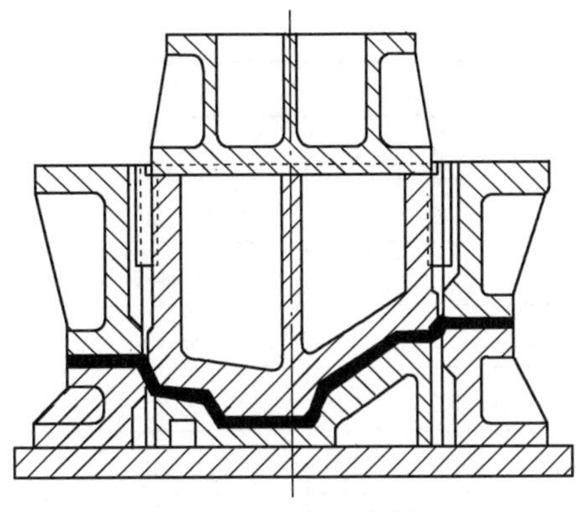

图 5-20 通口式凹模的结构

通口式凹模结构主要用于拉深件形状较复杂、坑包较多、棱线要求清晰的拉深模。

5.2.5.3 凸、凹模及压料（边）圈结构尺寸

图 5-21 所示为双动正装大型拉深模的结构尺寸参数。拉深模为中空的壳体结构，在影响强度和刚度的部位设有加强筋，断面厚度一般为 45～60mm。为减少凸模轮廓面的加工量，轮廓面上部内缩，形成 15mm 空档毛坯面，不做任何加工；同时压料圈内轮廓上部为减少加工量，也应留有向外 15mm 的空档毛坯面。两者之间的间隙为 5mm。凹模和压料圈上的压料面一般应保证 75～100mm 的足够厚度。压料面宽度 K 值按拉深前毛坯的宽度再加 40～80mm 确定，一般在 130～240mm 范围内。总之，在考虑压料圈时，总的原则是压料圈的内轮廓最好在凹模圆角半径的切点处，这时压料面的宽度利用最充分。拉深模各部分壁厚可参照表 5-8。

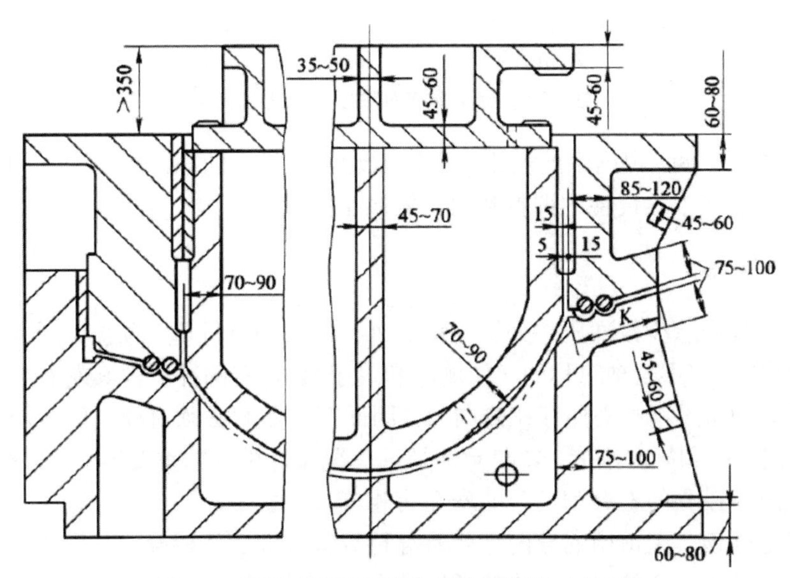

图 5-21 双动正装大型拉深模的结构尺寸参数

K=拉深前毛坯的压料面宽度+（40～80）mm

图 5-22 为拉深模在双动压力机上的安装示意图。冲模的闭合高度应根据双动压力机规格中的闭合高度确定。凸模及固定座通过内滑块垫板与内滑块紧固，以便于固定座的安装；压料圈通过外滑块垫板（又称过渡垫板）与外滑块紧固。在人工安装时，要求固定座上平面至少应高于压料圈上平面 350mm 以上，作为安装工人的安装空间。

表 5-8　拉深模壁厚尺寸

mm

模具参数	大　型	中小型	示　意　图
A	75～120	40～50	
B	60～80	35～45	
C	50～165	35～45	
D	45～65	30～40	
E	50～65	35～45	
F	40～50	30～35	
G	30～40	30	

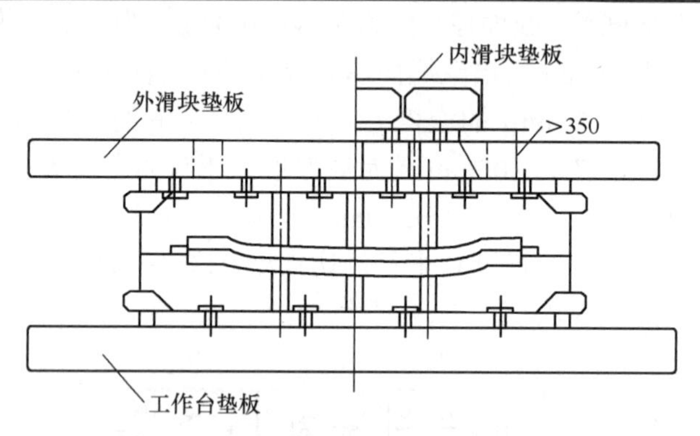

图 5-22　拉深模在双动压力机上的安装

在大型冲压车间，根据生产安排装在同双动压力机上的拉深模要求其闭合高度应一致，以减少在生产中对设备的调整时间，提高生产效率。

5.2.5.4　导向零件

汽车覆盖件中除少数冲压件为轴对称的外（如发动机机罩、顶盖、后背门或行李箱盖），多数冲压件都不是轴对称的（如侧围和翼子板），有的冲压件其左右或前后方向也不是对称的，冲压过程中必然存在侧向力，因此在冲压时必须对模具的导向有两个方面的要求：导向精度和导向刚度。导向元件是汽车覆盖件模具的重要零件，对模具的精度、覆盖件的精度、模具的寿命和设备的寿命有相当大的影响。

汽车覆盖件模具中常用的导向方式有导柱导套导向、导板导向、导块导向、背靠块导向及组合导向等。各种导向方式的适用范围如表 5-9 所示。

表 5-9　大中型模具导向形式

模具类型及大小		生　产　批　量	
		中大批量生产	小批量生产
弯曲模	中型	导板、导块、导柱	
拉深模	大型	无导柱的背靠块	
	中型	导板或导块	

（续）

模具类型及大小		生产批量	
		中大批量生产	小批量生产
翻边模	大型	带导柱的背靠块	无导柱的背靠块
修边模	中型	导柱	
穿孔模	大型	带导柱的背靠块	

1）单动拉深模的导向

导柱、导套的导向方式能承受的侧向力有限，故只在侧向力较小的零件和工序中采用，一般是将导柱放在下面，导套放在上面。

导板导向常用于中型件的拉深模具的凸模与压料圈的导向；导板应布置在凸模外轮廓的直线部分或曲线最平滑的部分。导板材料一般用优质工具钢如 T8A，淬火硬度 HRC52～56。

采用导块导向时，一般将导块设置在模具对称中心线上做三面导向；设置在模具的转角部位时，作为两面导向。

背靠块导向主要用于大型模具的导向。因大型复合模凸、凹模的合模精度要求较高，模具的导向需采取背靠块与导柱并用；大型单动拉深模凸、凹模的合模精度要求不太高，可只用背靠块进行导向。

2）双动拉深模的导向

双动拉深模的导向主要有凸模与压料圈导向、凹模与压料圈导向、压料圈与凸模和凹模同时导向等方式。

（1）凸模与压料圈导向　凸模与压料圈导向的双动拉深模中，凹模与压料圈之间一般不导向。一般在凸模和压料圈的导向面间设导板，以提高导向面的导向精度和耐磨性。设置导板的位置多在凸模上，但也可以在压料圈上，或两者都装上导板。采用凸模与压料圈导向的模具适用于断面形状比较平坦的浅拉深件。

一般将导板沿模具前后左右对称分布 4～8 个，导板的总宽度等于内侧滑动零件轮廓全长的 1/4 以上。

由于当上模下降接触板料之前要先进行导向，所以导板的长度只能长不能短。大中型拉深模上的导板长度，最小不能小于 150mm。开始接触毛坯时最小导向长度与凸模长度的关系，可按表 5-10 选择。

表 5-10　最小预先导向量　　mm

凸模长度	最小导向量	凸模长度	最小导向量
＜200	30	1 200～1 800	70
200～400	40	1 800～500	80
400～800	50	2 500～3 200	90
800～1 200	60	＞3 200	100

（2）凹模与压料圈导向　对于拉深断面形状复杂、模具型面极易产生侧向力的双动

拉深模，需采用凹模与压料圈导向方式。其导向作用与一般冲模的导柱导套相似，不同之处是导向间隙较大，一般为 0.3mm。导向元件一般为 2 组或 4 组背靠块。

（3）凸模、凹模与压料圈同时导向　目前国内外普遍采用压料圈与凸模、凹模同时导向的双动拉深模，保证运动精度，特别适用于持续产量达几十万辆的单一车型的生产。

5.2.5.5　压料零件

压料零件是汽车覆盖件拉深模的重要零件。压料方式与压料零件一样，对拉深成型起着重要作用。汽车覆盖件拉深模采用的压料方式有弹性压料和刚性压料两种，应用于单动拉深模和双动拉深模上。

1）单动拉深模的压料

单动拉深模主要采用弹性压料方式，包括弹簧垫或橡胶垫压料形式和气垫或液压垫压料形式两种。

（1）弹簧垫或橡胶垫压料　弹簧垫或橡胶垫结构简单，安装在压力机工作台或者模具下模座上，冲压拉深时弹簧或橡胶被压缩，产生的压缩力作为压料力。冲压过程对压料力的要求是，冲压开始时，压料面上的板料面积大，需要较大的压料力防止起皱。随着拉深的进行，一部分板料逐渐“流进”了凹模内，使压料面上的板料面积逐渐减小，需求的防止起皱的压料力应是先大后小，而弹簧和橡胶的弹性特性曲线都是直线的，其弹力随压缩行程的增大而线性增大，与冲压工艺要求正好相反，与压料防皱的效果不匹配。所以，弹簧垫或橡胶垫压料一般只用于形状简单的浅拉深件。图 5-23（a）为弹簧压料形式的单动拉深模示意图。

（2）气垫或液压垫压料　气垫和液压垫安装在压力机工作台下，利用压缩空气或液压力通过托杆作用于压料圈上。所用压缩空气的气压或液压的压力比较稳定，压料力的大小基本上不随压力机滑块行程而变化，而且压料力的调节也很方便，压缩空气或液压缸压力的大小可在拉深加工生产前根据冲压工艺对压料力的要求进行调节。图 5-23（b）为气垫压料方式的单动拉深冲模示意图。

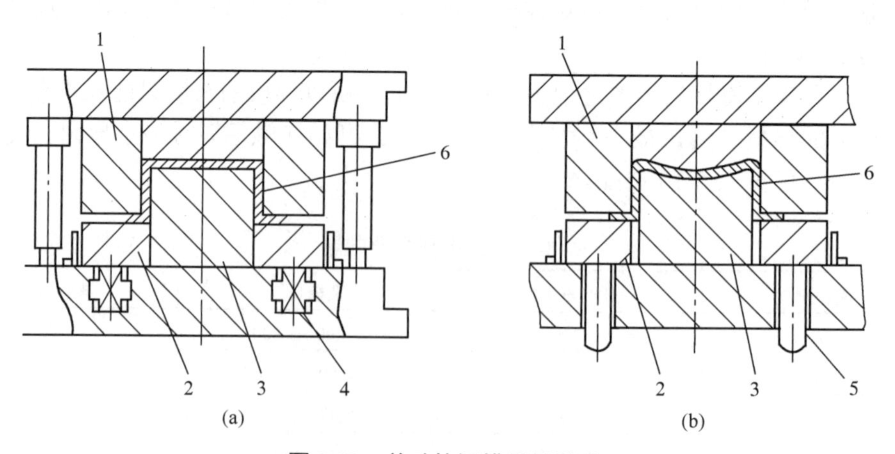

图 5-23　单动拉深模压料形式

（a）弹簧压料形式　（b）气垫压料形式

1．凹模　2．压料圈　3．凸模　4．弹簧　5．托杆　6．拉深制件

2）双动拉深模的压料

刚性的压料装置多用于双动拉深模上，压料圈固定在压力机外滑块上，由外滑块驱动外滑块与内滑块的动作是相互独立的，在拉深时压料圈位置保持不动，因而其压料力不随拉深深度的变化而变化，压料力稳定可靠，可达到拉深力的65%～70%。在进行形状复杂的汽车覆盖件拉深模调试时，可以针对试冲中出现的问题，通过调节外滑块的调节螺母（有的压力机是通过调节外滑块的压力缸压力）局部调节压料面上不同部位的压料力的大小，以适应深拉深成型的需要。

5.2.5.6 起重零件

由于汽车覆盖件模具一般较重，有的重达40t以上，所以在凸模和凹模相应位置均设有起重棒或起重钩，以便在需要开模时做起吊用。

5.2.5.7 其他结构

1）凹模的通气孔

利用双动拉深模拉深时，压料圈首先运行至下止点，将板料压紧在凹模压料面上，然后停在下止点不动，接着凸模向下进行拉深，处于板料下面和凹模表面之上的空气逐渐被压缩。在凸模开始上行而压料圈还压住压料面的时间段里，拉深件受到被压缩空气的反压力，将拉深件顶反变形甚至产生反凹坑等。为此，必须在凹模型腔内的非工作部分钻孔径一般为20～30mm的通气孔。通气孔的位置、数量及直径大小，可根据拉深件形状设计，以能顺利地排气而又不破坏拉深件表面为宜。通气孔一般钻在凹模非工作表面或以后要去掉的废料部分。相应地，要在凹模底面铣通气槽，排除空气。

2）凸模的通气孔

若没有凸模的通气孔，凸模下行拉深时在凸模与板料之间留存有一定的空气，这些空气在拉深成型过程中被压缩，使板料向凹模型腔内产生一定程度的凹陷，当凸模下行到下止点时板料被封闭的空气顶起，与凸模隔开，造成与凸模的贴模性变差，使拉深件的形状不能与凸模保持一致。因此，必须在凸模上合适的部位开通气孔，使这些空气能排出模具外面。

拉深行程完成后，凸模首先行程向上，而压料圈则停留一段时间，在此时间段内，空气必须能流进拉深件和凸模之间，以免在凸模与拉深件之间形成真空，使拉深件紧贴凸模表面，被凸模带向上方，不便于退件，拉深件也可能由于压缩空气的回弹而沿其轮廓向下鼓起。因此，为方便退件，需要在凸模上开通气孔。

在凸模表面上钻出的通气孔，应均匀分布，且其直径不应大于6mm，避免在拉深件表而留下明显的通气孔痕迹，影响覆盖件外观质量。

5.2.5.8 覆盖件拉深模设计的其他内容和设计要点

汽车覆盖件拉深模是保证覆盖件成型质量和工艺要求的冲压工艺设备，设计拉深模是模具设计中难度最大的工作。拉深模模具设计的质量高低，代表着汽车制造厂车身开发能力的高低。覆盖件拉深模的设计包含了很多内容，除前面已介绍的以外，还应考虑一些重要问题，归纳起来主要有以下一些内容：

（1）凸、凹模间隙　一般取为板料厚度的1.0～1.1倍。

（2）板料的定位　板料在凹模压料面上的定位，因为压料面多数为曲面，故不要求其位置十分准确。一般采用螺栓定位销。定位销的位置应放在压料面比较平坦的部位，一般放在送料方向的前向和左、右面，这样便于观察定位情况和不影响送料。定位销可根据板料尺寸大小，设置2～6个。为防取件时板料表面被定位销划伤，一般在定位销头部加个纯铜帽。

（3）确定凸、凹模圆角等参数　凸模圆角决定覆盖件的相关形状，凹模圆角影响板料流入模具的阻力。凹模圆角部分虽不起压料作用，但对压料面的大小有重要影响。

（4）拉深件出模方式　拉深结束后，拉深件被留在凹模里。对没有直壁，底部是平缓曲面的浅拉深件，且生产批量不是很大时，凹模内可不设专门的顶出装置，拉深成型结束后，在凹模压料面的适当位置设一组撬杆装置以便于人工出件。但需开空手槽，以保证操作者的安全。对有一定直壁高度的深拉深件及大批量生产时，应在凹模内设置弹簧顶件器或气动出件装置等顶出装置，将制件顶起合适的高度，以便于操作者取件或由机械手通过吸盘取件，提高生产效率。

由于拉深模的设计制造水平标志着单个覆盖件整套模具和整车全套模具的水平，故拉深模的设计要同时兼顾单台压力机自动化和冲压生产线自动化的要求，要与上下料装置、翻转装置和传送装置等配合。

5.2.5.9 拉深模材料及拉深模制造要点

1）拉深模常用材料

拉深模的材料主要是指凸模、凹模和压料圈这三大件所用的材料。由于汽车覆盖件拉深模的尺寸大而且形状复杂，凸模、凹模和压料圈通常都采用铸件。其所用的材料应满足耐磨、不易拉毛（黏着）和易加工的要求，并能进行局部表面火焰淬火使之硬化。

目前采用的铸件材料主要有镍铬铸铁、铬钼钒铸铁、铜钼钒铸铁和钼钒铸铁。铸铁中的石墨起润滑作用，其有较好的耐磨性，加工性也好。

凸模、凹模和压料圈等主要零件的材料，通常根据生产量和模具使用寿命的要求来选择：大批量生产时，采用镍铬铸铁或铝钒铸铁等合金铸铁，硬度要求达到HRC45～50。

2）拉深模制造要点

汽车覆盖件的拉深模，由于制件形状复杂和轮廓尺寸大，其制造工艺有一定特殊性。拉深模与后工序模具（修边模、翻边模等）的关系密切，拉深模制造的成败优劣决定了其他模具制造质量的好坏。

拉深模的制造工艺，与车身覆盖件的要求、模具结构、形状以及加工设备等有关。根据模具的成套性，通常的情况是如果一个覆盖件有几道冲压工序就应有几套模具。这些模具在投入制造时，不可能同时投入，也不可能按冲压工艺的顺序投入。通常的制造顺序是按照：拉深模→翻边模→修边模→冲孔模（或修边冲孔模）→落料模的顺序来进行的。拉深模制造完毕后，进行反复调试才能获得合格的拉深件，根据拉深模拉深出的合格拉深件来制造翻边模和修边模用的工序件（立体）样板。再根据拉深模调试所确定的板料形状和尺寸倒推落料模尺寸；同时用拉深出的合格拉深件进行剪边，决定翻边模的制造尺寸。再根据翻边模调试所确定的修边线形状和尺寸确定修边模尺寸。所以，拉深模应优先制造，制造成功后才能投入其他模具的制造。制造拉深模时，主要应保证各型面的精度、间隙和表而质量。

5.2.5.10 拉深模调试

覆盖件拉深模装配后，要装在研配压床上进行研配调试。在调试过程中，首先检查验证各运动零件之间的相互关系是否合适。调试主要靠手工研磨加工，需耗费大量的工时。研磨加工的主要内容是凸凹模型面的配合及压料面。研磨时，一般是用涂色的办法，观察涂色的变化情况，对高点进行研磨。研磨的结果必须使凹模压料面与压料圈的接触面积至少达到80%以上，然后用板料进行试冲，针对试冲中出现的问题，通过双动压力机来调整压料力，修改压料向、板料形状尺寸、凹模圆角等，经反复试模后获得合格的拉深件。最后，将拉深模和试冲件交付生产调试。

1）拉深模调整的意义

拉深模的调整，是模具制造调整中最复杂和最困难的，调整工时耗费最多，尤其是在试冲翼子板和侧围等形状复杂的拉深件时板材消耗最多。许多不确定性因素都需要通过试冲来确认。只有通过拉深模的调整，才有可能拉深出合格的工序件。拉深出合格的工序件后才能进行其他模具的调整，获得合格的最终覆盖件。但如果拉深件工艺性较差，则有可能拉深不出合格的制件，这样不但影响拉深模，而且还会影响拉深以后各工序的模具。所以，有的零件在通过拉深模的调试并冲出合格的制件以后，还需要重新设计，因此需要的制造周期较长。

此外，将拉深模的试冲所决定的覆盖件拉深坯料的外形尺寸，作为设计落料模的依据，落料模确定后才能进行其他模具的生产。因此，对汽车覆盖件的冲压成型来说，拉深模调试具有重要意义。

2）拉深模调试应解决的问题

尽管可在一些软件的辅助下进行汽车覆盖件和模具的工艺设计，但还不能定量地给出材料在成型过程中的全部塑性变形规律和有关数据，显然，设计出的冲压工艺和模具在很大程度上存在着许多不确定的因素，这些只能靠模具的现场调试来解决。

汽车覆盖件拉深模在制造完成之后，虽然在装配调试中已试冲出基本合格的拉深件，但拉深模还未处于生产状态，还没有把握保证大批量稳定生产的要求。因此，为使拉深模在投入正式生产使用时能够稳定生产出高质量和良好性能的覆盖件，必须进行模具的生产调试。

冲模调试时应注意解决以下问题：验证零件设计和拉深件设计的冲压工艺性；验证冲压工艺、冲模结构及模具参数的合理性；确定板料的选择是否合理。

调试完毕后，将调试过程的详细记录建立档案并予以妥善保存。

3）调试要点

调试前要熟悉模具，认真审核所调整安装的模具在模具图样、冲压件图样、冲压工艺和模具安装的图样等方面是否与模具结构一致。

（1）检查模具的安装技术条件 模具的闭合高度是否与压力机的闭合高度相适应，模具的安装槽（孔）与压力机上安装槽（孔）的位置是否一致。

（2）检验模具压力中心 为了保证压力机和模具正常地工作，必须使模具的压力中心与压力机滑块的中心线相重合。否则在冲压时会产生弯矩，使模具与压力机滑块歪斜，引起凸凹模间隙不均和导向零件的加速磨损，损坏模具刃口和其他零件，甚至还会引起模具和压力机导轨磨损，影响压力机精度，降低模具使用寿命。

求模具压力中心的方法很多，可通过解析法、作图法和使用软件求出。

模具如需联合安装，应对（1）、（2）项进行严格校验。

（3）检查压力机的技术条件 检查压力机的制动器、离合器、平衡汽缸、液压系统、操作机构是否完好、有效，工作是否正常。应将压力机打料螺栓调节到适当位置，以免在调节滑块的闭合高度时顶断压力机上的打料机构。检查压力机上的压缩空气垫、液压垫的操作是否灵活。

（4）试冲时分段调整 将全部拉深深度分为三段或四段进行试拉深，对较平坦且拉深深度较浅的冲压件可分为三段，对形状复杂且拉深深度较深的冲压件可分为四段。调整试拉深时，先将较浅的一段调试合格后，再往下调深一段，一直调至所需的拉深深度为止。

（5）避免冲压件出现破裂或皱纹 破裂或皱纹是拉伸模调整中最常见的缺陷。“多则皱，少则裂”，需要调整进料阻力。另外还要根据成型极限曲线（FLC）对零件材质的优劣进行分析，最终的要求是能满足稳定大批量生产的要求。

4）一般工作程序

（1）在双动压力机上安装、操作拉深模，应按下列程序进行：

① 验证拉深模的安装尺寸，使之与工作压力机匹配。

② 在压力机上安装好模具。

③ 将板料放在压料面上，通过定位销定位。

④ 开动压力机外滑块，使压料圈压紧板料并保待压料力，同时内滑块带动凸模向下运动至下止点，拉深过程结束。

⑤ 内滑块带动凸模上行，外滑块仍停留较短时间，便于拉深件从凸模上退下。

⑥ 外滑块也开始上行，为下一个拉深做准备

⑦ 顶件装置提供顶件力，将阻塞在凹模内的拉深件顶出，拉深周期结束。

（2）在单动压力机上安装、操作拉深模，应按下列程序进行：

① 验证拉深模的安装尺寸，使之与工作压力机匹配。

② 在压力机上安装好模具。

③ 将板料放在压料面上，通过定位销定位。

④ 开动压力机上滑块，带动凸模向下运动，压料部分与板料接触，弹性压料装置受压缩，上滑块运行至下止点，拉深过程结束。

⑤ 上滑块带动凸模下行，为下一个拉深做准备。

⑥ 若拉深件紧箍在凸模上，需使用卸料装置施加卸料力，将紧箍在凸模上的拉深件卸下，拉深周期结束。

5.3 冲压设备及冲压生产线

5.3.1 冲压设备类型和结构

冲压设备根据所加工产品特征不同主要分两大类：压力机与剪切机。压力机主要用于弯形、拉深、缩口、压印、起伏、翻孔、翻边、扩口、胀形、整形等，它主要是依靠压力机的压下能量作功于模具中的钢板，使之变形。剪切机则主要用于落料、冲孔、切断等。多数情况下压力机加工的板料较厚或在加工过程中变形较大，故压力机的吨位一般比剪切机吨位大。

5.3.1.1 压力机类型

汽车生产中使用最普遍的冲压设备是压力机。通常，按工艺用途可分为通用压力机和专用压力机；按操纵与控制方式分为自动压力机和非自动压力机；按驱动滑块的动力形式分为机械压力机、液动压力机、气动压力机和电磁压力机；按机身结构形式分为开式压力机和闭式压力机，其中开式压力机包括 C 形单柱压力机和 C 形双柱压力机，闭式压力机包括梁柱式压力机（双柱、三柱、四柱、八柱等）和框架式压力机。同时，按照工作台的结构不同又可分为固定台式压力机、可倾台式压力机和升降台式压力机；按运动滑块的数量分为单动、双动及三动压力机；按与滑块相连的曲柄连杆数（或液压缸数）分为单点压力机、双点压力机及四点压力机；等等。单动与多动、单点与多点的结构区别如图 5-24 和图 5-25 所示。所谓双动压力机通常有内、外两个滑块；而三动压力机除上部与双动压力机类似外，其下部还有一个下滑块，如图 5-24（c）所示，若不用下滑块，将它脱开就成为双动压力机。曲柄连杆数（点数）的设置主要根据滑块面积大小和使用目的而定，点数多的压机，滑块承受偏心负荷的能力大；四点压力机的结构类似于前后排列的两套双点压力机曲柄连杆结构，如图 5-25（c）所示，对液压机则为液压缸数。图 5-26 所示为汽车生产中常用的几种冲压设备。

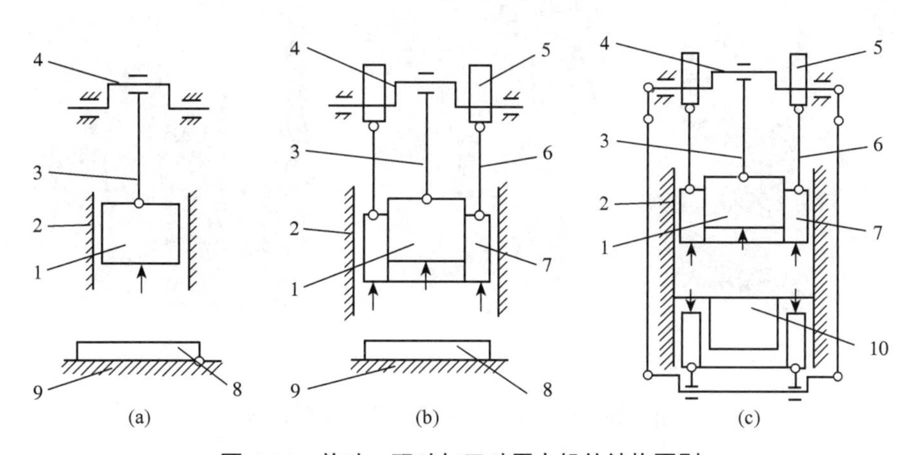

图 5-24 单动、双动与三动压力机的结构区别

（a）单动压力机 （b）双动压力机 （c）三动压力机

1. 主滑块 2. 机身 3、6. 连杆 4. 曲轴 5. 偏心轮 7. 外滑块 8. 垫板 9. 工作台 10. 下滑块

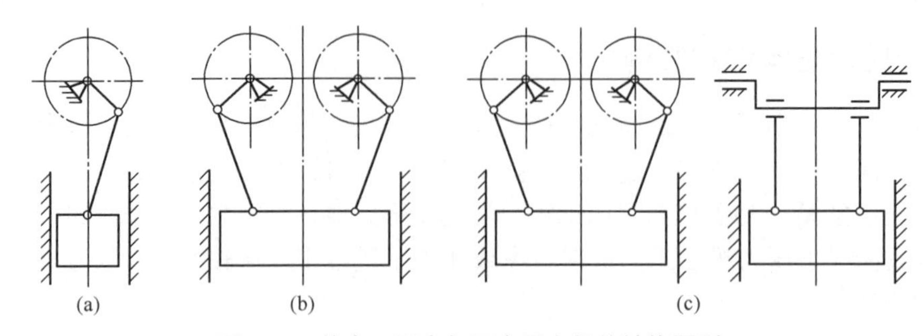

图 5-25 单点、双点与四点压力机的结构区别

（a）单点结构 （b）双点结构 （c）四点结构（两套双点结构前后排列）

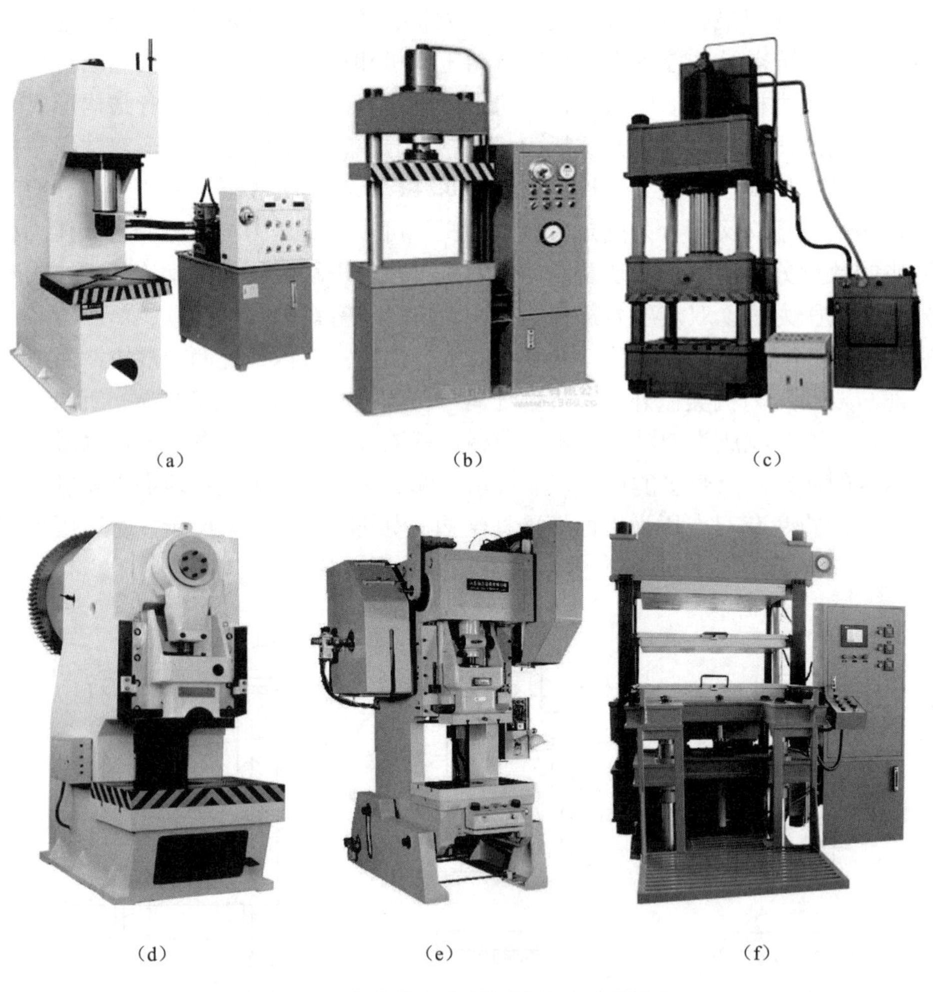

图 5-26 汽车生产中常用的几种冲压设备

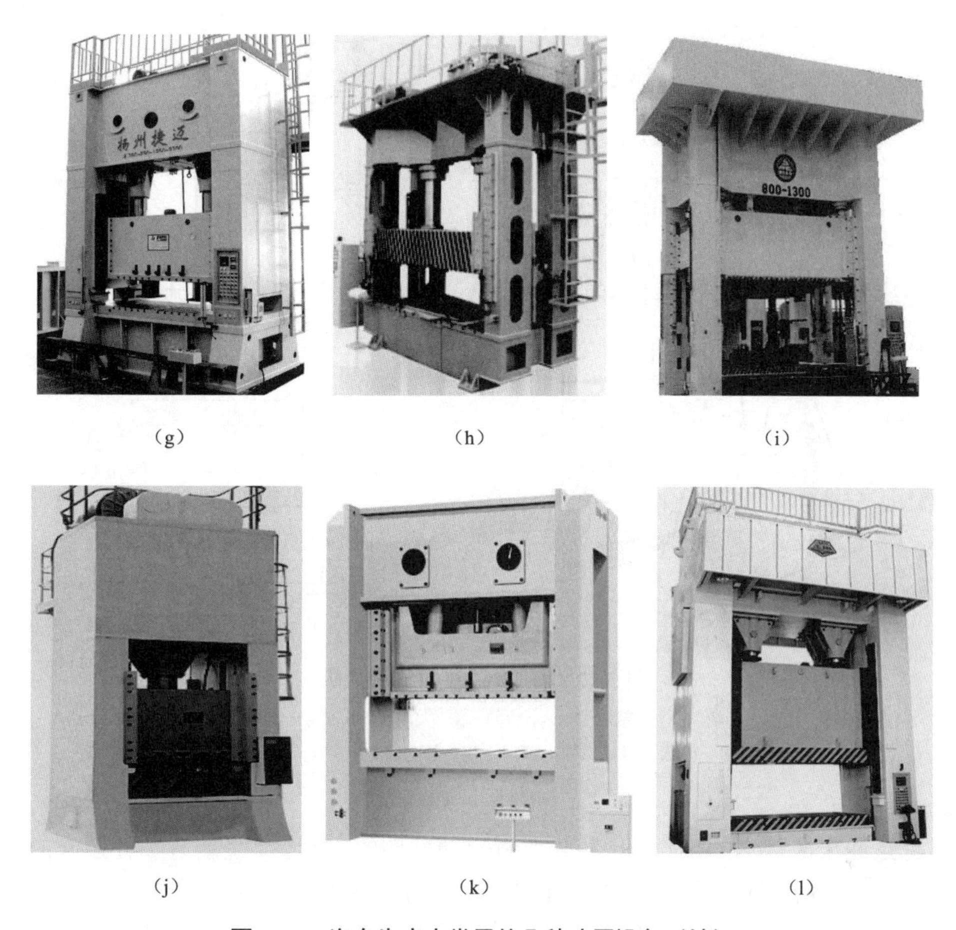

图 5-26 汽车生产中常用的几种冲压设备（续）

（a）开式单柱液压机 （b）闭式双柱液压机 （c）闭式四柱液压机 （d）开式固定台式曲柄压力机 （e）开式可倾台式曲柄压力机 （f）闭式升降台式液压机 （g）闭式单动液压机 （h）闭式双动液压机 （i）闭式三动液压机 （j）闭式单点液压机 （k）闭式双点液压机 （l）闭式四点液压机

5.3.1.2 压力机构造及工作原理

以图 5-27 所示的国产 JB23—63 型机械压力机（冲床）为例，冲床的构造主要由工作机构（一般为曲柄连杆滑块机构）、传动系统（齿轮、传动带等）、操纵系统（离合器、制动器等）、动力系统（电动机、飞轮等）、支承部件（机身等）等几部分组成。电动机通过小齿轮（或小带轮）和大齿轮（或大带轮）及离合器将运动传递给曲柄，曲柄的回转运动通过连杆变成滑块的上下往复直线运动。模具的上模（活动部分）固定在滑块上，下模固定在床身的工作台面上，导轨保证滑块运动方向准确，使上下模具之间不产生水平错移，床身是所有运动部分的支承件，并且把压力机的全部机构连成一个整体。冲床的操纵是通过脚踏板、离合器和制动器的配合实现的。为了使负荷均匀，能量利用经济，冲床上装有飞轮，在小型压力机中大齿轮（或大带轮）即起飞轮作用。冲床一般还配有打料装置、顶料或拉伸用的气垫装置、自动送料装置、监测装置等。

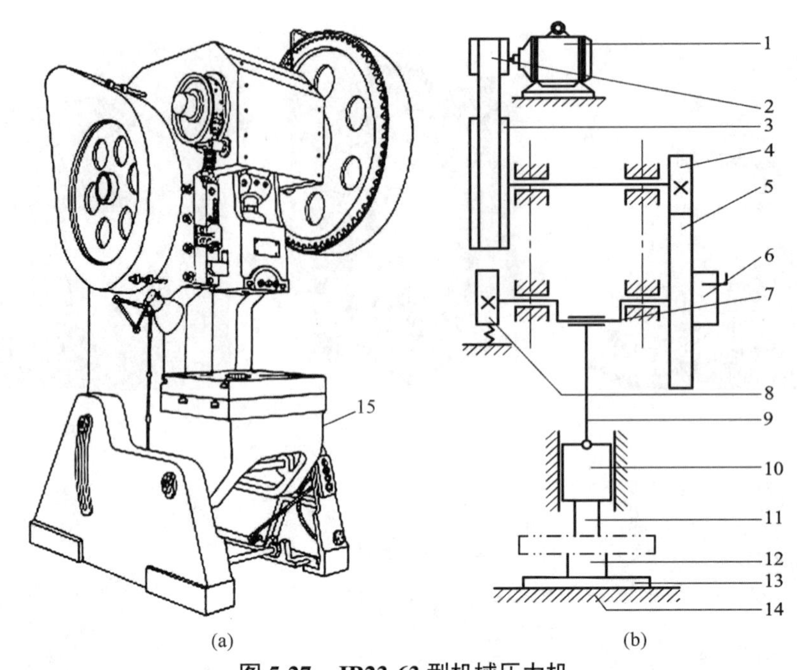

图 5-27　JB23-63 型机械压力机

1．电动机　2．小带轮　3．大带轮　4．小齿轮　5．大齿轮　6．离合器　7．曲轴　8．制动器
9．连杆　10．滑块　11．上模　12．下模　13．垫板　14．工作台　15．机身

1）机身

机身是冲床最基本的部件，是冲床所有运动部件的支撑体，是所有零件装配的基体。

冲床在工作时，机身承受着冲压过程中金属材料变形时所产生的作用力。冲床工作的可靠性、模具的使用寿命以及其他部件的工作状况和寿命、制件的精度都与机身的结构有关。因此要求机身有较高的强度、刚度和振动稳定性。

冲床在冲压过程中，运动部分由于速度和作用力的变化而引起的振动，其吸收程度与机身重量有关。机身所用的材料最多，一般机身的重量大约是整个冲床重量的60%左右，同时机身又是最复杂和制造工作量最大的零件。

机身的类型分为两类，即开式和闭式。开式冲床如图 5-28（a）、（b）、（c）所示，由于前面和两侧是敞开的，操作者可以在前方或左右方送料、取件、清除废料，也可以安装、调整模具，操作方便、活动范围大，能看到模具的工作情况，使人有安全感。100t以下的开式冲床，一般都做成可倾式机身，便于排出废料或制件。其缺点是：机身刚度差，冲压过程中容易产生变形，上、下模具容易发生偏斜，影响制件质量，加剧模具磨损，甚至可能造成事故。闭式冲床如图 5-28（d）所示，机身刚度好，冲压过程中机身变形小，精度高，上、下模具中心线一般不会发生变动，安全性高，200t 以上的冲床均为闭式机身；缺点是由于机身两侧是封闭的，给安装、调试模具和送料、取件操作带来不便。

2）传动系统

冲床的传动系统工作原理以图 5-27 所示冲床为例：电动机 1 通过带轮 2、3 及齿轮 4、5 减速增加转矩把动力传给曲轴 7，曲轴通过连杆 9 带动滑块 10 做往复运动。

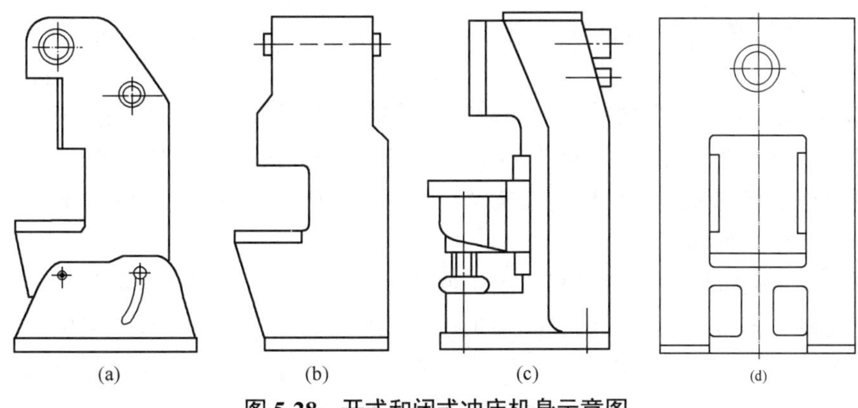

图 5-28 开式和闭式冲床机身示意图

（a）开式可倾台式机身 （b）开式固定台式机身 （c）开式升降台式机身 （d）闭式整体机身

3）控制系统

冲床的控制系统由离合器、制动器和离合器操纵系统组成。

机械压力机一般都是由电动机带动飞轮连续转动，飞轮再通过离合器将运动传给曲轴，驱动连杆滑块机构运动进行冲压作业；当离合器脱开，飞轮与曲轴中断动力联系，但为了防止曲轴因惯性继续转动，使滑块再次下冲，就必须设有制动器，使曲轴停止转动，同时控制滑块停在需要的位置上。即离合器结合时，制动器必须松开；制动器制动时，离合器必须脱开，以防止滑块的连冲或引起摩擦零件的严重发热、磨损而不能工作。所以要求离合器、制动器灵活可靠、配合协调。一般冲床在不工作时，离合器是常开的，制动器则总是处在制动状态。

离合器有刚性离合器和摩擦离合器两种类型。其中刚性离合器结构简单，不需要压缩空气，但它传递的扭矩小，转键承受冲击负荷，容易损坏，安全性较差，并且滑块只能停在上止点，给安装、调整模具带来不便，所以它适用于 100t 以下的冲床。

4）连杆滑块机构

连杆滑块机构是将曲轴的旋转运动经连杆转变为滑块的往复直线运动。连杆将曲轴的扭矩转换为滑块对制件的冲压力。

（1）连杆机构　冲床的连杆是把曲柄（曲拐轴式、曲轴式、偏心齿轮式）与滑块连接起来，曲柄的旋转运动经连杆转变为滑块的往复直线运动。由于两者的运动方向不同，连杆必须与滑块铰接。

为了适用于安装不同闭合高度的模具，一般冲床的连杆机构长度是可以调节的，用于调整滑块的上下位置。在 100t 以下的机床上，一般采用手动方式调节连杆的长度；在大型机床上，一般采用机动调节方式。

（2）滑块　滑块本身是一个箱形结构，用来固定上模。滑块的底平面开有 T 形槽或模柄孔，上模的模柄安装在滑块的模柄孔内用螺钉紧固。从而带动上模运动，完成冲压工作。如图 5-29 所示，滑块本体是

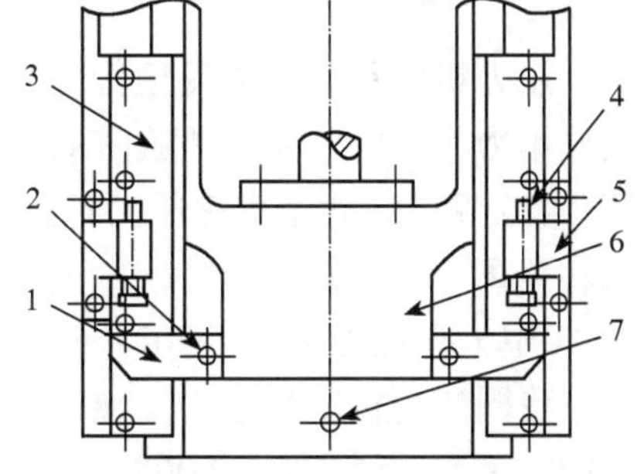

图 5-29 滑块结构及导轨

1．打料板 2．档销 3．导轨 4．打料螺杆 5．打料杆座 6．滑块 7．压紧螺钉

靠着固定在床身上的两个导轨保持平稳运动。滑块本身的导向面必须与底面垂直。滑块与导轨之间应保持一定的间隙和良好的润滑，如间隙大时，可用螺栓移动导轨进行调整。为了保持滑块的运动精度，滑块的导向面应有足够的长度，所以滑块应有足够的高度，滑块的高度与长度的比值，在闭式冲床上为1.08～1.32，在开式冲床上则高达1.7。

滑块应有足够的强度，并且其重量越轻越好，这样上升时消耗的能量较少，并且可以减少制动停止的制动力。

在滑块中有夹持模具的装置和顶出工件的装置。在冲压工作中，为顶出卡在上模中的制件或废料，压力机上装有可调刚性顶件（或称打件）装置。由图5-30可知，滑块上有一水平长方形通孔，孔内自由放置打料横梁2，俗称扁担，当滑块运行到下止点进行冲压时，制件（或废料）进入上模（凹模）将打杆3顶起，打杆又将打料横梁2抬起，当滑块上升时，打料横梁两端碰上固定在床身上的打料螺钉1，使之不能继续随滑块向上运动，因而通过打杆将卡在上模（凹模）中的制件或废料打出。

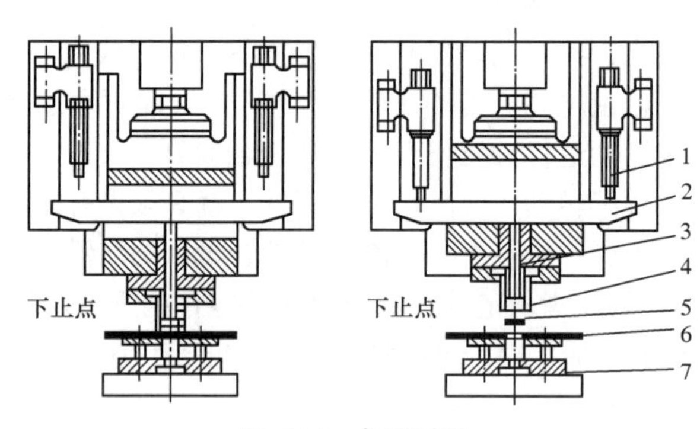

图5-30 打料装置

1. 打料螺钉 2. 打料横梁 3. 打杆 4. 凹模 5. 工件 6. 材料 7. 凸模

5.3.2 压力机技术参数

在压力机的类型选定之后，应进一步根据变形力的大小、冲压件尺寸和模具尺寸来确定设备的规格。曲柄压力机所考虑的主要技术参数如下。

5.3.2.1 公称压力（吨位）

压力机的承载能力受压力机本身各主要构件强度的限制，其滑块上所容许承受的最大作用力（许用负荷）是随曲柄转角位置不同而变化的。公称压力是指滑块离下止点前某一特定距离（此距离称压力行程S_p，开式压力机S_p=3～5mm，闭式压力机S_p=13mm）或转角离下止点前某一特定的角度（此特定角度称为公称压力角α_p，小型压力机α_p=30°，中大型压力机α_p=20°）时，滑块上所容许承受的最大作用力。

我国压力机公称压力（吨位）系列为：160，200，250，315，400，500，630，800，1 000，1 250，1 600，2 000，2 500，3 150，4 000等。

在选择压力机公称压力时，对于工作行程小于压力机公称压力行程的冲压工序，只要使冲压所需的成型力的总和不超过公称压力即可。

5.3.2.2 电动机功率

一般在保证冲压力的情况下，功率是足够的。但在某些情况下（如大型件的冲裁、深度很大的拉深等），也会出现压力足够而功率不足的现象，此时必须对压力机的电机功率进行校核，并选择电动机的功率大于冲压所需的总功率的电动机。

5.3.2.3 滑块行程和行程次数

滑块从上止点运动到下止点所经过的距离称为滑块行程 S，如图 5-31 所示。行程次数 n 是滑块在空载时每分钟往复行程的次数。

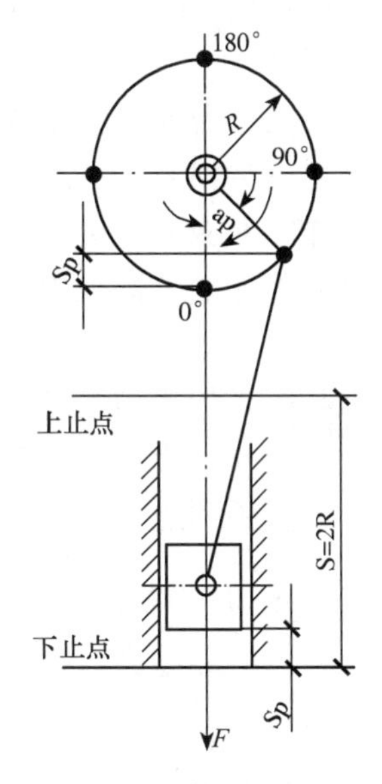

图 5-31 压力机运动原理

滑块行程是影响压力机使用性能的基本参数，加工零件的高度主要取决于它。闭式单点压力机的 S 值有 250，315，400，500，630mm 等。S 值大小的选择，应保证方便毛坯的放入和零件的取出。拉深和弯曲工序一般需要较大的行程。对于拉深工序，其行程一般为拉深件高度的 2 倍。根据用途的不同，压力机的行程有的做成可调节的。

行程次数是反映压力机生产效率的一个重要参数。一般闭式单点压力机的 n 值为 20，16，12，10，8 次/min；双点压力机的 n 值为 18，14，12，10，8 次/min。n 值主要根据生产率、操作的可能性和允许的变形速度来确定。在确定行程次数时，滑块的运动速度要符合冲压工艺的要求。对拉深工艺而言，若速度过高，则会引起工件破裂。

5.3.2.4 装模高度

压力机的装模高度是指滑块在下止点位置时，滑块下表面到工作垫板上表面的距离。装模高度加上垫板厚度即为压力机的封闭高度。没有垫板的压力机，其装模高度与封闭高度相等。模具的封闭高度是指工作行程终了时，模具上模座上表面与下模座下表面之间的距离。选择压力机时，必须使模具的封闭高度 H 介于压力机的最大装模高度与最小装模高度之间，如图 5-32 所示，一般应满足：

$$H_{min}+10 \leqslant H \leqslant H_{max}-5 \tag{5-1}$$

式中：H_{max}——连杆调节到最短时压力机的最大装模高度，mm；

H_{min}——连杆调节到最长时压力机的最小装模高度，mm；

H——模具的封闭高度，mm。

式（5-1）中的 5mm 是考虑装模方便所留间隙，10mm 是保证修模所留尺寸。闭式双点压力机的最大装模高度有 730，800，1 100，1 250mm 等。

由于考虑到连杆受力情况希望以最短的连杆工作，以及考虑到修模而使模具封闭高度减小等原因，一般模具设计最好接近压力机的最大装模高度。如果模具封闭高度小，可在压机工作台面上加放垫板。

5.3.2.5　工作台面和滑块底面尺寸

如图 5-32 所示，导轨间距 d、滑块底面前后尺寸 B_1、工作台面左右尺寸 B、工作台面前后尺寸 L。这 4 个参数是设计者确定压力机结构尺寸和使用者设计模具的重要依据；其中 L 和 B 决定压力机安装上模的最大平面尺寸；L_1 和 B_1 决定安装下模的最大平面尺寸。

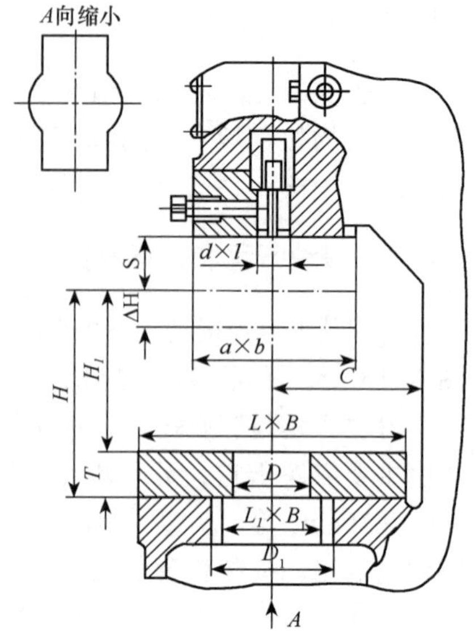

图 5-32　压力机、模具的封闭高度

工作台面（或工作垫板）和滑块底面的大小应足以安装模具，并留有余地。一般情况下，压力机工作台面应大于模具底座尺寸 50～70mm 以上，同时应保证能牢固地安装及固定冲模，并能正常工作。工作台和滑块的形式要考虑冲压工艺的需要，即必须与模具的推料装置、顶料装置等的结构相适应，例如工作台上的孔，应能容纳模具的卸料装置或顶料装置顺利进行。

5.3.2.6　压力机的精度和刚度

压力机的精度，主要是指压力机在静态情况下，所测得的压力机应达到的各种精度指标，故又称静态精度。它主要包括：工作台面的平面度、滑块下平面的平面度、工作台面同滑块下平面的平行度、滑块行程同工作台面的垂直度、滑块中心孔同滑块行程的平行度。

压力机静态精度的高低，对冲压工作有很大的影响。压力机精度高，则冲出的工件质量也高，冲模不易损坏，使用寿命长。精度低的压力机，不仅工件质量低，模具寿命也低。若滑块行程与工作台面垂直度差，则导致上、下模的同轴度降低，冲模刃口容易损坏。但是，压力机的静态精度却要靠压力机的刚度保证。压力机的刚度主要是指压力机在工作时抵抗弹性变形的能力。对开式压力机来说，有垂直刚度和角刚度两种指标。所谓垂直刚度是指压力机的装模高度产生单位垂直变形时，压力机所承受的作用力，而角刚度是指压力机的滑块相对于工作台面产生单位角变形时，压力机所承受的作用力。在冲压力的作用下，床身会弹性伸长，工作台平面会弹性挠曲，尤其是角变形，这些弹性变形破坏了压力机的静态刚度，对冲压件的质量有很大的影响。

对冲裁工序，尤其是精密冲裁和要求较高精度冲裁件的普通冲裁工序，模具间隙要求小而均匀，并且在上、下模吻合时要有准确的入模量。压力机如果角刚度不足，不但会造成废品，而且会大大缩短模具的使用寿命。

表 5-11 列举了轿车车门护板主生产线的压力机参数。

表 5-11 车门外护板成型压力机的工艺参数

<table>
<tr><th colspan="2" rowspan="2">工序</th><th rowspan="2">压机型式</th><th rowspan="2">压机台数</th><th colspan="9">工 艺 参 数</th><th rowspan="2">主要附属装置</th></tr>
<tr><th>压机吨数/t</th><th>模具缓冲器吨数/t</th><th>模具高度/mm</th><th>行程长度/mm</th><th>模具缓冲器行程长度/mm</th><th>滑块调整尺寸/mm</th><th>模座尺寸/mm</th><th>行程数/（r/mm）</th><th>刚度</th></tr>
<tr><td rowspan="2">拉深</td><td>内滑块</td><td rowspan="2">双动无曲柄压机</td><td rowspan="2">1</td><td>500</td><td>80</td><td>1 700</td><td>840</td><td>300</td><td>500</td><td rowspan="2">2 500×1 700</td><td rowspan="2">20～10</td><td rowspan="4">JIS 1 级（JIS B6402），滑块、床面挠度＜0.125mm/m</td><td rowspan="4">模具缓冲器、模具缓冲器联锁装置、可动模座装置、模具紧固装置、微动装置、过载保护装置、液动压料装置（只用于双动压力机）。
注意：
1. 按需要选取；
2. 车门外护板专用压力机不需要模具缓冲装置</td></tr>
<tr><td>压料圈</td><td>400</td><td></td><td>1 400</td><td>560</td><td></td><td>500</td></tr>
<tr><td colspan="2">切边</td><td>单动四点无曲柄压机</td><td>1</td><td>500</td><td>80</td><td>1 420</td><td>500</td><td>250</td><td>500</td><td>2 500×1 700</td><td>20，13.5</td></tr>
<tr><td colspan="2">弯曲复合、弯曲冲孔、二次弯曲</td><td>单动四点无曲柄压机</td><td>3</td><td>400</td><td></td><td></td><td></td><td></td><td></td><td></td><td></td></tr>
</table>

5.3.3 自动化冲压生产线

5.3.3.1 冲压自动生产线的机械化装置

冲压自动生产线的机械化装置是由上料、下料、翻转和传送等装置构成。

1）板料的上料装置

板料的上料装置也叫拆垛进给装置，是大型薄板冲压自动线必不可少的机械化装置，用于自动线第一道工序，将板料送进冲模，这种装置包括料台、举升机构、吸料进给器、涂油装置、双料检测器、上料器等部分组成。图 5-33 所示为一种典型的上料装置。

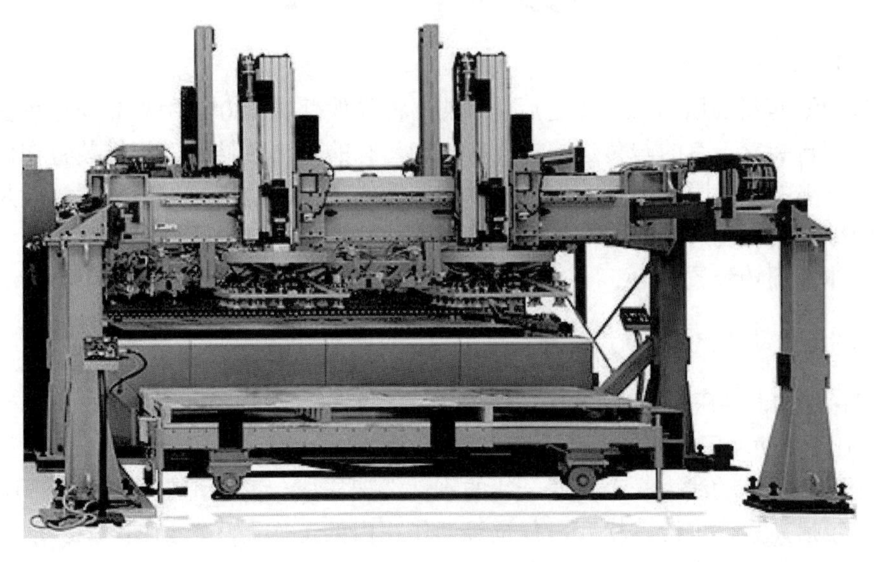

图 5-33 板料上料装置

2）上料、下料装置

用于两台压力机之间的下料、上料装置通常为组合式结构，同时完成工件的下料、传送和上料三种动作；有的还与翻转器组成一个单元，完成四种动作。

图 5-34 所示是一种上、下料装置。上、下料采用叉子结构，进料和取料又都固定于同一导架上。导架由同步电机通过曲轴凸轮和杠杆机构驱动。上下料装置与压力机同步运转。驱动导架向前运动，使取料叉子伸入模具，将零件托起并取出，至预定位置后，导架下落，叉子将零件分置于两边的托架上。当导架第二次运动时，再将零件托起向后运动，靠分送爪将零件沿导轨托架表面向后移动一个步距。这样当零件移入上料位置时，随着导架升起，进料叉子将零件托起夹住，并将其送入下一台压力机的模具内。

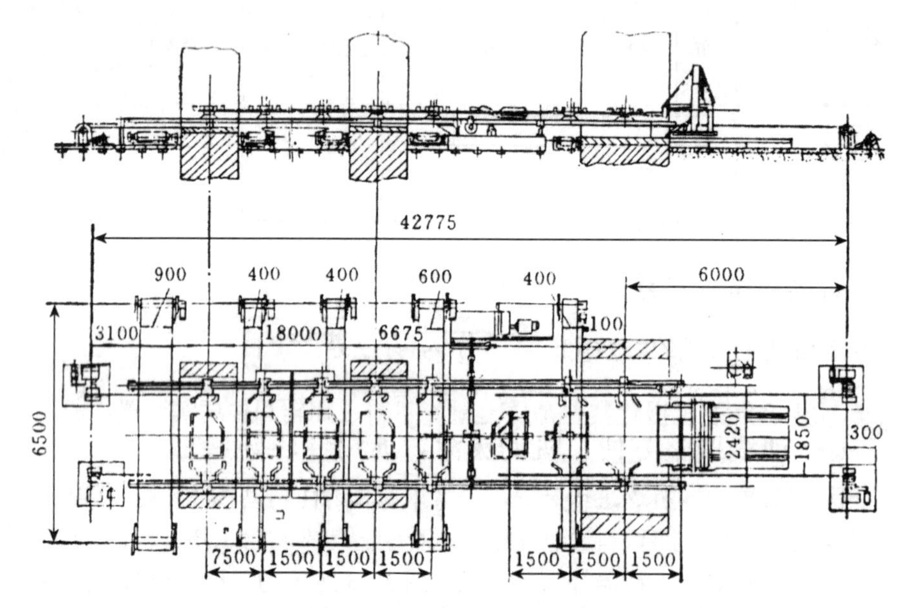

图 5-34 组合式上、下料装置

3）翻转装置

在自动线的双动压力机拉深之后，常常要将零件翻转 180°。用来完成这种翻转工作的装置为翻转装置，有的与传送装置连在一起，有的为单独结构。翻转装置在做翻转运动时，应不需强力紧固和夹持工件，工件翻转后位于正确位置。翻转装置一般是由驱动系统、间歇运动机构、旋转轮和过载离合器等组成；图 5-35 所示是一种与上、下料器组合成一体的翻转装置。

5.3.3.2 冲压自动生产线

按机械结构，冲压自动生产线可分为刚性连接的自动线和柔性连接的半自动生产线。

1）刚性自动冲压生产线

刚性连接的自动线由一个贯通全线的刚性滑架构成，整个滑架与压力机同步动作，分别完成包括夹紧、进给、松开、复位等动作在内的工作循环，如图 5-36 所示。这种自动线要求压床间距离相等或压床距离间零件工位成倍数。全线的压床和自动传送装置

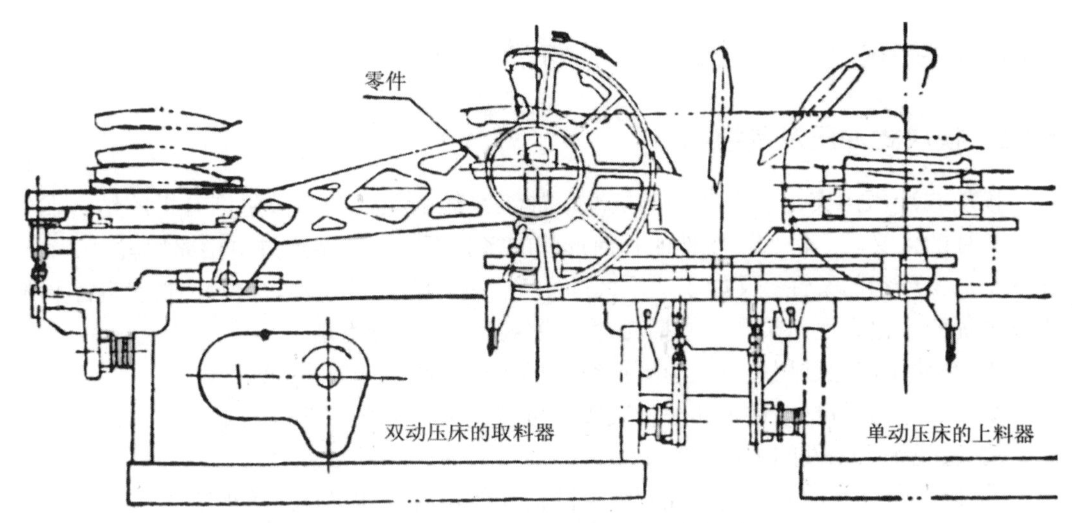

图 5-35 与上、下料器组合一体的翻转装置

以及出件器、翻转器等通过统一的动力系统，自动协调动作。这种自动线的自动化程度较高，通用性较差，要有很好的定位和可靠的保险装置。

2）柔性冲压自动生产线

与刚性自动线相比，柔性连接的自动线调整方便，机动灵活，通用性较好；压床间距离不一定相等，也不一定要求压床之间零件工位成倍数。这种自动线大致有两种类型：

① 人工上料、机械手取料；或部分人工上料，部分机械化上料，机械手取料。多数是压机间采用传动带式运输机将各工序连接起来，除卸件（取件）用各种机械手外，上料和定位基本上靠人工操作或部分靠人工操作，部分机械化推进，人工定位。这种生产线由于自动化程度不同，生产效率悬殊较大。

② 上、下料都用机械化装置，但未实现电气互锁和同步系统，靠人工进给信号间歇操作。

图 5-37 所示为机械装置由压力机驱动的冲压自动生产线。机械装置由压力机驱动，同步可靠，故障少，可以获得较高的生产效率。

图 5-36 刚性自动冲压生产线

图 5-37 冲压自动生产线

5.4　车身覆盖件冲压新技术与新工艺

5.4.1　模块式冲压及其控制

模块式冲压的突出优点在于能把冲压加工系统的柔性与高效生产有机的结合在一起。柔性的含义较广，如冲压件的几何形状的多种要求，只要通过自由编程就可获得，体现了加工形状的柔性。又如既适用大批量单品种冲压件的生产，更对小批量多品种加工发挥优势，也表现出柔性。概括而言，模块式冲压的持点是：

① 在冲压成型过程中可快速更换组合模具以提高生产效率；

② 由于具有带材的供带和矫带装置，可省却另设上料、下料工序；

③ 实现了大工件的不停机加工；

④ 既能独立又能成系列的控制组合冲模动作，能连续进行冲压加工；

⑤ 冲模具有可编程的柔性特点。

一种模块式冲压加工系统由一台带有控制功能模块式冷冲压的压力机、卷材带材送进装置、带材矫正机及可编程进给装置等构成。这种冲压系统在运行时可进行冲模横向位移、带材进给定位、冲模重复运行及自动调整下工步的冲模调整等多项功能。由于在冲压过程中进行可编程冲压，使这种模块式冲压系统能柔性地适应生产需求，能在相同带材上进行不同工件及批次的混合生产，实现不停机的串接式加工，还同时在工件两面冲压加工，极大地提高了工作效率，有资料表明，模块式冲压成型使加工费用型下降40%～50%。

当前模块式冲压装置的集成度很高，在宽度为 300mm 范围内可安排 35 个模具，通过冲模上端的顶板可对冲模进行独立式系列控制，即形成冲模的集成控制。整个系统的可编程在 Windows 用户界面和菜单下实现，编程涉及模具沿着横向定位轴的伺服驱动定位、带材的检验矫正及纵向进给定位、冲压件的质量跟踪检验、冲模的调整及压力机状况监控等多种功能。

当冲模重新配置或更换时，这些变化则会被检测出并被控制系统所存储，以备下次查询和调用。冲模数据包括有冲头及其组合标记，冲头组合在模具中的 *X*、*Y* 坐标位置及模具轴编号等信息。

5.4.2　亚毫米冲压工程

“亚毫米冲压”是指汽车车身冲压件的精度控制在 0～1.0mm 的范围内，与过去制造业通行的误差 2mm 相比，是个非常大的提高。这是一个以提高冲压质量和制造技术为目标的综合项目。该项目与“2mm 工程”都是 20 世纪 90 年代后期美国汽车界开展的大型研究项目。所谓“2mm 工程”就是把车身装配尺寸变动量控制在 2mm 之内，大大严于原先的 8mm 误差范围。

冲压加工成型技术是影响汽车车身制造水平的关键因素之一，美国专家曾在一条汽车装配线上对 50 多个个案进行实地分析表明，造成车身尺寸误差变动的诸多原因中，冲压件本身尺寸造成的积累误差占 23%，其主要原因是传统的基于经验和原有工艺基础上低水平上的模具设计与制造。

亚毫米冲压的中心是冲压件的精度与敏捷度两个目标，精度就是使冲压件尺寸误差控制在0或亚毫米的水平。通过亚毫米冲压项目的研究，使冲压成型技术有了飞跃性的进展，其中包含有：

① 冲压过程和部件装配工艺的设计由基于经验和传统工艺向科学和数据过程的转化；

② 冲压设计向CAD和模拟试模转化，摒弃了传统的尝试法；

③ 实施模具设计制造由过去串行方式向并行方式转化；

④ 实现了过程监测和设备维护由被动响应向科学预测式转变。

“2mm工程”和“亚毫米冲压”两项目现已先后完成，取得了许多有益的成果，冲压成本大幅下降，正在美国三大汽车制造公司推广应用，并逐步向其他国家扩展。

亚毫米冲压项目分为冲压和装配的集成设计、冲压系统敏捷设计和制造、冲压过程的智能检测和监控、全系统集成六个相关联的研究子项目。图5-38所示是亚毫米冲压项目的系统构成。

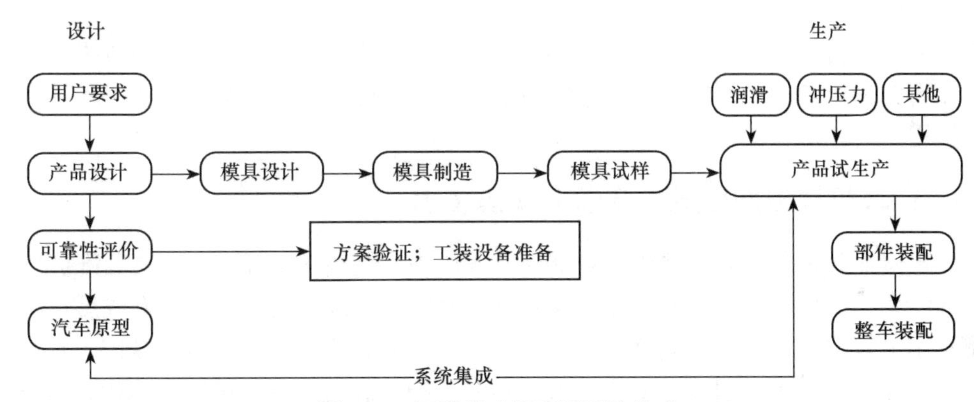

图5-38 亚毫米冲压项目系统构成

5.4.2.1 冲压和装配的集成设计

该系统是一整套对冲压工艺过程进行科学设计的方法，及对焊接部件装配结构体系进行评价的方法，以使所生产的汽车车身零件的几何尺寸变动量在亚毫米内。可提供的成果包括：

（1）金属薄板材料压力成型加工中，关键参数的建模和分析；

（2）计算机辅助评价专家系统，可对零件的CAD数据进行成型性评价；

（3）折边和压边模具的优化设计和工艺过程计算机仿真。

5.4.2.2 冲压系统敏捷设计和制造

该系统是一套基于应变理论的冲压成型评价系统和基于规则经验的模具修改系统，以帮助减少模具试样的时间；同时是一整套与压机、模具相协调的冲压件搬运自动化操作系统，以达到整个冲压过程的优化和谐一致，以获得最高的生产效率。可提供的成果包括：

（1）模具试样优化数据库口；
（2）基于视觉技术的现场应变测量系统；
（3）压机、模具、自动化操作系统的优化设计软件；
（4）系统集成步骤和计算机辅助模拟设计系统。

5.4.2.3 冲压过程的智能检测和监控

该系统是一套在线检测的监控系统，以使生产的冲压件尺寸变动量在亚毫米以内。可提供的成果包括：
（1）高速、非接触式的冲压件测量系统；
（2）用于冲压过程特征分析的在线诊断和检测系统；
（3）可预测的模具维护系统；
（4）冲压成型关键参数的在线调节和补偿系统。

5.4.2.4 全系统集成

该系统是持续不断地协调各个子项目的工作，分享各阶段、各领域的成果，这有助于各个研究小组获得最有效的联系，协同工作。网络技术和因特网在这个子项目中起了重要作用。

5.4.3 计算机模拟冲压成型及虚拟试模技术

汽车覆盖件模具的开发要受到可靠性、美观性、经济性、可制造性及可维护性等多方面的约束。在传统的汽车覆盖件模具开发过程中，当模具设计及制造完成后，需要经过反复调试修改，才能得到满意的汽车零件。在调试过程中，一些成型缺陷，如破裂、起皱、回弹、翘角等问题，主要是凭借模具钳工师的经验，通过试模、修模、再试模、再修模的循环过程才能解决。这种方法不但降低了生产效率，而且生产的模具精度往往达不到预期要求，还会加长模具的开发周期。而虚拟制造技术可以大大缩短这一周期。因为虚拟制造技术具有独特的虚拟设计制造环境，可以把模具整个开发过程完全置于虚拟的“实际环境”中进行，在综合考虑汽车车身件的外观总体布局及零部件之间的相互协调配合等因素基础上，对模具几何尺寸、技术性能、生产和制造等方面进行交互式的快速建模和仿真分析，在达到预期的性能质量等方面的要求后才开始进行实物制造，从而避免了反复修模，保证了模具的精度要求，使制造出的模具一次性达到用户要求，大大降低了模具的废品率，减少企业的开发成本。

5.4.3.1 汽车覆盖件模具虚拟制造的开发流程

汽车覆盖件模具的虚拟制造开发流程如图5-39所示，首先从产品需求分析开始，然后进行概念设计，再从优化设计到系统集成，通过使用相关开发软件，在虚拟环境中，构造产品的虚拟模型。这是一个循环渐进的过程，基于产品的开发需求，采用相应的仿真分析工具对虚拟模型的功能和性能进行仿真分析，对虚拟模型的行为进行模拟分析，并基于仿真分析的结果，通过反复建模—仿真分析—模型的改进，直到虚拟制造出的模具满足预期设计的目标，才开始进行实物制造。由图5-39可知，汽车覆盖件模具在投入生产前就已经通过了虚拟的实际“环境”的检验，把实际制造中可能遇到的困难和设计上的不合理全部检验出来，再让设计工作人员进行修改或者重新设计，直到整个制造过程能够完全合理、顺利的完成。这样不但能缩短产品的研发周期，降低企业的研发成本，还可以提高产品的质量。

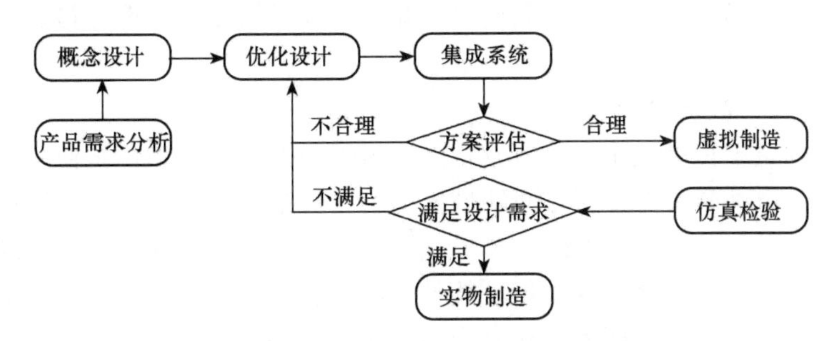

图 5-39 汽车覆盖件模具的虚拟制造的一般流程

5.4.3.2 汽车覆盖件模具虚拟制造中的关键技术

在汽车覆盖件模具虚拟制造过程中，涉及的相关技术非常多，任何一项技术应用的好坏都会影响模具的最后质量，这也是虚拟制造技术应用进展缓慢的原因之一。只有每项技术都掌握应用的很好，虚拟制造出的产品才能和实际制造出的产品达成一致，才能达到减少开发成本、缩短开发周期、提高模具质量的目的。其中比较难以掌握而又非常关键的技术包括：

1）数学模型的建立

建立一个简单而又能反映动态制造过程的数学模型是虚拟制造技术在汽车覆盖件模具中应用的关键。数学模型建立的不合理，那么虚拟环境下仿真出来的制造过程就会与实际制造过程不一样，起不到优化模具设计的作用，从而达不到缩短开发周期和减少开发费用的目的。因此，在使用虚拟制造技术来开发汽车覆盖件模具的时候，必须建立一套合理的数学模型。在建立数学模型的时候，要认真分析汽车覆盖件模具的特征，根据模具功能和制造需求，找出其中主要的影响因数，提出合理的假设。建立的模型必须能反映模具全部的功能和制造关系，包括工作时模具型面受力的变化关系和冲压件受力形状的变化关系等，这样才能仿真出实际的生产关系，才能预测生产中可能产生的问题，达到优化设计和制造的目的。

2）系统集成与方案评估

系统集成与方案评估是汽车模具虚拟制造中前期工作的基础。系统集成就是一个最优化的综合统筹设计，需要诸多的技术支持，包括计算机软件、硬件、操作系统技术、数据库技术、网络信息等，需要从全局出发考虑各子系统之间的关系，研究各子系统之间的接口关系。系统集成所要达到的目标——整体性能最优，即所有部件和成分合在一起后不但能工作，而且全系统是低成本的、高效率的、性能匀称的、可扩充和可维护的系统。但是对于一般企业来说，购置齐全仿真分析的软件系统是一个高成本的投入，而且，没有专业的人员是无法让这些软件发挥淋漓尽致的作用的。

在计算机虚拟制造系统提供的良好的拟实环境下，工作人员可以对建立起的虚拟模型进行评价与修改。在这个阶段，可以模拟模具的制造过程，解决各部件制造的可行性和难易性；可以模拟模具的装配过程，解决各部件之间的连接性和装备性及操作的难易程度；可以进行虚拟测试，通过测试检验模具的生产能力和生产质量。在多种方案中评定各方案的执行难易度、耗费成本高低度、花费时间长短度等，选择最适合生产条件的最优生产方案。

3）仿真分析与数据处理

这是汽车模具虚拟制造中一个难点，也是阻碍虚拟制造技术在企业中大规模使用的一个重要因素。仿真分析需要多方面的技术支持，数据处理需要庞大的数据库和有专业知识的人才，需要从全局出发考虑各个子系统之间的关系，研究各个子系统之间的接口问题。这一技术需要多领域的专业仿真软件协同工作，需要专业人员共同研究探讨，然而多数的企业难以配置齐全所需的仿真分析软件及具备所需的专业人员。

日本丰田汽车公司利用虚拟制造技术成功开发出了新车型丰田AVALON。因为在生产前期就能预测生产中可能出现的问题，使得工作人员较早的发现并解决问题，在设计早期阶段得到更多的信息，从而降低企业的开发风险。丰田AVALON在整个开发过程中，开发周期减少了10个月，开发人员减少了20%，生产样车减少了70%，开发成本减少了35%；而且生产出的轿车质量有了显著的提高。由此可见，虚拟制造技术不但能缩短产品的开发周期，减少企业的开发成本，而且可以提高产品的质量和一次研发成功率。

5.4.4 模具制造技术

要制造汽车车身，必须首先制造生产车身的工艺装备——模具。用传统的方法制造模具，不仅精度低，而且生产制造周期长，已越来越不适应汽车工业的发展需要。为此，应在汽车覆盖件模具制造上广泛采用以CNC机床和模具CAD/CAM技术为主体的现代加工技术。以下将介绍在汽车覆盖件模具制造中所采用的先进制造技术。

1）CAD 技术

在模具设计中引入CAD技术，能大大地提高模具的设计质量、缩短设计周期、减轻设计者的劳动强度。为了使CAD技术发挥其更大的效益，应进行如下工作：

（1）设计计算程序化　把模具设计中的计算编制成计算化程序，并把这些程序放入专用的计算模块中，形成模具计算专用模块。这样在设计模具时，就可以调用计算模块中的相应计算功能，快速而正确地完成模具设计的各种计算。

（2）模具结构标准化　为建立模具典型结构数据库，必须统计大量的有关覆盖件和模具结构设计方面的技术资料，根据制件形状特点和模具结构的相似性，采用成组技术，分门别类，规划出典型零件模具的典型结构，输入计算机，生成数据库。

（3）模具标准件的建立　为提高模具CAD的质量和效率，必须把模具设计中的标准件输入计算机，建立标准件图形库，以供调用。建标准件库的方法有高级程序设计语言方式及图形参数化方法。

（4）计算机辅助冲压方向的确定　利用软件系统所提供的“分模线”功能，确定拉延件在某一冲压方向成型时是否有死区。也可利用投影封闭轮廓求面积的功能，计算拉延件的最大投影面积。求某一关键表面的法矢量等方法来综合地确定冲压方向。

（5）计算机辅助工艺补充型面的设计 按照工艺补充部分的设计要求，在制件数学模型的翻边线处，利用曲面延伸功能，按曲面原有的趋向线方向进行曲面延伸处理，以生成所需的工艺延伸面。工艺补充部分的侧壁型面一般采用拔模角曲面来生成，因为这部分型面的形状一般与某一方向成一定的或变化的角度，是一种典型的锥形直纹面。工艺补充部分的压料面一般是由四条边界曲线所构成的边界网格曲面，为了便于拉延成型，压料面的形状不能有异常的凸起或凹坑。

2）冲压成型工艺分析技术

冲制覆盖件的关键工序是拉延，以往拉延模的制造周期长、精度低、对从业人员的技术水平要求高，已不适应现代模具制造的需要。利用计算机系统进行金属板料冲压成型分析，设计者只需输入板料性能参数、模具结构、成型条件等，系统就能判断出板料在成型过程中应力、应变的分布情况，预测起皱、断裂、回弹等缺陷的产生，并根据分析结果，对冲压成型工艺进行优化设计，提高拉延件工艺的成功率。另外还能计算出在一定成型条件下，板料毛坯尺寸，从而减少人力和物力。

3）CAPP 技术

CAPP是作为将CAD数据转换为各种加工、管理信息的桥梁，是CAD/CAM集成的关键。CAPP的核心是建立一个包含知识库、工艺数据库和推理机的专家系统。通过对所选定零件进行广泛的工艺分析，从大量经验知识中提炼工艺路线设计和工序设计规则以及工艺决策方法等知识，建立知识库，利用规则表达方式进行知识表达。同时还要建立包含机床、刀具、夹具、切削参数的工艺数据库，以满足工艺决策的要求。

汽车覆盖件模具零件分为标准件和非标准件。标准件又分为外购件和自制件，外购件可直接购置。自制件应按本企业制订的标准工艺进行制造，可以采用成组技术对其进行归类，建立检索式的CAPP系统。

非标准件形状复杂、变化多样，要合理地设计出工艺路线，必须根据零件的形状特征、加工精度、热处理条件等，归纳和提炼零件的加工特征，定义零件的特征模型，开发出基于零件特征的创成式CAPP系统。

4）CAM 技术

模具CAM是把在模具CAD中创成的产品模型，按CAPP系统所规划的工艺路线，完成模具的数控加工。在进行模具CAM时，应完成如下工作。

（1）合理选择数控加工参数 为了合理生成数控加工所需的刀具运动轨迹，必须合理地确定以下加工工艺参数：加工公差、残留高度、切削间距、切削方式、切削方向、切削进给速度、主轴转速等。这些参数应根据被加工零件的几何形状、加工余量、工件材料的机械加工性能、粗精加工要求、刀具受力、排屑情况等综合地加以确定。

（2）刀具运动轨迹的生成与编辑 在生成刀具运动轨迹时，应充分考虑被加工零件的形状特点，选择合理的刀具运动轨迹生成方式，确定合理的加工工艺，以形成高质量的刀具运动轨迹。如生成的刀具运动轨迹有误，应对刀具运动轨迹进行编辑处理，消除和修改刀具运动轨迹中的错误。

（3）后置处理　后置处理是把刀位数据文件转换成特定数控机床的数控加工程序，去控制机床各执行部件的运动，达到数控加工零件的目的。

5）快速样件成型技术

快速样件成型技术集最新计算机技术、CAD/CAM技术、激光技术、材料技术等于一体，通过离散/堆积成型原理完成零件的加工。在加工前，必须采用CAD系统建立零件的几何数学模型，根据加工精度要求，对几何模型进行离散化处理，生成一组z向的平面轮廓离散化数据，并与成型参数信息结合，转换为控制成型机工作的NC代码，控制材料有规律地、精确地叠加起来而构成零件。

模型的z向离散化是一个分层过程，它将CAD模型在z方向上分成一系列具有一定厚度的薄层，厚度通常为0.05～0.3mm。离散化破坏了零件在z方向的连续性，使之在侧向上产生台阶。但从理论上讲，只要控制分层的厚度，就能使误差满足加工精度要求。层面信息处理为控制成型机对层面进行加工，必须把层面几何形状信息转换成控制成型机工作的机器代码。层层堆积是在一层制造完成后，成型机重新布料，再加工新的一层，如此反复进行直至整个零件加工完成。

快速样件成型技术主要用于制做实物模型，模型是进行模具设计和制造过程中的一种有用的样件和加工依据，而且是用于外观设计、功能评价、与用户交流、市场预测的有效工具。采用传统方法制造模型，不仅技术水平要求高，而且周期长，精度低。而采用快速样件成型技术，只需1天左右就能完成模型的加工，极大地提高了模型的制作速度。

6）数控激光切割技术

采用该技术应首先根据零件的形状和尺寸，并考虑零件在加工过程中的余量，进行切割程序的编制。然后，激光切割头在程序的控制下完成毛坯板料的切割加工。由于切割加工是在程序的控制下完成的，因此切割后的毛坯具有很高的形状精度。

7）实型铸造技术

实型铸造所采用的模型一般采用泡沫塑料制作，其型面是采用数控编程的加工方法完成的。模型表面的几何模型是根据该零件表面数学模型、加工余量值，并考虑铸造过程的收缩率而生成的。因此，采用实型铸造方法制造模具的铸件毛坯，具有型面准确、重量轻等优点。与传统方法比，重量轻 1/3～1/2，铸件表面加工余量约为 8mm。

8）三坐标测量技术

由于模具表面形状复杂，所以，很难用传统方法来检验模具表面形状和尺寸的准确性。为提高模具表面测量的精度和效率，现代模具制造采用了数控三坐标测量技术。

三坐标测量机所要测量的位置点坐标，由设计部门根据产品表面数学模型确定要检测部位，重点是吻合部位和产品的特征棱线。并根据设计和加工基准，确定测量基准点，生成测量数据点坐标文件，这些点是产品表面的理论数据点。三坐标测量机的控制系统根据这些数据点文件去测量模具表面的实际位置。并把实际坐标点位置数据记录下来，生成实际的点位坐标文件。控制系统计算出理论坐标点和实际测量点的距离，并打印出数据，且在超差的坐标点上标上记号。

9）集成技术

在模具设计制造过程中，不仅要引进各项先进制造技术，而且要从系统集成的角度出发，充分考虑各项先进制造技术的特点及它们之间的相互关系，力求在制造精度、效率和生产成本三者之间达到最优化。

（1）设计制造信息集成化 如果在模具设计、制造部门分别采用不同的计算机系统，则在设计部门采用 CAD 系统生成的产品数学模型，只能进行有关的分析，而无法准确地传送到制造部门，制造部门只能根据设计部门所提供的产品图，重新输入计算机，才能进行工艺路线的规划和生成 NC 加工文件，因而会降低模具制造精度，延长模具的生产制造周期。为了克服上述弊端，必须认真地分析模具制造全过程中各技术部门的工作特点、需求、数据传递流程等，合理地确定实施计算机集成制造系统的总体规划和各部门、各阶段的具体实施计划，这样各技术、管理部门在实施各自的任务时，能及时地从系统中获得所需信息，充分发挥先进制造技术集成化的优势。

（2）模具制造的并行工程 模具制造的并行工程是并行地进行模具产品及其相关过程一体化设计的系统方法，这种方法要求产品开发人员从设计开始就考虑从产品概念形成到产品报废的各种因素，包括质量、成本、作业调度以及用户需求。并行工程侧重于产品的设计过程，强调设计过程中的信息集成、计算机辅助功能的集成及在多学科小组的支持下实现并行作业与协同工作。最终目标是缩短产品开发周期、降低生产成本、提高产品质量。集成化的模具 CAD/CAPP/CAM 系统能为模具制造并行工程的实施提供良好的环境。

冲压模具是由工作零件和结构零件组成的能实现指定功能的一个有机装配体，不同的零件在模具中的功能和作用不同，其材料和热处理、精度（尺寸公差、形位公差、表面粗糙度等）、装配等技术要求必然不同。零件形状结构和技术要求不同，其制造方法必然不同。

在制定模具零件加工工艺方案时，必须根据具体加工对象，结合企业实际生产条件进行制定，以保证技术上先进和经济上合理。从制造观点看，按照模具零件结构和加工工艺过程的相似性，可将各种模具零件大致分为工作型面零件、板类零件、轴类零件、套类零件等，其各自有加工特点。

小 结

汽车车身冲压件（覆盖件）的材料要保证足够的强度和刚性以满足车身的使用性能，还要满足冲压工艺的要求，满足车身冲压件材料选定原则。车身覆盖件是指汽车车身内、外表面的薄壳板件，它不同于一般冲压件，覆盖件在结构上和质量上有其独特之处，在冲压工艺、冲模设计和冲模制造工艺上也有其独有的特点。覆盖件形状复杂，轮廓尺寸大，需要多道冲压工序才能完成。本章介绍了冲压模具的分为拉深模、弯曲模、冲裁模等，介绍了车身覆盖件拉深工艺的特点，介绍了冲压设备及冲压生产线，冲压设备的类型及汽车车身覆盖件冲压新技术与新工艺和模具制造技术。

思考题

1．简述冲压成型工序的特点。

2．冲压加工对材料性能有哪些要求？

3．对冲压加工对材料表面质量有什么要求？

4．车身覆盖件主要冲压工序有哪些？

5．冲压模具如何分类？

6．覆盖件冲压模具有哪些？模具的制造顺序怎样安排？为什么？

7．以曲柄压力机为例说明压力机结构及工作原理。

8．简述汽车覆盖件压料面设计原则。

9．用框图绘出汽车侧围冲压工序流程。

10．用框图绘出汽车覆盖件模具虚拟制造的开发流程。

第6章 汽车车身装焊工艺及装备

[本章提要]

汽车车身壳体是一个复杂的结构件，它是由百余种，甚至数百种（例如轿车）薄板冲压件经焊接、铆接、机械联结及粘接等方法联结而成的。由于车身冲压件的材料大部分是具有良好焊接性能的低碳钢，所以焊接是现代车身制造中应用广泛的联结方式。

6.1 车身装焊工艺概述

汽车车身壳体是一个复杂的结构件，它是由百余种甚至数百种（例如轿车）薄板冲压件经焊接、铆接、机械联结及粘接等方法联结而成的。由于车身冲压件的材料大部分是具有良好焊接性能的低碳钢，所以焊接是现代车身制造中应用广泛的联结方式。

车身制造中应用最多的是电阻焊，一般占整个焊接工作量的60%以上，有的车身几乎全部采用电阻焊。此外就是二氧化碳气体保护焊，它主要用于车身骨架和车身总成的焊接。

6.1.1 车身装焊工艺特点

由于车身零件大都是薄壁板件或薄壁杆件，其刚性很差，所以在装焊过程中必须使用多点定位夹紧的专用装焊夹具，以保证各零件或台件在焊接处的贴合和相互位置，特别是门窗等孔洞的尺寸，这也是车身装焊工艺的特点。为便于制造，车身设计时，通常将车身划分为若干个分总成，各分总成又划分为若干个合件，合件由若干个零件组成。车身装焊是将分总成和合件、零件装焊成车身总成。例如，图6-1所示的轿车车身结构，其装焊程序如图6-2所示。焊接过程是在底板的基础上将这几个大片分总成焊合成车身骨架总成，最后在骨架上蒙上蒙皮，就成为白车身总成。

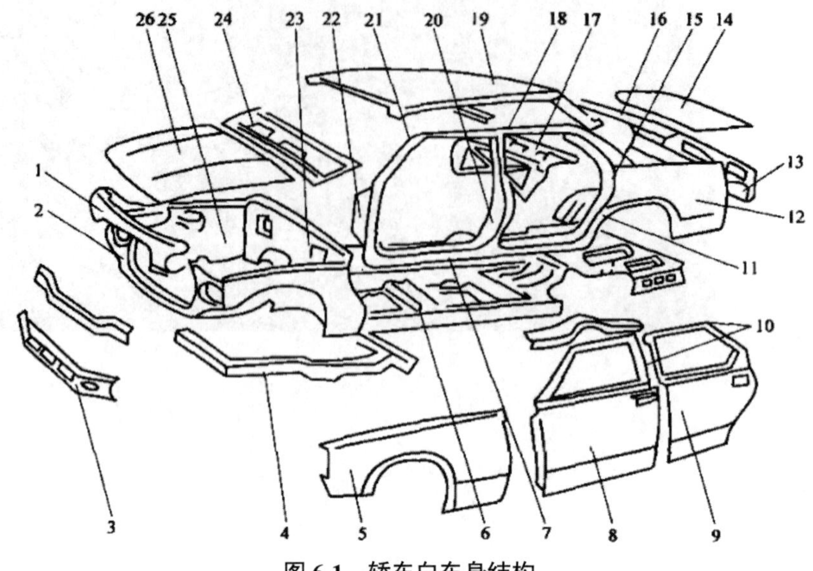

图 6-1　轿车白车身结构

1．发动机罩前支承板　2．水箱固定框架　3．前裙板　4．前框架　5．前翼子板　6．地板总成　7．门槛　8．前门　9．后门　10．门窗框　11．车轮挡泥板　12．后翼子板　13．后围板　14．行李箱盖 15．后立柱　16．后围上盖板　17．后窗台板　18．上边梁　19．顶盖　20．中立柱　21．前立柱　22．前围侧板　23．前围板　24．前围上盖板　25．前挡泥板　26．发动机罩

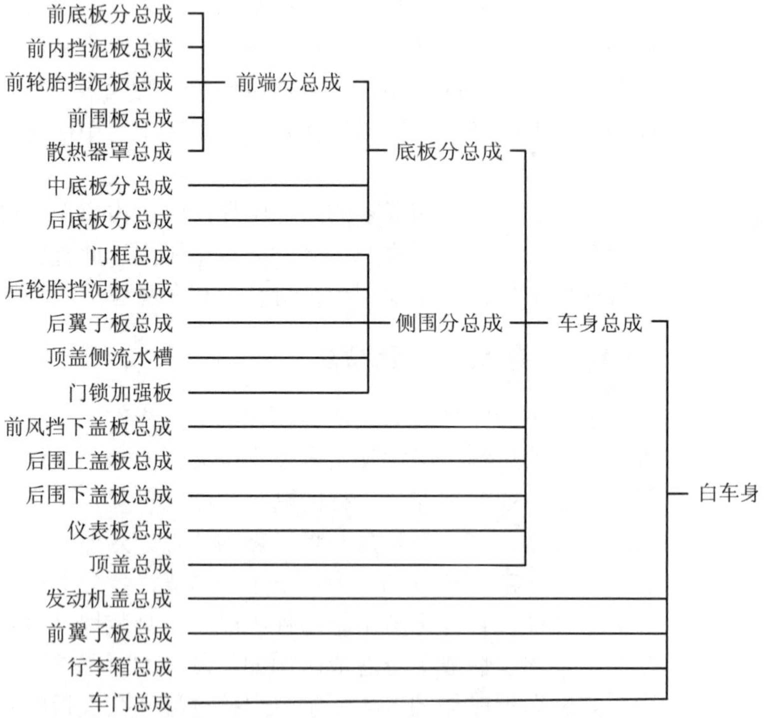

- 白车身
  - 车身总成
    - 底板分总成
      - 前端分总成
        - 前底板分总成
        - 前内挡泥板总成
        - 前轮胎挡泥板总成
        - 前围板总成
        - 散热器罩总成
      - 中底板分总成
      - 后底板分总成
    - 侧围分总成
      - 门框总成
      - 后轮胎挡泥板总成
      - 后翼子板总成
      - 顶盖侧流水槽
      - 门锁加强板
    - 前风挡下盖板总成
    - 后围上盖板总成
    - 后围下盖板总成
    - 仪表板总成
    - 顶盖总成
  - 发动机盖总成
  - 前翼子板总成
  - 行李箱总成
  - 车门总成

图 6-2　车身焊装流程图

车身装焊方式与生产率密切相关。在单件小批量生产中，大都是采用手工装焊的方式，只有少量的装焊夹具，全部装焊工作都在一个或几个工位上完成。随着批量的增大，装焊工作转为流水线式，特别是车身总装常常是在有多个工位的流水装焊线上完成的。每个工位都有保证装焊质量的夹具。若是大批量生产，装焊工作则是在具有定位迅速准确的装焊夹具和完善的质量控制手段的自动化生产线上完成的。有的自动线上还大量的使用了焊接机器人，以适应快的生产节奏和保证焊接质量。

6.1.2 车身焊装工艺

由于车身结构的复杂性，根据性能的要求，多种焊接方法在汽车上得到广泛的应用，具体使用情况如表 6-1 所示。

表 6-1 车身制造中常用的焊接方法及典型应用

<table>
<tr><th>焊接种类</th><th colspan="2">焊接方法</th><th>焊接设备</th><th>典型应用实例</th></tr>
<tr><td rowspan="7">电阻焊</td><td rowspan="4">点焊</td><td rowspan="2">单点焊</td><td>悬挂式点焊机</td><td>车身总成、车身侧围等分总成</td></tr>
<tr><td>固定式点焊机</td><td>小型板类零件</td></tr>
<tr><td rowspan="2">多点焊</td><td>压床式多点焊机</td><td>车身底板总成</td></tr>
<tr><td>C 形多点焊机</td><td>车门、发动机盖总成</td></tr>
<tr><td colspan="2" rowspan="2">缝焊</td><td>悬挂式缝焊机</td><td>车身顶盖流水槽</td></tr>
<tr><td>固定式缝焊机</td><td>油箱总成</td></tr>
<tr><td colspan="2">凸焊</td><td></td><td>螺母、小支架</td></tr>
<tr><td rowspan="3">电弧焊</td><td colspan="2">CO_2 气体保护焊</td><td></td><td>车身总成</td></tr>
<tr><td colspan="2">亚弧焊</td><td></td><td>车身顶盖后两侧接缝</td></tr>
<tr><td colspan="2">手工电弧焊</td><td></td><td>厚料零部件</td></tr>
<tr><td>气焊</td><td colspan="2">氧—乙炔焊</td><td></td><td>车身总成补焊</td></tr>
<tr><td>钎焊</td><td colspan="2">锡钎焊</td><td></td><td>水箱</td></tr>
<tr><td rowspan="2">特种焊</td><td colspan="2">微弧等离子焊</td><td></td><td>车身顶盖后角板</td></tr>
<tr><td colspan="2">激光焊</td><td></td><td>车身底板</td></tr>
</table>

6.1.2.1 点焊

电阻焊的种类很多，按接头形式可分为搭接电阻焊和对接电阻焊两种。结合工艺方法，搭接电阻焊又可分为点焊、缝焊和凸焊三种，对接电阻焊一般有电阻对焊和闪光对焊两种。下面以点焊为例进行介绍。

一辆轿车至少有 5 000 个焊点，焊缝长达 40m 以上。此外，汽车车身大都采用了电阻焊自动生产线，有的自动线还大量使用了机械手和机器人。

点焊是汽车车身制造中应用最广的焊接方法，可以说，车身是一个典型的点焊结构件。点焊的形式很多，但按供电方向来分只有单面点焊和双面点焊两种。在这两种点焊中按同时完成的焊点数又可分为单点、双点和多点焊。图 6-3、图 6-4 分别为不同形式的双面点焊及单面点焊示意图。

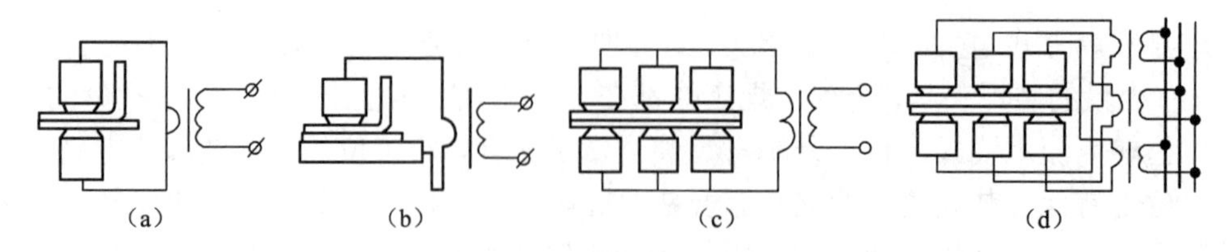

图 6-3　不同形式的双面点焊

(a) 双面双点焊　(b) 小压痕双面单点焊　(c) 双面三点焊　(d) 双面多点焊

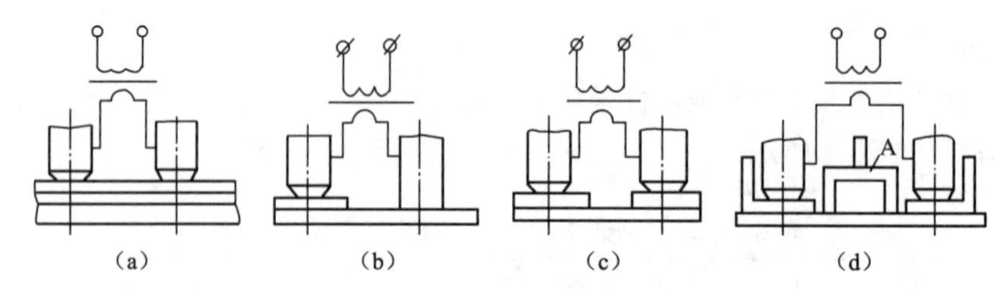

图 6-4　不同形式的单面点焊

(a) 单面单点焊　(b) 无分流单面双点焊　(c) 有分流单面双点焊　(d) 单面多点焊

点焊具有良好的机械性质。与铆接和螺栓紧固相比，点焊无松动且刚性高，但滑动系数小，在设计时必须注意可能会出现的应力集中；点焊没有像铆接和螺栓紧固那样的铆钉头和螺帽，所以剥离方向的抗拉强度不如铆接和螺栓紧固，但剪切强度可以选取较大的焊点直径得以保证，因此可以说点焊优于铆接和螺栓紧固；点焊的疲劳强度，对于单纯的剪切载荷而言与铆接等差别不大，但在板有变形时及承受剥离方向重复的载荷时，其疲劳强度较弱。由于点焊焊点部分的金属组织不均匀，所以机械强度也不相同，一般周边强度大，中心强度小。

焊点质量必须由合理的工艺条件来保证。点焊结构靠单个或若干个合格的焊点实现接头的连接，接头质量的好坏完全取决于焊点质量及点距。焊点质量除了取决于焊点尺寸外，还与焊点表面与内部质量有关。

焊点外观上要求表面压坑浅、平滑且均匀过渡，无明显凸肩或局部挤压的表面鼓起；外表面没有环状或颈项裂纹，也无熔化、烧伤或黏附的铜合金。从内部看，焊点形状应规则、均匀，无超标的裂纹和缩孔等。

点焊用于薄板重叠搭接，虽然损失了重叠部分的材料，但使总成装配加工变得容易。如果板厚较大的话，重叠部分的材料也随之增大，如果用对接接缝，熔焊焊接也不困难。与之相反，随着点焊板厚的增加，由于焊机电气设备等机械电气容量成倍增大，点焊变得十分不利。不同厚度板和多层板的焊接分别如图 6-5 及图 6-6 所示。

一般点焊的板厚为 1.6mm 以下。如果板厚在 1.6～3.2mm 之间，很难判定是采用熔焊还是采用点焊；但在板厚为 3.2mm 以上，多数结构不采用点焊。

汽车车身覆盖件大都是低碳钢的薄板。表 6-2 为低碳钢板点焊的最小间距、最小搭接及强度，可供选取焊接规范时参考。

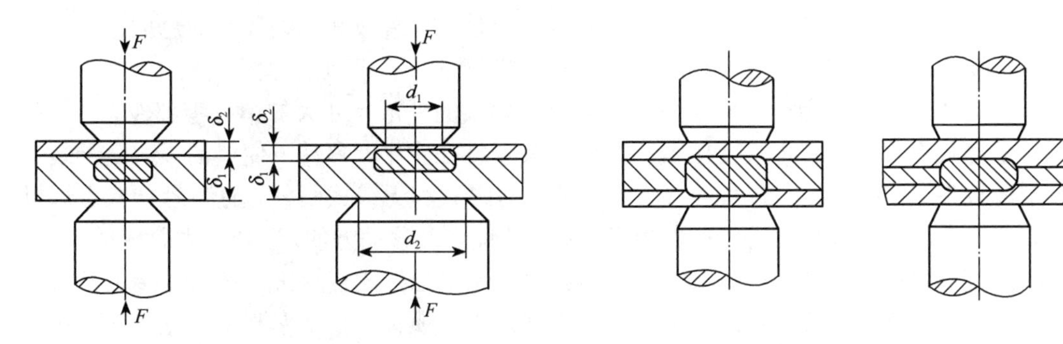

图 6-5 不同厚度板的焊接　　　　图 6-6 多层板的焊接

表 6-2 低碳钢板点焊的最小间距、最小搭接及强度参照表

板厚/mm	最小间距/mm	最小搭接/mm	A 级		B 级		C 级		示意图
			焊点直径/mm	强度/MPa	焊点直径/mm	强度/MPa	强度/MPa	焊点直径/mm	
0.6	10	11	4.5	≥2 450	3.5	≥1 350	≥1 600	3	
0.8	12	11	5	≥3 550	4	≥1 850	≥2 550	3	
1	18	12	5.5	≥4 700	4.5	≥2 400	≥3 700	3	
1.2	20	14	6	≥6 050	5	≥3 300	≥4 900	3.5	最小搭接
1.4	23	15	6.5	≥7 850	5.5	≥3 700	≥6 000	3.5	
1.6	27	16	7	≥9 250	6	≥4 700	≥7 300	4	最小搭接
1.8	31	17	7	≥10 000	6	≥5 250	≥8 150	4	r
2	35	18	7.5	≥11 600	6.5	≥6 600	≥9 900	4.5	
2.4	40	20	8	≥14 650	6.5	≥7 650	≥11 500	4.5	
2.8	45	21	8.5	≥17 900	7	≥9 800	≥14 200	5	
3.2	50	22	9	≥20 450	7	≥11 200	≥16 250	5	

注：①本表所示的被焊件材料的抗拉强度为 300～320 MPa。②强度为剪切强度。③强度是按《焊接手册》的数值，并按焊点直径成比例计算出来的，不是实验数据。④最小焊点间距表示了实质上能忽略相邻点点焊分流效应的极限值。⑤最小搭接是如本表示意图中所表示的长度。⑥不等厚板焊接时，按薄板考虑。

焊件的点焊是在点焊机上完成的。点焊机的种类很多，按用途可分为通用的和专用的两大类。专用的点焊机主要是多点点焊机，如图 6-7 所示。通用式点焊机按安装方法又可分为固定式、移动式或悬挂式点焊机；按电源性质分为工频、脉冲及变频点焊机；按加压机构的传动装置分为脚踏式、电动凸轮式、气压传动式及液压传动式点焊机等。但不论哪一类点焊机，一般均由供电系统、控制系统、加压机构和冷却系统等几部分组成。

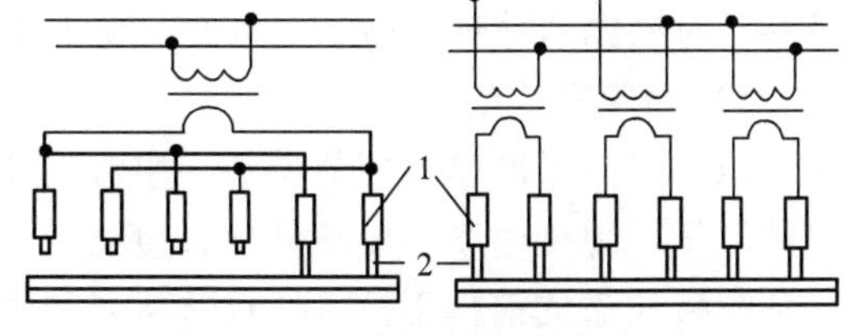

图 6-7 单面多点焊机基本组成

1. 液压缸　2. 电极

固定式点焊机在车身焊接中主要用来点焊合件、分总成和一些较小的总成。焊机不动，每焊完一个焊点后，焊件移动一个点距，进行下一个焊点的焊接。

移动式点焊机可用在不便用固定式点焊机焊接的外形尺寸大的车身零部件。

悬挂式点焊机是将焊接变压器和焊接工具悬挂在空中，移动方便灵活，适合于装焊大型薄板件。按变压器与焊具连接方式，分为有缆式和无缆式两种。有缆悬挂式点焊机的焊钳与变压器之间用一种特殊的电缆连接，其优点是移动方便，适合于大总成的点焊，劳动强度低。缺点是二次回路长，功率损耗大。无缆悬挂式点焊机，它的焊接工具部分与变压器直接连接，其优点是由于没有二次回路中电缆损耗，功率利用充分，在焊接同样厚度的材料时，变压器的功率和体积均可减小。其缺点是移动起来不方便。

点焊与其他焊接方法相比具有一些显著的优点：

（1）焊接质量好　因为是内部热源，热量集中，加热时间短促，在焊点形成过程中始终被塑性环包围，放电阻焊冶金过程简单，热影响区小，变形小，易于获得质量较好的焊接接头。特别是焊接的表面质量也较好，这对轿车、客车等外观要求较高的车身来说更具有重要意义。

（2）生产率高　一个焊点可以在几分之一秒内完成。目前通用点焊机的生产率为每分钟 60 个焊点，对焊机每小时大约可焊 150 个接头，快速点焊机每分钟可焊 500 多个焊点。

（3）省材料，成本低　这是因为它不需在熔焊区加任何填充材料和不使熔焊区的金属氧化的保护材料，既不需焊丝，也不需焊剂。

（4）劳动条件好　不放出有害气体和强光。

（5）操作简单，容易实现机械化和自动化　通过夹具和自动传送装置连成生产线。

但是点焊仍然存在一些缺点，主要表现在：焊接设备费用较高，投资较大；需要电力网供电功率大，一般点焊机的功率为几十甚至上百千瓦；焊接件的尺寸、形状和厚度受到设备的限制。

在现代汽车车身制造中，点焊的应用不断发展。统观近年来国内外电阻焊技术向着保证焊接质量、扩大使用范围和提高自动化程度及生产率三方面迅速发展。

6.1.2.2　CO_2 保护焊

CO_2 气体保护焊是一种熔化极气体保护电弧焊接法，它利用焊丝与工件间产生的电弧来熔化金属，由 CO_2 气体作为保护气体，并采用焊丝作为填充金属。

与其他电弧焊相比，CO_2 气体保护焊具有以下优点：生产率高；操作性能好；焊接质量高；对铁锈的敏感性小；成本低；易于实现机械化和自动化；适应性强，应用范围广。

1）焊接规范参数

CO_2 气体保护焊的规范参数，主要有电源极性、焊丝直径、电弧电压、焊接电流、气体流量、焊接速度、焊丝伸出长度、直流回路电感等。选择这些参数的原则是：要在保证焊接质量的前提下，尽可能提高劳动生产率，并要注意焊接规范参数对飞溅，气孔、焊缝形成及焊接过程稳定性的影响，在汽车车身焊接中，常用的 CO_2 气体保护焊焊接规范列于表 6-3 所示。

表 6-3 CO_2 气体保护焊焊接规范

接头形式	板厚/mm	焊丝直径/mm	电流/A	电压/V	焊速/m/min	CO_2 流量/L/min	焊脚/mm
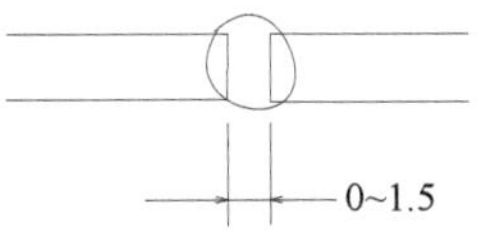	0.6～1	0.5～0.8	50～60	18	0.42～0.58	6～7	
	1.2	0.8	70	18	0.45	10～15	
	1.6	0.8～1.0	100	19	0.50	10～15	
	2.3	0.8～1.2	120	20	0.55	10～15	
	3.2	1.0～1.2	140	20	0.50	10～15	
	4.5	1.2	220	23	0.50	10～15	
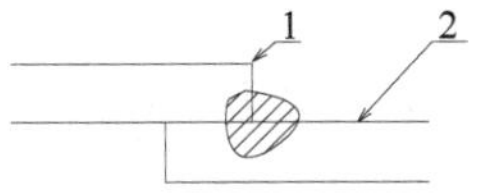	1.2	0.8～1.2	90	19	0.50	10～15	
	1.6	1.0～1.2	120	19	0.50	10～15	
	2.3	1.0～1.2	130	20	0.50	10～15	
	3.2	1.0～1.2	160	21	0.50	10～15	
	4.5	1.0	210	22	0.50	10～15	
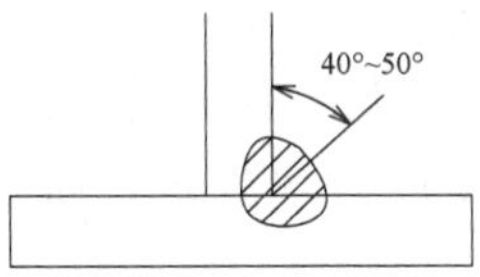	1.6	0.8～1.0	90	19	0.50	10～15	3.0
	2.3	1.0～1.2	120	20	0.50	10～15	3.0
	3.2	1.0～1.2	140	20.5	0.50	10～15	3.5
	4.5	1.0～1.2	160	21	0.45	10～15	4.0

2）焊接设备

CO_2 气体保护焊自动焊机是由焊接电源、送丝机构、行走机构、焊具、气路系统和控制系统等部件组成。气路系统包括减压阀、预热器、干燥器和流量计等；CO_2 气体保护焊半自动焊机中设有行走机构，其余部分与自动焊机相同。

CO_2 焊电源有如下几种：抽头式硅整流电源、高漏抗式硅整流电源、自调电感式硅整流电源、自饱和电抗器式硅整流电源、晶闸管式整流电源和晶体管式整流电源等。为了获得较高的焊接质量，现在大都采用晶闸管整流电源。送丝机构的作用是将焊丝按要求的速度送至焊接电弧区，以保证焊接的正常进行，一般都采用等速送丝方式。

CO_2 气体保护焊半自动焊机根据其送丝方式的不同，有拉丝式、推丝式及推拉丝式三种送丝机构。推丝式送丝机构用于直径较粗的焊丝；拉丝式送丝机构稳定可靠，焊工操作范围也不受限制；推拉丝式结构复杂，制作技术要求高，国内很少应用。国内焊机常采用双主动式送丝辊轮，辊轮直径一般为 30～40mm。

焊枪是直接施焊的工具，起到导电、导丝、导气的作用。常用的半自动焊枪有拉丝焊枪、推丝式手枪形焊枪、推丝式鹅颈形焊枪三种类型。

6.1.2.3 激光焊接

激光焊接是 21 世纪汽车工业上应用的新技术。它的原理是利用原子受辐射，使工作物质受激而产生的一种单色性高、方向性强、亮度高的光束，经聚焦后把光束聚焦到焦点上可获得极高的能量密度，利用它与被焊工件相互作用，使金属发生蒸发、融化、熔合、结晶、凝固而形成焊缝。

1）激光焊接特点

① 由于激光束的频谱宽度窄，经汇聚后的光斑直径可小到 0.01mm，功率密度可达 109W/cm^2，它和电子束焊同属于高能焊，可焊 0.1～50mm 厚的工件。

② 脉冲激光焊加热过程短、焊点小、热影响区小。

③ 与电子束焊相比，激光焊不需要真空，也不存在 X 射线防护问题。

④ 能对难以接近的部位进行焊接，能透过玻璃或其他透明物体进行焊接。

⑤ 激光不受电磁场的影响。

⑥ 激光电光转换效率低，工件加工和组装精度要求高，夹具要求精密，因此焊接成本高。

激光焊接工件变形极小，几乎没有连接间隙，例如焊缝宽 1mm，深为 5mm，因此焊接极为牢固，表面焊缝宽度很小，连接间隙实际为零，焊接质量比传统方法高。所以在一些用激光焊接的汽车顶壳不需要装饰条遮蔽焊接线。在汽车制造中，激光焊接主要用于车身框架结构的焊接，例如顶盖与侧面车身的焊接，传统焊接方法的电阻点焊已经逐渐被激光焊接所取替。用激光焊接技术，既提高了工件表面的美观，又降低了板材使用量，由于零件焊接部位几乎没有变形，不需要焊后热处理，提高了车身的刚度。

2）激光焊接设备

激光焊接设备的关键是功率激光器，主要有两大类，一是固体激光器，又称 Nd：YAG 激光器。Nd（钕）是一种稀土族元素，YAG 代表钇铝石榴石，晶体结构与红宝石相似。Nd：YAG 激光器的光波长为 1.06μm，优点是产生的光束可以通过光纤传送，因此可以省去复杂的光束传送系统，适用于柔性制造系统，通常用于焊接精度要求比较高的工件。汽车工业常用输出功率为 3～4kW 的 Nd：YAG 激光器。另一类是气体激光器，又称 CO2 激光器，分子气体作为工作介质，产生平均为 10.6μm 的红外激光，可以连续工作并输出很高的功率，激光功率在 2～5kW 之间，目前已有 20kW 在实验运用。

6.1.3 车身装焊常见工艺流程

汽车车身焊接过程是先将零件装焊成组合件和部件，最后由若干个零件组合件和部件装焊成结构总成。汽车车身焊接构件由少则几个、多则几百个甚至上千个零件组成。拟订这一过程的装焊要求和焊接顺序是一个较为复杂的工作，同时拟订这一过程有极为严格和详细的工艺性文件，才能保证焊接结构获得高的产品质量和生产效率。因此，必须编写总成部件中各个零件的“装配—焊接”过程卡片（它是生产中重要的指导性文件），制定出相应衔接工序、工步。驾驶室、货厢焊接工艺流程如图 6-8 所示。

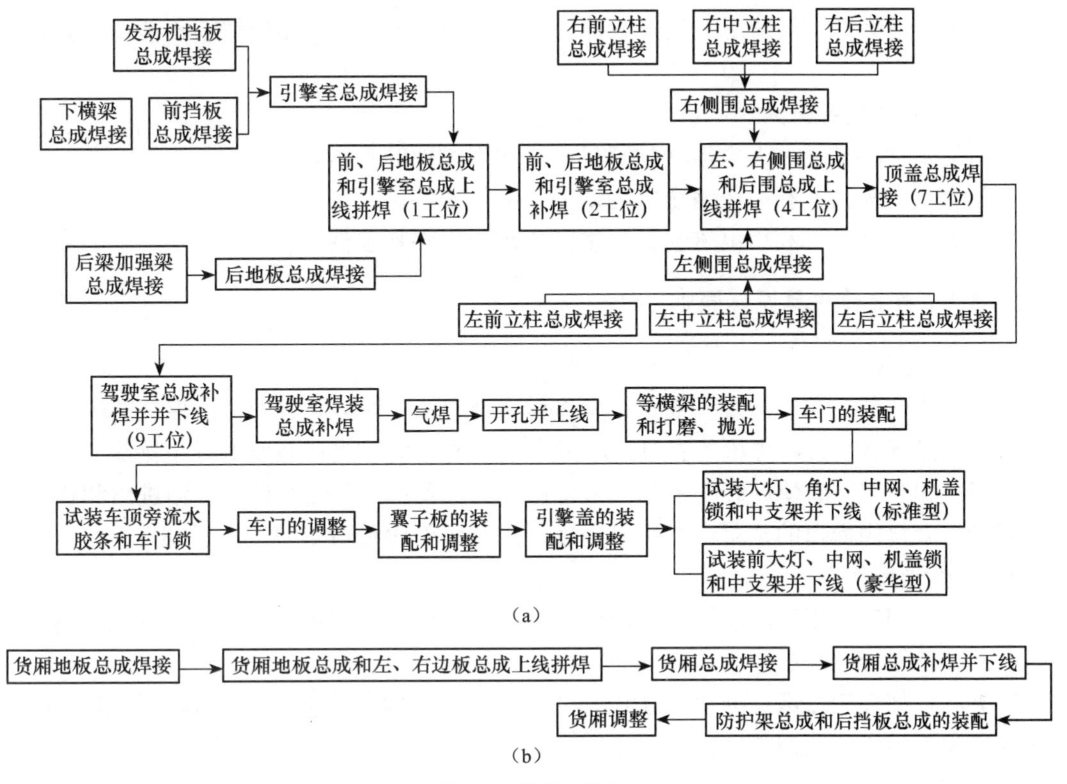

图 6-8　焊装流程图

（a）驾驶室装焊流程图　（b）货厢装焊流程图

6.2　车身装焊夹具

在汽车车身的装配焊接生产过程中，为了保证产品质量、提高劳动生产率和减轻劳动强度，经常使用一些用以夹持并确定工件位置的工具和装置来完成装配和焊接工作。我们把这些工具和装置统称为装焊夹具。

6.2.1　车身装焊夹具分类及设计原则

6.2.1.1　车身装焊夹具的分类

1）按用途分类

（1）装配用的夹具　这类夹具主要是按车身图样和工艺上的要求，把焊件中各零件或部件的相互位置准确地固定下来，工件只在它上面进行点固（即点定焊），而不完成整个焊接工作。

（2）焊接用的夹具　已点固定好的焊件放在这一类夹具上完成所存焊缝的焊接。它的主要任务是防止焊接变形，并使处在各种位置的焊缝都尽可能地调整到最有利于施焊的位置。

2）按应用范围分类

（1）通用夹具　又称万能夹具，这类夹具无须调整或稍做调整就可以装夹不同的部件。

（2）专用夹具 只适用于某一工件的装配和焊接工作，产品改变后不能适用其他的产品焊接使用。

3）按照动力源分为

（1）手动夹具 靠人力推动加紧机构，实现零件的夹紧。

（2）气动夹具 利用压缩空气为动力，夹紧工件。

（3）电动夹具 利用电磁装置产生的电磁力来夹紧工件。

6.2.1.2 车身装焊夹具设计原则

1）方便施工

夹具应使装配和焊接过程简化，操作程序合理，工件装卸方便，能保证装配焊接工艺的正常进行。如采用焊枪的夹具，应考虑电极的结构形式和必要的导电绝缘装置，以减少阻抗和分流；能使焊缝处于员工方便施焊的位置；具有让焊枪、焊钳进出和移动的空间和工人自由操作的位置；在夹具上便于进行小件质量检查等。

2）便于操作

在保证强度与刚度的前提下，应轻便灵巧；定位、夹紧和松开应省力而又迅速。

3）易于制造和维修

夹具零部件应尽量标准化、通用化，零件要便于更换；车身总成装焊夹具结构复杂，在制造和使用中应能调整校正。

4）成本低

制作时投资少，使用中能源消耗和管理费用少。

6.2.2 车身装焊件定位与夹紧

在夹具上进行装配焊接时，一般分三步进行：

（1）定位 即准确地确定被装焊的零件或部件相对于夹具的位置。

（2）夹紧 即将定好位置的部件压紧夹牢，以免产生位移。

（3）点固 即对已定好位置的各个零部件以一定间隔焊一段焊缝，把这些零部件的相互位置固定。如果焊点很少或焊缝很短，也可不进行点固，直接焊接即可。如果装配好的零部件不需卸下，就在夹具上焊接，也可省去点固。

6.2.2.1 定位基准

装焊件要获得正确的定位，首要的问题就是怎样选择定位基准。这不仅关系到工件的装焊精度，而且还影响到整个装配和焊接的工艺过程以及夹具的结构方案。一般说来，选择定位基准要考虑以下原则。

① 当被装焊的零件或部件既有平面也有曲面时，应优先选择平面作为主要定位基准面，尽量避免选择曲面，否则夹具制造困难。如果有几个平面时，则应选择其中较大的平面作为主要定位基准。但为了保证车身的曲面外形，车身覆盖件或骨架有时也选用曲面作为主要定位基准。

② 对于较复杂的车身冲压件，曲面上经过整形的平台，可以选择下列部位作为主要

定位基准：工件经拉深和压弯形成的台阶，经修边的窗口和外部边缘，装配用孔或工艺孔。

③ 应当尽量选择零件或部件的设计基准作为定位基准。消除基准不符误差，提高定位精度。

④ 为了保证车门、车窗的正确安装，其车身装焊夹具应该用门孔作为主要定位基准。

上述原则要综合考虑，灵活应用。检验定位基准选择得是否合理的标准是：能否保证装焊件的尺寸精度、位置精度和技术要求；装焊是否方便；是否有利于简化夹具的结构等。在这些标准中，最重要的就是保证装焊件的尺寸、位置精度和技术要求。例如在车身门框总成的装焊中，为了保证车门与门框四周的间隙均匀，以利于密封和美观，应当选择门框组件的内表面作为主要定位基准。同样的道理，为了保证窗玻璃能顺利的安装，在装焊窗框时也应以窗框内表面作为主要定位基准。

由于在装焊夹具上装焊的零件不是单个的，而是两个或两个以上，整个组装过程就是把许多个零件按顺序逐个地在夹具上进行定位和夹紧，待点固或焊接完后才形成一个部件。对这种情况，主要是选择一个供待装部件定位用的组装基准面，这个基准面就是许多零件在组合成部件的过程中作定位的依据。

6.2.2.2 定位元件

零部件的定位是通过其定位基准与夹具上的定位元件相接触而实现的。常用的定位元件有以下几种。

1）挡铁

挡铁是应用最普遍、结构最简单的一种定位元件。主要应用于车身骨架的装焊夹具中。图 6-9 所示为几种常用的挡铁。其中图（a）所示为固定挡铁，直接被焊在钢制的支承件上；图（b）所示为可拆挡铁直接插入支承件的锥孔中，不用时可以拔除；图（c）所示为用螺栓固定在支承件上，可以改变挡铁的固定位置，亦可以拆卸。为了便于工件的装卸，可以使用图 6-10 所示的活动挡铁：只要将活动销 1 拔出，挡铁 2 即可退出。

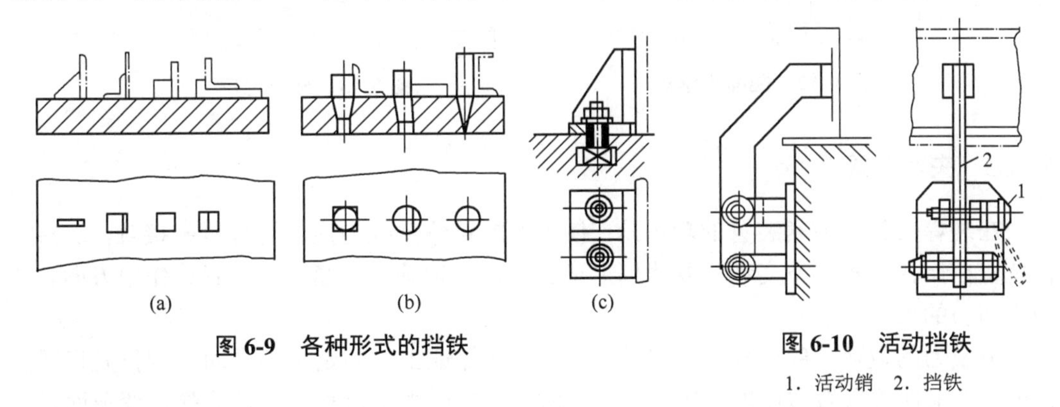

图 6-9 各种形式的挡铁

图 6-10 活动挡铁

1. 活动销 2. 挡铁

2）定位销

定位销靠圆柱面与工件的定位基准孔接触进行定位。在汽车车身件装焊中由于工件厚度不大，多用短定位销。定位销除固定在夹具上使用的以外还可设计成可拆的，如图 6-11 所示。

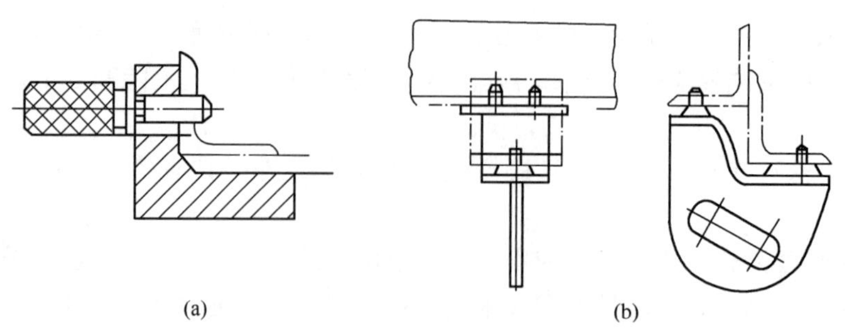

图 6-11　可拆的定位销

3）支承板

支承板分平面和曲面两种。平面支承板主要用于工件定位表面是平面的场合，其形式可与一般夹具设计用的支承板相同或类似。如果工件的定位表面为曲面则需用曲面支承板定位，曲面支承板如图 6-12 所示。

4）样板

样板预先按各零件的相互位置制作。装配时使它和工件紧靠来实现工件的定位。角尺实质上就是最简单的样板。图 6-13 所示是应用样板定位的例子。有些产量不大的客车厂，常将客车的几根主要轮廓线制成样板，在装焊车身骨架或覆盖件时就用这些样板来确定其位置，以保证所产客车的外形基本相同。

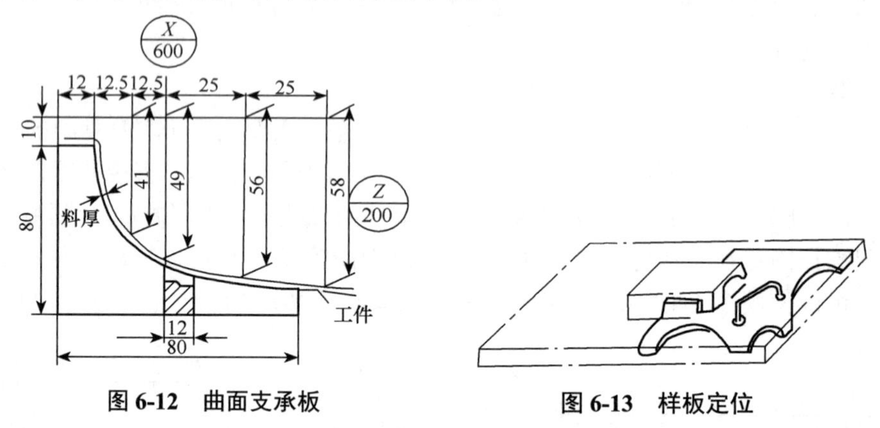

图 6-12　曲面支承板　　**图 6-13　样板定位**

6.2.2.3　夹紧装置

在装焊夹具中夹紧装置的功用是：使工件的定位基准与定位元件紧密接触，保持工件位置在焊接过程中不变动。要达到上述目的，必须确定夹紧力的数目、作用方向、作用点和力的大小。

夹紧力的数目一般由第一个目的来确定，即保证工件的定位基准面与定位元件紧密接触。当工件的重力与点焊加压方向一致时，焊接压力足以克服工件的弹性变形而保持正确的装配位置时可以省去夹紧机构。另外，在固定式点焊机上用焊接样板定位焊接时，焊工可用手控制被焊工件而不用夹紧机构，除此之外，均应夹紧工件。这样，对于每一个定位部位一般都应有夹紧力。当然这并不等于就需要一个独立的夹紧力，因为有时一个夹紧力能产生几个指向不同定位元件的分力，特别是工件刚性较大时更是如此。而一般车身覆盖件是薄板零件，刚性很差，所以需要的夹紧力的数目就较多。

夹紧力的作用方向应垂直于主要定位基准面，以保证工件定位稳定，变形较小。当夹紧力的方向与重力方向一致时就可使夹紧力最小。

选择夹紧力的作用点时，主要应当考虑工件夹紧时要稳定、变形最小。所以夹紧力的作用点应落在定位元件上，当工件刚性很好时，也可以落在几个定位元件所组成的平面内。夹紧力的作用点还应尽量选在工件刚性最好的部位上，以减少夹紧变形。由于焊接热会引起工件热胀冷缩，所以选择夹紧力的作用点时还要考虑工件的自由伸缩。

常用的夹紧机构大都是各种铰链式夹紧器，很多已经标准化，也有些是由标准型组合派生出来的。铰链式夹紧装置的特点是有一定的自锁性，夹紧力随铰链倾角的大小而变化，夹紧和松开动作迅速，压板张开量大。螺旋式夹紧机构则与一般夹具相类似。

图 6-14 所示为常用的铰链式夹紧钳。图（a）所示为固定式的，例如在驾驶室总装夹具中与车门洞本体固定，用于前、后围立柱上的夹紧点。图（b）所示则是活动式的，其特点是灵活、方便，随处可夹。

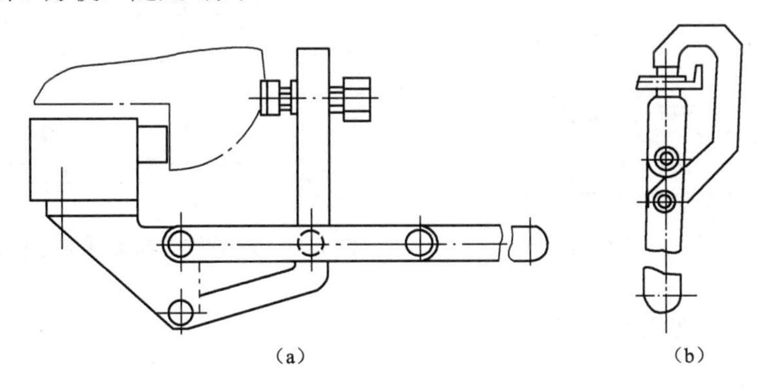

图 6-14　常用的铰链式夹紧钳

图 6-15 所示则是一种快速铰链式夹紧器。它的特点是压紧力大，装卸迅速。图 6-16 所示是一种应用很广泛的移动式夹紧器。

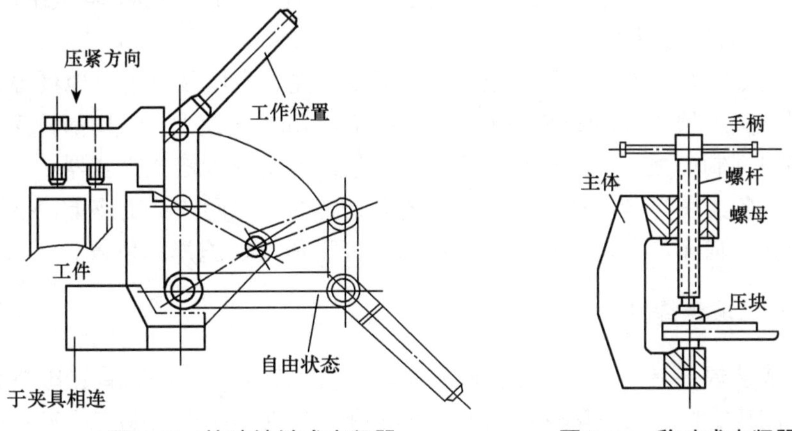

图 6-15　快速铰链式夹紧器　　**图 6-16　移动式夹紧器**

图 6-17 所示为三种能快速退出或快速夹紧的夹紧器。

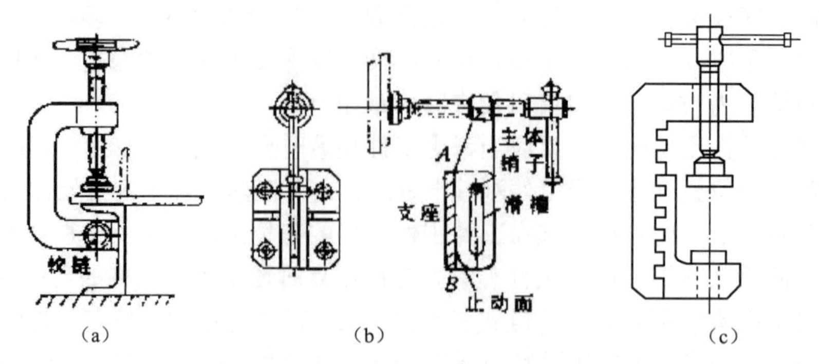

图 6-17　具有快速退出/夹紧功能的夹紧器

图 6-18 所示为螺旋—杠杆夹紧器。图 6-19 所示为螺旋推撑器和螺旋拉紧器。这两种夹紧机构在车身总成的装焊夹具中可以用来调整各分总成的位置。

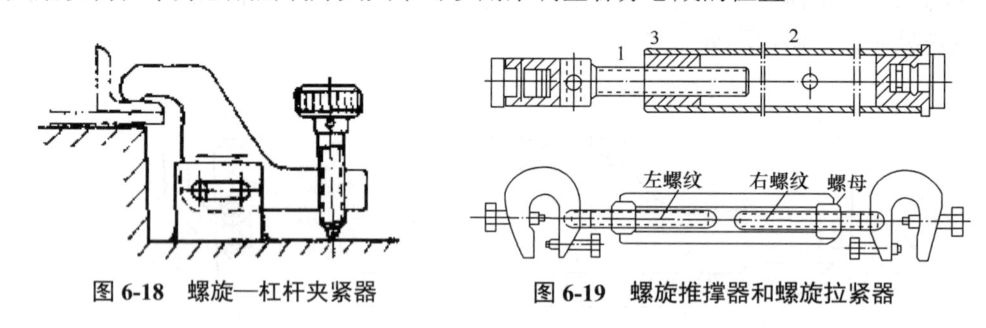

图 6-18　螺旋—杠杆夹紧器　　**图 6-19　螺旋推撑器和螺旋拉紧器**

6.2.3　车身典型装焊夹具分析

6.2.3.1　合件与分总成装焊夹具

图 6-20 所示是驾驶室的门支柱和内盖板点焊用的装焊样板。样板是最简单的装焊夹具。这种样板用铝板制造，重量轻。门支柱靠其外形及限位器固定座来定位，内盖板靠其三面翻边来定位。零件用手压紧，在固定式点焊机上进行焊接，样板中部开有孔洞，以便进行点焊和减轻样板重量。

在中、大型客车制造中，用来装焊前、后围和左、右围及顶盖、地板等几大片骨架总成的装焊夹具都属于分总成装焊夹具。这些夹具虽然比较大，结构都较简单。夹具几乎都是用型材焊制而成，上面布有许多螺旋夹紧器或快速铰链式夹紧器。工件大都用曲面外形定位，各梁在焊接部位需夹紧。这类夹具有的装在两铰链支座上，整个夹具可以旋转并固定在任何角度上，以便于使焊接部位处于最方便施焊的位置。

6.2.3.2　车身总成装焊夹具

车身总成装焊夹具尺寸大、结构较复杂，精度也较高，因为它直接影响车身总成的装配精度。按其定位方式，车身总成装焊夹具可以分为一次性装配定位夹具和多次性装配定位夹具两种。

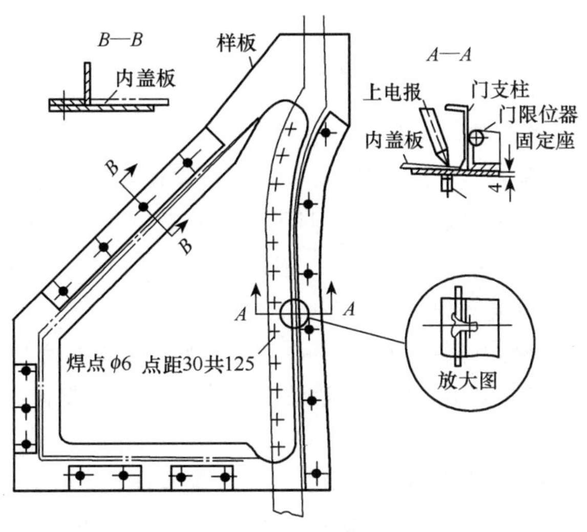

图 6-20 车门装焊样板

1）一次性装配定位的总装夹具

一次性装配定位的总装夹具是指车身总成的主要装配焊接工作是在一台总装夹具上完成的。组成车身的零件、部件和分总成等依次装到总装夹具上进行定位和夹紧，直至车身总成的主要装配焊接工作完毕，才从夹具上取下来。这种夹具的特点是车身装焊时的定位和夹紧只进行一次，容易保证车身装焊质量。根据车身生产纲领可设置一台或数台同样的夹具，单台夹具可采用固定式的。多台夹具可配置在车身装焊生产线上，随生产线移动，这种随生产线移动的夹具称为随行夹具。东风汽车公司 EQ1090 驾驶室总装配线上采用的随行夹具如图 6-21 所示。它包括底板及门框定位夹具，采用快速的气动及手动夹紧器。夹具连同小车一起重约 3t。随行夹具制造复杂，成本高。每个装配台上都需装有电、水和气路的快速插座或接头，使夹具行走到每一工位时都能方便、迅速地接通。

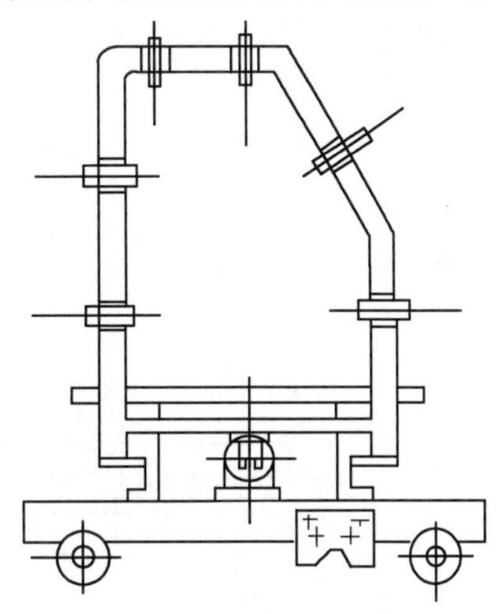

图 6-21 随行装焊夹具

当产量比较小时，这种一次性装配定位的总装夹具也可以制成台车式的，工位之间的运送可由人力推动。

2）多次性装配定位的总装夹具

多次性装配定位夹具是指车身总成要经过两台或两台以上不同的总装夹具才能完成。车身每通过一台总装夹具就要被定位夹紧一次。这类夹具要求不同夹具上的定位面应当一致，以免产生装配误差。有骨架的驾驶室总成的装焊使用这类夹具比较合适，如在第一台夹具上完成内骨架的装焊，在第二台夹具中完成外覆盖件的装焊。这二台夹具均以底板上的悬置孔和门框作为定位基准。这类夹具的优点是制造简单，夹具数量较少，且不存在水、气和电源的连接问题。但增加了定位夹紧次数，容易产生装配误差，质量不稳定。

【补充阅读资料】

车身总成夹具

（1）EQ1090驾驶室总装随行夹具

该夹具如资料图6-1所示，主要由门框夹具和底板定位夹具组成。它的任务是完成底板、前围、后围、门上梁和顶盖的装焊。左、右门框夹具的底部可在V形导轨上沿X轴移动。并且导轨磨损后能自动补偿，不会产生间隙，因此导向性好。但由于底部平移，定位部分上部的摆差会使门洞尺寸的精度受到一定的影响。

该夹具的门框夹具部分如资料图6-2所示。左、右方箱体4的两侧各装有三个定位块（3和11），顶部各装有2个定位块6，侧面有活动定位销12。这样就构成了驾驶室左右门框的定位结构。

底板定位夹具是由中部一个圆柱定位销及几个平面和周边定位块组成。参见资料图6-1、资料图6-2，装夹顺序是先将底板装到底板定位夹具上，然后依次装上前围、后围和门上梁，使其分别紧靠定位块3、11、6，再将活动定位销12插入前、后围定位孔中。并用气动夹紧钳压紧前围和后围，用气动夹紧钳夹紧门上梁。采用三台悬挂式点焊钳分别点焊后围、前围与底板、门上梁的连接部分。然后再将顶盖与前、后围和门上梁点焊。

装焊完毕，松开夹紧钳，左、右方箱体沿V形导轨外移到位，驾驶室被吊到调整线上完成补焊及安装车门的工序。随行小车随末端升降台落到地坑内进行下一个装焊循环。

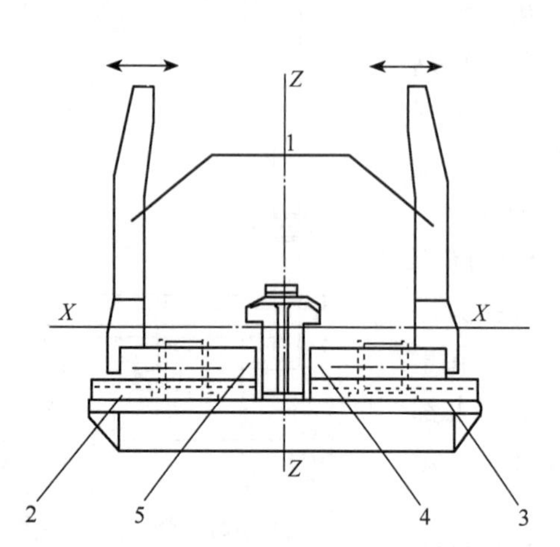

资料图6-1 EQ1090驾驶室总成随行夹具

1．左右门框 2、3．左右滑座

4、5．左右导向座

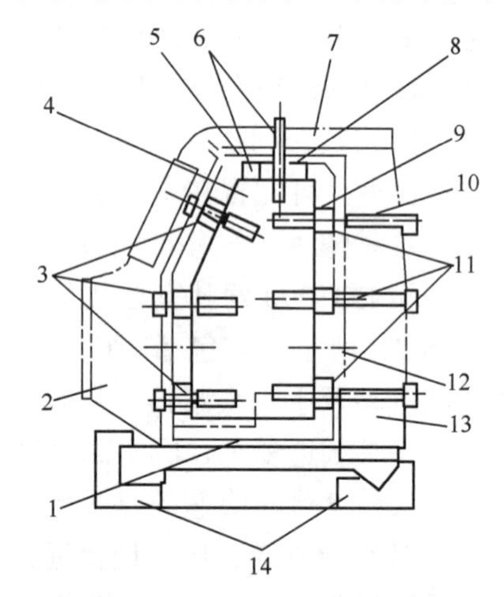

资料图6-2 EQ1090门框装焊夹具

1．底板 2．前围 3．前围定位块 4．方箱本体

5．门上梁 6．定位块 7．顶盖 8．手动夹紧钳

9．汽缸 10．气动夹紧钳 11．后围定位块

12．活动定位销 13．后围 14．导轨

（2）CA1091驾驶室总装夹具

与EQ1090驾驶室总装夹具不同的是，该夹具只完成驾驶室的前、后围和地板及门上梁的装焊，而不装焊顶盖，最后形成的是没有顶盖的驾驶室总成。

CA1091驾驶室总装夹具如资料图6-3所示。整套夹具安装在一个上平面刻有坐标网线的铸铁底座上。左、右门框夹具 4 可由汽缸驱动在双圆柱导轨上沿 X 轴平移，运动平稳，定位准确，左右对称性好。门框夹具采用箱体和安装其上的定位块 2 对驾驶室门框进行定位。门框支承箱体 1 用铝合金铸造，其上装有定位块和夹紧机构。底板升降夹具 5 采用气动四导柱沿两轴升降，以便调整底板在空间的位置。底板上有两个圆柱销供车身底板上悬置孔定位用。后围在夹具 6、夹具 8 上定位夹紧。该夹具还设置了安装调整样架用的定位基准 7。这对夹具制造、调整和使用均很方便。

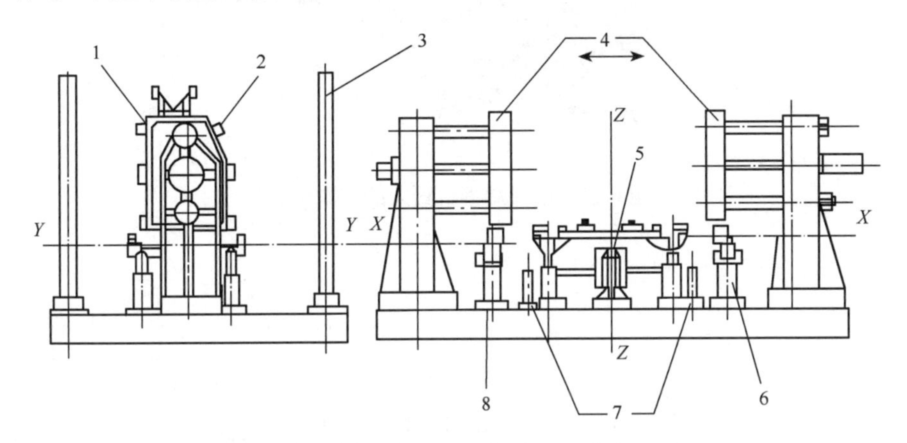

资料图 6-3 CA1091 驾驶室总装夹具

1. 门框支承箱体 2. 前围上支柱定位块 3. 龙门支架 4. 左右门框夹具
5. 底板升降夹具 6、8. 后围夹具 7. 调整样架用定位基准

6.3 车身装焊设备

6.3.1 焊接机器人

焊接机器人目前已大量应用于汽车制造业，在座椅骨架、导轨、消声器、液力变矩器等特别是汽车底盘的焊接生产中得到广泛应用。它在稳定和提高焊接质量，提高劳动生产率，改善劳动条件，降低操作技术要求，缩短产品改型换代的准备周期、减少相应设备投资、实现生产线多品种柔性化生产等方面具有极其重要的意义和作用。

焊接机器人主要包括机器人和焊接设备两部分。机器人由机器人本体和控制柜组成。而焊接装备，以弧焊及点焊为例，则由焊接电源、送丝机（弧焊）、焊枪（钳）等部分组成。对于智能机器人还应有传感系统，如激光或摄像传感器及其控制装置等。图 6-22 及图 6-23 分别表示弧焊机器人和点焊机器人的基本组成。

6.3.1.1 点焊机器人

点焊对焊接机器人的要求不是很高。因为点焊只需点位控制，至于焊钳在点与点之间的移动轨迹没有严格要求，这也是机器人最早只能用于点焊的原因。点焊用机器人不仅要有足够的负载能力，而且在点与点之间移位时速度要快捷，动作要平稳，定位要准确，以减少移位的时间，提高工作效率。点焊机器人需要有多大的负载能力，取决于所

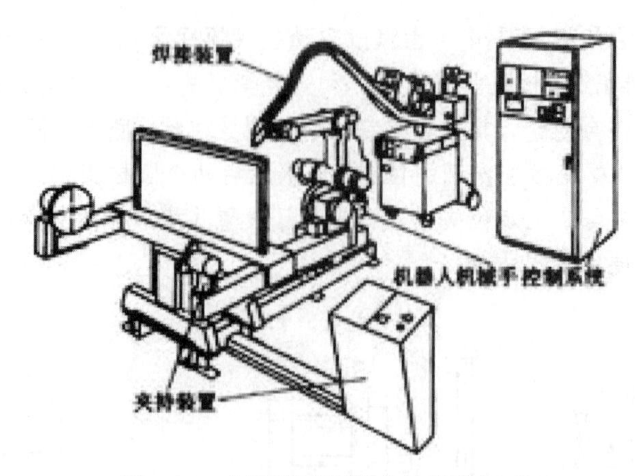

图 6-22　电弧焊接机器人的基本组成

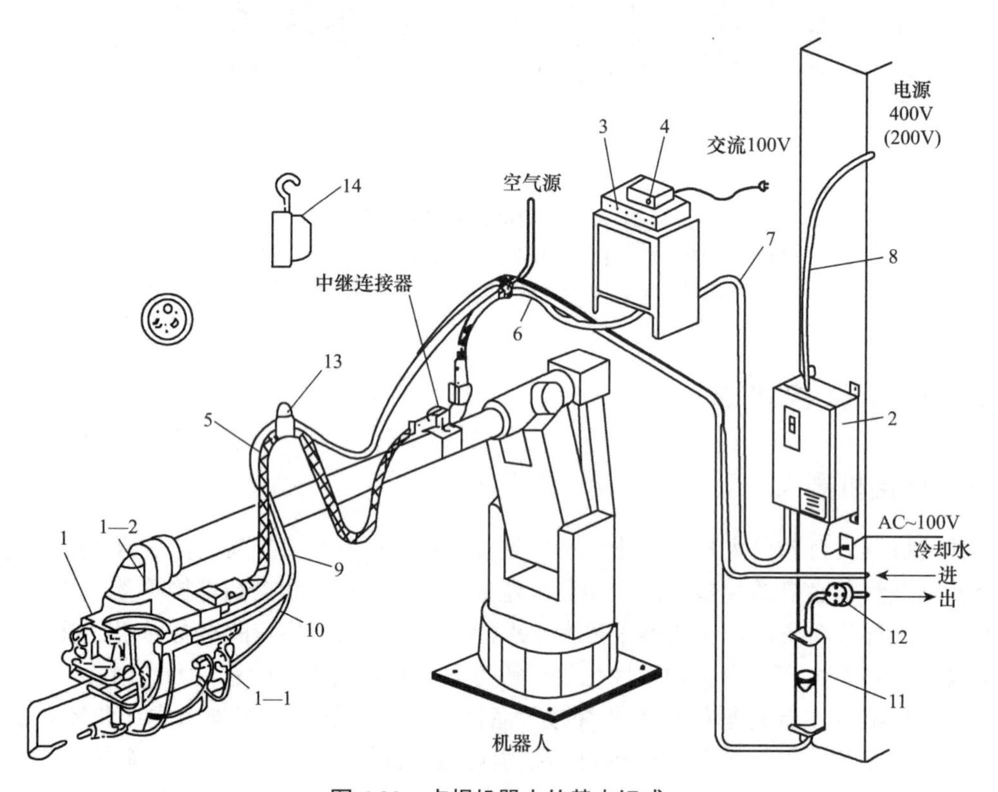

图 6-23　点焊机器人的基本组成

1．焊钳（1—1 气管接头；1—2 水管接头）　2．主电力开关　3、4．控制箱　5．同轴电缆
6、7、8．导线套管　9．冷却水管　10．气管　11．流量计　12．水开关　13、14 吊挂件

用的焊钳形式。对于用与变压器分离的焊钳，30～45kg 负载的机器人就足够了。但是，这种焊钳一方面由于二次电缆线长，电能损耗大，不利于机器人将焊钳伸入工件内部焊接；另一方面电缆线随机器人运动而不停摆动，电缆的损坏较快。因此，目前逐渐增多采用一体式焊钳。这种焊钳连同变压器质量在 70kg 左右。考虑到机器人要有足够的负载能力，能以较大的加速度将焊钳送到空间位置进行焊接，一般都选用 100～150kg 负载的重型机器人。

为了适应连续点焊时焊钳短距离快速移位的要求。新的重型机器人增加了可在 0.3s 内完成 50mm 位移的功能。这对电动机的性能、微机的运算速度和算法都提出更高的要求。

点焊机器人的焊接装备，由于采用了一体化焊钳，焊接变压器装在焊钳后面，所以变压器必须尽量小型化。对于容量较小的变压器可以用 50Hz 工频交流，而对于容量较大的变压器，已经开始采用逆变技术把 50Hz 工频交流变为 600～700Hz 交流，使变压器的体积减少、减轻。变压后可以直接用 600～700Hz 交流电焊接，也可以再进行二次整流，用直流电焊接，焊接参数由定时器调节。新型定时器已经微机化，因此机器人控制柜可以直接控制定时器，无需另配接口。点焊机器人的焊钳，通常用气动的焊钳，气动焊钳两个电极之间的开口度一般只有两级冲程，而且电极压力一旦调定后是不能随意变化的。近年来出现一种新的电伺服点焊钳，焊钳的张开和闭合由伺服电机驱动，码盘反馈，使这种焊钳的张开度可以根据实际需要任意选定并预置，而且电极间的压紧力也可以无级调节。这种新的电伺服点焊钳具有如下优点：

① 每个焊点的焊接周期可大幅度降低，因为焊钳的张开程度是由机器人精确控制的，机器人在点与点之间的移动过程中焊钳就可以开始闭合；而焊完一点后，焊钳一边张开，机器人就可以一边位移。

② 焊钳张开度可以根据工件的情况任意调整，只要不发生碰撞或干涉，尽可能减少张开度，以节省焊钳开合所占的时间。

③ 焊钳闭合加压时，不仅压力大小可以调节，而且在闭合时两电极是轻轻闭合，减少撞击变形和噪声。

6.3.1.2 焊接机器人工作站

焊接机器人工作站是通过计算机系统对焊接环境、焊缝跟踪及焊接动态过程进行智能传感，根据传感信息对各种复杂的空间曲线焊缝进行实时跟踪控制，从而控制焊枪能够实现规划轨迹运行，并对焊接动态过程进行实时智能控制。焊接机器人工作站正常运行的中枢是其控制柜中的计算机系统。由于焊接工艺、焊接环境的复杂性和多样性，焊接机器人工作站在实施焊接前，应配备其焊接路径和焊接参数的计算机软件系统。该软件要对焊缝空间的连续轨迹、焊接运动的无碰路径及焊枪姿态进行规划设计，并根据焊接工艺来优化焊接参数。

焊接机器人工作站由图 6-24 所示的各单元构成。IGM 机器人为一机双工位，机器人在纵梁上移动，依次对 L 形变位机及头尾架变位机上装夹的前车架、铲斗进行焊接。图 6-24 中纵梁上再加上一个机械手，即为两机双工位，可同时对两工件施焊。

6.3.1.3 焊接机器人生产线

焊接机器人生产线是把多台工作站（单元）用工件输送线连接起来组成一条生产线。这种生产线仍然保持单站的特点，即每个站只能用选定的工件夹具及焊接机器人的程序来焊接预定的工件，在更改夹具及程序之前的一段时间内，这条线不能焊其他工件。

另一种是焊接柔性生产线。柔性线也是由多个站组成，不同的是被焊工件都装夹在统一形式的托盘上，而托盘可以与线上任何一个站的变位机相配合并被自动夹紧。焊接

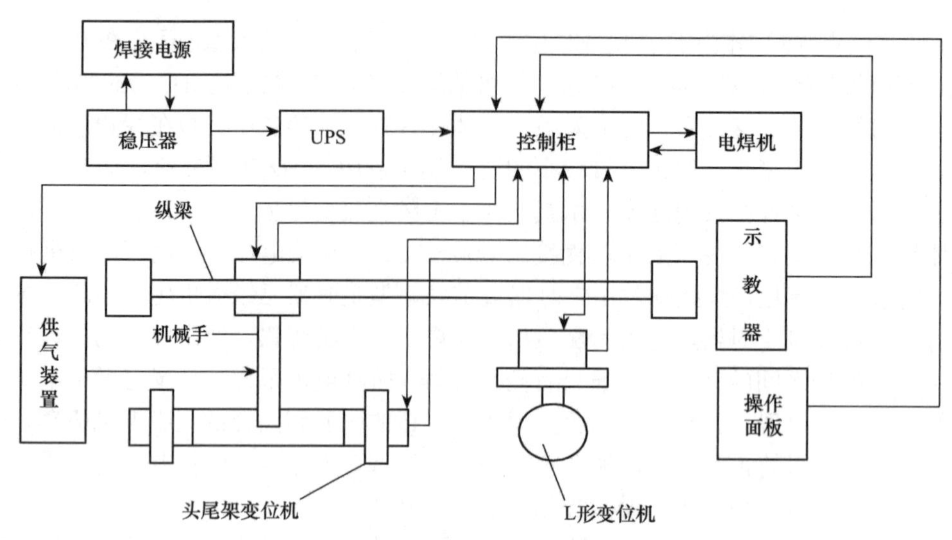

图6-24　IGM焊接机器人一机双工位工作站

机器人系统首先对托盘的编号或工件进行识别，自动调出焊接这种工件的程序进行焊接。这样每一个站无须作任何调整就可以焊接不同的工件。焊接柔性线一般有一个轨道子母车，子母车可以自动将点固好的工件从存放工位取出，再送到有空位的焊接机器人工作站的变位机上。也可以从工作站上把焊好的工件取下，送到成品件流出位置。整个柔性焊接生产线由一台调度计算机控制。因此，只要白天装配好足够多的工件，并放到存放工位上，夜间就可以实现无人或少人生产了。

工厂选用哪种自动化焊接生产形式，必须根据工厂的实际情况而定。焊接专用机器人适合批量大、改型慢的产品，而且工件的焊缝数量较少，长度较长，形状规矩（直线、圆形）的情况；焊接机器人系统一般适合中、小批量生产，被焊工件的焊缝可以短而多，形状较复杂。柔性焊接线特别适合产品品种多，每批数量又很少的情况，目前国外企业正在大力推广无（少）库存，按订单生产的管理方式，在这种情况下采用柔性焊接线是比较合适的。

6.3.2　客车车身机械化与自动化装焊设备

汽车车身焊装的机械化和自动化设备，为提高客车产量、保证客车产品质量提供了必要的保证。机械化和自动化设备的使用对客车生产有很重要意义，可以解决关键性的工艺问题，提高汽车制造质量；可以减轻劳动强度，提高生产效率；同时便于组织管理，实现现代化生产。本节介绍汽车焊装生产中几种主要的机械化和自动化生产设备。

6.3.2.1　侧蒙皮液压拉伸设备

侧蒙皮液压拉伸设备主要用于拉伸车身侧蒙皮，使侧蒙皮产生一定的弹性变形，从而保证客车车身侧面的平整性。该设备主要是由基础轨道、拉伸架、拉伸头、高度调节系统、拉伸架调整锁紧机构、液压系统、电气系统等部分组成。四个拉伸架沿车身两侧布置，两侧蒙皮可同时拉伸。每侧拉伸架一端固定，另一端可沿基础轨道移动，用调整锁紧机构锁紧，用于适应不同长度的车型的高度调整。其他夹紧、推靠、角度微调等机构都依附在拉伸头上，如图 6-25 所示。

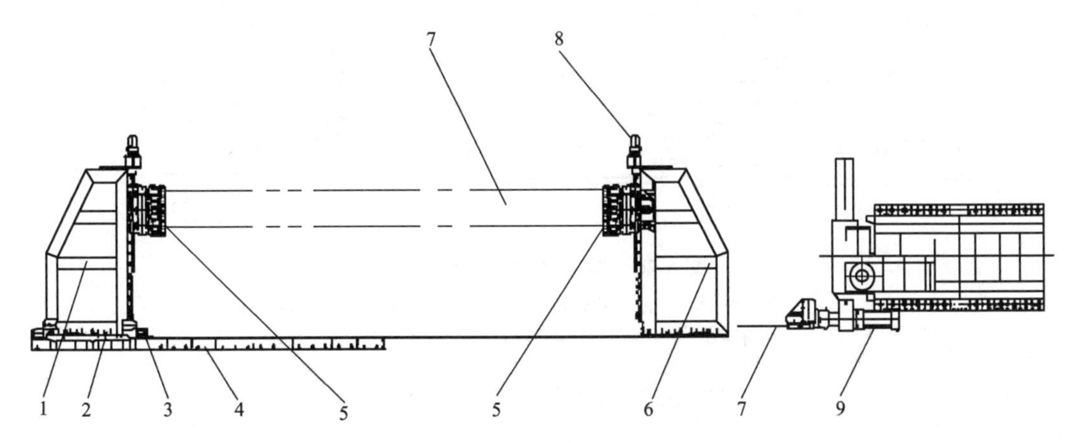

图 6-25 客车侧蒙皮液压拉伸设备

1. 可移动拉伸架 2. 锁紧螺栓 3. 行走滚轮 4. 基础轨道 5. 拉伸头
6. 固定拉伸架 7. 客车蒙皮 8. 高度调整电动机 9. 拉伸油缸

这种设备的主要特征是：

（1）拉伸力大 拉伸油缸选用大缸径的油缸，拉伸力大，可满足不同厚度、宽度的侧蒙皮拉伸调整，对不同宽度的蒙皮设定不同的拉伸力。

（2）布置方便 采用敞开式布置，即拉伸机构设在车身的前后端，中部完全敞开，可使工人在无障碍的情况下进行焊接、操作，也便于布置各种焊接工具。

（3）调整性、操作性好 侧蒙皮液压拉伸设备是一种通用设备，能够满足各种车型的拉伸要求，能够调整的参数包括侧蒙皮长度，侧蒙皮高度和不同的宽度的车身。因蒙皮夹具宽度范围大，通常宽度蒙皮都可以正常使用。长度调整采用滚轮锁紧机构快速调整，高度采用电动调整，不同车身宽度采用液压调整。

在操作时，经蒙皮的夹紧、推靠、高度调整等动作都是由液压装置或电动机驱动来实现，大大减轻了工人的劳动强度，提高了工作效率。

该设备适用于多种车型、多种工艺状况，机械化、自动化程度高。

6.3.2.2 侧蒙皮自动点焊设备

汽车侧蒙皮自动点焊设备是用于经张拉后的侧围蒙皮与侧围骨架焊接的大型自动化设备，是客车生产机械化、自动化的关键设备之一，可大幅度提高客车生产的焊接质量，提高工作效率，减轻工人劳动强度。

如图 6-26，该设备主要由基础轨道、床身、焊接系统、冷却系统及控制系统等组成，布置在车身两侧，两侧蒙皮可以同时施焊。主要工作原理是：床身上设置了各种机构，可对上下电极宽度，电极高度以及电极推进收缩进行电动调整。整个点焊过程由 PLC 工业控制器自动控制，也可以由手动方式工作。

这种设备的主要特征是：

① 采用单面双点电阻焊，对侧蒙皮与骨架进行焊接，焊后的侧蒙皮表面质量非常高。

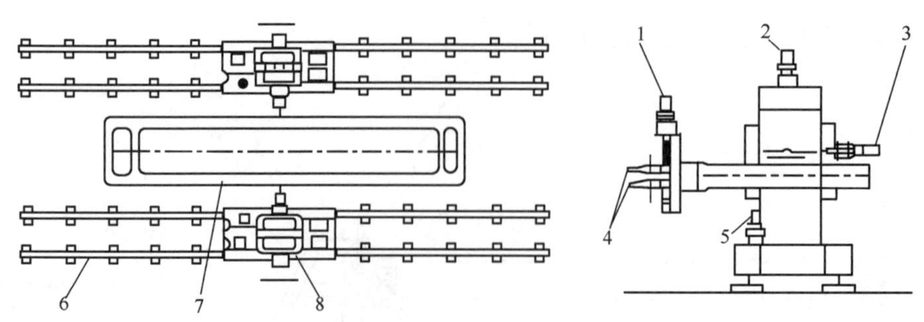

图 6-26　客车蒙皮自动点焊设备

1．宽度调整电动机　2．高度调整电动机　3．推进电机　4．焊接电机
5．床身驱动步进电机　6．基础轨道　7．客车车体　8．床身

② 采用自动化焊接，能够获得稳定的焊接质量和焊点分布，并能减轻工人劳动强度和提高效率。

③ 调整性、通用性好，各种参数的调整通过电动实现，可调整的参数包括蒙皮宽度，蒙皮高度和车身宽度等，可以满足多种车型的焊接需要。

该设备往往与侧蒙皮液压拉抻设备配套使用，共同完成拉伸与点焊的动作。适用于大批量、规模化生产。

6.3.2.3　顶蒙皮电阻滚焊设备

顶蒙皮滚焊机是顶盖低位作业的关键设备，可以将顶盖搭接的张拉蒙皮一次完成精确定位、焊接（滚焊）作业，焊接变形小、表面平整、不漏水、质量可靠，可以极大提高生产效率，如图 6-27 所示。

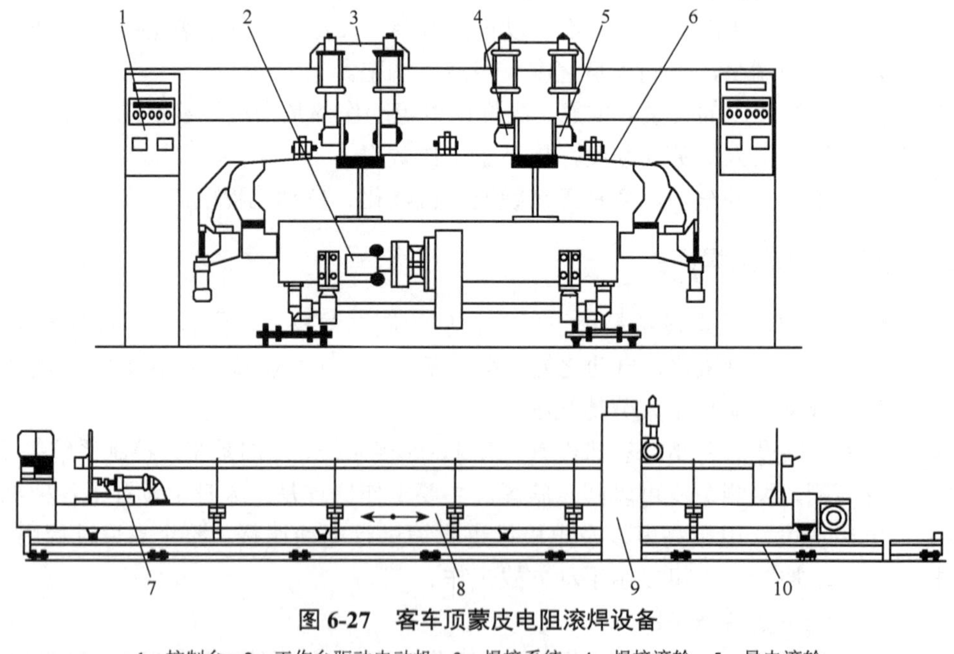

图 6-27　客车顶蒙皮电阻滚焊设备

1．控制台　2．工作台驱动电动机　3．焊接系统　4．焊接滚轮　5．导电滚轮
6．车顶蒙皮　7．蒙皮拉伸机构　8．工作台　9．龙门架　10．运行轨道

该设备可将客车顶盖三张已经成型的蒙皮，通过定位、拉伸和电阻滚焊，形成一个顶蒙皮总成。它主要由运行轨道、蒙皮定位工作台、拉伸系统、固定系统、龙门架及焊接、冷却、控制等系统组成。焊接采用单面双滚电阻焊方式，对张拉蒙皮中间两处搭接焊处施焊。设备采用焊机固定，负载蒙皮的工作台行走的运行方式。在施焊前，对蒙皮先进行定位、拉伸，然后使负载蒙皮的工作台启动、运行，同时两组的双滚电极落下，压紧蒙皮并通过连续施焊，在两条搭缝处形成两条连续的焊缝。

这种设备的主要特征是：

① 顶盖防漏是车顶制作的最大难题，由于顶蒙皮滚焊机采用连续滚焊方式，彻底解决了顶盖漏雨的问题。

②单面双滚用于客车顶蒙皮焊接，将两组滚轮旋转在蒙皮上方，使蒙皮支承更容易布置，能够满足多种车型顶蒙皮的焊接需求。

③ 从上料到焊接完成，工作节拍比较快。

④ 改善了与骨架组焊的工艺性，由于三张蒙皮已焊接成一体，在与骨架组焊时，不必设置两条骨架纵梁与蒙皮两条搭焊处对应，使骨架的组焊工艺更加灵活。

6.3.2.4 顶盖皮自动点焊设备

电阻式客车顶蒙皮自动点焊机是用于客车顶盖蒙皮与车顶盖骨架焊接的大型自动化设备，如图 6-28 所示，采用低位置作业的方式，将客车顶盖骨架及蒙皮定位、张拉，并将车顶蒙皮与骨架自动点焊焊接，使客车顶盖总成的制作实现了机械化、自动化作业，大幅度提高了客车产品的焊接质量及生产效率，减轻了工人劳动强度。

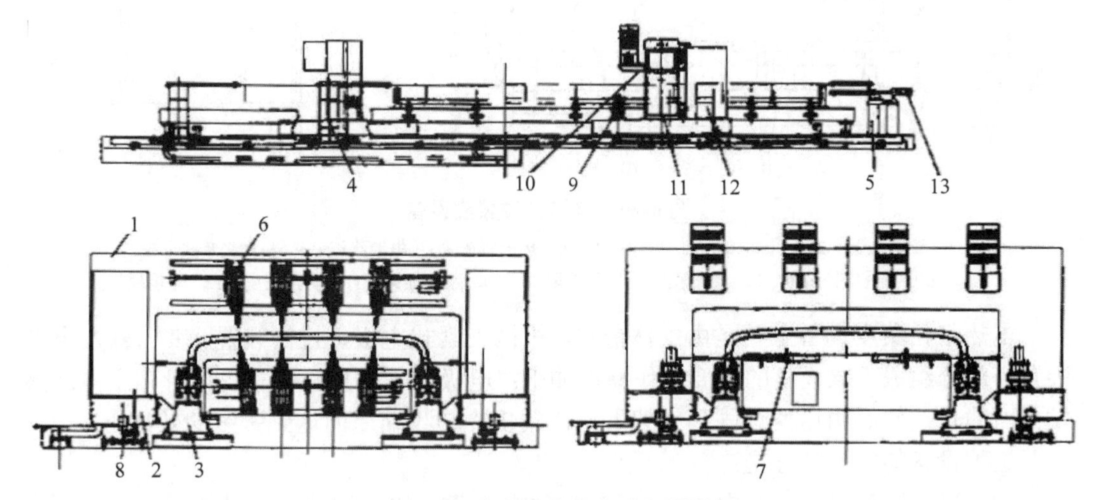

图 6-28 客车顶蒙皮自动点焊设备

1．龙门架 2．行走架 3．骨架定位夹紧装置 4．蒙皮夹紧端（移动端）
5．蒙皮夹紧拉伸端（固定端） 6．焊接系统 7．侧焊接系统 8．运行轨道
9．传动系统 10．变压器与控制箱 11．电控系统 12．循环系统 13．液压系统

该设备主要由运行轨道、龙门架、骨架与蒙皮定位系统、焊接系统、拉伸系统、冷却系统及电控系统等组成。龙门架行走采用两台步进电动机双面驱动，使龙门架及整个

焊接系统稳步进行。上下焊极系统分别由步进电机驱动，用于调整焊缝的间距。焊接动作由汽缸推动焊极来实现。拉伸动作由液压系统提供，拉伸力大。设备的焊接过程完全自动化，也可采用手动方式焊接。焊接系统采用双面单点焊接方式。

这种设备的主要特征是：

① 与电弧焊相比，电阻点焊改善了蒙皮焊接的外观质量，减小了变形，焊接效果好。

② 由于上下电极固定在同一龙门架上，所以电极总是同步运行，并可以焊接搭接焊缝处 1+1+1 的焊接状况，解决了单面双点只能焊接一层蒙皮以及焊接搭缝时必须再次焊接的难题，提高了工作效率。

③ 焊接过程完全自动控制，各焊枪的纵、横向运动由步进电动机驱动，可以对顶盖骨架纵横梁的任意位置进行自动焊接，能够满足多种焊接要求及不同车型的焊接需要。

6.3.2.5　电热张拉蒙皮设备

电热张拉蒙皮设备是客车行业应用比较广泛的一种装备，如图 6-29 所示。该设备采用电加热的方法，使客车侧蒙皮发热产生膨胀伸长，然后把变形的蒙皮固定在骨架上，保证了侧蒙皮的平整性。

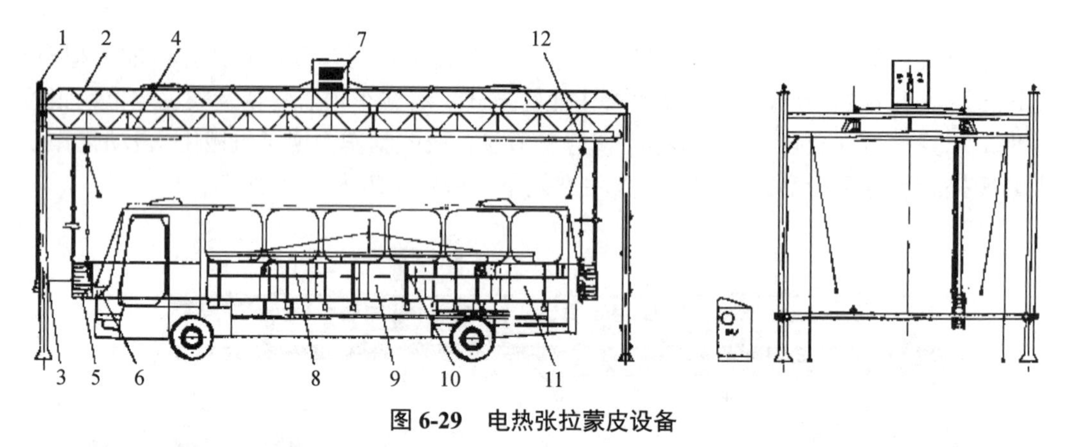

图 6-29　电热张拉蒙皮设备

1. 配重装置　2. 主体桁架　3. 拉伸装置　4. 环形轨道　5. 电缆线组　6. 机械夹紧式电极
7. 变压器及电控装置　8. 蒙皮吊具　9. 绝缘隔板　10. 蒙皮挂具　11. 侧围蒙皮　12. 平衡块

电热张拉蒙皮设备主要是由主体桁架、机械夹紧式电极、拉伸装置、变压器及电控装置等部分组成。该设备的主要工作原理如下：电极夹紧蒙皮，使蒙皮自身产生电涡流发热而伸长，然后由迅速焊固到骨架上，待蒙皮冷却收缩后而达到张紧的效果。

这种设备的主要特征是：

① 可靠性高、适应范围广，可适应各种客车蒙皮的拉伸范围，且使用方便、造价低、效果好。

② 由于采用电加热的方法，对蒙皮质量要求较高，要求蒙皮各处电阻率相近。

③ 作业时蒙皮产生高热，使用环境略差。

④ 蒙皮加热后，要在最短时间内焊固到骨架上，因而对工人的操作熟练程度和责任心要求较高，容易产生质量不稳定现象。

6.4 轿车车身装焊生产线

汽车车身焊装生产线是轿车、微型客车等车型生产过程中的重要生产线之一，从汽车工业的发展历史来看，车身焊装线经历了 20 世纪 50～60 年代手工焊接线、70 年代的自动化刚性焊装线、80 年代以后的机器人柔性焊装线阶段。

就每条焊装线而言，它由焊接夹具、传输装置、焊接设备构成；就整个汽车车身焊装线而言，它大体包括车身侧围总成线、车身门盖总成线、底板总成线、车身焊装主线等。其中每部分又有相应的主线、子线、左右对称线和独立岛。根据生产节拍、自动化程度及生产方式等的不同，每条线又分为若干个工位；各工位间通过传输装置连为一体，每工位负责完成一部分工作。焊装线的分类如图 6-30 所示。焊接总装线组成如图 6-31 所示。

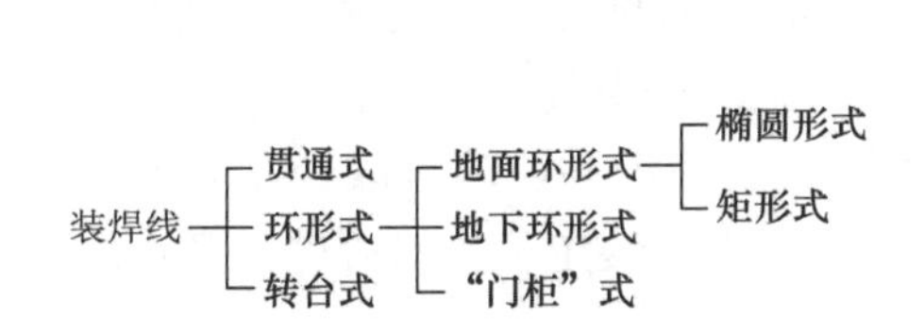

图 6-30 汽车焊装线的分类

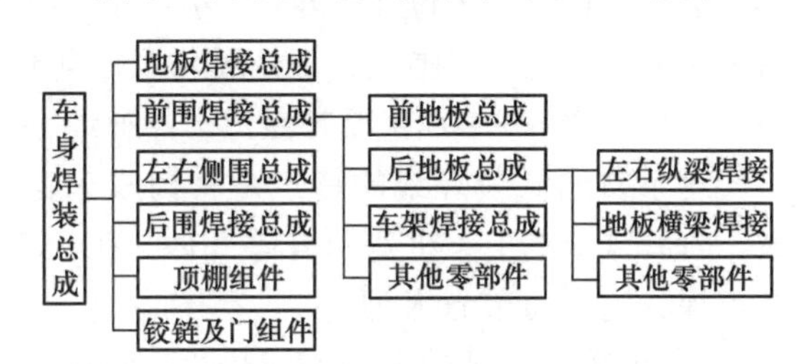

图 6-31 焊接总装线组成

6.4.1 贯通式装焊生产线

6.4.1.1 贯通式装焊生产线组成及特点

这种装焊线在国内外汽车车身制造中使用普遍，如图 6-32 所示，适合于专用焊机的配置和悬挂式点焊机手工操作等工艺方法。当车身横向输送时，这种装焊线更有利于分总成的机械化上下料，同时驱动也比较简单。但这种装焊线只适合于固定式夹具，而不宜采用随行夹具。

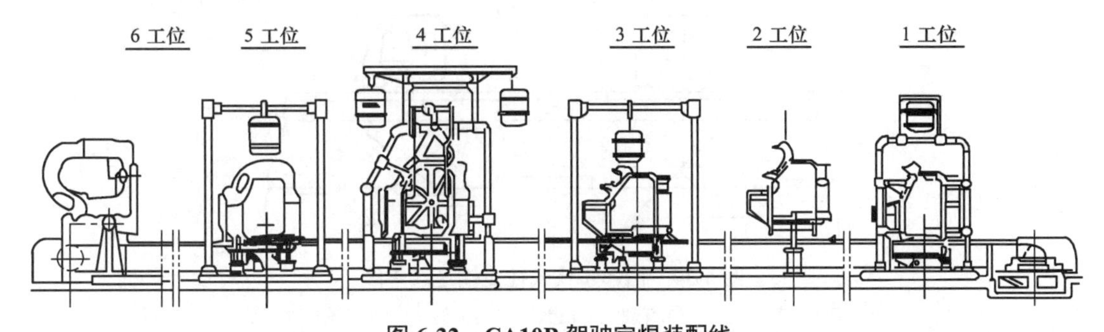

图 6-32 CA10B 驾驶室焊装配线

6.4.1.2 贯通式装焊生产线流程分析

贯通式焊接生产线应用广泛，下面通过两个实例进行分析。

1）轿车车身装焊线

捷达轿车车身装焊线。全线有7个工位，7个操作工人，生产节奏为1.2min，月生产能力为16 000台，每台焊点280点。如图6-33所示。

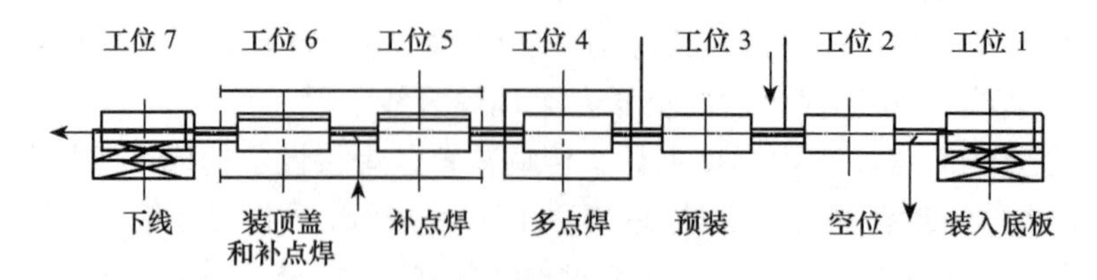

图6-33 捷达轿车车身焊装线

装焊流程是：工位1—装入底板；工位2—空位；工位3—预装，将左右侧围总成，前风窗上、下框，后围上、下外板装入并点定；工位4—多点焊，焊点166点；工位5—补点焊；工位6—装顶盖及补点焊，共补焊114点；工位7—下线。

这条贯通式装焊线的特点是将构成车身壳体所需的底板—前端总成、左右侧围总成、前后风窗的上下框等所有零部件，在一个工位上一次预装定位，然后进行多点焊及补点焊。这样可节省人力。

2）东风汽车公司EQ141驾驶室装焊线

图6-34所示为东风汽车公司EQ141驾驶室装焊线。该线采用抬起步伐式往复输送方式，这种装焊线输送平稳，定位精度高，占地面积小，分总成上线方便，可适用于悬点、多点、机器人以及气体保护焊的焊接，是国内外汽车厂家普遍采用的装焊线。该线传送装置的升降采用凸轮铰链式，用双向汽缸推动升降臂，可将传送装置抬起810mm，前后输送采用往复式输送方式，用变频电动机作为动力带动齿轮，使与其啮合的齿条前后运动，来完成驾驶室的输送工作。电控系统采用了可编程序控制器，可控制装配线的同步抬起和落下、输送装置的往复运动、车型的识别、驾驶室固定位置的检测以及故障诊断等。

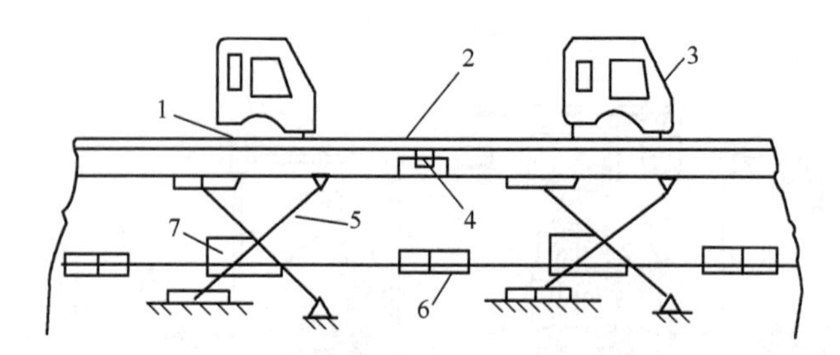

图6-34 抬起步伐式往复输送装焊线

1.运送小车 2.齿条 3.驾驶室 4.齿轮 5.升降臂 6.双向气缸 7.斜块

该装配线有11个工位，工位间距5m，传送速度20m/min，重复传送精度为±0.5mm，传送时可用低速启动，高速输送，低速接近终点，可生产各种系列的驾驶室。

6.4.2 其他形式的装焊生产线

6.4.2.1 环形装焊线

环形装焊线可分为椭圆形地面环形线、矩形地面环形钱、地下环形线和“门框”式环形线四种。这些环形线在装焊生产上都获得了应用。它们适用于工件刚性较差，组成零件数较多，特别是尺寸精度要求较严格，如车门门洞尺寸、前后风挡洞口尺寸等部件，如轿车车身总成、载货车驾驶室综合总成、左右侧围分总成等的装焊。为了保证装焊质量，一般都采用随行夹具，所有的装焊工作全部在随行夹具上进行。当各工位装焊完毕后，工件连同随行夹具一起前移传送到下一工位，全部装焊工作完成后，工件吊离随行夹具，空的随行夹具通过不同途径返回原处继续使用。这种环形线所需的随行夹具数量较多，常采用链、自导车、吊架等方式传送。

（1）椭圆形地面环形线　如图 6-35 所示，这种环形线上随行夹具是连续机外使用的，它占地面积较大，但整线的传送装置比其他环形线简单。

（2）矩形地面环形线　如图 6-36 所示，这种环形线上的随行夹具只是通过末端的横移装置返回原始位置。它占地面积比椭圆形环形线少，但整线的传送装置比较复杂。

（3）地下环形线　这种环形线上的随行夹具是通过两端的升降装置从地坑返回原始位置的。它占地面积较少，但整线的传动装置比较复杂，而且地坑的土建工程较大。

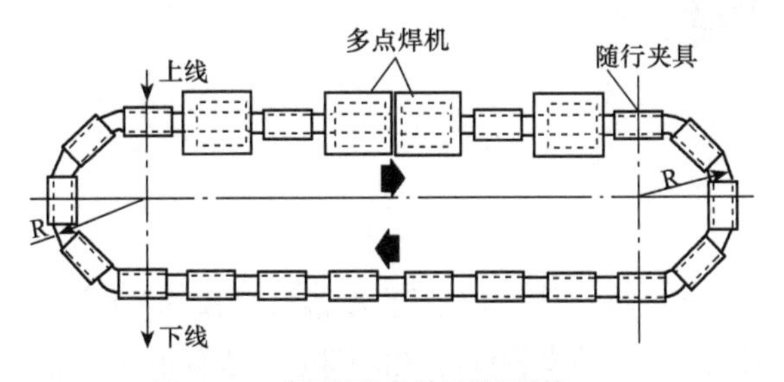

图 6-35　椭圆形式地面环形线

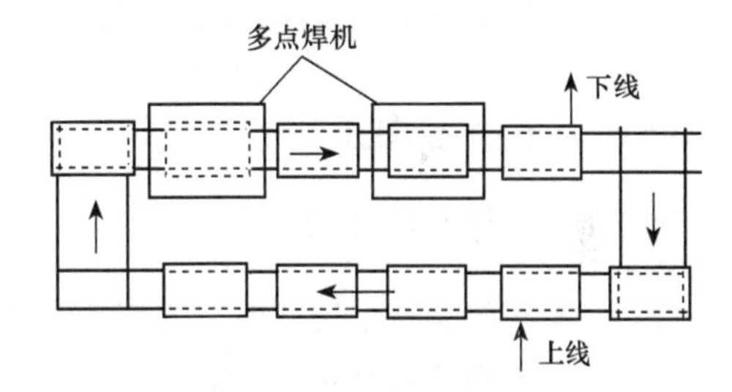

图 6-36　矩形地面环形线

6.4.2.2 “门式”型装焊线

“门框”式装焊线用于轿车，装左右侧围。其主要特点是：

① 大大简化了车身装焊线夹具；

② 侧围、车身调整都集中在一起，同步生产，节省面积；

③ 从侧围到组装只需一次定位，保证质量精度；

④ 适应车身的改进改型时，只顺换侧围“门框”，而不需更换随行夹具。

图 6-37 所示为一种“门框”式装焊线，曾应用于英国利兰汽车公司的莫里斯——玛丽娜牌轿车车身装焊线上。设计产量为每周 5 000 辆，左右侧围总成各有一条装焊线。实际上它是一条闭式循环的悬链，悬链下悬吊着一个个“门框”。一个“门框”就是一台悬吊式的装焊夹具，莫里斯轿车的左右侧围装焊线上各装有 44 台“门框”，以右侧围总成为例，*AB* 段共有 20 个工位。将右侧围零件依次装入“门框”内，定位夹紧后用悬

挂式点焊钳进行点焊。*AB* 段安排在正对车身环形装焊线 *EF* 直线段的阁楼上。焊好的右侧围总成随同“门框”从阁楼沿悬链的 *BC* 段下降到 *C* 处，开始靠近车身环形装焊线的随行夹具，这时“门框”上线。在 *CD* 段“门框”的移动与车身环形装焊线随行夹具同步，把“门框”夹紧于车身随行夹具上，并将侧围总成焊于车身地板上，再经一系列的车身装焊工作后，空的“门框”在 *D* 处与车身线脱离，并沿悬链的 *DA* 段上升，返回到原来四处继续进行右侧围的装焊。左侧围的装焊线和右侧围装焊线一样。

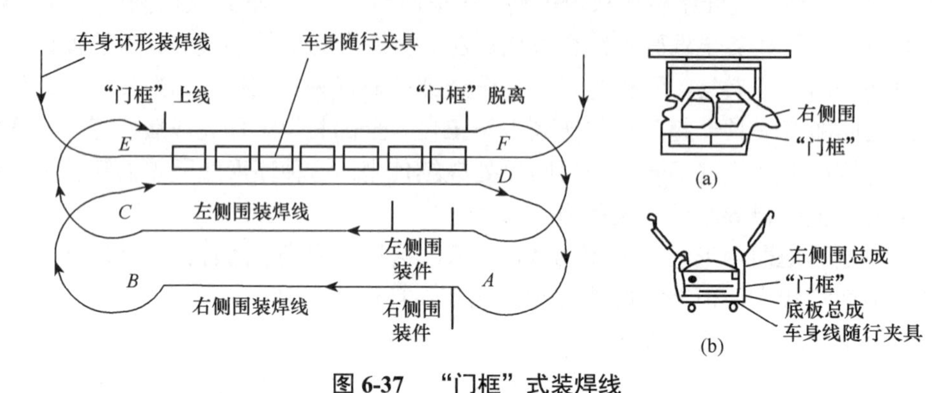

图 6-37　“门框”式装焊线

6.5　车身装焊工艺性及装焊质量

6.5.1　车身装焊工艺性

6.5.1.1　车身制件分块

汽车车身是一个尺寸很大的复杂的结构件，设计时要根据本厂的设备情况和技术水平，合理地划分成若干个部件、合件和零件，以利制造，这种将制件分块的制造方法有很多优点。

① 有利于保证装焊质量。由于部件的几何尺寸较小，相对于复杂的整车来说简单很多，这样装焊夹具也简单，易保证装焊精度。

② 分部件制造可以避免许多在总装后难以焊接的工作。可以变原来要仰焊、垂直焊的焊缝为俯焊，这样有利于提高劳动生产率和保证焊接质量。

③ 可以降低装焊夹具的复杂程度，有利于夹具的制造和降低成本。

④ 每个部件或台件可以平行开展作业，有的部件或台件还有相同或相似的形状、尺寸，可以组织连续流水作业以缩短装焊时间，例如车身的左右侧围的装焊。

从装焊角度看，车身覆盖件分块的原则是根据本厂的设备情况和技术水平，在冲压工艺允许的前提下，应尽量采用整体结构，零件数量越少越好，这样可以减少装焊工作量和装配误差。同时也要使接口处有良好的装配焊接工艺性。车身上有不少的孔洞，如门洞和窗洞，为保证其尺寸和形状，要求尽量采取整体结构或尽可能少的零件装焊而成。若孔洞部位为双层结构，则至少要有一层为整体结构，以减少装焊误差。提高孔洞尺寸的准确性，保证门、窗和盖板等的装配质量。

图 6-38（a）所示为某驾驶室的变速箱检查孔，它由底板和发动机挡板两零件组成，装配精度不稳定。由于底板前部开一缺口，底板的刚度变小，易使零件变形。如果采用图 6-38（b）所示的结构，检查孔在底板上完整冲出，就比较合理。

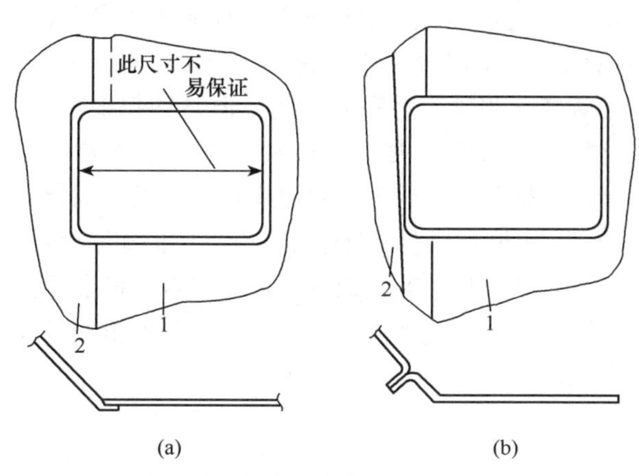

图 6-38 变速箱检查孔的改进设计

1. 底板 2. 发动机挡板

车身的门洞，常要求装配工艺保证车门与门框内、外的间隙。在图 6-39 所示的车门结构中，它的骨架组成门内间隙，外覆盖件组成门外间隙。内间隙虽有夹具保证，但由于产品刚性较差，尺寸不易稳定。外间隙由于结构所限，在装配时，虽有夹具上的定位块来保证其装配位置，但只能保证不小于定位块的尺寸，若装配不到位的话，就会使外间隙过大。若改变结构，使内、外门洞尺寸由一个零件来决定，如图 6-40 所示，那么保证车门内、外间隙将会容易一些。

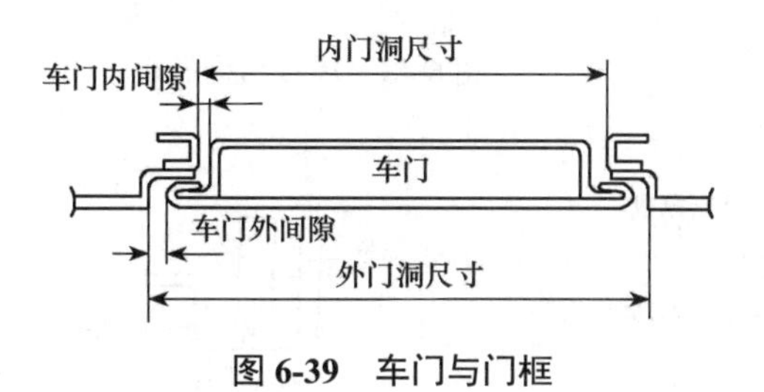

图 6-39 车门与门框

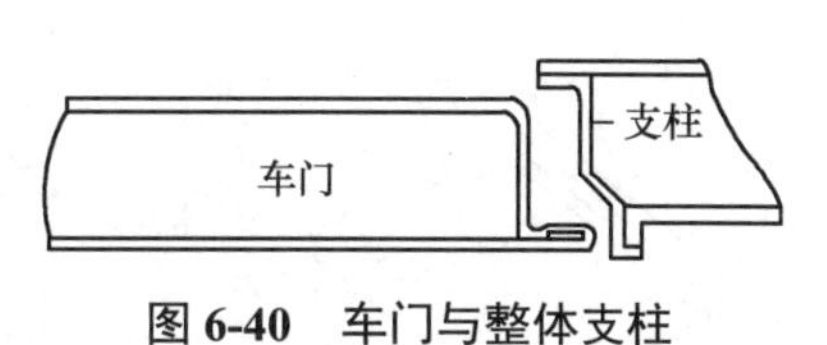

图 6-40 车门与整体支柱

6.5.1.2 焊接结构

汽车车身装焊件多为厚度在 3mm 以下的低碳钢薄板件，采用的焊接方法主要是点焊和 CO_2 气体保护焊。首先，设计车身点焊焊接结构时，应尽量使焊缝在剪切力而不是在拉力下工作，如图 6-41 所示，因为低碳钢焊缝的剪切允许应力可取为母材的 65%，而拉伸允许应力则只有母材的 40%左右，这对受力较大的制件来说，焊接结构设

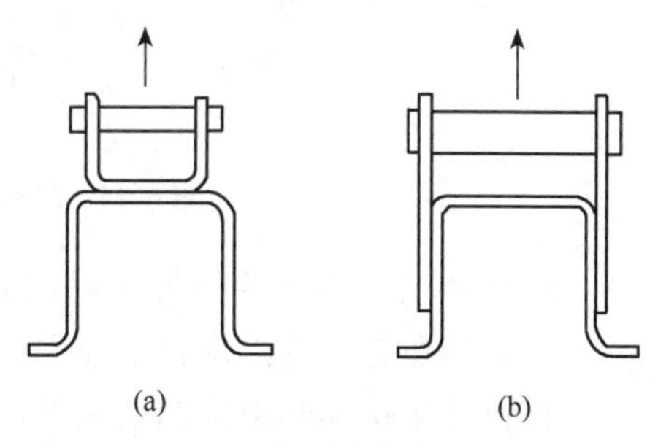

图 6-41 作用在焊点上的力

（a）焊点受拉力 （b）焊点受剪切力

计就显得十分重要。其次，应尽量避免焊缝交汇在一点或密集布置，否则金属会由于过热而产生严重应力集中及变形。

焊接结构设计不合理不仅影响焊接工艺的正常进行，还会导致损坏。图 6-42 所示是从车门外板内面焊上一个支承角铁，由于汽车运行中作用在角铁上的负载，导致与角铁接触的门面板反复弯曲，使车门表面漆皮脱落、金属腐蚀或变形，影响焊接质量。

汽车车身零件的装焊接头形式有各种各样的，但归纳起来基本上可分为搭接接头，如图 6-43（a）、（b），和弯边（翻边）接头，如图 6-43（c）、（d）、（e）、（f）。当组成搭接接头的零件比较小，焊点又布置在靠近零件的边缘时，可以在固定式点焊机上进行焊接，当搭接接头的零件比较大，其焊点位置又处于零、合件中间时，就不便于在固定式点焊机上进行焊接。若其焊点数多且排列整齐，则有条件在多点焊机上焊接，如图 6-44（c）所示的底板和座垫框的焊接；若焊点数少，则适宜于采用带焊枪的悬挂式点焊机进行焊接，如图 6-44（a）、（b）所示。

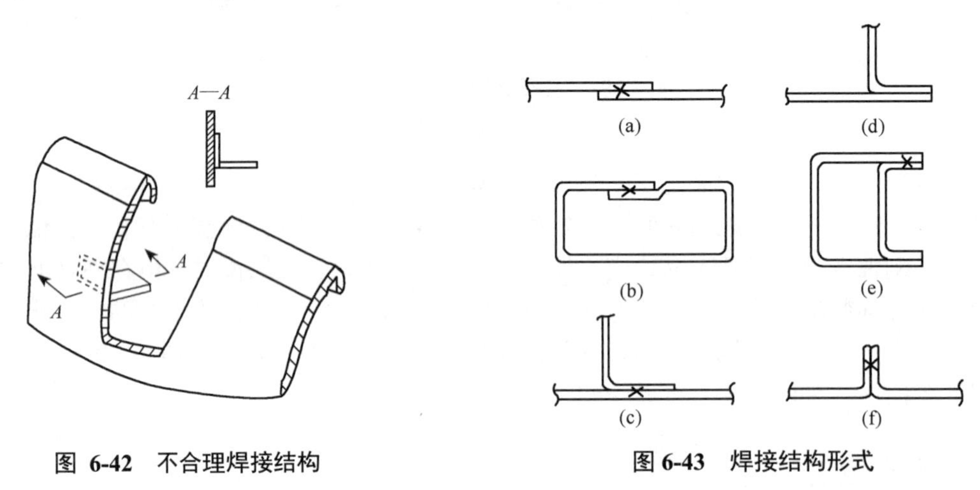

图 6-42　不合理焊接结构

图 6-43　焊接结构形式

图 6-44　焊点在零件上位于中间位置的情况

小合件的弯边接头一般在固定式点焊机上进行焊接，但大合件或分总成的弯边接头，一般均在悬挂式点焊机上使用焊钳来完成焊接。

在设计车身不同部位的接头时，应考虑所采用的点焊方式，在固定式点焊机或多点焊机上焊接的接头要比采用悬挂式点焊机焊接的接头可靠，而且质量稳定，效率也高。特别是多点焊机，其点数和点距是固定的，不受操作的影响。适合用悬挂点焊机焊接的接头则使用液压焊钳较为可靠，因其压力比焊枪大，但劳动强度也较大。接头强度最差的是只能采用手动焊枪来焊接的封闭式搭接接头。

6.5.1.3　焊点位置

点焊时的焊点间距的确定也是一重要的装焊工艺问题。点距越小，则分流越大。由此可知，并非焊点之间的距离越近，焊点数越多，焊接强度就越高；相反，当焊点之间的距离越近、焊点数越多时，焊接质量因分流的影响就越不易保证，反而会给产品的强度带来不利的影响。一般情况最小点距不能小于焊点直径的 3 倍。实践证明，如表 6-4 所列的点距是较合理的，设计时可参考选用。

表 6-4　焊接结构钢时的点距

一个焊件厚度/mm	焊二层板的最小点距/mm	一个焊件厚度/mm	焊二层板的最小点距/mm
1	15	4	40
2	25	6	60
3	30		

在实际生产中，当焊接小的零、合件时，可参考上述数据。在焊大的零、合件时，点距可以适当加大，一般不小于 35mm。在有些非受力的部位，则焊点的距离还可以加大到 80mm。

在多点焊机上焊接，焊点之间的距离要求不小于 50mm。这是因为多点焊机的焊枪压力一般为 3 000N。对应于这样的压力，所设计的液压焊枪外径尺寸应大于 45mm，若采用气动焊枪，则其外形尺寸还要加大。为了保证焊点质量，对焊点距离边板的最小尺寸，也有一定的要求，如表 6-5 所示。

表 6-5　焊接结构钢的焊点中心到板边距离

一个焊件厚度/mm	焊点中心到板边最小距离/mm	一个焊件的厚度/mm	焊点中心到板边最小距离/mm
1	8	4	25
2	12	6	30
3	18		

在实际生产中，由于焊接辅具的要求，对于类似车身这种薄板零件的弯边接头而言，弯边宽度 a（图 6-45）在可能的情况下应设计为 20～25mm，其根部的尺寸应尽可能减小，一般等于板厚。焊接三层板时，其点距比焊接二层板要适当大些，如表 6-6 所示。

表 6-6　三层板焊接的点距

一个焊件厚度/mm	三层板焊接点距/mm	一个焊件厚度/mm	三层板焊接点距/mm
1	20	4	50
2	30	6	80
3	40		

此外，焊点的合理布置并不能完全弥补由于产品结构本身设计不合理所造成的强度不足的缺陷。例如门槛与前（后）围的连接处，如图 6-46 所示，除了门槛和前（后）

围焊接外，还加了一块加强板。在实际使用中，虽然结合处的焊点均未开焊，但发生加强板断裂的现象。因此，为了提高产品的使用寿命，必须在合理设计产品结构的基础上，来考虑焊点的合理布置。

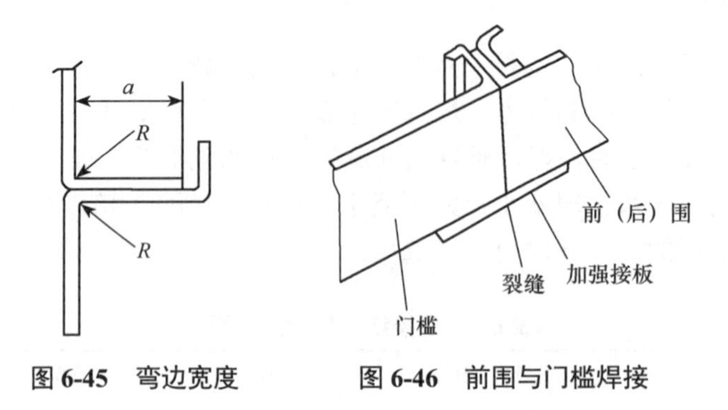

图 6-45　弯边宽度　　图 6-46　前围与门槛焊接

6.5.1.4　其他工艺性问题

除了焊接结构、制件分块和焊点布置以外，影响装焊工艺性的因素还有以下几个方面：

（1）对于某些有外观要求的车身外覆盖件，其点焊表面不允许有凹陷。在产品结构设计中，应考虑在固定点焊机上、多点焊机上或采用焊枪来完成焊接，所要求的表面应能与下电极接触。因为这时可采用大平面电极，从而使焊点凹陷不明显。例如，某驾驶室风窗柱的焊接，就是在固定点焊机上利用特殊的下电极——电极爪，来进行焊接的。

（2）应考虑点焊的可接近性或可达性。在车身结构设计时，应尽量避免采用狭窄而深的或上、下电极难以接近的焊接结构。

（3）尽量利用压印、切口代替样板定位，不但能方便操作和提高效率，而且有利于提高产品质量。例如，焊接发动机罩板上的两个拉钩座，原工艺使用样板来定位，现改用压印（小凸包）定位，取消了样板。而压印也只是在冲压罩板时顺便冲出来的，不须另外增加工序。

（4）焊接结构应尽量便于操作，避免或减少仰焊。

（5）车身一些大零件，尤其是覆盖件，应有足够的刚性，以使零件在生产中减少变形，保证装配质量。例如，一般客车的顶盖上就冲压有加强筋，以减小其在生产中（包括存放和运输）的变形，从而保证装配焊接质量。

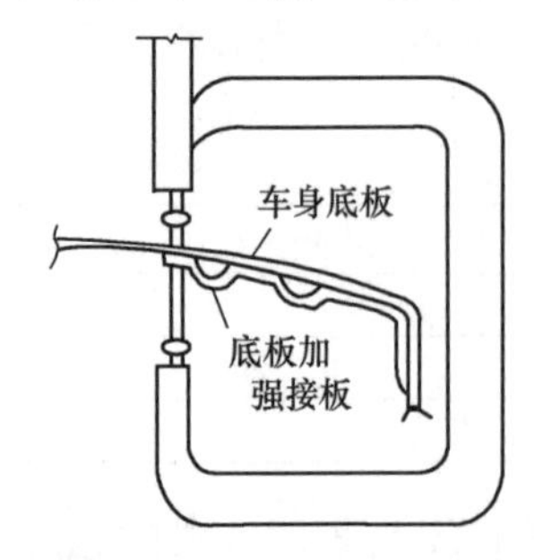

图 6-47　底板加强板的焊接

（6）在车身装焊工艺中，由于结构形式不同，需使用各种各样的焊接辅具。减少这些焊接辅具的品种，尽量利用标准的或通用的焊接辅具也是衡量车身结构装焊工艺性的一项内容。只有在大批量生产中采用特制的专用焊接辅具才是经济的。例如，某车身底板和底板加强板的连接，是采用一大焊钳来进行焊接的，如图 6-47 所示。在小批量生产时，采用这种焊钳则是不经济的，应尽量采用适用的焊接辅具或其他方法。

（7）在成批生产中，若考虑使用悬链运输车身零件时，必须考虑在制件上面有装挂工艺孔。

（8）尽量减少焊具种类和规格，尽可能采用相同的标准件（楔形螺母、铆钉等），以利于减少装焊设备工具的品种和管理工作。

（9）采用多点焊接时，装焊工艺方面需考虑以下各点：

① 采用多点焊机焊接时，一般均为单面双点焊，产品接头应为搭接接头，焊点数不宜过少；焊点数最好成双；在采用双绕组变压器时则要求焊点数是“4”的倍数，否则需考虑配点，从而使焊机设计复杂化。

② 焊点排列要整齐，不宜太分散，以利于焊机的焊枪排列和简化二次回路的设计。

③ 焊点距离的设计应比一般点距要大些，以利于焊枪结构的设计和布置。

④ 若在弯边接头的结构上采用多点焊机焊接，弯边尺寸应适当加大。

6.5.2 车身装焊质量

6.5.2.1 影响装焊质量的主要因素

电阻焊机在生产过程中可以对各种形状的覆盖件产品进行焊接加工，实现工件的缝焊、凸焊、对焊和点焊的加工过程。其优点是速度快、深度大、变形小而且生产效率高，并可实现柔性化和智能化控制，可对低碳钢板、合金钢板、镀层钢板和不锈钢板等进行有效地焊接，凭借其高效、独特的加工方式在工业生产过程当中得到了广泛的应用。电阻焊接过程较为复杂，包含了多种影响焊接质量的因素，如被焊材料、焊接电流、电极压力、焊接时间、设备冷却、电极材料、形状及尺寸、分流和工件表面状态等。

1）被焊材料对焊接质量的影响

被焊材料在实施焊接之前必须进行清洁处理，清理方法分机械清理和化学清理两种。常用的机械清理方法有喷砂、喷丸、抛光以及用纱布或钢丝刷等。被焊材料表面的油污和锈斑会使电极与工件之间的电阻增大、焊点不牢固及焊接过程中产生飞溅，使焊接质量下降。例如在缝合油箱类要求密闭的工件时，更应将被焊材料的表面处理干净，因工件需要缝合焊接一周，如果有一处没有处理干净，就会在这一处出现缝合不牢，在工件试压过程中发生漏气现象。对于此类焊接要求较高，工件需用化学清理，用清洗设备配合高温清洗液将工件清洗干净才能够进行焊接生产。

2）焊接电流及时间对焊接质量的影响

整个焊接的加工过程由四个基本环节来控制，分别为加压、焊接、维持和休止 4 个程序，这四个环节循环工作，必要时可增加附加程序。焊接电流的参数调整对焊接质量的控制至关重要，采用递增的调幅电流可以减小挤出金属。被焊金属的性能和厚度是选择焊接电流的主要依据，电流大小和焊接时间、电极压力、维持时间、工件厚度及工件材质等密切相关。焊接时间由焊接电流和凸点刚度决定。通电时间的长短直接影响电流输入热量的大小，由于电极是内水冷却，电极上散失的热量往往是输入总热量的一半，要相互配合调整。在生产过程中，多台焊机的同时工作和电网电压的波动都会对焊接电流产生一定的影响，应考虑电网电压的补偿和采用恒定电流方式工作。

3）电极压力及尺寸对焊接质量的影响

电极压力的大小一方面影响电阻的大小，另一方面影响焊件向电极的散热。过小的电极压力将导致电阻增大、析热量过多且散热较差，引起前期飞溅，而飞溅带走大量的热量和焊核金属，会使形核难度增加，从而降低焊接强度；过大的电极压力将导致电阻减小、析热量减少，熔核尺寸缩小，尤其是焊透率显著下降。

4）其他方面对焊接质量的影响

在实际焊接过程中，诸如工件的材料和厚度、工件的表面状态以及电极的端面形状和尺寸等，都对焊接质量有较大影响。工件的材料不同时，导电和导热性差的材料产热易而散热难；厚度不等时，厚件一边电阻大、交界面离电极远，故产热多而散热少。电气控制环节技术参数的调整和焊接加工方面的工艺要求都需要设备操作人员熟练掌握。

6.5.2.2 装焊尺寸与表面精度

在白车身总成装焊中，控制零部件定位尺寸精度偏差是关系到白车身总成装焊质量、汽车装配质量和影响汽车性能的重要因素。同时，也是影响白车身外观质量、装配效率和装配成本的关键问题。

1）白车身零部件设计阶段

在白车身零部件设计阶段，设计人员应通过与冲压工艺人员、装焊工艺人员和装配工艺人员进行良好、有效地沟通，合理、高效地解决零部件的定位问题。对达成共识，并予以确认的定位基准应形成文字文件备案。

2）冲压模具工艺设计阶段

在冲压模具工艺设计阶段，冲压模具工艺设计人员应严格遵循《零件质量特征表》标注出定位基准的公差要求，设计模具的定位基准。使零件在冲压加工中定位基准的加工误差尽可能减到最小，在多序模具冲压加工中，使其尽最大可能保证定位基准传递的同一性，避免定位基准变换带来尺寸误差。

3）装焊夹具工艺设计阶段

在装焊夹具工艺设计阶段，装焊夹具工艺设计人员应根据定位基准传递的同一性的原则与产品设计人员、冲压工艺人员和装配工艺人员进行沟通并对零部件的定位问题达成共识，并以确认的定位基准为依据进行装焊夹具定位基准的工艺设计。在装焊夹具工艺设计中，白车身装焊线上的全部装焊夹具定位基准的确定应统一，一定要保证定位基准传递的同一性，才能有效地控制零部件定位尺寸精度偏差。根据“包容原则”，定位孔的定位销直径尺寸公差应为负偏差。

4）装焊夹具工艺调整阶段

在装焊夹具工艺调整阶段，装焊夹具工艺调整人员应根据定位基准传递的同一性原则，与设计人员、冲压工艺人员、装配工艺人员进行沟通时对零部件的定位问题达成共识，并以冲压模具工艺设计人员、模具加工人员提供的定位基准与零件定位基准间的误差尺寸为依据，修正、调整定位基准尺寸偏差，使其尽可能减到最小。

对在装焊过程中形成的关键部位的形位尺寸要使用精度较高的样架来进行控制。测量时用对角线尺寸相对误差的大小来控制。在装焊夹具调整中，如外覆盖件的加工形面与定位基准比较出现误差超差时，则不对模具进行调整，应将测量的零件实际形位尺寸作为公称尺寸，修正装焊夹具的零件定位基准，以保证外覆盖件的外部形位尺寸匹配正确。

上述 4 个阶段反复强调的定位基准传递的同一性，即是定位系统工程的原则。它从白车身总成设计开始，直至装焊夹具工艺调整结束，到白车身装焊总成批量生产验收合格为止，贯穿在白车身总成设计、冲压工艺制造、装焊工艺制造、涂装工艺制造和装配工艺制造的整个过程。

6.5.2.3　焊接质量检验

焊接质量在汽车制造业中占有十分重要的地位，因为制件在组装后要承担几倍甚至几十倍的载荷，因此，必须进行质量检查保证车身的质量。

1）检验方法

（1）涨开检验法　用凿子法检验工件的焊接质量。如图 6-48 所示，用凿子对准焊接部位敲打，进行焊接质量检验判定标准为不允许有开焊；完毕后，对检验破坏的部位进行修复。

（2）扭曲试验法　用凿子无法检验质量的情况下，可用试验板片代替（但试片应与被检部位板厚材质一致），用试验片进行扭曲点焊检验，图 6-49 所示为两块试验片焊后状态，受力方向一正一反进行。

判定基准：焊接部位拉开后有撕裂凹坑为良好。

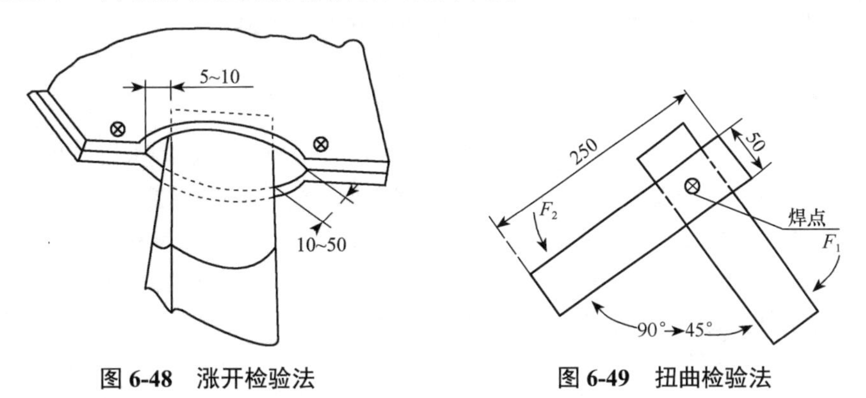

图 6-48　涨开检验法　　　图 6-49　扭曲检验法

2）对凸焊螺母（螺栓）的质量检验

使用扭力扳手对凸焊螺母进行检验，判定标准为无错位、松动、脱落、毛刺等。检测螺栓具体指标如表 6-7 所示。

表 6-7　螺栓强度指标

螺栓型号	六角检测扭矩/N·m	四角检测扭矩/N·m	螺栓型号	六角检测扭矩/N·m	四角检测扭矩/N·m
M5	25	34	M10	54	64
M6	34	44	M12	64	74
M8	44	54			

3）白车身的焊接破坏性检验

白车身的焊接总成及分总成破坏性试验在产品生产的调试期十分重要，主要目的是：①要验证产品设计的科学性是否合理，是否能适应大批量生产；②对工艺的设计合理性进行验证和改进；③出于安全性的需要，通过破坏性检验焊接质量计算出点台格率及烧焊合格率，必要时进行拍照存档。

破坏性焊接检验是一项技术性较复杂的工作，检验人员一般都是由专家组成，检验有计划、有目的地进行；对于企业本身来讲，该项检验结果十分秘密，因此，整个破坏检验过程是绝对不能公布于众的。

破坏性焊接检验由于费用比较昂贵，因此在产品调试阶段，一般检验数量为1/50，批量试生产的初期控制在 1%。为了节约，有的企业在分总成上进行破坏性检验，如底板总成、发动机挡板总成，左右前支柱总成等。

破坏性焊接检验应注意以下几个问题：

① 检验前应列出计划及重点检验项目，检验工具要齐全，避免盲目进行。

② 破坏性检验应在合格的白车身上进行，若有特殊情况不要中途停止，以防焊接的应力集中，造成错误判断。

③ 破坏性记录应该是详细的，在检测前画好立体图，每进行一个件的打开都要实事求是地记录，以便于最终的质量判定。

④ 由于破坏性焊接按检验返工艺进行，所以应严格遵守检验程序，决不可走捷径，否则导致检验工作进行困难或进行不下去。

⑤ 不要因为是破坏性检验而造成焊接件人为破坏，要在确保检验发现问题的情况下，尽可能保证零件的完整，目的是为全面分析问题创造条件。

小 结

汽车白车身焊接，是由车体骨架、发动机罩、行李箱盖、左右门外板等焊接总成共同组成的。而车体骨架结构是由地板焊接总成，左右前纵梁及轮罩焊接总成，左右侧围焊接总成，前围焊接总成，顶盖及前后横梁、后挡板、左右后纵梁及后轮罩焊接总成，后围焊接总成等所构成。

目前汽车车身焊接的主要方法是点焊、CO_2电弧焊及激光焊。车身装焊设备及工装对保证装焊质量起着决定性的作用。现代汽车企业广泛采用汽车装焊生产线。

思考题

1．车身常用的焊接方法有哪些？各有哪些优点?

2．简述点焊工作过程及基本工作原理，说明如何调整其焊接规范。

3．简述 CO_2 电弧焊的工作过程及基本工作原理。

4．电阻焊与其他焊接方法相比，具有哪些显著的持点？

5．简述激光焊接的特点和设备。

6．简述车身装焊常见工艺流程有哪些。

7．简述车身装焊夹具的分类和设计原则。

8．车身焊接自动化常用的设备有哪些？说明其特点。

9．车身装焊工艺性保证、焊接质量的影响因素有哪些？如何进行控制？

10．车身焊接质量的检测方法有哪些？

第 7 章
汽车车身涂装工艺及装备

[本章提要]

涂装是汽车制造的主要工艺之一，现在越来越受到人们的重视。本章主要介绍涂装的功能和特点。通过本章学习，根据底漆、中间漆和面漆的不同，了解其各自使用的涂料，掌握车身涂装的整个过程和车身涂装的方法，了解车身涂装的缺陷和质量管理方面内容。

7.1 概述

涂装是指将涂料装饰产品，汽车涂装工艺是指涂料均匀涂覆在车身覆盖件表面上并干燥成膜的工艺，是汽车制造的主要工艺之一，可以使汽车在日晒、雨淋、风沙冲击、干湿交替、冷热变换、盐雾与酸雨侵蚀的环境下，具有良好的保光、保色、不粉化、不脱落、不起泡、不锈蚀的能力，因此越来越受到人们的重视。

7.1.1 车身涂层的功能

涂装一般具有以下几个方面的功能：

1）保护作用

汽车表面长期暴露在空气中，会受到空气中的水分、气体、微生物、紫外线等的侵蚀，会受到腐蚀。有了表面涂层就能起到免受周围介质的侵蚀，起防腐蚀、抗老化和耐受各种介质的作用，从而延长其使用寿命。汽车车身采用先进、正确的涂装工艺和优质的涂料进行涂装后，可在各种气候条件下使用 10 年以上。反之，涂装处理不好的车身在湿热条件下，仅使用半年，甚至尚未出厂便会发生严重的锈蚀。

2）装饰作用

由于涂装可使汽车表面具有色彩、光泽、图案等，使人们产生美，舒适的感觉。能达到美化环境、满足人们审美需求的目的，并提高产品的使用和销售价值。

3）标志作用

涂料可以做色彩广告标志，利用不同的色彩来表示警告、危险、安全、前进、停止等信号，以提高行车安全。

4）特殊功能

各种不同的涂料能改变车身的电、热传导性，防止生物附着，反射和吸收光波和声波，产生荧光或夜光，调节乘员心理和生理，改善车辆内、外部环境，提高工作效率等。

7.1.2 车身涂层的特点

汽车表面的涂层具有以下特点：

① 具有极好的耐候性和耐腐蚀性，可以适应各种气候条件，使用寿命接近汽车寿命；在苛刻的日晒、风雨侵蚀情况下保光、保色性好，不开裂、不脱落、不粉化、不起泡；无锈蚀现象。

② 具有极好的施工性能和配套性能。涂料适应于自动喷涂、大槽浸涂、淋涂、静电喷涂或电泳涂装等高效涂布方法；干燥迅速，涂层的烘干时间在30～40min之间；涂层间结合力优良。

③ 具有极高的装饰性。涂层色泽鲜艳和多种多样，造型美观，鲜艳性好，符合消费者的审美要求。

④ 具有极好的机械强度，涂膜坚韧和耐磨，可以适应汽车在行驶中的振动和应变。

⑤ 具有能耐汽油、机油和公路用沥青等的作用，浸泡一定时间不产生软化、变色、失光、溶解或产生印斑等现象；可以与肥皂、清洗剂、鸟或昆虫的排泄物等接触后不留痕迹。

7.1.3 车身涂装主要工序

汽车车身的涂装，除部分载重汽车（商用车）外，都是三层涂装体系：涂底漆—涂中涂—涂面漆。但进行涂装之前要进行表面预处理，进行涂装中需要进行刮腻子、涂装后还需进行烘干、打磨等程序。

7.1.3.1 涂前表面预处理

为提供适于涂装要求的良好底材，除去被涂件表面的异物，以保证涂层具有良好的防腐蚀性能和装饰性能，需要进行涂前表面预处理。即使采用同样的涂料和施工工艺，如果表面预处理不同，最终涂装和防护效果可能会差别很大，所以涂前表面预处理工作应该引起足够重视。对于金属零件而言，涂前表面预处理主要包括脱脂、除锈、除氧化皮及化学转化膜处理（磷化、钝化等），同时也涉及除旧漆和对塑料件的特种化学处理。

1）脱脂

在汽车涂装中，油污一般由防锈油、防锈脂、润滑油等矿物油、皂类、动植物油脂、脂酸以及一部分防锈添加剂、金属屑、灰尘等组成。各种油污的物化性质有差异，分为皂化油和非皂化油：动植物油脂在碱性介质中会发生皂化反应，被称为皂化油；而矿物油脂则不能起皂化反应，则称为非皂化油。脱脂的目的就是为了洗去这些油脂，保证金属表面的外露。

2）磷化

由于除去氧化皮或油膜后的金属表面处于高度活性状态，很容易受周围介质影响而再次生成氧化物、氢氧化物等附着在金属表面，影响涂装质量，因此必须利用化学处理使之生成有利的保护膜。汽车涂装常用的预处理方法有磷化、钝化等。磷化是常用的前处理技术，主要用于钢铁件表面处理，但有色金属如铝、锌件也可应用磷化处理。适当厚度的磷化膜本身具有较好的机械性能，在干燥的环境中对金属有一定的防护能力，但在潮湿的环境中抗腐蚀能力很差，如果在工件磷化以后，浸上防锈油，则具有较长时间的防锈作用。

（1）磷化处理的概念

磷化处理是工件在锌、锰、铁、镍、碱金属等元素的磷酸二氢盐与磷酸组成的溶液中，经过化学反应或电化学反应，在表面形成磷酸盐覆盖膜（即磷化膜）的过程，原理上属于化学转化膜处理。

（2）磷化膜的作用

① 在彻底脱脂的基础上，提供清洁、均匀、无油的表面。

② 增强有机涂膜对金属底材的附着力。磷化膜的微观结构是多孔的磷酸盐结晶体，正是这种结构大大增加了基材的表面积，使之与有机涂膜间的结合面积相应增加，更重要的是使两膜层间产生了有利的相互渗透；同时，不饱和树脂与磷酸盐晶体间的化学作用，也增强了其结合力。

③ 提供稳定的不导电隔离层，一旦涂膜破损，它具有抑制腐蚀的作用，即“自愈”能力。

（3）磷化膜的类型

根据单位面积磷化膜质量的不同，可分为重量型（$>7.5g/m^2$）、中量型（$4.3\sim7.5g/m^2$）、轻量型（$1.1\sim4.3g/m^2$）和特轻量型（$0.3\sim1.1g/m^2$）四种；根据磷化处理方法的不同，可分为化学磷化和电化学磷化；根据磷化处理温度的不同，可分为高温磷化（80～90℃）、中温磷化（50～75℃）、低温磷化（30～50℃）和常温磷化（10～40℃）；根据磷化反应速度的不同，可分为正常磷化和快速磷化等。

（4）影响磷化效果的主要因素

① 磷化膜质量。通常，磷化膜的耐腐蚀性随单位面积膜质量的增加而增加；但作为涂层的基底，磷化膜过厚过重，反而对涂层的光泽、附着力、力学性能（特别是弹性和冲击韧度）产生不良影响，因此，涂装预处理磷化膜一般都是采用轻量型和特轻量型（即形成致密薄膜），而很少使用中量型，不用重量型。

② 溶液基本组成。不同组分的磷化液，磷化效果也不相同：铁盐磷化膜附着力强、柔韧性好，但膜很薄（膜质量 $0.11\sim1.5g/m^2$）、耐蚀性较差；锌盐磷化膜与基体和涂层结合力都很好，膜层较均匀，厚度适当（膜质量 $1.0\sim5.0g/m^2$），耐蚀性强，为车身涂装预处理所常用；而锰盐磷化膜则厚度大（膜质量通常 $1.0\sim40.0g/m^2$）、孔隙少，通常不用作车身涂装的基底，而是用于防蚀、减摩等其他场合。

③ 磷化工艺参数。磷化液总酸度、游离酸度、酸比值、温度等工艺参数对磷化处理的效果有非常重要的影响。总酸度主要指磷化液中磷酸盐、硝酸盐和游离酸的总和，总酸度高，磷化动力大、速度快、结晶细，但如果总酸度过高，则产生的沉渣多和粉末附着物多；如果过低，则磷化慢，结晶粗。游离酸度指磷化液中游离磷酸的含量，过高、过低均会产生不良影响：过低不利于金属基体的溶解，难以成膜，且造成磷化液不稳定；但如果过高，则大大提高磷化膜的溶解速度，也不利于成膜，甚至根本不会上膜。酸比值是指总酸度和游离酸度的比值，是磷化必须控制的重要参数。酸比过小，则表明游离酸度太高，成膜速度慢，磷化时间长，所需温度高；反之，则成膜速度快，磷化时间短，所需温度低。酸比值随温度升高而变小，随温度降低而增大，一般常温下控制在20～25∶1。温度也是成膜的关键因素，控制着磷化液中成膜离子的浓度，温度高，磷酸二氢盐的离解度大，磷化膜形成的速度加快，附着力增大，但过高的温度会导致结晶粗糙，能耗增加，且容易产生沉渣；温度过低则不能生成完整磷化膜。

④ 促进剂。磷化反应非常缓慢，一般需要60 min或更长时间；为了提高反应速度、缩短处理时间，要在磷化液中加入少量促进剂。这些促进剂主要是指作为阴极去极化剂的某些氧化剂，作用是加快 H^+在阴极的放电速度，提高磷化第一阶段的酸蚀速度。促进剂含量过低，磷化成膜速度慢，磷化膜疏松、易泛黄；促进剂含量过高，会使磷化膜出现彩膜或磷化膜表面有明显浮渣，成膜粗厚，影响磷化质量。各种促进剂的加入量都有相应的规定范围，需严格控制。

⑤ 工件表面状态。工件表面状态对磷化质量影响较大。通常，低、中碳钢和低合金钢底材容易磷化，而高碳钢、高合金钢底材则成膜较困难。磷化表面调整是采用表面调整剂改变金属表面的微观状态，促进形成结晶细小的、均匀、致密的磷化膜；磷化前工件进行表面调整不仅可以进一步清洗前道工序的杂质，重要的是使磷化膜在有利的方向上结晶，从而形成均匀、连续且与基体结合牢固的磷化膜。冷轧板因其表面有硬化层，磷化前最好进行适当的酸洗或表面调整。

⑥ 磷化处理方式。磷化处理方式包括浸渍式磷化、喷淋式磷化、喷淋—浸泡组合式磷化、刷涂式磷化等，各有不同的适用条件、工效和处理质量。浸渍磷化设备简单、沉渣量少、维护容易，与阴极电泳有较好的配套性，适合处理形状复杂的工件；但磷化时间长、速度慢，膜层结晶粗糙，所需场地较大。喷淋磷化时间短、速度快、所需场地小，膜层结晶细密均匀；但工件内腔、拐角等处磷化液不易到达、处理效果不好，适用于处理形状较为简单的板材，且沉渣较多，维护困难。喷淋—浸泡组合磷化通常采用喷淋→浸泡→喷淋的工艺过程，保留了喷淋磷化的高效，又具有浸渍磷化处理全面的优点，目前对前处理要求较高的汽车行业都趋向于采用此法。刷涂或喷涂磷化设备投资少，作业方便，能获得中等和较薄的磷化膜；但膜厚不够均匀，受人为因素影响较大，主要用于桥梁等形状简单的大型钢铁构件的磷化或局部磷化。

7.1.3.2 车身底用漆

底漆是涂布在经过表面处理的白车身上的第一道漆，是车身防锈蚀的关键涂层，是整个涂层的基础，对车身涂层的经久耐用起着非常重要的作用。

底漆必须具备下列特性：

（1）附着力强，除可牢固附着在车身表面上外，还可与腻子或面漆相结合，起到“承上启下”的作用。

（2）有良好的防锈能力、耐潮湿性、耐腐蚀性、和抗化学试剂性。

（3）应具有较高的机械强度、适当的弹性和一定的韧性，当车身覆盖件膨胀或收缩时，不致脆裂脱落。

（4）应与中间涂层或面漆涂层有良好的配套性和良好的施工性，能适应汽车涂装工艺和大量流水生产的要求。

7.1.3.3 刮腻子

腻子作为一种涂装材料，除了可以起到对外观的“填平补齐”，以改善工件表面平整度和装饰性的作用外，对于涂层本身的内在性能，如耐水性、耐冲击划伤性、耐候性、鲜映性、光泽、丰满度等均有负面作用。腻子的大量使用，还将对涂料的施工造成意想不到的麻烦，出现起泡、炸裂、疏松“麻眼”等缺陷，造成返工。因此，各大汽车企业都把腻子用量作为衡量企业涂装工艺水平，甚至整个设计制造和管理水平的一个重要标准。

刮腻子、磨腻子主要靠人工完成，不仅劳动量大，劳动环境恶劣，而且影响生产效率，增加了车身自重。尽管刮腻子、磨腻子的缺点很多，但由于我国汽车生产中的模具化程度还比较低，零部件的钣金质量和外观质量也比较差，不可避免的还要使用腻子。如何降低腻子的用量是一个系统工程，也是摆在国内汽车企业面前的一个课题。

腻子的种类有很多，早期多数采用桐油熬制后，加石膏粉调制的油性腻子，由于机械强度差，易开裂、脱落、施工麻烦等，现在已很少使用。目前汽车行业使用的腻子主要有两种：在高温烘烤线上所用的腻子，通常是水性腻子；在没有烘烤设备的情况下，多数使用不饱和聚酯腻子，即原子灰。

7.1.3.4 车身用中间层涂料

中间层涂料是指底漆层与面漆层之间的涂层涂料。它主要用来改善被涂工件表面或底涂层的平整度，对物体表面微小的不平处有填平能力。如用来填平涂过底漆表面的划痕、针孔和麻点等缺陷，为面漆层创造优良的基底，增加底漆层和面漆层的结合力，提高整个涂层的外观质量。对于表面平整度和装饰性要求不高的汽车车身，在大量流水生产中，常去掉中间涂层，从而简化工艺。但对于装饰性要求较高的乘用车，有时采用下面几种中间层涂料：通用底漆（又称底漆二道浆）、二道浆（又称喷用腻子）、腻子（俗称填密）和封底漆。

中间层涂料应具有以下特性：

① 应与底漆、面漆层配套良好，涂层之间的结合力强，硬度适中，不产生被面漆的溶剂咬起（一种涂装缺陷）的现象。

② 应具有较强的填平性，可以消除被涂漆表面的浅纹路等微小缺陷。

③ 打磨性能良好，在湿打磨后能得到平整光滑的表面，可以高温烘干，并且烘干后干性好，再打磨时不粘砂纸。

④ 在潮湿环境下涂层不应起泡。

为保证涂层间的结合力和配套性，中间层涂料所选用漆基与底漆和面漆所用的漆基相似，最好选用同一家公司的产品。

7.1.3.5 车身用面漆

汽车面漆作为汽车车身覆盖件多层涂层中最后涂层用的涂料，可以实现汽车的装饰性、耐候性、耐潮湿性和抗污性等性能要求。在汽车车身生产中，尤其是在乘用车生产中，对汽车用面漆的质量要求非常高。其具体要求如下：

（1）外观装饰 保证汽车车身外观质量高，具有光彩亮丽的外观装饰性。

（2）硬度和抗崩裂性 面漆涂膜应坚硬耐磨，从而保证涂层在汽车行驶中经受路面砂石的冲击和在擦洗车身时不产生划痕、裂纹。

（3）耐候性 按相关标准，要求汽车用面漆涂层在热带地区长期暴晒 12 个月以上时，只允许极轻微的失光和变色，不得有起泡、开裂和锈点。

（4）耐潮湿性和防腐蚀性 涂过面漆的工件暴露在相对湿度较高的空气中，或浸泡在 40℃～50℃的温水中，面漆应不起泡、不变色或不失光。整个涂装体系具有较强的防腐蚀性。

（5）耐药剂性 面漆涂层在使用过程中，如果和蓄电池酸液、润滑油、制动液、汽油、各种清洗剂和路面沥青等直接接触，擦净后接触面不应变色或失光，也不应产生带色的印迹。

（6）施工性 在大量流水生产中，面漆的涂布方法多采用自动喷涂或静电喷涂，烘干温度一般为 120～140℃，时间为 30～40min 为宜。在装饰性要求高时，面漆涂层应具有优良的抛光性能，这样能满足汽车在使用中对漆面光泽度翻新的要求。

7.1.3.6 涂料的固化

被涂物表面涂层由液态或粉末状态变成的固态膜的过程称为涂料的固化（或成膜）过程，俗称干燥。提高物体和空气的温度以加速干燥的速度，即在高温下进行干燥和固化的过程称为烘干。固化是涂装工艺的三大基本工序之一，固化的方法及设备选用是否合理，烘干规范的选用和执行是否正确，会直接影响涂层质量和涂装成本。

根据涂料的成膜温度不同，涂料又可划分为自干型和烘干型。自干型涂料又称气干涂料、室温固化型涂料，是指在室温（通常 15～25℃）下不需其他条件，涂膜能够自然干燥固结并牢固附着的涂料，如硝基漆、双组分丙烯酸聚氨脂漆等。自干漆主要成分是醇溶性树脂（如聚乙烯醇缩丁醛等），溶剂是甲醇/乙醇及一些醚类有机溶剂。自干漆具有良好的流变性。

依据成膜机理不同，自干漆的干燥速度有快有慢。其类型及成膜特点见表 7-1。

表 7-1 自干漆类型及特点

类型	成膜特点	常见产品	类型	成膜特点	常见产品
挥发型	依靠溶剂挥发，干燥速度较快，一般 2h 左右	硝基漆、过氯乙烯漆、醋丁纤维漆、热塑型丙烯酸漆和氯化橡胶漆等	反应固化型	与固化剂或催化剂反应而干燥，干燥快慢由反应速度而定	双组分环氧漆、双组分聚氨酯漆、潮气固化聚氨酯漆以及氯丁橡胶漆等
氧化聚合型	靠氧化而固结成膜，干燥约 24h	油性漆、油基漆、醇酸漆等	粒子聚集型	干燥较快，2h 即可重涂	分散型的乳胶漆等

烘干型涂料指的是必须在高温条件下才能干燥成膜的涂料，俗称烤漆。例如氨基涂料、丙烯酸脂涂料等，必须在 100℃左右的温度下烘烤一定的时间，才能反应的比较完全；有些涂料，例如电泳漆、粉末涂料必须在 160℃以上才能保证其反应顺利进行。

根据固化所需温度的不同，涂料划分为低温（100℃以下）、中温（100～150℃）和高温（150℃以上）3 个温度段。低温烘干适用于烘干水分、硝基漆、双组分丙烯酸聚氨酯漆（一般为 60℃～80℃下烘干 10～30min）、醇酸漆（90℃～110℃下烘干 30～60min）等涂膜的干燥；也适用于易受热变形的木质和塑料（包括玻璃钢）制件的涂装烘干。中温烘干适用于热固化性的合成树脂，如环氧树脂、氨基聚酯和丙烯酸树脂漆等。高温烘烤则主要应用于电泳漆、水性涂料和粉末涂料的固化干燥，烘干时间一般都不超过 30min。

7.1.3.7 打磨

打磨的作用有清除底材表面上的毛刺及杂物；在平滑的表面上，通过适当打磨来增加涂层的附着力；降低工件表面的粗糙度。刮过的腻子表面在干燥后一般比较粗糙，必须经过打磨后才能获得平滑的表面。打磨腻子的方法可分干磨和水磨两种，打磨前砂纸或砂布的选择和使用顺序很重要。头道打磨可使用 100#～150#粗砂布或砂纸；然后根据涂膜的平滑度，从 240#到 400#甚至 800#，逐步提高砂布或砂纸的号码，使其打磨的更细致，得到更平滑的涂面。打磨时，一定要使用木制或橡胶制的垫板，把砂布或砂纸贴附在垫板上，紧紧地压在涂面上，并沿着涂面的形状大幅度地摩擦。这样可以有效去除涂面上一些细小的畸变。

打磨的注意事项有应严格按工艺要求选用砂布或水砂纸。打磨前应将砂纸对搓，将杂质颗粒打掉；打磨应注意方向性，不得朝各个方向乱磨；打磨时不应压得过紧。为提高打磨平整度，在手工打磨时可垫上软磨块或橡胶磨块。软磨块适用于干磨腻子、二道浆，橡胶磨块适用于中涂、面漆。

7.1.4 车身涂装常用涂料

不同的涂层所常用的涂料也不一样，下面分别介绍底漆、中间层和面漆层常用涂料。

7.1.4.1 车身用底漆常用涂料

（1）铁红醇酚醛电泳底漆　型号为 F06-10，由酚醛电泳漆料、防锈颜料和蒸馏水组成，它的附着性能和防腐性能较好，漆膜平整，与面漆结合力强。适用于车身覆盖件，在施工时应用水做溶剂，水质要好，并遵守技术规范。

（2）铁红、锌黄环氧底漆　型号为H06-3，由环氧树脂、三聚氰胺甲醛树脂、防锈颜料和溶剂（二甲苯、丁醇）组成，它的特点是优越的附着力，极好的耐水性和耐化学药性，适用于高级轿车和驾驶室覆盖件。

（3）铁红环氧树脂电泳底漆　型号为H06-5，由环氧树脂、亚麻油、酸顺丁烯二酸、丁醇、胺类、蒸馏水组成，它的特点是附着力、耐水防潮剂防锈能力近似于环氧底漆，适用驾驶室覆盖件。

（4）铁红、锌黄环氧树脂漆　型号为H06-19，由环氧树脂、植物油、氨基树脂（少量）、铁红锌黄、体质颜料和溶剂（二甲苯、丁醇）组成，它的特点是附着力好，漆膜坚硬耐久，可以与磷化底漆配套使用，适用于高驾驶室覆盖件。

7.1.4.2　车身用中间层常用涂料

（1）醇酸二道底漆，又称醇酸二道浆　型号为C06-10，在施工时用二甲苯兑稀后喷涂，与醇酸底漆、醇酸磁漆、醇酸腻子、氨基烘漆等配套使用，特点是漆膜细腻，容易打磨，打磨后平整光滑。多用于喷涂在底漆和面漆的表面上，或只有底漆的金属上，填平微孔和砂纹。

（2）环氧树脂烘干二道底漆　型号为 H06-9，在施工时以喷涂为主，与醇用二甲苯调稀，特点是填密性良好，可填密腻子孔隙，细腻，也易打磨。多作为汽车车身封闭底漆。

（3）过氯乙烯二道底漆，又称过氯乙烯封闭漆　型号为C06-5，在施工时适宜喷涂，用X-3过氯乙烯稀释剂和F-2过氯乙烯防潮剂调整黏度，除防潮外还可以防止发白，可以于氯乙烯底漆、腻子、磁漆等配套使用。特点是可填平微孔和砂纹，打磨性较好，能增加面漆的附着力和丰满度。多用作为头道漆和腻子层上的封闭底漆。

7.1.4.3　车身用面漆层常用涂料

（1）丙烯酸青烘漆　型号为B01-10，由甲基丙乙酸脂、丙烯酸脂、β-烃乙脂、三聚氰胺甲醛树脂、增韧剂、苯和酮类溶剂组成，它的特点是漆膜有较好的光泽、硬度、丰满度、防湿热、防盐雾、防霉变的性能，保色和保光性能较好。适用于轿车车身，在施工时供B05-4面漆罩光用。

（2）各色丙烯酸烘漆　型号为B05-4，和丙烯酸青烘漆相比加多了颜料，它的特点是热固性漆，烘干后漆膜丰满，光泽及硬度良好，保色和保光性能极好，三防性能好。适用于光泽要求高及三防性能好的轿车车身，在施工时用B05-4烘漆并掺入质量分数为50%～70%的B01-10清烘漆喷涂罩光，作为最后工序。

（3）氨基清烘基　型号为 A01-10，由氨基树脂、三甲基丙烷醇酸、丁醇二甲苯组成，它的特点是漆膜坚硬、光泽平滑、耐潮和耐候性好。适用轿车室外金属表面罩光，在施工时用A05-15面漆罩光用。

（4）各色氨基烘基　型号为A05-15，由氨基树脂、三甲基丙烷醇酸、脱水蓖麻油、醇酸树脂、有机溶剂组成，它的特点是漆膜坚硬度高、光亮度好、漆膜丰满、耐候性优良、附着力好、抗水性强。适用中级轿车车身，在施工时与电泳底漆、环氧树脂底漆配套，进入烘干室烘干前应在常温下静置 15min。

（5）各色醇酸磁漆　型号为 C05-49，由植物油改性醇酸树脂、颜料、少量氨基树脂、催干剂和二甲苯组成，它的特点有较好的耐候性，附着力高，耐水性和耐油性也较好。适用汽车驾驶室表面涂布，在施工时应加少量氨基树脂起防皱作用，故可一次喷得较厚，烘干温度为 120～130℃，时间为 30min。

（6）硝基磁漆　型号为 Q04-31，由低黏度硝化棉、有机硅改性、椰子油醇酸树脂、氨基树脂、增韧性溶剂（酯、醇、苯）组成，它的特点有漆光表面平滑、坚硬、丰满、耐磨，耐温变及机械强度较好，户外耐心好。适用中、高级轿车车身，在施工时面漆总厚度控制在 100μm 以内，在 100～110℃烘 1h，可提高耐温变性。

7.2 车身涂装工艺及生产线

7.2.1 车身涂装工艺设计

7.2.1.1 轿车车身涂装工艺

轿车车身涂装是汽车工业产品中质量要求最高的涂装。它属于高级保护性涂饰，涂层必须具备优良的耐腐蚀性、耐久性、耐磨性、耐油性、耐湿热性、耐洗擦性和较高的装饰性能。目前国内轿车车身的涂装主要采用三涂层涂装体系（即底漆＋中涂漆＋面漆），涂层的总厚度为 80～120μm。而日本使用的轿车车身涂装多采用二涂层涂装体系（只有出口轿车车身采用的是三涂层涂装体系），即阴极电泳涂底漆后，直接涂素色面漆或金属色面漆，中间不涂中涂漆，这样有利于降低涂装生产成本。对轿车车身（大批量生产的中高档轿车车身）的涂装主要采用流水线作业三涂层涂装工艺。在涂装生产过程中，其车身的运输、表面处理和电泳涂底漆线一般采用悬挂式运输方式；中涂漆和面漆涂装线多为地面滚轴运输方式。生产节拍在 4～5min 以内采用连续式，大于 5min 的采用间歇式。

1）轿车流水线涂装工艺

① 预清理。采用手工清理工具、去油材料、毛巾等清除焊渣及严重油污等。

② 预脱脂。用喷射装置、水洗槽等进行热水洗或喷（射）淋，温度 50～70℃，时间 1.5～2min，洗净浮灰等。

③ 脱脂。采用脱脂槽、喷淋装置脱脂剂等进行自动喷淋，温度 50～70℃，时间 1.5～2.5min，喷射压力 0.15～0.25MPa。

④ 一次水洗。用水洗槽、喷淋装置等自动喷淋。

⑤ 二次水洗。与一次水洗工艺相同。

⑥ 表调。用表调槽、运输装置、表调材料进行常温浸泡。

⑦ 磷化。采用磷化设备、磷化材料等浸泡，温度 40℃～60℃，时间 3～5min。

⑧ 水洗。用水洗槽、喷淋装置等，常温自动喷淋 20～30s，压力 0.1～0.15MPa。

⑨ 二次水洗。用水洗槽、喷淋装置等常温自动喷淋 20～30s，压力 0.1～0.15MPa。

⑩ 钝化。用钝化设备、钝化材料常温浸泡 30～40s（也可不用此工序）。

⑪ 用离子水水洗，常温浸泡 20～30s。

⑫ 用新鲜去离子水水洗。常温自动喷淋 5～10s，压力 0.08～0.1MPa。

⑬ 阴极电泳涂底漆。用电泳设备、电泳涂料等浸泡，漆液温度 28～34℃，电泳时间 3～4min，pH 值 5.8～6.7，电压 200～350V，固体含量 18%～20%，以进口阴极电泳漆为佳。

⑭ 冲洗浮漆。用电泳槽、喷淋装置等常温自动喷淋 5～10s，喷射压力 0.08～0.1MPa。

⑮ 超滤液喷洗。采用超滤装置、喷淋装置等常温自动喷洗 20～30s，压力 0.08～0.1MPa。

⑯ 超滤液浸洗。用超滤装置、浸洗槽等常温浸泡 20～30s。

⑰ 新鲜超滤液喷洗。常温自动喷洗 5～10s，压力 0.08～0.1MPa。

⑱ 去离子水喷洗。用水洗槽、喷淋装置等常温自动喷洗 20～30s，压力 0.08～0.1MPa。

⑲ 去离子水浸洗。用浸洗槽常温浸泡 20～30s。

⑳ 新鲜去离子水喷洗。用水洗槽、喷淋装置等常温自动喷洗 5～10s，压力 0.08～0.1MPa。

㉑ 电泳漆烘干。用运输装置、烘干室等自动烘干，温度 180～190℃，时间 25～30min。

㉒ 冷却检查。

㉓ 涂焊缝胶、钣金修整。用人工或自动涂胶枪或涂胶机、密封胶等涂焊缝，时间需 30～40min。

㉔ 喷涂 PVC 车底涂料。人工喷涂与设备喷涂 PVC 涂料，时间 8～10min。

㉕ 卸遮盖物。将不需喷涂部位清理擦净。

㉖ 烘干。烘干室自动烘干。

㉗ 冷却检查。

㉘ 喷中涂漆。采用人工或自动喷涂。

㉙ 烘干。自动烘干，温度 160℃～170℃，时间 25～30min。

㉚ 冷却检查。

㉛ 麻眼找平。人工刮涂快干麻眼灰。

㉜ 磨光。采用手工或磨光机磨光。

㉝ 吹光擦净。用清洁剂、粘尘布擦净。

㉞ 喷面漆。采用人工或自动喷面漆。漆的黏度 14～16s（20℃），压力 0.3～0.4MPa，湿碰湿喷涂，漆种、颜色按要求配置。

㉟ 烘干。烘干室自动烘干，温度 140℃～150℃，时间 25～30min。

㊱ 冷却、检查、修饰。合格产品涂空腔蜡，不合格产品重新返工。

底漆烘干冷却检查后，如车身有凸凹不平，应用耐高温型原子灰或其他腻子进行补平，干燥磨光并擦净后，再喷中涂漆；中涂漆磨光可根据现场情况，进行局部磨光或全车身磨光。

2）轿车手工喷漆工艺

（1）中批量轿车车身涂装工艺　中批量轿车通常是指年产量在 4 000～5 000 辆轿车的生产厂所生产的轿车。对中批量轿车车身的涂装，由于生产条件的限制，多是将车身经磷化处理后，采用手工喷涂底漆、中涂漆和面漆。其工艺流程为：磷化处理→表面擦净→手工喷涂双组分环氧底漆或丙烯酸聚氨酯底漆→干燥（自干 18～24h，70～80℃烘干 40～50min）→质量检查→原子灰刮平→干燥（自干或低温烘干）→磨光擦净→喷中涂漆（双组分湿碰湿喷涂2～3或3～4道）→干燥（自干12～18h，60℃～70℃烘干40～50min）→涂密封胶→干燥→车身擦净→喷涂面漆（素色面漆或金属色面漆湿碰湿喷涂）→烘干（70℃～80℃，40～50min）→冷却→质量检查→修饰。

若中涂漆干燥后的涂层平整光滑度达不到质量要求，应用机具进行局部磨光或全涂层磨光，吹光并反复擦净后，再进行面漆涂装。

（2）小批量轿车车身涂装工艺　改装厂等小批量轿车车身涂装，操作方式主要为手工。其工艺流程为：手工除油、除锈→用清洁剂擦净→喷涂铁红环氧酯底漆或双组分丙烯酸环氧底漆→干燥（自干或烘干）→原子灰刮平→干燥→手工或机具磨光→气吹吹光→擦净→原子灰收光→干燥→手工或机具细磨光→气吹吹光→擦净→湿碰湿喷涂中涂漆（单组分或双组分，颜色为中灰或浅灰）→干燥（自干或低温烘干）→质量检查→细找麻眼灰（用快干麻眼灰）→全车身磨光（手工或机具）→气吹吹光→擦净→清洁剂或粘尘布细擦净→细喷涂面漆→干燥→质量检查→收尾修饰。

7.2.1.2　客车车身涂装工艺

客车车身涂装是整车的关键。为获得优异的涂装质量，除选择优质的涂料，制订正确的涂装工艺外，还要严格控制涂装工艺参数和涂料质量。客车车身外观的色彩和分色带的分布设计，是客车外观设计的重要环节，就像人的衣着服饰一样有冷与暖、平俗与富丽、长与短、静与动的区别。客车外部漆饰多采用大面积和宽度不等的几种色带所构成的富于变化的图案，给人以稳定、柔和、明亮的感觉，可增强客车外观的造型魅力，营造灵活、富有生气、响亮和有力的气氛，与周围环境的配合较为和谐。

客车车身涂装工艺按客车档次可分为普中档客车车身和高档客车车身两种涂装工艺。

1）普中档客车喷漆工艺

主要适用于中小批量普中档客车车身的涂装。中小批量客车涂装生产通常是在车身组焊之前，其骨架方钢型材、蒙皮里面（背面）和各种方钢、钣金件等加工件先涂好防锈底漆，待骨架组焊成型后再将焊接部位清除干净，补涂防锈漆至完整。在实际涂装生产中主要涂车身蒙皮的外部（以手工操作为主）。下面以涂装醇酸磁漆工艺为例介绍这种工艺方法。

① 表面处理。先用毛巾蘸汽油或专用清洁剂擦洗表面油污，而后用砂布、磨光机、磨光片等工具依次将锈蚀清除干净（无锈车身用砂布均匀磨光即可），用清洁剂或汽油再进行一次全车身擦洗。

② 喷底漆。用C06-1铁红醇酸底漆（搅匀调稀并过滤清洁后）均匀喷涂一道。

③ 底漆干燥。自干12～18h；烘干80～100℃，30～40min。

④ 车身里部发泡。中小批量客车涂装生产的车身里部主要使用聚氨酯发泡材料（黑、白料按体积1∶1混合均匀）。每车发泡前应先用厚塑料布等遮盖材料将车身的外部面（包括大顶通风口四周）遮盖起来，以减轻发泡后的清洁工作量。发泡的厚度应控制在20～30mm范围内，不得超过骨架型材的高度，否则会给内装饰带来很多麻烦。每车发泡后，要将不需发泡的部位面上的泡层、泡点等清理干净，尤其对里部骨架上的各电路穿线孔，更要细心清理。

⑤ 刮腻子。用油性腻子或酚醛腻子将接缝缝隙和大凹坑等缺陷刮平，干燥后略加磨光，再将不平之处全面刮平，收净残渣，如图7-1所示。

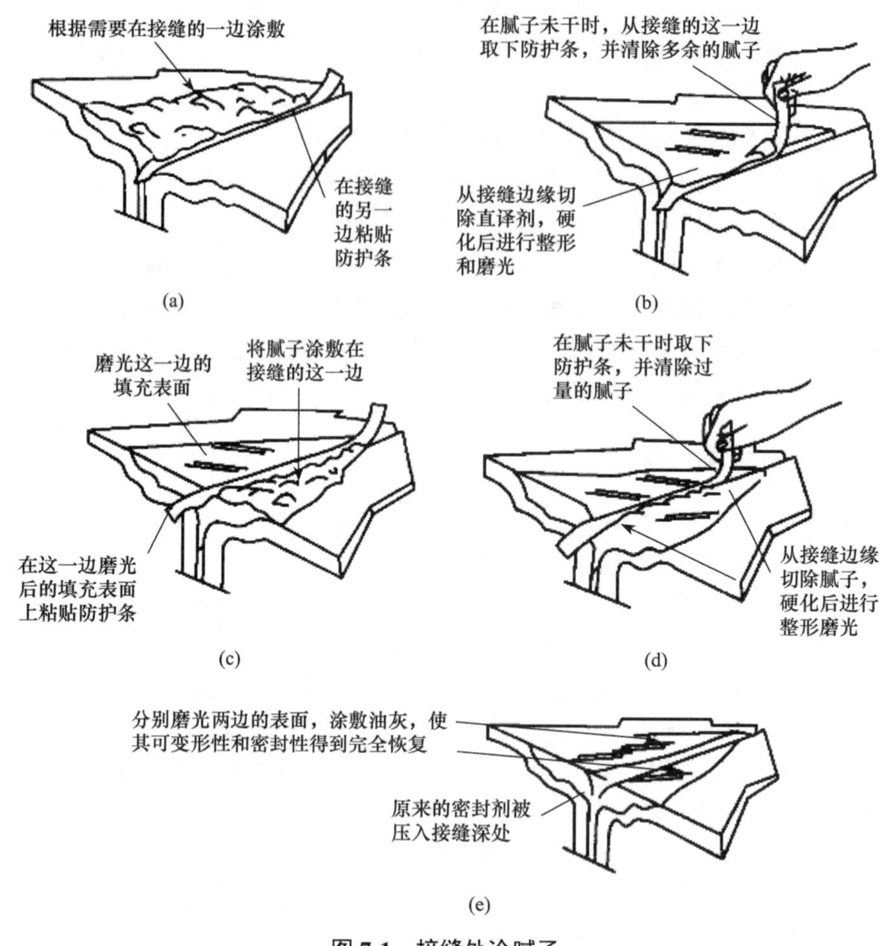

图7-1　接缝处涂腻子

⑥ 干燥。自干18～24h；烘干70～80℃，40～60min。

⑦ 磨光。用磨灰机配合手工将各腻子部位打磨平整，但不要磨透底漆。

⑧ 吹光擦净。先用压缩空气反复吹净，再用毛巾或干净布擦净浮粉。

⑨ 收光。用细腻子将大麻眼、粗砂痕等缺陷细刮平整并刮光整、收净残渣。

⑩ 干燥。自干或低温烘干。

⑪ 细磨光。用磨灰机配合手工（所用砂布或机用砂纸要比前道磨光细）将各腻子部位细心磨光，不能有遗漏。

⑫ 用压缩空气吹净灰尘，然后用毛巾等擦净浮末。喷涂中涂漆之前，再用清洁剂进行一次全车擦净。

⑬ 喷中涂漆。把C06-10醇酸二道底漆（也可用酚醛或酯胶二道底漆）搅匀、调稀并过滤干净后，先将腻子部位湿碰湿喷涂均匀，再将全车身湿碰湿喷涂均匀。

⑭ 干燥。自干12～18h；在90℃～100℃，烘干30～40min。

⑮ 找麻眼。用硝基腻子或快干麻眼灰将漆膜表面上的砂纹、细小麻眼等缺陷反复找平，刮光、刮净。自干 1～2h。

⑯ 全车细磨光。用机具干磨时，先用 180#机用砂纸磨光，后用 280#～320#机用砂纸细磨平滑，将边、角、棱手工细磨光滑整齐。

⑰ 质量检查。由专检人员按质量标准对全车身进行逐项检查，合格产品转喷面漆工序，不合格产品由该施工人员进行修饰或返工。

⑱ 喷面漆。用该色醇酸磁漆（搅匀、调稀、过滤洁净后）湿碰湿喷涂二道或三道。喷涂时第一道漆易薄不能厚；第二道漆要细喷均匀到位；如需喷涂第三道漆，更要精心，使喷后的漆膜达到平整光亮，且有一定的丰满度。

⑲ 干燥。自干（必须在清洁的室内）18～24h；800～100℃烘干 40～50min。不得在室外或阳光照射的场合下干燥，以防粘上落污、风尘等杂质或烈日暴晒导致起皱。

⑳ 质量检查。由专检人员按质量标准进行逐面检查。合格产品转彩条漆工序，不合格产品由该施工人员进行修饰或返工。

㉑ 画线贴纸。按图案的规定进行定位和画线贴纸，定位时应特别注意，车身两侧的图案位置要对称，不得出现过高过低或过前过后等不良情况，以防止在彩条漆喷涂后才发现缺陷而造成返工。

㉒ 喷彩条漆。喷彩条漆前先用细砂纸将需喷漆的部位轻轻磨平滑到位，并用清洁剂细心擦净，然后按图案要求的色彩进行分色喷涂。喷漆后的漆膜不宜过厚，一般以湿碰湿喷涂两次即可。喷涂过厚时易产生橘纹或流漆，故要特别注意。

㉓ 揭纸、擦净。彩条漆喷涂结束后揭去贴纸，并及时擦净胶迹、毛边、残漆雾等。

㉔ 干燥。自干 12～18h；80～90℃烘干 30～40min。

㉕ 检查、收尾。由专检人员按质量标准进行逐面检查，发现问题由收尾人员进行修饰。需涂胶部位由专业人员进行打胶。

【补充阅读资料】

输运过程对客车涂装质量的影响

生产条件好的企业可采用地面输送装置，例如由地面滚轴、钢架滑撬配合通道平车，按生产节拍自动运输到各个工位；不具备自动运输条件的，可根据车身的长度，由工厂自制带滑轮的钢架、拖架，由人工运输。但人工运输在进出烘干室或喷漆室时，车身涂层容易产生刮碰而造成返工，并且在运输过程中在每道漆喷涂前的车身前后围外部和两侧面，容易残留人手汗迹或油脂等杂质，使喷涂后该部位的漆膜产生鱼眼、针孔等缺陷，导致质量问题，故要特别注意。

2）全铁皮客车自动喷漆工艺

全铁皮客车也属于普中档客车车身。它们多是由全钢铁件组焊而成，便于全车身进行磷化处理。但全车身使用磷化处理的设备投资太大，目前国内客车生产厂家，仅有郑州宇通和扬州亚星两家客车厂采用了整车车身磷化处理。在涂底漆方面，由于车身的体积较大，采用电泳涂装需耗费大量投资，目前国内尚无客车制造厂家采用，故底漆涂装

（包括中涂漆）主要是采用人工涂装。

（2）全车身磷化处理工艺　如郑州宇通客车厂采用浸泡磷化处理方式，扬州亚星客车厂则采用喷淋处理方式。

① 全车身浸泡处理法。全车身浸泡磷化处理是当今国内较先进的一种表面处理工艺，车身运输采用大型行车吊具、钢架滑橇和地面滚轴自动进行，地下通道由平车（拖车）配合运输，将车身运输到各个涂装工位。其磷化处理工序为：

第一步，由大型行车将车身吊到钢架滑橇上，用地面滚轴从焊装车间运输到涂装车间表面处理工位。

第二步，先人工使用清洁剂、脱脂剂或汽油，将车身里外面的严重油污（可见面）清除一次。对车顶的外部可用布拖蘸汽油，人手拿拖把站在车顶上从前往后拖（注意安全）除净油污等，以便加快施工进度。

第三步，用地面滚轴自动将车身运输到磷化工位，用大型行车将车身吊装到脱脂槽进行脱脂处理，脱脂槽内工作液温度为40～50℃，脱脂时间为5～10min。

第四步，用大型行车将车身吊装到水洗槽中，上下刷洗0.5～1min。

第五步，将车身吊入表调槽中，表调1.5～2.5min。

第六步，将车身吊入磷化槽中，磷化温度40～50℃，时间5～10min。

第七步，将车身吊入水槽中，水洗温度30～40℃，时间1～1.5min。

第八步，将车身吊装在钢架滑橇上，用地面滚轴配合平车运输，进入烘干室，烘干水分。

第九步，质量检查合格后转底漆室进行人工喷涂。

② 全车身喷淋磷化处理法。其工艺在同一工位完成，工艺流程为：二合一除油、除锈剂喷淋3～4min→喷淋水洗→喷淋表调→喷淋磷化→喷淋水洗→运输至烘干室中烘干水分→质量检查，合格产品转底漆涂装，不合格产品按规定返工。

（2）全车身涂漆工艺　对全部使用钢铁件组焊而成的普中档客车车身，一般采用涂烘干漆或自干漆这两种涂装工艺。

① 涂烘干漆工艺（适合大批量流水线生产涂装）：

第一步，表面擦净。取洁净布或毛巾蘸金属表面清洁剂，人工用毛巾或干净布（预先将布块浸入温水中洗净花毛、线头、灰尘等杂物，拧干水分或晾干后使用，以防布纤维或花毛等在擦净过程中拉挂在金属面，影响涂漆质量），反复擦净车身各部位表面上的浮灰等杂质。操作中要不断翻转擦面（毛巾或布），确保擦净。

第二步，手工喷涂底漆。用H06-2铁红环氧酯底漆，开桶搅拌均匀后加X-7环氧稀料调稀至黏度为18～22s（涂-4黏度剂，20℃），过滤清洁。将车身的里外各部位面（包括里部骨架、蒙皮等各钢铁件）均匀喷涂一道。

第三步，底漆烘干。烘干110～120℃，25～30min。

第四步，冷却、质量检查。冷却15～20min后，由专职检验员对全车身进行质量检查，要求漆膜干透、完整、均匀，不允许有漏喷、露底、流漆及明显杂质。车身里部骨架型材面允许有轻微流漆。

第五步，刮第一道腻子。用烘烤型酚醛、环氧或原子灰（普通车身用烘烤型酚醛腻子，中档车身用烘烤型环氧腻子或烘烤型原子灰），将焊缝、对接缝与凹坑等大缺陷填实、刮平，然后收净残渣。

第六步，烘干。在 110～120℃下，烘干 40～50min。

第七步，冷却。吹风冷却 15～20min。

第八步，刮底道腻子。用与第一道腻子种类性能相同的腻子将车身内外各缺陷部位满刮平整，腻子层厚度以 1～2mm 为宜。每个部位刮涂前，先用刮刀将头道腻子层表面的刮痕及各边棱部位的腻子毛刺清理干净，必要时用 60#～70#砂布略加磨光，擦净浮粉后刮涂第二道腻子。

第九步，烘干。110～120℃，烘干 50～60min。

第十步，冷却。吹风冷却 20～30min。

第十一步，磨光。先用气动磨光机（板式或碟式吸附底板）吸附 60#～80#机用砂纸，将涂层粗磨平整，然后改用 100#～120#机用砂纸将涂层反复打磨至平整光滑。边棱等异形面需采用手工砂纸打磨合格。

第十二步，吹光、抹净。先用压缩空气（压力为 0.5～0.6MPa）反复吹净各打磨部位的磨污，尤其是缝隙和死角处的积灰，然后用毛巾抹净浮粉。吹光时操作人员要戴好防尘帽和防尘口罩。

第十三步，收光。用收光腻子将各腻子层表面上的大麻眼等缺陷细刮平整并刮净残渣。

第十四步，烘干。烘干 80～100℃，10～20min。

第十五步，冷却。吹风冷却 15～20min。

第十六步，机具细磨光。用吸附式气动磨光机吸附 180#机用砂纸，先将腻子层反复细致地打磨平滑，而后将无腻子层的底漆面轻磨光滑（注：用力重磨时易磨穿漆膜，而造成补底漆返工）。边、角、棱等处用手工配合细磨到位。

第十七步，吹光、擦净。先用压缩空气反复吹净浮灰和积灰（特别是死角处），再用毛巾蘸清洁剂擦净浮粉。

第十八步，喷中涂漆。用淡灰或中灰单组分氨基醇酸或氨基聚酯烘干中涂漆，湿碰湿喷涂至砂纹等缺陷充分填平遮严（一般需连续喷涂二三道才能将细缺陷充分填平）为止。喷涂后的漆膜应达到均匀且有一定的厚度，外观光洁，没有流漆、漏喷、露底、粗橘纹等明显缺陷及可见的杂质。

第十九步，烘干。烘干 120～130℃，30～40min。

第二十步，冷却。吹风冷却 20min 左右。

第二十一步，找麻眼。用快干麻眼灰顺光线将中涂漆表面上的针孔、细小砂眼等缺陷充分刮平、刮净。

第二十二步，干燥。根据生产条件，可采用自干或烘干两种方式，自干 1～2h；60～70℃烘干 20～30min。

第二十三步，全车磨光。可采用机具干磨或手工水磨两种方式。干磨时用气动磨光机先吸附 240#～280#机用砂纸磨平，然后吸附 360#～400#机用砂纸细磨至平整光滑；采用手工水磨时，先用 220#～260#水砂纸包橡胶磨块水磨平滑，再用 320#～360#水砂纸包磨块水磨至非常平整光滑，但水磨后应先用清水冲洗净磨污，再擦干水迹，烘干水分。

第二十四步，质量检查。在荧光灯足够照明的检查工位，由专职检验员按工艺技术要求进行各项质量检查，并将检查情况填写在随车质量卡上，对检查出的各种缺陷，由该工位施工人员按项目进行修复或返工。合格产品转清车工位。

第二十五步，清车（即全车清净）。由清车人员按车身部位先上后下、先左后右的顺序，将车身里外面的各部位，尤其是各边棱、角部位，认真细致地清理洁净，经检查合格后转面漆工位。

第二十六步，细擦净。由面漆喷涂人员先用压缩空气对各边、棱、角部位再进行一次细吹净，再用粘尘布或净毛巾蘸专用清洁剂，将全车身各个需要喷面漆的部位细致擦净。

第二十七步，自动喷涂面漆。先用大型门式静电喷涂机将车身的大顶外部和车身的两侧面湿碰湿自动喷涂两道氨基醇酸或氨基聚酯静电面漆。喷涂时涂料黏度为16～18s（20℃），阻抗值在100～200Ω范围内；喷枪的喷射量为230～250mL/min；枪嘴与被喷物面的间距为250～280mm；喷枪的移动速度为1.2～1.5m/min。车身大顶外部和车身两侧面经自动静电喷涂后，用人工静电喷枪将车身的前后围面、车身里部各需喷面漆的部位和各个舱体的里面等自动枪喷不到的部位，湿碰湿细喷均匀，晾干15～20min，使漆膜充分流平。

第二十八步，氨基醇酸漆在110～120℃，烘干50～60min；氨基聚酯漆在120～130℃，烘干30～40min。

第二十九步，冷却。吹风冷却20～30min。

第三十步，质量检查。漆膜应干透，总厚度（指底漆、中涂漆和面漆总和）为80～100μm；在面漆光泽方面，普通车为75%以上，中档车为80%以上；漆膜外观应平整光滑，有丰满度，不允许有流漆、起泡、针孔、变色（烘烤过度）、杂质及明显橘纹等不良现象，合格产品转彩条漆工位，不合格产品进行修饰或返工。

第三十一步，画线贴纸。按彩条设计图案或用户要求的彩条图案，按车身的高度先画出图案定位的高低线后，将计算机打出的不干胶纸彩条图案按位置贴在车身上，揭去外层的不干胶纸（即图案保护纸），使图案显示出来，并用手指将图案的各边按实贴严（以防止喷彩条漆时雾脏不需喷漆部位），并将图案以外的部位贴废报纸或白纸，用纸胶带或透明胶带粘紧盖纸。

第三十二步，喷彩条漆。按图案设计的色彩（单色、双色或多色），用该色彩条漆湿碰湿细喷均匀，但在喷涂之前，由于烘干后的面漆太光滑，必须先用500#～600#水砂纸用力均匀地打磨一次，以增强彩条漆与面漆的结合力。每个部位打磨后，要用清洁剂或粘尘布擦净浮末。多色彩条可分二次或三次喷涂。

第三十三步，揭纸擦净。每色彩条漆喷涂完毕后，应及时揭去不干胶图案纸和遮盖纸，并用口罩或干净毛巾蘸有机溶剂（如汽油等）将胶迹和残漆雾、毛边等细擦洁净，之后进行烘干。

第三十四步，烘干。按彩条漆的耐湿性能，用适合的温度和时间进行烘干。烘干后冷却15～20min。

第三十五步，质量检查（全车检查）由专职检验员按质量标准进行各项质量检查，不合格项目由收尾人员进行修饰，修饰合格后由专职检验员签名，可转成装车间进行组装（组装底盘、保险杠、灯具线路等）和内装饰。在成装车间的组装和内装饰工作全部结束后，还要进行一次全车的漆膜检查和修饰，然后转试车组对该车的性能进行测试。

② 自干漆。自干漆主要用于不具备烘烤条件的车身涂漆或修补工艺。针对不同车身材料，其工艺路线略有不同。

第一种，金属车身工艺路线：表面除锈→清洗除油、抹干、吹干→喷涂环氧带锈防锈底漆、自干→刮环氧腻子、自干→水磨、干燥→喷涂铁红环氧底漆、自干→打磨→补腻子、自干→水磨、干燥→喷涂第一次聚氨酯磁漆、自干→水磨→补聚氨酯腻子、干燥→水磨、抹干、清理表面→喷涂第二次聚氨酯磁漆、干燥。

第二种，泡沫塑料玻璃钢车身工艺路线：表面清洗除油、吹干→喷涂铁红环氧底漆，自干→刮腻子，自干→打磨→补刮腻子、自干→水磨、吹干、抹干；其他同金属车身工艺。

注意事项：喷涂聚氨酯面漆时必须保证表面磨平无砂痕，并不得有水迹，喷漆用的压缩空气必须过滤无水分、油等，否则会出现针孔和气泡；聚氨酯磁漆在工艺施工时，油漆的配制为：漆料：固化剂＝100：25 左右，根据用量和气候决定，配制后放置 20min 左右，待反应气泡消失后再施工。可以用苯类、香蕉水与环己酮稀释，尽量采用 X-n 系列专用稀释剂，严禁使用醇类稀释剂。可以在第一次喷后，漆膜表面干后喷第二次漆。施工黏度应考虑气压大小，漆膜不能过厚，否则易产生橘皮或流挂等问题。

以上工艺主要适合于大批量普中档客车的涂装生产。

【补充阅读资料】

客车涂装工序的人员和质量要求

各个工位的施工人员安排，通常是底漆、中涂漆、面漆、彩条漆的喷涂工位各 2 人；各道腻子的刮涂和磨光工位，每个工位需要 8～10 人结合施工；清车工位需要 2 人配合；画线、贴纸、揭纸、擦净工位需要 6～8 人配合；收尾修饰需要 2 人配合。对喷涂底漆后各车身的里部发泡（聚氨酯发泡或发泡型阻尼涂料），采用聚氨酯发泡时，需安排 5～6 人；采用发泡型阻尼涂料时，安排 3～4 人即可。

用聚氨酯材料（黑白料）发泡时，泡层厚度应达到 20～30mm，达到基本平整的要求，不需要发泡的部位要保持清洁。用发泡型阻尼涂料发泡时，应采用高压无空气喷涂机，喷涂后的涂层湿厚度应达到 3～4mm，烘干发泡后（阻尼涂料在 120～130℃条件下才能使涂层膨胀而形成泡层）的涂层，厚度应达到 8～10mm。

在喷涂结束后，应立即用毛巾蘸水，将不需要喷涂的部位面上的涂料残迹擦洗干净，以防止烘干后附着力强，增加清洁工作的难度。对车身焊缝、接缝等密封胶的施工，如采用烘干型密封胶，应在底漆后或中涂漆前进行，以便于随涂层（腻子层或中涂漆层）及时烘干；如采用自干型密封胶，应在面漆后或彩条漆收尾过程中进行，以便于收尾后专职检验员对其进行专项质量检查。对普中档客车涂密封胶的质量要求是：胶层均匀平整、整齐整洁，大顶外部的胶层厚度不得少于 2mm，不涂胶部位应保持清洁。

3）高档豪华客车喷漆工艺

高档豪华客车的车身组成不是全用钢铁件，而是使用铝板、铝条材、玻璃钢件与钢铁件组合而成的。如中型高档豪华客车的车身前后围多用玻璃钢件，车身两侧外部侧窗以下使用约20cm高厚铝板（厚度为1.5～2mm），厚铝板以下至两侧舱门的以上部位使用压边式铝条，两侧舱门为1mm左右的平整铝皮，只有后围的大货舱门和大顶的外蒙皮使用厚度为1mm的薄钢板。大型高档豪华客车的车身外蒙皮结构，除使用中型高档豪华客车车身所用的材质外，也可以使用镀锌铁蒙皮、铝板和玻璃钢件，即前后围使用玻璃钢件，车身两侧的侧窗下与舱门以下部位、后围或舱门和大顶使用镀锌铁蒙皮。对高档豪华客车车身的涂装，因车身外蒙皮使用材质的不同，其表面处理方式和涂底漆使用的漆种也与全铁皮车身不同。全铁皮车身可进行整车磷化处理，而高档豪华客车车身则不能使用同一种磷化材料进行磷化。在涂漆方面，目前国内各客车制造厂，对高档豪华客车车身的涂漆主要以手工操作为主。涂料种类多使用双组分，因为车身都有玻璃钢件，涂漆后不能使用高温烘烤，所以所用涂料均为自干型或低温烘干型；底漆以双组分锌黄底漆或塑料底漆为主。其涂装工艺为：

① 表面处理。由镀锌板、铝板、玻璃钢件组成的车身（骨架等钢材件可在车身组焊前采用磷化处理和预涂防锈底漆），可先用磨光机、磨光片并配合手工砂布，将各部位表面进行粗糙处理。如对前后围的玻璃钢件表面，应将脱膜剂等杂质彻底处理干净到位，不能有遗漏。铝板件的大面用磨光机具进行粗糙处理，边面及棱面用60#～70#砂纸（布）手工打磨到位。镀锌板面应用磨光机具轻轻磨光一遍，使磨后的基材显示出金属光泽即可，但不能有遗漏现象，否则易造成原子灰和底漆同时脱层。对装有铝条材的车身，应先用细钢丝刷顺铝条方向来回拉刷，使铝条表面呈现均匀细密的刷纹，若有胶迹（铝条是由胶结剂固定成型的）则应用刀片（裁纸刀片）刮净。全车身表面处理合格后，先用压缩空气吹光杂质，再用毛巾蘸清洁剂反复擦净。

② 喷底漆。用双组分锌黄环氧底漆或塑料底漆，按产品规定的比例和施工黏度调和均匀，过滤后均匀喷涂一道。

③ 干燥。自干12～18h；烘干60～70℃，40～50min。

④ 刮原子灰。刮灰前先用旧砂布将需要刮原子灰的部位轻轻磨光，擦净浮末后再刮涂。刮涂时先用焊缝专用原子灰（白灰）将缝隙缺陷填实刮平、清光刮面，晾干20min后再用常规型原子灰将各部位的缺陷，连续满刮平整（一般需要连续刮涂2～4道），收净残渣，并将边棱清理干净。

⑤ 干燥。自干1.5～3h；在60～70℃下，烘干35～40min。

⑥ 磨光。用机具将车身外部各平面腻子层磨平整，手工包平木块将车身内面大块涂层磨光。异形面、边、棱、角面，用手工顺结构方向打磨至光滑整齐。

⑦ 吹光擦净。先用压缩空气吹净各部位，尤其是缝隙、死角等处的积灰，然后用毛巾擦净浮末。

⑧ 收光。用细原子灰将各腻子层表面上的麻眼、砂痕等缺陷刮平整光洁，不得有遗漏。

⑨ 干燥。自干40～60min；烘干60～70℃，10～15min。

⑩ 细磨光。机具磨光时先用120#机用砂纸磨平整，再用180#～220#机用砂纸细磨光滑。手工磨光时先用120#～150#砂布包磨块打磨平整，再用180#砂纸打磨平滑。各边、棱、角等异形面，采用手工细磨到位。

⑪ 二次吹灰擦净。先将各部位的磨污与积灰反复吹净，再用毛巾干擦一次浮粉，

最后用清洁剂反复擦净杂质，待喷中涂漆。

⑫ 喷中涂漆。用高档双组分中涂漆（白灰或浅灰色为宜），按产品说明的比例调配后稀释至施工黏度并过滤清洁，湿碰湿喷涂 2～4 道，涂层厚度以填平砂纹为准。

⑬ 干燥。自干 12～18h；烘干 70～80℃，40～50min。

⑭ 全车磨光。机具干磨时先用 240#～280#机用砂纸机磨平滑，后用 400#砂纸机磨至如漆膜镜面般平滑为止。手工水磨时先用 320#～360#包磨块淋水磨平橘皮，再用 500#～600#水砂纸淋水反复水磨至镜面般平滑。操作时应边水磨边用手拭检查，确保水磨质量。用机具磨好大面后再用手工将边、角、棱等机具磨不到的部位用手工细磨到位，然后吹光磨污，擦净浮粉。用手工水磨合格后，先用自来水冲洗净磨污，再用毛巾擦干水迹并烘干水分。

⑮ 质量检查。将车身运输到专检工位，由专职检验员在充足的日光灯照明条件下，逐面进行细致的质量检查，合格产品转清车工序，不合格产品进行修补或返工。

⑯ 清车、擦净。由清车人员从上到下，将车身的内外各面、边、棱及死角等处，仔细清理干净，再用毛巾擦净浮粉。之后转喷涂面漆工序。

⑰ 喷面漆。喷面漆有两种工艺，即喷素色面漆工艺和喷金属色面漆工艺。

在喷涂素色面漆时，应按工艺或用户要求的颜色，将该色双组分高档汽车面漆严格按产品规定的调配比例，用调漆尺或黏度计调稀至漆料黏度符合工艺要求并过滤洁净后静置 15～20min。在此期间用粘尘布或干净毛巾蘸清洁剂，对车身内外面需要喷涂面漆的各部位再进行一次细擦净，然后拭好喷枪。先用溶剂将喷枪冲洗干净，再装漆进行试喷涂。将车身的大顶外部湿碰湿喷涂（喷枪的移动速度应慢些，喷涂的距离也要近些）二道；车身里面各部位的明显可见面处，应湿碰湿均匀、轻轻地喷涂二道；车身外部各面先轻轻地喷涂一道，再均匀地喷涂一道，最后再仔细喷涂一道或二道。每道的间隔时间为 15～20min，使喷涂后的面漆丰满平整，光泽度高而均匀，不得有流漆、漏喷、露底、杂质、针孔、缩孔、橘皮等不良现象。

喷金属色面漆。将车身的内外各面细擦清洁后，先用该色（铝粉色、闪光色或珍珠色）金属底色浆［黏度为 14～16s（20℃）］湿碰湿喷涂至颜色非常均匀一致，晾干 15～20min，再用双组分罩光清漆湿碰湿喷涂均匀，使喷涂后的涂膜平整光亮，丰满度好，色泽装饰性强，不允许有流漆、咬底、橘皮、粗粒、针孔、缩孔等不良现象。

⑱ 干燥。自干 12～18h；在 60～700℃下，烘干 40～50min。

⑲ 画线贴纸。对镀锌板车身可按普中档客车的画线贴纸操作方法进行。对铝条材车身，由于外观形状呈梯形，故在粘贴不干胶纸图案和粘遮盖纸时，都要随铝条边缘的棱角将其按实贴严，不得有空鼓或空隙，以防喷涂彩条漆时漆雾顺空隙而雾脏不需喷色部位，揭纸后出现毛边、混边、积漆等不良现象，故在粘贴过程中要边粘边检查，确保粘贴质量。

⑳ 仔细磨光。用 500#～600#细水砂纸将需要喷彩条漆的部面，轻而细致地打磨到位，使打磨后的漆面非常平滑，且有均匀细密的细砂纹。这样在喷涂彩条漆后易获得平滑似镜的漆膜质量。每种色漆面打磨合格后，再用粘尘布或干净口罩布蘸清洁剂，仔细擦净杂质。必要时也可用水砂纸蘸少许水，或先用湿口罩润湿被磨面后细心湿磨平滑，再擦干水迹，并彻底晾干水分。这种轻湿磨的特点是：工作效率高，质量好，不会出现

干磨时那种磨污粘砂纸而产生粗痕的现象。

㉑ 喷彩条漆。它又分为喷素色和喷金属色两种彩条漆。喷素色彩条漆时可将漆料的黏度调得比喷面漆时稍稀一点。这样喷涂后的漆膜平滑度好，不会产生橘皮，漆料的色彩按图案要求或用户要求选用调配。漆料调好后过滤洁净，然后采用湿碰湿细喷两道即可，但不能有流漆。喷金属色彩条漆时，应先按约定的色彩湿碰湿喷好底色漆，晾干10min后再用配套的清漆喷涂罩光。

㉒ 揭纸擦净。将不干胶图案纸和遮盖纸，按部位或色种用力均匀且轻而细心地依次揭去，不能用力过猛，以防粘掉面漆，然后用汽油按部位仔细擦净胶迹、残漆雾及毛边。

㉓ 干燥。自干12～18h；烘干60～70℃，40～50min。

㉔ 打胶。用自干型密封胶，按工艺要求将大顶外部、车身里部、各舱门的背面和舱体里部的各焊缝、重叠缝、对接缝等要求打胶的部位填实、打平、打满、打直、擦净残胶。

㉕ 进行全车质量检查。由专职检验员按质量标准对各部位面进行仔细检查。对检查中发现的缺陷，由收尾人员进行修补，修补合格后由专职检验员和收尾人员签名，然后转成装车间进行组装和内装饰。

7.2.2 车身涂装生产线

7.2.2.1 生产线平面布局

汽车涂装工艺的发展已经有100多年的历史，它的作业方式由最初作坊式的简单刷涂到简单喷涂再到适应于大量流水生产的现代化工业涂装，其作业内容也由最初的仅在需保护的工件表面刷上一层油漆到在工件表面先刷防锈漆再喷面漆，最后发展到现在的“漆前处理—电泳—中涂—面漆”等十分复杂的作业内容，其工艺布局与流程如图7-2所示。

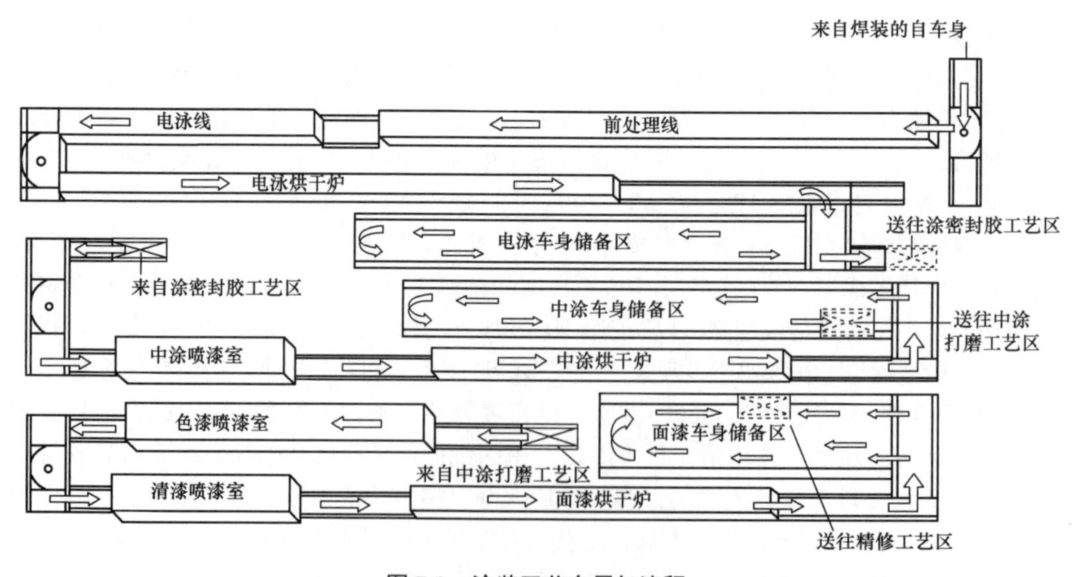

图7-2 涂装工艺布局与流程

7.2.2.2 车身涂装典型工艺分析

汽车涂装属于多层涂装。国内外汽车车身涂装工艺根据各种汽车使用条件及外观要求的不同，可以分为以下三个基本体系。

1）涂三层烘三次体系/涂层总膜厚 70～100μm

碱性脱脂→锌盐磷化→干燥（120℃/10min）→底漆涂层［喷涂溶剂型环氧树脂底漆，膜厚 15～25μm，烘干（150℃/30min）］→干或湿打磨→干燥→中间涂层［静电自动喷涂溶剂三聚氰胺树脂漆，膜厚 20～30μm，烘干（150℃/30min 预烘）］→湿打磨→干燥→面漆涂层［喷涂三聚氰胺醇酸树脂系面漆（金属闪光色用丙烯酸树脂系），膜厚 35～45μm，烘干（130～140℃/30min）］。

这一涂装体系适用外观要求高的乘用车车身。

2）涂三层烘两次体系/涂层总膜厚 70～100μm。

碱性脱脂→锌盐磷化→干燥（120℃/10min）→底漆涂层（电泳底漆，膜厚 15～25μm，烘干 160℃/30min）→中间涂层［静电自动喷涂与电泳底漆相适应的水性涂料，膜厚 20～30μm，烘干（100℃/10min 预烘，160℃/30min 与底漆一起烘干）］→面漆涂层［喷涂三聚氰胺醇酸树脂系面漆（金属闪光色用丙烯酸树脂系），膜厚 35～45μm，烘干 130℃～140℃/30min］。

这一涂装体系适用于对于外观装饰性要求不太高的旅行车和大客车车身及轻型载货汽车的驾驶室等。

3）涂两层烘两次体系/涂层总膜厚 55～75μm

碱性脱脂→锌盐磷化→干燥（120℃/10min）→底漆涂层［电泳底漆，膜厚 20～30μm，不烘干（仅晾干水分）］→干或湿打磨→干燥→面漆涂层［喷涂三聚氰胺醇酸树脂系面漆（金属闪光色用丙烯酸树脂系），膜厚 35～45μm，烘干 130℃～140℃/30min］。

这一涂装体系适用于重型载货汽车的驾驶室。

7.3 车身主要涂装方法与设备

汽车涂料常用的涂装方法有空气喷涂法、静电喷涂法和电泳涂装法。本章重点介绍静电喷涂法和电泳喷涂法。

7.3.1 空气喷涂

空气喷涂法是靠压缩空气的气流流过喷枪喷嘴孔形成负压，负压使涂料从吸管吸入，经喷嘴喷出，形成喷雾，喷雾喷射到被涂饰零部件表面上形成均匀的涂膜。

空气喷涂法的优点是可以形成均匀的涂膜，涂层细腻光滑；对于零部件的较隐蔽部分（例如缝隙、凹凸）也可均匀地喷涂；喷涂生产效率高，适合喷涂的涂料品种广；喷涂设备投资省，容易操作和维护。

空气喷涂法的缺点是喷涂施工时涂料利用率较低，一般涂料利用率在 50%～60%，其余的涂料和溶剂都扩散到空气中，不但造成材料的浪费，还带来严重的环境污染。如果施工时喷涂压力过高，或施工技术不高将造成涂料利用率会更低。喷涂施工环境的要求较高，必须是使用专用的喷涂设备和特定的工作场所。

除了上述的一般空气喷涂以外，还有经过改进的 HVLP 喷涂（大流量低压空气喷涂）、无气喷涂和空气辅助无气喷涂等。各种喷涂方式的特点详见表 7-2。

表 7-2　各种喷涂方式的特点

喷涂方式	优　点	局　限　性
空气喷涂	投资成本低 输漆流量、喷涂图形容易控制 低压、安全 对操作工无须进行大量培训	涂着效率低
大流量低压力喷涂（HVLP）	涂装质量好 投资成本低 操作工可最大限度地控制喷枪 涂着效率较高	生产能力较低 操作压力提高后与普通空气喷涂相当
无气喷涂	产量高、输漆量大 适用于厚膜喷涂 适用于大面积喷涂 涂着效率较高	高压，安全性需特别注意 系统投资成本较高 喷涂质量一般 操作工需要较高的操作技术
空气辅助无气喷涂（AA）	产量高 液体压力低于无气喷涂，设备的寿命较长 设备适用于现有的无气喷涂系统 涂着效率高	喷涂效率高于无气喷涂，但低于空气喷涂

喷枪是空气喷涂法的主要工具，如图 7-3 所示。喷枪的品种繁多，按涂料与压缩空气的混合方式，可分为内部混合型和外部混合型；按涂料供给方式，可分为吸上式、重力式和压送式。

喷枪通常由喷头、调节部件和枪体三部分组成。喷头由空气帽、喷嘴、针阀等组成，它是改变涂料的雾化程度、喷雾图形等性能的关键部件；调节部件是调节涂料喷出量和空气流量的装置；枪体上装有开启针阀的枪机和防止漏漆、漏气的密封件，并制成便于作业和手握的形状。

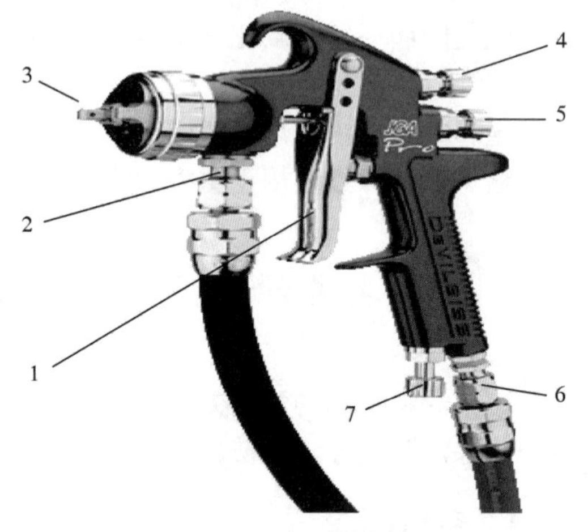

图 7-3　压送式喷枪

1．扳机　2．涂料进口　3．枪头　4．扇面调节阀
5．涂料调节阀　6．空气进口　7．空气压力调节阀

7.3.2　静电喷涂

静电喷涂是借助于高压电场的作用，使喷枪喷出的飞漆雾化，并使飞漆带电，通过静电引力而沉积在带异电的工件表面的一种涂装方法。它的基本原理是以被涂物为阳极，一般情况下接地；涂料雾化结构为阴极，接电源负高压，这样在喷枪与被涂工件之间形成一高压静电场，当电场强度足够高时，枪口附近的空气就会产生电晕放电，使空气发生电离。涂料先经压缩空气等方法雾化，雾化的涂料粒子由静电装置提供前进的速

度和方向，当涂料粒子通过枪口带上电荷，成为带电离子，在通过电晕放电区时，进一步与离子化的空气结合而再次带电，并在高压静电场的作用下，向极性相反的被涂工件运动，沉积于工件表面并形成均匀的一层均匀、附着牢固的薄膜，如图 7-4 所示。静电喷涂也可采用正极性电晕放电，但负极性电晕放电（即临界电压）较正极性电晕放电低，又较为稳定、安全且不易产生火花。因此，在通常情况下将被涂物作为正极接地。

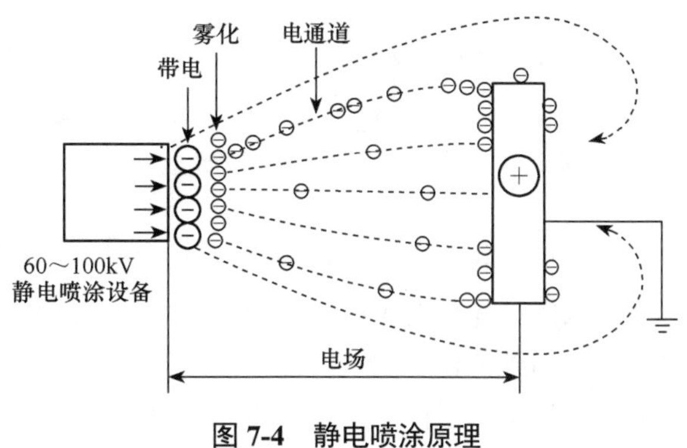

图 7-4 静电喷涂原理

7.3.2.1 静电喷涂的类型

静电喷涂的类型可分为纯静电雾化和有附加能的静电雾化两大类。

1）纯静电雾化方式

它是以旋杯式静电喷枪为代表，如图 7-5（a）所示。旋转式喷枪结构简单，不易阻塞，容易清洗；由于它属于机械离心式电雾化，对于涂料和溶剂的导电性要求低（当然导电性也要好）；有效面积大，吸附效率高，对涂层均匀性大为改善；雾化后涂料细致，表面平整、光滑。对于形状简单的工件较为适合。

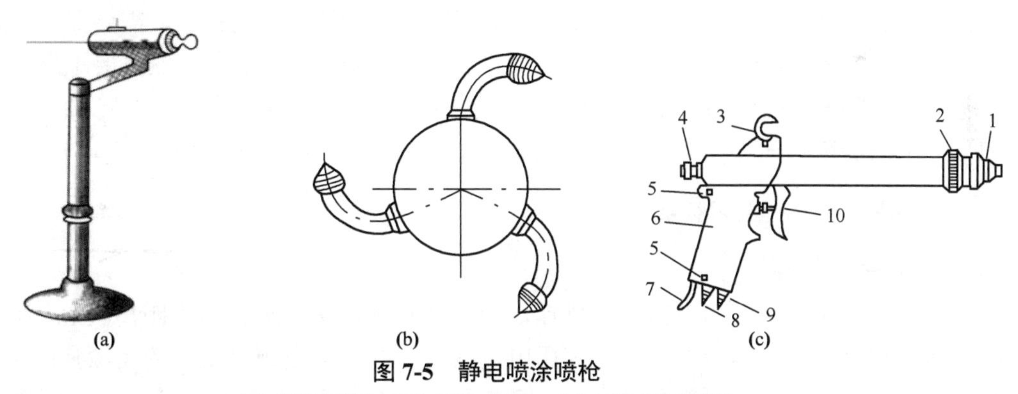

图 7-5 静电喷涂喷枪

（a）旋杯式喷枪 （b）旋风式喷枪 （c）手提式静电喷枪

1. 喷枪螺母 2. 连接螺母 3. 挂钩横销螺栓 4. 调漆栓 5. 螺钉 6. 枪柄 7. 电缆 8. 漆管 9. 气管 10. 扳机

它的缺陷是喷出的涂层有中心孔，对于形状较复杂的工件喷涂较困难，涂层不均匀或凹坑部位喷涂不上；由于各种颜料的带电本领特性不同，所以喷涂多种颜料配成的涂料时会出现颜色不均匀的现象。

为了克服涂层有中心孔的缺陷，可加装一只用聚氯乙烯或有机玻璃等非导电材料制作的、上面钻有 100 多个 0.01～0.2mm 小孔的“环形多孔气幕喷头”在喷杯周围，以压缩空气围绕着旋杯喷射，这样便消除了涂覆漆面有环形中心的现象，并增加了直射的冲势，通入气体压力一般采用 0.01～0.06MPa，改变旋杯的转速和送气压力，可获得不同的喷射区域，这对形状复杂工件的喷涂极为有利。

2）有附加能的静电雾化方式

按附加能的种类不同，又分为两类空气雾化法和液压雾化法两类。旋风式喷枪[图7-5（b）]和手提式静电喷枪［图7-5（c）］都属于空气雾化，它们是借助于压缩空气和静电力的作用使涂料雾化的，所以能够喷涂形状较复杂或面积较大的物体。旋风式喷枪上的三个蛇形嘴可以调节，变更涂层直径较为方便，能减少甚至消除涂层中心孔现象，容易得到比较均匀的涂层。但由于空气雾化过程中溶剂易挥发，使涂膜易产生橘皮等弊病，所以对于溶液的要求非常高，比如要求低黏度而固体成分含量高，遮盖力好，溶剂挥发速度要慢，流动性能好等。另外，由于空气雾化时压力流动将带电的漆粒冲出了静电吸引力范围，这些溶粒就不可能涂覆在工件上，因而增加了涂料的流失。

液压雾化是高压无气喷涂加上静电喷涂设备的组合。它是借助于压力将漆液加压到较高的压力范围，然后从喷嘴小孔喷出，受到高压的涂料喷到大气中便立即剧烈膨胀雾化。

液压雾化与空气雾化方式相比，雾化状态比较好，喷出量大，涂装效率高，而对涂料的要求与空气雾化相似。

7.3.2.2 静电喷涂的安全措施

利用静电喷涂时工件与喷枪的距离不能小于 20cm；喷涂房内不允许有孤立导体存在，避免引起火灾和发生触电事故；为防止工件变成孤立导体而产生电容放电现象，悬挂要清洁，且不能绝缘；为防止发生电击，在静电喷涂操作时，最好不要穿绝缘鞋或站在绝缘物上；喷漆房内不应有易燃物质，溶剂浓度不能超过规定标准，需要保持一定的通风量；喷漆房的电灯应为防爆式或罩灯式；为安全起见，静电发生器需要距离喷漆房5m 以外，离照明及动力线路 50m 以外，工件距离墙壁 50cm 以上为宜。这里需要说明的事，虽然静电喷涂工作人员长期在电场内工作，但对人的健康影响不大。

7.3.2.3 静电喷涂的工艺参数

1）喷枪和电网的位置

为防止喷雾带相同的电荷互相排斥，使飞漆乱飞，两支喷枪至少距离 1m。在喷枪的对面，装上用漆包线绕成的直流高压电电网，能把大部分窜过工件的飞漆弹回工件，从而减少涂料的消耗，改善环境条件；但电网离喷枪太近，影响涂着率，一般距离 70m 以上为好，距离房顶 50cm 以上。

2）电压

直流电压高，涂着率相应也高，一般采用 80～90kV；但电压过高时，对设备的绝缘性要求也高。

3）喷枪与工件的距离

喷枪与工件的距离直接影响电场强度，超过 40cm 时，其涂着率显著下降，所以一般两者的距离以 25～30cm 为宜。同时，还必须与工件的形状及喷枪的布置等结合起来考虑。

4）喷枪的转速

转速高，线速度高，飞漆粒子细，所形成的涂膜平整；转速低，线速度低，则飞漆粒子粗，所形成的涂膜有橘皮痕迹，且喷涂黏度高的涂料有困难。一般旋风式喷枪中转速为800r/min，旋杯式喷枪转速必须大于100r/min。

5）工件悬挂要求

工件在互不碰撞的前提下，以悬挂的节距最小为原则，这样涂料损耗小，产量大。工件离地面过近，会使雾化涂料有一部分被吸向地面，影响涂料吸附；同样，离传送链太近，会使传送链和静电房的顶也喷上涂料而造成滴漆，改变了电场强度，影响产品质量，降低涂着效率。所以，工件距离地面和喷房传送链至少在1m以上；静电房的两对面和左右侧壁至少相距1.5m以上。

对于工件形状复杂而使得涂料的涂着性能有差异时，可用回转喷涂的方法。但对于回转中心不对称或旋转后使喷枪与工件距离显著变化的工件，则不宜采用。回转的速度不宜过快，一般为 3～4r/min；传送链的速度根据具体喷涂的零件以及干燥情况决定，如过快，则会影响喷涂质量，适当的速度为0.22～2.4m/min。

6）涂料的性能

涂膜的好坏不仅取决于喷涂技术，还取决于选用涂料品种的性能。各种涂料的静电喷涂效果对涂装后涂膜状态的影响也很大，静电喷涂应选用易于带电的涂料品种，一般以电阻率为标准量来评价带电性。比较适宜静电喷涂的电阻率为5～50MΩ·cm。如涂料电阻过高或过低，可适当添加低电阻或高电阻的极性溶剂来调节。

由于静电喷涂用的溶剂要求沸点高、极性高、溶解性良好，仅从电阻率来选择溶剂还不够全面。涂料的黏度对静电喷涂效果也有一定的影响，通常黏度越高，效果越差，尤其是涂料的分散度和沉积率较差。但在不影响质量的前提下，黏度应尽可能地高些，这样可以增加不挥发成分的含量，且涂膜的光泽和丰满度好，有利于降低成本和使用安全。

在选择工艺条件时，应根据实践经验结合工件的具体情况综合考虑。

7.3.2.4 静电喷涂的优缺点

静电喷涂法的优点是大大降低了喷雾的飞溅损失，提高了涂料的利用率；降低了动力消耗的同时也减少了排放量；显著改善涂装作业环境，减轻了工人劳动强度，可以实现机械化和自动化，从而有效地提高了劳动生产率，喷涂的涂膜质量获得可靠的稳定性并且涂层均匀、平整、丰满，达到高装饰性的目的。静电喷涂的缺点是，存在火花放电引起火灾的危险，对安全防护和防火要求更高；设备和仪器比较复杂；静电喷涂因工件形状不同，造成电场强弱不同，均匀度差；由于喷雾密度小，对涂膜流平性和涂膜光泽度也会产生一定的影响。

7.3.3 电泳涂漆

电泳涂装是把工件和对应电极放入水溶性树脂制成的电泳涂料液中，接上直流（或交流）电源后，在电场力的作用下，涂料在工件上沉积，形成均匀涂膜的一种涂装施工方法。这种涂漆方法能使箱形截面以及组合构件的内部涂上漆，可以大大提高车身钣金件焊缝间和内腔的防锈蚀性。

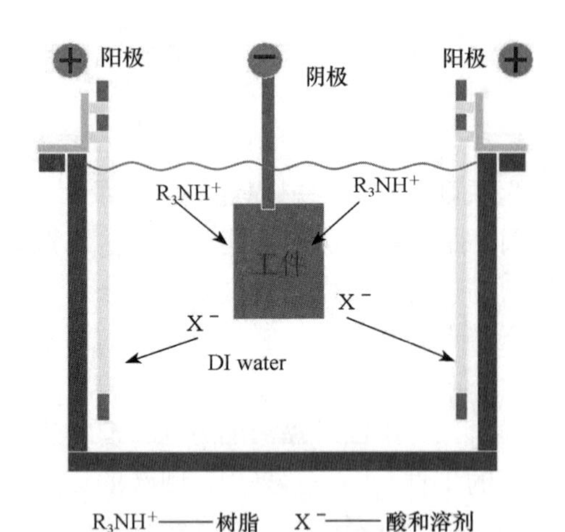

R_3NH^+——树脂 X^-——酸和溶剂
DI water——去离子水

图7-6 阴极电泳涂装原理

7.3.3.1 电泳涂装原理

电泳涂装是一个复杂的电化学反应过程，需要经历电泳、电沉积、电解和电渗四个过程。

1）电泳

一般水溶性涂料是一种胶状分散体，树脂分子在水中离解而带电，在直流电场作用下，分散在极性介质水中的带电树脂粒子和吸附在其表面的颜料、填料粒子一起向它所带电荷相反的电极方向移动，称为电泳。图7-6所示为阴极电泳涂装原理，被涂装工件为阴极。

2）电沉积

固体从液体中析出的现象称为沉积，一般是由于冷却或溶液浓缩时才会产生，而电泳涂装在电场作用下，带电的胶体粒子到达阳极（工件），放出电子后沉积在阳极表面，形成不溶于水的涂膜，称为电沉积。

3）电渗

当涂料液中的胶体粒子受电场影响，向阳极移动并沉积时，此沉积物在电场力作用下不能移动，而吸附在阳极上的介质（主要是水）相对地被挤压，在内渗力作用下，从阳极穿过沉积的涂膜进入涂料液中，称为电渗。电渗使亲水的涂膜变成憎水涂膜，脱水使涂膜变密。电渗性好的电泳涂料泳涂后的湿漆可用手摸也粘手，且可用水冲洗附着在湿漆膜上的电泳液。

4）电解

当电流通过电解质水溶液时，水便发生电解反应，在阴极放出氢气，阳极放出氧气，同时阳极本身也会发生溶解。

7.3.3.2 电泳涂装分类

电泳涂装按电源类型可分为直流电泳涂装和交流电泳涂装；按涂料的沉积性能又可分为阳极电泳和阴极电泳；按工艺方法还可分为定电压法和定电流法。目前应用较广泛的是直流电源定电压法的阳极电泳。

7.3.3.3 电泳涂装特点

电泳涂装的优点是涂膜均匀、附着力强、质量好，一般涂装方法不易涂或不好涂的部位，如内层、凹缘、焊缝等处都能获得均匀、平整、光滑的涂膜；涂料利用率高达90%～95%；电泳涂料是以水作为主要溶剂，减少了空气污染，消除了火灾的危险，改善了劳动条件；电泳涂装施工速度快，方便实现机械化和自动化连续生产，劳动生产率高。

电泳涂装的缺点是设备较复杂，投资费用高；只能在导电的被涂表面上涂装；烘烤温度较高，耗电量稍大；涂料颜色单一，不易变换；必须及时处理废水。

7.3.3.4 电泳涂装工艺

1）工艺流程

电泳涂装是在前处理工序完成后进行的，电泳工艺过程由电泳、电泳后清洗、吹干和烘干等工序组成，如图 7-7 所示。

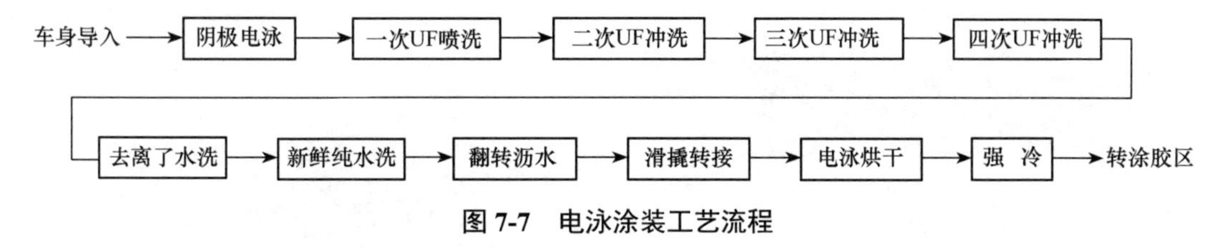

图 7-7 电泳涂装工艺流程

2）工艺内容与参数控制

电泳各工艺的内容和工艺参数管理等详如表 7-3 所示。

表 7-3 阴极电泳底漆涂装工艺内容与参数控制

工艺名称	处理功能	工序处理内容			控制内容	备 注
		方式	时间	温度		
1．阴极电泳涂装法涂底漆	车身内、外表泳涂厚度均匀的电泳涂膜	浸（通直流电）	3～4min	28～29℃	电泳液固体含量（NV）、pH 值、温度、电泳电压等	涂膜厚度约为（20±2）μm，厚度电泳涂膜厚度可达 35μm
2．电泳后清洗 ①一次 UF 清洗 ②二次 UF 清洗 ③三次 UF 清洗 ④四次 UF 清洗 ⑤去离子清洗 ⑥新鲜纯水洗	清洗、回收电泳涂料，消除缝隙部位的二次流痕	①喷 ②冲 ③浸 ④淋 ⑤浸或喷 ⑥淋	①通过 ②20～30s ③全浸即出 ④通过 ⑤通过 ⑥通过	室温 室温 室温 室温 室温 室温	各工序清洗的固体含量（NV）或电导率	1. UF 液逆转工序补加，最终返到电泳槽中 2．电泳与 UF 清液洗间隔时间≤1min
3．翻转沥水	车体倾斜倒掉积水、吹掉车体表面的水珠	自动倾斜、自动吹风	2～3min	室温或热风	检查涂膜表面是否有积水和水珠	消除电泳涂膜表面的水斑及二次流痕等缺陷
4．烘干	固化电泳涂膜	热风或辐射加热	30～40min	190℃	烘干温度、膜干燥程度	测烘干温度一时间曲线 方法：溶剂擦拭法

7.3.3.5 电泳涂装设备

电泳涂装设备包括电泳槽及备用槽、槽液循环及过滤系统（含超滤装置）、温控系统、电极和极液循环系统、直流电源及供电系统、涂料补给装置、电泳后清洗装置、电泳涂装室（防尘罩）、电气控制柜等。这些系统（设备）与输送链、烘干室、强冷室等组成电泳涂装生产线。

1）电泳槽及备用槽

电泳槽是电泳涂装作业的浸槽（又称主槽），形状有长方形和船形两种，如图 7-8 所示。长方形电泳槽适用于步进间歇式生产，常用于客车车身涂装，其内部大小主要取决于被涂物尺寸；船形电泳槽适用于流水连续式生产，如轿车车身涂装，其两端斜坡长度取决于被涂物出入槽的角度，而平段的长度根据链速和泳涂时间确定。为保证槽液有较好的搅拌状态和最佳的极间距，槽与被涂物之间要留有适当的间隙。电泳槽体入槽端底部应考虑有起过滤作用的结构。在电泳槽的出口端设有溢流槽（又称辅槽）。

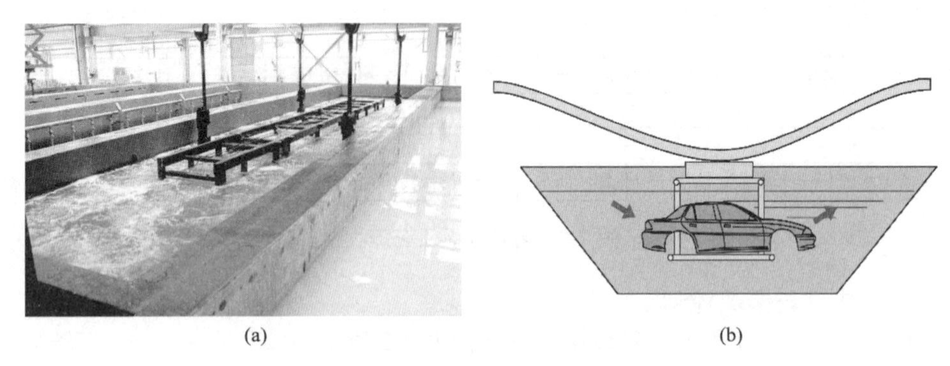

图7-8　长方形和船形电泳槽

（a）长方形电泳槽　（b）船形电泳槽

备用槽供清理、维修电泳槽时储存电泳槽液用，又称转移槽或倾卸槽。其形状取决于安置的场所，可以是长方形或圆柱形等。备用槽的容量应能容纳全部槽液，并留有足够的余量。

2）电泳槽液循环及过滤系统（含超滤装置）

阴极电泳槽液自配槽后就应连续循环搅拌，因故障而停止的搅拌时间不应超过2h。循环搅拌的主要功能是：保持槽液均匀混合和防止颜料在槽中或被涂物的水平面上沉淀；除去槽液中的颗粒状的尘埃和油污；交换掉由涂装电能和泵工作的机械能转换成的热量，保持槽液温度均匀；及时排除在电泳过程中被涂物表面上产生的气体。这部分主要由循环系统、过滤及超滤系统、温控系统等组成，如图7-9所示。

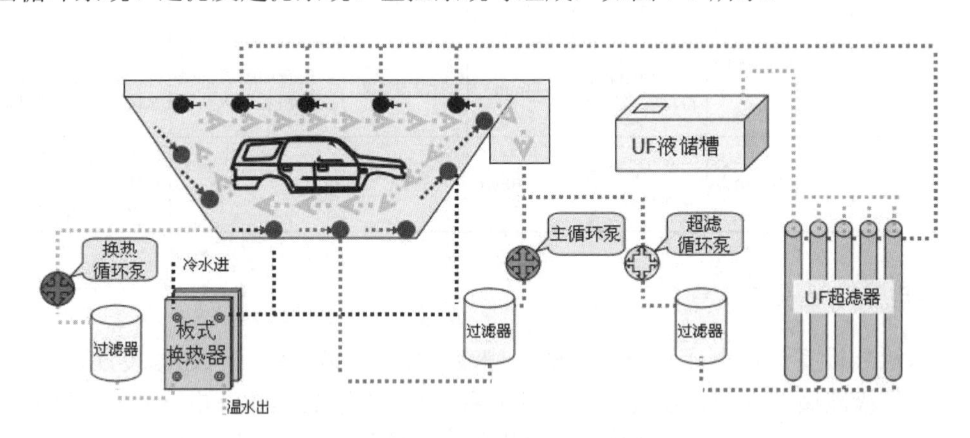

图7-9　电泳槽液循环及过滤系统

（1）槽液循环系统　一般采用卧式和立式端吸式离心泵使槽液循环流动，确保液面和底部槽液具有一定流速。在连续式生产场合，液流速度一般为车身移动速度的2～4倍，管路内的槽液流速一般为2.5～3m/s，最低不能小于0.4m/s，否则容易在管路内产生沉积。槽液流向与车身前进方向一致。泵采用不锈钢材质。

（2）过滤系统　过滤系统布置在槽液的循环管路中、电泳后清洗的循环 UF 液及循环去离子水管路中，用于过滤槽液及循环清洗液中的尘埃颗粒（外界和被涂物带入的脏物）、凝聚颗粒（前处理带来的杂质与漆反应生成的脏物）及其他机械污染物，以确保电泳涂膜的优良外观质量。要求每小时通过过滤器的槽液量为槽容量的 4～6 倍，最小不能低于槽容量。一般的过滤器有滤袋式和滤芯式两种，目前常用滤袋式过滤器，图 7-10 所示为一种单袋式过滤器的结构。

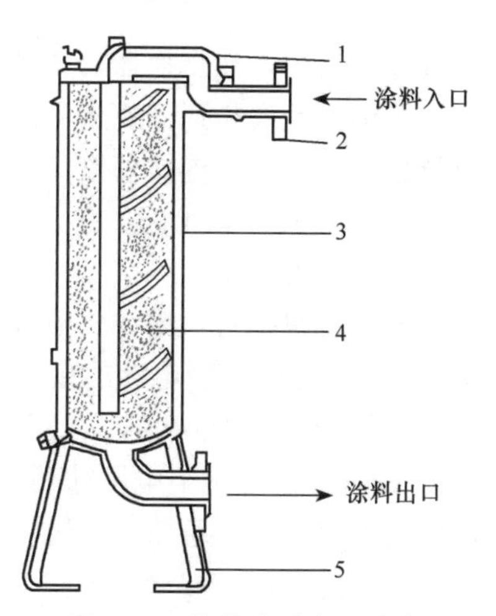

图 7-10　单袋式过滤器结构

1. 涂料入口结构　2. 法兰盘（可自由回转）　3. 壳体　4. 螺旋焊筐篮　5. 可调撑脚

（3）超滤系统。超滤系统的主要作用有：

① 回收电泳涂料。无超滤系统时电泳涂料的使用效率只有 70%～80%；采用超滤系统后，可以用超滤透过的清洗液充分洗涤除去粘附在被涂物上的电泳涂料，进行回收，回收效率可高达 98%以上，节约电泳涂料，减少污水处理量及费用。

② 控制槽液的电导率及杂质离子含量。通过超滤液的排放有效控制电泳槽内槽液的电导率及杂质离子含量，保证电泳涂膜质量。特别当槽液中含有小分子树脂时，通过排放超滤液减少槽液中的小分子含量最为有效。

超滤系统的核心部件是超滤器。超滤器为超微孔过滤，超滤膜上有细微孔，允许水和小分子溶剂及相对分子质量小的树脂分子通过。其结构形式有多种，常见的有管式、中空纤维式、卷式和板式四种形式。图 7-11 为一种中空纤维式超滤器结构示意图。

槽液进入超滤器之前必须经过 100～150μm 的过滤器过滤，否则容易堵塞超滤器膜孔。可设置专门的供漆泵保证槽液以一定压力透过超滤器，供漆泵的流量一般为超滤器透过量的 20 倍，从超滤器系统回到电泳槽的电泳涂料量为超滤液量的 19 倍。应严格控制该数值，否则会因浓差极化而造成超滤膜堵塞。另外系统中应安装玻璃转子流量计和浊度计，随时观察透过量的变化情况和超滤膜有无破损现象。在超滤器进口处应装有缓开阀和高压、高温保护器，使供漆泵在起动时缓缓打开进口阀门，以避免进漆压力过高损坏超滤膜；当压力、温度超过许可范围时，整个系统自动停止运行。

超滤器工作一段时间后，由于膜在浓差极化的作用下慢慢被堵塞，当超滤液透过量下降到额定值的 70%时就应进行清洗，以恢复良好工作状态。一般采用循环清洗的方式，清洗泵应与超滤器配套，在清洗泵的进口处应装有 100μm 左右的袋式过滤器，以便在循环清洗过程中除去超滤膜上清洗掉的漆渣及其他脏物。

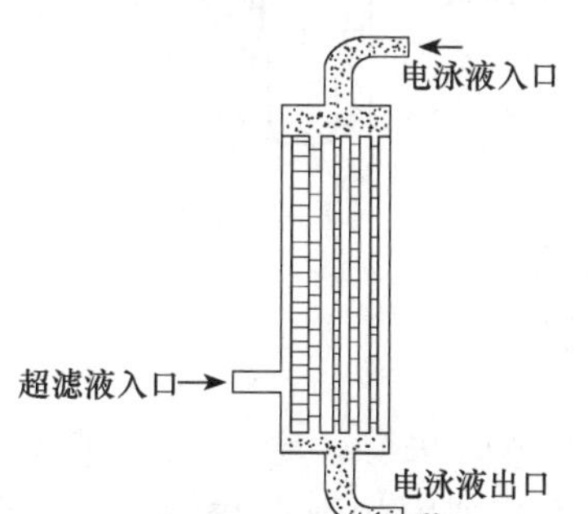

图 7-11　中空纤维式超滤器结构

3）温控系统

温控系统由热交换器、泵及冷水（或温水）循环管路、温水加热器、冷水槽、冷却机组、冷却塔和温度控制器及调节阀等组成。热交换器安设在槽液的循环管路中，槽液经过过滤后进入热交换器，如图7-9所示。槽液压力应始终超过冷却水的压力，以防槽液被污染。板式和列管式热交换器均可使用，采用不锈钢制造。热交换器上应装有排放口及去离子水冲洗连接管路。为防止槽液和清洗液过热，还应设有温度保护器。当厂房温度保证在10℃以上时，温水加热可不考虑。

4）供电系统

该系统包括直流电源、电极及极罩、极液循环系统等。电泳涂装直流电源由整流管供给，供车身的阴极电泳的直流电源电压应能在0～500V之间可调；泳涂零部件的电压可适当低一些（0～400V）。直流电要经滤波，电压脉冲幅度不能超过平均直流电压的5%，在满负荷情况下电压脉动率要小于5%。对于连续通过式的电泳涂装，为了降低入槽段的电流密度，避免发生过于激烈的电解反应，提高涂膜外观质量，入槽段应采用低电压；而为了提高被涂物内腔的泳透力，在电泳过程中需采用高电压。所以，多个整流柜、多段电压供电方式已在电泳涂装中经常使用。对循环搅拌系统应考虑不间断电源，可采用双回路供电或采用备用发电机。

在阴极电泳涂装场合，阴极和阳极的面积之比为（4～5）：1。阳极沿着槽壁布置，浸入槽液中的深度不得小于槽垂直壁的槽液深度的40%，在全浸泳涂时间超过或等于3min场合，阳极从出槽口向前排，一般在入槽端靠近入槽车身部位不布置阳极；为使车身涂层厚度均匀，可在底部和顶部也布设阳极。阳极一般采用3.0mm以上厚度的不锈钢板或钢管。在正常情况下，每个极罩可配装一个安培计，以便连续观察各极罩的运行情况。阳极装置有板式阳极装置和管式阳极装置两种结构，如图7-12所示。

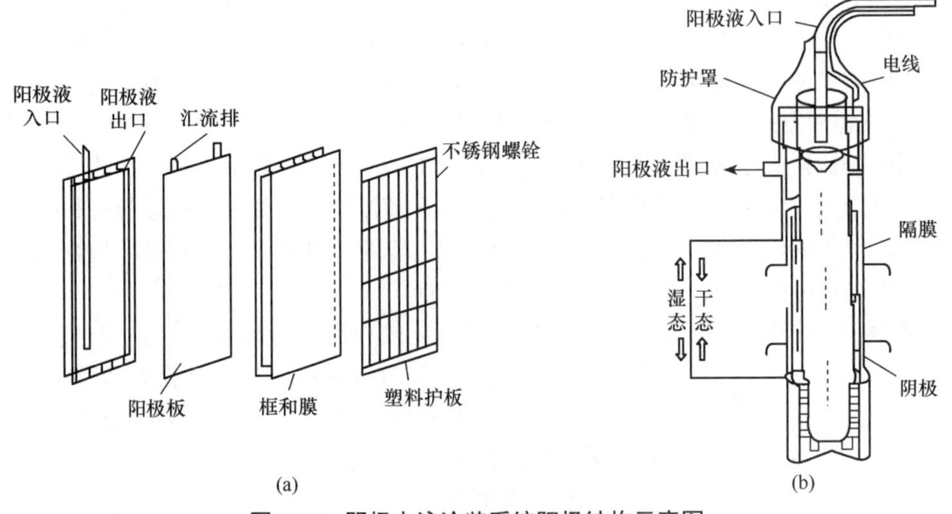

图7-12 阴极电泳涂装系统阳极结构示意图

（a）板式阳极 （b）管式阳极

在阴极电泳过程中其阳极区不断产生有机酸，如果不及时去除，会进入槽液使pH值下降，影响泳透力及涂膜性能，再溶解性增大。除去槽液中的游离酸的办法有两种：添加未中和或部分中和的阴极电泳涂料或采用阳极隔膜系统。一般常用阳极隔膜系统法。

阳极隔膜系统法是将阳极封闭在可冲洗的阳极罩中，阳极罩由不导电材料制成，敞开面（板式电极罩朝向被涂物的一面，管式电极四周都可算敞开面）装有离子选择性的隔膜。阳极液系统是由阳极隔膜系统、阳极液往返循环管路、泵、极液槽、电导率和混浊度控制仪、去离子水供给管路等组成，如图 7-13 所示。

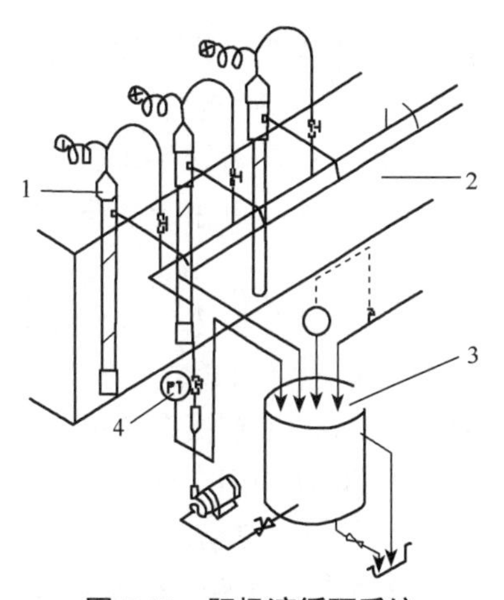

图 7-13　阳极液循环系统

1．阳极罩　2．浸槽　3．阳极槽液　4．混浊度控制仪

5）电泳后冲洗设备

电泳后冲洗设备的作用是清洗、回收工件表面从电泳槽中携带出来的浮漆，确保电泳漆膜质量，提高涂料利用率，减少污染物排放。电泳后冲洗设备由超滤液（UF 液）清洗及纯水清洗两部分组成，如图 7-14 所示。

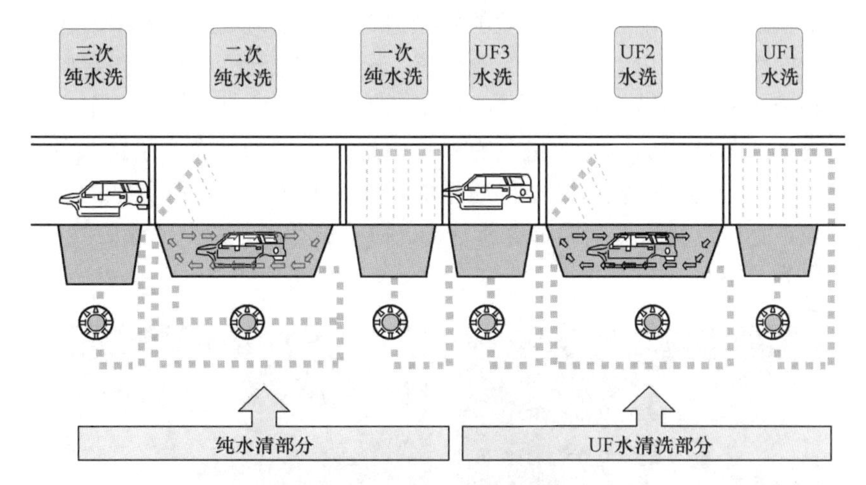

图 7-14　电泳后冲洗流程

6）电泳涂料补加装置

随着生产的进行，电泳槽液的固体分下降，其颜基比、中和剂和有机溶剂的含量也都有所变化，需根据涂装面积和实际测定的结果，计算出相应的涂料和各种助剂的补给量、补给配比和补给周期。向电泳槽补加涂料的方式有以下几种：

① 配备专用的涂料补加装置（包括混合罐、搅拌机、输送和内循环用泵、过滤器等）。按涂料调配的要求，先将涂料在混合罐中与槽液或去离子水充分混合（或加中和剂调好 pH 值和稀释）搅匀后，再借助泵将调好的涂料输入电泳槽。

② 在槽液循环管路上安设混合器补加，在混合器一端分别输入槽液和补加的涂料，从混合器另一端输出，补加涂料与槽液混合比一般为 1∶（50～100）。

③ 直接用泵分别将颜料浆和乳液供给到两条槽液循环管线上，在循环泵的进口端注入颜料浆的注入速度不应大于 38 L/min，乳液的注入速度不大于 76 L/min。

采用何种补加方式取决于涂料品种。高固体分、高黏度的和未完全中和的电泳、涂料一般都采用第一种补加方式。

7）工件输送系统

电泳过程由输送系统在输送过程中自动完成。工件输送系统的主要形式有悬链式输送系统、电动葫芦输送系统、摆杆链式输送机、全旋反向浸渍输送系统和多功能穿梭机系统等。

（1）悬链式输送系统　悬链式输送系统由架空轨道、牵引链、滑架、吊具、改向装置、驱动装置、张紧装置和安全装置等组成。架空轨道构成闭合环路，滑架在其上运行，各滑架等间距地连接在牵引链上。牵引链通过水平、垂直或倾斜的改向装置构成与架空轨道线路相同的闭合环路，因此适用于连续式电泳生产线，如图 7-15（a）所示。车身固定在吊具上并与滑架铰接。为防止对电泳槽液的污染、避免污物滴落到工件上，可采用 C 形吊具，以便安装接油盘来收集从轨道或链条滴落的油污，如图 7-15（b）所示。该输送系统结构简单、造价低，但维护不方便，进出工艺浸渍处理槽角度小（最大出、入槽角度一般只有 30°）、不利于车身顶盖部位排气，槽子较长占地面积大。图 7-15（c）所示为适用于输送质量较轻和长度较短的轻型悬链输送系统，其链条和滚轮安装在轨道内部，允许为操作者提供几个固定的保险装置，因其内部已经含有侧向导向轮，所以不需要在弯轨处设置额外的导向辊。图 7-15（d）所示为大量地应用于汽车车身前处理电泳涂装中的推杆式悬链输送机。该机具有双层轨道，上层为装有牵引链条的牵引轨道，下层为载荷小车行走的载荷轨道。与普通悬链相比，推杆悬链具有更多的功能，例如可实现自动转载、变节距变高度运输、变速行走、积放储存等，减少了涂装线的占地面积，使生产运输更为灵活。

(a)　(b)　(c)　(d)

图 7-15　采用悬链式输送装置的电泳线

（a）普通悬链式输送装置（b）悬链式输送装置＋C 形吊具及接油盘

（c）轻型悬链悬链式输送装置（d）推杆悬链式输送装置

(2)自行电葫芦车组及程控行车　自行电葫芦车组及程控行车适用于间歇式电泳生产线，如图 7-16 所示。自行电葫芦车组通过安装在轨道上的滑触线提供行走电机和升降电机的动力，实现在工序间的移动以及吊具的升降，其行走速度可以达到 36m/min，可以实现快速前进并在停止前减速以减少串动。在改变方向时，因其空中弯轨的半径较小，占用空间比推杆悬链要小。吊具可实现在槽内摆动及垂直出入槽的动作，此时槽的尺寸仅比工件在槽内的运动空间稍大即可，因此可减少槽体积和占地面积，并降低涂料和化学药品的首次投槽使用量。如果发现槽液受到严重污染时，较小的槽子更新成本及浪费也小。

(a)

(b)

图 7-16　采用电动葫芦及程控行车系统的电泳线

(a) 采用电动葫芦的电泳线　(b) 采用程控行车系统的电泳线

自行电动葫芦和程控行车输送系统还可以采用挂具组合的方式实现大、小件混流生产，提高生产线的利用率，如车架总成与底盘小零件混流进行电泳涂装。还可以在涂装线上实现多颜色电泳。由于工件电泳采用垂直升降的模式，因此可设计成工件入槽后软启动的通电的模式，即工件完全浸入电泳槽后通电并逐渐升至工作电压，有效地避免阶梯痕迹，同时控制系统可以自动调整电压以便更好的满足工艺要求。通过电压自动控制系统可以防止涂装不足或涂装过度，根据资料介绍，在每年涂装面积大体固定的情况下可以节省 20%的涂料。为了满足特有的涂层要求，有些系统可以延长节拍，以便提供更多的浸渍时间来获得更厚的涂膜。

程控行车采用了可编程提升系统，依靠独立的提升机构按照事先编排好的程序完成各种动作，对于喷淋和浸渍处理程序是通用的，可以对工艺时间、进出口速度、沥水时间做全方面的优化。系统可以通过编程来满足化学品及涂料供应商对工艺时间和处理温度的要求，例如设置一个或两个方向的倾斜来保证沥水效果以及在浸渍过程中消除气室；在槽子上方进行沥液，减少工序间的输送距离；在同一条生产线实现多种工艺的生产；通过速度的控制和各种动作的优化，提供垂直及水平方向上的精确输送。这种系统对于多道浸渍处理是很理想的，能够满足它们多重任务的高柔性化需求。提升系统可以为多工艺流程进行编程，也可与其他形式的输送系统结合起来满足平面规划的要求。

自行电动葫芦系统由于对烘干室的适应能力差，当烘干温度高于 120℃时，需要将工件从电动单轨小车上卸下转载到其他的输送机上进行烘干。程控行车系统在工件进行电泳烘干前一般也需要进行转载。另外在一般情况下，工件通过前处理电泳过程需要三台行车以上进行工作，因此对各工序之间的转接一定要保证准时、准确及安全可靠。

【补充阅读资料】

电泳输送装置的电气控制

对于推杆悬链、自行电葫芦系统和程控行车系统一般都由可编程序逻辑控制器（PLC）进行控制，并使用更多的控制界面。输送链上的读码器会发出指令使其按照事先安排好的顺序运行。操作者在读写站通过键盘、触摸屏、计算机鼠标等输入设备将信息输入系统。代码的形式可以是简单的标记、射频标识或光学扫描装置等；目前，应用比较广泛的是扫描不同截面的金属条形板。每块板都有独自的截面图形，类似于条形码，通过数字识别或存储。由于可靠工作温度高达232℃，射频标识技术目前开始流行起来。这些装置可以安装在系统的各个角落，控制吊具运行到指定的装挂点、选择涂装工艺、进行编组、烘干、制定下件点。输送系统运载工件通过加工区、涂装区，最后送往装配线。此外，还可以通过数据收集装置记录零件的数量、系统的故障、不合格零件数量等。信息通过数据总线收集并传送至中央计算机存储及打印。触摸屏可以显示整个工艺布局中的故障或工件的运行位置。通过数据收集来跟踪工作情况变得越来越重要，包括输送系统运行记录（允许跟踪输送故障以便帮助决定哪条输送链需要维护及保养）、维护保养记录、管理清单、排产计划、保养计划、统计过程控制等。工件在加工、涂装、装配过程中可能会打乱原有的顺序，因此在涂装后设置存储及编组是非常有效的，此时为了实现工件的重新排序需要额外的跟踪装置。

（3）摆杆链式输送机　摆杆链式输送机常常与滑撬输送系统一起形成自动化程度高的输送系统，用于产量大、产品质量高的汽车涂装线上。这种设备主要由摆杆、驱动站、拉紧站、回转站、牵引链条及轨道等组成。牵引链条布置在设备两侧，摆杆的两端轴分别与设备两侧的牵引链条铰接在一起，每两个摆杆为一组，每一组摆杆输送一个工件，牵引链带动摆杆沿特定的轨道运行，完成工件前处理及电泳各工序，空摆杆沿设备下部的摆杆返回轨道平放着返回。摆杆分前后摆杆，两个一组支承一个滑撬，如图7-17所示。当滑撬倾斜入槽时支撑销可在ω槽内转动，防止滑撬与摆杆脱开；滑撬的ω槽外的导向槽限制滑橇倾斜的最大角度。摆杆两端轴分别与内链片上的套铰接，为线接触且可以自动调整，摆杆的两端轴一端与链片固定，一端浮动，当两侧链条不同步时，使摆杆运行灵活，不容易卡死。电泳线摆杆输送机的电刷安放在前摆杆上，前后摆杆均涂玻璃钢。

摆杆输送机驱动站采用上置式履带传动，如图7-18所示，结构紧凑且传动平稳，链条磨损小。采用两套电机减速器，其中一套为备用，如果电机减速器损坏可在极短的时间内更换，避免工件浸槽时间过长。两套传动系用1根通轴相连，确保输送机两侧链条同步运行。履带驱动链条的松紧可调，结构简单，操作方便。

摆杆链的出入槽角度可达45°，减小了槽体积，缩短了设备长度，解决了吊具横梁和悬链滴水污染车身的问题。车顶气包虽可有所缩小，但无法根除车顶气包。

（4）全旋反向浸渍输送系统和多功能穿梭机　自1992年以来，杜尔（DUERR）公司和艾森曼（EISENMANN）公司将车身翻转技术成功地应用于前处理和电泳工艺，使车身进出工艺槽角度增大，缩小了处理槽的长度和容积，提高了涂层质量，从全新的理念上彻底克服了前述电泳问题，并非常有利于环境保护。该技术是一种使车身在运动过程中前进的同时可以进行纵向翻滚的技术，主要应用于涂装车间前处理和电泳各工序间的强力冲洗、浸渍过程的输送。典型的代表有杜尔公司的 Ro Dip-3、Ro Dip-3$^+$和艾森曼公司的多功能穿梭机（Vario-Shuttle）。

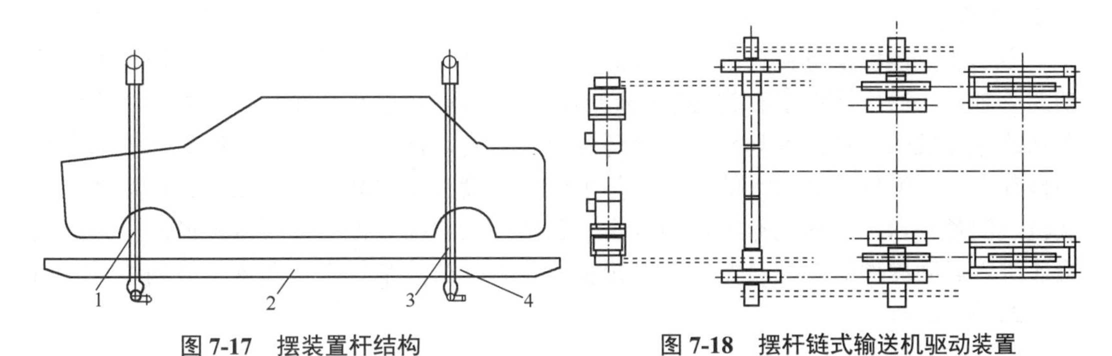

图 7-17　摆装置杆结构　　**图 7-18　摆杆链式输送机驱动装置**

1．前摆杆　2．滑撬　3．后摆杆　4．滑撬 ω 槽

Ro Dip（Rotation Dipping），即全旋转反向浸渍输送技术。全旋是指车身可以 360°自由旋转，反向浸渍是指车身入槽时旋转 180°后底板朝上、尾部向前反向前进。Ro Dip-3 输送系统是先将车身锁紧在滑橇上，再将滑橇锁紧在一根可以 360°旋转的轴上，此轴的一边有连续杠杆导辊系统，当车身运动到浸槽口时，导向轮使轴旋转 90°，带动车头部垂直向下，该轴继续向前移动使车身再逐步旋转 90°变成底板向上，尾部向前继续前进。在完成工艺要求的时间开始出槽时，车身在杠杆导辊的作用下连续旋转 180°变为正常方向前进，如见图 7-19 所示。

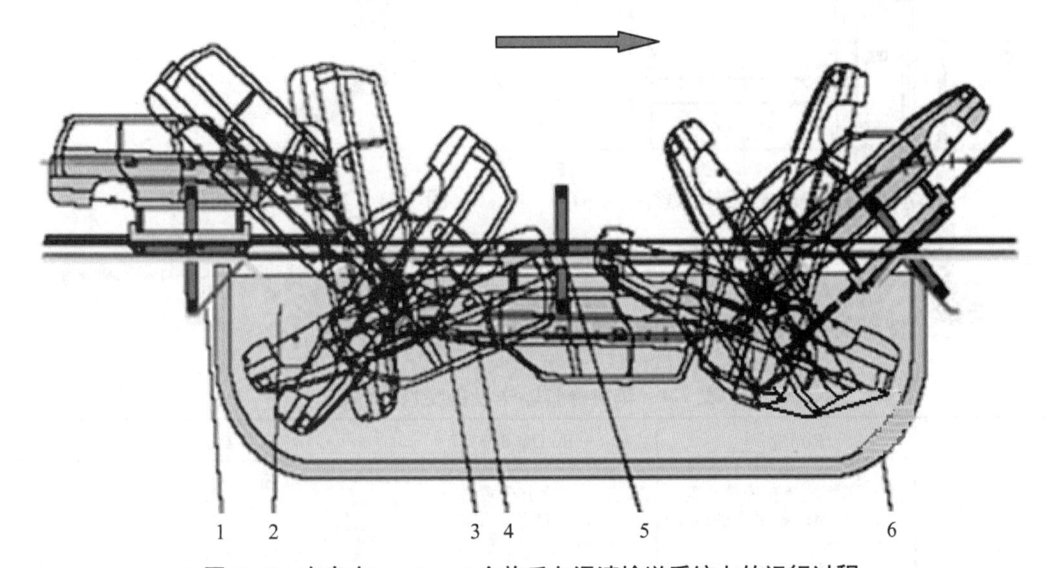

图 7-19　车身在 Ro Dip-3 全旋反向浸渍输送系统上的运行过程

1．左导向轨　2．右导向轨　3．链条导轨　4．浸入过程　5．翻转轴　6．槽子

Ro Dip-3$^+$是在 Ro Dip-3 基础上发展来的，主要应用在产量低于 20 台/h 的场合。Ro Dip-3$^+$是由一个行走电动机和旋转电动机、旋转轴及车身定位装置所构成的自

行小车，位于工艺槽的一侧，其工艺时间、翻转动作、沥水时间及槽内的摆动均可以通过编程来完成，其最大的特点是只在槽体的单侧设有行走轨道，旋转轴可以向下旋转，使整个输送系统实现垂直循环，大大减少了机械化系统的占用空间，如见图 7-20 所示。

多功能穿梭机是将带有车身的滑橇固定在其摆动手上，借助旋转臂连接在可以转动的主轴上，通过摆动手和旋转臂的运动组合，可以实现车身在各种位置上的旋转。多功能穿梭机的行走驱动和旋转驱动是各自独立的，摆动手和旋转臂的旋转驱动也是各自独立的，为保证其运行的稳定，每个驱动都设有备用装置，所以在一套多功能穿梭机上配备有六个驱动电动机，同时由于其摆动手和部分摆动臂要浸入槽液，为防止槽液进入运动构件的内部，多功能穿梭机还设有复杂的空气密封及密封检测装置，如图 7-21 所示。

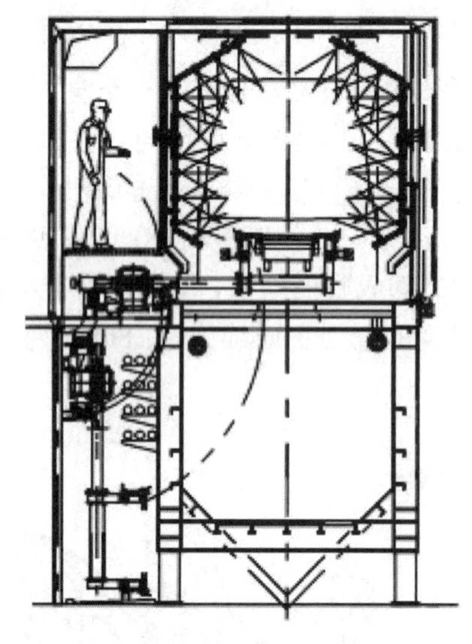

图 7-20　Ro Dip-3^{+}工作示意图

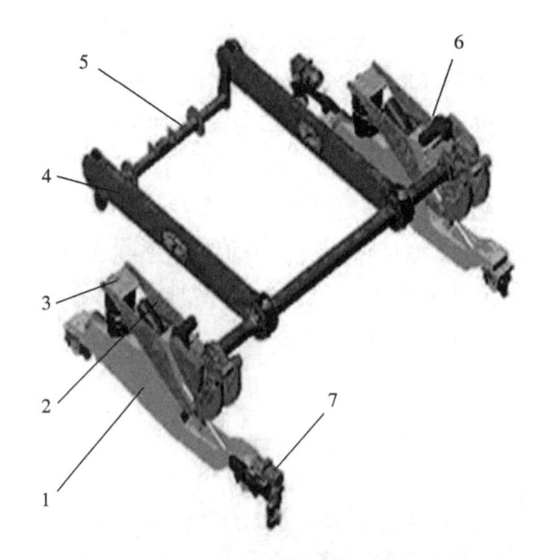

图 7-21　多功能穿梭机结构

1．支座　2．旋转驱动装置　3．气压缓冲弹簧
4．旋转臂　5．摆动手　6．摆动驱动　7．行走驱动装置

上述三种车身翻转输送设备的特性比较如表 7-4 所示。

表 7-4　车身翻转输送设备特性比较表

工艺特征	Ro Dip-3	Ro Dip-3＋	多功能穿梭机
结构特点	1. 运行轨道在槽体两侧。 2．采用两条平直的链条连续式运行。 3．导轨式翻转机构，没有专用的翻转驱动。 4．没有运动部件浸入处理液。 5．输送系统垂直循环。 6．车身可 360°大回转。	1. 运行轨道在槽体一侧。 2．没有链条，采用单独的运行小车，间歇式运行。 3．设置单独的电机驱动工件的翻转。 4．没有运动部件浸入处理液。 5．输送系统垂直循环。 6．车身可 360°大回转。	1．运行轨道在槽体两侧。 2．没有链条，采用单独的运行小车，间歇式运行。 3．设置两台电动机分别控制摆动手及旋转臂的动作，带动工件翻转。 4．摆动手及旋转臂浸入处理液，为保证旋转臂的内部机构不受污染，设置有高压气体密封设施。 5．输送系统水平循环。 6．车身可翻转 359°，不能大回转

（续）

工艺特征	Ro Dip-3	Ro Dip-3＋	多功能穿梭机
机电维修工作量	只有链条部分需要驱动，其他均为刚性结构。其结构最简单，运行可靠性最高，设备维护最简单。	每个运行小车上设有两台电机及电控箱，结构相对简单，维护比较方便	每个穿梭机上设置六台电动机及电控箱以及气密封装置，运动部件多，结构最复杂，对维护的要求高
适用产量	≥20 台/h	≤20 台/h	≥20 台/h
工艺平面布置	一般采用 U 形布置，前处理、电泳、采用各自独立的系统	因产量较低，可灵活选择前处理、电泳是否采用各自独立的系统	可以选择单环或多环的布置形式。其中单环的布局为最经济的方案，但是在电泳下件后需设置单独的穿梭机清洗工位
封闭间内气氛对设备影响	链条及轨道封闭在室体内部，封闭效果好。室体内气氛对链条及轨道有腐蚀	轨道、运行小车及电气封闭在室体内部，封闭效果好。室体内气氛对轨道、运行小车及电气有腐蚀	轨道及驱动装置（旋转驱动、行走驱动、摆动驱动）设置在封闭间外部，不能做到完全密封，但室体内气氛对轨道及驱动装置没有腐蚀
工艺槽与室体规格	1. 采用方形槽，因工件两侧没有机械化部件，槽体在宽度方向上可以做到最小。 2. 节距恒定，工件以恒定的速度运行，在产量一定的情况下，槽体最长。 3. 一般情况下翻转导轨设置在槽沿下，室体高度与传统的输送形式相仿。 4. 工件不能在处理槽上方停留，沥水段长	1. 采用方形或船形槽，因工件两侧没有机械化部件，槽体在宽度方向上可以做到最小。 2. 间歇式运行，节距可变，工件可以在处理槽内停留或低速运行，槽体长度相对 Ro Dip-3 要小。 3. 翻转导轨略高于槽沿，室体高度同传统的输送形式相仿，但略高于 Ro Dip-3。 4. 间歇式运行，工件可在处理槽上方停留，沥水段短	1. 采用方形或船形槽，由于工件两侧有机械化部件，槽体在宽度上比 Ro Dip 系列大。 2. 间歇式运行，节距可变，工件可以在处理槽内停留或低速运行，槽体长度相对 Ro Dip-3 要小。但当产量足够大时，节拍调整的余量变得很小，此时在槽体长度上同 Ro Dip-3 基本相同，槽体容积比 Ro Dip 系统要大一些。 3. 在槽体上方翻转，室体高度同传统的输送形式相比增加很大。 4. 间歇式运行，工件可在处理槽上方停留，沥水段短
出入槽角度、工件在处理槽内的姿态及柔性生产能力	1. 出入槽角度、摆动位置及摆动角度不能随意更改。 2. 工件在处理槽内只能处于倒置状态。 3. 能适应多品种的混流生产，但不能随意更改工艺	1. 可根据产品特点随意设定出入槽角度、摆动位置及摆动角度，车身可自由旋转 360°。 2. 工件在处理槽内只能处于倒置状态。 3. 可根据产品特点随时设定工艺，适合柔性生产	1. 可根据产品特点随意设定出入槽角度、摆动位置及摆动角度，车身可自由旋转 359°。 2. 工件可以根据需要以任意角度运行。 3. 可根据产品特点随时设定工艺，适合柔性生产

可见，这种技术不仅提高了车身涂装质量，而且还降低了运行成本，具有维护方便、能有效避免污染被处理工件、柔性好等优势，但造价较高。

7.3.3.6 影响电泳涂膜质量的主要因素

1）电压

电压是决定涂膜厚度和外观的主要因素，电压过低，则泳透力差，涂膜薄；电压高，泳透力强，但电压过高，则涂膜表面粗糙，有针孔、橘皮等。一般情况下，对于钢铁焊件可采用 30～70V，钢铁铸件和铝及铝合金件可采用 60～100V，镀锌件可采用 70～80V。

2）电泳时间

电泳时间的延长在一定程度上可以增加涂膜厚度，但当涂膜达到一定厚度时，继续延长时间，膜厚也不再增加。一般电泳时间为 1～8min。

3）漆液温度

漆液温度过低和过高对涂膜都有影响。漆液温度过低，电沉积量小，涂膜薄；温度高，涂膜易加厚，且漆液温度过高时，涂膜变得粗糙，有橘皮；如长期温度过高，会造成涂料液变质。漆液温度通常控制在15～30℃为宜。

4）漆液固体分量

漆液固体分量低时，可以节省涂料，但过低时泳透力降低，涂膜薄，容易产生针孔，表面粗糙；漆液固体分量高时，泳透力强，涂膜表面状态得到改善。一般控制漆液中固体质量分数在10%～15%。

5）漆液的pH值

pH值过低时，漆液的亲水性下降，树脂水溶性不良，涂料分散不好，漆液变质；pH值过高时，涂膜薄，泳透力下降，而且新沉积的涂膜会再溶解，涂膜易出现针孔，表面变粗。一般pH值控制在7.5～9.5之间。

6）漆液的电阻

工件从前一道处理工序带入电泳槽的杂离子或稀释水引起涂料液的电阻下降，从而引起涂膜出现粗糙、不均匀和有针孔等各种弊病，因此，必须设法减少杂离子对漆液的污染。

7）阴阳极面积比及极间距

阴阳极面积比对涂膜厚度及外观影响不大，但当阴极面积过小时，阴极电解速度加剧，会出现气泡增多，影响涂层质量。一般阴极面积不能小于阳极面积的1/3，阴阳极面积比取1∶1较好。

8）颜料树脂比P∶B（颜基比）

恰当的P∶B（质量比）应该是灰色（20～30）∶60，红棕色（25～35）∶60，黑色（3～4）∶60。比率大，涂面不好，容易出现小针孔；比率小，易出现大针孔。

9）溶剂含量

电泳槽一般含有质量分数为5%～6%的溶剂，它有助于电泳涂膜在沉积时聚结，从而形成均一的涂膜。助溶剂的含量必须维持在一个正常的范围之内。过低的溶剂含量会造成沉积涂膜的黏度过大，不易聚结，易造成成膜过薄，流平差等现象；过高的溶剂含量会大大降低涂膜的黏度，湿膜发黏，电导率增大，从而引起泳透率大大下降，漆膜疏松甚至出现针孔，性能下降。

7.4 汽车车身涂装质量

7.4.1 质量缺陷

涂装生产过程中产生的缺陷，根据汽车涂装工艺的不同可分为磷化过程中产生的缺陷、腻子产生的缺陷、底漆与中涂漆产生的缺陷和面漆产生的缺陷共四种类型。

7.4.1.1 磷化过程中产生的缺陷

磷化过程形成的磷化膜为多孔的晶体结构，能增强涂层与基层的结合力，对防止金属腐蚀起着十分重要的作用。锌系磷化液最好。磷化液有高、中、低温型之分，故被涂装行业广泛地用作涂层的底层处理。影响磷化膜质量的因素很多，不但要控制好溶液中每种成分的含量，还要控制溶液的处理温度。被处理件磷化前的处理方法、材料的纯度、处理件基体的材质等都能影响磷化膜的质量。磷化过程中产生的缺陷分析及防治方法见表 7-5。

表 7-5 磷化缺陷及防治

磷化缺陷	产生原因	防治方法
磷化膜过薄	总酸度过高	应稀释溶液，降低总酸度
磷化速度慢且膜厚粗糙	总酸度过低	加入一定量的磷酸盐来提高总酸度
磷化时间长且膜粗多孔	游离酸度过高	加入碱或盐中和或稀释溶液
磷化膜薄或无膜	游离酸度过低	应补充酸或盐，减少沉淀
溶液损耗大、槽液不稳定、结晶不均匀	温度过高	降温并应使温度在规定的使用温度
磷化膜的耐蚀能力低、膜与被处理的基体金属结合不牢固、处理时间长	温度过低	升温并使温度在规定的范围
磷化膜质量差	磷化前处理不到位（油锈等未除净、磷化时间过短）等	要认真控制前处理质量，并按规定的时间进行磷化等

7.4.1.2 腻子产生的缺陷

腻子在汽车涂装过程中产生的缺陷主要指刮涂原子灰、麻眼灰等的过程中产生的缺陷。其常见缺陷分析与防治方法介绍如下。

1）刮涂原子灰产生的缺陷分析与防治方法

（1）刮涂性差　它是指原子灰的主灰料与固化剂混合后，在刮涂时费力、费时间，且刮后的灰层与被刮基层的黏附性差，甚至产生卷层，难以达到预期的刮涂质量。其产生原因主要有：原桶灰料过稠、施工场所的气温过高、原桶灰的贮放时间过久、热车刮涂等。

刮涂性差的防治方法有由于原桶灰料过稠产生的刮涂性差，可先在灰料中加 1%～30%的苯乙烯材料进行调制，可有效改善刮涂性；由于因施工场所气温过高产生的难刮涂可根据当地的高温天气调整工作时间或在施工场所安装降温设施；由于原桶灰贮存时间过久产生的刮涂性差，应采取调稀等方法进行解决，必要时可与厂家协商进行退货，或调换新生产的产品来解决；由于热车产生的刮涂性差，可待底漆烘干后冷却至常温时再进行刮涂施工。

（2）干燥过慢　原子灰干燥过慢的原因主要有以下几种：天气过冷、空气中相对湿度过大、固化剂用量比例不当、原子灰本身干燥性能不良等。

干燥过慢的防止方法有由于天气过冷造成的，可以提高施工场所的温度，如施工场所增加采暖设施，或施工后采用烘烤干燥；由于空气中相对湿度过大产生的干燥过慢，施工后的灰层干燥易采用低温烘烤方式烘干；由于固化剂用量比例不当造成，应严格按照施工季节的不同而掌握好固化剂的用量；由于原子灰本身干燥性能不良造成的，应尽量选用生产规模大，质量性能稳定的生产厂家的产品，以防出现涂层干燥不良等缺陷。

（3）干燥过快　原子灰干燥过快的原因有施工气温过高、固化剂用量过多。遇到由于施工气温过高造成原子灰干燥过快的，一是要及时与生产厂家联系协商来改善产品的干燥性能；二是在调料时加入适量的慢干溶剂来延缓快干现象；三是另选适合本施工生产条件的产品。

（4）难打磨　难打磨主要是因为该原子灰中的聚酯树脂（黏结料）含量过多所造成。这种情况主要应由生产厂家来解决，如在生产时调整原配方中聚酯树脂的用量比例等，不宜在施工现场盲目调加其他材料，以免影响其他性能。

（5）砂眼　有的原子灰层在打磨后，灰层会出现成片的砂眼，严重影响涂层的质量。砂眼形成的主要原因是因为灰层的密实性差，是灰层的结构酥松所造成的，这种情况也须由生产厂家来解决。

（6）渗油迹　原子灰层干燥后，车身基层会出现成片的米状或豆状大小的渗油迹，不仅影响灰层与车身基层的结合力，且灰层在烘干或自干数日后，很易产生剥离或鼓泡。其产生的主要原因有主灰料与固化剂未充分调和均匀就刮涂，使少部分树脂料未与固化剂充分反应而产生；固化剂的用量过小，使多余的树脂料不能与固化剂完全反应；原子灰中用的聚酯树脂等材料质量低劣；该原子灰的密实性差，易产生砂孔。解决办法就是清除渗油的原子灰层，选用优质原子灰重新刮涂。

（7）疙瘩及碎皮　原子灰的灰层中产生的疙瘩及碎片不仅影响涂层的刮涂质量，使刮涂时灰层产生拉沟痕，且涂层干后打磨时很费力，会严重影响涂中涂漆和面漆的质量。产生原因主要有由于原桶灰在生产过程中混入了杂质，使装桶后的灰质显示可见的疙瘩及碎片和在调配过程中因调灰工具不清洁或在调灰时环境不良混入了干漆膜片及风尘杂质等不良所造成。对第一种原因产生的疙瘩及碎片，可直接与厂家联系调换优质产品。对第二种原因产生的疙瘩及碎片，可做好选择清洁环境调灰等预防措施。

（8）原子灰层附着力不良　造成这种情况的原因有刮灰前基层表面有油污、水分或者表面上打磨的浮粉没清净就刮涂；底漆过于光滑不经打磨就刮原子灰；调和后的混合灰料，在固化状态下仍勉强刮涂。

根据产生的原因防治方法有：在刮涂原子灰之前，必须将基层表面上的油污、水分、浮粉等杂质彻底清除干净，再刮原子灰；对经烘干的底漆表面，必须采用打磨处理，以增强涂层的结合力；每次调灰后，要迅速在数分钟内用完，对已产生固化状态的原子灰，应报废处理，严禁勉强刮涂。

（9）原子灰层炸裂　在原子灰施工过程中，有时会出现局部的原子灰层产生炸裂，因而造成返工，影响生产进度。其产生原因分析为局部的原子灰层一次性涂刮过厚而产生；该原子灰本身的柔韧性差；在烘烤过程中局部原子灰层过厚，而烘烤温度又过高；烘烤时间过长。防治方法有清除炸裂的灰层，分多次进行刮平；清除炸裂层后，选用优质（柔韧性好）的原子灰重新补平；烘烤温度控制在80℃以下，烘烤时间控制在30min内。

（10）原子灰层鼓泡　其原因分析如下：刮厚层时每道原子灰的刮涂间隔时间太短；被刮涂部位表面上有水分或油污；一次性刮涂过厚，且刮后不经没有晾干就直接进行烘烤；烘烤温度过高或烘烤时间过长。根据产生原因不同防止的方法也不尽相同：一是刮涂前先彻底清净基层表面的水分和油污；二是凹坑较深时，应分多次进行刮平，每次刮后的涂层应晾干 10～20min，使涂层的溶剂大部分蒸发后再进行烘烤；三是烘烤时严格控制烘烤温度和时间。

（11）原子灰层脱落 产生的原因和防止方法为：由于被刮物面上有较多的油污，应彻底清净金属基层表面的油污；被刮物面上潮气过大造成，如阴雨天的隔夜车等，雨天施工时对隔夜车要烘干水气，再刮涂；由于金属基层上有镀锌层，而镀锌层往往与原子灰层结合力不良，选择双组分环氧类底漆与原子灰配套涂装；由于底漆与原子灰不配套，如底漆为醇酸类，刮原子灰后很易造成大片原子灰脱落，底漆彻底干燥后（最好烘干）再刮涂原子灰；由于底漆未彻底干透就刮原子灰造成的，对镀锌层蒙皮车要先用磨光机清除镀锌层，并擦净后再刮原子灰。

2）麻眼灰产生缺陷分析与防治方法

（1）填平性差，在施工时要合理使用。

（2）粘砂纸：麻眼灰虽然干燥较快，但在自然条件下彻底干燥需 1h 左右，60℃～70℃烘烤需 15～20min。如干燥不彻底就进行打磨，易产生粘砂纸现象，故要特别注意。

（3）质粗显疙瘩：由于包装桶密封不严或使用后不及时加盖密封所造成，使灰面产生干皮，使用时又不充分调和而直接刮涂，造成干皮破碎混入灰中产生质粗和疙瘩。解决办法为将干皮加少许香蕉水充分调和均匀后再使用。

（4）咬底：麻眼灰施工后不等干透就打磨和喷涂面漆，其面漆中的强性溶剂很易将灰层溶胀而产生咬底，影响面漆的施工进度和质量。预防措施有两种，一是待灰层彻底干后，再磨光和喷面漆；二是采取烘干方式进行干燥。

（5）卷层：有时在麻眼灰施工时，往往会出现卷层症状，主要原因有如下几种：包装桶密封不严使灰中的溶剂蒸发所造成；使用中敞开口时间过长，灰中的溶剂挥发过多而产生；灰中含黏结料成分过低。解决办法为在灰中加适量香蕉水和硝基清漆，充分搅和均匀后再进行刮涂施工，就不宜产生卷层缺陷。

7.4.1.3 底漆与中涂漆产生的缺陷

1）常见的底漆缺陷

（1）粗糙 底漆喷后局部或整面出现粗糙的、手扪感觉明显或目测可见的粗糙漆膜。产生底漆粗糙的原因有：车身清净不彻底、漆料过稠、喷涂时气压过低、喷涂间距过远、稀料溶剂使用不当、环境清洁度不良。

预防措施有喷底漆前先彻底清净各车身部位的底面、死角及缝隙中的积灰等杂质；控制底漆的喷涂黏度在 18～22s（20℃～25℃）范围内；喷涂底漆时控制喷涂压力在 0.3～0.45MPa；控制喷涂间距在 240～270mm；选用与底漆配套的优质稀料进行调漆；保持喷涂环境的清洁卫生，风天禁止在室外作业。解决方法：在底漆自干或烘干后，用 150#～180#砂纸手工或磨光机将粗糙面打磨光滑，擦净浮末后重新喷涂该种底漆。

（2）流漆 流漆产生的主要原因有漆料调得过稀、喷涂间距过近、喷涂时喷枪的移动速度过慢、喷涂时空气压力过高。待漆膜干透后，用手工或机械工具将流漆打磨光滑，擦净后补喷底漆至均匀可解决该问题

（3）不干 多由于初学者在调配底漆时，忘记加入固化剂所造成双组分底漆喷涂后

产生的漆膜不干。针对这种情况，必须用配套稀料将湿漆膜全部洗掉，晾干底漆层后，严格按产品规定的比例将主漆料、固化剂、稀料用调漆尺或涂-4杯黏度计调配至适于施工喷涂的黏度以重新喷涂。

（4）干燥太慢　产生干燥太慢的原因有天气过冷，气温过低；调配双组分底漆时其固化剂比例用量太少；雨天施工时其空气中的相对湿度过大。用烤干方法进行干燥，如单组分底漆在80℃～100℃下烘烤30～40min；双组分底漆在60～70℃下烘烤50～60min可解决干燥太慢的情况。

（5）湿痕　有些底漆施工干燥后其局部漆膜呈现湿痕状且无附着力，严重影响底漆的质量。这主要是由金属基材表面有油污所造成的。所以必须先将湿漆膜清除，而后用汽油或清洁剂仔细洗净油污，晾干后再喷涂底漆就可防止。

（6）露底　主要发生在后备舱和边舱里部及车身外部部件的边棱部位，如车门、货舱门的边棱、角等部位。底漆产生的露底对底漆的完整性和防锈性会有影响。产生的主要原因有在室内作业时照明不足，而操作者往往担心喷涂过厚产生流漆等不良，薄薄喷一道就了事，造成局部及死角处露底；在喷涂外部边、棱、角等部位时，疏忽了边、棱、角漆膜的均匀度，导致露底。

其预防措施如下：一是在室内有足够的照明条件下进行进行喷涂后备舱、两侧边舱等里部底漆，必要时由两人配合操作，一人拿防爆灯进行照明，另一人拿喷枪操作；二是喷外部各部位边、棱、角时，要掌握边喷涂、边检查，少喷涂、勤关枪的操作要领，就可防止因漆膜过薄而产生露底。

2）常见的中涂漆缺陷

中涂漆是遮盖底漆和腻子表面上细小缺陷的关键涂层，通常要连续喷涂多道，才能充分将底层遮盖严密和填平细小缺陷。为下一步喷涂面漆打好基础，所以，对中涂漆产生的缺陷应以越少越好，尽量做到一步到位，避免返工现象。常见的缺陷有以下几种：

（1）针孔、砂眼　针孔、砂眼主要发生在腻子部位，产生的原因有收光腻子层表面上的细小砂眼未充分磨平就喷中涂漆所造成；所用的原子灰层致密度不良，刮平磨光后易产生自然砂眼；局部原子灰层在收光时未刮涂到位，使个别针孔状麻眼显露；喷中涂漆时若在一个部位连续喷涂次数过多，会导致涂层中的溶剂急剧挥发，穿透漆膜形成针孔。

预防措施为喷中涂漆之前，先仔细检查腻子层是否有砂眼，如果有，应先细致磨平并擦净，再喷中涂漆；湿碰湿喷涂中涂漆时，喷枪不要固定在一个地方过多喷涂。

（2）粗糙　多发生在舱门等四周部位，主要是由于喷涂这些部位时喷涂角度不良而产生，其他原因和底漆相同。

（3）难打磨　中涂漆干后打磨时因橘纹过大，严重影响打磨速度和质量。造成难打磨的原因有喷涂时漆料过稠、喷涂环境气温过高、喷涂时气压过低、喷涂间距过远。

（4）粘砂纸　机磨时，在操作过程中砂纸表面粘满磨污，如果不清除就继续施工，磨污就会越粘越厚，并结渣结块，严重破坏磨面质量，使被磨的漆膜表面产生粗痕等不良现象。造成原因为中涂漆未充分干燥就急于磨光，该中涂漆含树脂量成分过多，用机磨时其操作方法不当。

（5）易磨穿　不论何种中涂漆，其磨后的质量均要求漆膜完整，无磨穿露底现象，这样在喷面漆后，中涂漆层的吸收能力就均匀一致，使面漆的光泽和鲜映性保持均匀一致。假如出现磨透现象时，其磨透部位对面漆的吸收能力就强，易造成光泽不均匀，影响面漆质量。

造成易磨穿的原因有中涂漆喷涂过薄，该中涂漆的耐磨性差，整个中涂漆涂层的平整度不良。针对以上情况的预防措施为喷中涂漆时要湿碰湿均匀喷涂 3～4 道，使漆膜达到一定的厚度；选择耐磨性好的中涂漆（试小样，后施工）进行施工；用机磨施工时，对平整度不良的中涂漆层，磨光时要随高就低，随弯就斜，操作时的手感重力要把握得当，避免磨穿。

（6）鼓薄皮泡　中涂漆在烘烤过程中，在原子灰（包括其他腻子）过厚部位产生薄皮泡，清除泡层后底层完全露出腻子层，造成局部返工。造成鼓薄皮泡的原因有原子灰层过厚且未充分干透；喷中涂漆前施工现场潮气过大。鼓薄皮泡预防措施为：对厚原子灰层一定要待彻底干燥后再喷中涂漆；下雨天施工潮气过大时，要先在 60℃～70℃烘水汽 10～15min，晾至常温后再喷中涂漆。

7.4.1.4　面漆产生的缺陷

根据面漆涂装的特点，可分为素色面漆常见缺陷和金属色面漆常见缺陷两种类型。

1）素色面漆

根据涂装采用的材料，易产生的缺陷也不尽相同，这里主要介绍醇酸面漆和氨基面漆，其他类型面漆简要介绍。

（1）醇酸面漆　缺陷主要有橘纹、流漆和光泽不良。橘纹产生的原因有喷涂时漆料黏度过大，空气压力过低，喷枪与被喷面距离过远，稀料挥发太快，烈日暴晒下施工等；呈泪痕状的流漆产生原因与底漆流漆类似，成片漆膜呈下坠状的流漆产生原因则是由于局部面漆喷涂过厚；光泽不良产生的原因包括面漆喷涂过薄，中涂漆磨光不良，面漆质量不好等。

（2）氨基面漆　氨基面漆为烘烤干燥的面漆，常见的缺陷有干燥不良、变色、脏和起水泡。

干燥不良是指面漆经烘烤后，其漆膜干燥不彻底，手拭漆膜有发黏感，落上风尘不易擦掉，造成原因主要是烘烤温度过低或烘烤时间太短，没有达到烘烤温度，因为氨基面漆的烘烤温度通常需 100℃，所以必须严格按照该产品说明的烘烤温度和烘烤时间或工艺要求的烘烤技术参数进行烘烤。

变色是指面漆烘干后，漆膜有泛黄等变色现象，造成的原因主要是烘烤过度。这种缺陷也称“烘焦”，如烘烤温度过高，烘烤时间过长等，都易造成漆膜变色。预防措施为严格按照工艺规定的烘烤温度和时间进行烘干。

脏指氨基面漆在喷涂完毕后，一尘不染，但经烘干后漆膜外观出现较多灰尘杂质，目测检查显得很脏，严重影响面漆外观的装饰质量。造成原因主要是因为烘干室不清洁和烘干室的循环风过滤网过脏。所以每天烘干生产前，要先将烘干室里部两侧结构面上的灰尘和地面打扫清洁，再用湿毛巾将各种结构面上的灰尘杂质清擦干净，用湿拖把将地面反复拖干净，再进行烘干生产。

起水泡是指氨基面漆烘干后产生豆状、指肚状大小的水泡（溶剂泡），造成其原因有压缩空气中含有较多水分；稀料中含亲水性溶剂（如醇类、酮类溶剂等）过多；喷涂环境的相对湿度过大；烘烤时初升温过快，使漆膜迅速达到表干而封闭了溶剂蒸发的微孔。增加压缩空气的过滤装置，选择优质稀料调漆，控制喷涂环境的相对湿度在70%以下，并控制初升温烘干时应从低温逐渐进行升温，使漆膜中的溶剂有充分蒸发的时间可以预防起水泡。

（3）硝基面漆 常见缺陷硝基面漆干燥很快，在涂装过程中稍有不当就易产生颗粒突起、橘纹、流漆、咬底、渗色、泛白等缺陷。

（4）丙烯酸面漆 丙烯酸面漆常见缺陷与硝基面漆大致相同。

（5）聚氨酯面漆 聚氨酯面漆主要为双组分，在调配和喷涂及干燥过程中，稍不注意就易产生痱子状疙瘩、针孔、气泡。

2）金属色面漆产生的缺陷

金属色面漆先喷涂该色金属底漆（底色浆），之后再用双组分配套清漆罩光，在涂装生产过程中属双涂层面漆，与常规面漆相比，就如喷涂了两层面漆，所以，在生产过程中除易产生素色面漆常见的缺陷外，还易产生金属底色漆膜粗糙、金属底色漆的颜色均匀度不良、清漆罩光后丰满度不良、清漆罩光后产生缩孔等。

造成金属底色漆膜粗糙原因有喷金属底漆之前中涂漆的磨光和擦净不到位，喷涂方法不正确或漆料不经细过滤就直接喷涂，漆料过稠，喷涂间距过远而喷涂气压过小等原因；漆贮存过久，金属颜料有沉淀且未经充分搅拌均匀就喷涂，漆本身的金属颜料质粗等也是产生缺陷的原因。预防措施是在喷金属底色漆之前，必须将中涂漆底层磨光至镜面般的平滑，并反复细擦至物面非常清洁再喷漆，同时使用的漆料要先充分搅拌均匀，并用400目特细滤网过滤洁净，采用正确的喷涂方法进行喷涂。

金属底色漆的颜色均匀度不良是由于金属颜料为微小的薄片型颜料，其反射出的颜色为角形效应，在不同的角度观察其颜色就显色差。所以要在喷金属底色漆时，掌握好喷枪与被喷物面始终保持垂直，不能左右倾斜或上下倾斜，使喷后的金属颜料始终保持平面重叠状态，这样待清漆罩光后，可避免和减轻金属底色漆颜色不均匀现象。

清漆罩光后丰满度不良产生原因有清漆调配得过稀使得漆料黏度过小，罩光清漆喷涂过薄，喷清漆时所用的压缩空气水分过多而混入了漆膜，清漆的固体分含量过低。

清漆罩光后产生缩孔会严重影响罩光质量，造成原因有喷涂环境气温过高，喷涂环境相对湿度过大，清漆所用的溶剂（包括稀料）不当，如溶剂蒸发太快等。由于缩孔主要产生在夏季6～7月份的高温高湿季节中，其他季节很少发生，所以在炎热的高温高湿季节喷涂金属色清漆罩光时，可采取白天气温过高时选择夜间进行施工；空气中的相对湿度过大时应停止施工；空气压缩在使用中要增设过滤装置，并做到定时排污；调漆时应尽量使用慢干型稀料进行调稀；喷罩光清漆时每道漆易薄不能厚，且前道漆喷后要等漆膜达到表干后再喷涂后道漆等措施预防。

7.4.2 质量管理

优异的涂装质量不仅和优质的涂料、先进的涂装设备、正确的涂装工艺有关，还与涂装管理密切相关。质量管理在保证涂装作业的正常进行和确保涂装质量方面作用巨大，它包括了人、机、料、法、环等各环节。如果仅选用了优质涂料与先进的涂装方法和设备，而无科学的管理，是不可能获得预期的涂装质量的。因此，加强涂装质量的管理，对提高涂装质量，降低生产成本，提高企业经济效益都是非常重要的。从涂装工艺全面质量管理来讲，主要包括组织体系、人员结构、原材料质量管理、涂装设备及工具管理、工艺质量管理和工艺纪律管理等方面

7.4.2.1 组织体系

涂装质量管理是一个系统工程，因此必须有一个良好的组织体系，明确隶属关系，业务分工，责任落实，做到生产有计划，材料消耗有定额，施工有章可循，质量控制严格，所有工序都有明确要求。

7.4.2.2 人员结构

人是系统工程中非常重要的因素，涂装需要一定数量和具有一定技术素质的人，不同知识结构的人，要通过培训、组织来协调他们之间的相互关系，以发挥组织中每个人的专长。

7.4.2.3 原材料质量管理

涂装原材料管理包括涂料、稀释剂、各种化学处理液体及各种辅料，管理的目标是严格控制原材料质量，防止不合格品流入生产中去，以确保生产秩序和涂装质量的稳定。主要应做好实施涂装材料的认可制度，健全原材料的技术条件，对每批次进厂材料抽样检验，原材料的储运以及按规范调漆施工等工作。

7.4.2.4 涂装设备及工具管理

涂装设备及工具处于良好的技术状态，是保证涂装正常进行和涂膜质量的必要条件。应做到：关键设备应有操作规程，明确注意事项；定人、定机并做好操作记录；编制主要关键设备的检修和保养计划，做到定期检修、保养等工作。

7.4.2.5 工艺质量管理

在涂装过程中，加强技术监督和检查，保证操作严格按工艺文件要求执行。对涂装影响较大工序的操作情况重点进行分析是十分必要的。

7.4.2.6 工艺纪律管理

定期地对涂装工艺执行情况、涂装设备状况和涂装质量进行抽查。用工艺参数合格率来表示工艺执行情况，对返修率高的工序进行技术分析，制定改进措施，限期解决并依据制度进行奖惩。

此外，要实现良好的涂装质量，还应注意以下 4 个方面：必须认真征求和听取用户对涂装的意见；优良的设计质量，即适合于涂装的产品设计和先进合理的涂装工艺和设

备设计；符合技术要求的制造质量；良好的售后服务质量。

在汽车涂装质量管理中，只有牢固树立质量意识、问题意识和改进意识，才能不断提高管理水平和分析解决问题的能力，从而推动产品质量的提高和企业的发展。

小 结

汽车车身的涂装，除部分载重汽车（商用车）外，都是三层涂装体系：涂底漆—涂中涂—涂面漆。但进行涂装之前要进行表面预处理，进行涂装中需要进行刮腻子，涂装后还需进行烘干、打磨等程序。对于金属零件而言，涂前表面预处理主要包括脱脂、除锈、除氧化皮及化学转化膜处理（磷化、钝化等），同时也涉及除旧漆和对塑料件的特种化学处理。

汽车涂料常用的涂装方法有空气喷涂法、静电喷涂法和电泳涂装法。对轿车车身（大批量生产的中高档轿车车身）的涂装主要采用流水线作业三涂层涂装工艺。在涂装生产过程中，其车身的运输、表面处理和电泳涂底漆线一般采用悬挂式运输方式；中涂漆和面漆涂装线多为地面滚轴运输方式。

思考题

1．汽车涂装的功能作用有哪些？有哪些特点？

2．汽车涂装常用涂料有哪些？

3．简述汽车涂装工艺的过程。

4．简述国内外汽车涂装工艺的体系。

5．汽车涂装包括哪几种方法？简述各种方法优缺点。

6．根据汽车涂装工艺的不同，汽车涂装缺陷有哪些？

第 4 篇

汽车内饰件制造及总装配工艺

第 8 章 汽车车身内饰件制造工艺

［本章提要］

汽车的内饰与外部有很大的不同，外部主要体现视觉效果，是供人观赏的，而汽车的内部环境却直接与驾乘人员的身心感受密切相关。作为具体的使用者来讲，他们接触汽车内饰的时间要远远多于汽车外形。内饰设计制造的好坏将直接影响到使用者的使用，汽车内饰设计制造尤为重要。汽车内饰包括仪表板、车门内饰、车顶内饰、柱内饰、侧围内饰等内部覆盖件，广义的还包括转向盘、汽车座椅、地板垫等内部功能件。汽车内饰通过多种材料和多种生产工艺而达到不同的效果，一般内饰的材料多用塑料 ABS 和改性 PP 等，还有其他多种复合材料，如皮革、植绒布、泡沫、玻璃钢等。生产工艺更是多样化，除了一般的注射以外，还有吸塑、吹塑、挤出、PU 发泡、热压、蒙皮、喷涂、电镀、焊接等几乎所有的塑料加工工艺，甚至还有仪表板先进的搪塑工艺等。本章重点介绍仪表板、座椅和门板等的制造工艺。

8.1 概述

现代汽车在人们心目中已不仅仅是一种交通工具，还有一层艺术品、消费品的含义。汽车外观固然重要，但内饰也不容忽视。汽车内饰的开发是仅次于车身的一项重要开发内容，它除了反映汽车内部空间的功能之外，还要让乘客感到舒适，并满足视觉美观、操纵方便等要求。内饰的直观性、内饰材料的手感性等，直接成为汽车的商品形象。

8.1.1 内饰件组成和结构

汽车车室内部可见的影响观感的零部件都称为内饰件。汽车内饰包括仪表板、车门内饰、车顶内饰、柱内饰、侧围内饰等内部覆盖件，广义的还包括转向盘、汽车座椅、地板垫等内部功能件。汽车内饰通过多种材料和多种生产工艺而达到不同的效果。

8.1.1.1 汽车仪表板

仪表板是汽车上主要的内饰件之一，是汽车操纵显示的集中部分，其上部有各种仪表及操纵开关，是汽车操纵中心。仪表板位于车室内最前部，面积很大，且一直展现在人的视野中，故对造型的影响起举足轻重的作用。仪表板的上面装有各类操纵件，里面装有空调等各类车身附件，对空间和结构的要求都很复杂，仪表板设计已成为汽车车身设计的一个重要组成部分。副仪表板原是轿车上的一个简单件（主要是遮挡安装在地板通道上的换挡杆或制动手柄），后来发展成大型部件构成仪表板的一部分（将开关、收音机、立体声音响、空调控制器、小件物品存放盒等布置于其上）。近年来，为了给驾驶员提供驾驶信息和实现操纵自动化，增加了不少显示和操纵仪表，加之为确保驾驶员有良好的视认性和方便性，副仪表板位置逐渐转移至驾驶员近旁的变速杆附近，在有的车上已经与仪表板连成一体。高驾仪表板，除了安装顶灯、音响设备外，主要用于自然通风。高位进风符合人的生理要求，而且进入的空气也比较干净、柔和。某些轿车采用二级仪表板，将自然通风装置布置在高位上。图8-1所示为某型轿车仪表板。

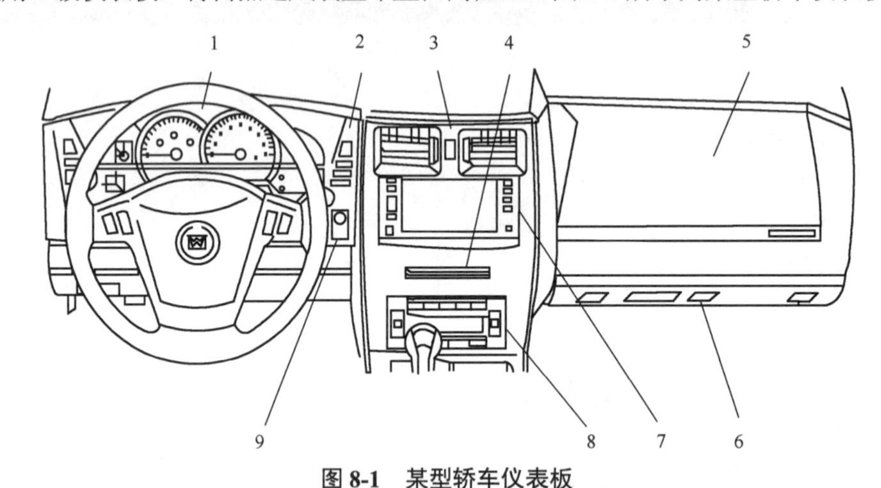

图8-1　某型轿车仪表板

1．组合仪表　2．驾驶员信息中心开关　3．危机警告开关　4．光盘机　5．副驾驶座安全气囊模块　6．杂物箱　7．音响　8．暖风、通风、空调模块　9．点火模式开关

8.1.1.2　汽车座椅

汽车中的座椅是影响驾驶与乘坐舒适程度的重要设施，而驾驶员的座椅就更为重要。舒适而操作方便的驾驶座椅，可以减少驾驶员的疲劳程度，降低事故的发生率。

汽车座椅的种类繁多，按其形状可分为分离式座椅、肩斗式座椅、半分离式座椅和凳式座椅；按其使用性能又可分为固定式座椅、活动式座椅、可折式座椅和调节式座椅（调节靠背倾斜角、前后、上下以及整体角度）；按其乘坐的人数又可分为单人用座椅、双人用座椅、多人用座椅和辅助座椅（包括儿童座椅），辅助座椅通常用于大客车、运动车、大型轿车和旅行车等；座椅按其安装位置不同，可分为驾驶员座椅、前排乘客座椅以及后排乘客座椅。座椅应具有乘坐舒适性，并能保证安全的驾驶姿势及保护乘员安全。座椅是由座椅骨架、靠背、头枕、座垫、调节装置、座椅总成与车身相连接的固定部件组成，如图8-2所示。

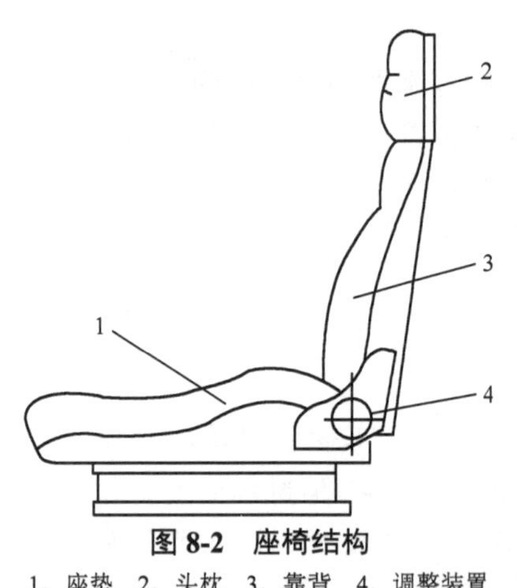

图8-2　座椅结构

1．座垫　2．头枕　3．靠背　4．调整装置

1）座椅骨架

座椅骨架是汽车座椅形状的基础结构，座椅弹簧或缓冲材料以及蒙皮等元件直接或间接地固定在骨架上。座椅骨架上有时要装座椅调节装置和靠背倾斜角调节装置等机构，所以它的形状必须考虑到装配支座的位置。座椅骨架可分为座垫骨架和靠背骨架，根据用途可采用各种形状的结构。座椅骨架的材料一般采用软钢板、软钢管、软钢丝或硬钢丝等，有时也采用铝板、树脂板和木材等，如图 8-3 所示。

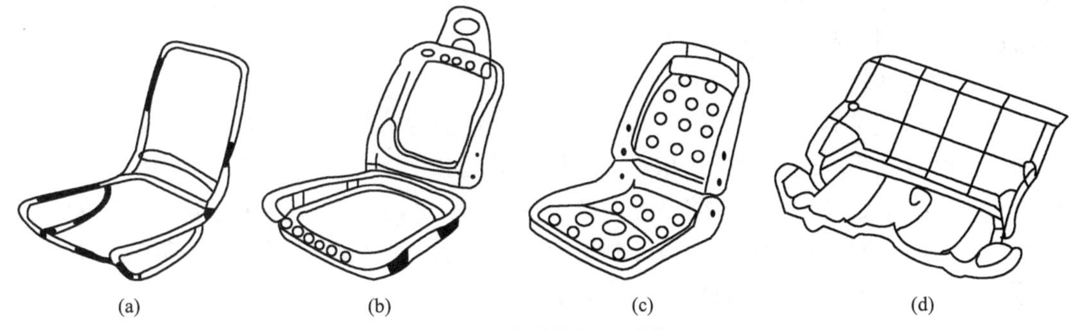

图 8-3 座椅骨架的结构

（a）管状结构 （b）钣金结构（冲压） （c）树脂结构 （d）钢丝结构

2）座椅座垫

座椅座垫通常由座椅弹簧、缓冲垫和蒙皮组成。座椅弹簧是座椅的弹性元件，起缓冲作用，通常用直径为 2.6～4.0mm 的弹簧钢丝或硬钢丝加工而成，也有的采用橡胶弹性元件。座椅弹簧分为螺旋弹簧和 S 形弹簧两种，如图 8-4 所示。螺旋弹簧结构简单、刚度稳定、制造容易，可用在座椅和靠背骨架的边框周围起联结作用，如图 8-4（a）、（b）所示。S 形弹簧座椅减振性好，相同输入下，其振幅较螺旋弹簧座椅小，如图 8-4（c）、（d）所示。如果将 S 形弹簧与非金属弹性元件配合使用，可以改善座椅的性能。

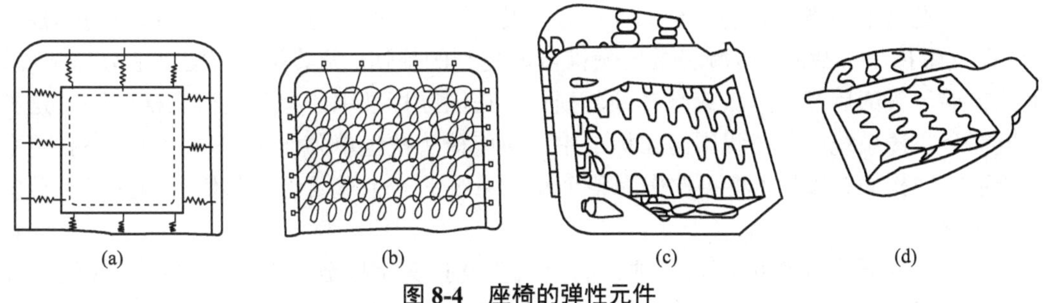

图 8-4 座椅的弹性元件

（a）、（b）螺旋弹簧 （c）、（d）S 形弹簧

缓冲部分是汽车座椅弹簧和蒙皮之间的柔软物质，通常采用 1～3 棉花、毛发类物质、海绵、乙烯类物质、黄麻毡、乳胶泡沫、聚氨酯泡沫等。缓冲垫通常有一定的形状、尺寸和厚度，用来包住座垫或靠背弹簧总成。缓冲垫不仅起到防止弹簧对乘员的接触部分产生坚硬的不舒适感，同时还具有座垫弹性元件的作用。另外，缓冲垫能够分散弹簧

和人体之间的压力，使座椅表面具有柔软的触感，补充座椅弹簧的弹性作用的同时，还有使振动衰减的阻尼作用。缓冲垫按性能可分为底层缓冲垫、中层缓冲垫、上层缓冲垫和顶层缓冲垫及其他缓冲垫。

蒙皮是套在座椅总成表面的一层材料，它起到保护膜的作用，同时在座椅表面也应体现出具有特征的外观和良好的触感。座椅蒙皮材料可以分为纺织纤维、黏胶纤维和天然皮革。目前世界各国在轿车座椅上广泛采用针织布料，这种织物富有弹性，对人体的附着性能好，适应座椅在人的体重作用下的反复变形。采用毛织物亦日渐增多，但价格较昂贵，只适用于高级轿车。

3）调节装置

包括座椅调节装置、靠背倾斜角调节装置。座椅调节装置装在座椅座垫骨架和地板之间，可以通过手动或其他方式相对于地板的前后和上下之间的位置调节座椅，并使座椅锁止在所调节的位置。一般前后方向调节量在90～140mm，上下调节量在15～60mm之间，以适应不同身材的乘员。设计制造座椅调节器，必须考虑安装关系和锁止装置牢固可靠，以确保发生撞击事故时的安全性。

4）靠背

靠背的强度设计分柔性吸能式和刚性吸能式两种。根据不同的碰撞条件，各种靠背的保护效果是不同的。在高强度碰撞时，刚性靠背的设计理念对于正常坐姿、按标准状态使用约束系统的乘员来说是合理的。但是，在发生低强度尾部碰撞时，刚性靠背座椅会引起乘员身体沿靠背向上滑动，靠背对乘员产生回弹及导致乘员以非正常坐姿乘坐。

5）连接部件

汽车座椅连接部件的强度设计，在很大程度上影响座椅本身的安全性能。在发生碰撞时，如果连接部件先于座椅失效，很可能会造成座椅骨架的断裂、严重变形和调节机构失灵等，此时乘员的生命安全将受到极大的威胁。一般座椅是单侧装有传动机构，当车辆碰撞时，座椅将发生倾倒现象。

6）头枕

头枕是一个相当重要的安全部件。用以限制乘员头部相对于躯干向后移位的弹性装器。在发生撞车事故时，可减轻乘员颈椎可能受到的损伤，尤其是汽车受到追尾碰撞时，可抑制乘员头部后倾，防止或减轻颈部损伤。在国际标准中，有关座椅头枕的法规是独立于整个座椅系统的。在我国国家标准中，对座椅头枕也单独作了规定。但考虑到整个座椅系统结构的完整性，将头枕作为整个座椅系统的一个重要组成部件考虑其对被动安全性的影响。

头枕分为固定式和可拆式两种。固定式头枕按其宽度分为两种类型：头枕的宽度为255mm以上A型和头枕的宽度为170mm以上的B型。A型适用于乘员的落座姿势横向变动比较容易的座椅；B型适用于乘员的落座姿势横向不易变动的座椅。可拆式，亦称为分离式，主要由头枕本体、支持架及固定架组成，支持架可根据结构要求可有可无。

头枕又可分为可调节型和不可调节型。可调节型头枕具有可以垂直和横向的调节机构，有手动调节和自动调节之分。

8.1.2 内饰件材料选择

8.1.2.1 汽车内饰常用的材料

1）布饰面料

布饰面料按其原料的组成，可分为纯棉织品、纯毛织品、化纤织品和混纺织品。布饰面料的主要性能和用途如表 8-1 所示。

表 8-1 布饰面料的主要性能和用途

布饰面料种类	主 要 性 能	用 途
纯棉织品	柔软性、保温性、透气性均良好，易涂色，鲜艳；易吸水，强度不高，织品易变形	在汽车的一般装饰中，制作坐垫、座套等
纯毛织品	保温性、透气性好，强度比棉织品高；织品不易着色，易遭虫咬，易变形，不易清洗，定型温度高	是汽车装饰的主要材料。可制作顶盖、内护面内衬、座套、坐垫及地毯等
化纤织品	强度高，寿命长，易清洗，定型后不易变形，织品挺括，易着色；保温性、透气性差，有的着色性也差	是汽车装饰的主要材料。可制作顶盖、内护面的内衬装饰，也可制作坐垫、座套、地毯等
混纺织品	以棉、毛和化纤为原料，按一定的比例制成。具有上述单原料的优点，综合性能良好，在一定程度上克服了相应的不足	是汽车装饰的主要材料，可制作内衬装饰，也可制作座套、脚垫、窗帘等装饰品

2）皮革面料

皮革面料是由动物的皮经加工而成的面料，主要有牛皮、羊皮和猪皮等。黄牛皮革面丰满光亮，皮板柔软，纹细，结实，手感坚实而富有弹性，可以染成各种颜色。由于黄牛皮大而厚，加工和装饰性好，是皮革装饰中最佳的面料。牛皮可进行多层分割，最多可分为八层，最外层的为头层皮，质量最好，次之为二层皮，其强度、弹性和透气性都不如头层皮。汽车座套必须选用头层皮。皮革面料是汽车装饰中的高级装饰面料，在高级豪华的轿车装饰中，驾驶室、座椅、仪表板、顶盖内衬、车身内护面，甚至车顶的外护面，都采用优质的黄牛皮面料进行装饰。车内的一些附件如转向盘、把手、安全拉手等都用真皮面料进行装饰。

3）橡胶装饰材料

橡胶装饰材料中的橡胶分为天然橡胶和合成橡胶两大类。合成橡胶主要有丁苯橡胶、丁腈橡胶、丁基橡胶和氯丁橡胶等。橡胶制品在汽车上用得很多，主要用于汽车轮胎、电线电缆、密封胶垫、密封条、汽车垫板、胶黏剂等。

4）塑料装饰材料

目前，在汽车装饰中应用的塑料主要有聚氯乙烯（PVC）、聚丙烯（PP）、丙烯腈、丁二烯、苯乙烯（ABS）以及聚氨酯泡沫塑料（PU）等。

（1）软质聚氯乙烯　抗拉、抗弯强度及冲击韧性较硬质聚氯乙烯低，但伸长率较高；其质地柔软、耐摩擦和耐挠曲，弹性良好似橡胶，吸水性低，易加工成型，有良好的耐寒性和电气性能，化学性质稳定，能制成各种鲜艳而透明的制品；但使用温度低，在−15～55℃。在汽车上主要用作内饰材料和电气绝缘材料等。

（2）聚丙烯　是最轻的塑料之一，其弯屈、拉伸和压缩强度及硬度均优于低压聚乙烯，有很突出的刚性；耐热性能较好，可在100℃以上使用，高温时抗应力松弛性能（90℃）良好，如无外力，150℃时也不变形；除浓硫酸、浓硝酸外，在许多介质中很稳定；低相对分子质量的脂肪烃、芳香烃、氯化烃，对它有软化和熔胀作用；它几乎不吸水，高频电性能不好，成型容易，但收缩率大，低温脆性大，耐磨性不高。在汽车上主要用于内饰件、内衬板、内翼子板、散热器挡风帘、仪表板、保险杠、面罩等。

（3）丙烯腈、丁二烯和苯乙烯 浅象牙色不透明的非结晶性聚合物，无毒、无臭，着色性好。硬而坚韧，刚性、耐低温冲击性、耐蠕变性、尺寸稳定性、耐磨性均好，线膨胀系数很小，成型收缩小，表面光泽好。电绝缘性较好，可燃，火焰呈黄色，有特殊臭味，但不滴落，耐候性差，不耐紫外线。耐油，耐酸、碱和无机盐，但溶于酯、醛、醚类及氯化烃，且易吸湿。与极性树脂相溶性好，可改善聚氯乙烯的性能。苯乙烯在汽车装饰上，可制作内外装饰件，如前后保险杠、装饰压条、仪表板、组合仪表和内饰板等多种零部件。

（4）聚氨酯泡沫塑料 聚氨酯泡沫塑料是以多元异氰酸酯和多元醇为主要原料，与催化剂、发泡剂和表面活性剂等均匀混合，经化学反应而形成的轻质发泡材料。可制得不同密度和硬质的泡沫塑料。聚氨酯泡沫塑料具有优良的力学性能、热力学性能、声学性能和化学性能，尤其是软质和半硬质的泡沫塑料的吸能缓冲性能和硬质泡沫塑料极低的热传导性能，加上加工简单，易于成型，软质聚氨酯泡沫塑料广泛用于家具（床垫、沙发垫、椅垫）、运输交通工具（汽车、火车、飞机的靠垫及内部防振、隔热、隔音装饰材料）、纺织、地毯及包装等行业。半硬质泡沫塑料主要用于汽车工业，如汽车转向盘、扶手、仪表板、前后保险杠、内装饰材料和吸能缓冲材料等。硬质泡沫塑料在建筑、制冷、石油、化工、造船、汽车及航空等行业中得到广泛应用。

5）金属装饰材料

金属材料一直是汽车制造业的最主要用材。然而随着高分子材料的发展，以及对汽车轻量化要求、安全性要求日益提高，高分子材料在汽车制造用材中已占据了一席之地，其发展速度非常快，因此相应的金属材料所占比例越来越小。装饰用薄钢板的碳质量分数小于0.12%，而车身冲压成型用的薄钢板的碳质量分数以0.08%左右用得最多。如08A1钢是最常用的，它具有良好的成型性能。

在汽车制造中，特别是车身的制造中，一般不使用不锈钢板，因为它的价格太高。不锈钢主要的特性是不易生锈，而车身的防锈主要是利用喷涂涂料防锈，所以，车身主要部件总成几乎没有用不锈钢制作的。但是在一些内外装饰中有不锈钢制件，如门的内、外拉手，装饰旗杆，散热器护栅，扰流板、制动踏板等。

铜合金薄板主要指黄铜薄板。黄铜塑性好，比纯铜强度高，适合于手工制作各种形状的钣金零件。铝合金的强度和抗腐蚀性能比纯铝高，因此，铝合金的使用较为广泛，多用于制作防滑地板。

8.1.2.2 汽车内饰件材料的选择

汽车内饰件在材料的选用、结构及造型处理上要兼顾多方面的性能要求，如形状的保持性、拆装方便性以及车辆所要求的安全性、舒适性、阻燃性等。材料本身应具有隔声、防振、隔热等特性，并注意充分利用材料本身的质感、触觉、颜色和图案、纹样等，给内饰造成安定感、轻松感、舒适感、豪华感。

内饰选用材料要适合车辆的级别、种类，按照廉价、轻量、生产工艺性优良的原则，不宜过分追求高档和华贵。内饰材料还要具有耐光性、耐候性、耐温性、耐油性、耐药品性、耐污染性、易清洗以及无难闻气味等多种性能。

汽车内饰件的质量和性能取决于材料。因此在材料的选用、装饰件结构与造型处理上要兼顾多方面的性能要求。

材料选择的技术要求：

（1）阻燃　所选内饰材料应满足阻燃要求，参照 GB 8410—2006《汽车内饰材料燃烧特性》，对材料的燃烧特性有如下要求：

① 如果试样暴露在火焰中 15s，熄灭火源试样仍未燃烧，或试样能燃烧，但在火焰达到第一测量标线之前熄灭。

② 如果从试验计时开始，火焰能在 60s 内自行熄灭，而燃烧长度不超过 50mm。

③ 如果从试验计时开始，火焰在两个标线之间熄灭，为自熄试样。计算燃烧速度实测值不大于 100mm/s。

④ 如果从试验计时开始，火焰燃烧达到第二标线或长时间缓慢燃烧。计算燃烧速度实测值不大于 100mm/s。

（2）吸声、隔声、阻尼、隔振　汽车的噪声源主要有结构声和空气声两种。结构声指以发动机、变速器、传动轴等为激励源，通过车身材料及空气传导的噪声。空气声是指汽车行驶过程中，气流摩擦或气流穿过车体空腔发生喇叭效应时所产生的噪声。后者宜采用吸声材料和隔声材料。

（3）其他　具有轻质、低耗、防静电、色泽耐久、反光柔和、无气味、无污染和良好的可加工性。

汽车内饰设计应符合车辆的市场定位和消费对象实际需求，应遵循轻量、廉价、实用和流行、生产工艺性好的原则，并力求在以往造型、装饰的基础上有所突破。

8.2 汽车主要内饰件制造

8.2.1 汽车仪表板

8.2.1.1 仪表板的造型

一般是在结构实体布置基础上确定各零部件的安装位置，然后给出造型条件。造型时也要画出详细的计划图，表示清楚各部件的尺寸位置，安装条件、运动关系等。在此基础上，作出美学的形体造型。其中，最主要的是仪表的造型，其指针与刻度是多种多样的，也有用数字显示的；其形状与颜色应表现出艺术风格。仪表中占主要地位的是里程表、速度表，其次是转速、油压、水温、燃油等各类仪表及报警器，均应有机地进行配置。随着电子技术的发展，在原来机械式仪表基础上又出现了荧光显示管、发光管、液晶显示、数字显示等多种形式，新的技术应用与选择组合使仪表不断日新月异。

8.2.1.2　仪表板的装饰

在装饰仪表板时，必须结合车辆的类型、档次进行综合考虑，采用适当的方法，进行装饰；必须要与内饰协调，色泽应和谐，能增强整个内饰的装饰效果；必须选择最佳的装饰方法，符合车辆的实际情况和用车环境，先进的设备（如卫星导航系统）只有在适合它使用的条件下才具有使用功能，必须慎重选装仪表使之符合装饰车辆的结构和使用条件；必须合理选用胶黏剂，符合使用要求以保证粘接质量。复合材料基本上是由表皮层（塑料、编织物、地毯等）、隔音减振部分（泡沫或纤维材料）和骨架等部分组成。由这种材料制成的零件，除能满足一定的使用功能外，还能使人感到舒适美观，而且这种材料的生产工艺简单，成本低廉，适用性强，因而发展快，是汽车内饰用材的发展方向。随着高科技电子技术和汽车制造技术的发展，中央控制系统集中在仪表板周围。因此，可能由纺织物取代目前聚氨酯发泡体表面覆盖的聚氯乙烯表皮。高架仪表板位于驾驶室的前上方，为减轻它的沉重感和臃肿感，在造型手法上力求挺拔刚劲、富于变化；在色彩上，使用淡色或与室内色调设计为同一色调。

8.2.1.3　仪表板常用的材料

1）一体注塑成型塑料仪表板本体

① 普通车采用较多，其质量小，设计的自由度大，工艺简单，容易吸收冲击时的能量。

② 使用塑料为PP复合材料及改性PPO（聚苯醚）等。可用或不用钣金加强梁支承。

2）发泡成型仪表板本体

① 这种结构主要是从安全性能考虑，也给人一种柔软的感觉，主要用于高档轿车。

② 由骨架、发泡层、表皮层等组成。骨架用钢板、塑料注塑件、纤维板、硬纸板等制成。皮表用ABS与PVC复合膜吸塑成型或用搪塑成型。发泡层起软化作用，多用聚氨酯材料。

仪表板的本体结构有两种形式：一种是注塑成型塑料仪表板本体，另一种是发泡成型仪表板本体。副仪表板使用的材料有PP、ABS等，有时为了显示豪华感，表面进行软化处理。这样的仪表板其骨架一般为钢板或塑料，表皮为PVC，两者之间为发泡聚氨酯。也有直接包贴PVC表皮的，另外也有用塑料板或硬质板材上贴地毯制作裙部的。高架仪表板装饰骨架为模压板，一般由木材与聚丙烯合成材料制成（厚2～2.5mm），表皮为聚氯乙烯薄膜，与模压板热合成型。

8.2.1.4　汽车仪表板的制造工艺

不同的仪表板涉及的工艺及流程有较大差异。硬塑仪表板为注塑→焊接→装配；吸塑仪表板为注塑/压制→吸塑→切割→装配；半硬泡仪表板为注塑真空成型/搪塑→发泡→切割→焊接→装配。

具体涉及的主要工艺如下：

1）注塑工艺

将干燥后的塑料粒子在注塑机中通过螺杆剪切和料桶加热熔融后注入模具中冷却成型，这是仪表板制造应用最广泛的加工工艺，用来制造硬塑仪表板本体、吸塑和软质仪表板的骨架及其他大部分相关零件。硬塑仪表板材料多使用 PP，仪表板骨架的材料主要有 PC/ABS、PP、SMA（苯乙烯-顺丁烯二酸酐共聚物）、PPO（PPE）等。

2）真空热成型工艺

该工艺将表皮片材加热到玻璃点软化温度，在密闭的型腔内加注气体，使其得到一定拉伸，进而用真空形式使其吸附于有温控的模具上冷却后得到产品。主要用于仪表板表皮和外观要求高的零件生产，材料主要为 PVC/ABS。真空热成型流程如图 8-5 所示。

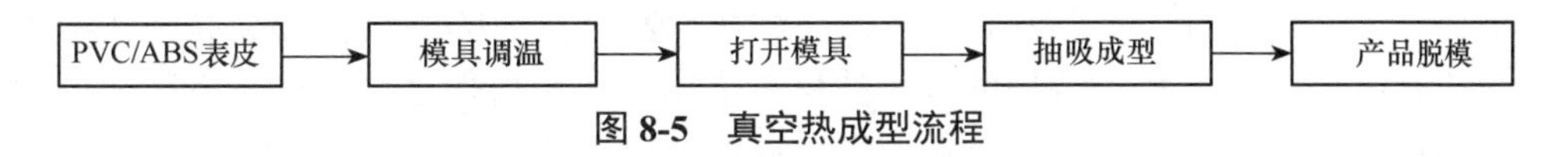

图 8-5 真空热成型流程

3）搪塑工艺

将粉末原料均匀撒布于加热的模具表面，使其熔融并保持一定时间，使物理、化学双重反应充分进行后冷却定型，得到模具形状的产品。不同的加热方式对产品质量、模具寿命起着决定作用，主要有风加热、油加热和砂加热等方式。

（1）风加热　通过燃烧天然气或重油产生的热风来加热模具。需要将整个模具置于一个加热炉内加热。这种方法成本低，但控制模具温度能力差，成品率低，模具寿命平均在 2 万模次左右。

（2）油加热　模具的加热和冷却都是通过热油和冷油来控制，模具的各部分温度可以根据不同的需要来分别控制。这种方法白皮质量好，模具的寿命高（平均 2.5 万模次），但设备系统复杂，价格昂贵，成本较高。

（3）砂加热　是通过电加热砂子，砂子与模具的背面接触来实现模具加热的，加热过程中模具可以旋转，从而可以通过砂子与模具接触时间的长短来控制模具的温度；冷却时采用水冷却，冷却速度较快。这种方法成本适中，表皮质量好，模具寿命 1.8～2 万模次。

搪塑工艺主要用于高档车仪表板等手感、视觉效果要求高的产品。目前采用材料主要是 PVC。搪塑表皮与真空吸塑表皮相比，搪塑表皮无应力，不易开裂，尺寸稳定，厚薄均匀，表皮的纹理清晰，更接近天然皮革，手感好。此外，搪塑成型表皮的耐老化性优于吸塑成型仪表板。

4）发泡工艺

将聚醚和异氰酸酯充分混合后注入模具的表皮与骨架中间交联固化，在其间形成所要求形状的泡沫，泡沫连接表皮与骨架，又改善零件的手感。仪表板 PU 发泡工艺流程如图 8-6 所示。该工艺是软质仪表板生产的必须工艺，分开模浇注和闭模浇注。该工艺对模具和 PU 原材料要求较高，泡沫的密度在 100～180kg/m^3。单件重量为 0.7～3.0kg，环保型、高流动性、低密度是聚氨酯原材料的发展趋势。

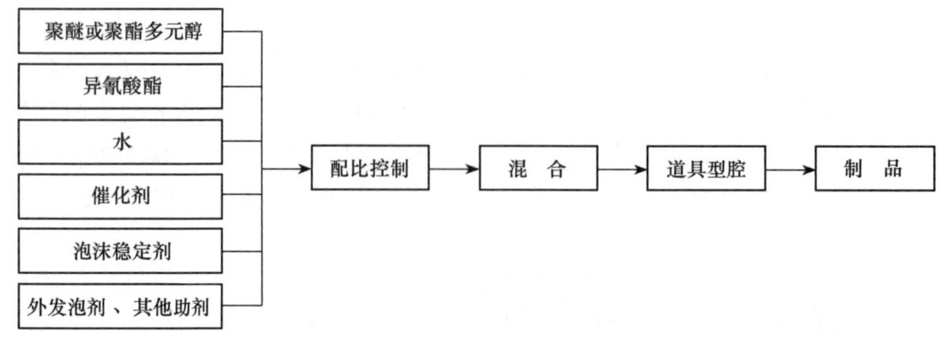

图 8-6　仪表板 PU 发泡工艺流程

5）油漆工艺

油漆工艺是在零件表面喷涂油漆，使油漆在与基材反应的同时自身交联固化形成漆膜。油漆有单组份油漆和双组份油漆；基材有金属件和塑料件之分，仪表板制造多指塑料件，塑料件又分极性和非极性材料。极性材料多可直接喷涂，如 ABS、PVC/ABS 等；非极性材料需预处理或喷底漆；火焰处理和等离子处理等预处理技术日臻成熟。对仪表板零件进行油漆工艺，主要是改善外观，油漆主要有装饰漆和软触漆之分。软触漆不仅可改善外观，而且还可改善手感，成为近年来中高档车追求的工艺。

6）切割工艺

近年来，随着各种新工艺在切割中得到应用，切割工艺也向多元化发展，冷冲、热刀切割、冷刀切割、水刀切割、激光切割、铣切割在仪表板制造中发挥重要作用，并将很多设想成为可能。

冷冲是利用上下金属模的剪切作用分割零件的传统切割工艺，发展趋势是将多工位通过模具和油路的设计向单工位集成。热刀切割是利用加热的刀具切割塑料零件的工艺，主要用于脆性材料或控制深度的切割。水切割利用高压水在细小的喷头释放，形成高压高速的水柱冲击产品使其断裂，由机器臂带动高压水喷头移动形成切割的工艺。其优势是无需模具投入、多种产品共用、高柔性。激光切割是利用激光束携带的能量灼烧产品，机器人带动产品移动，形成切割的新兴的塑料切割工艺。主要应用于严格控制切割剩余厚度的产品，目前主要是无缝气囊仪表板制造。

7）焊接工艺

焊接工艺将两个相同或不同热塑性材料的零件，通过一定方式将其连接处熔融后重新交联形成一体的成型工艺。根据能量来源的不同，可分为超声波焊接、振动摩擦焊接、热风焊、热板焊等。

仪表板振动摩擦焊接是通过气动或液压传动使模具在固定频率和振幅下对工件进行摩擦加热熔融从而实现仪表板焊接的过程。它是一门新的技术，具有效率高、工期短、质量好、噪声小、污染小等特点，可以逐渐解决表面问题焊接多种规格的零件，所有型号的设备均配备可以通用的相同标准组件，还可以根据工件的要求调整参数，设置自动追频功能。

热风焊接类似于金属的氧乙炔气焊，只不过后者用明火前者用热气流加热。热气焊过程中，来自焊枪中的热气流（典型的温度为 200～300℃，流量达 15～60L/min）同时对填充棒和焊件加热，当材料表面软化达到黏稠状态时，填充棒连续压进到焊缝中。填充棒材料完全与母材成份相同，通常是圆形的（直径约 3mm），焊接厚板时采用多焊道焊接。

8）装配工艺

装配工艺是仪表板生产必不可少的工艺，通过卡角、螺丝、粘接、焊接等方法将各种零件组合在一起形成产品。根据装配方式不同，在生产管理上分为流水线装配和单工位装配。

在仪表板的生产中，针对不同的零件和要求，还有很多的工艺门类，如水转印、吹塑、植绒、电镀等。随着现有工艺经验的积累，各工艺门类日臻完善；科学技术的发展给新工艺的产生创造了无限的机会。两者的结合不仅给仪表板工艺的发展描绘出更加美好的蓝图，而且也给整车增添不少的色彩，从而更好地满足消费者多元化和高性价比的要求。

【补充阅读资料】

硬质仪表板的注射成型工艺

硬质仪表板多用于商用车及客车，其结构简单，主体部分采用同一种材料直接注射成型。常用的改性 PP 主要成分是聚丙烯、橡胶增韧剂和无机粉填充剂，这种材料价格便宜、综合性能好。用改性 PP 制造注塑成型仪表板的工艺过程为：原料干燥→注塑成型→修整→包装。生产工序简单、周期短、成本低。但需要大型注塑机（注塑量 10 000g 以上）和大型注塑模具。相应的副仪表板也采用注塑成型。注塑加工条件见资料表 8-1。

资料表 8-1 汽车仪表板注塑成型加工条件

阶段	时间/s	温度/℃	压力/MPa	阶段	时间/s	温度/℃	压力/MPa
原料干燥	2 400	80±5		注射过程	10		120
第一段加热		230		保压过程	20		70
第二段加热		230		冷却过程	50		
第三段加热		220		模具温度		40～60	
第四段加热		210					

仪表板搪塑成型工艺

搪塑成型仪表板的技术性能优于真空吸塑成型仪表板。搪塑表皮无应力、不易开裂、尺寸稳定、厚薄均匀、表皮的纹理清晰而更接近天然皮革、手感好、耐老化性能好。主要制造设备由搪塑加热炉、成型模具、转台式浇注机和修边机等组成。

搪塑仪表板的工艺流程：模具涂消光剂→加热→装入 PVC 粉料→旋转→冷却→取出制品→放入骨架→浇注发泡→修整→包装。

粉料制备：加工中先将 PVC 树脂投入高速混合机内混合 2min，然后相继投入增塑剂、分散剂，最后加入润滑剂。混合温度（100±5）℃，混合达到干点后，将粉料立即进行冷却，温度不要高于 120℃，混料时间要适当，否则将导致树脂凝胶结块。在混合后期，加入 5%～10%分散剂，由此制得的 PVC 干混料的静止角为 22°。

表皮成型工艺：表皮成型工艺采用加热炉加热方法，工艺如前述。炉温 380℃～400℃。加热源为煤气，生产周期 12min。其具体工艺过程及控制时间和温度如资料表 8-2 所示。

资料表 8-2 表皮成型工艺

项目	时间/s	温度/℃	项目	时间/s	温度/℃
模具加热	450	400	塑化	400	40
加料	10	380	冷却	40	90（水冷）

填充发泡材料：汽车仪表的填充物普遍使用半硬质 PU 泡沫，它与软质泡沫相似，开孔率 90%以上。两者的主要区别是半硬质泡沫具有较高的压缩强度，变形后，半硬质泡沫复原速度较慢。在相同试验条件下，软泡压缩永久变形为 4%～8%，而半硬泡则为 15%～30%。半硬泡的减振性能优良，非常适合作头枕、吸振垫等，对保护乘坐人员的安全能起到非常重要的作用。PU 的原料主要是异氰酸酯和高活性聚醚。

发泡的工艺参数选择：

（1）模具温度和压力

发泡反应是放热反应，反应开始后，温度很快达到 100℃，因此浇注模具不需要加热。但有时会因气候变化而引起泡沫质量不稳定，这是由于模具温度变化引起的。温度低时，化学反应虽然能进行，但是速度较慢。温度较高时，则化学反应因为太快而不易操作。如将模具温度控制在 25～40℃范围内，料温控制在（35±5）℃范围内，泡沫质量则比较稳定。

（2）模具内压力

发泡反应时放出二氧化碳，使模具内产生压力。随着时间的增加，压力逐渐上升，调节模具内的压力就可得到不同密度的产品。也可以通过填充不同量的树脂来控制产品的密度。生产中常加入过量 15％的树脂以得到密度为 1.2～1.5g/cm3 的半硬泡沫。浇注发泡工艺参数见资料表 8-3。

资料表 8-3 浇注发泡工艺参数

项目	时间/s	温度/℃	项目	时间/s	温度/℃
浇注泡沫	8	30	后熟化	24	室温
熟化	480	室温			

（3）脱模时间

异氰酸酯和聚醚多元醇混合后，经过乳白、起发、熟化等过程而迅速充满整个模具。2min 内反应混合物达到最高温度，模具内压力很高，如此时脱模会使皮层与泡沫分开，产生空洞。当发泡 5min 后，压力逐渐释放，这时可以取出制件，放置后熟化的过程使剩余的异氰酸酯之间发生缩聚，增加泡沫交联密度，而使硬度进一步提高。

8.2.2 汽车座椅

汽车座椅用于支承乘员的体重，缓和并衰减由车身传来的冲撞和振动，给驾驶员提供良好的工作条件，为乘员创造舒适和安全的乘坐条件。汽车是高速运动体，司乘人员处在前冲后仰、左摇右摆、上颠下簸的环境中，长途乘坐达几小时而无法自由活动，因此座椅极大地影响着驶乘人员的乘坐舒适性、疲劳程度和安全性。同时，座椅在室内占有很大面积，对车辆风格、级别和豪华程度有着很大影响，又是重要的汽车的装饰件。

因此，座椅设计与制造的主要重点是其性能和造型。掌握汽车座椅的特性、设计与装饰的方法，是车身设计与制造中的重要环节之一。

8.2.2.1 汽车座椅的设计与制造要求

1）良好的静态特性

座椅的形状与尺寸能使人体具有合适的坐姿、良好的体压分布、触觉良好。座椅的位置与倾斜度可以适当调整，能保证乘坐稳定舒适，驾驶人操作方便，视野良好。

2）良好的动态特性

能缓冲与衰减由车身传来的冲击和振动，可保证驾驶员长时间工作而不感到疲劳，乘客能感到乘坐舒适愉快。

3）足够的强度和耐久性

座椅支承着乘员的体重，“座椅—人体”组成的振动系统应保持适当的阻尼，要适于支持就座者的体位并保持稳定，并使就座者保持不同姿势和调正坐姿的需要等，因此座椅应具有足够的结构强度、刚度和使用寿命。座椅系统在共振区域振幅不会太大而在高频区又能保持良好的减振效果，并能在发生交通事故时尽量减免乘员的受伤程度，具有足够的安全性。

4）良好的造型

结构紧凑，形状、色彩美观大方，与车身内饰统一协调，尽可能减轻质量，降低成本，有良好的结构工艺性。

8.2.2.2 汽车座椅的制造工艺

汽车座椅框架结构所用材料通常为外径 120～145mm、壁厚为 1.2～2.2mm 的电焊或无缝钢管，钣金结构的用 1～3mm 厚的钢板冲压或滚压成型。为了实现轻量化，也可常用铝合金、镁合金、塑料、材料及硬纸板等。

座椅骨架固定在车身地板上，用以支承整个座椅和乘者质量。骨架应有足够的强度和刚度，才能承载和保证安全。

座椅骨架设计要求：当坐垫上垂直载荷为 800N 时，允许挠变＜10mm；当载荷增至 1 200N 时，允许永久变形＜5mm。当垂直靠背蒙皮作用载荷为 1 500N 时，允许挠变＜50mm；当载荷增至 2 000N 时，允许永久变形＜12mm。

衬垫是指在座椅弹簧和表皮之间或坐垫和表皮间，以及整体座椅上的柔软物体（通常使用 1～3 层聚氨酯泡沫和棕榈等）。使用衬垫的目的是保持座椅的形状，隔断在弹簧式座椅上乘坐的乘员直接接触弹簧产生的异物感，并起缓冲和减振作用。

坐垫性能可以从静刚度、振动衰减特性、共振传递比及疲劳寿命等方面衡量。静刚度是衡量坐垫软硬程度的指标。静刚度大，座垫就硬；静刚度小，座垫就比较软。但静刚度太小，则驾驶人一坐就到底。泡沫坐垫的衰减系数为 0.165，而弹簧座垫为 0.128，共振传递比前者为 3.03，后者为 4.8。试验证明，两种坐垫在台架疲劳试验中，弹簧坐垫的弹簧在 25 万次时折断，而泡沫坐垫中的泡沫，试验 60 万次也未破坏。在泡沫塑料坐垫中，泡沫缓冲垫是主要组成部分。目前的泡沫缓冲垫大都采用软质聚氨酯模塑泡沫塑料。

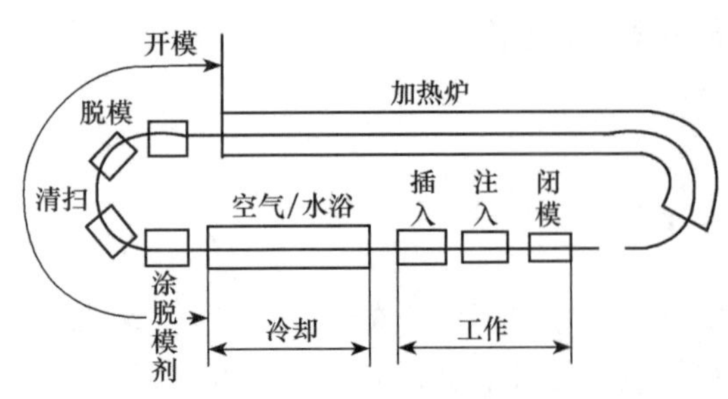

图 8-7　座垫热硫化模压成型工艺路线

1）聚氨酯泡沫塑料坐垫的制造方法

用软质聚氨酯泡沫模压成型法，这样既可以镶嵌骨架，又可较容易得到形状较复杂的制品。模压法制造坐垫有热硫化法和冷硫化法两种制造方法。其中热硫化模压法是以甲苯二异氰酸酯（TDI）和相对分子质量为3 000～3 500 的聚醚多元醇（聚醚 330）反应物为基础，再加入催化剂、发泡剂、稳定剂等，按图 8-7 所示的过程进行连续生产。该生产过程借助于 150℃～250℃的热风炉提供热能，在模具中进行聚合、发泡、硬化等工序，完成一个周期需用 10～15min。目前国内生产软质泡沫塑料汽车坐垫的典型配方和力学性能如表 8-2 所示，制品成型的工艺条件见表 8-3。

表 8-2　我国汽车用软质泡沫塑料坐垫典型配方和力学性能

组分/配比（质量比）		物理性力学性能				
		密度（kg/m³）	75%压缩强度/kPa	拉伸强度/kPa	回弹率/%	压缩 50%永久变形/%
聚醚-330/100	TDI/28～35	≤45～50	≥15.68	≥88.2	≥35	<5

表 8-3　制品成型工艺条件

原料温度/℃	模具温度/℃	制成品熟化温度/℃	制成品熟化时间/min
23±2	40±2	100～120	25～40

这种工艺需要把模具反复加热和冷却，消耗能量大，需要用金属模具以及大型烘道，工业上所用的泡沫塑料模具应能承受周期性的加热和冷却，要求具有优良的导热性能。并要求不易变形和清洗方便，因此大都采用金属模具，最适宜的是铝合金模。

在热硫化模压工艺中，能否得到满意的模塑制品，很大程度上取决于有效的硫化条件。一般在发泡完毕之后，模具必须在 1min 内迅速加热，以补充在模具表面的热量损失。但如果加热太快易使泡沫带来不稳定因素，造成部分塌泡，同时过多的热量易使脱模剂液化被泡沫体所吸收，造成在模具中表面粘模。如加热太慢，则影响硫化，影响制品的压缩变定性能。加热热源可采用气体燃料或其他辐射加热等方式，加热后还在洞道中进行保温。由于上述装置占地面积大，能量损耗亦很可观，目前很多热硫化模压工艺采用微波加热。由于微波加热是通过物料分子的内部激化而使温度升高，具有加热速度快的优点，在模温较低的情况下，物料能迅速硫化，具有设备紧凑，厂房占地面积少，能量消耗较少的特点。

热硫化工艺由于能耗大，而且需要大型烘道，复杂的传送机构和较高价的金属模具。因而近年来发展了冷硫化模压工艺。此法不但可以节约能量，提高了生产效率，而且可以采用廉价的非金属模具。由于上述优点，热硫化工艺逐渐为冷硫化工艺取代。但是，热硫化法利用较廉价的聚醚多元醇可得到具有低密度、高伸长率、压缩永久变形小的制品，因此在日本和欧洲仍有很多采用热硫化法生产汽车座垫的情况，尤其是靠垫和后排座的泡沫垫。

为了适应耗能少、弹性高，难燃化的要求，冷硫化法应用越来越广泛。冷硫化法是在模压体系的原料中导入高反应活性的聚醚多元醇，二苯基甲烷-4,4-二异氰酸酯（MDI）/TDI 混合物和改性异氰酸酯时，在模温 50℃的条件下（不需要热风炉，用热水即可）就起反应，而且在 l0min 内就脱模。与热硫化法相比，冷硫化法制造的座垫，除具有节能、省时间特点外，其产品性能也优异：衰减性能更大、阻燃性能较好。

目前，世界各国在生产聚氨酯的冷硫化法中，多数使用在多元醇链中接枝乙烯基单体的聚合多元醇，环氧乙烷 EO 含量为 10%～15%，相对分子质量为 5 000～6 000，约 20%丙烯腈/苯乙烯被接枝。与热硫化法相比，冷硫化法制造的座垫，除了节能、省时间外，其性能也优异。两种不同方法制造的聚氨酯泡沫缓冲垫的滞后曲线如图 8-8 所示。冷硫化法成型的聚氨酯泡沫塑料缓冲垫滞后曲线坡度较大。加负荷时的变形曲线坡度以及加减压变形曲线所封闭的面积代表泡沫塑料弹性指标。变形曲线坡度和封闭面积越大，泡沫垫的衰减性能越大。

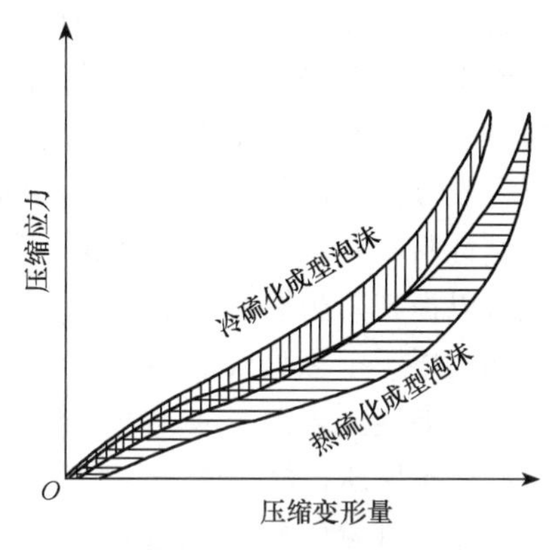

图 8-8　聚氨酯泡沫塑料缓冲垫滞后曲

另外冷硫化法制造的聚氨酯泡沫缓冲垫阻燃性能比较好，而热硫化法制造的缓冲垫需要填加阻燃剂。两种不同方法制造的聚氯酯泡沫塑料坐垫的力学性能如表 8-4 所示。

表 8-4　两种方法制造的泡沫坐垫力学性能

制造方法	物理力学性能				
	密度/kg/m^3	40%压缩强度/kPa	拉伸强度/kPa	断裂伸长率/%	压缩 50%永久变形/%
冷硫化法全泡沫坐垫	45±5	4.0～4.6	100～120	120～170	≤8
热硫化法全泡沫坐垫	35±5	4.0～4.6	100～120	120～170	≤8

2）座椅表皮层

座椅的表皮层是座椅质量和装饰的亮点所在。表皮层使用的材料主要是纺织面料、人造革材料、优质的真皮材料等，它们必须具有良好的耐磨性、耐光性和抗紫外线辐射性。材料要在使用 2 年后仍保持较好的性能（这样汽车才具有好的二手价），必须能够用到汽车使用寿命终止（可能是 25 年或更长时间）。汽车内部环境变化非常大，温度可能降至 0℃以下，也可能高于 120℃。而且现代汽车一般配有空气动力学性能更好的倾斜风窗玻璃，这使得玻璃区域面积较大，由于“温室”效应使车内感觉较热。在汽车内部有限的空间内，相对湿度也会发生较大程度的改变，每天都在 0%～100%范围之内变化。用于汽车座套的所有材料都应能承受这样的环境变化，而且可以使用很多年。

座椅用织物可选用毛、麻、棉或人造纤维等，但约有 90%以上的座椅织物使用的是聚酯纤维，因为这种纤维不仅性能好，成本也很低。聚酯纤维对于透射到汽车玻璃内部特定波长的紫外线具有很好的抵抗性。一般涤纶空变丝或涤纶长丝，以及与棉的混纺机织布较平实、粗犷，可用色纱织出不同花纹，强度较高。羊毛或羊毛/聚酯混纺织物有时应用在高档车中。蒙皮制作时一般采用纬编或经编织物作基布，与聚氨酯泡沫进行压层，并在泡沫的另一面粘一层疏松织物，这种三层织物手感柔软，使用期间不会发生褶皱和起鼓。泡沫背面的疏松针织物（如尼龙/聚酯针织疏松底衬）有助于控制层压针织物的拉伸性能，也有利于提高缝接强度，使泡沫层压织物上产生漂亮的缝合线外观。疏松背衬在缝制过程中还可帮助“移动”。真皮和人造革泡沫层压材料背面也需有疏松织物，以增加缝制过程中的移动性能。汽车座椅织物几乎都是三层层压材料。机织汽车座椅织物，可通过背面涂层来提高织物表面的耐磨性。背面涂层树脂可以用丙烯酸树脂、聚氨酯或丁苯橹胶（中主术语）基树脂。树脂的涂敷量为 10～60g/m^2，这种处理仅在纱线表面成膜。因此要慎重选择树脂和涂层加工，以保持涂层织物能够承受大幅度的温湿度变化和乘客衣服在潮湿状态下对其表面的摩擦。涂层织物可能出现的问题有织物表面泛白或出现黏性附着物、污物，尤其是织物受潮后出现的“波纹斑”。机织座椅织物可通过三层层压以提高其阻燃性，阻燃剂一般使用基于锑/溴协同作用的品种。汽车座椅织物通常采用焰熔层压工艺与聚氨酯泡沫进行层压，燃气火焰在一定的控制条件下直接喷在运动着的聚氨酯泡沫表面。泡沫表面熔化后立即将织物覆盖其上。同时，泡沫的另一面与另一织物进行层压，然后将三层材料喂入层压机，制滑层压织物。制备过程中，三层层压织物必须具有较好的尺寸稳定性，三层材料在性质上必须相近，处理时应谨慎小心。泡沫密度一般为 28～70kg/m^3，泡沫密度的大小会影响泡沫的可压缩性，阻燃剂会影响泡沫的熔融和流动性。未经改性的聚氨酯泡沫不能直接用于焰熔层压。

天然皮革一直被认为是最奢侈的汽车内装饰品。真皮需要与聚氨酯泡沫进行层压，以获得柔软的手感。在真皮的背面要层压一层疏松织物以利于加工。有时，为了提高耐磨性，在天然皮革上涂上一层聚氨酯树脂，但会降低皮革的透湿性。近年来，人们通过改变皮革加工工艺来降低对环境的影响。天然皮革存在以下缺点：

① 生皮具有不同的形状、尺寸和品质，在同一辆汽车中必须对不同的生皮进行仔细检查，以便各块皮革相互匹配，加工起来很困难；

② 生皮资源比较缺，特别是吃牛羊猪肉较少的国家更为短缺；

③ 使用时要小心，以防尖锐物划伤真皮表面，真皮座椅受热后而出现老化现象，需及时护理，护理不当也会导致过早老化，表面失去光滑甚至开裂。

多年来，人们一直试图制造人造革来替代天然皮革。不论是纯 PVC 还是掺混 PVC 都可制造人造革，其中掺混 PVC 产品手感更柔软。然而，这些涂层织物透气性差，尤其在热天，坐上去感觉很不舒服。人们曾尝试使用“带状纱”织物来提高其透气性，这种“带状纱”是将 PVC 膜切割成细条而制成的。日本生产的两种粗面人造革和八种仿麂皮是成功的人造革，目前九大汽车制造商的人造革总用量为 100 万 m^2。Kuraray 公司也正在以 Amaretta 品牌进入欧洲市场。人造革产品可以辊轧成型、品种均一（这两个优点使工厂可以制定更有效的生产计划）、质量轻（对于汽车工业及运输业都是非常重要的），因此人造革会有一定的发展前景。

8.2.3　门板

车门内板按其材料可分为软质车门内板和硬质车门内板，按其结构分为整体式车门内板和组合式车门内板。门内护板既是功能件又是内饰装饰件，它上面嵌有扬声器、玻璃升降器（电动的按钮或机械式摇把）及门内把手，因此要求它有一定的刚性。因它所处的安装位置与侧围、顶棚相连，又与仪表台相邻，从整体性考虑，要求它既与侧围、顶棚融为一体，又要与仪表台风格相搭配，既要考虑美观，又要考虑隔音性。由此可见，对车门内板的设计要求也是相当高的，同时还要考虑工艺实现的可行性。

1）软质车门内板

软质车门内板一般是由骨架、发泡材料和表皮材料构成。常见的车门内板骨架部分由塑料注射而成，然后再用真空成型的方法，将带有 PU 发泡材料的针织涤纶表皮复合在塑料骨架上，便形成了一体的车门内板。另外，还有部分汽车内饰板采用织物。欧洲汽车一般采用增强聚丙烯 PP 板材放填充物，再包皮的结构，填充材料大多数采用薄的聚氨酯泡沫塑料片，表皮材料为 PVC，也有使用织物的趋向。

（1）高档轿车车门内板　近年来低压注射—压缩成型方法越来越多地运用到中高档轿车上。低压注射是把表皮材料放在还未凝固的聚丙烯毛坯上，经过压缩，压成为门内板。常见的表皮材料为衬有 PP 软泡层的 TPO，这类门板易回收再生。

（2）中低档汽车车门内板　通常采用木粉填充改性 PP 板材或废纤维层压板表面复合针织物的简单结构，即没有发泡缓冲结构，有些货车上甚至使用直接贴一层 PVC 人造革的门内板。

2）硬质车门内板

硬质的车门内板一般是用 ABS 或 PP 塑料注射而成，然后再组装成型。在美国，门内装饰板用 ABS 或 PP 注射成型的居多，现在我国国产的重型载货车斯太尔王是用增强 PP 注射成型的。

3）复合门板

近年来，车门内饰板为满足耐候性和柔软性，已开始使用热塑性弹性体与 PP 泡沫板相叠合的结构。冲压成型、连续生产全 PP 车门内饰板的技术，其门板包括 PP 内衬板、PP 泡沫衬热层和 PP/EPDM（中文术语）聚丙烯-三元乙丙橡胶共聚物皮层结构。

8.2.4 顶棚、后围

车内顶棚、后围（后围主要用于载货车）侧围是内饰件中材料和品种花样最多的一种复合层压制品，是汽车整车内饰的重要组成部分。其主要作用是提高内饰的装饰性，同时还可以提高与车外的隔热、绝热效果，降低车内噪声，提高吸声效果，提高乘员乘坐的舒适性和安全性。顶棚、后围的设计主要考虑与驾驶室的顶部和后部相符合，且与整个驾驶室的内部结构和色调相一致。需注意的是天窗和后窗的对应及四周搭接处的吻合，而且还要有一定的强度、刚度。对于不同地区的客户最好设计不同风格、不同档次的产品。例如，对于北方地区，由于冷的时间较多，可选择淡黄、黄等较浅一点的暖色色调；而对于南方地区，因高温的时间较长，设计时可选择浅灰、灰等较深一点的冷色色调；对于高消费者，表面复合面料可选择高档无纺布或植绒面等；对于中低消费者，表面复合面料可以选择中低档无纺布或直接用带有 PVC 表皮的复合板材吸塑而成。

车顶棚、后围装饰织物多采用复合结构形式，即将饰面材料（无纺布、针织物、人造革等）、隔热吸音层（各种纤维毡、聚氨酯泡沫、聚乙烯泡沫等）和增强层（纤维铺网、复合纸板等）通过一定的方式粘合成一体。

顶棚、后围按其材料分为硬质和软质，顶棚按其加工方法分为成型顶棚、粘接顶棚和吊装顶棚。硬质的一般是玻璃钢模压再喷涂上面漆而成，或PVC、EVA板材吸塑成型，这类顶棚、后围一般隔热、隔音效果较差，但强度、刚性较好。软质的一般由基材和表皮构成，基材要求具有轻量、高刚性、尺寸稳定，易成型等特点，一般使用热塑性聚氨酯发泡内材、PP发泡内材、热塑性毡类内材、玻璃纤维瓦楞纸、蜂窝状塑料带等；表皮材料可用织物、无纺布、TPO、PVC等，我国轿车顶棚一般使用TPO发泡片材、玻璃纤维、无纺涤纶布材料层压成型。汽车顶棚中成型顶棚占70%以上，成型顶棚基材一般用浸树脂的再生棉或玻璃纤维。聚苯乙烯泡沫材料板，填充材一般用聚氨酯或聚烯烃树脂发泡体，表皮材主要是PVC或EVA片材，同时逐渐增加织物，并将填充材和表皮材一起层压后贴在基材上。吊装型衬层是用钢上网吊起来的一种结构，表皮材料是PVC片材或PVC人造革、织物等，为了隔热和隔音，把绝缘材料放到顶板和衬层之间。粘贴型是把填充材料和表皮材层，直接贴到顶棚上，填充材主要是聚氨酯发泡体、PVC发泡体，表皮材主要是PVC片织物等。载货车主要用成型顶棚，基材采用热固性或热塑性毡类，压制成型，表皮材料选用针织面料、无纺布、PVC等。

汽车内饰涉及的工艺还包括阴模吸覆、真皮包覆、IML、高光喷涂、高光注塑和亚光电镀等工艺，随着科学技术和汽车行业的不断发展，未来将会有越来越多的新工艺被运用到汽车内饰的制造中，使汽车内饰不断符合客户越来越高的要求。

小 结

汽车内饰的开发是仅次于车身的一项重要开发内容，它除了反映汽车内部空间的功能之外，还要让乘客感到舒适，并满足视觉美观，操纵方便等要求。汽车内饰包括仪表板、车门内饰、车顶内饰、柱内饰、侧围内饰等内部覆盖件。汽车内饰通过多种材料和多种生产工艺而达到不同的效果。汽车内饰常用的材料包括布饰面料、皮革面料、橡胶装饰材料、塑料装饰材料及金属装饰材料。汽车仪表板的制造工艺主要包括注塑工艺、真空热成型工艺、搪塑工艺、发泡工艺、油漆工艺、切割工艺、焊接工艺、装配工艺。车门内板制造包括软质车门内板和硬质车门内板制造工艺。汽车内饰生产工艺涉及注塑、吸塑、吹塑、挤出、PU发泡、热压、蒙皮、喷涂、电镀、焊接等几乎所有的塑料加工工艺，还涉及皮革、植绒布、泡沫、玻璃钢等多种复合材料件的制造工艺。

思考题

1. 汽车内饰件由哪些部分组成？
2. 汽车内饰件的常用材料有哪些？如何选择？
3. 汽车仪表板的结构及性能要求。
4. 分析汽车仪表板的制造工艺。
5. 聚氨酯泡沫塑料坐垫的制造方法。

第9章
汽车总装配工艺及装备

[本章提要]

汽车总装配是将各种汽车零、部件按规定的技术要求，选择合理的装配方法进行组合、调试，最终形成可以行驶的汽车产品的过程。汽车总装配的工艺过程大致可分为装配、调整、路试、装箱、重修、入库等环节。汽车装配是汽车制造的最后一个阶段，汽车的质量最终由装配来保证。总装配包括物流系统准备、制定生产计划进度、制定装配工艺规程及各装配工作（清洗、平衡处理、过盈连接、螺纹连接、校正、检验、试运转、油漆、包装）。汽车生产厂的总装配线基本结构主要有：桥式链、板式线或带支架的板式线、地拖链台车式装配线、普通悬链或推式悬链、自行小车式总装线，或由它们互相结合组成总装配线。汽车在总装配线上完成总装配后，要对整车进行最终的检查、调整和修饰。汽车的检查和调试工作是汽车生产过程中的重要环节。汽车整车检验分为一般项目检验、检测线检测和路试检验3个方面来完成。

汽车总装配是将各种汽车零、部件按规定的技术要求，选择合理的装配方法进行组合、调试，最终形成可以行驶的汽车产品的过程。随着汽车工业和零部件工业的发展，汽车装配技术水平也有了较大的提高，国内对直接影响汽车产品质量及使用寿命和汽车产品生产最后环节的装配及出厂试验日趋重视，促进了汽车产品装配、试验工艺及装备技术水平的提高。

汽车总装配的工艺过程大致可分为装配、调整、路试、装箱、重修、入库等环节。汽车装配是汽车制造的最后一个阶段，汽车的质量最终由装配来保证。因此，装配质量对汽车的使用性能和使用寿命影响很大，如果装配不当，即使所有的零件都合格，也难以获得符合质量要求的产品；反之，如果零件的加工质量不是很好，往往可以通过采用适当的装配方法使产品合格。

此外，由于装配所花费的劳动量很大，占用的时间很多，对整个汽车生产任务的完成、劳动生产率的提高、产品的成本和资金周转都有直接影响。特别是近年来，在毛坯制造和机械加工方面实现了高度的机械化和自动化，产品成本不断降低，使装配工作在整个汽车制造过程中，所占劳动量的比重和成本的比重越来越大，影响就更加突出。因此，只有不断提高装配工作的技术水平和劳动生产率，才能适应整个汽车工业的发展。

9.1 汽车总装配内容及合件

从装配工艺角度来说，汽车产品是由若干装配单元组成的。一个产品的装配单元可划分为五级，即零件、合件、组件、部件和产品，无论哪一级的装配单元，都要选定某一零件或比它低一级的装配单元作为装配基准件。装配基准件通常应是产品的基体或主干零部件。基准件应有较大的体积和重量口，有足够的支承面，以满足陆续装入零、部件时的作业要求和稳定性要求。例如，发动机缸体是发动机缸体组件的装配基准：汽车车架总成是非承载式车身汽车的装配基准。基准件补充加工量应最少，尽可能不再有后续加工工序。另外，基准件的选择有利于装配过程的检测，有利于工序间的传递运输和翻身、转位等作业。

在划分装配单元、确定装配基准零件后，即可安排装配顺序。需要通过尺寸链分析才能合理地确定装配顺序，并以装配系统图的形式表示出来。对于结构比较简单，组成的零、部件少的产品，可以只绘制产品装配系统图，如图 9-1 所示。对于结构复杂，组成的零部件很多的产品，除绘制产品装配系统图外，还要绘制各装配单元的装配系统图，如图 9-2 所示。装配系统图有多种形式，以上图例只是其中的两种。这种形式的装配系统图绘法如下：首先画一条较粗的横线，横线右端箭头指向表示装配单元（或产品）的长方格，横线左端为基准件的长方格。再按装配顺序，从左向右依次将装入基准件的零件、合件、组件和部件引入。表示零件的长方格画在横线上方；表示合件、组件和部件的长方格画在横线下方。一长方格内，上方注明装配单元名称，左下方填写装配单元的编号，右下方填写装配单元的件数。在装配单元系统图上加注所需的工艺说明，如焊接、配钻、配刮、冷压、热压和检验等，形成一份较详细的装配工艺系统图。装配工艺系统图比较清楚而全面地描述装配单元划分、装配顺序和装配工艺方法。它是装配工艺规程制订中主要的文件之一，也是划分装配工序的依据。

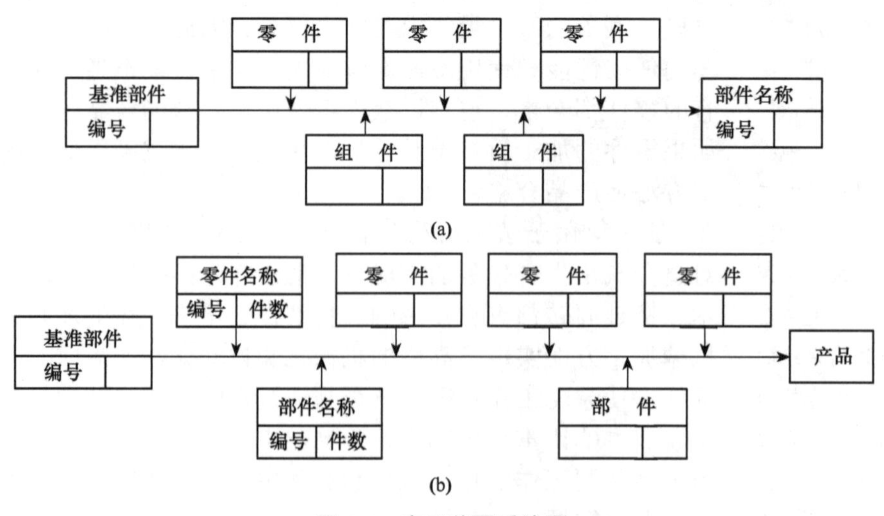

图 9-1 产品装配系统图

（a）部件装配系统 （b）产品装配系统

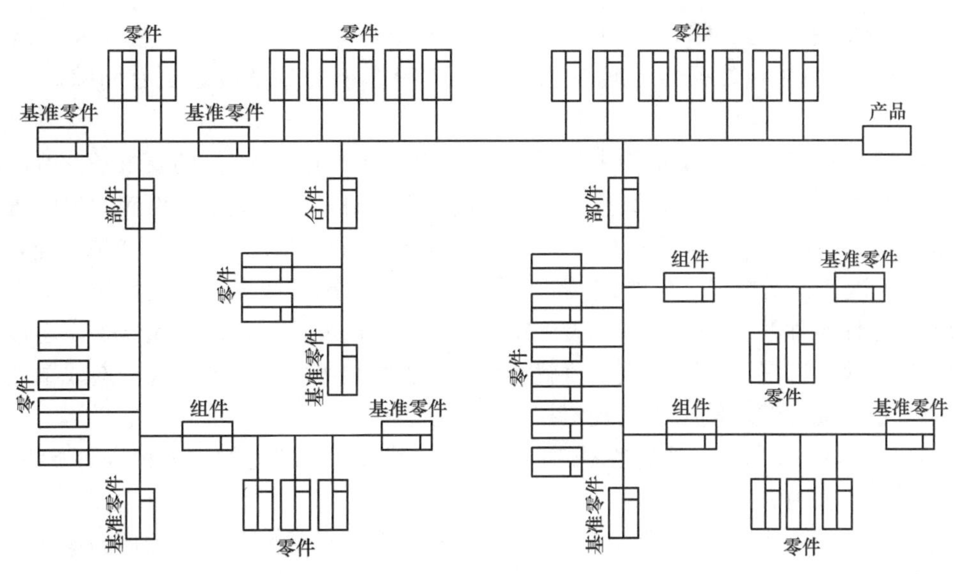

图 9-2 各装配单元的装配系统合成图

9.1.1 总装配内容

1）物流系统准备

① 组织进外协件、外购件。

② 必要的物资储备。

2）制定生产计划进度

3）制定装配工艺规程

① 划分装配单元。

② 制定装配工艺流程。

③ 制定调整、检测标准。

④ 设计装配中的夹具及工位器具。

⑤ 通过调试确定保证精度的装配方法。

4）装配的工作内容

（1）清洗　进入装配的零件必须先进行清洗，以去除在制造、贮存、运输过程中所黏附的油脂、污物、切屑、灰尘等。相关部件、总成在运转磨合后也应清洗。清洗对于保证和提高装配质量、延长产品的使用寿命有着重要意义。

（2）平衡处理　运转机件的平衡是装配过程中的一项重要工作。尤其是那些转速高、运转平稳性要求高的机器，对其零部件的平衡要求更为严格。旋转体机件的平衡有静平衡和动平衡两种方法。对于盘状旋转体零件，如带轮、飞轮等，通常只进行静平衡；对于长度大的旋转机件，如曲轴、传动轴等，必须进行动平衡。

（3）过盈连接　对于过盈连接件，在装配前应保持配合表面的清洁。常用的过盈连接装配方法有压入法和热胀法两种。压入法系在常温条件下以一定压力压入配合，会把配合表面微观不平度挤平，影响过盈量。压入法适用于过盈量不大和要求不高的场合。重要的、精密的机械以及过盈量较大的连接处常用热胀（或冷缩）法装配，即采用加热孔件或冷缩轴件的办法，使得缩小过盈量或达到有间隙后再进行装配。

（4）螺纹连接　在汽车结构中广泛采用螺纹连接，对螺纹连接的要求是：螺栓杆部不产生弯曲变形，螺栓头部、螺母底面与被连接件接触良好；被连接件应均匀受压，互相紧密贴合，连接牢固；根据被连接件的形状，螺栓的分布情况，应按一定顺序逐次（一般为 2～3 次）拧紧螺母。螺纹连接的质量对装配质量影响很大。如拧紧的次序不对，施力不均会使零件发生变形，降低装配精度，并会造成漏油、漏水、漏气等。运转机件上的螺纹连接，若扭矩达不到规定值就会松动，影响装配质量，严重时会造成事故。因此，对于重要的螺纹连接，必须规定扭矩的大小。

（5）校正　所谓校正，是指各零部件本身或相互之间位置的找正及相应的调整工作。这也是装配工作内容之一。

除上述装配工作的基本内容外，部件或总成乃至整车装配中和装配后的检验、试运转、油漆、包装等也属于装配工作，应予以合理安排。

9.1.2　装配生产方式

汽车产品结构比较复杂，通常生产批量较大，为保证装配质量，提高劳动生产率，根据产品的结构特点，从装配工艺角度将其分解成为可单独组织装配的单元，以便合理地安排人员、设备和工作地点，组织平行、流水作业。故汽车装配可以分为部装（分装）和总装（含内、外装饰），其成品分别称为分总成、总成和整车。为保证最终产品的质量，对每一级装配成品都要设有试验、检测工序，即总成试验与整车试验。

汽车装配生产组织形式：对于整车和可以单独组织装配的大型总成（例如发动机等）其装配生产组织，可以分为固定式装配和流水式装配两大类。

1）固定式装配

装配对象的基础件安放在固定工位上，工人将零件和总成按次序逐一安装，最后形成成品的装配方式，称固定式装配。这是原始的最简单的生产方式，在装配过程中允许对零件进行加工、修理和选配，零件不具有（或很少具有）互换性，装配以手工操作为主，一般不采用复杂的工艺设备，对工人的技术水平要求很高，而劳动生产率较低。这种生产方式只适用于个别品位极高、需求量很少的特种用车，批量生产较少采用。

2）流水式装配

产品随输送装置在多工位生产线上按装配顺序由一个工位向另一个工位移动，在每个工位按工艺规程完成一定的装配工序，最后完成整个产品的装配形式，称流水式装配。这种生产组织形式将整车各个零部件上线和装配动作划分为一个个工序，每个工位完成若干个工序内容，每个工人只需要熟悉某个或某几个工序即可上线操作。各工位配以必要的设备和工具，可大幅度提高劳动生产率，且保证产品质量，根据产品及其生产批量不同的需要，产品在生产线上的移动可以是自由的，也可以是强制的。

（1）自由流水方式　产品在工序间移动没有严格的时间要求，允许工序间积存，使生产具有一定柔性，这种方式主要用于小型部件或总成装配，适用于多品种成批生产。

（2）强制流水方式　产品的工序间移动以某种形式的机械化输送装置来实现，有严格的节拍要求，工人必须在规定的节拍时间内完成规定的全部装配工序。这种方式适用于大批量生产，在目前汽车装配生产中应用最广。强制流水方式又分为间歇式移动和连续式移动两种：

① 强制间歇式流水装配。产品在输送装置上完成周期性移动后，工人在该工位上对每个产品完成同一装配工序，而后产品按节拍要求进行下一个周期的移动；此时，生产节拍＝工序操作时间＋位移时间。显然，产品的移动占用了一定的时间，造成了工时浪费。因此这种方式对整车装配而言只适用于产量小、生产节拍较长的装配生产，如重型汽车、大型客车等。

② 强制连续式流水装配。产品按严格的生产节拍在输送装置上连续缓慢移动，工人在固定的区域范围内，按节拍时间要求完成规定的装配工序。此时产品的移动时间叠加在作业时间内，而每道工序的工时安排必须等于或略少于节拍时间，生产线才能正常运行，这种方式是大批量生产的汽车总装车间常用的生产组织形式。

9.2 汽车总装配工艺与装配生产线

9.2.1 总装配工序

9.2.1.1 汽车总装配工序安排的基本原则

在确定装配顺序和划分装配工序时应遵循以下一般原则：

（1）预处理工序先行　如清洗、清理、平衡等工序要安排在前面。

（2）“先下后上、先重大后轻小”　先装处于机器下部的重大基础件，再装处于机器上部的轻小的零部件，这样在整个装配过程中，使重心处于最稳定状态。

（3）“先内后外、先难后易”　使较难装的零部件有较大的安装、检测和调整空间，使先装部分不妨碍后续作业，减少不必要的拆卸。

（4）先精密后一般　有利于保证装配精度。

（5）安排必要的检验工序　特别是对产品质量和性能有影响的装配工序之后，必须安排检验工序，检验合格后才允许进行后面的装配工序，以监督保证装配质量，减少返修。

（6）其它　电线、气压液压管路、润滑油管、刹车管路等影响机器使用安全和寿命的装配工序，一定要安排合理可靠，确保安全无故障。

9.2.1.2 汽车总装配的一般技术要求

① 装配的完整性按工艺规定，所有零部件必须全部装上，不得有漏装现象。

② 装配的完好性按工艺规定，所有零部件不得有凹痕、弯曲、变形、机械损伤和生锈现象。

③ 装配的紧固性按工艺规定，凡螺栓、螺母、螺钉等连接件，必须达到规定的扭矩要求，不允许有松动和过紧现象。

④ 装配的牢靠性按工艺规定，各种连接件的防松装置（如开口销等）必须装好，不允许产生松脱现象。

⑤ 装配的润滑性按工艺规定，凡润滑部件必须加注定量的润滑脂或润滑油。

⑥ 装配的密封性按工艺规定，气路、油路接头不允许有漏气、漏油现象；接头和有密封要求的部位须涂密封胶。

⑦ 装配的统一性各种变型车按计划进行配套生产，不允许有误装、错装现象。

9.2.1.3 汽车总装配的工艺过程

目前，国内各汽车制造厂总装的工艺过程主要包括装配、调整、路试、重修等四个环节。

（1）装配 按一定的技术要求，将各种汽车零、部件进行组合形成整车。同时，对于需润滑的部位加注润滑剂，对冷却系统加注冷却液，基本上达到组合后的汽车可以行驶的过程。

（2）调整 通过调整来消除装配中暴露的质量问题，使整机、整车处于最佳工作状态。

（3）路试 调整合格的汽车需经过3～5km的路面行车试验，进行实际运行情况下的各种试验并发现所暴露的质量问题，以便及时消除。

（4）重修 若调整和路试中暴露出质量问题，又不能在其各自的节奏时间内消除，就需要进行重修。所谓重修，并不是采用特殊技术措施对有质量问题的零部件进行修复，通常都是更换新的零件或部件。

（5）入库

以国内常见的商用车的总装配为例，其装配工艺过程如图9-3所示。

9.2.2 总装配生产线及主要设备

大批量生产的汽车总装配的车体移动靠“总装配线”来实现，在它的技术参数确定后，就是选择何种结构形式最合适。

9.2.2.1 总装配生产线

某轿车（承载式车身）总装车间工艺流程如图9-4所示。

该总装配线所选定的生产节拍是12min，即每一个工位都能在12min内完成汽车的装配工作。企业对该总装线进行了设计，将内饰装配线分为19个工位，将底盘装配线分为12个工位，将外饰装配线分为14个工位，总共用了45个工位完成了该轿车的总装配。下面分别介绍各工位的工作内容。

图 9-3　商用车总装配工艺流程

1）19个工位内饰装配线（生产节拍 12min）

① 后门内饰、行李盖、备胎举升器；

②全车线束；

③ 全车线束（相同工作在 12min 内不能完成者，由 2 或 3 个工位完成，以下同）；

④ 刮水器、灯、喇叭；

⑤ 仪表盘；

⑥ 冷风设备；

⑦ 冷风设备；

⑧ 操纵机构、贮油缸；

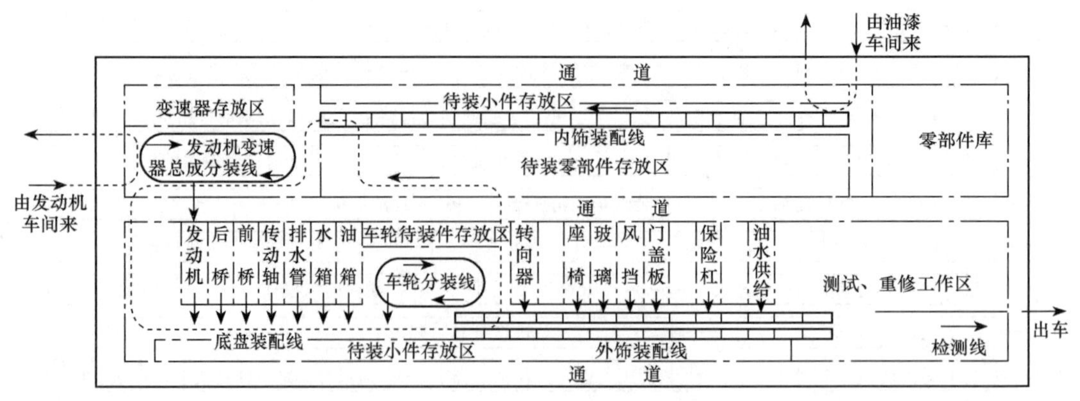

图9-4　某轿车总装车间工艺流程

⑨ 顶棚；

⑩ 顶棚；

⑪ 布风器；

⑫ 风道、顶灯、扬声器；

⑬ 侧壁；

⑭ 侧壁；

⑮ 侧壁；

⑯ 正副驾驶员门；

⑰ 正副驾驶员门；

⑱ 检查；

⑲ 备用。

2）12个工位底盘装配线（生产节拍12min）：

① 内饰完的车身吊装上线；

② 装发动机变速器总成；

③ 装前桥；

④ 装后桥；

⑤ 装传动轴；

⑥ 装排气管；

⑦ 装散热器；

⑧ 装燃油箱；

⑨ 连接各部管路；

⑩ 装车轮备胎；

⑪ 检查；

⑫ 备用。

3）14个工位外饰装配线（生产节拍12min）：

① 装饰地板；

② 装小件；

③ 装转向器、蓄电池；
④ 内部包饰、装压条；
⑤ 装座椅；
⑥ 装侧面玻璃；
⑦ 装风窗玻璃；
⑧ 装转向器护罩、门盖板；
⑨ 装驾驶室拉手、堵胶；
⑩ 装保险杠、侧车镜、前后刮水器；
⑪ 转向器调整；
⑫ 加油、加水、整车卫生；
⑬ 检查；
⑭ 备用。

9.2.2.2 分装线

总装线一般是由发动机分装线、底盘装配线、车门分装线、仪表台板分装线、内饰分装线、最终装配线、最终检测线等分装线组成。

1）发动机分装线

在发动机分装线上，装配离合器总成、变速器总成、离合器助力泵总成、空气管总成、风扇总成、电线束、消声器进气管及伸缩节总成、空调压缩机总成、风扇总成、暖风开关及离合器开关、装配电线束等。图 9-5 所示为某轿车总装车间发动机分装线。

图 9-5 总装车间发动机分装线

2）底盘装配线

底盘装配线的主要任务是将发动机、离合器、变速器、分动器、传动轴、前轴、后桥（包括悬架系统）、转向系统、制动系统、散热器、车轮等各部件安装到车架上，如图 9-6 所示。

3）车门分装线

车门分装线的形式包括空中悬挂式和地面式两种。在车门分装线上完成安装前门阻尼板、安装前门线束、安装前门锁系统、安装前门吸能块、安装前门玻璃及附件、安装后门线束、安装后门内护板等的装配。图 9-7 所示为某轿车车门分装线。

图 9-6　底盘装配线

图 9-7　车门分装线

4）仪表分装线

图 9-8 所示为仪表分装线。其上装配的有双区空调、仪表盘线束、USB 盒、组合仪表等。组装好后再运送到指定位置与车身装配在一起。分装线可采用环形的布置方式，节省流水线占用的空间，同时利用悬挂方式还可以翻转整个仪表盘，更方便操作员操作。在分装线上配有线束检测仪，仪表板分装完成后，采用线束检测仪检测全部仪表板功能是否正常。检测时，将仪表板总成的相关线束插头与仪表板线束检测仪的对应接口接上，启动检测按钮，即可逐项检测转向、灯光、报警等功能。检测完毕后，根据仪表板总成上所贴的条形码由计算机控制上线，从而保证不同车型安装相应型号的仪表板总成。

5）内饰分装线

图 9-9 所示为内饰分装线。其主要任务是将下列部件安装到车身或驾驶室内：仪表盘、座椅、加热与冷气设备、车顶壁及侧壁内饰件、车门饰件等。

图 9-8　仪表分装线

图 9-9　内饰装配线

6）最终检测线

最终检测线主要任务是对装配完成的整车、前轮定位、灯光、整车密封性能、动力性、经济性、侧滑性和制动性等进行检查、测试和调整，保证汽车出厂达到质量要求。图 9-10、图 9-11 所示分别为整车检测线、性能检测线。

图 9-10 整车检测线

图 9-11 性能检测线

9.2.2.3 运输链及吊装设备

1）总装配输送链

汽车生产厂的总装配输送链多种多样，其基本结构主要有以下几种：桥式链、板式线或带支架的板式线、地拖链台车式装配线、普通悬链或推式悬链、自行小车式总装线，或由它们互相结合组成总装配输送链。

（1）桥式链　卡车总装配普遍采用，它结构简单，适用性强，维修方便，利用不同形式的垫木就能支承各种汽车的车架或车桥，车体之间的距离也可根据生产的需要任意变化。但这种装配线高出地面，工人作业活动受影响，操作接近性差，垫木需倒运且损耗大。

（2）带支架的板式线　在板式输送带上安装支架，用以支承汽车车架或前后桥，支架与输送带的连接设计成可拆可调的，以适应不同品种汽车的需要。这种装配线操作接近性好，但适应性不及桥式链，造价也比桥式链高。

（3）地拖链台车式总装配线　这种装配线由一条驱动链来带动置于地面轨道上的车体支承小车，小车与链条的连接靠插销，可以很容易地把小车与链条连接或分开，因而也很容易变换小车的间距。一般一个车体由前后两个小车支承，只要前小车用插销与驱动链连接即可，小车可根据汽车的支承需要来设计。它的优点是：操作接近性好，驱动阻力小，能耗低，对品种变化的适应性较好，但台车投资较大，还需解决台车的返回问题。

以上三种形式都是把车体支起来进行作业，为解决车体最后能驶下装配线，一般在总装配线后面有一段与地面齐平的板式输送带，使汽车车轮落于板式带上。前后两段不同形式的装配线由同一驱动装置驱动，以保证同步运行。

（4）自行小车式总装配线　这种装配线可以每个小车单独运行，也可以各小车前后连在一起同步运行，运行速度可以调节。由于每个小车都有一套电动装置电子控制系统，因而这种总装配线的造价高。

一种由板式与桥式输送链组成的装配传送链如图 9-12 所示，由调速电机驱动，根据需要通过减速器获得不同的速度。

2）车身吊装设备

在车身结构允许的条件下，采用在白车身状态完成焊装以后进行整车喷漆，然后在

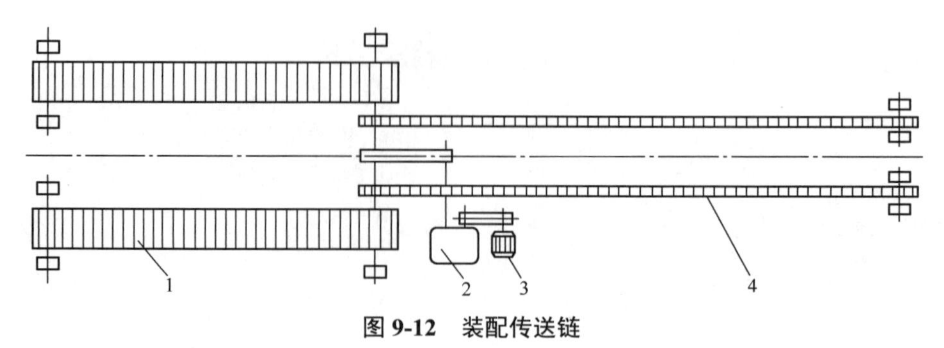

图 9-12　装配传送链

1. 板式链　2. 减速器　3. 调速器　4. 桥式链

总装配线上将喷涂后的车身与底盘进行合装。完成这道工序需要吊装设备，用其先将底盘吊装到位，然后将车身吊装到底盘上。吊装设备起重吨位的确定：进行合装作业时，需用吊装设备将底盘吊运到指定位置并将车身合装到底盘上，所以需要较大吨位的吊装设备。确定吊装设备的吨位时应考虑被吊物的最大吨位并留有余地，例如，12m 客车大梁式三类底盘的质量在 7t 左右，所以一般选择合装工位吊装设备的吨位应大于 7t。常用的合装吊装设备有：

（1）普通单梁或双梁行车　其优点是合装之余可完成其他工作，如吊运承载车架等，缺点是用普通单行车吊装底盘或车身时稳定性不好，横移时有左右摇摆，纵向移动时上下晃动，车身下落时冲击力大，难以实现挂钩自动化等。

（2）龙门式专用吊装设备　龙门式专用吊装设备主要由龙门架、单梁轨道、两个电葫芦和电气控制等部分组成。其优点是因使用双电动葫芦，所以工作平稳，克服了普通单行车存在的问题，便于实现挂钩自动化。存在的问题是只能专用，不能做其他作业。

（3）车身吊具　指吊装车身用吊具。有人工夹紧吊具和自动夹紧吊具两种。人工夹紧吊具用在采用通用行车吊装底盘或车身的场合，自动夹紧吊具用于龙门式专用吊装设备上，自动夹紧吊具的动力多数情况下采用压缩空气。

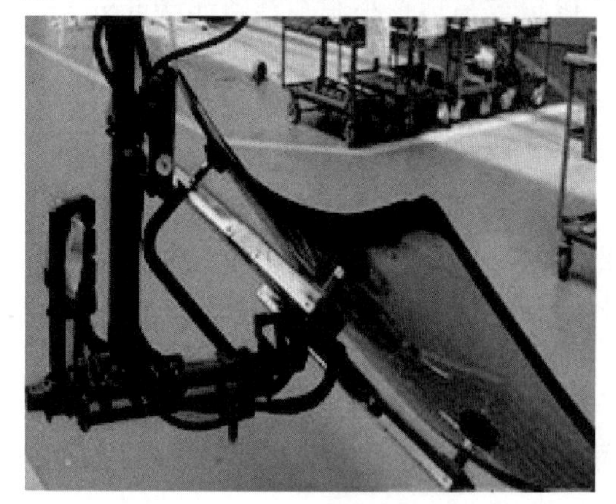

图 9-13　风窗玻璃安装用机械手

3）前后风窗玻璃吊装设备

现在客车越来越多采用了全景风窗玻璃，这种玻璃尺寸大、质量大，用人工将其抬到安装位置很不安全。国外多采用机械手臂吊装，如图 9-13 所示。这种机械手臂上装有真空吸盘，可将玻璃吸在吸盘上，用起来非常方便。国内有些厂家将吸盘架挂在行车上，吸盘吸上玻璃后用行车进行吊装，这种方法既方便，又经济实用。

9.2.2.3　电动和气动设备

1）电动工具

便携式电动工具（蓄电池螺丝刀）。蓄电池螺丝刀主要动力来源工具自身所携带的蓄电池，一般为9.6V、2.0A。蓄电池螺丝刀主要用于装配要求较高场合，例如浅色内饰装配工位和野外作业，主要由蓄电池、电动开启按钮、正反转按钮、无电刷直流电动机、行星齿轮组、机械式离合器、断电器、高集成电路板以及工程塑料外壳等部件组成。无刷直流电机是将蓄电池的电能转化为机械能，断电器是根据机械离合器动作自动切断电源，高集成电路板主要是控制各类电气元件的动作以及保护。当扣动电动机开启按钮后，电动机开始旋转输出轴带动行星齿轮组运动，行星齿轮带动离合器运动和驱动方头旋转，并作用于工件，到达转矩后机械离合器动作，并将断电信号传给断电器，使断电器动作，使整个供电电路断电，使电动机失电即停转，以达到定扭断电目的。

2）气动工具

（1）气动弯角定扭扳手　气动弯角定扭扳手按前端弯角结构形式可以分为：90°弯角LTV式、鸭嘴扁头LTC式、开口棘轮LTO式、内嵌套筒LTV FS式以及专用固定驱动LTV HAD（Hold and Drive）式等多种结构型号。这些气动工具主要是为了满足各种不同的特殊装配形式，它们在LTV的基础上演变而来，即主要由工具主体部分和工具头部两部分组成。上述工具价格较贵。

气动弯角定扭扳手主体部分主要由进气通道、气动马达开启按钮、断气阀、气动马达、正反转开关、行星齿轮组、机械式离合器、排气通道、壳体等主要部件构成。其中气动马达主要是提供动力输出的装配。行星齿轮主要是将气动马达输出的高速旋转转化为底速旋转实现降速增扭的作用。机械式离合器主要是根据所设定扭矩大小实现到扭分器自动断气的作用。该类型工具原理较为复杂，接上静态气压为6.2bar的气源后，扣动气马达开启按钮，压缩空气由进气通道到达气动马达进气口，气动马达叶片在压缩空气的吹动下高速旋转，并通过输出轴齿轮将旋转至行星齿轮组，使之减速旋转，行星齿轮组输出齿轮将减速后的旋转运动传给工具头部，以实现将工件进行装配的作用，当螺栓拧紧至设定扭矩后，离合器开始动作，使断气阀动作将马达进气口封住，以关闭气动马达实现定扭自动断气。该类工具具有转速平稳、噪声小、精度高等优点，广泛用于生产线装配作业。

图9-14为QBl6型气动扳手结构图。现场使用气动扳手时，对拧紧时间有一定要求。气动扳手现场使用拧紧时间如表9-1所示。

（2）气动螺丝刀　气动螺丝刀按离合器断气形式可分为：气动定扭螺丝刀、气动打滑螺丝刀，前者精度高于后者精度，由于价格相差不大，所以总装车间匹配的均为前者，即气动定扭螺丝刀。

气动定扭螺丝刀具有噪声小、重量轻、手感好、精度高以及运转平稳等优点。广泛用于汽车内饰镜的装配。该类工具的内部主要部件同气动弯角定扭扳手一致，只是外形不同而已，其使用注意事项及要求与气动弯角定扭扳手一样。

3）手动扭矩扳手

手动扭矩扳手按外形结构可分成：可调扭矩扳手、表盘指针扭矩扳手、定置扭矩扳手等多种类型。该类扭矩扳手主要由扭力弹簧、扭力调整机构、锁止机构、驱动方头以及外壳和手柄等组成，其中扭力主弹簧是该类工具的核心零部件，通过改变其受压状态而实现改变所需扭矩的大小。

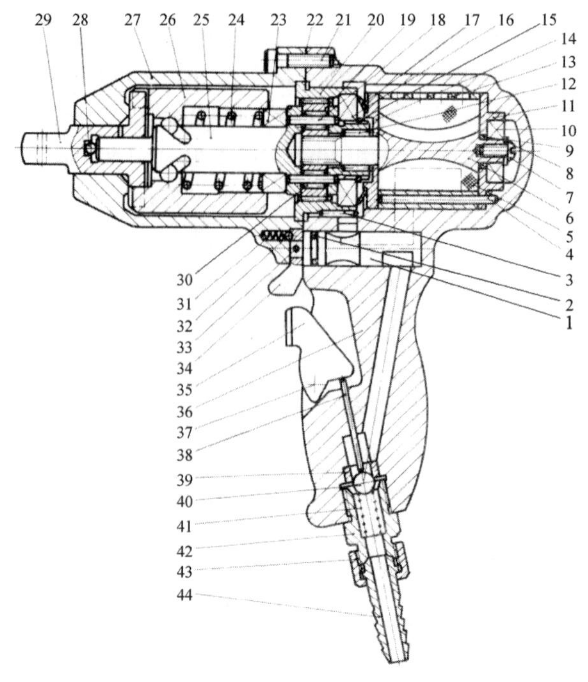

图 9-14 QBl6 型气动扳手结构图

1．换向阀 2．密封圈 3、4、32．定位销 5．叶片 6．转子 7、21．螺栓 8、17．蝶形弹簧 9．调整环 10、16、23．轴承 11．定子后盖 12、30．滚针 13．定子 14．定子前盖 15．轴用挡圈 18、33、37．销轴 19．行星齿轮 20．内齿圈 22．衬垫 24、31、41．弹簧 25．行星齿轮架 26．冲击头 27．前外壳 28、32、40．钢球 29．扳手轴 34．换向开关35．按手 36．手柄体 38．压杆 39．阀座 42．弹簧座 43．螺母 44．接头

表 9-1 气动扳手现场使用拧紧时间（气压为 490MPa）

气动扳手型号	螺纹规格	拧紧时间/s	气动扳手型号	螺纹规格	拧紧时间/s
B6	M6	1.5～2.5	B20	M20	3.5～5
B10	M10	2～3	B30	M30	4～6
B16	M16	2.5～3.5			

弹簧主要是由材质较硬的金属丝绕制而成，弹簧在外力拉伸或压缩后能恢复原有状态的性能参数称弹性系数。弹簧受力超出其弹性系数范围后将产生塑性变形，即不能恢复固有的技术状态。所以对可调类手动扭矩扳手，在使用完毕后一定要调回底点，使之恢复原有状态，以防力矩主弹簧长期受压力而产生塑性变形，导致工具自身精度失准。

4）气动液压脉冲扳手

气动液压脉冲扳手具有转速高、质量轻、操作舒适、反作用小等优点，广泛用于汽车装配中预拧紧时的快速拧紧。该工具主要由进气口、进气开关、正反转开关、气动马达、断气杆、液压缸、驱动方头、壳体等主要部件组成，主要依靠液压缸实现定扭断气。当接上气源后，扣动进气开关，压缩空气顺利进入气动马达并使气动马达高速旋转，马达输出轴直接带动液压缸和驱动方头，作用于工件，当到达设定扭矩后，液压缸开始动作，使断气阀封闭马达进气口，实现定扭断气。

5）气动三联件

气动三联件是指工具使用前对气体过滤，调节气体压力，注入工具润滑油的装置，即过滤器、调压器、注油器，可根据需要选择三合一、二合一或单一调压器。气动三联件的种类很多，与气动工具有关的主要有球阀、气动三联件、空气软管、各类快换接头等。

气动三联件主要由油水分离器、调压器、油雾器组成，是将动力部门提供的压缩空气进行过滤、稳压、油雾化的中间装配。其中油水分离器（也称过滤器）主要是过滤压缩空气管路中的铁锈、尘埃、水蒸气，内有滤芯。调压器主要功能是将动力提供的脉冲压缩空气进行调压稳压，以确保气动工具在稳定的气压下工作，油雾器上有油量调节阀，可根据各类不同工具调节所需油量。三联件外有压力表，以供使用人员观察气压值。

9.3 汽车总检和验收

9.3.1 概述

汽车在总装配线上完成总装配后，要对整车进行最终的检查、调整和修饰。汽车的检查和调试工作是汽车生产过程中的重要环节，是汽车质量控制的重要手段，它的工作质量好坏将直接影响整车出厂质量。

在贯彻执行国家标准、行业标准和企业标准的基础上，各企业应根据产品特点、企业生产条件、管理模式，制定相应的汽车产品检验规程。检验规程应明确规定检验项目、检验程序、检验的内容及技术要求、检验方法和手段等有关内容。

凡是在调试、检验过程中发现的缺陷或故障均需返修，经复检合格后，才能完成其产品的最终检验。只有在被检产品的检验结果符合检验规程的要求后，质检部门才能出具产品合格证书，进行竣工验收入库。

汽车整车检验分为一般项目检验、检测线检测和路试检验三个方面来完成。

9.3.2 汽车一般项目的检验

整车检验，首先进行一般项目检验，主要是检验整车的装配调整质量，通常是通过目测或使用量具等手段进行检验。汽车企业在整车检验卡中对一般项目检验都有详尽的规定。

汽车一般项目检验的主要项目有：

① 车辆识别码（VIN 代码）和汽车铭牌是否完整、正确；

② 表面涂装是否有缺陷；

③ 内、外装饰是否齐全、端正、美观；

④ 装备是否齐全、安装是否正确；

⑤ 运动件、管线有无碰擦干涉现象；

⑥ 紧固件规格是否正确，紧固是否牢靠；

⑦ 油、水是否按要求加注；

⑧ 油、水、气有无渗漏和制动系统的密封性；

⑨ 内、外信号指示，照明工作是否正常；

⑩ 发动机启动、运转、熄火是否正常；

⑪ 离台器踏板自由行程是否符合规定，离合器分离、接合、运转是否正常；

⑫ 转向机构安装是否正确、牢固、安全、可靠；转向盘自由转动量是否符合要求；

⑬ 电压、油压、水温、气压等的显示、指示是否正常；

⑭ 发动机、离合器、转向系统、制动系统、变速器等操纵系统操纵是否正常、灵活；

⑮ 各车门启闭是否灵活，锁止是否有效；

⑯ 制动系统各装置工作是否正常等。

凡是上述检验项目的不足部分均应进行调试、整改。

9.3.3 汽车检测线的检验

为确保整车的出厂质量，在完成一般项目检验后，应在整车检测线上对其主要性能进行检测，并进行必要的调整。

根据机动车［1996］090号《汽车工业企业整车出厂质量保证检测线管理办法》的规定，汽车整车生产企业必须配置相应的微机联网检测线，并取得三级以上检测线认可证书，对于检测线的基本条件和要求都有较为详细的规定，在此不一一赘述。

检测线检测的主要项目有：

（1）车轮侧滑量检测　汽车以低速垂直通过侧滑试验台滑板时，用车轮前轮的侧滑位移量来判断前束和车轮外倾的配合是否合适。

（2）前照灯检测　用自动大灯仪检测前照灯发光强度和光轴方向，可通过调节前照灯的调整螺栓来调整光束照射的位置。

（3）制动力检测　在制动试验台上检测前、后各车轮的制动力确定行车制动及驻车制动的工作是否正常。

（4）前轮定位参数检测　采用前轮定位仪检测前轮定位参数和前轮左右最大转角。并根据检测标准进行判定。

（5）汽车速度表检测　用速度试验台显示汽车实际车速，可对速度表的指示值进行判定。

（6）废气检测　通过尾气分析仪可检测汽油机怠速工况下排出废气中的CO、HC化合物浓度；通过烟度计可检测柴油机自由加速度排放废气的烟度。

（7）喇叭声级检测　通过声级计测量被检车辆喇叭声级并判定是否合格。

对检测线上各个项目的检测，将依据国家标准GB 7258—2004《机动车运行安全技术条件》和企业标准进行，有些检测数据应按规定自动采集和存储。

9.3.4 汽车路试的检验

检测线项目检验后，应进行20km以上的道路行驶检验。路试检验的主要内容有：

① 在车辆运动状态下，检查汽车传动系、行驶系、转向系、操纵系的工作情况是否正常；

② 汽车的制动性能是否良好；

③ 汽车行驶中是否有异响、碰擦或松动现象；

④ 发动机工作是否正常；

⑤ 各运动副、轴承、制动鼓-制动蹄有无过紧、过热现象；

⑥ 在淋雨试验台上进行车身防雨密封性检查等。

在路试检验过程中发现的缺陷或故障均应进行调试、整改。

9.3.5 汽车总检

对车辆的完整性进行最终检查，对出现的新问题进行处理解决，进一步保证新车的出厂质量。全部完好后，提请质检部门发整车合格证。

新车的出厂状态如下：

每辆汽车配备随车文件资料一套；配备随车工具、设备一套，安放在固定位置；配备产品合格证；备胎固定在规定位置上；水箱中加注冷却液，油箱中加注燃油；检查蓄电池的电解液是否符合规定；检查制冷剂填充量是否足够。

小 结

汽车装配是汽车制造的最后一个阶段，汽车的质量最终由装配来保证。装配工作的主要内容包括清洗、平衡、过盈连接、螺纹连接和校正。汽车总装配的工艺过程大致可分为装配、调整、路试、装箱、重修、入库等环节。汽车生产厂的总装配线多种多样，其基本结构主要包括桥式链、板式线或带支架的板式线、地拖链台车式装配线、普通悬链或推式悬链、自行小车式总装线，或由它们互相结合组成总装配线。汽车在总装配线上完成总装配后，要对整车进行最终的检查，调整和修饰。汽车的检查和调试工作是汽车生产过程中的重要环节，汽车整车检验分为一般项目检验、检测线检测和路试检验三个方面。

思考题

1. 什么是装配？装配过程要完成哪些主要工作？
2. 装配方法有哪几种？试分析各种装配方法的特点和适用范围。
3. 确定装配顺序时应遵循哪些原则？
4. 汽车总装工艺过程有哪几个环节？有哪些主要技术要求？

附录与参考文献

附录 几种主要的工艺卡片常用格式

	机械加工工艺过程卡	产品型号		零件编号		共 页	第 页
		产品名称		零件名称		备 注	
毛坯种类		毛坯外形尺寸		每毛坯可制件数		单台件数	单台质量

工序号	工序名称	工序内容	车间	工段	设备	工艺装备	工时	
							准终	单件

										设计（日期）	审核（日期）	标准化（日期）	会签（日期）	
标记	处数	更改文件号	签字	日期	标记	处数	更改文件号	签字	日期					

工 序 卡	产品型号		零件图号		共 页	第 页
	产品名称		零件名称		单台数量	

车间	工序号	工序名称	同时加工工件数	
毛坯种类	每毛坯件数	材料牌号		
设备名称	设备型号	设备编号	切削液	
			工序工时	
			准时	单件

工步号	工步内容	工艺装备	主轴转速/（r/min）	切削转速/（mm/min）	进给量/（mm/r）	背吃刀量/mm	进给次数/（mm/r）	工步工时/（mm/r）	
								机动	辅助

					设计（日期）	审核（日期）	标准化（日期）	会签（日期）	
标记	处数	更改文件号	签字	日期					

	焊接工艺卡	产品型号		零件图号		共　页	第　页
		产品名称		零件名称		备　注	

主要组成件				
序号	图号	名称	材料	参数

工序号	工序内容	设备	工艺装备	电压或气压	电流或焊嘴号	焊条、焊丝、电极		焊药	其他规范	工时
						型号	直径			

										设计（日期）	审核（日期）	标准化（日期）	会签（日期）	
标记	处数	更改文件号	签字	日期	标记	处数	更改文件号	签字	日期